本书的出版得到北京市文物局2011年科研成果出版项目经费资助

北京石刻艺术博物馆石刻文化系列丛书之十五

北京石刻艺术博物馆藏石刻拓片编目提要

北京石刻艺术博物馆 编

學苑出版社

图书在版编目（CIP）数据

北京石刻艺术博物馆藏石刻拓片编目提要 / 北京石刻艺术博物馆编. —北京 ： 学苑出版社, 2014.1

ISBN 978-7-5077-4161-2

Ⅰ. ①北… Ⅱ. ①北… Ⅲ. ①博物馆－石刻－拓片－编目－北京市②博物馆－石刻－拓片－内容提要－北京市 Ⅳ. ①K877.42

中国版本图书馆 CIP 数据核字 (2014) 第 020866 号

责任编辑：潘占伟
装帧设计：徐道会
出版发行：学苑出版社
社　　址：北京市丰台区南方庄 2 号院 1 号楼
邮政编码：100079
网　　址：www.book001.com
电子信箱：xueyuan@public.bta.net.cn
销售电话：010-67675512　67678944　67601101（邮购）
经　　销：新华书店
印 刷 厂：北京信彩瑞禾印刷厂
开本尺寸：889×1194　1/16
印　　张：38.5
字　　数：725 千字
版　　次：2014 年 5 月第 1 版
印　　次：2014 年 5 月第 1 次印刷
定　　价：168.00 元

主　　编：王　丹

顾　　问：吴梦麟　　韩　锐

执行主编：王晓静

撰 稿 人：王晓静　　王苹苹　　熊　鹰　　张云燕

序

石刻传拓作为一种复制和保存石刻文物资料的传统手段，已成为具有中国特色的非物质文化遗产，在我国文化传承历史上留下了深深的印迹。近年来，随着人们对传统文化保护意识的逐步增强，石刻拓片正在引起更多的人的关注和重视。

北京石刻艺术博物馆是一座以收藏、研究、陈列、展示北京地区石刻文物为主的专题性博物馆，不仅藏有2600多件石质文物，还有自1987年建馆以来历年捶拓、征集的近2000种各类石刻拓片。这批拓片的内容涉及北京地区的历史、地理、经济、教育、宗教、艺术、政治、战争、体育及社会生活等方面，其来源既涵盖所有的馆藏石刻拓片，也有建馆以来对北京地区各区县的石刻文物进行普查时所收集、捶拓的拓片，还有一些通过交换、购买或接受捐赠等方式获得的石刻拓片。这些石刻拓片，保留了捶拓当时的石刻文物原貌，由于石刻文物的风化或损毁，有些拓片已经成为保存这些不可再生石刻文物的珍贵资料。

我馆所存的这批石刻拓片不仅是本馆的宝贵财富，也是所有研究北京及相关地区历史、地理、宗教和社会状况等领域人士共同关注的重要资源，作为一个开放的文化场所，我们有责任将其整理公之于众。近年来，我馆相继出版了《馆藏石刻目》、《语石校注》、《新中国出土墓志 · 北京卷（壹）》、《间架结构摘要九十二法》、《草书要领》、《正气歌》等一批有关石刻或石刻拓片的整理或研究性图书，从多个角度，呈献石刻文物所承载的艺术魅力和史料价值。

随着博物馆的日益开放和对博物馆文化的深度发掘，我馆组织科研人员对近2000种石刻拓片资料进行了梳理和研究。王晓静、王苹苹、熊鹰、张云燕四位同志倾注了大量心血，本着认真求实的态度和吃苦耐劳的精神，付出了辛勤的劳动，在吴梦麟、韩锐两位专家的指导下，对馆藏石刻拓片进行了整理、编目、考证等工作，最终完成了《北京石刻艺术博物馆藏石刻拓片编目提要》一书。本书收录馆藏拓片1516种，为便于读者查阅，特按形制、内容、功用等，分为9个类别。该书不仅考证了石刻文物的现状和流传过程，而且汇集了相关的研究及著录情况，清晰地展现出石刻拓片所记载的历史文化价值，为喜爱石刻以及有研究需求的读者提供了馆藏石刻拓片的翔实材料。

本书的出版得到了北京市文物局领导的大力支持，科研处肖元春、王有泉、韩庚三位同志特为出版筹措资助经费，在此深表感谢。相信此书的付梓，对于追忆北京地区古代历史文化风貌、活跃北京历史文化研究能够发挥推动作用。

北京石刻艺术博物馆馆长 王丹

2014年3月12日

目录

凡 例

一、本书是对北京石刻艺术博物馆历年收集保存的石刻拓片所做的整理和编目，类别为石刻学类目录汇编。

二、本书收录范围为北京石刻艺术博物馆建馆以来收集保存的各类石刻拓片，包括馆藏石刻的拓片和多年来我馆对北京地区各区县石刻进行普查时所获拓片，以及通过交换、购买、捐赠等方式获得的石刻拓片。本书所出现的北京各区县的名称是指2010年北京行政区划调整前各区县名称。

三、行文格式，一石（或一组石刻）一条，首列名称，下系年代、首题、额题、书撰人、镌刻人、尺寸、书体、行数、字数、来源等，并附有简略按语，对石刻现状或流传经历作简要考证。碑或石刻阳、阴、侧镌刻年代不同者，按年代较早者排序。

名称：以首题定名，无首题者以额题或盖题定名，均无，则以内容定名。

年代：墓志列卒年、葬年，其他石刻书立石年代，墓志排序以葬年为准。

碑文情况：包括额题或盖题，首题（无首题者，录首行文字），及书撰人、镌刻人、立石人题名情况等。

石刻情况简述：包括石刻形制和纹饰情况，原石尺寸和拓片尺寸，以及碑文存字状况（包括行数、满行字数、书体及所镌印章情况等）。

地址：包括石刻现址、出土地、原址以及曾经的存放地等。

著录情况：有关北京地区石刻方面的著述或刊物对该条石刻的记载情况（征引书目见凡例七）。

按语：对石刻现状或流传经历作简要考证。

四、石刻之首题、额题、书撰人、镌刻人、年代等项中有漫漶无法辨识的文字，用“□”表示，一个“□”表示一字；连续多字漫漶，又无法确定泐文字数，用“▨”表示；石刻文字现已漫漶，但根据相关文献或作合理推测补录的文字，外加方框表示，如“[因]”。个别石刻著录“首行题”时，所录可能不止一行文字，转行符号用“」”表示。

五、编排方式，按石刻内容分类进行编排。我馆藏拓以北京地区石刻拓片为主，外地石刻拓片仅占一小部分，因此，这次整理和编目只是对北京地区石刻拓片（包括现存地在北京的石刻）按石刻类别和内容进行编排，每类以年代先后为次序。外地石刻拓片暂不收录。艺术类石刻（包括法帖及线刻、浮雕人物、纹饰、图案等）不在此次整理编目之列。

六、编目分类，依据形制、内容和功用等，分为墓碑、墓志、坛庙寺观类石刻、祠堂类石刻、教育类石刻、会馆类石刻、经幢塔铭刻经类石刻、艺文类石刻、其他类石刻等9类。

墓碑：包括墓碑、神道碑、墓表、墓碣、诰封碑、赐谥碑、谕祭碑、道行碑、行实碑、生圹、先茔、义地、义冢、寿藏碑、碑形塔铭（名曰“塔铭”实为石碑）以及其他地上墓葬有关的文字石刻等。

墓志：包括墓志、圹志、砖志、买地券、明堂铭、舍利函及其他与地下墓葬有关的文字石刻等。

坛庙寺观类石刻：包括建造、重修坛、庙、寺、观等的记事、捐资、题名等文字石刻。（关帝祠、吕祖祠、圣母祠等有关石刻亦归入坛庙寺观类石刻）

祠堂类石刻：包括先贤祠、宗祠、祠堂及生祠等文字石刻。

教育类石刻：包括文庙、国子监、府学、县学、乡学、书院、义学、学制石刻以及其他兴办学校教育等文字石刻。

会馆类石刻：包括举子试馆、同乡会馆、行业会馆及商会、同业公会等文字石刻。

经幢塔铭刻经类石刻：包括经幢、墓幢、灵塔幢、嵌于塔上的塔铭、儒家石经、佛教石经、道教石经、刻经题记、格言、劝善文等文字石刻。

艺文类石刻：包括诗词、游记、楹联等文字石刻。

其他类石刻：包括功德碑、德政、修桥、补路、修井、治河、题名及无法归入前9类的文字石刻。

七、引用和参考书目 :

《北京图书馆藏中国历代石刻拓本汇编》，北京图书馆金石组编，中州古籍出版社，1990年6月。（简称《拓汇》）

《北京图书馆藏北京石刻拓片目录》，徐自强主编，书目文献出版社，1994年4月。（简称《拓目》）

《馆藏石刻目》，北京石刻艺术博物馆编，今日中国出版社，1996年5月。（简称《馆目》）

《明清以来北京工商会馆碑刻选编》，李华，文物出版社，1980年6月。（简称《会馆》）

《新中国出土墓志 · 北京卷》（一），中国文物研究所、北京石刻艺术博物馆编，文物出版社，2003年12月。（简称《新出土（一）》）

《北京市文物研究所藏墓志拓片》，北京燕山出版社，2003年11月。（简称《墓拓》）

《1949−1989四十年出土墓志目录》，荣丽华编集，王世民校订，中华书局，1993年8月。（简称《四十年》）

《北京市出土墓志目录》。（简称《出土目》）

《会馆资料集成》，北京市宣武区图书馆等编，学苑出版社，2007年4月。（简称《会集》）

《北京内城寺庙碑刻志》，董晓萍、吕敏主编，北京图书馆出版社，2011年10月。（简称《庙志》）

《北平庙宇碑刻目录》，张江裁、许道龄，国立北平研究院总办事处出版课印行，中华民国二十五年6月。（简称《庙目》）

《馆藏北京金石拓片目录初编》，首都图书馆，1959年9月编印（油印本）。（简称《首图拓目》）

《法源寺贞石录》，王巽文、徐自强、冀亚平合编。（简称《法贞》）

#墓碑

汉故幽州书佐秦君神道柱

东汉元兴元年（105）十月

铭文一：汉故幽州」书佐秦」君之神道」

铭文二：汉故幽州」书佐秦」君之神道」

神道柱共两件，均高 226 厘米，宽 47 厘米，厚 32 厘米。二柱形制相同，柱上方镌铭文，铭文下方柱身刻螭虎二，所刻铭文亦完全相同，但其一有几字残损。仅拓文字和螭虎，拓高 100 厘米，宽 66 厘米。铭文均 3 行，行 3 至 4 字不等，隶书。

汉故幽州书佐秦君墓石刻、石构件等 1964 年 6 月出土于石景山区老山北坡山脚下，现藏北京石刻艺术博物馆。

著录情况：《拓汇》，第 1 册，第 33、34 页。《拓目》，第 1 页，京 9514，京 9518。《馆目》，第 72 页。《文物》，1964 年 11 期，《北京西郊发现汉代石阙清理简报》。《文物》，1965 年 4 期，陈直《关于汉幽州书佐秦君石柱题字的补充意见》。《北京文博》，2005 年第 3 期，滕艳玲《关于秦君神道石柱及秦君石墓阙残件考释浅析》。《北京文博》，2010 年第 3 期，张云燕《从‘汉故幽州书佐秦君阙’残石谈墓碑的起源》。

按：汉故幽州书佐秦君墓石刻、石构件 1964 年 6 月出土，有石柱、石阙构件、柱础、石人等共 17 件，其中有铭文的石刻 3 件，即神道柱构件 2 件和刻“乌还哺母”铭文的阙构件 1 件。

汉故幽州书佐秦君阙“乌还哺母”铭文

东汉永元十七年（105）四月版令改为元兴元年（105）其十月

额题：乌还哺母

鲁工石巨宜造

该石阙高 188 厘米，宽 40 厘米，厚 22 厘米。拓高 92 厘米，宽 22 厘米。阙一侧镌“乌还哺母”铭文。铭文额题竖刻“乌还哺母”1 行 4 字，隶书。正文 7 行，行字不等，共 145 字，隶书。另一侧题“永元十七年四月版令改为元兴元年其十月鲁工石巨宜造”。铭文 1 行 24 字，隶书。

汉故幽州书佐秦君墓石刻、石构等件 1964 年 6 月出土于石景山区老山北坡山脚下，现藏北京石刻艺术博物馆。

著录情况：《拓汇》，第 1 册，第 33、34 页。《拓目》，第 1 页，京 9524。《馆目》，第 72 页。《文物》，1965 年 5 期，郭沫若《“乌还哺母”石刻的补充考释》。

李邕书云麾将军李秀断碑残柱础

唐天宝元年（742）正月丁未朔十□日

灵昌郡太守李邕撰并书

太原郭卓然模勒并题额

□慈敏、张昂等镌

础石现存两枚，上圆下方，直径均40厘米。二石首行均漫漶不清，依稀可见“七叶……”、“宸翰赐……”字样。前础残存行楷13行，满行13字；后础残存行楷12行，满行12字。

石原在房山区良乡，现存东城区府学胡同文天祥祠。

著录情况：《拓汇》，第25册，第1页，章973。《拓目》，第1页，京265。

按：云麾将军李秀，碑文记载唐开元四年（716）葬于范阳之福禄乡原，天宝元年（742）其妻与之合葬时立此碑。碑原在良乡，后残断被毁为柱础。明万历初年宛平县令李荫将柱础残石运至县署保存。清康熙三十一年（1692）为顺天府丞吴涵发现时，仅存两枚柱础，被移至文天祥祠内保存至今。《宛署杂记》、《日下旧闻考》、《法源寺贞石录》等书有载。今故宫藏有断毁前全拓一份，计一千五百余字，较完整地保留了碑文内容与李邕书法艺术的风貌。

附：翁方纲摹刻李秀残碑

清嘉庆乙丑〔十年（1805）〕夏

北平翁方纲手摹

毗陵胡逊校勒

馆藏拓片两张。其一为圆形柱础，拓片直径40厘米，残存行楷13行，满行13字，右下正书题记：“前幅上础”；其二为残碑额，拓片高50厘米，宽20厘米，双钩篆书：“唐故云”，右侧另有正书题记2行，行24字：“北海书李元秀碑旧拓残额一、横一、圆础二，又半础一，凡五石三百四十七字，嘉庆乙丑夏北平翁方纲手摹，毗陵胡逊校勒。”

石现存宣武区法源寺，甃于悯忠阁壁上。

著录情况：《拓汇》，第77册，第173、174页。《拓目》，京861，第92页。《法贞》，第83–87页。

按：唐李秀碑残毁，仅存两残柱础，翁方纲所摹为杨怿曾家藏明拓本。其中两整础文字与唐残石相同。这一拓本的残石数目与形状和文献中所载的“六础说”不符，或许更接近明万历年间碑石被发现时的真实情况。

马鞍山故崇禄大夫守司空传菩萨戒坛主（法均）大师遗行碑铭并序

辽大安七年（1091）岁次辛未闰八月戊戌朔壬午日（二十六日）乾时建

额篆：故坛主守司空大师遗行之碑

首题：马鞍山故崇禄大夫守司空传菩萨戒坛主大师遗行碑铭并序

朝议大夫乾文阁直学士知制诰充史馆修撰骑都尉太原县开国子食邑五百户赐紫金鱼袋王鼎撰并书

法孙比丘悟揔篆额

刻字人王惟约

碑螭首龟趺。碑首身通高 340 厘米，宽 115 厘米，厚 25 厘米，碑座高 70 厘米，长 214 厘米，宽 120 厘米。碑阳额文 3 行，行 4 字，篆书。碑文 27 行，满行 66 字，正书。碑阴无字。

碑现立于门头沟区戒台寺后花园法均大师塔旁。

著录情况：《拓汇》，第 45 册，第 84 页。《拓目》，京 7273，第 501 页。

传戒大师遗行碑

大金天德四年（1152）岁次壬申四月乙巳朔丁丑日（十三日）戊申

额篆：传戒大师遗行之碑

首题：传戒大师遗行碑

开府仪同三司致仕上柱国郓国公食邑三千户食实封叁百户韩昉撰

朝列大夫行尚书吏部员外郎兼司计知铨骑都尉广陵县开国男食邑三百户赐紫金鱼袋高衎书

朝散大夫充翰林待制同知知制诰上骑都尉清源县开国子食邑五百户赐紫金鱼袋王兢篆额

碑螭首龟趺。首身通高 265 厘米，宽 125 厘米，厚 28 厘米。趺座高 50 厘米，宽 124 厘米，长 238 厘米。碑阳额文 2 行，满行 4 字，篆书。碑文 30 行，满行 70 字，正书。碑阴无字。

著录情况：《拓汇》，第 46 册，第 47 页。《拓目》，第 502 页，京 7187。

碑现立于门头沟区戒台寺观音殿下方。

金睿宗（完颜宗辅）文武简肃皇帝之陵

金大定二年（1162）

碑身题：睿宗文武简」肃皇帝之陵」

碑螭首座佚。碑首身拓高 210 厘米，宽 105 厘米。碑身竖题大字 2 行，满行 5 字，双钩正书。

碑现存房山区金陵遗址内。

按：金睿宗，即完颜宗辅（1096—1135），金太祖完颜阿骨打第三子，金世宗完颜雍之父。金世宗即位，追上尊谥“立德显仁启圣广运文武简肃皇帝”，庙号睿宗。金大定二年（1162），改葬于大房山，号景陵。

鲁国大长公主墓碑

金大安元年（1209）五月

碑身题：世宗皇帝长女」皇姊鲁国大长公主墓」

碑无首，上部抹角，方座。碑身高 175 厘米，宽 96 厘米，厚 19 厘米。座高 46 厘米，宽 107 厘米，厚 57 厘米。碑身拓高 171 厘米，宽 40 厘米。碑文 2 行，满行 8 字，正书。

碑 1980 年出土于丰台区王佐乡米粮屯，1987 年 9 月 18 日北京市文研所移交，现藏北京石刻艺术博物馆。

著录情况：《馆目》，第 133、134 页。《北京文物与考古》，1983 年，赵福生《金代鲁国大长公主墓志考释》。

大金故奉议签事杨公（瀛）神道碑

金大安三年（1211）岁次辛未夏四月□□朔十六日丁酉立石

额篆：大金故奉议签事杨公神道碑

首题：⧄金故奉议大夫签上京东京等路按察司事兼劝农安抚事上骑都尉弘农县开国子食邑五佰户赐紫金鱼⧄」⧄杨公神道碑铭并序

⧄中顺大夫吏部尚书上护军武威郡开国侯食邑一千户食实封一佰户赐紫金鱼袋贾益撰

⧄文林郎益都府临朐令武骑尉赐绯鱼袋张光祖篆额

⧄堂弟承务郎绛州大平簿武骑尉赐绯鱼袋杨沆书丹

古燕宫□□刊石

碑首和碑身断为两截，碑座佚。碑首身通高 233 厘米，宽 86 厘米，厚 17 厘米。碑身上部有残。碑身拓高 148 厘米，宽 83 厘米。额拓高 46 厘米，宽 38 厘米。碑阳额文 4 行，满行 3 字，篆书。碑文 23 行，满行残存 41 字，正书。碑阳文字未完，碑阴接题，碑文 23 行，满行残存 41 字，正书。

碑 1991 年春出土于房山区石楼镇石楼村村西，现存房山区文管所。

按：石楼村位于房山城南 7.5 公里处，其西北约 10 公里为金帝陵。1975 年石楼村村西平整土地时出土了石人、石马、石羊、石虎等，后回填，只留下一对石虎存放在石楼小学内。1991 年又出土金大安三年（1211）所立杨瀛神道碑。

故大行禅师通圆懿公功德之碑

蒙古大朝癸巳年（1233）九月日

额篆：大行禅师通圆懿公功德之碑

首题：故大行禅师通圆懿公功德碑并序

涿郡范阳乡贡词赋进士武庭实撰并书丹篆额

化缘建塔立碑门人□德行、德道，前山主□德莹，监寺德圆，副寺德聪，监寺德遇，书记德空，□山主德琛，老山主德信，首座善勇，助缘住□嗣祖沙门善通，懿公法弟首座行慈等同立石

奉先县怀王乡工匠崔义、赵公元、王昌等刻石

碑螭首龟趺，龟趺半埋于土中，碑联龟趺通高（露高）280 厘米，宽 111 厘米，碑

厚26厘米，龟趺厚未记。碑身拓高181厘米，宽109厘米。额拓高49厘米，宽39厘米。碑阳额文3行，满行4字，篆书。碑文40行，满行74字，正书。碑阴额篆“敕赐瑞云禅寺”，碑身刻人名。碑阴及阴额均失拓。

碑立于房山区史家营乡曹家房村瑞云寺。

著录情况：《拓目》，第502页，京9943。

按：忽必烈在1271年（至元八年），正式建国号为“大元”，“大朝”为成吉思汗建立蒙古汗国后至忽必烈正式建国之前的称谓。

萧拜柱神道碑额

元元祐七年（1320）卒

额篆：大元颁旨□□□」夫□□□□□□□」国□国公□□□」□□公神道碑铭」

仅拓碑额。拓高70厘米，宽42厘米。额文4行，满行7字，篆书。

碑在怀柔区宰相庄。

都总金局使卢公墓碑

元癸亥年〔至治三年（1323）〕孟夏（四月）吉日

卢仲安立石

碑身题：大元国都总金」局使卢公之墓」癸亥年孟夏吉日卢仲安立石」

碑青石质，方首抹角，座佚。碑高92厘米，宽59厘米，厚11厘米。拓高92厘米，宽40厘米。碑文3行，行字不等，共24字，正书。

碑1949年后出土于西直门瓮城城墙外皮的墙基中，1987年由北京文物研究所移交，现藏北京石刻艺术博物馆。

著录情况：《考古》，1972年第6期，张宁《记元大都出土文物》。

按：金玉局为元代精细金玉饰品制作机构。《元史·百官志四·将作条》：“诸路金玉人匠总管匠，秩正三品。掌造宝贝金冠帽、系腰束带，金银器皿，并总诸司局事。中统二年（1261）初立金玉局，秩正五品。”

祖父薛资封承务郎妻卜氏封恭人茔地碑

元泰定四年（1327 ）四月日

额题：大元

首行题：祖父薛资封承务郎」妻卜氏封恭人之茔」

湖州路武康县巡检长孙伴见次男千家骈同立石

碑青石质，方首抹角，座佚。碑高90厘米，宽60厘米，厚11厘米。拓高86厘米，宽55厘米。额文横题1行2字，正书。碑文4行，行字不等，正书。

碑1949年后于东城区建国门古观象台东部外墙台基下出土，1987年北京文物研究所移交，现藏北京石刻艺术博物馆。

著录情况：《馆目》，第 74 页。

耆老袭庆居士王公茔地碑

旹（元）戊辰〔泰定五年（1328）〕仲春（二月）吉日

额题：大元

碑身题：耆老袭庆居」士王公之茔」旹岁戊辰仲春吉日男王恭立石」

碑方首抹角，座佚，青石质。碑高 92 厘米，宽 92 厘米，厚 9.5 厘米。拓高 91 厘米，宽 58 厘米。额文横题 1 行 2 字，正书。碑文 3 行，行字不等，正书。

碑 1949 年后出土于东城区建国门古观象台东部外墙台基下，1987 年由北京文物研究所移交，现藏北京石刻艺术博物馆。

著录情况：《馆目》，第 74 页。

故嘉议大夫王公墓碑

元至顺三年（1332）岁在壬申仲春（二月）

首行题：▨故嘉议大夫」▨宰王公▨」

孝妻夫人张▨

碑方首抹角，座佚，青石质。碑上部及下部残缺，仅存中间部分，残高 105 厘米，宽 69 厘米，厚 8 厘米。拓高 75 厘米，宽 65 厘米。碑文 4 行，行字不等，正书。

碑 1949 年后出土于东城区建国门古观象台东部外墙台基下，1987 年由北京文物研究所移交，现藏北京石刻艺术博物馆。

著录情况：《馆目》，第 75 页。

按：嘉议大夫，文散官名。金始置，正四品下；元升为正三品；明为正三品初授之阶；清废。

都漕运使司同知赵公（温）去思碑颂

元至正八年（1348）正月

额篆：同知都漕运司事赵公去思碑

首题：都漕运使司同知赵公去思碑颂

前翰林待制兼国史院编修官春谷武元亨撰文

亚中大夫同知都漕运司事王钧篆额

将仕郎都漕运使司知事张允恭书丹

碑螭首，碑身下半部残断为若干小碎块，并有缺失，座佚。碑首身通高 210 厘米，宽 90 厘米，厚 27 厘米。碑身拓高 126 厘米、宽 77 厘米。额拓高 60 厘米，宽 31 厘米。碑阳额文 3 行，行 4 字，篆书。碑文 21 行，行残存 36 字，正书。碑阴为题名，失拓。

碑出土于通州区旧城城基，1996年普查时，存放于通州区城内新华大街文化局院内。

敦武校尉湘潭□□官赠修武校尉易□判官梁公及刘宜人墓碑

元岁次甲午〔至正十四年（1354）〕中夏（五月）上旬有六日

额题：大元

碑身题：敦武校尉湘潭□□」官赠修武校尉易□」判官梁公之墓赠故」显庇宜人刘氏之墓」岁次甲午中夏上旬有六日长男梁君选立」

碑青石质，方首抹角，座佚，右下角残。碑高130厘米，宽76厘米，厚13.5厘米。拓高125厘米，宽70厘米。额文横题大字1行2字，正书。碑正文4行，满行8字，大字，正书；碑左侧竖刻1行17字，为年款及立碑人，字较小，正书。

碑1949年后出土于东城区建国门古观象台东侧城墙基址下，1987年由北京文物研究所移交，现藏北京石刻艺术博物馆。

著录情况：《馆目》，第73页。

按：“庇”为“妣”之误。碑年款仅刊干支“甲午”，元甲午年有二，一为至元三十一年（1294），一为至正十四年（1354）。该碑方首抹角，额勒“大元”，与古观象台东侧城墙基址下出土多通元代墓碑形制相近，如元泰定四年（1327）四月《祖父薛资封承务郎妻卜氏封恭人茔地碑》、元至正十五年（1355）三月《故朝列大夫峡州路同知也先帖木儿墓碑》等，推测其年代亦当相近，故该碑年款暂系至正十四年（1354）。

何宅李氏墓碑

元至正十四年（1354）之后

碑身题：高唐州武城县何」宅寄葬李氏之墓」至正十四年九月二十三日故」

碑方首抹角，高68厘米，宽28厘米，厚4厘米。拓高67厘米，宽28厘米。碑文字3行，行字不等，正书。

碑原址不详，现存崇文区隆安寺内。

故奉训大夫异样府总管张公茔地碑

元至正十五年（1355）仲春月（二月）吉日

额题：大元

碑身题：故奉训大夫异样」府总管张公之茔」至正十五年仲春月吉日婶母李氏立石男真童」

碑上部残缺。拓高115厘米，宽78厘米。额横题1行2字，字上部残，只存字的下部，正书。碑文3行，行字不等，正书。

碑1949年后出土于东城区建国门古观象台东侧台基下，1987年北京文物研究所移交，现藏北京石刻艺术博物馆。

故朝列大夫峡州路同知也先帖木儿墓碑

元至正十五年（1355）三月吉日立石

额题：大元

首行题：故朝列大夫峡州路」同知也先帖木儿墓」

碑青石质，方首抹角，座佚。碑高 127 厘米，宽 72 厘米，厚 11.5 厘米。拓高 122 厘米，宽 67 厘米。额文 1 行 2 字，横题，正书。碑文 3 行，行字不等，正书。

碑 1949 年后出土于东城区建国门古观象台东部外墙基址下，1987 年由北京文物研究所移交，现藏北京石刻艺术博物馆。

著录情况：《馆目》，第 76 页。

故奉训大夫东平路同知安卜颜帖木儿茔域碑

元至正十七年（1357）岁次丁酉三月八日

碑身题：故奉训大夫东平路同知」安卜颜帖木儿之茔域」孝男安都都次男夔夔女丑女等立石」

碑上部残缺，座佚。碑高 134 厘米，宽 65 厘米，厚 15 厘米。拓高 130 厘米，宽 63 厘米。碑文 3 行，行字不等，正书。

碑 1949 年后出土于东城区建国门古观象台东侧台基下，1987 年北京文物研究所移交，现藏北京石刻艺术博物馆。

著录情况：《馆目》，第 76 页。

故金玉〼犀玳瑁〼使潘公墓碑

元至正二十八年（1368）前

额题：大元

首行题：故金玉〼」犀玳瑁〼」使潘公〼」〼」

碑青石质，方首抹角，座佚。碑下部残缺，仅存上半部。碑残高 92 厘米，宽 76 厘米，厚 13 厘米。拓高 89 厘米，宽 74 厘米。额文横题 1 行 2 字，正书。碑文 4 行，最后一行隐约有字，无法辨识，共存 9 字，正书。

碑 1949 年后出土于东城区建国门古观象台东部外墙台基下，1987 年北京文物研究所移交，现藏北京石刻艺术博物馆。

著录情况：《馆目》，第 77 页。

中书省宣使温府君墓碑

元至正二十八年（1368）前

碑身题：有元中书省宣」使温府君之墓」

碑方首抹角，座佚，断为 2 截。碑高 117 厘米，宽 62.5 厘米，厚 11.5 厘米。拓高

117 厘米，宽 60 厘米。碑文 2 行，满行 6 字，共 12 字，正书。

碑 1949 年后出土于西直门瓮城城墙外皮墙基中，1987 年北京文物研究所移交，现藏北京石刻艺术博物馆。

著录情况：《考古》，1972 年第 6 期，张宁《记元大都出土文物》。

景州张公墓碑

元至正二十八年（1368）前

首行题：□间路景州□

碑上部及下部残缺，左侧亦残缺，右侧残存部分卷草纹饰，座佚。碑残高 53 厘米，宽 75 厘米，厚 7 厘米。拓高 50 厘米，宽 70 厘米。碑文 4 行，前 3 行行均残存 4 字，最后 1 行隐约有文字，正书。

碑 1949 年后出土于东城区建国门古观象台东外墙基址下，1987 年北京文物研究所移交，现藏北京石刻艺术博物馆。

著录情况：《馆目》，第 78 页。

故武德将军保定路治中阔里别出墓碑

元至正二十八年（1368）前

碑身题：大元故武德将」军保定路治中」阔里别出之墓」

碑方首抹角，座佚。拓高 116 厘米，宽 79 厘米。碑文 3 行，满行 6 字，实存 18 字，正书。

碑原址不详，1987 年北京文物研究所移交，现藏北京石刻艺术博物馆。

故武德将军带金牌淮蒙万户千户所达鲁花赤蛮子公茔地碑

元至正二十八年（1368）前

额题：大[元]

碑身题：故武德将军带金牌」淮蒙万户千户所达」鲁花赤蛮子公之茔」

墓碑上部残缺，残高 132 厘米，宽 70 厘米。墓碑上方偏右处残存一正书的“大”字，其左应为“元”字，现残缺。其下竖题文字 3 行，行 8 字，正书。

碑出土于密云县城西门外桥下，现存密云县冶仙塔碑林。

按：该碑无年月，碑文中的“达鲁花赤”，为元代职官，为所在地方、军队和官衙的最大监治长官，一般由蒙古人担任，据此断定该碑为元碑。元代墓碑形制多为方首抹角，碑上方横题“大元”二字，其下书墓主官职和名字。碑文中“蛮子公”中的“蛮子”二字书于凿刻痕迹上，与碑文其他文字有明显区别，应非墓主人的本名，显然系后人将原文凿去后添补。该墓碑主人很可能是位蒙古人。

本然禅师圆寂之记碑

明宣德六年（1431）十月初一日前卒

额篆：本然禅师圆寂之碑

首行及二行篆：大明国王会宝峰禅寺」本然禅师圆寂碑记」

碑阴

额篆：慎终镌石遗迹像记

首行题：本然禅师□

碑圆首，无纹饰，座佚。碑首身通高110厘米，宽55厘米，厚17厘米。拓高108厘米，宽55厘米。碑阳、阴两面均磨损严重，存字基本无法辨识。碑阳额文3行，行3字，篆书。碑阳首题即首行及二行篆书，碑正文正书，存字状况不详。碑阴额文3行，满行3字，篆书。碑文正书，存字状况不详。

1996年7月普查时，碑在顺义区赵各庄乡后王会村村东采石场，仆地。

按：《顺义区地名志》载，后王会村有元明两代石碑各一块，有唐代宝峰寺遗址及辽代清宁三年（1057）建造的定光佛舍利塔遗址。

该碑因阴、阳两面字迹几乎完全磨损，年款亦泐，仅阴、阳额和部分首题勉强可辨。该碑圆首，与北京石刻艺术博物馆所存的明宣德五年《妙济禅师绰巴扎释塔铭》形制颇为相似，首题中有"大明国"的提法也多见于明早期，由此推测该碑立石年代似应在明早期。明正德八年的《宝峰禅寺重修碑》记曰："考其石刻大元之年，爰有祖师明□，本地人也，□明神解，夙彰善慧，早悟真空，三界□拘，六尘无染，周游湖海，往莅此席，驻锡而来，法门大振，缁素归心……至宣德六年十月初一日迁化荼毗。"本然禅师既为宝峰禅寺僧人，该碑立石年代也可能在明早期，那么《宝峰禅寺重修碑》提及的"祖师明□"很可能就是本然禅师。若果如此，本然禅师当卒于明宣德六年（1431）十月初一日前。

御用监太监朴庵李君（童）碑

明景泰四年（1453）八月望日（十五日）

额篆：大明

首题：御用监太监朴庵李君碑

光禄大夫少傅兼太子太师礼部尚书前太子宾客兼国子祭酒胡濙撰文

碑方首抹角，首雕双龙戏珠，素面方座。碑首身通高162厘米，宽68厘米，厚16厘米。碑座露高34厘米，宽80厘米，厚28厘米。碑首身拓高162厘米，宽66厘米。额文2行，满行2字，篆书。碑文25行，满行46字，正书。

碑现立于石景山区法海寺外西侧蟠龙山南坡。

著录情况：《拓汇》，第51册，第188页。《拓目》，第8页，京10277。

桑渴巴辣大喇嘛实行碑

明天顺二年（1458）岁次戊寅九月九日

额篆：敕赐崇恩寺碑

首题：敕赐崇恩寺西天大辣麻桑渴巴辣实行碑

承旨讲经兼赐宝藏圆融显密宗师播阳道深撰

征仕郎中书舍人广平程洛书

赐进士出身奉政大夫工部郎中孝感张瓒篆

崇恩当代住持巴辣些纳立石

碑螭首方座，首身通高222厘米，宽80厘米，厚17厘米。座高39厘米，宽90厘米，厚39厘米。碑身拓高150厘米，宽97厘米。碑阳额文2行，行3字，篆书。碑文26行，满行52字，现存978字，正书。碑阴镌题名27行，现存699字，正书。阴无额题。

碑原在西城区护国寺街护国寺内，现藏北京石刻艺术博物馆。

著录情况：《拓汇》，第52册，第10页。《拓目》，第503页，京343。《馆目》，第32页。《首图拓目》，第70页，第590页。《庙目》，第60页。《中国营造学社会刊》，第6卷，刘敦祯《北京护国寺残迹》。

按：额题中“崇恩寺”即今西城区护国寺，《日下旧闻考》卷五十三载，该寺始自元代，称崇国寺。明宣德四年（1429）赐名隆善。成化八年（1472）加护国名。天顺二年碑二，其一西天大喇嘛桑噶巴拉行实碑，即此碑。碑述：大喇嘛，梵名桑渴巴辣，为中天竺国人。正统十一年回京途经定州上生寺时卒，其徒迎其全身归京，在阜城关西域丛林荼毗后，其舍利遗骨，一起灵塔京西房山小西天东峪，一起灰塔西域寺西北隅。

敕建马鞍山万寿大戒坛第一代开山大坛主僧录司左讲经孚公（道孚）大师行实碑

大明成化九年（1473）岁在癸巳夏四月佛诞（八）日

额篆：敕建万寿大戒坛僧禄司左讲经知幻大师行实碑

首题：敕建马鞍山万寿大戒坛第一代开山大坛主僧录司左讲经孚公大师行实碑

资善大夫正治上卿礼部尚书前太子宾客国子祭酒毘陵胡濙撰文

中顺大夫太常寺少卿兼经筵侍书直文华殿广平程南云书丹

奉天翊卫推诚宣力武臣特进荣禄大夫柱国安乡伯凤阳张宁篆额

僧录司左觉义传戒坛主徒弟德默右觉义传戒坛主德育传戒坛主宗师德□住持德令等立石

历阳王用镌

碑螭首龟趺，石灰石质。碑首身相连，通高263厘米，宽97厘米，厚28厘米。趺座高66厘米，宽102厘米，长217厘米。拓高254厘米，宽103厘米。碑阳额文4行，满行5字，篆书。碑文28行，满行86字，正书。碑阴刻捐资人名，正书。

碑现立于门头沟区戒台寺。

著录情况：《拓汇》，第52册，第98页。《拓目》，第504页，京7247。

按：首题中“僧禄司”的“禄”当为“录”之误。

李宾谕祭加赠制命碑

明成化二十一年（1485）五月十六日至八月十二日撰文

首行题：奉」天承运」皇帝制曰国家稽古为治于大臣（以下从略）」

碑青石质，左侧缺残，座佚。碑首身通高222厘米，残宽89厘米，厚26厘米。拓高200厘米，宽76厘米。碑文残存9行，满行残存23字，正书。

碑原在顺义区李桥（李家庄），现存顺义区文物管理所院内碑林。

著录情况：《重印民国顺义区志》，第240页。

按：李宾，字廷用，号敬庵。《明史》有传。生于明永乐十四年（1416）二月十七日，世为顺义区人。明正统十年（1445）考取进士，授浙江道御史。历官副都御史、提督、大理卿、左都御史、南京兵部尚书。成化二十一年（1485）五月十六日卒，享年七十。谥襄敏，赠太子太保。

《光绪顺天府志》载：“少保李宾墓，在县南二十里李家庄。”清康熙年黄成章纂《顺义区志》载：李公卒于私第，上闻惊悼，诏赠太子太保，遣官谕祭。以成化二十一年（1485）八月十二日葬于祖茔东之新垄。

《重印民国顺义区志》《卷十五·金石志》载有李宾家族墓碑情况：谕祭李少保母卢氏碑，在小临清李公墓，天顺三年（1459）遣礼部侍郎邹干临祭；谕祭李少保父容公碑，在小临清李公墓，天顺四年（1460）遣顺天府通判张瑄临祭；诰封李少保祖父仁敬公制碑，在小临清李公墓，天顺八年（1464）立；诰封李少保祖总宪制碑，在小临清李公墓，“天顺二十三年（按：县志有误，天顺无二十三年）立”。

该碑记述李宾死后加赠太子太保事碑，未刻撰文和立碑年月。后面的《遣徐溥、张寿等谕祭李宾碑》碑文提及“赠太子太保”事，并记录了明成化二十一年（1485）八月十二日和三十日两次谕祭事，知该圣旨的撰文年月当在李宾死之后、八月十二日谕祭之前。

遣徐溥、张寿等谕祭李宾碑

明成化岁次乙巳〔二十一年（1485）〕八月乙酉朔十二日戊子

明成化岁次乙巳〔二十一年（1485）〕八月乙酉朔三十日戊寅

首行题：▨都察□□御史李□□□□□□□□□□守备南都益杨□

碑身两侧边缘残缺，右侧不知残缺几行文字。拓高190厘米，宽80厘米。碑文残存14行，满行35字，正书。

碑原在顺义区李桥（李家庄），现存顺义区文物管理所院内碑林。

著录情况：《重印民国顺义区志》，第240页。

按：碑文前记谕祭及营葬事，之后刊谕祭文二，即明成化二十一年八月三十日皇帝遣礼部左侍郎兼翰林院学士徐溥谕祭李宾文及成化二十一年八月十二日皇帝遣顺天府通判张寿谕祭李宾文。

丘聚太监墓地蠲免役税敕谕碑

明正德二年（1507）四月十二日

首行题：皇帝敕谕官员军民诸色人等

明武宗朱厚照御制

碑首、座皆不存，形制不详。碑身阳面边框浮雕云龙纹。碑身中部断裂后粘接，碑文应当有缺字，所缺字数不详。碑残高 205 厘米，宽 104 厘米，厚 27 厘米。拓高 167 厘米，宽 70 厘米。碑文 17 行，满行残存 33 字，实存 394 字，正书。碑阴无字，无纹饰。

碑原址不详，现藏北京石刻艺术博物馆。

著录情况：《馆目》，第 79 页。

钱能墓地敕谕碑

明正德二年（1507）八月初三日

额篆：敕谕

首行题：皇帝敕谕官员军民僧俗人等故御马监太监钱能逮事

碑螭首龟趺，碑阳面边框线刻云龙纹。碑首身通高 410 厘米，宽 132 厘米，厚 35 厘米；龟趺长 269 厘米，宽 132 厘米，高 94 厘米。碑身拓高 258 厘米，宽 128 厘米。碑额高 62 厘米，宽 34 厘米。碑阳额文 1 行 2 字，篆书。碑文 11 行，满行 26 字，共计 199 字，正书。末行年款即“德二”两字两侧竖镌“敕命之宝”两行小字，满行 2 字，共 4 字，正书，无边框。碑阴无字。

碑原在朝阳区酒仙桥半截塔村，1986 年征集入馆，现藏北京石刻艺术博物馆。

著录情况：《馆目》，第 79 页。

按：钱能，《明史》有传。

大明御马监太监李公寿藏记铭碑

明正德四年（1509）岁次己巳冬十月吉日立石（卒葬年月未载），葬于顺天府宛平县香山乡广源闸之原，附会诸公之义域

额篆：御马监太监李公寿藏碑记铭

首题：大明御马监太监李公寿藏记铭

赐进士及第中宪大夫太常寺少卿兼翰林院学士经筵国史官东☐

特进光禄大夫左柱国太师兼太子太师英国公奉敕提督五军十二营总兵官监修国史知经筵事掌后军都督府事古汴☐

中宪大夫光禄寺卿直文渊阁经筵玉牒官莱阳周▨

铭为碑形，螭首，碑身下部残缺，座佚。碑高 254 厘米，宽 94 厘米，厚 25 厘米。额文 4 行，满行 4 字，篆书。铭文 27 行，行残存 52 字，正书。

1949 年后海淀区索家坟出土，现藏北京石刻艺术博物馆。

著录情况：《馆目》，第 146 页。《新出土（一）》，（上），第 167 页；（下），第 148、149 页。

按：碑出土地点与碑文记载的葬地不符，当是经过移动。

张桑节朵而只墓塔记碑

明正德七年（1512）

额篆：明故太监大隆善护国寺西天佛子大国师张公墓塔记

首题：明故太监大隆善□□□西天佛子大国师张公墓□

碑圆首座佚。碑高 204 厘米，宽 84 厘米，厚 15 厘米。拓连额高 197 厘米，高 87 厘米。碑阳额文 3 行，满行 5 字，共存 20 字，篆书。碑文 24 行，满行 54 字，共计 715 字，正书。碑阴刻题名，存 14 行，行字不等，实存 120 字，正书。

碑原在海淀区真觉寺金刚宝座塔西侧立，现藏北京石刻艺术博物馆。

著录情况：《拓目》第 11 页，京 6033。《拓汇》，第 53 册，第 181 页。《馆目》第 79 页。

伯哈智墓残碑

明嘉靖二十九年（1550）后

末行残存：▨指挥杨应瑞率男

拓高 59 厘米，宽 69 厘米。碑上部残缺，下部残存文字 11 行，行字不等，正书。

碑在昌平区南邵北何家营伯哈智墓，现原址保存。

按：碑文年款不存，据文中“嘉靖庚戌”推知该碑为明碑，立于嘉靖庚戌即嘉靖二十九年（1550）后。

伯哈智为西域伊斯兰教先贤，明洪武初年来中国，因呈献兵策，受到明太祖嘉奖，辞官不做，宣传伊斯兰教，对中国的伊斯兰教传播起了很大作用。明洪武末年伯氏到昌平传教讲学，并寿终于此，葬于北邵之阳，即今昌平区南邵镇何营村。墓地建于明初，面积约 10 亩左右，当地人称筛海坟，又称回祖坟，墓地中祔葬了其生前坐骑白骆驼。明、清时期，墓地曾经多次得到修缮，并立有重修碑，现尚存碑刻五通。

某太监迁葬残碑铭残石

明嘉靖甲子岁〔四十三年（1564）〕闰二月上旬后记

一拓首行题：▨长沟村东北古城（以下从略）（该拓尺寸略大）

另一拓首行题：铭曰人之

锦衣中所副千户铭记

拓存两纸：一拓高 98 厘米，宽 38 厘米；另一拓高 55 厘米，宽 25 厘米。铭文残存 9 行，行残存 37 字。

刻石现存房山区长沟村东中山寺。

按：从刻石文中“名下”、“太监杨君”、“迁葬于中山寺之东”等语，推知某公为太监。“锦衣中所副千户铭与其子溪”可能为某公子侄或义子。“敕镇守福建八闽兼管市舶司事今钦差提调大石窝等处山场兼督理□□谷工▨”可能为某公官职。

重修先贤碑记

明万历六年（1578）岁次戊寅吉旦

首题：重修先贤碑记

赐进士出身奉政大夫户部浙江清吏司郎中燕山周文远拜撰

前军都督府管府事左都督马芳

碑石有风化。碑身拓高 120 厘米，宽 76 厘米。额拓高 24 厘米，宽 28 厘米。额题为阿文。碑文 19 行，行字不等，正书。

碑在昌平区南邵镇何营村北伯哈智墓，原址保存。

著录情况：《拓汇》，第 57 册，第 54 页。《拓目》，第 15 页，京 8833。

内官监太监掌承运□事刘公讳□号刘温泉墓碑

明万历己卯〔七年（1579）〕三月□十三日卒

额竖题：皇明

碑身题：正德丁卯十月二十六日子时生」内官监太监掌承运□事刘公讳□号温泉之墓」万历己卯三月□十三日午时卒」

碑螭首，座佚，碑断为两截，到馆后修复。碑身拓高 210 厘米，宽 95 厘米。额拓高 35 厘米，宽 31 厘米。碑阳额文 1 行，满行 2 字，正书。碑文 3 行，满行 19 字，正书。碑阴无字。

碑 1998 年 8 月 16 日从宣武区广义街 12 号工地征集，现藏北京石刻艺术博物馆。

著录情况：《拓汇》，第 57 册，第 68 页。《拓目》，第 15 页，京 5681。

按：《拓目》载碑原在宣武区广安门内善果寺。刘温泉，名字不详，碑文中其名字被凿毁，温泉为其号。

张宏墓地护敕碑

明万历十三年（1585）三月十三日

额篆：圣恩护敕

首行题：司礼监等衙门太监等官臣张鲸等谨题为□例乞恩请给护

张鲸等立

碑螭首无座，首身高184厘米，宽78厘米，厚28厘米。碑身拓高112厘米，宽69厘米。额拓高19厘米，宽19厘米。碑阳额文2行2字，篆书。碑文17行，满行34字，共计387字，正书。碑阴竖刻文字3行，中间刻“常念佛”3字，第1行刻“十方三世佛阿弥陀佛第一”，第3行“九品度众生威德无穷极”，均双钩正书。

碑原藏北京文物工作队，现藏北京石刻艺术博物馆。

著录情况：《馆目》，第81页。

按：碑文载“于阜城关外香山乡二里沟地方置买坟地一区”，“原有迎祥寺一处”，推测碑原址当在现西城区二里沟附近。

遣杨致中谕祭田义碑

明万历三十三年（1605）岁次乙巳九月壬申朔十五日丙戌

额篆：谕祭

首行题：维」万历三十三年岁次乙巳九月壬申朔十」五日丙戌」皇帝遣御马监太监杨致中」

碑身拓高153厘米，宽83厘米。额拓高26厘米，宽21厘米。额文1行2字，篆书。碑文8行，满行18行，正书。

碑在石景山区田义墓立。

著录情况：《拓汇》，第58册，第172页。《拓目》，第16、17页，京10252。

遣王钦谕祭田义碑

明万历三十三年（1605）岁次乙巳九月壬申朔十七日戊子

额篆：谕祭

首行题：维」明万历三十三年岁次乙巳九月壬申朔十」七日戊子」皇帝遣御马监太监王钦」

碑身拓高153厘米，宽83厘米。额拓高26厘米，宽21厘米。额文1行2字，篆书。碑文8行，满行18行，正书。

碑在石景山区田义墓。

著录情况：《拓目》，第17页，京10251。

遣赵刚谕祭田义碑

明万历三十三年（1605）岁次乙巳九月壬申朔十九日庚寅

额篆：谕祭

首行题：维」明万历三十三年岁次乙巳九月壬申朔十」九日庚寅」皇帝遣御马监太监赵刚」

碑身拓高 153 厘米，宽 83 厘米。额拓高 27 厘米，宽 25 厘米。额文 1 行，满行 2 字，篆书。碑文 8 行，满行 18 行，正书。

碑在石景山区田义墓立。

著录情况：《拓目》，第 17 页，京 10253。

乾清宫近侍司礼监掌印兼掌酒醋面局印总督礼仪房司礼监太监渭川田公（义）墓表碑铭

明万历三十三年（1605）岁次十月吉旦立

额篆：皇明司礼监掌印太监渭川田公墓碑铭

首题：乾清宫近侍司礼监掌印兼掌酒醋面局印总督礼仪房司礼监太监渭川田公墓表碑铭

光禄大夫柱国少傅兼太子太傅吏部尚书中极殿大学士知制诰经筵日讲事国史玉牒总裁四明沈一贯撰文

光禄大夫少保兼太子太保礼部尚书文渊阁大学士知制诰经筵日讲昆山沈鲤篆额

武英殿侍直典礼校正秘书办中书舍人事松阳潘世元书丹

碑螭首方座，座正、背浮雕二龙戏珠，座两侧各浮雕一龙。碑现状完好，碑上有砖砌碑楼、藻井。碑首身通高 320 厘米，宽 105 厘米，厚 39 厘米。碑座高 90 厘米，宽 146 厘米，厚 70 厘米。碑身阳面拓高 190 厘米，宽 101 厘米。碑身阴面拓高 90 厘米，宽 30 厘米。碑身阳面额文 4 行，满行 4 字，篆书。碑文 23 行，满行 52 字，正书。碑阴无额题。碑文 6 行，均为田义的侄子、孙及从孙等题名，正书。

碑在石景山区田义墓（东碑楼内）立。

著录情况：《拓汇》，第 58 册，第 173 页。《拓目》，第 17 页，京 10286。

司礼监掌印太监兼掌酒醋面局印渭川讳义田公（义）墓碑

明万历三十三（1605）年十月

额篆：皇明

碑阳居中题：司礼监掌印太监兼掌酒醋面局印渭川讳义田公之墓

碑螭首方座。碑身阳、阴两面边框雕福山承托缠枝莲捧团莲花；座正、背面雕二龙戏珠，侧面雕瑞兽。碑首身高 320 厘米，宽 81 厘米，厚 79 厘米。碑座高 106 厘米，宽 128 厘米，厚 125 厘米。碑阳额文 1 行 2 字，双钩篆书。碑身竖题 1 行 22 字，双钩正书。碑阴无字无额题。

碑现在田义墓后院（寿域）中间立。

著录情况：《拓目》，第 18 页，京 10193。

耶稣会士利公（玛窦）墓碑

明万历庚戌〔三十八年（1610）〕卒

碑阳中题：耶稣会士利公之墓

碑螭首，方座。拓高136厘米，宽69厘米。碑阳碑文汉文、拉丁文合璧，汉文4行，正书，拉丁文20行。碑阴无字。

碑现立于西城区北营房北街（马尾沟）教堂（今北京行政学院）院内。

著录情况：《拓汇》，第59册，第15页。《拓目》，第17页，京1876。

按：原碑文在“文革”中被磨损，现存碑文为1979年修复时重刻，四框图案仍为原刻。

李卓吾先生墓碑

明万历四十年（1612）二月

碑阳居中题：李卓吾先生墓

焦竑题

碑阴：明万历四十年（1612）

首题一：李卓吾碑□记

首题二：吊[李]卓吾先生墓二首

詹轸光

碑方首方座，外罩碑楼。碑身上部断裂后修复，一至二列文字缺失。碑首身通高264厘米，宽87厘米。阳拓高225厘米，宽69厘米，字径高28厘米，宽20厘米。阴拓高145厘米，宽76厘米。碑文16行，前10行为碑文，满行36字，正书；后5行为吊李卓吾先生诗文，行书。

碑原址在通州区北马厂迎福寺西侧，1996年普查时在通州区西海子公园。

著录情况：《拓汇》，第59册，第34页。《拓目》，第17页，京8268。

按：李卓吾（1527—1602），名贽，字卓吾，又字笃吾，别号温陵居士、百泉居士、龙湖叟、秃翁，又号宏甫、思斋。原姓林，以林载贽之名入泮，旋改姓李，中举后避朱载垕讳，改名为贽，又有笃、卓等名。福建泉州晋江人，回族。明末进步思想家，著有《焚书》、《藏书》等书。因反封建礼教和假道学，获“敢倡乱道，惑世诬民”之罪下狱，致死。逝后，友人马经纶葬其于通州北门外马氏庄迎福寺侧。

李卓吾墓碑阳面镌好友焦竑所书“李卓吾先生墓”六大字。碑阴刊詹轸光明万历四十年（1612年）书《李卓吾碑记》和《吊李卓吾先生墓二首》。

李卓吾墓经过二次迁葬，1954年自原葬地迁至通惠河北岸大悲林村南，1983年又迁葬西海子公园。现墓坐北朝南，明代碑石立于墓前，建有碑楼加以保护。

先贤墓碑记

明万历四十六年（1618）岁次孟秋（七月）吉旦书

额题：先贤墓记

首题：先贤墓碑记

末尾题：神机营右副将前军都督府都督佥事张大缙偕男神枢营备兵坐营都指挥签事张福安」顺天府昌平州儒学生员张福宁」昌平道门下千总官张福□」

碑阴

额题：天课

首题：天经课

碑碎为6块，最大块残碑拓高54厘米，宽51厘米。碑文20行，行字不详，正书。

碑在昌平区南邵北何家营伯哈智墓，原址保护。

著录情况：《拓目》，第17页，京8837。

按：阳、阴首题、额题均据《拓目》补。

耶稣会士罗公（雅谷）墓碑

明崇祯戊寅〔十一年（1638）〕卒

碑阳中题：耶稣会士罗公之墓

碑螭首，碑额镌刻“十字架”图案。拓高106厘米，宽69厘米。碑阳碑文汉文、拉丁文合璧，汉文5行66字，正书，拉丁文16行。碑阴无字。

碑在西城区北营房北街（马尾沟）教堂（今北京行政学院内）。

著录情况：《拓汇》，第60册，第94页。《拓目》，第18页，京1878。

崇信伯费长女尚桂墓碑

明崇祯十五年（1642）二月十一日申时

碑身题：生于万历己未七月十九日子时」明崇信伯费长女尚桂之墓」卒于崇祯十五年二月十一日申时」

碑方首，座佚。碑首身通高100厘米，宽34厘米，厚10厘米。拓高97厘米，宽34厘米。碑文3行，正书。

碑原址不详，现存崇文区隆安寺。

“诰封明威将军张公先茔”石额

明崇祯十七年（1644）前

额题：诰封明威将军张公先茔

石额边框线刻花纹，高41厘米，宽215厘米，厚10厘米。拓高35厘米，长213厘米。额文1行，自右及左横题，满行10字，双钩正书。

石额原址不详，现在延庆县永宁镇（2006年时集中存放于永宁镇文化站仓库）。

按：明威将军，军事职官名称或武散官阶称号。魏置。南北朝各朝多置。唐为武散官，从四品下。宋升从四品。金正五品下。元升正四品。明正四品初授明威将军。清初为正四品。

据光绪七年刊《延庆州志·古迹》载，明“张游击将军勋墓，在永宁北十五里”。推测该石额可能为明代张勋的家族墓地石刻。

谷积山太监墓石刻

明崇祯十七年（1644）前

拓高126厘米，宽25厘米。拓不全，下部文字失拓或缺。拓上方一行横题：“皇明”，其下竖题：“乾清宫管事兼掌内府供用库印御马”，再下失拓或缺，文字均正书。

石在房山区谷积山院后面山上。

按：该石刻形制不详，据拓本，石刻为柱形，可能为太监墓地的界桩类石刻。

“内府供用库掌印南溪张公寿域”石额

明崇祯十七年（1644）前

额题：内府供用库掌印南溪张公寿域

拓长126厘米，宽18厘米。额文横题1行，满行13字，正书。

石额为房山区谷积山院后面山上张太监地宫门额。

按：该墓地宫石门现裸露在外，石门保存基本完好。

敕赐一等阿思哈哈番巴尔达奇碑文

清顺治十一年（1654）五月十三日立

额篆：敕赐

首题：一等阿思哈哈番巴尔达奇碑文

碑螭首龟趺，碑身边框刻卷草纹。碑首身通高243厘米，宽92厘米，厚31厘米。龟趺高80厘米，宽100厘米，长205厘米。拓高204厘米，宽86厘米。额文满汉文各1行2字，汉文双钩正书。碑文满汉文合璧，满汉文各5行，汉文满行39字，共计160字，正书。碑阴无字。

碑原址在海淀区德胜门外大屯华严厂，1994年6月16日由首都博物馆拨交，现藏北京石刻艺术博物馆。

著录情况：《拓汇》，第61册，第65页。《拓目》，第20页，京3819。《馆目》，第82页。《辽海丛书·五》之《雪屐寻碑录·卷一》，第2871页，辽沈书社，1985年3月出版。《文物集刊》，1980年第五期，赵展、吴梦麟《巴尔达奇墓碑的发现和考释》，文物出版社。

敕谕定南王孔有德碑

清顺治十二年（1655）三月

额篆：敕谕

首题：定南王孔有德碑

碑阴

中华民国二十五年（1936）仲春（二月）谷旦

首题：清定南王孔有德墓碑后记

辽阳吴瓯撰记

利津崔麟书丹

辽阳高纪毅重立

碑螭首龟趺，碑阳、阴边框均浮雕云龙纹。碑首身通高412厘米，宽122厘米，厚32厘米。龟趺长224厘米，宽124厘米，厚93厘米。拓高204厘米，宽80厘米。碑阳额文2行，满汉文各1行2字，汉文篆书。碑文8行，满行50字，共计244字，正书。碑阴碑文分刻上下二栏，上栏存16行，下栏存17行，满行均37字，共计548字，隶书。

碑原址在西城区阜成门外北营房（原孔王坟）。

著录情况：《拓汇》，第61册，第69页；第98册，第63页。《拓目》，第20页，京2467；第135页，京2469。《馆目》，第83页。《辽海丛书·五》之《雪屐寻碑录·卷一》，第2872页。

诰赠资政大夫镇守山西陕西固山大穆公（尔太）诰封碑

清顺治十四年（1657）三月初十日

额题：诰封

首行题：奉」天承运」皇帝制曰（以下从略）」

碑阴

清康熙八年（1669）四月吉旦

首行题：诰赠资政大夫镇守山西陕西固山大穆

孝子户部员外郎加一级苏赫德金成（撰文）

碑螭首座佚。碑首身通高314厘米，宽97厘米，厚35厘米。碑身拓高195厘米，宽94厘米。碑阳额文满汉文各1行2字，汉文篆书。碑文满汉文合璧，满文7行；汉文8行，满行49字，正书。碑阴满汉文合璧，满文9行，汉文9行，满行58字，正书。碑阴无额题。

碑原址在海淀区莲花池，1995年10月9日征集到馆，现藏北京石刻艺术博物馆。

著录情况：《拓汇》，第62册，第129页。《拓目》，第22页，京3475；第30页，京3477。《辽海丛书·五》之《雪屐寻碑录·卷一》，第2880页。

按：《拓目》载碑在海淀区羊坊店木楼村。

罗铎浑诰封碑

清顺治十四年（1657）三月初十日

额题：诰封

首行题：奉」天承运」皇帝制曰（以下从略）」

碑麒麟首，碑身边框刻卷草纹，座佚。碑身下部残缺，仅存上半部分。碑残高 187 厘米，宽 102 厘米，厚 30 厘米。碑身拓高 78 厘米，宽 84 厘米。额拓高 33 厘米，宽 29 厘米。额文满汉文各 1 行 2 字，汉文双钩正书。碑文满汉文合璧，汉文 16 行，满行应存 95 字，现残存 32 字，碑文实存 280 字，正书；满文 15 行。

碑原址在朝阳区高碑店熏皮厂，现藏北京石刻艺术博物馆。

著录情况：《拓目》，第 21 页，京 8200。《馆目》，第 83 页。《辽海丛书·五》之《雪屐寻碑录·卷一》，第 2876 页。

皇清诰封通议大夫包衣佐领加二级穆公（哈达）及妻王秦氏宜尔根觉罗氏诰封碑

清顺治十四年（1657）三月初十日

碑阳首行题：奉」天承运」皇帝制曰褒忠表义昭代之良规崇德报功圣王之令典尔穆哈达□具干才授职效用（以下从略）」

碑阴

清康熙十四年（1675）四月初九日

首题：皇清诰封通议大夫包衣佐领加二级穆公碑

参领佐领加一级孝长男翁莪代、八品官孝次男梁武唐敬立

碑麒麟首，龟趺。碑阳额污损，有无额题不详。碑首身通高 250 厘米，宽 100 厘米，厚 36 厘米。龟趺长 285 厘米，宽 112 厘米，高 88 厘米。碑阳为清顺治帝御制文，满汉文合璧，满文 9 行，汉文 9 行，满行 56 字，实存 243 字，正书。碑阴满汉文合璧，满文 13 行，汉文 11 行，满行 64 字，实存 403 字，正书。

碑原址在宣武区广安门外马连道东街，现藏北京石刻艺术博物馆。

著录情况：《拓汇》，第 61 册，第 107 页。《拓目》，第 22 页，京 3550。《馆目》，第 84 页。

皇清诰封资政大夫三等阿达哈哈番护卫壮大议政大臣加一级博公（博尔代）诰命碑

清顺治十四年（1657）三月初十日

额篆：诰封

首题：皇清诰封资政大夫三等阿达哈哈番护卫壮大议政大臣加一级博公诰命碑

碑阴

清康熙十二年（1673）五月吉旦

首题：皇清诰封资政大夫三等阿达哈哈番护卫壮大议政大臣加一级博公碑阴文

孝男三等阿达哈哈番加一级索龙七品官色槅遏谨立

碑方首，首浮雕麒麟，龟趺，碑身阳阴边框均云纹。碑首身通高 340 厘米，宽 103 厘米，厚 36 厘米。龟趺长 248 厘米，宽 106 厘米，高 81 厘米。拓高 209 厘米，宽 84 厘米。碑阳额文满汉文各 1 行 2 字，汉文双钩篆书。碑文满汉文合璧，满文 9 行；汉文 10 行，满行 58 字，实存 263 字，正书。碑阴碑文满汉文合璧，满文 11 行；汉文 11 行，满行 66 字，实存 398 字，正书。

碑原址在丰台区右安门外祖家坟（北京市第二医院），现藏北京石刻艺术博物馆。

著录情况：《拓汇》，第 61 册，第 103 页；第 63 册，第 43 页。《拓目》，第 22 页，京 3689；第 34 页，京 3691。《馆目》，第 85 页。《辽海丛书·五》之《雪屐寻碑录·卷一》，第 2882 页。

御制多罗慤厚贝勒（杜尔户）碑文

清顺治十四年（1657）八月十七日立

首题：多罗慤厚贝勒碑文

清世祖福临顺治御制

碑螭首龟趺，碑身阳阴边框均浮雕云龙纹。碑首身通高 394 厘米，宽 125 厘米，厚 47 厘米。龟趺长 281 厘米，宽 127 厘米，高 95 厘米。拓高 240 厘米，宽 85 厘米。碑文满汉文合璧，满文 6 行；汉文 5 行，满行 40 字，实存 135 字，正书。碑阴无字。

碑原址在海淀区羊坊店，现藏北京石刻艺术博物馆。

著录情况：《拓目》，京 5342，第 22 页。《拓汇》，第 61 册，第 109 页。《馆目》，第 85 页。

御制内大臣二等阿思哈番谥勤恪鄂齐尔碑文

清顺治十五年（1658）

额篆：敕建

首题：内大臣二等阿思哈番谥勤恪鄂齐尔碑文

清世祖福临顺治御制

碑螭首，碑身边框刻龙纹，座佚。碑首身通高 345 厘米，宽 114 厘米，厚 34 厘米。碑身拓高 202 厘米，宽 99 厘米。额拓高 42 厘米，宽 31 厘米。额文满汉文各 1 行 2 字，汉文篆书。碑文满汉文合璧，满文 8 行；汉文 6 行，满行 32 字，实存 143 字，正书。

碑原址在海淀区五道口，现藏北京石刻艺术博物馆。

著录情况：《拓汇》，第 61 册，第 113 页。《拓目》，第 23 页，京 6015。《馆目》，第 86 页。《辽海丛书·五》之《雪屐寻碑录·卷一》，第 2883 页。

御制梅勒章京加一级三等阿达哈哈番觉罗阿克善碑文

清顺治十六年（1659）八月十三日

额篆：敕建

首题：梅勒章京加一级三等阿达哈哈番觉罗阿克善碑文

清世祖福临顺治御制

碑螭首龟趺。首身通高 372 厘米，宽 108 厘米，厚 36 厘米。龟趺长 276 厘米，宽 123 厘米，高 93 厘米。碑身拓高 200 厘米，宽 76 厘米。额拓高 35 厘米，宽 29 厘米。额文满汉文合璧，各 1 行 2 字，汉文篆书。碑文满汉文合璧，满文 12 行；汉文 11 行，满行 65 字，实存 475 字，正书。碑阴无字。

碑原址在海淀区北太平庄花园路，现藏北京石刻艺术博物馆。

著录情况：《拓汇》，第 61 册，第 137 页。《拓目》，第 24 页，京 3003。《馆目》，第 86 页。《辽海丛书 · 五》之《雪屐寻碑录 · 卷一》，第 2883 页。

耶稣会士邓公（玉函）墓碑

庚子年〔清顺治十七年（1660）〕卒

碑身中题：耶稣会士邓公之墓

碑螭首，碑额镌刻“十字架”图案，碑额已漫漶。碑阳碑文为汉文、拉丁文合璧，汉文存 5 行 69 字，正书，拉丁文 18 行。碑阴无字。

碑在西城区北营房北街（马尾沟）教堂（今北京行政学院内）。

著录情况：《拓汇》，第 61 册，第 158 页。《拓目》，第 24 页，京 1886。

一等阿思哈哈番又一拖沙喇哈番太子太保加一级议政大臣谥恪僖哈什屯碑文

清康熙四年（1665）五月二十六日立

首题：一等阿思哈哈番又一拖沙喇哈番太子太保加一级议政大臣谥恪僖哈什屯碑文

此碑仅存部分碑身，碑首、碑身上部及左半部分残，座佚，碑身边框镌云龙纹。碑残高 190 厘米，残宽 87 厘米，厚 20 厘米。拓高 175 厘米，宽 70 厘米。碑阳碑文满汉文合璧，满文残存 5 行；汉文残存 3 行，82 字，正书。碑阴镌法文。

碑 2006 年 12 月 12 日征集于海淀区永丰乡，现藏北京石刻艺术博物馆。

著录情况：《辽海丛书 · 五》之《雪屐寻碑录 · 卷一》，第 2901 页。

按：碑阳碑文残缺不全，《雪屐寻碑录》有记载。碑阴刻法文，为 1924—1931 年比利时驻华公使 Warzee D' Hermalle 的墓碑。

耶稣会士汤公（若望）墓碑

清康熙四年（1665）乙巳立

清康熙八年（1669）十一月十六日补刻

碑身中题：耶稣会士汤公之墓

首行题：皇帝谕祭原任通政使司通政使加二级又加一级掌钦天监印务事故汤若望之灵曰鞠躬

碑阴

清康熙四年（1665）乙巳卒

首行题：汤先生讳若望号道未大西洋日尔玛你亚国人也自幼入耶稣会

碑螭首方座，首上部残缺，碑身阳阴均线刻卷草纹，座浮雕二龙戏珠图案。碑身拓高190厘米，宽84厘米。碑阳满汉文合璧，为康熙皇帝谕祭文，汉文6行125字，正书；满文5行。碑阴碑文汉文、拉丁文合璧，汉文4行83字，正书。

碑在西城区北营房北街（马尾沟）教堂（今北京行政学院内）。

著录情况：《拓汇》，第61册，第81页；第62册，第65、42页。《拓目》，第27页，京1892。

按：汤若望墓与利玛窦墓相邻，现存墓及墓碑。汤若望重造坟茔的费用由康熙皇帝特赐，共计白银五百二十四两。他的坟墓高大壮观，墓前设有石门、石马、石羊、石供等。

又：汤若望墓碑的阳、阴问题。现存的会士碑基本形制为碑阳为汉文、拉丁文合璧，碑阳中竖题“某某之墓”一行汉文，字体较大，文字右面竖镌若干行汉文，左面横镌若干行拉丁文，字体略小，其内容为叙述该会士生平。若为皇帝赐葬，碑阴会镌刻赐葬内容等。该碑形制与其他碑稍有不同，竖题的“某某之墓”一行大字在一面，该面的右侧镌汉文，左侧镌满文，为汤氏去世四年后皇帝的谕祭文，而汉文、拉丁文合璧的墓主生平镌于另一面，所题纪年为墓主去世的年月。

一般来讲，墓碑是立于墓前起标墓的作用，因此镌有“某某之墓”的一面应为碑阳。因此推测碑阳应为“耶稣会士汤公之墓”的一面，该行文字和另一面镌有其生平的汉、拉丁文当为立碑时所镌，即清康熙四年（1665），而碑阳的谕祭文当是后来利用原碑补刻。《拓汇》、《拓目》和《北京地区基督教史迹研究》认为该碑碑阳为汉、拉丁文合璧的一面，因为该面的纪年要早于另一面，同时也参考了1979年恢复汤氏墓地时的立碑方向。而1979年重立汤氏墓碑时的方向又是根据1958年北京市文物部门和国家图书馆庋藏的拓片所题的碑阳、碑阴所定。姑存二说，冀希望新材料的发现能解决这一问题。

张天福诰封碑

清康熙六年（1667）九月朔一日

额篆：圣旨

首题：奉」天承运」皇帝制曰（以下从略）」

碑螭首龟趺，龟趺头部有残。碑首身通高415厘米，宽115厘米，厚35厘米。龟趺高85厘米，宽115厘米，残长200厘米。拓高277厘米，宽108厘米。额拓高30厘米，宽29厘米。额文满汉文各1行2字，汉字双钩篆书。碑文满汉文合璧，满文12行；汉文11行，满行62字，正书。碑阴无字。

碑2004年3月29日征集于海淀区永泰小区工地，现藏北京石刻艺术博物馆。

索尼诰封碑

清康熙六年（1667）四月三十日（撰文）

大清康熙十年（1671）岁次辛亥仲春（二月）吉旦立石

额篆：诰命

首行题：奉」天承运」皇帝制曰朕惟尚德崇功国家之大典输忠尽职臣子之常精古圣帝明王堪乱以武致治以文朕钦承往制（以下从略）

碑阴

大清康熙十年（1671）岁次辛亥仲春（二月）吉旦立石

首行题：议政内大臣加一级总管□臣下员长男噶布喇

碑螭首龟趺。碑首身通高410厘米，宽119厘米，厚42厘米。龟趺长270厘米，宽125厘米，高90厘米。拓高270厘米，宽115厘米。碑阳额文竖刻2行，满行文各1行，满行2字，汉文篆书。碑文满汉文合璧，汉文19行，满行92字，共计809字，正书。碑阴额文1行，为满文。碑身满汉文合璧，汉文存6行，行字不等，共计92字，正书。

碑原址在海淀区索家坟，现藏北京石刻艺术博物馆。

著录情况：《拓汇》，第62页，第84页。《拓目》，第28页，京3188。《馆目》，第87页。《辽海丛书·五》之《雪屐寻碑录·卷一》，第2906页。

皇清通议大夫礼部郎中监察御史加三级马公墓碑

清康熙十一年（1672）岁次壬子孟夏（四月）吉旦

额篆：敕封

首题：皇清通议大夫礼部郎中监察御史加三级马公之碑

碑阴

首行题：康熙拾壹年岁次壬子孟夏吉旦

男罗多礼马尚阿马党阿孙绰奇宝全达因大礼绰和敬立

碑螭首座佚。碑首身通高337厘米，宽101厘米，厚37厘米。拓高206厘米，宽68厘米。额拓高34厘米，宽30厘米。额文满汉文合璧，各存1行，行2字，汉文篆书。碑阳满汉文合璧，满文1行；汉文1行，21字，正书。碑阴满汉文合璧，满文7行；汉文7行，行字不等，实存37字，正书。

碑原址不详，现藏北京石刻艺术博物馆。

著录情况：《馆目》，第 88 页。

胡尔哈诰封碑

清康熙十一年（1672）六月初十日

首行题：奉」天承运」皇帝制曰（以下从略）」

妻鲁氏立

碑麒麟首，碑身边框刻龙纹，龟趺。碑首身通高 334 厘米，宽 96 厘米，厚 36 厘米。龟趺高 73 厘米，宽 105 厘米，长 225 厘米。拓高 173 厘米，宽 69 厘米。碑文满汉合璧，汉文 9 行，满行 37 字，实存 182 字，正书；满文 7 行。

碑原址在海淀区北沙沟，现藏北京石刻艺术博物馆。

著录情况：《拓汇》，第 63 册，第 7 页。《拓目》，第 33 页，京 3005。《馆目》，第 87 页。《辽海丛书·五》之《雪屐寻碑录·卷一》，第 2923 页。

太子太保内大臣原任理藩院尚书加一级二等阿达哈哈番谥敏壮哈兰图碑文

清康熙十四年（1675）四月初四日

额篆：敕建

首题：太子太保内大臣原任理藩院尚书加一级二等阿达哈哈番谥敏壮哈兰图碑文

碑螭首龟趺，阳阴边框均浮雕云龙纹。碑首身通高 399 厘米，宽 127 厘米，厚 59 厘米。龟趺长 305 厘米，宽 122 厘米，高 122 厘米。拓高 230 厘米，高 80 厘米。额拓高 31 厘米，宽 30 厘米。额文满汉文合璧，各存 1 行 2 字，汉文篆书。碑文满汉文合璧，满文 6 行；汉文 6 行，满行 32 字，实存 148 字，正书。碑阴无字。

碑原址在海淀区东升公社塔院大队五小队（卧虎桥），1985 年 12 月征集入馆，现藏北京石刻艺术博物馆。

著录情况：《拓汇》，第 63 册，第 68 页。《拓目》，第 34 页，京 6029。《馆目》，第 88 页。《辽海丛书·五》之《雪屐寻碑录·卷一》，第 2929 页。

大清国敕封光禄大夫镇守陕西西安等处地方将军三等精奇尼哈番加一级傅公（夸蝉）之碑

清康熙十四年（1675）七月吉日

额篆：敕封

碑阴

清康熙十四年（1675）七月吉日

首题：大清国敕封光禄大夫镇守陕西西安等处地方将军三等精奇尼哈番加一级傅公之碑

孝男三等精奇尼哈番穆成格、工部正四品员外郎辛柱等谨立碑螭首龟趺，碑身阳、阴边框浮雕云龙纹。碑首身通高 362 厘米，宽 125 厘米，厚 58 厘米。龟趺高 92 厘米，宽 123 厘米，长 270 厘米。碑身拓高 206 厘米，宽 84 厘米。碑阳额文汉满文各 1 行，汉文 2 字，篆书。碑阳满文 21 行。碑阴无额题。碑文 21 行，满行 63 字，正书。

2004 年 10 月 15 日征集于海淀区四季青桥西北郦城小区内，现藏北京石刻艺术博物馆。

著录情况：《拓汇》，第 63 册，第 75 页。《拓目》，第 35 页，京 10465。

耶稣会士安公（文思）墓碑

清康熙十六年（1677）四月六日

碑阳中题：耶稣会士安公之墓

碑阴

清康熙十六年（1677）丁巳卒

首行题：安先生讳文思号景明大西洋路

碑方首，首刻二龙戏珠图案，碑额镌刻十字架。拓高 98 厘米，宽 86 厘米。碑阳汉文、拉丁文合璧，右面镌汉文 7 行 109 字，为康熙皇帝的上谕，正书；左面刻拉丁文 29 行。碑阴刻安文思来华传教情况，碑文 6 行 71 字，正书。

碑在西城区北营房北街（马尾沟）教堂（今北京行政学院内）。

著录情况：《拓汇》，第 63 册，第 104 页。《拓目》，第 36 页，京 1896。

皇清诰封光禄大夫太子少师前锋统领三等阿达哈哈番佐领加三级胡公碑

清康熙十八年（1679）

额篆：诰封

首题：皇清诰封光禄大夫太子少师前锋统领三等阿达哈哈番佐领加三级胡公碑

碑螭首座佚，碑身边框浮雕云龙纹。碑首身通高 383 厘米，宽 117 厘米，厚 48 厘米。碑身拓高 200 厘米，宽 110 厘米。碑文 16 行，满行 65 字，共 537 字，正书。碑阴刻满文 19 行。

碑原址在海淀区大钟寺乡小泥湾村，现藏北京石刻艺术博物馆。

著录情况：《拓汇》，第 63 册，第 138 页。《拓目》，第 38 页，京 5953。《馆目》，第 89 页。《辽海丛书 · 五》之《雪屐寻碑录 · 卷一》，第 2945 页。

卓罗及西克塔季氏夫妇诰封碑

清康熙二十年（1681）十二月二十四日

额篆：诰封

首行题：奉」天承运」皇帝制曰（以下从略）」

碑阴

清康熙贰拾八年（1689）肆月

碑螭首座佚，碑身下半部残缺，上半部断裂后修复。碑首身残高266厘米，宽108厘米，厚41厘米。碑身拓高95厘米，宽82厘米。额拓高34厘米，宽24厘米。碑阳额文2行，满汉文各1行2字，汉文篆书。碑文满汉文合璧，满文10行；汉文8行，实存117字，正书。碑阴刻年代及立碑人名，满汉文合璧，满文1行；汉文1行44字，正书。

碑原址在海淀区北太平庄小西门村，现藏北京石刻艺术博物馆。

著录情况：《拓汇》，第64册，第131页。《拓目》，第44页，京5780。《馆目》，第90页。《辽海丛书·五》之《雪屐寻碑录·卷一》，第2948页。

按：此碑下半部分残断，碑文依据《雪屐访碑录》补录。该碑为都察院御史加十五级布哈的祖父卓罗和祖母西克塔季氏的诰封文。

耶稣会士利公（类思）墓碑

清康熙二十一年（1682）九月初七日

碑阳中题：耶稣会士利公之墓

碑阴

首行题：利先生讳类思号再可大西洋意大

碑螭首，碑额镌刻“十”字架。碑身拓高100厘米，宽73厘米。碑阳汉文、拉丁文合璧，汉文存7行117字，正书；拉丁文37行。碑阴汉文存4行68字，正书。

碑在西城区北营房北街（马尾沟）教堂（今北京行政学院内）。

著录情况：《拓汇》，第64册，第19页。《拓目》，第39页，京1898。

额楚诰封碑

清康熙二十三年（1684）五月初三日

额篆：纶音

首行题：皇帝制曰国家思创业之隆当崇报功之典人臣建辅运之绩宜施锡爵之恩此诚古今之通义

碑螭首座佚，碑身边框刻花纹。碑通高362厘米，宽119厘米，厚44厘米。碑身拓高196厘米，宽82厘米。额拓高34厘米，宽32厘米。额文1行2字，篆书。碑文8行，满行37字，实存227字，正书。碑阴无字。

碑原址不详，现藏北京石刻艺术博物馆。

著录情况：《馆目》，第90页。

按：馆藏碑刻中另有一通形制相同的满文《额楚诰封碑》，据满文专家释读，与汉文碑内容相同。

阿哈里尔诰封碑

清康熙二十五年（1686）三月二十一日

额篆：制诰之宝

首行题：奉」天承运」皇帝制曰朕惟尚德崇功（以下从略）」

碑螭首，首左上角残缺，座佚。碑首身高 210 厘米，宽 68 厘米，厚 14 厘米。碑身拓高 139 厘米，宽 65 厘米。额拓高 24 厘米，宽 16 厘米。额满汉文合璧，满文存 2 行；汉文存 2 行，行 2 字，篆书。碑文 10 行，满行 37 字，实存 236 字，正书。

碑原址不详，1986 年 5 月 14 日自北京市文研所移交，现藏北京石刻艺术博物馆。

散秩大臣加三级墨勒根下谥勤僖阿淑碑文

清康熙二十五年（1686）闰四月十七日立

额题：敕建

首题：散秩大臣加三级墨勒根下谥勤僖阿淑碑文

碑螭首龟趺，碑身阳阴边框均浮雕云龙纹。碑首身通高 380 厘米，宽 111 厘米，厚 47 厘米。龟趺长 298 厘米，宽 120 厘米，高 114 厘米。碑身拓高 232 厘米，宽 80 厘米。额拓高 34 厘米，宽 26 厘米。额文满汉文合璧，各存 1 行 2 字，汉文双钩篆书。碑文满汉文合璧，满文 7 行；汉文 7 行，满行 40 字，实存 218 字，正书。

碑原址不详，发现地点在东城区东四西大街东口路北十字路口，现藏北京石刻艺术博物馆。

著录情况：《馆目》，第 90 页。《辽海丛书·五》之《雪屐寻碑录·卷一》，第 2966 页。

耶稣会士南公（怀仁）墓碑

清康熙二十七年（1688）岁次戊辰十二月二十六日卒

碑身中题：耶稣会士南公之墓

碑阴

清康熙二十八年四月初一日

额篆：敕建

首题：钦天监治理历法加工部右侍郎又加二级谥勤政南怀仁碑文

碑螭首方座，碑阳额镌刻十字架图案。拓高 184 厘米，宽 84 厘米。碑阳碑文汉文、拉丁文合璧，汉文 6 行 77 字，正书；拉丁文 12 行。碑阴额文满汉文合璧，各 1 行 2 字，汉文篆书。碑文汉文、满文合璧，汉文 7 行 206 字，正书；满文 8 行。

碑在西城区北营房北街（马尾沟）教堂（今北京行政学院内）。

著录情况：《拓汇》，第 64 册，第 129、130 页。《拓目》，第 44 页，京 1902。

农泰诰封碑

清康熙三十年（1691）十月十一日

额题：诰命

首行题：奉」天承运」皇帝制曰（以下从略）」

妻富察氏立

碑螭首龟趺。碑首身通高 338 厘米，宽 102 厘米，厚 37 厘米。龟趺高 83 厘米，宽 120 厘米，长 250 厘米。拓高 200 厘米，宽 70 厘米。额文满汉文合璧，各存 1 行 2 字，汉文双钩篆书。碑文满汉文合璧，汉文 8 行，满行 60 字，共计 264 字，正书；满文 7 行。

碑原址在朝阳区白庙村北，1994 年 6 月 9 日征集到馆，现藏北京石刻艺术博物馆。

著录情况：《馆目》，第 91 页。《辽海丛书·五》之《雪屐寻碑录·卷一》，第 2978 页。

耶稣会士郭公（天爵）墓碑

清康熙三十三年（1694）甲戌四月十二日卒

碑阳中题：耶稣会士郭公之墓

碑螭首，碑额镌刻"十"字架图案。碑身拓高 107 厘米，宽 68 厘米。碑阳汉文、拉丁文合璧，汉文 5 行 102 字，正书；拉丁文 25 行。碑阴无字。

碑在西城区北营房北街（马尾沟）教堂（今北京行政学院内）。

著录情况：《拓汇》，第 65 册，第 49 页。《拓目》，第 47 页，京 1904。

孙思克诰封碑

清康熙四十年（1701）三月二十日

首题：振武将军太子少保兼管陕西甘肃提督事务给与世袭一等阿思哈尼哈番又一拖沙喇哈番加六级加赠太子太保谥襄武孙思克碑文

清圣祖玄烨御制

碑阴

匾题：兴记

陈宝琛

碑首座皆失，碑阳边框刻花纹。碑阴改作石匾，匾四框镌花纹。碑残高 236 厘米，宽 114 厘米，厚 24 厘米。拓高 223 厘米，宽 90 厘米。碑阳碑文满汉文合璧，满文 10 行；汉文 7 行，满行 80 字，实存 394 字，正书。碑阴匾文横题大字 1 行 2 字，正书。落款竖题 1 行 3 字，正书。落款下镌 2 印，上阴文篆书"臣陈宝琛"，下阳文篆书"太保之章"。

碑征集于东城区东四大街东四钟表店，现藏北京石刻艺术博物馆。

著录情况：《馆目》，第 91 页。《辽海丛书·五》之《雪屐寻碑录·卷一》，第 2991 页。

按：碑阴后为东四钟表店"兴记"门匾，陈宝琛题。

耶稣会士翟公（敬臣）墓碑

清康熙四十年（1701）辛巳六月十五日卒于口外蒙古

碑阳中题：耶稣会士翟公之墓

碑螭首，碑额镌刻“十”字架图案。碑身拓高118厘米，宽69厘米。碑阳汉文、拉丁文合璧，汉文6行84字，正书；拉丁文18行。碑阴无字。

碑在西城区北营房北街（马尾沟）教堂（今北京行政学院内）。

著录情况：《拓汇》，第60册，第94页。《拓目》，第50页，京1906。

耶稣会士南公（光国）墓碑

清康熙四十一年（1702）壬午十月十五日卒于顺天府

碑阳中题：耶稣会士南公之墓

碑螭首，碑额镌刻“十”字架图案，碑身边框刻卷草纹。拓高110厘米，宽69厘米。碑阳碑文汉文拉丁文合璧，汉文6行85字，正书；拉丁文18行。碑阴无字。

碑在西城区北营房北街（马尾沟）教堂（今北京行政学院内）。

著录情况：《拓汇》，第66册，第19页。《拓目》，第51页，京1908。

和硕显亲王谥密丹臻碑文

清康熙四十二年（1703）四月十六日立

额篆：敕建

首题：和硕显亲王谥密丹臻碑文

清圣祖玄烨御笔

碑螭首龟趺，碑身边框浮雕云龙纹。碑身拓高286厘米，宽116厘米。额拓高33厘米，宽26厘米。额文汉满文合璧，汉、满各1行2字，汉文篆书。碑阳碑文汉满文合璧，汉文6行，满行68字，正书；满文9行。碑阴无字。

碑现在门头沟区拢驾庄北京军区培训中心院内。

按：碑首身与龟趺首座分离，碑身仆地，龟趺埋于地下。

耶稣会樊公（继训）墓碑

清康熙四十二年（1703）癸未十月初十日卒于顺天府

碑阳中题：耶稣会樊公之墓

碑阴

额题：圣谕

首行题：康熙四十二年十月十五日报上发来

碑螭首，碑阳额镌刻“十”字架图案。碑身拓高107厘米，宽55厘米。碑阳汉文、拉丁文合璧，汉文4行77字，正书；拉丁文16行。碑阴汉文10行，正书。

碑在西城区北营房北街（马尾沟）教堂（今北京行政学院内）。

著录情况：《拓汇》，第 66 册，第 55 页。《拓目》，第 52 页，京 1910。

耶稣会士习公（圣学）墓碑

清康熙四十三年（1704）甲申八月二十日由水路行至山东临清卒于舟中

碑阳中题：耶稣会士习公之墓

碑螭首，碑额镌刻“十”字架图案。碑风化严重，字迹已模糊。拓高 107 厘米，宽 69 厘米。碑阳碑文汉文、拉丁文合璧，汉文 6 行 94 字，正书；拉丁文 17 行。碑阴无字。

碑在西城区北营房北街（马尾沟）教堂（今北京行政学院内）。

著录情况：《拓汇》，第 60 册，第 94 页。《拓目》，第 52 页，京 1912。

耶稣会士安公（多）墓碑

清康熙四十八年（1709）岁次己丑六月念六（二十六）日卒

碑阳中题：耶稣会士安公之墓

碑螭首，碑额镌刻“十”字架图案。拓高 125 厘米，宽 69 厘米。碑阳碑文汉文、拉丁文合璧。碑阳中题大字 1 行 8 字；碑身左侧上方镌竖题大字“上谕”，1 行 2 字，下方镌上谕正文 4 行，满行 16 字，正书；碑身右侧上方镌拉丁文 12 行，下方镌汉文 5 行，满行 13 字，正书。碑阴无字。

碑在西城区北营房北街（马尾沟）教堂（今北京行政学院内）。

著录情况：《拓汇》，第 66 册，第 130 页。《拓目》，第 54 页，京 1918。

耶稣会士庞公（嘉宾）墓碑

清康熙四十八年（1709）乙丑岁十月初八日

碑阳中题：耶稣会士庞公之墓

碑螭首，碑额镌刻“十”字架图案。碑身拓高 114 厘米，宽 76 厘米。碑阳汉文、拉丁文合璧，汉文 5 行，正书；拉丁文 14 行。碑阴无字。

碑在西城区北营房北街（马尾沟）教堂（今北京行政学院内）。

著录情况：《拓汇》，第 66 册，第 131 页。《拓目》，第 54 页，京 1920。

吴努春诰封碑

大清康熙五十二年（1713）三月十八日

额篆：诰封

首行题：皇清诰封光禄大夫经筵讲官议政大臣礼部左侍郎兼

碑阴

大清康熙五十二年（1713）三月十八日

额篆：长发其祥

首行题：显考吴公讳努春（以下从略）

户部八品笔帖式加二级承德郎孝子吴敏谨立

碑螭首，碑身阳、阴边框及两侧浮雕云龙纹。碑首身通高 375 厘米，宽 118 厘米，厚 52 厘米。龟趺高 98 厘米，宽 118 厘米，长 280 厘米。碑身拓高 225 厘米，宽 85 厘米。碑阳额文 2 行，汉、满文各 1 行，汉文 2 字，篆书。碑文汉、满文各 3 行，汉文满行 23 字，正书。碑阴额文 2 行 2 字，篆书。碑文满汉文各 8 行，汉文满行 52 字，正书。

碑 2008 年 1 月 11 日征集于西城区马甸桥东南角国防部外事办，现藏北京石刻艺术博物馆。

先贤伯哈智墓碑

清康熙五十二年（1713）五月日立石

额横题：奕祀流徽

首题：乡先贤伯哈智墓碑

提督直隶古北口等处地方总兵官都督同知仍带纪录一次埠中马进良

碑身风化漫漶，中部有裂缝，字迹多有无法辨识。碑身拓高 148 厘米，宽 69 厘米。额文 2 行，满行 2 字，正书。碑文 19 行，满行 36 字，正书。

碑在昌平区南邵北何家营伯哈智墓，现原址保护。

著录情况：《拓目》，第 55 页，京 8831。《拓汇》，第 67 册，第 12 页。

奥斯定会士山公（遥瞻）墓碑

清康熙五十三年（1714）十一月十九日卒于（云南）漫丁地方

碑阳中题：奥斯定会士山公之墓

碑螭首，碑额镌刻“十”字架图案。碑身拓高 100 厘米，宽 65 厘米。碑文汉文、拉丁文合璧，汉文 5 行，正书；拉丁文 16 行。碑阴无字。

碑在西城区北营房北街（马尾沟）教堂（今北京行政学院内）。

著录情况：《拓汇》，第 67 册，第 31 页。《拓目》，第 55 页，京 1924。

按：山遥瞻，法国人，擅长地理学，在欧洲时已负盛名。清康熙四十九年（1710）入中国传教，参与《皇舆全览图》的测绘工作，该图是当时世界上工程最大、绘制最精致的地图。山遥瞻和费隐负责测绘四川、云南地区，于康熙五十三年（1714）十一月十九日卒于云南漫丁（今云南边境孟定）地方，年四十五岁。为纪念山遥瞻，奥斯定会士在北京滕公栅栏传教士墓地为他立墓碑。山遥瞻是从事地图测绘工作的传教士中唯一的一位奥斯定会士。

旌表烈妇许氏墓碑

清康熙五十四年（1715）五月

额篆：圣旨

碑身中题：旌表烈妇许氏之墓

首行题：☐三女奉彪☐母☐西域☐☐宗☐比☐素不协会彪与母他☐☐白

碑阴

额篆：圣旨

碑方首，首浮雕云纹，阳、阴边框浮雕云纹，长方形须弥座似后配。碑首身通高253厘米，宽81厘米，厚20厘米。须弥座长112厘米，宽50厘米，高64厘米。碑身拓高156厘米，宽68厘米。额拓高24厘米，宽24厘米。碑阳额文1行，行2字，篆书，字体中间有裂纹。碑文8行，满行41字，实存179字，正书。碑阴额文1行，行2字，篆书。碑身无字。

碑原址在宣武区登莱胡同登莱小学院内，现藏北京石刻艺术博物馆。

著录情况：《拓汇》，第68册，第35页。《拓目》，第56页，京805。《馆目》，第93页。

耶稣会罗公（德先）墓碑

清康熙五十四年（1715）乙未九月二十三日卒于顺天府

碑阳中题：耶稣会罗公之墓

碑方首，碑额镌刻“十”字架图案。碑身拓高67厘米，宽41厘米。碑阳碑文汉文、拉丁文合璧，汉文5行79字，正书；拉丁文16行。碑阴无字。

碑在西城区北营房北街（马尾沟）教堂（今北京行政学院内）。

著录情况：《拓汇》，第67册，第41页。《拓目》，第56页，京1926。

耶稣会士陆公（伯嘉）墓碑

清康熙五十七年（1718）戊戌闰八月十四日卒于顺天府

碑阳中题：耶稣会士陆公之墓

碑方首，碑额镌刻“十”字架图案。碑身拓高98厘米，宽61厘米。碑阳汉文、拉丁文合璧，汉文5行79字，正书；拉丁文15行。

碑在西城区北营房北街（马尾沟）教堂（今北京行政学院内）。

著录情况：《拓汇》，第67册，第90页。《拓目》，第57页，京1930。

耶稣会士纪先生（理安）墓碑

清康熙五十九年（1720）六月二十日卒

碑阳中题：耶稣会士纪先生之墓

碑螭首，碑额镌刻“十”字架图案。碑身拓高98厘米，宽69厘米。碑阳碑文汉文、拉丁文合璧，汉文5行76字，正书；拉丁文16行。碑阴无字。

碑在西城区北营房北街（马尾沟）教堂（今北京行政学院内）。

著录情况：《拓汇》，第67册，第115页。《拓目》，第57页，京1934。

耶稣会士杜公（德美）墓碑

清康熙六十年（1721）辛丑十一月初一日卒于顺天府

碑阳中题：耶稣会士杜公之墓

碑螭首，碑额镌刻“十”字架图案。碑身拓高114厘米，宽69厘米。碑阳碑文汉文、拉丁文合璧，汉文6行85字，正书；拉丁文18行。碑阴无字。

碑在西城区北营房北街（马尾沟）教堂（今北京行政学院内）。

著录情况：《拓汇》，第67册，第137页。《拓目》，第57页，京1936。

杨氏先茔记

清雍正元年（1723）春二月十□九日

首题：杨氏先茔记

赐进士出身翰林院编修加一级特旨改授户科给事中今掌印王澍撰文并书篆额

碑螭首，碑身边框浮雕云纹，碑身右下角残缺，座佚。碑面漫漶剥蚀严重，多字不能辨识。碑首高102厘米，宽113厘米，厚27厘米。碑首身通高305厘米，宽98厘米，厚25厘米。碑身拓高198厘米，宽92厘米。碑文21行，满行47字，正书。

碑原址在顺义区后沙峪乡枯柳树村，现存顺义区文物管理所院内碑林。

按：碑记杨氏先茔在枯柳树。杨氏先祖为元代铁木儿氏，后归顺明成祖立功，赐姓名杨广。传至三代南山公时，迁居枯柳树。南山公生二子，其一子杨儒赠中宪大夫，清康熙末年（1722）入仕，移居京师。杨儒子国玺、国琳二人，皆仕。杨儒长子杨国玺，字玉林，敕授文林郎，在江南任定远知县六载。配苍氏，敕封孺人。生三子，长泽沛，初为江南金坛令，后补广东博罗吏。次泽浩，廪生侯选州同知。次泽云，太学生。杨儒次子名国琳，字仲璋。以随征喀尔旦立功，由户部广东清吏司主事，历升湖北德安府知府。生子八人，长泽宏，康熙癸未（1730）科武进士。

耶稣会士麦先生（大成）墓碑

清雍正元年（1723）七月十四日卒

碑阳中题：耶稣会士麦先生之墓

碑螭首，碑额镌刻“十”字架图案。碑身拓高114厘米，宽68厘米。碑阳碑文汉文、拉丁文合璧，汉文6行68字，正书；拉丁文14行。碑阴无字。

碑在西城区北营房北街（马尾沟）教堂（今北京行政学院内）。

著录情况：《拓汇》，第68册，第6页。《拓目》，第59页，京1938。

耶稣会士汤公（尚贤）墓碑

清雍正二年（1724）甲辰二月初二日卒于顺天府

碑阳中题：耶稣会士汤公之墓

碑螭首。碑身拓高109厘米，宽68厘米。碑阳汉文、拉丁文合璧，汉文6行83字，正书；拉丁文存15行。碑阴无字。

碑在西城区北营房北街（马尾沟）教堂（今北京行政学院内）。

著录情况：《拓汇》，第68册，第16页。《拓目》，第59页，京1940。

圣方济各会士陆公（安）墓碑

清雍正二年（1724）癸卯三月二十八日卒

碑阳中题：圣方济各会士陆公之墓

碑螭首，碑额镌刻由十字及IHS组成的十字架图案。碑身拓高117厘米，宽69厘米。碑阳汉文、拉丁文合璧，汉文4行72字，正书；拉丁文17行。碑阴无字。

碑在西城区北营房北街（马尾沟）教堂（今北京行政学院内）。

著录情况：《拓汇》，第68册，第20页。《拓目》，第59页，京1942。

按：圣方济各会，天主教托钵修会主要派别之一，会士间互称小兄弟，故又名小兄弟会，10世纪末、14世纪初有会士在中国泉州等地活动，17世纪再次派会士来中国。

雍正二年为甲辰年，癸卯年应为雍正元年。

耶稣会士麦公（有年）墓碑

清雍正己酉〔七年（1729）〕二月初六日卒于京都

碑阳中题：耶稣会士麦公之墓

碑螭首，碑额镌刻“十”字架图案，边框刻变形的卷草纹。碑身拓高108厘米，宽66厘米。碑阳汉文、拉丁文合璧，汉文5行70字，正书；拉丁文13行。

碑在西城区北营房北街（马尾沟）教堂（今北京行政学院内）。

著录情况：《拓汇》，第68册，第70页。《拓目》，第60页，京1944。

耶稣会士白公（晋）墓碑

清雍正八年五月（1730）庚戌五月十五日卒于都城

碑阳中题：耶稣会士白公之墓

碑螭首，额镌刻“十”字架及莲花图案。碑首身通高186厘米，宽83厘米，厚26厘米。碑身拓高117厘米，宽82厘米。额拓高19厘米，宽19厘米。碑阳碑文汉文、拉丁文合璧，汉文6行81字，满行18字，正书；拉丁文16行。碑阴无字。

碑原址在海淀区彰化村正福寺，现藏北京石刻艺术博物馆。

著录情况：《拓汇》，第68册，第91页。《拓目》，第61页，京2259。《馆目》，第93页。

恭勤夫人谢氏敕建碑

清雍正八年（1730）六月立

额篆：敕建

首题：恭勤夫人谢氏碑文

碑螭首龟趺，碑身边框饰二龙戏珠纹。碑首身通高393厘米，宽115厘米，厚47厘米。龟趺高92厘米，宽124厘米，厚312厘米。碑身拓高260厘米，宽120厘米。额文失拓。碑文13行，满汉文合璧，汉文6行，满行45字，正书；满文7行。 碑阴无字。

碑在大兴区榆垡镇黄各庄村东北鱼塘，现原址保存。

按：恭勤夫人谢氏，是清世宗胤禛的保姆，其墓地南向，原有神道、石桥、石五供，今已无存，墓被盗掘。现地面遗留墓碑、华表、牌楼等。牌楼为四柱三间七楼，雕刻精美。

皇清兵部尚书范公承勋墓碑

清雍正十一年（1733）岁次癸丑九月谷旦

额篆：赐葬

皇清兵部尚书范公承勋之墓

少保保和殿大学士年家世晚生张廷玉拜题

碑阴

额篆：源远流长

清雍正十一年（1733）岁次癸丑九月谷旦

首行题：公姓范氏讳承勋字苏公号眉山其先自宋参知政事文正公

太子太保文华殿大学士年通家世晚生稽鲁筠记

碑座已毁。碑首身通高135厘米，宽62厘米，厚12厘米。碑身拓高100厘米，宽62厘米。额拓高20厘米，宽17厘米。碑阳额文1行2字，篆书。碑文3行，满行12至18字不等，正书。碑阴额文2行，满行2字，篆书。碑文14行，满行24字，计306字，正书。

碑原址在密云县北青甸西康各庄，1958年修水库时发掘出土，现立于密云县冶仙塔碑林。

耶稣会士张公（安多）墓碑

清雍正十三年（1735）三月初一日卒

碑阳中题：耶稣会士张公之墓

碑螭首，碑额镌刻由十字及IHS组成的十字架图案。碑身拓高135厘米，宽74厘米。碑阳碑文汉文、拉丁文合璧，汉文5行92字，正书；拉丁文16行。碑阴无字。

碑在西城区北营房北街（马尾沟）教堂（今北京行政学院内）。

著录情况：《拓汇》，第68册，第163页。《拓目》，第62页，京1946。

耶稣会士张公（诚）墓碑

清康熙四十六年（1707）二月二十二日卒于顺天府，葬阜成门外

清雍正十三年（1735）三月初五日迁葬于正福坻

碑阳中题：耶稣会士张公之墓

碑螭首，额镌刻“十”字架及莲花图案。碑首身通高191厘米，宽83厘米，厚26厘米。碑身拓高127厘米，宽83厘米。额拓高20厘米，宽17厘米。碑阳碑文汉文、拉丁文合璧，汉文6行，满行22字，共存106字，正书；拉丁文12行。碑阴无字。

碑原址在海淀区彰化村正福寺，现藏北京石刻艺术博物馆。

著录情况：《拓汇》，第68册，第164页。《拓目》，第62页，京2257。《馆目》，第92页。

按：北京石刻艺术博物馆藏有海淀区彰化村正福寺原耶稣会士墓地的墓碑碑身多通以及墓碑的碑座多件，这些碑座基本为方座。现在馆内所立耶稣会士墓碑的碑座虽大多为正福寺旧物，却非当时原配，故不载碑座形制、尺寸。

耶稣会士严公（嘉乐）墓碑

清雍正十三年（1735）七月初七日卒

碑阳中题：耶稣会士严公之墓

碑螭首，碑额镌刻由十字及IHS组成的十字架图案。碑身拓高125厘米，宽75厘米。碑阳汉文、拉丁文合璧，汉文5行69字，正书；拉丁文15行。碑阴无字。

碑在西城区北营房北街（马尾沟）教堂（今北京行政学院内）。

著录情况：《拓汇》，第68册，第172页。《拓目》，第62页，京1948。

耶稣会士何公（天章）墓碑

清乾隆元年（1736）四月初一日卒

碑阳中题：耶稣会士何公之墓

碑镶墙，拓高110厘米，宽80厘米。碑阳汉文、拉丁文合璧，汉文5行55字，正书；拉丁文存13行。碑阴无字。

碑在西城区北营房北街（马尾沟）教堂（今北京行政学院内）。

著录情况：《拓汇》，第69册，第3页。《拓目》，第63页，京1950。

耶稣会士苏公（霖）墓碑

清乾隆元年（1736）八月初十日卒

碑阳中题：耶稣会士苏公之墓

碑首残，碑身边框刻花纹。碑身拓高136厘米，宽69厘米。碑阳碑文汉文、拉丁文合璧，汉文5行91字，正书；拉丁文17行。碑阴无字。

碑在西城区北营房北街（马尾沟）教堂（今北京行政学院内）。

著录情况：《拓汇》，第69册，第10页。《拓目》，第63页，京1954。

耶稣会士雷公（孝思）墓碑

清乾隆三年戊午（1738）十月十四日卒于都城

碑阳中题：耶稣会士雷公之墓

碑阴

清乾隆三年（1738）十月二十八日

碑螭首，碑额镌刻“十字架”及莲花图案。碑首身通高189厘米，宽84厘米，厚25厘米。碑身拓高113厘米，宽83厘米。额拓高19厘米，宽19厘米。碑阳碑文为汉文、拉丁文合璧，汉文6行82字，满行22字，正书；拉丁文17行。碑阴汉文4行，满行19字，共84字，正书。

碑原址在海淀区彰化村正福寺，现藏北京石刻艺术博物馆。

著录情况：《拓汇》，第69册，第158页。《拓目》第64页，京2261。《馆目》，第94页。

耶稣会士任公（重道）墓碑

清乾隆四年（1739）十一月初七日卒

碑阳中题：耶稣会士任公之墓

碑螭首，碑额镌刻由十字及IHS组成的十字架图案。碑身拓高142厘米，宽89厘米。碑阳汉文、拉丁文合璧，汉文5行67字，正书；拉丁文18行。碑阴无字。

碑在西城区北营房北街（马尾沟）教堂（今北京行政学院内）。

著录情况：《拓汇》，第69册，第50页。《拓目》，第65页，京1964。

耶稣会士林公（济各）墓碑

清乾隆五年（1740）三月十八日去世

碑阳中题：耶稣会士林公之墓

碑螭首，碑额镌刻由十字及IHS组成的十字架图案，边框刻卷草纹。碑身拓高122厘米，宽69厘米。碑阳汉文拉丁文合璧，汉文5行92字，正书；拉丁文存16行。碑阴无字。

碑在西城区北营房北街（马尾沟）教堂（今北京行政学院内）。

著录情况：《拓汇》，第69册，第59页。《拓目》，第65页，京1966。

耶稣会士殷公（弘绪）墓碑

清乾隆六年（1741）五月二十日卒于都城

碑阳中题：耶稣会士殷公之墓

墓碑螭首，碑额镌刻十字架及莲花图案。碑首身高190厘米，宽84厘米，厚28厘米。

碑身拓高124厘米，宽84厘米。额拓高23厘米，宽19厘米。碑阳汉文、拉丁文合璧，汉文6行81字，正书；拉丁文17行。碑阴无字。

碑原址在海淀区彰化村正福寺，现藏北京石刻艺术博物馆。

著录情况:《拓汇》,第69册,第90页。《拓目》,第66页,京2263。《馆目》,第95页。

耶稣会士巴公（多明）墓碑

清乾隆六年（1741）辛酉八月二十日卒于都城

碑阳中题：耶稣会士巴公之墓

碑阴

清乾隆六年（1741）九月二十七日

额篆：皇恩

碑螭首,碑阳额镌刻“十”字架及莲花图案,阴额篆书“皇恩”。碑首身通高190厘米，宽83厘米，厚25厘米。碑身拓高128厘米，宽83厘米。碑阳碑文汉文、拉丁文合璧，汉文6行82字，正书；拉丁文17行。碑阴汉文7行92字，正书。

碑原址在海淀区彰化村正福寺，现藏北京石刻艺术博物馆。

著录情况:《拓汇》,第69册,第93页。《拓目》,第66页,京2265。《馆目》,第94页。《北京图书馆馆刊》，1994年第6期，耿升《巴多明神父的北京科学书简》。

耶稣会士费先生（隐）墓碑

清乾隆八年（1743）癸亥闰四月十二日卒

碑阳中题：耶稣会士费先生之墓

碑螭首,碑额镌刻由十字及IHS组成的十字架图案。碑身拓高144厘米,宽80厘米。碑阳汉文、拉丁文合璧，汉文5行93字，正书；拉丁文19行。碑阴无字。

碑在西城区北营房北街（马尾沟）教堂（今北京行政学院内）。

著录情况：《拓汇》，第69册，第121页。《拓目》，第67页，京1970。

皇清圆明园铺面房太监讳守详贾公墓碑

清乾隆八年（1743）五月二十一日故

碑阳中题：皇清圆明园铺面房太监讳守详贾公之墓

碑首身一体，无座，碑身下部直接埋于土中。碑首浮雕祥云图案，无额题。碑通高130厘米，宽28厘米。拓高83厘米，宽28厘米。碑文2行，正书。

碑原址在海淀区恩济庄太监墓地,2005年4月23日征集,现藏北京石刻艺术博物馆。

耶稣会士吴公（直方）墓碑

清乾隆十年（1745）十月初五日弃世

碑阳中题：耶稣会士吴公之墓

碑方首，碑额镌刻“十”字架图案。碑身拓高128厘米，宽58厘米。碑阳碑文汉文、拉丁文合璧，汉文4行68字，正书；拉丁文18行。

碑在西城区北营房北街（马尾沟）教堂（今北京行政学院内）。

著录情况：《拓汇》，第69册，第161页。《拓目》，第68页，京1974。

耶稣会士高先生（嘉乐）墓碑

清乾隆十一年（1746）正月十五日卒

碑阳中题：耶稣会士高先生之墓

碑螭首，碑额镌刻由十字及IHS组成的十字架图案。碑身拓高160厘米，宽88厘米。碑阳碑汉文、拉丁文合璧，汉文5行79字，正书；拉丁文20行。碑阴无字。

碑在西城区北营房北街（马尾沟）教堂（今北京行政学院内）。

著录情况：《拓汇》，第69册，第170页。《拓目》，第68页，京1976。

耶稣会士戴公（进贤）墓碑

清乾隆十一年（1746）三月初九日去世

碑阳中题：耶稣会士戴公之墓

碑螭首，首部左半部残缺，碑阳额镌刻由十字及IHS组成的十字架。碑身拓高190厘米，宽93厘米。碑阳碑文汉文、拉丁文合璧，汉文7行202字，正书；拉丁文27行。碑阴无字。

碑在西城区北营房北街（马尾沟）教堂（今北京行政学院内）。

著录情况：《拓汇》，第69册，第174页。《拓目》，第68页，京1978。

耶稣会士罗公（秉中）墓碑

清乾隆十一年（1746）丙寅十月二十日卒于都城

碑阳中题：耶稣会士罗公之墓

碑螭首，碑额镌刻“十”字架及莲花图案。碑首身通高192厘米，宽73厘米，厚20厘米。碑身拓高120厘米，宽73厘米。额拓高、宽均20厘米。碑文正书，汉文、拉丁文合璧，碑阳汉文5行62字，正书；拉丁文15行。

碑原址在海淀区彰化村正福寺，现藏北京石刻艺术博物馆。

著录情况：《拓汇》，第69册，第195页。《拓目》京2267，第69页。《馆目》，第95页。

耶稣会士罗公（怀忠）墓碑

清乾隆十二年（1747）正月二十日去世

碑阳中题：耶稣会士罗公之墓

碑螭首，碑额镌刻由十字及IHS组成的十字架。碑身拓高125厘米，宽79厘米。碑阳汉文、拉丁文合璧，汉文6行130字，正书；拉丁文17行。碑阴无字。

碑在西城区北营房北街（马尾沟）教堂（今北京行政学院内）。

著录情况：《拓汇》，第70册，第1页。《拓目》，第69页，京1982。

耶稣会士沙公（如玉）墓碑

清乾隆十二年（1747）丁卯三月初三卒于都城

碑阳中题：耶稣会士沙公之墓

碑阴

清乾隆十二年（1747）三月十五日

额篆：皇恩

碑螭首，额镌刻十字架及莲花图案。碑首身通高193厘米，宽83厘米，厚25厘米。碑身拓高123厘米，宽83厘米。额拓高22厘米，宽18厘米。碑阳碑文汉文、拉丁文合璧，汉文6行81字，正书；拉丁文17行。碑阴汉文6行81字，正书。

碑原址在海淀区彰化村正福寺，现藏北京石刻艺术博物馆。

著录情况：《拓汇》，第70册，第3页。《拓目》，第69页，京2269。《馆目》，第96页。

耶稣会士冯公（秉正）墓碑

清乾隆十三年（1748）戊辰六月初三日卒于都城

碑阳中题：耶稣会士冯公之墓

碑阴

清乾隆十三年（1748）六月十一日

额篆：皇恩

碑螭首，碑额镌刻“十”字架及莲花图案。碑首身通高185厘米，宽83厘米，厚25厘米。碑身拓高120厘米，宽83厘米。额拓高17厘米，宽18厘米。碑阳汉文、拉丁文合璧，汉文6行82字，正书；拉丁文17行。碑阴汉文4行97字，正书。

碑原址在海淀区彰化村正福寺，现藏北京石刻艺术博物馆。

著录情况：《拓汇》，第70册，第25页。《拓目》，第70页。《馆目》，第96页。

耶稣会士孙公（觉人）墓碑

清乾隆十六年（1751）十一月十五日去世

碑阳中题：耶稣会士孙公之墓

碑螭首，碑额镌刻由十字及IHS组成的十字架。碑身拓高110厘米，宽69厘米。碑阳碑文汉文、拉丁文合璧，汉文4行55字，正书；拉丁文18行。碑阴无字。

碑在西城区北营房北街（马尾沟）教堂（今北京行政学院内）。

著录情况：《拓汇》，第 70 册，第 168 页。《拓目》，第 71 页，京 1988。

耶稣会士樊公（守义）墓碑

清乾隆十八年（1753）正月廿六日卒

碑阳中题：耶稣会士樊公之墓

碑螭首，碑额镌刻由十字及 IHS 组成的十字架图案。碑身拓高 111 厘米，宽 70 厘米。碑阳碑文汉文、拉丁文合璧，汉文 4 行 51 字，正书；拉丁文 19 行。碑阴无字。

碑在西城区北营房北街（马尾沟）教堂（今北京行政学院内）。

著录情况：《拓汇》，第 71 册，第 2 页。《拓目》，第 72 页，京 1990。

耶稣会士汤公（执中）墓碑

清乾隆二十二年（1757）丁丑四月二十六日卒于都城

碑阳中题：耶稣会士汤公之墓

碑阴

清乾隆二十二年（1757）五月初四日

额篆：皇恩

碑螭首，碑阳额镌刻“十”字架图案，阴额篆书“皇恩”。碑首身通高 190 厘米，宽 83 厘米，厚 25 厘米。碑身拓高 128 厘米，宽 83 厘米。额拓高、宽均 20 厘米。碑阳碑文汉文、拉丁文合璧，汉文 6 行 83 字，正书；拉丁文 16 行。碑阴汉文 7 行 98 字，正书。

碑原址在海淀区彰化村正福寺，现藏北京石刻艺术博物馆。

著录情况：《拓汇》，第 71 册，第 104 页。《拓目》，第 74，京 2275。《馆目》第 97 页。

耶稣会士许公（立正）墓碑

清乾隆二十二年（1757）六月十四日去世

碑阳中题：耶稣会士许公之墓

碑方首上刻二龙戏珠图案，碑额镌刻由十字及 IHS 组成的十字架图案。碑身拓高 100 厘米，宽 69 厘米。碑阳碑文汉文、拉丁文合璧，汉文 4 行 72 字，正书；拉丁文 23 行。碑阴无字。

碑在西城区北营房北街（马尾沟）教堂（今北京行政学院内）。

著录情况：《拓汇》，第 71 册，第 108 页。《拓目》，第 74 页，京 1992。

耶稣会士安公（泰）墓碑

清乾隆二十三年（1758）戊寅八月初一日卒于都城

碑阳中题：耶稣会士安公之墓

碑阴

清乾隆二十三年（1758）九月二十八日

额篆：皇恩

碑螭首，碑阳额镌刻“十”字架及莲花图案，碑阴额篆书“皇恩”，碑身阳右下角残。碑首身通高187厘米，宽83厘米，厚25厘米。碑身拓高124厘米，宽83厘米。碑阳碑文汉文、拉丁文合璧，汉文5行81字，正书；拉丁文15行。碑阴汉文7行100字，正书。

碑原址在海淀区彰化村正福寺，现藏北京石刻艺术博物馆。

著录情况：《拓汇》，第71册，第124页。《拓目》，第74页，京2277。《馆目》，第98页。

耶稣会士纪公（文）墓碑

清乾隆二十三年（1758）戊寅八月初二日卒于都城

碑阳中题：耶稣会士纪公之墓

碑阴

清乾隆二十三年（1758）九月二十八日

额篆：皇恩

碑螭首，碑阳额镌刻“十”字架及莲花图案，碑阴额篆书“皇恩”，碑身边框刻卷草纹。碑首身通高190厘米，宽83厘米，厚22厘米。碑身拓高125厘米，宽82厘米。额拓高23厘米，宽21厘米。碑阳碑文汉文拉丁文合璧，汉文6行78字，正书；拉丁文15行。碑阴汉文7行100字，正书。

碑原址在海淀区彰化村正福寺，现藏北京石刻艺术博物馆。

著录情况：《拓汇》，第71册，第125页。《拓目》，第74页，京2279。《馆目》，第97页。

少保大学士陕甘总督忠勤伯黄廷桂碑文

清乾隆二十四年（1759）二月初五日

额篆：圣旨

首题：少保大学士陕甘总督忠勤伯黄廷桂碑文

碑螭首龟趺，碑身阳阴边框刻卷草纹。首身通高400厘米，宽115厘米，厚52厘米。趺座高100厘米，宽130厘米，厚335厘米。碑身拓高230厘米，宽83厘米。额文1行，满行2字，篆书。额文失拓。碑文12行，满行55字，正书。

碑今在房山区张坊镇南白岱村村北立。

著录情况：《拓汇》，第71册，第128—129页。《拓目》，第74页，京4309。

按：黄廷桂墓今已成田地，遗碑二通，一满一汉，形制相同，东西并立，坐北朝南。西侧为满文碑，东侧为汉文碑。此为东侧汉文碑。

耶稣会士鲁公（仲贤）墓碑

清乾隆二十四年（1759）

碑阳中题：耶稣会士鲁公之墓

碑螭首，碑额镌刻十字架图案。碑身拓高145厘米，宽84厘米。碑面风化严重，碑阳碑文字迹模糊，碑阳碑文汉文、拉丁文合璧，汉文5行86字，正书；拉丁文33行。碑阴无字。

碑在西城区北营房北街（马尾沟）教堂（今北京行政学院内）。

著录情况：《拓目》，第74页，京1996。

耶稣会士赵公（圣修）墓碑

清乾隆二十五年（1760）庚辰三月初七日卒于都城

碑阳中题：耶稣会士赵公之墓

碑螭首，碑额镌刻“十”字架及莲花图案。碑首身通高200厘米，宽83厘米，厚25厘米。碑身拓高134厘米，宽83厘米。额拓高22厘米，宽23厘米。碑阳碑文汉文、拉丁文合璧，汉文6行81字，正书；拉丁文16行。碑阴无字。

碑原址在海淀区彰化村正福寺，现藏北京石刻艺术博物馆。

著录情况：《拓汇》，第71册，第170页。《拓目》，第75页，京2283。《馆目》，第98页。

耶稣会士利公（博明）墓碑

清乾隆二十六年（1761）七月廿七日卒

碑阳中题：耶稣会士利公之墓

碑螭首，碑额镌刻由十字及IHS组成的十字架。碑身拓高93厘米，宽69厘米。碑阳汉文、拉丁文合璧，汉文6行77字，正书；拉丁文26行。碑阴无字。

碑在西城区北营房北街（马尾沟）教堂（今北京行政学院内）。

著录情况：《拓汇》，第71册，第197页。《拓目》，第76页，京1998。

耶稣会士巴公（德尼）墓碑

清乾隆二十八年（1763）癸未十一月初八日卒于京都

碑阳中题：耶稣会士巴公之墓

碑方首，碑额镌刻“十”字架及海水江崖图案。碑首身通高176厘米，宽69厘米，厚20厘米。碑身拓高113厘米，宽70厘米。额高50厘米，宽23厘米。碑阳碑文汉文、拉丁文合璧，汉文5行78字，正书；拉丁文11行。碑阴无字。

碑原址在海淀区彰化村正福寺，现藏北京石刻艺术博物馆。

著录情况：《拓汇》，第72页，第3页。《拓目》，第77页，京2285。《馆目》，第99页。

耶稣会修士罗公（启明）墓碑

清乾隆二十九年（1764）十月一十九日卒

碑阳中题：耶稣会修士罗公之墓

碑螭首，碑额镌刻由十字及 IHS 组成的十字架。碑身拓高 109 厘米，宽 67 厘米。碑阳汉文、拉丁文合璧，汉文 5 行 112 字，正书；拉丁文 32 行。碑阴无字。

碑在西城区北营房北街（马尾沟）教堂（今北京行政学院内）。

著录情况：《拓汇》，第 72 册，第 71 页。《拓目》，第 77 页，京 2000。

耶稣会士杨公（自新）墓碑

清乾隆三十年（1765）乙酉十二月初八日卒于都城

碑阳中题：耶稣会士杨公之墓

碑阴

清乾隆三十年（1765）十二月十二日

额篆：皇恩

碑螭首,碑阳额镌刻“十”字架莲花图案,阴额篆书“皇恩”。碑首身通高 199 厘米，宽 75 厘米，厚 25 厘米。碑身拓高 128 厘米，宽 78 厘米。额拓高 17 厘米，宽 18 厘米。碑阳碑文汉文、拉丁文合璧，汉文 5 行 79 字，正书；拉丁文 15 行。碑阴额文 1 行 2 字，篆书。碑文 5 行 99 字，正书。

碑原址在海淀区彰化村正福寺，现藏北京石刻艺术博物馆。

著录情况：《拓汇》，第 71 页，第 132 页。《拓目》，第 77 页，京 2287。《馆目》，第 99 页。

耶稣会士郎公（世宁）墓碑

清乾隆三十一年（1766）六月初六日

碑阳中题：耶稣会士郎公之墓

碑螭首，方座，碑首身上部及两侧另有边框浮雕玫瑰花叶。碑通体外面有砖砌碑楼。碑额图案风化模糊。碑身拓高 130 厘米，宽 68 厘米。碑阳汉文、拉丁文合璧，汉文 5 行 94 字，正书；拉丁文 25 行。

碑在西城区北营房北街（马尾沟）教堂（今北京行政学院内）。

著录情况：《拓汇》，第 72 册，第 146 页。《拓目》，第 77 页，京 2002。

耶稣会士沈公（东行）墓碑

清乾隆三十一年（1766）十一月十五日卒

碑阳中题：耶稣会士沈公之墓

碑螭首，碑额镌刻由十字及 IHS 组成的十字架图案，四框刻团花纹饰。碑身拓高 109 厘米，宽 64 厘米。碑阳碑文汉文、拉丁文合璧，汉文 5 行 150 字，正书；拉丁文 25 行。

碑阴无字。

碑在西城区北营房北街（马尾沟）教堂（今北京行政学院内）。

著录情况：《拓汇》，第72册，第161页。《拓目》，第78页，京2004。

耶稣会士高先生（若望）墓碑

清乾隆三十一年（1766）丙戌卒于都城

碑阳中题：耶稣会士高先生之墓

碑首残缺，碑身边框刻卷草纹。碑首身通高170厘米，宽82厘米，厚27厘米。碑身拓高130厘米，宽80厘米。碑文汉文、拉丁文合璧，汉文5行56字，正书；拉丁文12行。碑文漫漶，碑文据《拓汇》补。碑阴无字。

碑原址在海淀区彰化村正福寺，现藏北京石刻艺术博物馆。

著录情况：《拓汇》，第72页，第164页。《拓目》，第78页，京2289。《馆目》，第100页。

耶稣会孙公（璋）墓碑

清乾隆三十二年（1767）丁亥六月初二日卒于都城

碑阳中题：耶稣会孙公之墓

碑螭首，碑额镌刻“十”字架图案，碑身右下角残缺。碑首身通高192厘米，宽85厘米，厚24厘米。碑身拓高120厘米，宽84厘米。碑阳碑文汉文、拉丁文合璧，汉文6行81字，正书；拉丁文存16行。碑阴无字。

碑原址在海淀区彰化村正福寺，现藏北京石刻艺术博物馆。

著录情况：《拓汇》，第72页，第171页。《拓目》，第78页，京2291。《馆目》，第100页。

谕祭国柱碑

清乾隆三十三年（1768）四月二十日

额篆：圣旨

首行题：皇帝谕祭病故原任云南楚姚镇总兵官国柱之灵（以下从略）

碑螭首龟趺，身座分离，碑身边框饰平雕二龙戏珠纹。碑首身通高380厘米，宽108厘米，厚44厘米。碑身拓高225厘米，宽81厘米。额拓高32厘米，宽27厘米。额文满汉文各1行2字，汉文篆书。碑文满汉合璧，共9行，前4行汉文，满行36字，正书；后5行满文。

碑原在通州区小街村南耕地中埋，1996年普查时在通州区梨园北杨洼小区。

著录情况：《拓目》，第78页，京8267。《拓汇》，第72页，第181页。

按：国柱，《清史稿》无传。《国朝耆献类征》载其经历。碑文所提“云南楚姚镇”，似应为“楚雄镇”之误。

原任福建提督马负书诰封碑

清乾隆三十三年（1768）五月十四日

额篆：恩纶恤典

首题：原任福建提督马负书碑文

碑阴

清乾隆三十二年（1767）十二月

清乾隆三十三年（1768）六月初三日

额篆：龙光宠赉

首行题：奉」天承运」皇帝制曰提封千里（以下从略）」

碑侧

翰林院编修臣沈初恭撰

翰林院编修臣胡高望恭撰

掌院太子太保东阁大学士兼管礼部刑部尚书事臣刘统勋、掌院都察院掌院左都御史臣观保恭校

刑部直隶司主事臣张元观书丹

碑螭首龟趺，碑身阳阴边框浮雕云龙纹，保存完好。碑首身通高390厘米，宽109厘米，厚42.5厘米。趺高100厘米，宽126厘米，长293厘米。碑阳及阳额失拓。碑阳额文2行2字，篆书。碑文满汉文合璧，汉文、满文各7行，汉文正书。碑身拓高240厘米，宽106厘米。侧拓高86厘米，宽41厘米。碑阳额文2行，行2字，篆文。碑文14行，满行40字，正书。碑一侧下部刻撰文、校文、书丹人题名，另一侧下部镌谕祭官题名，均正书。

1996年7月普查时，碑在顺义区后沙峪乡吉祥庄，仆地，现存顺义区文物管理所院内碑林。

著录情况：《北京市顺义区地名志》，第273页。

按：碑文刊清乾隆三十二年（1767）十二月诰封文和乾隆三十三年（1768）六月谕祭文，碑一侧镌撰文、校文、书丹人题名，另一侧镌谕祭官题名，谕祭官有：礼部左侍郎仍兼太常寺卿公中佐领诺穆浑、礼部祠祭司主事兼佐领觉罗永恰、太常寺读祝官扎尔杭阿、笔帖式隆保、玉柱、陀精额、伊勒图、徐本德、伍尔泰、扎拉丰阿、成格。

马负书，据《满汉名臣传》，为汉军镶黄旗人。清乾隆元年（1736）一甲一名武进士，授头等侍卫。五年（1740），授山东莱州营参将。七年（1742），迁胶州营副将。十一年（1746），擢登州镇总兵。

墓碑所在地吉祥庄清代已建村，原为四个坟地，后发展为四个自然村，为包家坟、马家坟、后坟、小东坟。后包家坟、马家坟合并称吉祥庄。

皇清诰封文林郎讳玉贵赵公（玉贵）墓碑

清乾隆三十五年（1770）六月初八日

额题：万古流芳

碑身题：原命戊子相二月十五日丑时生」皇清诰封文林郎讳玉贵赵公之墓」大限乾隆庚寅年六月初八日寅时殁」

碑螭首座佚。碑首身通高186厘米，宽77厘米，厚26厘米。额拓高21厘米，宽21厘米。碑身拓高110厘米，宽67厘米。额文2行，行2字，正书。碑文3行42字，正书。

碑原址不详，现藏北京石刻艺术博物馆。

著录情况：《馆目》，第100页。

耶稣会士严公（守志）墓碑

清乾隆三十六年（1771）壬辰正月二十五日卒于都城

碑阳中题：耶稣会士严公之墓

碑首及碑身上半部残断，仅存碑身下半部。拓高98厘米，宽83厘米。碑阳碑文汉文、拉丁文合璧，部分字迹被人为凿毁，汉文残存5行，正书；拉丁文应存16行，残存11行。

碑原址在海淀区彰化村正福寺，现藏北京石刻艺术博物馆。

著录情况：《拓汇》，第73册，第30页。《拓目》，第79页，京2293。

耶稣会士鲍公（友管）墓碑

清乾隆三十六年（1771）卒

碑阳中题：耶稣会士鲍公之墓

碑螭首，碑额镌刻由十字及IHS组成的十字架图案。碑身拓高151厘米，宽87厘米。碑阳汉文、拉丁文合璧，汉文7行106字，正书；拉丁文24行。碑阴无字。

碑在西城区北营房北街（马尾沟）教堂（今北京行政学院内）。

著录情况：《拓汇》，第73册，第70页。《拓目》，第79页，京2008。

耶稣会士魏公（继晋）墓碑

清乾隆三十六年（1771）卒

碑阳中题：耶稣会士魏公之墓

碑螭首，碑额镌刻由天使组成的十字架图案。碑身拓高165厘米，宽78厘米。碑阳碑文汉文、拉丁文合璧，汉文5行91字，正书；拉丁文25行。碑阴无字。

碑在西城区北营房北街（马尾沟）教堂（今北京行政学院内）。

著录情况：《拓汇》，第73册，第71页。《拓目》，第79页，京2006。

耶稣会侯公（钰）墓碑

清乾隆三十八年（1773）正月二十一日卒

碑阳中题：耶稣会侯公之墓

碑螭首，碑额镌刻由十字及IHS组成的十字架图案。碑身拓高90厘米，宽61厘米。碑阳碑文汉文、拉丁文合璧，汉文5行76字，正书；拉丁文16行。碑阴无字。

碑在西城区北营房北街（马尾沟）教堂（今北京行政学院内）。

著录情况：《拓汇》，第73册，第88页。《拓目》，第79页，京2010。

至崑墓碑

清乾隆三十七年（1772）五月十二日卒

清乾隆三十八年（1773）癸巳孟夏（四月）吉日立

额题：万古流芳

碑断为四块，碑左上角残缺。碑高105厘米，宽44.5厘米，厚6厘米。拓高95厘米，宽43厘米。碑上方题额文1行4字，正书。碑文5行，满行14字，正书。

碑在房山区佛子庄乡黑龙关龙王庙东配殿中闲置，仆地。

按：至崑为道号，俗姓李。

御制晋赠太子太保原任刑部尚书杨廷璋碑文

清乾隆三十八年（1773）

首题：晋赠太子太保原任刑部尚书杨廷璋碑文

清高宗弘历御制

碑螭首龟趺，碑身阳、阴边框浮雕云龙纹，下有海墁石。碑首身通高376厘米，宽111厘米，厚49厘米。龟趺长288厘米，宽121厘米，高109厘米。碑身拓高214厘米，宽82厘米。碑阳额文满汉文各1行2字，漫漶无法辨认。碑文满汉文合璧，右满文8行；左汉文8行，满行50字，实存317字，正书。碑阴无字。

碑原址在顺义区南法信，现藏北京石刻艺术博物馆。

著录情况：《馆目》，第101页。

按：杨廷璋，《清史稿》有传。

朱满夫妇诰封碑

清乾隆三十九年（1774）三月二十四日

额篆：圣旨

首行题：奉」天承运」

碑阴

额篆：圣旨

碑身题：乾隆三十九年岁次甲午仲春月二十四日立

碑螭首龟趺，碑身边框雕二龙戏珠。碑首身通高372厘米，宽106厘米，厚41厘米。座高81厘米，宽120厘米，厚226厘米。额拓高33厘米，宽32厘米。碑身拓高216厘米，宽106厘米。碑阳额文2行，满汉文各1行2字，汉文篆书。碑文18行，满汉合璧，汉文9行，满行62字，正书；满文9行。碑阴额文2行，满汉文各1行，汉文篆书。碑阴满汉文各一行，汉文为年款“乾隆三十九年岁次甲午仲春月二十四日立”，1行18字，正书。

碑在大兴区定福庄乡坟上村村东，现原址保存。

按：碑阳刊太子少保、兵部尚书兼都察院右都御使、总督福建、浙江等处地方军务兼理粮饷监课、世袭一等轻车都尉钟音之父母朱满夫妇的诰封文。

耶稣会士蒋公（友仁）墓碑

清乾隆三十九年（1774）甲午九月十九日卒于都城

碑阳中题：耶稣会士蒋公之墓

碑螭首，碑额镌刻“十”字架及莲花图案。碑首身通高186厘米，宽83厘米，厚26厘米。碑身拓高111厘米，宽84厘米。额高21厘米，宽15厘米。碑阳碑文汉文、拉丁文合璧，汉文6行82字，正书；拉丁文16行。碑阴汉文2行13字，正书。碑阴无额题。

碑原址在海淀区彰化村正福寺，现藏北京石刻艺术博物馆。

著录情况：《拓汇》，第73册，第140页。《拓目》，第80页，京2297。《馆目》，第101页。

耶稣会士刘公（松龄）墓碑

清乾隆三十九年（1774）卒

碑阳中题：耶稣会士刘公之墓

碑螭首，碑额镌刻由十字及IHS组成的十字架图案。碑身拓高169厘米，宽82厘米。碑阳汉文、拉丁文合璧，汉文7行143字，正书；拉丁文32行。碑阴无字。

碑在西城区北营房北街（马尾沟）教堂（今北京行政学院）。

著录情况：《拓汇》，第73册，第152页。《拓目》，第80页，京2012。

启祥宫首领□公墓碑

清乾隆乙未年〔四十年（1775）〕

碑身题：原命康熙丙申年▨」清故启祥宫首领讳▨」大限乾隆乙未年十二▨」

碑首刻祥云图案，碑下部残缺，仅存碑首及上部。碑残高61厘米，宽37厘米，厚9厘米。拓高48厘米，宽35厘米。碑额字迹漫漶。碑文残存3行，行7至9字不等，实存 24 字，正书。

碑 2005 年 4 月 23 日征集于海淀区恩济庄，现藏北京石刻艺术博物馆。

耶稣圣家会士黄公（之汉）墓碑

清乾隆四十一年（1776）三月初九日卒

碑阳中题：耶稣圣家会士黄公之墓

碑方首，上镌刻祥云图案。碑身拓高 118 厘米，宽 69 厘米。碑阳碑文汉文、拉丁文合璧，汉文 5 行 96 字，正书；拉丁文 23 行。碑阴无字。

碑在西城区北营房北街（马尾沟）教堂（今北京行政学院内）。

著录情况：《拓汇》，第 73 册，第 173 页。《拓目》，第 80 页，京 2014。

修士陈公（圣修）墓碑

清乾隆四十一年（1776）六月二十四日卒

碑阳中题：修士陈公之墓

碑螭首，左上残，碑额镌刻由十字及 IHS 符号组成的十字架图案。碑身拓高 101 厘米，宽 59 厘米。碑阳碑文汉文、拉丁文合璧，汉文 5 行 89 字，正书；拉丁文 22 行。碑阴无字。

碑在西城区北营房北街（马尾沟）教堂（今北京行政学院内）。

著录情况：《拓汇》，第 73 册，第 183 页。《拓目》，第 81 页，京 2016。

西域云居寺重开山第一代上溟下波古翁老人行略碑

清乾隆四十三年（1778）岁次戊戌夏六月初八日吉旦立

额篆：临济正宗

首题：西域云居寺重开山第一代上溟下波古翁老人行略

滇南湛畐书丹

五世法孙了正等仝勒石

碑阴

额篆：万古流芳

碑身居中题：嗣法门人大乘达焕法孙悟仝建立

碑螭首方座。首身通高 284 厘米，宽 100 厘米，厚 35 厘米。碑身拓高 197 厘米，宽 83 厘米。碑阳额文 2 行，满行 2 字，篆书。碑文 18 行，满行 49 字，正书。碑阴额文 2 行，满行 2 字，篆书。碑文镌“嗣法门人大乘达焕法孙悟仝建立”等题名。

碑今在房山区南尚乐乡三岔村口路北云居寺东塔院立。

著录情况：《拓汇》，第 74 册，第 14、15 页。《拓目》，第 517 页，京 4044。

按：石刻虽作碑形，但据碑文内容，知其作用实际相当于塔铭，原应立于溟波和尚的灵塔旁，从碑所在地名为云居寺的东塔院亦可推知，惜塔今已不存。此处所存的另外几通碑，虽则名称有作塔铭，有称碑者，均为立于灵塔旁的塔铭。

西域云居寺第四世万安瑜公和尚塔铭

清乾隆四十三年（1778）岁次戊戌秋八月初八日吉旦立

额篆：临济正宗

首题：西域云居寺第四世万安瑜公和尚塔铭

钦命赐紫现住拈花寺贤宗后学达天通理撰文

赐进士敕授文林郎房山县知县事晋水池凤毛顿首书丹

嗣法门人了正等仝勒石

江南刘丕然、王世良仝勒

碑阴

额篆：碑阴题名

碑螭首方座。首身通高 273 厘米，宽 90 厘米，厚 30 厘米。碑身拓高 196 厘米，宽 88 厘米。额文 2 行，满行 2 字，篆书。碑文 20 行，满行 59 字，正书。碑阴额文 2 行，满行 2 字，篆书。碑阴上部刻“临济传法正宗派”11 行，满行 8 字；下部为嗣法门人以及信女题名。

碑今在房山区南尚乐乡三岔村口路北云居寺东塔院立。

著录情况：《拓汇》，第 74 册，第 20、21 页。《拓目》，第 81 页，京 4476。

晋赠太子太保原任礼部尚书钟音碑文

清乾隆四十四年（1779）十月十六日立

首题：晋赠太子太保原任礼部尚书钟音碑文

碑青石质，螭首龟趺，边框浮雕二龙戏珠。碑首身通高 372 厘米，宽 106 厘米，厚 41 厘米。碑身拓高 200 厘米，宽 68 厘米。碑文 16 行，满汉合璧，满汉文各 8 行，汉文满行 54 字，正书。额失拓。碑阴情况不详。

碑在大兴区定福庄乡垈上村，现原址保存。

按：钟音，满洲镶兰旗人，姓觉罗氏，字闻轩，清乾隆元年（1736）进士，官至礼部尚书。

耶稣会士韩公（国英）墓碑

清乾隆四十五年（1780）七月初九日卒于都城

碑阳中题：耶稣会士韩公之墓

碑方首，碑额镌刻“十”字架及海水江崖图案。碑首身通高 190 厘米，宽 83 厘米，厚 22 厘米。碑身拓高 122 厘米，宽 82 厘米。额高 31 厘米，宽 26 厘米。碑阳碑文汉文、拉丁文合璧，汉文 6 行 75 字，正书；拉丁文 15 行。碑阴无字。

碑原址在海淀区彰化村正福寺，现藏北京石刻艺术博物馆。

著录情况:《拓汇》,第 74 册,第 65 页。《拓目》,第 82 页,京 2299。《馆目》,第 102 页。

耶稣会士艾公（启蒙）墓碑

清乾隆四十五年（1780）九月重阳日卒

碑阳中题：耶稣会士艾公之墓

碑螭首，碑额镌刻十字架图案，碑身右下部残缺。碑身拓高 154 厘米，宽 69 厘米。碑阳碑文汉文、拉丁文合璧，汉文 9 行 178 字，正书；拉丁文 39 行。碑阴无字。

碑在西城区北营房北街（马尾沟）教堂（今北京行政学院内）。

著录情况：《拓汇》，第 74 册，第 68 页。《拓目》，第 82 页，京 2018。

耶稣会士方公（守义）墓碑

清乾隆四十五年（1780）十一月二十九日卒于都城

碑阳中题：耶稣会士方公之墓

碑方首，碑额镌刻“十”字架及海水江崖图案，墓碑现保存完好。碑首身通高 190 厘米，宽 83 厘米，厚 22 厘米。碑身拓高 125 厘米，宽 84 厘米。碑阳碑文汉文、拉丁文合璧，汉文 6 行 77 字，正书；拉丁文 16 行。碑阴无字。

碑原址在海淀区彰化村正福寺，现藏北京石刻艺术博物馆。

著录情况:《拓汇》,第 74 册,第 80 页。《拓目》,第 82 页,京 2301。《馆目》,第 102 页。

耶稣会士傅公（作霖）墓碑

清乾隆四十六年（1781）四月二十九日卒

碑阳中题：耶稣会士傅公之墓

碑螭首,碑额镌刻由 IHS 及十字符号组成的十字架。碑身拓高 137 厘米,宽 74 厘米。碑阳碑文汉文拉丁文合璧，汉文 8 行 148 字，正书；拉丁文 44 行。碑阴无字。

碑在西城区北营房北街（马尾沟）教堂（今北京行政学院内）。

著录情况：《拓汇》，第 74 册，第 92 页。《拓目》，第 82 页，京 2020。

耶稣会士林公（德瑶）墓碑

清乾隆四十九年（1784）十二月十二日卒

碑阳中题：耶稣会士林公之墓

碑螭首，碑额镌刻有 IHS 及十字组成的十字架。碑身拓高 131 厘米，宽 68 厘米。碑阳汉文、拉丁文合璧，汉文 5 行 73 字，正书；拉丁文 25 行。碑阴无字。

碑在西城区北营房北街（马尾沟）教堂（今北京行政学院内）。

著录情况：《拓汇》，第 75 册，第 17 页。《拓目》，第 83 页，京 2022。

耶稣会士艾公（若翰）墓碑

清乾隆五十年（1785）正月在苦中坚忍而卒

碑阳中题：耶稣会士艾公之墓

碑身拓高 117 厘米，宽 64 厘米。碑文汉文、拉丁文合璧，汉文 4 行 60 字，正书；拉丁文存 24 行。

碑在西城区北营房北街（马尾沟）教堂（今北京行政学院内）。

著录情况：《拓汇》，第 75 册，第 21 页。《拓目》，第 83 页，京 2026。

清▨日讲起居注官翰林院侍讲学士加一级（鞳布）墓碣

清乾隆五十年（1785）正月十六日（卒）

额篆：□□大夫□日讲起居注官翰林院侍讲学士加一级图裕轩先生墓碣

首题：▨日讲起居注官翰林院侍讲学士加一级图裕轩先▨

▨文渊□□□□内阁▨大□东▨

▨大夫▨文□阁□□事□□府詹事□□□□侍讲学士加一级□□□书丹

▨大夫经筵□官▨□□□□尚书加□级会稽梁□□篆

碣左下角略有残缺，长 63 厘米，宽 63 厘米，厚 12 厘米。额文 14 行，满行 2 字，篆书。碣文 35 行，满行 27 字，正书。碣文漫漶。

碣原址在海淀区清河永泰庄，现藏海淀区文物管理所。

著录情况：《新出土（一）》（上），第 360 页；（下），第 341、342 页。

圣方济各会士叶公（宗孝）墓碑

清乾隆五十年（1785）三月十四日安逝

碑阳中题：圣方济各会士叶公之墓

碑身拓高 155 厘米，宽 82 厘米。碑阳汉文、拉丁文合璧，汉文 5 行 96 字，正书；拉丁文存 24 行。碑阴无字。

碑在西城区北营房北街（马尾沟）教堂（今北京行政学院内）。

著录情况：《拓汇》，第 75 册，第 27 页。《拓目》，第 84 页，京 2028。

圣若翰保弟斯大会士哆啰公（方济各）墓碑

清乾隆五十年（1785）三月二十一日在京都为办理传教要务卒于刑部

碑阳中题：圣若翰保弟斯大会士哆啰公之墓

碑身拓高 133 厘米，宽 66 厘米。碑阳碑文汉文、拉丁文合璧，汉文 4 行 113 字，正书；拉丁文 34 行。碑阴无字。

碑在西城区北营房北街（马尾沟）教堂（今北京行政学院内）。

著录情况：《拓汇》，第 75 册，第 29 页。《拓目》，第 84 页，京 2030。

耶稣会士汪公（达洪）墓碑

清乾隆五十二年（1787）五十二年四月十一日卒于都城

碑阳中题：耶稣会士汪公之墓

碑方首，碑额镌刻祥云、十字架及海水江崖图案。碑首身通高 190 厘米，宽 83 厘米，厚 22 厘米。碑身拓高 123 厘米，宽 81 厘米。碑阳碑文汉文、拉丁文合璧，汉文 6 行 74 字，正书；拉丁文 15 行。碑阴汉文 2 行 15 字，正书。

碑原址在海淀区彰化村正福寺，现藏北京石刻艺术博物馆。

著录情况：《拓汇》，第 75 册，第 71 页。《拓目》，第 84 页，京 2309。《馆目》，第 103 页。

耶稣会士高公（慎思）墓碑

清乾隆五十三年（1788）六月初六日卒

碑阳中题：耶稣会士高公之墓

碑身拓高 162 厘米，宽 69 厘米。碑阳汉文、拉丁文合璧，汉文 6 行 140 字，正书；拉丁文 25 行。碑阴无字。

碑在西城区北营房北街（马尾沟）教堂（今北京行政学院内）。

著录情况：《拓汇》，第 75 册，第 99 页。《拓目》，第 85 页，京 2032。

圣方济各会士伊公（克肋森细亚诺）墓碑

清乾隆五十六年（1791）十一月二十九日病殁

碑阳中题：圣方济各会士伊公之墓

碑身拓高 169 厘米，宽 82 厘米。碑阳汉文、拉丁文合璧，汉文 5 行 114 字，正书；拉丁文 35 行。碑阴无字。

碑在西城区北营房北街（马尾沟）教堂（今北京行政学院内）。

著录情况：《拓汇》，第 75 册，第 187 页。《拓目》，第 86 页，京 2036。

耶稣会士赵公（进修）墓碑

清乾隆五十七年六月（1792）六月十一日卒于都城

碑阳中题：耶稣会士赵公之墓

碑方首，碑首身通高 190 厘米，宽 81 厘米，厚 22 厘米。碑身拓高 123 厘米，宽 82 厘米。碑阳碑文汉文、拉丁文合璧，汉文 6 行 75 字，正书；拉丁文 15 行。碑阴无字。

碑原址在海淀区彰化村正福寺，现藏北京石刻艺术博物馆。

著录情况：《拓汇》，第 76 册，第 24 页。《拓目》，第 86 页，京 2311。《馆目》，第 103 页。

耶稣会士张公（依纳爵）墓碑

清乾隆五十七年（1792）十月二十六日安逝

碑阳中题：耶稣会士张公之墓

碑身拓高 132 厘米，宽 70 厘米。碑阳碑文汉文、拉丁文合璧，汉文 5 行 81 字，正书；拉丁文 18 行。碑阴无字。

碑在西城区北营房北街（马尾沟）教堂（今北京行政学院内）。

著录情况：《拓汇》，第 76 册，第 41 页。《拓目》，第 86 页，京 2038。

耶稣会士钱公（德明）墓碑

清乾隆五十八年（1793）九月初六日卒于都城

碑阳中题：耶稣会士钱公之墓

碑方首，碑额镌刻“十”字架及海水江崖图案，边框刻变形的卷草纹。碑首身通高 192 厘米，宽 83 厘米，厚 22 厘米。碑身拓高 123 厘米，宽 83 厘米。额拓高 24 厘米，宽 23 厘米。碑阳碑文汉文、拉丁文合璧，汉文 6 行 74 字，正书；拉丁文 18 行。碑阴无字。

碑原址在海淀区彰化村正福寺，现藏北京石刻艺术博物馆。

著录情况：《拓汇》，第 76 册，第 62 页。《拓目》，第 87 页，京 2313。《馆目》，第 103 页。

耶稣会士刘公（保禄）墓碑

清乾隆五十九年（1794）七月初六日病故

碑阳中题：耶稣会士刘公之墓

碑方首，碑额镌刻十字架及海水江崖图案。碑首身通高 200 厘米，宽 80 厘米，厚 22 厘米。碑身拓高 129 厘米，宽 83 厘米。额高 23 厘米，宽 25 厘米。碑阳碑文汉文、拉丁文合璧，汉文 5 行 49 字，正书；拉丁文 14 行。碑阴无字。

碑原址在海淀区彰化村正福寺，现藏北京石刻艺术博物馆。

著录情况：《拓汇》，第 76 册，第 80 页。《拓目》，第 87 页，京 2315。《馆目》，第 104 页。

耶稣会士刘公（多默）墓碑

清嘉庆元年（1796）五月初十日病故

碑阳中题：耶稣会士刘公之墓

碑方首，碑额镌刻十字架及海水江崖图案。碑首身通高 200 厘米，宽 80 厘米，厚 22 厘米。碑身拓高 122 厘米，宽 84 厘米。额拓高 23 厘米，宽 23 厘米。碑阳碑文汉文、拉丁文合璧。汉文 4 行 47 字，正书；拉丁文 14 行。碑阴无字。

碑原址在海淀区彰化村正福寺，现藏北京石刻艺术博物馆。

著录情况：《拓汇》，第 77 册，第 3 页。《拓目》，第 89 页，京 2317。《馆目》，第 104 页。

传教会士韩公（纳庆）墓碑

清嘉庆元年（1796）丙辰十二月十三日卒于都城

碑阳中题：传教会士韩公之墓

碑方首，碑额镌刻十字架及海水江崖图案。碑首身通高 194 厘米，宽 80 厘米，厚 23 厘米。碑身拓高 120 厘米，宽 80 厘米。额拓高、宽均 23 厘米。碑阳碑文汉文、拉丁文合璧，汉文 5 行 73 字，正书；拉丁文 17 行。碑阴无字。

碑原址在海淀区彰化村正福寺，现藏北京石刻艺术博物馆。

著录情况：《拓汇》，第 77 册，第 16 页。《拓目》，第 89 页，90，京 2321。《馆目》，第 105 页。

司铎傅公（安多尼）墓碑

清嘉庆四年（1799）九月初八日长逝

碑阳中题：司铎傅公之墓

碑身拓高 110 厘米，宽 66 厘米。碑阳汉文、拉丁文合璧，汉文 5 行 57 字，正书；拉丁文 23 行。碑阴无字。

碑在西城区北营房北街（马尾沟）教堂（今北京行政学院内）。

著录情况：《拓汇》，第 77 册，第 56 页。《拓目》，第 90 页，京 2044。

经筵讲官太子太保礼部尚书镶蓝旗满洲都统谥恪勤公德明碑文

清嘉庆六年（1801）岁次辛酉月（八月）

额篆：敕赐

首题：经筵讲官太子太保礼部尚书镶蓝旗满洲都统谥恪勤公德明碑文

碑螭首龟趺，碑身阳阴边框均浮雕云龙纹。碑首身通高 370 厘米，宽 123 厘米，厚 58 厘米。龟趺长 310 厘米，高 115 厘米，宽 120 厘米。碑身拓高 227 厘米，宽 112 厘米。额拓高 33 厘米，宽 28 厘米。额文满汉文合璧，各 1 行 2 字，汉文篆书。碑文满汉文合璧，满文 9 行；汉文 9 行，满行 60 字，正书。

碑原址在海淀区中关村保福寺，1997 年 3 月 24 日征集于海淀区中科院软件所，现藏北京石刻艺术博物馆。

著录情况：《拓汇》，第 77 册，第 109 页。《拓目》，第 91 页，京 5937。

圣味增爵会士罗公（尼阁）墓碑

清嘉庆六年（1801）十月初二日卒于京都

碑阳中题：圣味增爵会士罗公之墓

碑首及碑身上部残缺，仅存碑身下半部。碑身残高 94 厘米，宽 83 厘米。碑阳碑文汉文、拉丁文合璧，字迹有被人为凿损的痕迹，汉文5行，正书；拉丁文应存17行，现残存14行。碑阴无字。

碑原址在海淀区彰化村正福寺，现藏北京石刻艺术博物馆。

著录情况：《拓汇》，第77册，第100页。《拓目》，第91页，京2323。

按：字迹有被人为凿损的痕迹。

西域云居寺传临济正宗第三十七世上恒下朗正公（了正）和尚碑铭

大清嘉庆七年（1802）岁在元默阉茂塞月谷旦

额篆：临济正宗

首题：西域云居寺传临济正宗第三十七世上恒下朗正公和尚碑铭

赐进士出身候补县正堂本邑人徐梦陈撰

御菜园头系正白旗汉军良邑人陈照书

嗣法门人达焕敬立

王月顺、刘良、高焕章仝

碑阴

额篆：万古流芳

碑螭首方座。碑首身通高301厘米，宽88厘米，厚30厘米。碑身拓高190厘米，宽83厘米。碑阳额文2行，满行2字，篆书。碑文18行，满行43字，正书。首题右侧上方镌印“山僧”，阳文篆书。“御菜园头系正白旗汉军良邑人陈照书”下镌2印，上阳文篆书“陈照”，下阴文篆书，字迹模糊不辨。“嗣法门人达焕敬立”下镌2印，上阳文篆书“大乘”，下阴文篆书“达焕”。碑阴额文2行，满行2字，篆书。碑文刻门人达焕以及法孙、法曾孙等和尚题名，正书。

碑今在房山区南尚乐乡三岔村口路北云居寺东塔院立。

著录情况：《拓汇》，第77册，第128、129页。《拓目》，第91页，京4146。

按：八月，又称“塞壮”，十一月又称“寒月”。年款中的“塞月”不知是指“塞壮”月少刻一“壮”字，还是“寒月”之误。

司铎李公（保禄）墓碑

清嘉庆七年（1802）十二月初一日长逝

碑阳中题：司铎李公之墓

碑身拓高118厘米，宽60厘米。碑阳汉文、拉丁文合璧，汉文4行61字，正书；拉丁文21行。碑阴无字。

碑在西城区北营房北街（马尾沟）教堂（今北京行政学院内）。

著录情况：《拓汇》，第77册，第130页。《拓目》，第91页，京2046。

勒保夫妇诰封碑

清嘉庆十四年（1809）正月初一日

额篆：诰命

首行题：奉」天承运」

碑螭首龟趺，龟趺下有海墁石，碑身阳、阴边框均浮雕龙纹。碑首身通高 447 厘米，宽 130 厘米，厚 58 厘米。龟趺长 326 厘米，宽 138 厘米，高 113 厘米。额拓高 38 厘米，宽 28 厘米。碑身拓高 260 厘米，宽 85 厘米。额文竖刻 2 行，满汉文各 1 行，满行 2 字，汉文篆书。碑文满汉文合璧，汉文存 12 行，满行 94 字，实存 658 字，正书。碑阴无字。

碑原址在朝阳区小庄东南英家坟，1985 年 11 月 30 日自海淀区圆明园管理处移交，现藏北京石刻艺术博物馆。

著录情况：《拓汇》，第 78 册，第 50 页。《拓目》，第 93 页，京 8138。《馆目》，第 105 页。

圣味增爵会士冀公（若望）墓碑

清嘉庆十七年（1812）七月初二日卒于京都

碑阳中题：圣味增爵会士冀公之墓

碑首身通高 190 厘米，宽 76 厘米，厚 23 厘米。碑身拓高 124 厘米，宽 74 厘米。额拓高 24 厘米，宽 23 厘米。碑阳碑文汉文、拉丁文合璧，汉文 5 行 95 字，正书；拉丁文 17 行。碑阴无字。

碑原址在海淀区彰化村正福寺，现藏北京石刻艺术博物馆。

著录情况：《拓汇》，第 78 册，第 99 页。《拓目》，第 94 页，京 2327。《馆目》，第 106 页。

勒保赐谥碑

清嘉庆二十四年（1819）十一月初二日

额篆：敕建

首行题：朕惟赞襄钧轴允推柱石之才谙练韬钤端重干城之任奖成劳于宠（以下从略）

碑螭首龟趺，碑身阳、阴边框均浮雕云龙纹，下有海墁石。碑首身通高 451 厘米，宽 122 厘米，厚 59 厘米。龟趺长 324 厘米，宽 135 厘米，高 126 厘米。碑身拓高 253 厘米，宽 79 厘米。额拓高 38 厘米，宽 28 厘米。额文竖刻 2 行，满汉文各 1 行，2 字，汉字篆书。碑文满汉文合璧，汉文 7 行，满行 64 字，共计 364 字，正书。碑阴无字。

碑原址在朝阳区小庄东南英家坟，1985 年 11 月 30 日自海淀区圆明园管理处移交，现藏北京石刻艺术博物馆。

著录情况：《拓目》，第 95 页，京 8136。《馆目》，第 106 页。

嵩年之祖父常保祖母杨氏、生祖母赵氏诰封碑

清道光贰年（1822）拾壹月拾柒日

额篆：诰封

碑螭首龟趺，汉白玉石质，通高490厘米。碑身拓高242厘米，宽120厘米。额拓高38厘米，宽26厘米。额文1行，行2字，篆书。碑文16行，满行40字，正书。

碑原址在昌平区东三旗南太平庄村，2003年普查时碑在昌平公园内昌平石刻园，仆地。

著录情况：《拓汇》，第79册，第43页。《拓目》，第96页，京5431。

按：碑为任东陵承办事务总管内务府大臣加一级嵩年之祖父母、生祖母诰封碑。其祖父常保赠荣禄大夫，祖母杨氏、生祖母赵氏赠一品夫人。

味增爵会修士福公（文高）墓碑

清道光四年（1824）正月初二日寿终

碑阳中题：味增爵会修士福公之墓

碑身拓高115厘米，宽59厘米。碑阳汉文拉丁文合璧，汉文8行134字，正书；拉丁文28行。

碑在西城区北营房北街（马尾沟）教堂（今北京行政学院内）。

著录情况：《拓汇》，第79册，第65页。《拓目》，第96页，京2052。

按：福文高（Dominic Joschim Ferreyra，1748—1824），又名福多明我，葡萄牙人，清嘉庆六年（1801）奉旨进京在宫中效力，被授予钦天监右堂，嘉庆十年（1806）升为钦天监左堂，嘉庆十三年（1808）转为钦天监正堂，同时兼理算学馆。道光三年（1823）因病退休，道光四年（1824）在北京去世，皇帝赐帑银一百两为安葬费，并立墓碑纪念。这是马尾沟墓地保存的唯一一块圣味增爵会士墓碑。

御膳房太监□公墓碑

清道光四年（1824）四月十五日

额题：万古流芳

碑螭首，座佚。碑首身高250厘米，宽78厘米，厚25厘米。拓高160厘米，宽80厘米。额文2行，满行2字，正书。碑文隐约可见4行文字，正书。碑文基本漫漶，仅能辨认“御膳房”等字及末行的年款。

碑1998年11月19日征集自西城区六铺炕公园内，据说该碑是在20世纪60年代修地铁时挖掘出土。碑现藏北京石刻艺术博物馆。

御膳房总管讳喜马公墓碑

清道光九年（1829）六月二十四日卯时告终

额题：万古流芳

碑身题：乾隆丙子年七月初六日寅时生人」御膳房总管讳喜马公之墓」道光九年六

月二十四日卯时告终」

碑螭首座佚。碑首身通高256厘米，宽85厘米，厚26厘米。拓高170厘米，宽82厘米。额文2行，满行2字，正书。碑文3行，39字，正书。

碑1998年11月19日征集自西城区六铺炕公园内。据说该碑是在20世纪60年代修地铁时挖掘出土。碑现藏北京石刻艺术博物馆。

著录情况：《拓汇》，第79册，第152页。《拓目》，第97页，京3320。

按：据说此碑是20世纪60年代修地铁时发掘出来的。据《拓汇》和《拓目》，碑原址在海淀区皂君庙。

御膳房太监讳进禄刘公墓碑

清道光十一年（1831）五月初一日吉时

额题：万古流芳

碑身题：御膳房太监讳进禄刘公之墓」道光十一年五月初一日吉时告终」

碑方首座佚。碑首身通高172厘米，宽64厘米，厚27厘米。碑身连额拓高149厘米，宽60厘米。额文2行，行2字，正书。碑文2行，满行27字，正书。

碑1998年11月19日征集自西城区六铺炕公园内。据说该碑是在20世纪60年代修地铁时挖掘出土。碑现藏北京石刻艺术博物馆。

著录情况：《拓汇》，第80册，第10页。《拓目》，第98页，京3310。

按：据《拓汇》、《拓目》，碑原址在海淀区皂君庙。

清恒慈上人行实碑

清乾隆年后的癸卯年〔道光二十三年（1843）〕后

首行题：西山绵亘数百里峰峦幽秀诸刹多寄于苍翠中其规

鄂恒书

金陵吴世凤刻

碑为六条屏式，共六石，五件保存完整，其一断裂后修复，均高187厘米，宽44厘米，厚14厘米。拓均高184厘米，宽42厘米，共6纸。石均单面刻字，每石刻文字4行，满行21字，共计501字，正书。

2002年4月2日征集于东城区椿树胡同27号，现藏北京石刻艺术博物馆。

按：鄂恒，清满洲正黄旗人，伊尔根觉罗氏，字松亭。清道光六年进士，改庶吉士，授编修，累官至陕西知府。有《求是山房集》、《味雪斋诗钞》。

皇清敕封修职郎佐郎宏济孟公墓碑

清道光二十九年（1849）二月谷旦

额题：墓志

碑身居中竖题：皇清敕封修职郎佐郎宏济孟公之墓

碑圆首，座佚。碑阳、阴首部及边框均线刻花纹。碑通高 70 厘米，宽 41 厘米。拓高 69 厘米，宽 41 厘米。额文横题 1 行，满行 2 字，正书。碑文 2 行，满行 15 字，正书。碑阴碑文 3 行，中部大字 1 行，满行 10 字；两侧小字 2 行，满行 10 字，均正书。碑阴刻方位及四至，居中竖题 1 行大字："酉山卯向辛酉辛卯分金"，左右刻四至，右题："东至大梁头西至□□□"，左题："南至白山口北至燕尾山"。

碑原址不详，现在延庆县灵照寺前院西侧碑廊立。

御膳房饭局首领讳进喜刘公墓碑

清道光二十九年（1849）五月

额题：万古流芳

碑身题：河间县城东北南□村民于乾隆甲辰年十一月吉日吉时生人」御膳房饭局首领讳进喜刘公之墓」道光二十九年五月初八日戌时告殁」

碑方首，二龙戏珠方座。碑首身通高 175 厘米，宽 68 厘米，厚 25 厘米。方座长 90 厘米，宽 42 厘米，高 56 厘米。碑身拓高 110 厘米，宽 62 厘米。额拓高 17 厘米，宽 16 厘米。额文 2 行 2 字，正书。碑文 3 行，52 字，正书。

碑原址在海淀区皂君庙附近，1985 年 12 月 6 日征集到馆，现藏北京石刻艺术博物馆。

著录情况：《拓目》京 3346，第 102 页。

吴治中继室韩恭人传刻石

清道光八年（1828）至道光三十年（1850）间

首题：诰封恭人韩恭人传

刻石为横石，共两块，均高 29 厘米，宽 75 厘米，厚 9 厘米。拓高 28 厘米，宽 72 厘米。铭文 80 行，满行 16 字，共 1091 字，正书。

石原址不详，现藏北京石刻艺术博物馆。

著录情况：《馆目》，第 107 页。

按：韩恭人为"吴西圃治中之继室"。

刻石未完，未署年款，据文意，当撰文于清道光年间。文中未提恭人何年出嫁，但提及恭人婚后，壬申（1812）年劝吴西圃纳妾。恭人为吴西圃继室 16 年，那么恭人卒年最晚不迟于 1828 年。撰文年代据碑文，与恭人卒年为同一年。

皇清圆明园技勇八品首领讳亮字明亭任公墓碑

清咸丰十年（1860）八月二十二日

额题：万古流芳

首行题：咸丰十年八月二十二日明亭公在出入贤良门内遇

碑身中题：皇清圆明园技勇八品首领讳亮字明亭任公之墓

河间王云翔撰并丹

碑方首抹角，首饰云纹。首身拓高 125 厘米，宽 55 厘米。额文 2 行，满行 2 字，正书。碑文 8 行，行字不等，正书。

碑现存海淀区圆明园。

皇清诰授中宪大夫户部员外郎显考饶公字筱山府君大人墓碑

清同治二年（1863）十月十七日立

碑身题：同治二年十月十七日立」癸山」皇清诰授中宪大夫户部员外郎显考饶公字筱山府君大人之墓」丁向男恂懔奉祀」

碑方首，座佚。碑首身通高 78 厘米，宽 32 厘米，厚 9 厘米。拓高 76 厘米，宽 33 厘米。碑文 4 行，行字不等，正书。

碑 2000 年 9 月 18 日征集于宣武区牛街枣林斜街，现藏北京石刻艺术博物馆。

正福寺公教公墓记座题记

清同治二年（1863）

下部方形基座一侧面首行题：HOC　FIDEI　CHRIST　MONUMENTUM

石座由上方素面方须弥座和下部方形基座两部分构成，通高 72 厘米，宽 119 厘米，厚 69 厘米。上部方形须弥座，高 39 厘米，宽 77 厘米，厚 49 厘米，青白石质。上部方形须弥座一侧立面镌拉丁文 2 行，下部方形基座一侧立面镌拉丁文 5 行，二题刻不在同一立面。

石座原址在海淀区彰化村正福寺，现藏北京石刻艺术博物馆。

著录情况：《拓目》，第 105 页，京 2249。

按：从“正福寺公教公墓记”碑文看，正福寺天主教墓地，为法国耶稣会墓地，始建于清雍正十年（1732），乾隆三十八年（1773）耶稣会解散后，法国遣使会进入中国，接管了耶稣会在北京的教务、教产，包括北堂附属墓地正福寺。

瓜尔佳氏墓碑

大清同治三年（1864）岁次甲子九月谷旦

首行题：大清同治三年岁次甲子九月谷旦」先姊瓜尔佳氏五十七寿之未字女也幼明敏不苟言笑知书善女红长通晓义礼能容物鉴别是非遇事断之辄中肯綮戚」

赐进士出身日讲起居注官詹事府詹事同怀弟魁龄撰并书

碑方首无座。碑首身通高 177 厘米，宽 73 厘米，厚 22 厘米。碑身拓高 126 厘米，宽 68 厘米。碑文 22 行，48 字，实存 949 字，正书。

碑原址在海淀区定慧寺，现藏北京石刻艺术博物馆。

著录情况：《拓汇》，第 83 册，第 51 页。《拓目》，第 105 页，京 5829。《馆目》，第 107 页。

利公（空利）禅师碑铭

大清同治三年（1864）岁次甲子小阳月（十月）二十九日

额篆：光绍遗风

首题：利公禅师碑铭

赐进士及第太子太保光禄大夫经筵讲官前吏部尚书钱唐许乃普撰文

咸丰辛酉科拔贡候选儒学正堂涿鹿姚玉璋书丹

法孙密增等同勒石

石匠续林刻

碑阴

清同治三年（1864）重阳月中旬六日重刻

额篆：正脉绵丝

首题：大清京都西直门外笑祖塔院反本寻源归复临济正宗碑记

钦命管理僧录司事务正堂万善殿住持传临济正宗第三十七世了信撰

顺天府学廪膳生员韩儁敬书

护法弟子四品宗室国仁篆额

碑螭首方座。碑首身通高 314 厘米，宽 88 厘米，厚 30 厘米。碑身拓高 213 厘米，宽 86 厘米。额拓高 30 厘米，宽 22 厘米。碑阳额文 2 行，满行 2 字，篆书。碑文 16 行，满行 39 字，正书。撰文人、书丹人题名下方各镌阴 2 方，均漫漶。“法孙密增等同勒石”下方镌 1 方印章“密增之印”，阴文篆书。碑阴额文 2 行，满行 2 字，篆书。碑身上半部镌碑文 24 行，满行 40 字；下半部镌嗣法门人题名，多有漫漶，正书。

碑今在房山区南尚乐乡三岔村口路北云居寺东塔院立。

著录情况：《拓汇》，第 82 册，第 52 页，载碑阴。《拓目》，第 105 页，京 4046；第 525 页载碑阴，京 4048。

慧公（显慧）禅师碑铭

大清同治三年（1864）岁次甲子小阳月二十九日

额篆：敦化精微

首题：慧公禅师碑铭

赐进士及第太子太保光禄大夫经筵讲官前吏部尚书钱唐许乃普撰文

咸丰辛酉科拔贡候选儒学正堂涿鹿姚玉璋书丹

继席门人密增等同勒石

石匠续林刻

碑阴

额篆：期与必觉

碑螭首方座。碑首身通高 318 厘米，宽 87 厘米，厚 32 厘米。碑身拓高 204 厘米，宽 83 厘米。碑阳额文 2 行，满行 2 字，篆书。碑文 15 行，满行 37 字，正书。“继席门人密增等同勒石”下方镌印 2 方，上阳文篆书“密增之印”，下阴文篆书“惟纯”。碑阴额文 2 行，满行 2 字，篆书。碑阴刻嗣法门人题名以及捐资修塔建碑之各州县进香老会名称和金额。

碑今在房山区南尚乐乡三岔村口路北云居寺东塔院立。

著录情况：《拓目》，第 106 页，京 4144。

圣味增爵会士郑公（自贵）墓碑

清同治五年（1866）八月十七日在京都□堂因病谢世

碑阳中题：圣味增爵会士郑公之墓

碑首身高 180 厘米，宽 71 厘米，厚 24 厘米。碑身拓高 123 厘米，宽 70 厘米。额拓高 28 厘米，宽 24 厘米。碑阳碑文汉文、拉丁文合璧，汉文 5 行 95 字，正书；拉丁文 16 行。碑阴无字。

碑原址在海淀区彰化村正福寺，现藏北京石刻艺术博物馆。

著录情况：《拓汇》，第 83 册，第 88 页。《拓目》，第 106 页，京 2333。《馆目》，第 108 页。

圣味增爵会士赵公（玛窦）墓碑

清同治八年（1869）二月二十五日因病在京都南堂安平卸世

碑阳中题：圣味增爵会士赵公之墓

碑方首，碑额镌刻十字架图案。碑首身通高 190 厘米，宽 80 厘米，厚 20 厘米。碑身拓高 114 厘米，宽 76 厘米。碑阳碑文汉文、拉丁文合璧，汉文 6 行 103 字，正书；拉丁文 17 行。

碑原址在海淀区彰化村正福寺，现藏北京石刻艺术博物馆。

著录情况：《拓汇》，第 83 册，第 161 页。《拓目》，第 107 页，京 2339。《馆目》，第 109 页。

圣味增爵会士靳公（若翰）墓碑

清同治八年（1869）九月二十五日在京都北堂因病平安卸世

碑阳中题：圣味增爵会士靳公之墓

碑首身残高 104 厘米，宽 80 厘米，厚 24 厘米。拓高 99 厘米，宽 79 厘米。碑阳碑文汉文、拉丁文合璧，汉文 6 行 90 字，正书；拉丁文 16 行。碑阴无字。

碑原址在海淀区彰化村正福寺，现藏北京石刻艺术博物馆。

著录情况：《拓汇》，第 83 册，第 169 页。《拓目》，第 107 页，京 2341。《馆目》，第 109 页。

圣味增爵会士杨公（拂拉未亚诺）墓碑

清同治八年（1869）十二月十三日在京都北堂因病平安卸世

碑阳中题：圣味增爵会士杨公之墓

碑首及碑身上半部残缺，仅存下半部。拓高 77 厘米，宽 79 厘米。碑阳碑文汉文、拉丁文合璧，汉文 6 行，正书；拉丁文存应 17 行，现残存 14 行。

碑原址在海淀区彰化村正福寺，现藏北京石刻艺术博物馆。

著录情况：《拓汇》，第 83 册，第 173 页。《拓目》，第 107 页，京 2343。

敬事房首领讳德寿陈公墓碑

清同治十年（1871）四月故

碑身上方横题：敬事房

碑身中题：首领讳德寿陈公之墓

碑圆首，碑首浮雕祥云纹，碑首及碑身边框刻卷草纹，方座，首身座一体。碑首身座通高 77 厘米，宽 37 厘米。拓高 71 厘米，宽 38 厘米。碑无额文。碑身上方横题 1 行 3 字，其下碑文 4 行，均正书。

碑原址在海淀区西八里庄恩济庄，现藏北京石刻艺术博物馆。

圣味增爵会士索公（拂里斯）墓碑

清同治十三年（1874）正月初一日在京都北堂因病平安卸世

碑阳中题：圣味增爵会士索公之墓

碑方首，碑额镌刻十字架图案。碑首身通高 207 厘米，宽 82 厘米，厚 22 厘米。碑身拓高 132 厘米，宽 84 厘米。碑身下部文字漫漶。碑阳碑文汉文、拉丁文合璧，汉文 6 行 92 字，正书；拉丁文 18 行。碑阴无字。

碑原址在海淀区彰化村正福寺，现藏北京石刻艺术博物馆。

著录情况：《拓汇》，第 84 册，第 165 页。《拓目》，第 108 页，京 2345。《馆目》，第 110 页。

刘得寿墓碑

清光绪元年（1875）八月立

碑身题：清县人牛金庄」刘得寿之墓」光绪元年八月立」

墓碑首身一体，无座，直接埋于地下。碑残高 133 厘米，宽 15 厘米，厚 15 厘米。

拓高 67 厘米，宽 15 厘米。碑文 3 行，存 18 字，正书。

碑原址在海淀区西八里庄恩济庄，2005 年 4 月 23 日征集入馆，现藏北京石刻艺术博物馆。

圣味增爵会士狄公（仁吉）墓碑

清光绪六年（1880）

碑阳中题：圣味增爵会士狄公之墓

碑首残缺。碑身高 136 厘米，宽 77 厘米，厚 22 厘米。碑身拓高 136 厘米，宽 76 厘米。碑阳碑文汉文、拉丁文合璧，汉文 6 行 99 字，正书；拉丁文 11 行。碑阴无字。

碑原址在海淀区彰化村正福寺，现藏北京石刻艺术博物馆。

著录情况：《拓汇》，第 85 册，第 20 页。《拓目》，第 110 页，京 2347。

长春宫大太监讳增寿孙公墓碑

清光绪辛巳年〔七年（1881）〕十二月初一日寿终

额题：福

碑身题：同治癸亥年十二月初三日生」长春宫大太监讳增寿孙公之墓」光绪辛巳年十二月初一日寿终」

碑方首刻祥云图案，首身一体，无座，直接埋于地下。碑通高 217 厘米，宽 40 厘米，厚 14 厘米。拓高 115 厘米，宽 34 厘米。额文 1 行 1 字，正书。碑文 3 行，存 38 字，正书。

碑原址在海淀区西八里庄恩济庄，2005 年 4 月 23 日征集入馆，现藏北京石刻艺术博物馆。

增公（密增）和尚行略

大清光绪八年（1882）太岁在壬午三月谷旦

额篆：临济正宗

首题：增公和尚行略

法弟镜如拜述

赐进士出身经筵讲官户部尚书国史馆总裁军机大臣正白旗汉军都统吉林景濂书

嗣法门人印照等同勒石

石匠续林刻

碑阴

额篆：万古流芳

碑螭首方座。碑通高 322 厘米，宽 89 厘米，厚 25 厘米。碑身拓高 217 厘米，宽 87 厘米。碑阳额文 2 行，满行 2 字，双钩篆书。碑文 18 行，满行 42 字，正书。“嗣法门人印照等同勒石”下方镌印 1 方，篆书阴文“印照”。碑阴额文 2 行，满行 2 字，双钩篆书。阴面镌嗣法门人题名，正书。

碑今在房山区南尚乐乡三岔口村云居寺东塔院立。

著录情况：《拓汇》，第85册，第82、83页。《拓目》，第527页，京4050。

圣味增爵会主教田公（嘉璧）墓碑

清光绪十年（1884）四月晦日安逝北京

清光绪十年（1884）五月初二葬于京西正福寺

碑阳中题：圣味增爵会主教田公之墓

碑阴

大清光绪十一年（1885）岁次乙酉三月朔

首题：主教田公类斯碑文

同会后进谨撰

碑方首，碑阳额镌刻十字架。碑首身高通246厘米，宽76厘米，厚25厘米。拓片高166厘米，宽74厘米。碑阳碑文汉文、拉丁文合璧，汉文6行139字，正书；拉丁文20行。碑阴汉文24行804字，正书。

碑原址在海淀区彰化村正福寺，现藏北京石刻艺术博物馆。

著录情况：《拓汇》，第85册，第143页。《拓目》，第111页，京2349。《馆目》，第111页。《北京历史与文化论文集》，熊鹰《记法国传教士田嘉璧在北京的活动》，北京出版社，2007年11月。

圣味增爵会主教迭公（里布）墓碑

清光绪十六年（1890）二月二十三日丑初一刻安然卸世于本署

碑阳中题：圣味增爵会主教迭公之墓

碑方首，碑额镌刻十字架及海水江崖图案，周刻花卉，碑身下半部残缺。碑残高117厘米，宽75厘米，厚23厘米。拓高42厘米，宽72厘米。碑阳碑文汉文、拉丁文合璧，汉文6行33字，正书；拉丁文存24行。

碑原址在海淀区彰化村正福寺，现藏北京石刻艺术博物馆。

著录情况：《拓汇》，第86册，第134页。《拓目》，第111页，京2353。《馆目》，第115页。

按：墓碑年代及碑文据《拓目》和《拓汇》补。

圣味增爵会士雷公（若瑟）墓碑

清光绪十七年（1891）五月十八日卯初安然卸世于北京救世堂

碑阳中题：圣味增爵会士雷公之墓

碑首残。碑首身残高170厘米，宽75厘米，厚24厘米。碑身拓高134厘米，宽75厘米。

碑阳碑文汉文、拉丁文合璧，汉文5行116字，正书；拉丁文20行。碑阴无字。

碑原址在海淀区彰化村正福寺，现藏北京石刻艺术博物馆。

著录情况：《拓汇》，第86册，第178页。《拓目》，第112页，京2357。《馆目》，第112页。

圣味增爵会士柯公（若望）墓碑

清光绪十七年（1891）八月十五日辰时安然寿终于京内东堂

碑阳中题：圣味增爵会士柯公之墓

碑首残缺。碑身高126厘米，宽74厘米，厚23厘米。碑身拓高120厘米，宽74厘米。碑阳碑文汉文、拉丁文合璧，汉文5行123字，正书；拉丁文17行。碑阴无字。

碑原址在海淀区彰化村正福寺，现藏北京石刻艺术博物馆。

著录情况：《拓汇》，第86册，第182页。《拓目》，第112页，京2359。《馆目》，第111页。

李司铎保禄墓碑

清光绪二十一年（1895）二月十一日因病安逝于滕公栅栏

碑阳中题：李司铎保禄之墓

碑身拓高108厘米，宽59厘米。碑阳汉文、拉丁文合璧，汉文5行89字，正书；拉丁文14行。碑阴无字。

碑在西城区北营房北街（马尾沟）教堂（今北京行政学院内）。

著录情况：《拓汇》，第87册，第113页。《拓目》，第112页，京2066。

按：李保禄是基督会成员，该碑是滕公栅栏墓地中现存的唯一一块基督会士墓碑。

皇清诰授御茶房首领刘进福墓碑

清光绪二十二年（1896）冬月十五日

额题：万古流芳

碑身题：宛平县民三月初一日寅时生」皇清诰授御茶房首领刘进福之墓」光绪二十二年冬月十五日寿终」

碑首刻祥云，首身一体，无座，碑直接埋于地下。碑身下部断裂。碑首身通高200厘米，宽44.5厘米，厚15厘米。额文2行2字，正书。碑文3行，正书。

碑原址在海淀区西八里庄恩济庄，2005年4月23日征集，现藏北京石刻艺术博物馆。

圣味增爵会士罗公（亚立山）墓碑

清光绪二十三年（1897）九月初三日因病安然卸世于南堂养病院

碑阳中题：圣味增爵会士罗公之墓

碑方首，碑额镌刻十字架图案。碑首身通高190厘米，宽72厘米，厚19厘米。碑身拓高117厘米，宽71厘米。碑阳碑文汉文、拉丁文合璧，汉文5行116字，正书；拉丁文存23行。碑阴无字。

碑原址在海淀区彰化村正福寺，现藏北京石刻艺术博物馆。

著录情况：《拓汇》，第87册，第180页。《拓目》，第113页，京2369。《馆目》，第113页。

圣味增爵会士张公（伯多禄）墓碑

清光绪二十三年（1897）九月二十七日因病安然卸世于滕公栅栏

碑阳中题：圣味增爵会士张公之墓

碑方首，碑额镌刻十字架图案。碑首身通高190厘米，宽71厘米，厚20厘米。碑身拓高112厘米，宽71厘米。碑阳碑文汉文、拉丁文合璧，汉文5行116字，正书；拉丁文20行。碑阴无字。

碑原址在海淀区彰化村正福寺，现藏北京石刻艺术博物馆。

著录情况：《拓汇》，第87册，第182页。《拓目》，第113页，京2371。《馆目》，第112页。

圣味增爵会士郑公（巴尔大撒）墓碑

清光绪二十四年（1898）六月初十日寅正时卸世

碑阳中题：圣味增爵会士郑公之墓

碑方首，碑额镌刻十字架。碑首身通高187厘米，宽74厘米，厚21厘米。碑身拓高117厘米，宽73厘米。碑阳碑文汉文、拉丁文合璧，汉文6行95字，正书；拉丁文18行。碑阴无字。

碑原址在海淀区彰化村正福寺，现藏北京石刻艺术博物馆。

著录情况：《拓汇》，第88册，第16页。《拓目》，第113页，京2373。《馆目》，第113页。

圣味增爵会修士朱公（若翰保弟斯大）墓碑

清光绪二十五年（1899）五月二十四日卯初因病安然卸世于京都北堂

碑阳中题：圣味增爵会修士朱公之墓

碑方首，碑额镌刻十字架。碑首身通高190厘米，宽71厘米，厚20厘米。碑身拓高120厘米，宽72厘米。额拓高49厘米，宽23厘米。碑文汉文、拉丁文合璧，汉文5行102字，正书；拉丁文19行。碑阴无字。

碑原址在海淀区彰化村正福寺，现藏北京石刻艺术博物馆。

著录情况：《拓汇》，第 88 册，第 48 页。《拓目》，第 114 页，京 2377。《馆目》，第 114 页。

为道捐躯者纪念碑

清光绪二十七年（1901）十月

额题：记念为道捐躯者

首行题：为义受逼迫的人是有福的因为天国

维扬幼桥王宝贞敬书

赵□石工

碑为嵌墙刻石，边框饰卷草纹。拓高 76 厘米，宽 174 厘米。碑上部额文双勾横题“记念为道捐躯者”，1 行 7 字，正书。碑文 55 行，行字不等，正书。碑文右侧前二行竖刊《圣经》经文：“为义受逼迫的人是有福的因为天国」就是他们的国」。”中间上下分三栏刻捐躯者题名，共 50 行。再后亦刊《圣经》经文 3 行：“上帝不擦净他们的眼泪」不在有死亡悲哀号天痛苦」因为以前的是都过去了」。”

2000 年时碑在通州区党校内放置。

按：该碑为公理会教徒的殉难纪念碑。碑未镌年款，年代据光绪二十七年（1901）十月《通州公理会教友殉道碑》。

公理会为基督教的一个派别，其在北京的差会是美国波士顿公理会国外宣教会。1867 年公理会在通县北后街建立教堂，1900 年“庚子事变”时被毁。八国联军侵占北京后，公理会向当地索赔，县里将南仓地基拨归公理会，公理会在此建证道堂（即现在的通州区党校所在地）。公理会还在通县新城南门以西城墙内外共买地十余顷，杜春圃牧师在通县南门外为 1900 年死去的信徒建墓地，光绪二十七年（1901）十月“通州公理会教友殉道碑”即立于通县南门外的墓地。该碑阳刊教友殉难经过，碑阴镌殉难者题名，碑已毁于“文革”期间，《拓汇》收录该碑拓影。通州区麦庄村还有殉难者“祁马氏墓碑”墓碑。

祁马氏墓碑

清光绪二十七年（1901）十月

额题：为道捐躯

首行题：为义受逼迫的人是有福的因

维扬幼桥王宝贞书丹

碑身边框饰卷草纹。碑身拓高 124 厘米，宽 78 厘米。额拓高 29 厘米，宽 23 厘米。额文 2 行，满行 2 字，正书。碑文 7 行，行字不等，正书。

2000 年调查时，碑埋于通州区麦庄村西北荒地。

按：碑未镌年款，年代据光绪二十七年（1901）十月《通州公理会教友殉道碑》。

碑为祁马氏及其子女之墓碑，碑身前 2 行刊《圣经》经文：“为义受逼迫的人是有福的因」为天国就是他们的国」。”中题："祁马氏、祁殿中、祁刘氏、祁大凤、祁二凤”。后亦刊《圣经》经文2行。

诸位信友致命者墓碑

救世后一千九百零二年（1902）洋月九月

大清光绪二十八年（1902）八月永宁□民公立

碑阴

额题：碑记

首题：圣教诸信友致命者墓志

碑方首抹角。碑阳碑首刻花纹。碑阴碑首刻额题和莲花。碑首身通高200厘米，宽74厘米，厚20厘米。碑首身拓高196厘米，宽73厘米。碑阳文字3行，正书。碑身居中竖题大字1行“诸位信友致命者之墓”，碑右竖题小字1行：“救世后一千九百零二年洋月九月延永城乡信友致命”，碑左竖题小字1行“大清光绪二十八年八月永宁□民公立”。碑阴额文1行，满行2字，正书。碑文10行，满行50字，正书。

碑现立于延庆县永宁镇天主教堂内。

皇清诰封夫人显妣林母张太君（千总林集贵之嫡室）墓碑

大清光绪三十四年（1908）三月初五日谷旦勒石

额题：百世流芳

碑身题：大清光绪三十四年三月初五日谷旦勒石」皇清诰封夫人显妣林母张太君享寿八十有七之墓碑」花翎补用参将世袭云骑尉男林荫桐敬立」

碑阴

额题：旌表墓志

五品蓝翎翰林院待诏贡生段立瀛、五品顶戴廪生魏鸿逵拜撰并书

碑方首，首线刻海水江崖云龙纹，碑身边框线刻花纹。首身通高135厘米，宽63厘米。碑阳额及身失拓。碑阳额文2行，满行2字，正书。碑文3行，行字不等，正书。碑阴额文2行，满行2字，正书。碑文17行，满行29字，正书。

碑现立于密云县县治仙塔碑林。

按：碑阴额题“旌表墓志”，实即千总林集贵之嫡室张太夫人旌表碑，即准其建坊入祠以彰节孝的碑，而非墓志。

英亲王后裔绰公墓刻石

大清光绪戊申叁拾肆年（1908）玖月立

首行题：太祖高皇帝之皇子英亲」王后裔公爵绰公□」

刻石高38厘米，宽70厘米，厚10厘米。拓高70厘米，宽39厘米。碑文16行，

满行 10 字，正书。

1996 年普查时，刻石在大兴区魏善庄乡西芦垡村王进起院内，仆地。

按：此为英亲王后裔德明清光绪三十四年（1908）重修墓地后的记事碑。英亲王阿济格，是清太祖努尔哈赤第十二子。其后裔绰公，即绰克都，是阿济格次子付勒赫的第三子，生于顺治八年（1651）三月七日，卒于康熙五十年（1711）七月二十七日，原葬于魏善庄乡羊房村。乾隆三十六年（1771）八月，迁葬于芦家垡村，即现在的西芦垡村。世人称此地为王爷坟。据刻石记述，墓地坐西向东，旧有宫门，庚子年（1900）被匪拆毁，光绪三十年（1904）和光绪三十四年（1908）二次重修，监修人为英亲王第十一世孙四品宗室德明及子启秦、守墓人王氏。

富神父成章之纪念碑

清光绪二十二年（1896）卒

1900 年义和团之变后至宣统三年（1911）间立

碑身上方横题：富神父成章之纪念碑

碑首身通高 120 厘米，宽 60 厘米，厚 16 厘米。拓高 120 厘米，宽 59 厘米。碑身上方题汉文 1 行，其下刻拉丁文 20 行。碑阴无字。

碑原址在海淀区彰化村正福寺，现藏北京石刻艺术博物馆。

著录情况：《拓汇》，第 87 册，第 152 页。《拓目》，第 113 页，京 2385。《馆目》，第 114 页。

清故畅春园首领胡公讳天寿墓碑

清癸未年七月二十四日卯时卒

碑身题：原命己巳年十二月二十四日辰时生」清故畅春园首领胡公讳天寿之墓」大限癸未年七月二十四日卯时卒」

碑阴

碑身题：孝侄胡登科立」原籍定兴县人氏」

碑螭首，二龙戏珠纹方座。碑首身通高 266 厘米，宽 83 厘米，厚 38 厘米。方座长 94 厘米，宽 61 厘米，高 50 厘米。碑身拓高 160 厘米，宽 70 厘米。碑阳 3 行，43 字，正书。碑阴 2 行，13 字，正书。

碑出土于朝阳区西黄寺，现藏北京石刻艺术博物馆。

著录情况：《馆目》，第 114 页。

按：畅春园是 1684 年清康熙皇帝南巡归来后启建。胡天寿卒于癸未年，1684 年以后清代的癸未年有 1703、1763、1823、1883 年。

福昆妻完颜氏敕谕碑

清宣统三年（1911）前

额篆：敕命之宝

首行题：皇帝敕谕王化始自闺门（以下从略）

碑螭首龟趺，碑身边框饰浅浮雕二龙戏珠纹，碑侧饰浮雕龙纹。碑通高 225 厘米，宽 77 厘米，厚 28 厘米。碑身拓高 131 厘米，宽 64 厘米。额拓高 17 厘米，宽 17 厘米。额文满汉文各 2 行 2 字，汉文篆书。碑文 9 行，汉字 5 行，满行 20 字，正书；满文 4 行。

碑原址在通州区张湾镇里二泗村佑民观，1996 年普查时碑在通州区张湾公园。

曹霑墓碑

清宣统三年（1911）前

碑居中竖题：曹公讳霑墓

碑无首无座，碑面风化剥蚀严重，无纹饰。碑身拓高 97 厘米，宽 36 厘米。碑文 1 行，满行 5 字，正书。

1996 年普查时，碑在通州区张家湾镇政府展室内。

清故□□宫首领万年姜公残墓碑

清宣统三年（1911）前

碑题：清故□□宫首领万年姜公

碑方首。碑高 160 厘米，宽 31 厘米，厚 11 厘米。拓高 88 厘米，宽 30 厘米。碑文残存“清故□□宁首领万年姜公”1 行文字，正书。

碑原址在海淀区西八里庄恩济庄，2005 年 4 月 23 日征集，现藏北京石刻艺术博物馆。

皇清诰封光禄大夫经筵讲官礼部侍郎授为一品登公之墓

清宣统三年（1911）前

碑身题：皇清诰封光禄大夫经筵讲官」礼部侍郎授为一品登公之墓」

碑首及碑身下部残缺。碑残高 68 厘米，宽 31 厘米，厚 12 厘米。拓高 53 厘米，宽 30 厘米。碑满汉文合璧，满文残存 2 行；汉文残存 2 行，正书。

2005 年 4 月 18 日征集于昌平区七里渠市公安局监狱管理处，现藏北京石刻艺术博物馆。

做钟处太监讳进喜多公墓碑

清宣统三年（1911）前

碑身题：做钟处太监讳进喜多公之□

碑方首，碑面有残损。碑残高64厘米，宽29厘米，厚12.5厘米。拓高90厘米，宽29厘米。碑文存1行12字，正书。

碑原址在海淀区西八里庄恩济庄，2005年4月23日征集，现藏北京石刻艺术博物馆。

清故静安庄首领秉□墓碑

清宣统三年（1911）前

碑身题：清故静安庄首领秉□

碑方首，首镌云纹，碑身下部残缺。碑残高98厘米，宽41厘米，厚14厘米。拓高60厘米，宽34厘米。碑文1行，下部文字残缺，正书。

碑原址在海淀区西八里庄恩济庄，2005年4月23日征集，现藏北京石刻艺术博物馆。

皇清诰封永和宫首领成玉王公墓碑

清宣统三年（1911）前

碑身题：山东东昌府武城县石佛寺人」皇清诰封永和宫首领成玉王公之墓」孝侄王兴公禄」

碑方首刻祥云图案，额字迹漫漶。碑通高197厘米，宽35.5厘米，厚12厘米。拓高122厘米，宽34厘米。碑文3行，正书。

碑原址在海淀区西八里庄恩济庄，2005年4月23日征集，现藏北京石刻艺术博物馆。

鸟枪三处首领讳吉祥张公墓碑

清宣统三年（1911）前

碑身题：鸟枪三处首领讳吉祥张公之墓

碑方首刻云纹，首右上部残缺，碑额字迹漫漶。碑高154厘米，宽39厘米，厚12厘米。拓高106厘米，宽35厘米。碑文1行，正书。

碑原址在海淀区西八里庄恩济庄，2005年4月23日征集，现藏北京石刻艺术博物馆。

皇清敕授修职郎故显考胡公号雨楼墓碑

清宣统三年（1911）前

碑身题：皇清敕授修职郎故显考胡公号雨楼之墓

碑方首抹角。碑首身一体，边框线刻花纹。碑高96厘米，宽44厘米，厚12厘米。碑拓高93厘米，宽43厘米。碑文1行，满行17字，正书。碑身中部断裂。碑仆地，碑阴状况不详。

碑原址不详，现在延庆县永宁镇（2006年时集中存放于永宁镇文化站仓库）。

按：修职郎，文阶官名，正八品。

皇清敕赠文林郎例舜胡公墓碑

清宣统三年（1911）前

碑身题：皇清敕赠文林郎例舜胡公之墓

碑圆首，碑首身一体，边框线刻花纹。碑高100厘米，宽40厘米，厚11厘米。拓高98厘米，宽41厘米。碑文1行，满行13字，正书。碑仆地，碑阴状况不详。

碑原址不详，现在延庆县永宁镇（2006年时集中存放于永宁镇文化站仓库）。

按：文林郎，文阶官名，正七品。

"胡公先茔"石额

清宣统三年（1911）前

额题：胡公先茔▨

石额高33厘米，残长140厘米，厚13厘米。额左部残缺，不知泐几字。额文1行，自右及左横题，残存4字，阳文，正书。

石额原址不详，现在延庆县永宁镇（2006年时集中存放于永宁镇文化站仓库）。

按：据光绪《延庆州志·古迹》载，清"胡大令先达墓在永宁团山东坡"。

该胡公不知是否为胡大令，或者是胡雨楼或胡例舜，又或与他们中的某人同属一个家族，若是，那么该石额应为清代立。后三位胡公是否为同一家族，待查。

杨禹昌墓碑

中华民国二年（1913）四月□□日立

首题：杨禹昌墓□

蜀东秀山熊泽撰

□□□□书

此碑断为两截。碑首身通高152厘米，宽94厘米。拓作二纸，上半部高80厘米，宽91厘米。下半部高87厘米，宽91厘米。碑文25行，满行44字，实存821字，正书。

碑原址在西城区北京动物园内，1986年5月14日征集到馆，现藏北京石刻艺术博物馆。

著录情况：《馆目》，第115页。

清封孺人杨母刘太孺人（杨燮元妻）墓碑

民国十一年（1922）岁次壬戌秋九月榖旦

额篆：流芳百世

首题：清封孺人杨母刘太孺人墓碑

清授中宪大夫赐同进士出身吏部主事加五级涞水赵曾檣撰文

清授通议大夫赐进士出身翰林院编修弼德院参议加五级易水陈云诰书丹并篆额

刘忠立

碑方首，首浮雕二龙戏珠。碑通高 226 厘米，宽 78 厘米，厚 22 厘米。碑身拓高 147 厘米，宽 74 厘米。额文 2 行，满行 2 字，篆书，失拓。碑文应存 17 行，现存 16 行，满行 39 字，正书。

碑今在房山区南尚乐乡北尚乐村果脯厂院内。

著录情况：《拓汇》，第 93 册，第 137 页。《拓目》，第 127 页，京 4380。

按：碑前部文字漫漶，首题及书撰人均漫漶，据《拓汇》补。《拓汇》所收拓影碑身文字完整无缺，额失拓，额文据北京石刻艺术博物馆存《房山区石刻普查表》补。

传临济正宗第四十四世云居堂上第十二代慈霞照公（印照）老和尚塔铭

中华民国十三年（1924）岁次甲子九月吉日

额题：正法源流

首题：传临济正宗第四十四世云居堂上第十二代慈霞照公老和尚塔铭

二等嘉禾章三等文虎章四等宝光嘉禾章大总统府秘书陆树仁撰文

五等嘉禾章司法部主事淩川黎全林书丹

法孙乘和等同勒石

石匠续俊声、王凤林刻

碑阴

额题：临济遗风

碑螭首方座，通高 330 厘米，宽 88 厘米，厚 32 厘米。碑身拓高 208 厘米，宽 83 厘米。额高 27 厘米，宽 20 厘米。碑阳额文 2 行，满行 2 字，双钩正书。碑文 15 行，满行 39 字，正书。“法孙乘和等同勒石”下方镌印章 2 方，上阳文篆书“乘和”，下阴文篆书印章“乐禅”。碑阴额文 2 行，满行 2 字，双钩正书。碑阴刻嗣法门人、法孙题名以及捐资人名、钱款数目，字体大小不一，正书。

碑今在房山区南尚乐乡三岔口村云居寺东塔院立。

著录情况：《拓汇》，第 94 册，第 104、105 页。《拓目》，第 128 页，京 4053。

传临济正宗第四十五世云居堂上第十三代保泰澄公（大澄）老和尚塔铭

中华民国十三年（1924）岁次九月吉日

额隶：临济正宗

首题：云居堂上第十三代保泰澄公老和尚塔铭

二等嘉禾章三等文虎章四等宝光嘉禾章总统府秘书陆树仁撰文

五等嘉禾章薦任职喜塔拉氏成增书丹

嗣法继席门人乘和等同镌石

碑阴

额篆：法脉绵长

碑螭首方座。碑通高307厘米，宽82厘米，厚24厘米。碑身拓高203厘米，宽83厘米。额拓高26厘米，宽23厘米。碑阳额文2行，满行2字，双钩隶书。碑文16行，满行36字。“嗣法继席门人乘和等同镌石”下方镌印2方，上阳文篆书“乘和”，下阴文篆书“乐禅”。碑阴额文2行，满行2字，双钩篆书。碑身中刻大字“嗣法门人乘等同建立”，两侧镌小字人名。碑阴及阴额失拓。

碑今在房山区南尚乐乡三岔口村云居寺东塔院立。

著录情况：《拓汇》，第94册，第102、103页。《拓目》，第128页，京4052。

三一八烈士墓表

中华民国十八年(1929)三月十八日

首题：三一八烈士墓表

何其巩谨撰书

墓碑坐北朝南，为六面体形石质纪念碑，顶部为六角攒尖式碑檐，碑身及碑座为六面体，碑通高5米。碑身正南面竖镌篆文“三一八烈士之墓”1行大字，其右侧竖镌“中华民国十八年四月”，其左竖镌“北平特别市政府立”，字体较小。碑座6面，分镌“三一八烈士墓表”表文，前2面镌刊正文，从第2面末尾直至第6面刊烈士题名。

拓共六纸，均为碑座拓片。拓高96厘米，宽146厘米。第1面文字16行，行11字。第2面文字17行，满行11字。另4面均题名，行字不等。表文均正书。碑身失拓。

碑坐北朝南，立于海淀区圆明园遗址西南角九州清晏景区内。

著录情况：《拓汇》，第96册，第8页。《拓目》，第130页，京5647。

孙中山先生奉安纪念碑

中华民国十八年（1929）六月一日立

碑阳题：中国国民党总理孙中山先生奉安纪念碑

碑阴题：中华民国十八年六月一日立

碑方尖碑式，碑通高183厘米，下部边长31厘米，上部边长22厘米。拓高139厘米，宽30厘米。碑阳1行，行17字，正书。碑阴1行，行12字，正书。

碑原址在海淀区颐和园东门牌楼西北，现藏北京石刻艺术博物馆。

著录情况：《馆目》，第117页。

善士周君义亭（文贵）墓表

民国十八年（1929）己巳七月

额篆：善士周君义亭墓表

首题：善士周君义亭墓表

奉节张朝墉书丹

云阳涂凤书篆额

山阴朱庆润谨表

碑方首座佚，碑身中部断裂，后修补。碑首身高 173 厘米，宽 66 厘米，厚 16 厘米。碑身拓高 110 厘米，宽 65 厘米。额文 3 行，行 3 字，篆书。碑文 26 行，行残存 44 字，实存 1017 字，正书。

碑原址不详，现藏北京石刻艺术博物馆。

著录情况：《馆目》，第 116 页。

金韵梅大夫墓碑

中华民国二十三年（1934）十一月

碑身题：生于有清同治三年四月四日」金韵梅大夫之墓」卒于中华民国二十三年三月四日」

碑阴

中华民国二十三年（1934）十一月日

首行题：谨录」教育部甲字第壹百四拾贰号」捐资兴学一等奖状」

教育部部长王世杰

碑圆首，方座。拓高 115 厘米，宽 51 厘米。碑阳、阴均无额题。碑阳文字 3 行，共 31 字，正书。碑阴 9 行，满行 24 字，实存 137 字，正书。

碑原址在海淀区大钟寺村，现藏北京石刻艺术博物馆。

著录情况：《馆目》，第 117 页。

康母杨太夫人墓碑

中华民国二十四年（1935）

首行题：民国二十四年」陕西城固康母杨太夫人之墓」

于右任题

康宝恕率子女国藩、国雄、国华、国宁、觎彦、彤昭立石

拓高 180 厘米，宽 90 厘米。碑文 4 行，行书。

碑 2001 年 6 月征集自海淀区万泉新新家园，现藏北京石刻艺术博物馆。

故音乐大师刘天华墓碑

民国年间（民国二十四年（1935）五月后）

碑身题：故音乐大师」刘天华之墓」胡光炜题」

碑阴：

首题：刘君天华墓表

高阳齐如山表

金陵杨仲予书丹

碑无首，碑阳面有边框，碑阴无边框。碑身拓高 134 厘米，宽 70 厘米。碑阳文 3 行，行书。碑阴 16 行，满行 37 字，正书。

碑在海淀区香山碧云寺北山坡。

著录情况：《拓汇》，第 98 册，第 10 页。《拓目》，第 134 页，京 3652。

按：碑未署年款。疑为后来翻刻。

刘半农先生墓碑（原刻）

碑阳题：刘半农先生之墓

吴敬恒拜题

碑阴

中华民国二十五年（1936）

额篆：国立北京大学教授刘君之碑

首题：故国立北京大学教授刘君碑铭

绍兴蔡元培撰文

余杭章炳麟篆额

吴兴钱玄同书丹

碑无首，碑身阳面边框卷草纹，碑阴无边框。碑身上部残缺。碑阴拓高 87 厘米，宽 70 厘米。碑阳居中竖题："刘半农」先生之墓碑"，2 行，篆书。其左竖题"吴敬恒拜题"，1 行 5 字，行书。碑阳失拓。碑阴上方竖题额文 6 行，行 2 字，篆书，失拓。碑文应存文字 24 行，末行年款未拓，现存 23 行，碑上部文字残缺，行残存 28 字，隶书。

碑在海淀区香山碧云寺北山坡。

著录情况：《拓汇》，第 98 册，第 100 页。《拓目》第 136，京 3628。

按：碑阳及碑阴情况据《拓汇》补。

附：

刘半农碑铭

一九八九年元月重建

碑阳题：刘半农先生之墓

吴敬恒拜题

碑阴

中华民国二十五年（1936）

额篆：国立北京大学教授刘君之碑

首题：故国立北京大学教授刘君碑铭

绍兴蔡元培撰文

余杭章炳麟篆额

吴兴钱玄同书丹

碑无首，碑身阳面边框卷草纹，碑阴无边框。拓高 135 厘米，宽 80 厘米。碑阳镌文字 4 行，2 行篆书，1 行行书，1 行正书。碑阳居中竖题：“刘半农」先生之墓碑”，2 行，篆书。其左竖题“吴敬恒拜题”，1 行 5 字，行书。“一九八九年元月重建”，1 行 9 字，正书。碑阴文字 24 行，满行 34 字，隶书。

碑在海淀区香山碧云寺北山坡。

刘半农合葬墓碑

民国二十五年（1936）一月九日卒

民国二十五年（1936）六月十六日合葬

首行题：□培撰文余杭章炳麟篆额吴兴钱玄同书丹

绍兴蔡元培撰文

余杭章炳麟篆额

吴兴钱玄同书丹

碑上半部残缺。拓高 70 厘米，宽 70 厘米。碑文残存 21 行，行 22 字，正文隶书，末行年款正书。

碑在海淀区香山碧云寺北山坡。

按：碑文上半部残缺。残存碑文与中华民国二十五年刘半农墓碑正文文字及书体完全一样，不同的是刘半农墓碑的书篆人名并列题作三行，该碑书篆人名则在同一行。该碑末尾年款“民国二十五年（1936）一月九日卒，同年六月十六日合葬”正书一行，刘半农墓碑未见。

默诚大士李母谢太恭人墓碑

中华民国二十六年（1937）岁次丁丑八月谷旦

额篆：慈云长荫

首题：默诚大士李母谢太恭人□

文宗师王悟淡宗主□颖诚责任宗主杨圆诚宗监杨葱灏合撰

道统宗主母院统掌何素璞书丹

碑方首座佚。碑首身通高 167 厘米，宽 73 厘米，厚 16 厘米。碑身连额拓高 150 厘米，宽 70 厘米。额文 2 行，行 2 字，篆书。碑文 28 行，满行 48 字，正书。

碑出土于西城区北京动物园水族馆工地，1998 年 10 月 25 日征集，现藏北京石刻艺术博物馆。

通州事件棉花关系殉职者慰灵碑铭

中华民国二十七昭和十三年（1938）七月

碑上部篆：通州事件棉花关系殉职者慰灵之碑铭

首题：通州事件棉花关系殉职者慰灵碑铭

建设总署署长殷同撰书

通州事件棉花关系殉职者慰灵碑建设委员会敬建

碑身侧面有榫，各有副碑相连，副碑上有碑顶。碑身高 243 厘米，宽 103 厘米，厚 45 厘米。碑身下部拓高 101 厘米，宽 67 厘米。碑身上部拓高 26 厘米，宽 86 厘米。碑上方 8 行，行 2 字，篆书。碑文 16 行，满行 24 字，正书。

1996 年普查时，碑在通州区梨园潞港标准件有限公司院内。

按："建设总署署长殷同撰书"，馆存拓片未见，据北京石刻艺术博物馆存通州区石刻普查表补。

抗日战争时期，日本侵略者借口考察北平农业，派七个日本人进入通州，被抗日志士击毙于棉花田中。日本人令伪政府为其立碑鼓吹并把方圆几里的庄稼尽数砍光。该碑是日本侵略中国的实物例证。

陆母王太夫人（王新一）墓碑

中华民国三十年（1941）八月

额篆：盛世女宗

女陆敏文谨立并识

碑阴

中华民国三十年（1941）八月二十一日

额篆：懿范长存

首题：清封夫人陆母王太夫人墓志铭

罗田王葆心撰文

蒲圻张海若书丹

高安沈泽生篆额

碑方首座佚，碑身边框刻卷草纹。碑首身通高 220 厘米，宽 77 厘米，厚 22 厘米。碑身拓高 145 厘米，宽 75 厘米。额拓高 30 厘米，宽 25 厘米。碑阳额文 2 行，行 2 字，篆书。碑文 5 行 92 字，其中大字 1 行，11 字；小字 4 行，满行 21 字，实存 81 字，隶书。碑阴额文 2 行，行 2 字，篆书。碑文 21 行，满行 47 字，实存 768 字，隶书。

碑原址在宣武区广内大街，1993 年 6 月 23 日征集，现藏北京石刻艺术博物馆。

著录情况：《馆目》，第 120 页。

按：王太夫人，名王新一，为陆幼珊之妻，陆裕隆、陆敏文（女）之母。

碑阳其女陆敏文题记“敬筮葬于崇效寺西花园”，碑阴载“葬于北京城南崇效寺西来阁前之花圃”，该碑原址当在崇效寺西花园一带。

白乙化纪念碑

1941 年 2 月 4 日后（1944 年 5 月刻）

额题：纪念碑

首题：白乙化同志传略

吴涛撰文

碑方首。碑通高 143 厘米，宽 51 厘米，厚 15 厘米。拓高 131 厘米，宽 49 厘米。额文 1 行 3 字，横题，双钩正书。碑文 14 行，满行 36 字，共存 378 字，正书。

碑原址在密云县马营，即县城西北 25 公里降蓬山下白乙化牺牲地，建国后一直保存在密云县文管所。

著录情况：《拓汇》，第 100 册，第 74 册。《拓目》，第 141 页，京 10152。

某公墓碑

中华民国三十三年 (1944)

首行题：□已故公□□余对环境如何困难恒觉有恃无恐中日事变之翌年

拓高 97 厘米，宽 66 厘米。碑文 18 行，满行 27 字，正书。

碑原址不详，现存昌平公园内石刻园。

按：拓片为围拓，仅 3 面，其中两面完整，一面仅拓 1 行年款，据拓片情况推测该碑为民国时期流行的方尖碑。

宛平县人民八年抗战为国牺牲烈士纪念碑

中华民国三十五年（1946）七月七日谷旦

额题一：豪气长存

额题二：英名万古

首题：宛平县人民八年抗战为国牺牲烈士纪念碑

宛平县政府县长傅万睦暨全县人民公立

宛平县政府民政科长王海如撰稿

纪念碑共四通，上建有高 8.75 米的方形重檐四门塔式碑楼，碑楼下部有四个券洞砌四通石碑。四碑均高约 190 厘米，宽约 60 厘米。碑正文镌于朝南的一面，额文横题于碑上方，共 2 行文字，满行 4 字，双钩正书。首题居碑身中部，竖题 1 行 18 字，阳刻，行楷。首题右侧镌碑文8行，满行52字，加之碑右侧边框外还残存旧碑的一行文字“特授顺天府宛平县齐家分司巡政厅加三级纪录三次蔡”，共9行文字。首题左侧镌文字9行，满行亦52字，均正书。碑末行题年款，并在年款中的“十”字上面镌一方印，阴文篆书“宛平县政府印”，共3行，满行2字。余三面为牺牲烈士姓名及出生地点，共记载了98村472位烈士。

该纪念碑原址在门头沟区斋堂中学内，1998年迁至斋堂镇九龙头的烈士陵园内。北京市政府1995年公布宛平县抗日烈士纪念碑为第五批文物保护单位。

按：1998年在迁移该纪念碑过程中，发现该纪念碑的四通碑刻均系利用古碑重刻，其所用四块古碑为：

1. 纪念碑南侧碑利用巡政厅告示碑碑阳改制。该碑汉白玉质，圆首，额双钩题“万古流芳”。碑通高192厘米，宽80厘米，厚17厘米。在纪念碑正文的右侧边缘，可见到原告示碑残存的一行文字“特授顺天府宛平县齐家分司巡政厅加三级纪录三次蔡”。巡政厅告示碑碑阴保存完好，为捐资人芳名。巡政厅告示碑两面均未见年款，但从碑阳残存的官职来推断，当是清代所刻。

2. 纪念碑西侧碑利用关帝庙碑碑阳改制。碑石灰石质，圆首雕云纹，额篆“重修关帝庙记”。碑通高150厘米，宽70厘米，厚10厘米。关帝庙碑阴为捐资人芳名，捐资人中有一部分是明代守卫斋堂川的将领。此碑碑阳改刻纪念碑，碑阴无年款。但碑文中有“前任守备白安邦施城壕白地一段永为香火之地”的记载，结合斋堂城义冢碑“钦依沿河守备驻扎斋堂城都指挥恒阳白安邦立，万历三十八年(1610)岁次寅戌仲春吉旦”，可知，此碑的当镌于明万历年间。

3. 纪念碑北侧碑通高183厘米，宽68厘米，厚11厘米，也系利用旧碑改制，情况不详。

4. 纪念碑东侧碑利用“齐家司王老爷（王鸣皋）功德碑”碑阴改制，碑石灰石质，通高182厘米，宽66厘米，厚19厘米。碑圆首。此碑碑阳保存完整。斋堂中学在明清时期是官衙所在地，该碑原来就应立在此地。功德碑未落年款，碑文题作“戊午(1858)科举人王金度撰”。王金度生卒年代不详，为《齐家司志略》的作者。《齐家司志略》成书约在清光绪七或八年，记载斋堂川的历史、名胜、关隘、物产、风俗等。因此立碑年代应在清咸丰八年(1858)以后。

航空创办人陆军中将秦公国镛墓碑

民国三十六年（1947）五月日

碑身题：中华民国三十六年五月日」航空创办人陆军中将秦公国镛之墓」妻王嬿戴蜀云敬立」

拓高87厘米，宽49厘米。碑文3行，正书。

碑原址不详，现存海淀区大慧寺。

雷孙秀英静宜女士墓碑

中华民国三十七年（1948）五月十二日卒

碑阳题：雷孙秀英静宜女士之墓

雷崇义锓于一九四八·五·一二终时

此为方尖碑,四面刻字。拓片四张,均高70厘米,宽35厘米。碑正面上方横题大字："千古同慨"，下方居中竖题大字："雷孙秀英静宜女士之墓"，两侧为雷崇义撰写的挽联。阴面为雷崇义书写的一首唐诗。另两侧为雷孙秀英写给雷崇义的情诗。四面文字均正书。

碑原址在西城区六铺炕公园内工地，1998年11月19日征集，现藏北京石刻艺术博物馆。

天水伯赵公碑首

年代不详

额篆：天水伯赵公碑

碑螭首，碑身及座均佚。碑首高80厘米，宽90厘米，厚20厘米。拓片高80厘米，宽90厘米。额文2行，满行2字，篆书。

1995年普查时，碑首在门头沟区西峰寺博物馆外院放置。

墓志

晋使持节侍中都督幽州诸军事领护乌丸校尉幽州刺史骠骑大将军博陵公太原晋阳王公（浚）故夫人平原华氏（芳）之铭

晋永嘉元年（307）春二月二十九日卒，葬于燕国蓟城西廿里依高山显敞以即安神柩

晋永嘉元年（307）四月十九日造

首题：晋使持节侍中都督幽州诸军事领护乌丸校尉幽州刺史骠骑大将军博陵公太原晋阳王公故夫人平原华氏之铭

志呈长方形，仅为一石，阳、两侧及阴面均镌刻志文。阳面拓高 128 厘米，阳及两侧通宽 62 厘米。阴面拓高 128 厘米，宽 55 厘米。志阳面镌文字 18 行，满行 42 字；阴面镌文字 21 行，满行 49 字。两侧各镌 2 行文字，一侧满行 42 字，另一侧行字不等。志文均隶书。

1965 年 7 月石景山区八宝山骨灰堂西出土，现藏首都博物馆。

著录情况：《拓汇》，第 2 册，第 70、71 页。《拓目》，第 179 页，志 4986。《墓拓》，序号 1，图版第 1 页；图版说明，第 273 页。《四十年》，0007，第 3，4 页。《文物》1965 年 12 期，《北京西郊西晋王浚妻华芳墓清理简报》。《文物》，1966 年 2 期，《晋王浚妻华芳墓志铭释文》。

按：该墓志是目前北京地区出土的年代最早的墓志。

北齐傅隆显墓志

北齐武平二年（571）岁次辛卯十一月乙巳朔十六日庚申

首行题：大齐武平二

志长 52 厘米，宽 22 厘米，厚 14 厘米。志文 9 行，行 4—8 字不等，正书。盖无文字，失拓。

1963 年 3 月怀柔区韦里村出土，现藏首都博物馆。

著录情况：《拓汇》，第 8 册，第 29 页。《拓目》第 179 页，志 4883。《墓拓》，序号 2，图版第 2 页；图版说明，第 273 页。《出土目》001，第 2 页。《四十年》，0106，第 38 页。《文物》，1964 年 12 期，第 68 页，郭存仁《北京郊区出土一块北齐墓志》。

按：据记载，该墓志盖呈盝顶式，无文字，盖长 52 厘米，宽 22 厘米。

志文题："大齐武平二」年岁次辛卯」十一月乙巳朔十六日」庚申渔阳郡功曹二代郡正解」褐平北将军幽」州治中土垠雍奴」路渔阳四县令」傅隆显铭」。"

隋定州刺史某墓志

隋开皇九年（589）七月三日卒于私第

隋开皇九年（589）十月四日葬壶关城西十有五里慈泽乡行义里

首行题：□□□□延□上党壶关人也（以下从略）

仅存志底，拓高47厘米，宽47厘米。墓志文字间打有方形界格，志文18行，满行18字，正书。

志原址应在山西省上党（即今长治）壶关（今壶关县）城西十有五里慈泽乡行义里。1999年拓自天安门管理处。

按：据墓志载：志主原籍开封，汉景帝时宅于上党，为上党壶关人。隋开皇九年七月三日卒于私第，同年十月四日葬于壶关城西十五里慈泽乡行义里。其祖欙为征南将军，拜并州刺史。志主曾任定州刺史。

隋韩君（智）墓志

大隋国开皇九年（589）岁次己酉十一月庚寅朔廿日己酉立

盖篆：韩君墓志

首行题：君讳智字子哲燕国良乡县秤邑乡临流里人也始祖承天

盝顶盖。志、盖均长48.5厘米，宽50厘米。盖文2行，满行2字，篆书。志文22行，满行23字，正书。

1949年后房山区出土，现藏房山区文物管理所。

著录情况：《新出土（一）》（上），第1页；（下），第1页。

按：年款刻于志文末尾，卒葬年未载。

隋国良乡县司功韩君（辅）墓志

隋仁寿元年（601）岁次辛酉四月十八日卒于昌乐乡临治里之第

隋仁寿元年（601）十一月辛巳朔四日甲申葬于祥邑郡□□□□

盖篆：韩君墓志

首题：隋国良乡县司功韩君墓志

盝顶盖。志长、宽均54厘米。盖长、宽均59厘米。盖文2行，满行2字，正书。志文23行，满行23字，正书。志左上角及左下角残缺。

1949年后房山区出土，现藏房山区文物管理所。

著录情况：《新出土（一）》（上），第2页；（下），第1、2页。

按：据《隋韩君（智）墓志》和《隋国良乡县司功韩君（辅）墓志》载，韩辅之父亲为韩哲，韩哲与韩智的父亲均为韩琬，可知二人为亲兄弟，韩辅当为韩智之侄子。

大唐故幽州市丞骑都尉王君（道）墓志铭并序

唐上元三年（676）九月六日终于私第

唐上元三年（676）九月十四日（与夫人张氏）合葬于蓟城南三里平原，礼也

盖篆：王君墓志

首题：大唐故幽州市丞骑都尉王君墓志铭并序

盝顶盖。盖四刹及四侧面均刻花纹。志长53厘米，宽52厘米。盖长、宽均54厘米。盖拓（拓有四侧面）长、宽均64厘米。盖文2行，满行2字，阳文，篆书。志文27行，满行26字，正书。

1949年后北京市出土，现藏北京市文研所。

武周姬君（处真）墓志铭

唐永淳二年(683)六月十五日卒于洛阳从善乡之私第

周载初元年（690）一月十七日迁窆于北邙山原清风里

盖篆：姬君墓志

首题：大唐载初元年壹月十七日姬君墓志铭

盝顶盖。志长、宽均35厘米。盖长、宽均40厘米。盖文2行，满行2字，篆书。志文10行，满行11字，正书。

具体出土时间地点不详，1996年朝阳区文物管理所查没，现藏朝阳区文物管理所。

著录情况：《新出土（一）》(上)，第3页；(下)，第2页。

按：该墓志具体出土时间地点不详。据志文，可知该志当出土于在河南省洛阳市的北邙山一带。

唐郭君墓志

唐开元十七年（729）八月十三日卒于里第

唐开元廿一年（733）七月廿日安厝于蓟城北丰乐乡

盖篆：郭君墓志

首行题：〼应制梁州城固丞王利贞词

〼应制梁州城固丞王利贞词

盝顶盖。志右上角残缺。志、盖均长78厘米，宽78厘米。盖文2行，满行2字，篆书。志文24行，满行25字，正书。

1981年11月西城区钓鱼台东门以北三里河路东侧出土，现藏北京石刻艺术博物馆。

著录情况：《新出土（一）》(上)，第4页；(下)，第2、3页。《馆目》，第122页。

大唐故朝散大夫检校尚书比部员外郎博陵崔府君（玄隐）墓志铭并序

周万岁通天元年（696）八月十九日卒，归窆于卫州卫县北宫唐村北一里

唐开元二十七年（739）十月朔廿六日迁厝于夫人同祔于宫唐村北三□

首题：大唐故朝散大夫检校尚书比部员外郎博陵崔府君墓志铭并序

志左上角残缺。盖佚。志长、宽均64厘米。志上镌有界格，镌字面部分风化、漫漶、剥蚀。志文25行，满行25字，正书。

志载葬于“卫州卫县北宫唐村”。出土时间和地点均不详。1999年拓自天安门管理处。

按：《三海全咏》附录的《中山公园金石录》著录了该墓志的尺寸及现状，却未载来源。《中山公园金石录》一文据中央公园廿五周年纪念刊编写而成。中央公园即今中山公园，明清两代社稷坛所在地，1914年改为公园，可知在1936年时该墓志已在中山公园内。

卫州为古地名，在今豫北境内，地理位置主要包括今河南新乡、鹤壁等地。因地处春秋古卫国地，故名卫州，治所长期在汲县（今河南卫辉），历代稍有变更。唐高祖武德元年（618），复汲郡为为卫州。贞观元年（627），州治移汲县。辖汲县、卫县、共城、新乡、黎阳五县。卫县，今河南淇县。

大唐天宝十三载故开元观道士王公（徽）墓志铭并序

唐天宝十三载（754）或唐广德元年（763）葬于顺州城北平原

盖篆：王公墓志

首题：大唐天宝十三载故开元观道士王公墓志铭并序

盝顶盖。志、盖均长43厘米，宽43厘米。盖文2行，满行2字，篆书。志文19行，满行16字，正书。

1973年11月海淀区清河镇朱房村出土，现藏北京石刻艺术博物馆。

著录情况：《新出土（一）》（上），第5页；（下），第3页。《馆目》第122、123页。《墓拓》，序号6，图版，第6页；图版说明，第273页。《四十年》，0333，第110页。《考古》1980年6期，第498页，《北京市发现的几座唐墓》。

按：唐天宝十三载为甲午年，“即以其载龙集癸卯”当为宝应二年或广德元年（763），二者不符，待考。

唐故高君（元表）墓志铭并序

唐天宝十四载（755）龙集协洽献春正月辛酉之日（一日）卒

唐天宝十四载（755）正月甲申之日（二十四日）窆于燕城西卌里

首题：唐故高君墓志铭并序

盖佚。志长42厘米，宽41厘米。志文19行，满行20字，正书。

1949年后北京市出土，具体地点不详。现藏北京石刻艺术博物馆。

著录情况：《新出土（一）》（上），第6页；（下），第4页。《馆目》，第123页。《墓拓》，序号7，图版第7页；图版说明，第273页。

大燕游击将军赵公故赵郡李氏太原王氏二夫人墓志铭并序

大唐开元十四年（726）正月十三日李氏卒

大燕圣武二年（757）七月五日王氏卒

唐壬寅岁〔宝应元年（762）〕二月十有一日葬于郡城西北桃花原

首题：大燕游击将军赵公故赵郡李氏太原王氏二夫人墓志铭并序

盖佚。志长 50 厘米，宽 50 厘米，厚 9 厘米。志文 23 行，满行 23 字，正书。

1985 年密云县城关镇唐庄五中院内出土，现藏密云县文物管理所。

著录情况：《新出土（一）》（上），第 7 页；（下），第 4、5 页。

唐处士田公（处琼）故夫人北平阳氏墓志铭

唐永泰二祀（766）秋七月一日卒于蓟城平朔里之私第

唐大历三年（768）一月八日卜其宅兆于蓟城西南廿里正礼乡南胡▨

盖篆：阳氏墓志

首题：唐处士田公故夫人北平阳氏墓志铭

盝顶盖。志断为两块，上部残缺。志长 52 厘米，宽 56 厘米。盖长、宽均 49 厘米。盖文 2 行，满行 2 字，正书。志文 18 行，行 3 至 24 字不等，正书。

1981 年 11 月丰台区樊家村郭公庄（今大葆台西汉墓博物馆南 500 米）出土，现藏北京石刻艺术博物馆。

著录情况：《新出土（一）》（上），第 8 页；（下），第 5 页。《馆目》，第 123、124 页。

大唐故天水赵府君（悦）墓志铭并序

唐大历十二年（777）二月十一日卒于蓟宁里之私第

唐大历十二年（777）岁在丁巳十月己卯朔十九日丁酉殡于蓟城东南燕下乡之原，祔先茔之侧

盖篆：赵公墓志

首题：大唐故天水赵府君墓志铭并序

盝顶盖。志、盖均长 50 厘米，宽 50 厘米。盖文 2 行，满行 2 字，篆书。志文 20 行，行 13 至 35 字不等，正书。

1985 年丰台区永定门外原四路通汽车修理厂出土，现藏北京石刻艺术博物馆。

著录情况：《新出土（一）》（上），第 9 页；（下），第 6 页。《墓拓》，序号 10，图版第 10 页；图版说明，第 274 页。《馆目》，第 124 页。《文物》，1992 年 9 期，第 71—73 页，《北京近年发现的几座唐墓》。

唐故怀州河内府折冲天水赵公（龙）墓志铭

唐大历十年（775）秋七月廿三日卒

唐大历十二年（777）岁次丁巳冬十月己卯朔十九日丁酉葬于州城□□□□□□乡之原

盖题：唐故怀州河内府折冲天水赵公墓志铭

首题：府君讳龙字龙兹土人也其先与秦共祖至造父□□□

志、盖均长60厘米，宽60厘米，厚8厘米。盖文4行，满行4字，隶书。志文21行，行5至26字不等，正书。

1984年文物普查时发现于密云县城关镇职业高中建楼工地，现藏密云县文物管理所。

著录情况：《新出土（一）》（上），第10页；（下），第6、7页。《墓拓》，序号9，图版第9；图版说明，第273、274页。

按：《墓拓》误作《刘龙兹墓志》，葬年亦误为大历十年（775），据志文拓片第2行文中有“因为赵氏”，志主应姓赵，第15行文“丁巳冬十月……葬”，葬年应为大历十二年（777）。

唐故处士南阳公孙府君（封）墓志铭并序

唐大历十二年（777）五月旬有七日终于其乡行溏里之别墅

唐大历十三年（778）岁在戊午二月七日甲申权厝于潞城南潞城乡之平原

首题：唐故处士南阳公孙府君墓志铭并序

志左、右下角均略有残缺。志长、宽均62厘米，厚均7厘米。志文20行，满行20字，正书。

1983年6月通州区梨园镇小街村东南土桥砖瓦场内出土，现藏通州区博物馆。

著录情况：《新出土（一）》（上），第11页；（下），第7页。《墓拓》，序号11，图版第11页；图版说明，第274页。

按：志后铭文中有“左潞水兮右长城”语。

唐故陇西郡李君（家珍）墓志铭并序

唐天宝壬午〔元年（742）〕正月五日李家珍终于官舍

唐大历十三年（778）九月廿七日夫人彭氏卒

唐大历十三年（778）十月廿五日合葬

首题：唐故陇西郡李君墓志铭并序

盖佚。仅拓志文，拓高36厘米，宽36厘米。墓志字间打方形界格，志文17行，满行17字，正书。

具体出土时间地点不详，1999年拓自天安门管理处。

按：志载，志主李嘉珍，陇西成纪人，因官遂宅乃为滏阳县人。曾祖李慈恩为石州司马，祖李侍文任宋州司法参军祁州长史，父李仕异任宁州别驾。

据志文拓片，李嘉珍“天宝壬午（741）正月五日终于官舍”，壬午的“午”字有改动，像“年”字；“春秋六十有八”的“八”字，为“七”改作，不知何故？其卒年暂系“天宝壬午”。

志载葬于“滏阳县西南四十里”。滏阳县，北周武帝保定元年（561）置滏阳县，县治在今河北磁县城。志当出土于今河北磁县一带。

唐开府仪同三司试太常卿兼左金吾卫大将军上柱国刘公（如泉）墓志铭并序

唐建中三年（782）六月卅日终于魏国峡山

唐建中四年（783）春二月戊申朔廿五日壬申葬于良乡县西南尚义乡之原

盖篆：大唐大将军刘公墓志

首题：唐开府仪同三司试太常卿兼左金吾卫大将军上柱国刘公墓志铭并序

盝顶盖。志长、宽均46厘米。盖长、宽均48厘米。盖文3行，满行3字，篆书。志文20行，行11至30字不等，行书。

1992年10月13日房山区石楼镇吉羊村出土，现藏房山区文物管理所。

著录情况：《新出土（一）》，（上），第12页；（下），第7、8页。

唐故朱府君（愿）墓志铭

唐建中四年（783）龙集癸亥岁二月哉生朔（一日）薨于范阳府礼客里之私第

唐建中四年（783）四月二十四日葬于昌平东南太尉乡白石山之原

首题：故朱府君墓志铭并序

志下部残缺。盖佚。志长、宽均74厘米。志上有界格，部分文字漫漶。志文23行，满行25字，行楷。

1949年后昌平区南邵镇出土，现藏昌平区文物管理所。

著录情况：《新出土（一）》（上），第13页；（下），第8、9页。

唐故太夫人吴氏（金）墓志铭并序

唐贞元四祀（788）四月十日终于幽都县遵化里之私第

唐贞元四祀（788）十月十日权迁兆于城西北保大乡之原

盖题：吴氏之铭

首题：唐故太夫人吴氏墓志铭并序

盝顶盖。志长42厘米，宽50厘米，厚5厘米。盖长40厘米，宽56厘米，厚5厘米。盖文2行，满行2字，正书。志文16行，行11至29字不等，正书。

1949年后海淀区出土，现藏海淀区文物管理所。

著录情况：《新出土（一）》（上），第14页；（下），第9页。

唐故监察御史里行太原王公（仲堪）墓志铭并序

唐贞元十三年（797）二月三日卒

唐贞元十三年（797）二月十七日殡于蓟东之别墅，从权也

唐贞元十三年（797）四月六日迁神于蓟县燕页乡甘棠原，礼也

盖篆：王公墓志

首题：唐故监察御史里行太原王公墓志铭并序

族弟卢龙节度掌书记监察御史叔平述

盝顶盖。盖铭文外线刻卷草文，四刹线刻十二生肖，四角线刻花卉。志有行间有界格，上下有边框，内线刻花纹。志拓长 62.5 厘米，宽 60 厘米。盖拓长、宽均 64 厘米。盖文 2 行，满行 2 字，篆书。志文 22 行，行字不等，正书。志或盖后镌徐松题记 11 行，行 22 字，行楷；清道光十七年（1837）徐松移置崇效寺并撰记文，吴荣光书丹。

清乾隆年间出土于崇文区广渠门内安庆义地，现藏首都博物馆。

著录情况：《拓汇》，第 28 册，第 125、126 页。《拓目》，第 180 页，志 2741。

按：徐松题记曰："乾隆己酉庚戌间出于京师广渠门内，翁树培得之，嘉庆中归徐氏，道光丁酉移置崇效寺。北平徐松记，是年三月南海吴荣光书。"康有为《广艺舟双楫》有载。

唐平州卢龙府折冲都卫乐安故孙公（如玉）墓志铭并序

唐贞元十四年（798）二月四日卒于潞县潞城乡临河里

唐贞元十四年（798）戊寅岁秋八月甲申日（七日）葬或记

盖篆：孙公墓志

首题：唐平州卢龙府折冲都卫乐安故孙公墓志铭并序

公嗣子文林郎试左金吾卫兵曹参军敬新次子敬超敬芝等并尽礼书于墓门

志、盖均长 46 厘米，宽 46 厘米，厚 7 厘米。盖文 2 行，满行 2 字，篆书。志文 16 行，满行 25 字，正书。

1983 年 6 月通州区梨园镇小街村东南土桥砖瓦场内出土，现藏通州区博物馆。

著录情况：《新出土（一）》（上），第 15 页；（下），第 10 页。《墓拓》，序号 14，图版第 14 页；图版说明，第 274 页。

按：志文载，其葬地"东有潞河通海，西有长城蓦山。南望朱雀林，兼临河古戍。北有玄武垒，至潞津古关"。

唐故银青光禄大夫行瀛州别驾莫州刺史上柱国申国公蔡府君（雄）墓志

唐贞元三年（787）二月十六日终

唐贞元十九年（803）十月廿五日迁窆于良乡邑北复业乡之原，礼也

盖篆：蔡君墓志

首题：唐故银青光禄大夫行瀛州别驾莫州刺史上柱国申国公蔡府君墓

盝顶盖。志长 49 厘米，宽 51 厘米。盖长 49 厘米，宽 47 厘米。盖文 2 行，满行 2 字，篆书。志文 21 行，行 15 至 29 字不等，行书。

1991 年房山区城关办事处北市村出土（《墓拓》记为 1984 年房山紫草坞乡大董学

校文物普查时发现，待查），现藏房山区文物管理所。

著录情况：《拓汇》，第28册，第181页。《新出土（一）》（上），第16页；（下），第10、11页。《墓拓》，序号16，图版第16页；图版说明，第274页。

唐故征君史府君（光）墓志铭并序

唐贞元八年（792）九月十九日史光卒

唐元和二年（807）十二月夫人孙氏卒

唐元和三年（808）正月二十七日，卜吉兆于良乡县仁风乡，合祔于北石之原

盖篆：史公墓志

首题：唐故征君史府君墓志铭并序

朝议郎试大理司直兼殿中侍御史渤海李再字安▨

盝顶盖。志长61厘米，宽61厘米。盖长60厘米，宽61厘米。盖文2行，满行2字，篆书。志文22行，行13至29字不等，正书。

1987年3月7日房山区城关办事处东坟村出土，现藏房山区文物管理所。

著录情况：《拓汇》，第29册，第31页。《新出土（一）》（上），第17页；（下），第11、12页。

按：墓志为史府君及夫人孙氏合祔墓志。其子恒微，为“隋朝古寺”“弘业寺”之“奥主”。

唐故奉议郎前守瀛州长史赐绯鱼袋摄檀州长史李府君（藤）墓志铭并序

唐元和七年（812）□月二日终于檀州官舍

唐元和七年（812）十月廿日窆于幽州良乡县房山乡之平原，礼也

盖篆：李公墓志

首题：唐故奉议郎前守瀛州长史赐绯鱼袋摄檀州长史李府君墓志铭并序

将仕郎守幽州良乡县丞赵博宁纂

盝顶盖。志长44厘米，宽43厘米。盖长43厘米，宽42厘米。盖文2行，满行2字，篆书。志文20行，行16至25字不等，正书。

1949年后丰台区出土，现藏丰台区文物管理所。

著录情况：《新出土（一）》，（上），第18页；（下），第12页。

唐（任紫辰妻）故梨阳桑氏夫人墓志铭并序

唐元和八年（813）冬十月廿九日卒于燕都坊里之私第

唐元和八年（813）十一月十七日葬于幽州城东北五里燕夏乡海王村

首题：唐故梨阳桑氏夫人墓志铭并序

乡赋明经孙□□文并书

志风化，右上部断裂。盖佚。志长44厘米，宽45厘米。志文20行，行间有界格，行字不等，行楷。

1951年冬东城区东单御河桥出土，现藏首都博物馆。

著录情况：《拓汇》第29册，第84页。《拓目》，第180页，志2838。《墓拓》，序号25，图版第25；图版说明，第276页。《出土目》，007，第3页。《四十年》，0407，第131页。《中国考古学会第一次年会论文集》，第407页。

著录情况：《拓目》，第180页，志2814。《出土目》，005，第3页。《四十年》，0398，第128页。《墓拓》，序号22，图版第22；图版说明，第275页。

按：据《墓拓》，"任紫辰墓志"1951年东城区东单御河桥出土。首题"唐故西河任府君墓志"。唐元和（808）四月八日卒，十月十九日葬于幽州城东北原七里余。

唐王公（郅）暨配崔氏合祔墓志

唐元和九年（814）十一月十七日迁陉邑之神座，启姚村玄堂合祔，礼也

首题：唐故瀛洲司马陉邑安平范阳县令幽州节度押衙兼侍御史太原王公□夫人博陵崔氏合祔墓志铭并序

从侄试太子通事舍人佐时撰并书

志风化漫漶。志长、宽均44厘米。志行间有界格，外有边框。志文17行，满行25字，行书。盖失拓。

1965年4月丰台区右安门外草桥东南四顷三村出土，现藏首都博物馆。

著录情况：《墓拓》，序号26，图版第26页；图版说明，第276页。《四十年》，0408，第131。《考古》1980年6期，第498页，《北京市发现的几座唐墓》。

按：该志为迁葬志。崔氏先卒，权厝于陉邑。公卒年该志未载，"窆于府城南十里姚村之南原，从权，礼也"。

《墓拓》收录有《王郅墓志》，首题"大唐故瀛洲司马兼侍御史太原王府君墓志铭并序"，1965年4月丰台区右安门外草桥东南四顷三村出土。志载，王郅唐贞元五年（789）三月廿一日卒，六年（790）葬于蓟县姚村南一里之原。

《王郅墓志》著录情况：《四十年》，0372，第121页。《墓拓》，序号13，图版第13页；图版说明，第274。《考古》1980年6期，第498页，《北京市发现的几座唐墓》。

唐故衙前散将游击将军守翊府中郎将和公（元烈）墓志铭并叙

唐元和十一年（816）二月卅日殡于幽府之东燕台乡高义村之原

盖篆：和公墓志

首题：唐故衙前散将游击将军守翊府中郎将和公墓志铭并叙

乡赋明经刘适撰

志、盖均长41.5厘米，宽38厘米。盖文2行，满行2字，篆书。志文19行，行

7至28字不等，正书。

1949年后丰台区出土，现藏丰台区文物管理所。

著录情况：《新出土（一）》（上），第19页；（下），第12、13页。

唐故朝请郎试太子洗马赐绯鱼袋蓟州司仓参军李公（洪）墓志铭并序

皇唐贞元十五年（799）岁在己卯六月廿七日李洪卒于蓟州官舍

唐贞元十九年（803）五月廿八日卜窆于幽都县西吊虞之原，从其兆也

唐元和元年（806）正月廿三日夫人裴氏寝疾殁于涿州固安县太平里之私第

唐元和十一年（816）八月廿一日合祔于公之故茔

盖篆：李公墓志

首题：唐故朝请郎试太子洗马赐绯鱼袋蓟州司仓参军李公墓志铭并序

国子进士前涿州参军摄莫州参军李标撰

盝顶盖。盖右下角残缺。志长50厘米，宽50厘米，厚8厘米。盖长50厘米，宽51厘米，厚8厘米。盖文2行，满行2字，篆书。志文22行，行17至38字不等，行楷相间。

1949年后海淀区出土，现藏海淀区文物管理所。

著录情况：《新出土（一）》（上），第20页；（下），第13、14页。

唐卢龙节度驱使馆▨王府参军吴郡朱曰□墓志铭

唐元和十五年庚子岁（820）仲冬（十一月）壬寅日（四日）记，其葬地在幽州城西一十五里幽都县界房仙乡大丰里之北原

首题：唐卢龙节度驱使馆▨王府参军吴郡朱曰□

山野客赵弘道书

盖佚。志长46厘米，宽46厘米，厚7.5厘米。志文24行，行10至32字不等，行楷相间。志文漫漶。

具体出土时间地点不详。1997年6月6日朝阳区文物管理所查没。现藏朝阳区文物管理所。

著录情况：《新出土（一）》（上），第21页；（下），第14、15页。

按：该墓志为朱曰□（字方道）生前自撰墓志，唐元和十五年（820）十一月四日记，葬年不详。朱氏时回归故里，赋闲在家，并有八子，从“以备终虞”语推测，其年事已高，想其卒葬年代或不会晚于唐元和十五年太久。

唐故妫州怀戎县令杨府君（鏻）夫人河南达奚氏墓志铭并序

唐长庆元年（821）三月六日卒

唐长庆三年（823）十月廿八日葬于良乡董村原，礼也

首题：唐故妫州怀戎县令杨府君夫人河南达奚氏墓志铭并序

第三犹子摄卢龙节度巡官赏紫金鱼袋弘正悲述

盖佚。志长、宽均 49 厘米。志文 15 行，行 14 至 27 字不等，正书。

1992 年房山区紫草坞乡出土，现藏房山区文物管理所。

著录情况：《新出土（一）》（上），第 22；（下），第 15 页。

唐卢龙征马使游击将军守左武卫大将军赐紫金鱼袋曹朝宪故夫人太原陶氏墓志铭并序

唐大和元年（827）九月三日终于幽都县来远坊私第

唐大和元年（827）十月三日葬蓟城东南八里会川乡从善村东北原，礼从权也

盖篆：陶氏墓志

首题：唐卢龙征马使游击将军守左武卫大将军赐紫金鱼袋曹朝宪故夫人太原陶氏墓志铭并序

前檀州司兵参军窦少文撰

盝顶盖。志、盖均长 44 厘米，宽 43 厘米。盖文 2 行，满行 2 字，篆书。志文 19 行，行 6 至 33 字不等，正书。

1985 年丰台区永定门外西罗园小区出土，现藏丰台区文物管理所。

著录情况：《新出土（一）》（上），第 23 页；（下），第 15、16 页。

唐故彭城夫人刘氏（周玙妻）墓记铭并序

唐大和七年（833）三月上巳日（三日）终于蓟县开阳坊之私第

唐大和七年（833）十月十二日卜葬于幽府东南十里燕台乡高义村之原，礼也

首题：唐故彭城夫人刘氏墓记铭并序

乡贡进士贾暄

盖佚。志长 42 厘米，宽 45 厘米。记文 15 行，行 16 至 28 字不等，正书。

1985 年丰台区蒲黄榆（今方庄小区焦家花园公路南侧）出土，现藏北京石刻艺术博物馆。

著录情况：《新出土（一）》（上），第 25 页；（下），第 17、18 页。《馆目》，第 124、125 页。

唐故幽州节度押衙银青光禄大夫检校太子宾客兼监察御史太原王公（时邕）墓志铭

唐会昌五年（845）乙丑岁月次大吕（十二月）廿有四日终于燕都坊之私第

唐会昌六年（846）姑洗月（三月）朔日（一日）卜葬于蓟县南十五里广宁乡鲁村东一里之原

盖篆：王公墓志

首题：唐故幽州节度押衙银青光禄大夫检校太子宾客兼监察御史太原王公墓志铭并序

前卢龙节度驱使官宣德郎试太常寺协律郎贾暄撰

外生乡贡明经李方素书

盝顶盖。志长、宽均 61 厘米。盖长 64 厘米，宽 65 厘米。盖两面刻字：一面为盖文，2 行，满行 2 字，篆书；另一面为《释迦牟尼画像赞并序》，21 行，行残存 19 至 24 字，正书。志文 30 行，行 23 至 39 字不等，正书。

1985 年丰台区槐房乡六必居酱菜园基建工地出土，现藏北京石刻艺术博物馆。

著录情况：《新出土（一）》（上），第 27 页；（下），第 19、20 页。《墓拓》，序号 28，图版第 28；图版说明，第 276 页。《馆目》，第 125、126 页。

唐故蔡氏夫人（宋君妻）墓志铭

唐会昌六年（846）十月卅日卒，属纩于幽州蓟县燕都坊之私第

唐会昌六年（846）十二月窆于幽州幽都县界礼贤乡龙道村西南一百廿步之原，礼也

盖篆：蔡氏墓志

首题：唐故蔡氏夫人墓志铭并序

宣德郎试左卫兵曹参军成褒撰

使宅百人将王贞佑镌

盝顶盖。志长、宽均 53 厘米。盖长、宽均 51 厘米。盖文 2 行，满行 2 字，篆书。志文 27 行，行 11 至 39 字不等，正书。

1976 年西城区地安门西大街（今北海中学）出土，现藏北京石刻艺术博物馆。

著录情况：《新出土（一）》（上），第 28；（下），第 20、21 页。《馆目》，第 126 页。《墓拓》，序号 29，图版第 29；图版说明，第 276 页。《四十年》，0457，第 146 页；0458，第 146 页，为同一墓志。《北京史论文集》第二集，第 118 页。

唐故幽州节度两蕃副使朝散郎检校秘书少监兼御史中丞上柱国赐绯鱼袋平原华府君（封舆）墓志铭并序

唐会昌六年（846）景寅十月二日弃背于幽州幽都县遵化里第

唐大中元岁（847）四月十五日葬于幽州幽都县保大乡樊村之原

盖篆：府君墓铭

首题：唐故幽州节度两蕃副使朝散郎检校秘书少监兼御史中丞上柱国赐绯鱼袋平原华府君墓志铭并序

孝子乡贡进士郇伯纂

志上边中部及左下边均略有残缺。盝顶盖。志长、宽均64厘米，厚12厘米。盖长57厘米，宽56厘米，厚15厘米。盖文2行，满行2字，篆书。志文38行，行9至48字不等，正书。

1949年后海淀区出土，现藏海淀区文物管理所。

著录情况：《新出土（一）》（上），第29页；（下），第21、22、23页。

唐游击将军守左金吾卫大将军试鸿胪卿纪公夫人张氏墓志铭

唐大中元年（847）四月二十五日卒于幽陵之东潞邑接肆坊临衢之第

唐大中元年（847）十月八日葬于蓟城西幽都县幽都乡石槽之原

首题：游击将军守左金吾卫大将军试鸿胪卿纪制之

盖佚。志长47厘米，宽50厘米，厚4厘米。志文24行，行12至29字不等，正书。

1985年春海淀区翠微路十四号院内（太平路石槽村）出土，现藏海淀区文物管理所。

著录情况：《新出土（一）》（上），第30页；（下），第23页。

唐故幽州节度判官兼殿中侍御史银青光禄大夫检校太子宾客卢龙节度留后营府都督柳城军使平州诸军使平妫等州刺史上柱国太原王府君（公淑）墓铭

唐开成二年（837）九月廿五日吴氏夫人卒

唐开成三年（838）三月十三日窆于幽州幽都县西北界樊里之原，礼也

唐大中二年（848）十月十四日王府君卒于蓟门私第

唐大中六年（852）二月十七日祔葬于先吴氏夫人之真宅

盖篆：王公墓铭

首题：唐故幽州节度判官兼殿中侍御史银青光禄大夫检校太子宾客卢龙节度留后营府都督柳城军使平州诸军使平妫等州刺史上柱国太原王府君墓铭并序

儒林郎试率更寺丞摄幽府功曹参军寇伦撰

盝顶盖。志、盖均长61厘米，宽62厘米，厚9厘米。盖文2行，满行2字，篆书。志文28行，行16至35字不等，正书。

1949年后海淀区出土，现藏海淀区文物管理所。

著录情况：《新出土（一）》（上），第26页；（下），第18、19页。

大唐涿州范阳县主簿兰陵萧公夫人侯氏墓志铭

唐大中九年（855）四月廿一日卒

唐大中九年（855）十月九日殡于幽州幽都县西界三里仵原

首题：大唐涿州范阳县主簿兰陵萧公夫人侯氏墓志铭

奉礼郎前石州军事判官刘▨

志右下角残缺，风化漫漶。志长40厘米，宽38厘米。志文16行，行间有界格，

行字不等，正书。

1974 年宣武区马连道中街商场北约 500 米甘石桥北面北京钢厂院内出土，现藏首都博物馆。

唐故平州刺史卢龙节度留后周府君（玙）墓志铭并序

唐大和七年（833）夫人刘氏卒

唐大和八年（834）葬于蓟县高义村之原

唐大中十年（856）五月廿九日周府君卒于幽都县遵化坊之私第

唐大中十年（856）九月三日祔于先夫人之旧茔

盖篆：周府君墓志铭

首题：唐故平州刺史卢龙节度留后周府君墓志铭并序

孤子前幽州节度衙前兵马使中散大夫检校太子宾客在中小名蓟郎号绝撰上并书

志上边及左边均有残缺。盝顶盖。志长、宽均 80 厘米。盖长、宽均 79 厘米。盖文 3 行，满行 2 字，正书。志文 33 行，行 36 至 43 字不等，正书。

1985 年丰台区蒲黄榆（今方庄小区焦家花园公路南侧）出土，现藏北京石刻艺术博物馆。

著录情况：《新出土（一）》（上），第 31 页；（下），第 23、24 页。《馆目》，第 126、127 页。

唐幽州卢龙节度押奚契丹两蕃副使摄蓟州刺史正议大夫检校太子左庶子兼御史大夫上柱国赐紫金鱼袋安定张公（建章）墓志铭并序

唐咸通七年（866）九月十日卒（夫人韦氏先公五年〔唐咸通二年（861）〕卒）

唐咸通八年（867）二月二日葬于府城东南七里邓村之原

首题：唐幽州卢龙节度押奚契丹两蕃副使摄蓟州刺史正议大夫检校太子左庶子兼御史大夫上柱国赐紫金鱼袋安定张公墓志铭并序

从兄幽州节度掌书记中散大夫检校尚书工部员外郎兼侍御史赐绯鱼袋珪撰

弟前幽州节度衙前散兵马使总章书

盖佚。志一面刻墓志，另一面刻改葬志。拓长、宽均 97 厘米。志文 32 行，满行 31 字，正书。改葬志文 5 行，行字不等，正书。

1956 年西城区德胜门外冰窖口迤东出土，现藏首都博物馆。

著录情况：《拓汇》第 34 册，第 13、14 页。《拓目》，第 181 页，志 3320。《墓拓》，序号 40，图版第 40；图版说明，第 278 页。《出土目》010，第 4 页。《四十年》，0537，第 168 页。

按：志背面镌唐中和三年（883）十月十六日改葬铭文，文曰："唐故幽州卢龙节度押奚、契丹两蕃副使摄蓟州刺」史正议大夫检校太子左庶子兼御史大夫上柱国赐」紫金鱼袋张公建章墓铭」中和三年十月十六日自邓村原改葬于幽都县礼贤乡高梁河北原」”。

唐故幽州节度押衙银青光禄大夫检校太子宾客兼监察御史上柱国天水郡赵公（从一）墓志铭并序

唐咸通九年（868）八月廿日终与蓟县界燕都坊私第

唐咸通九年（868）十月廿五日葬于城东燕台乡扬村平原

盖篆：府君墓铭

首题：唐故幽州节度押衙银青光禄大夫检校太子宾客兼监察御史上柱国天水郡赵公墓志铭并序

盝顶盖。志长、宽均64厘米，厚12厘米。盖长、宽60厘米，厚12厘米。盖文2行，满行2字，篆书。志文21行，行4至35字不等，正书。

1949年后海淀区出土，现藏海淀区文物管理所。

著录情况：《新出土（一）》（上），第32页；（下），第25页。

唐故幽州副将乐安郡孙府君（英）夫人太原王氏合祔墓志铭并序

唐开成二年（837）四月廿六日孙府君卒

唐开成二年（837）四月廿七日归葬于良乡县金山乡韩村管西南三里大茔

唐咸通八年（867）二月廿一日夫人王氏权窆于丘园

唐咸通十一年（870）十月十六日祔于府君旧墓

首题：唐故幽州副将乐安郡孙府君夫人太原王氏合祔墓铭并序

盖佚。志长、宽均45厘米。志文29行，行15至32字不等，正书。

1992年4月房山区东营乡韩村河村厂出土，现藏房山区文物管理所。

著录情况：《新出土（一）》（上），第33页；（下），第25、26页。

唐故幽州节度衙前讨击副使太中大夫试殿中监温府君（令绶）合祔墓志并序

唐咸通十五年（874）二月廿二日温府君殁于幽都县通阛坊之私第（门氏夫人先君三年〔咸通十二年（871）卒）

唐咸通十五年（874）闰四月二日合窆于本县房仙乡之新兆也

盖篆：温公合祔墓志

首题：唐故幽州节度衙前讨击副使太中大夫试殿中监温府君合祔墓志并序

侄景中撰

盝顶盖。志长60厘米，宽63厘米。盖长55厘米，宽60厘米。盖文3行，满行2字，篆书。志文35行，行4至39字不等，行楷相间。

1981年海淀区万寿路出土，现藏北京石刻艺术博物馆。

著录情况：《新出土（一）》（上），第34；（下），第26、27页。《馆目》，第127、128页。

《墓拓》，序号 35，图版第 35 页；图版说明，第 277 页。

唐故幽州节度押衙银青光禄大夫检校国子祭酒兼监察御史▨韩府君（宗穗）墓志铭

唐乾符六年（879）五月年廿四日卒于幽州蓟县宁里之私第

唐乾符六年（879）八月廿七日窆于幽州幽都县广宁乡姚村原之新茔，礼也

首题：唐故幽州节度押衙银青光禄大夫检校国子祭酒兼监察御史▨

摄幽州昌平区主簿朝散郎▨

志右下角残缺。盖佚。志长、宽均 54.5 厘米。志文 24 行，行 11 至 45 字不等，正书。

1949 年后丰台区出土，现藏丰台区文物管理所。

著录情况：《新出土（一）》（上），第 35 页；（下），第 28 页。

唐高道王尚准故夫人窦氏墓志铭并序

唐乾符六年（879）己亥岁九月五日终于蓟县檀州街之私第

唐乾符六年（879）闰十月廿三日筮宅于蓟县城北十里樊林之原

盖篆：窦氏墓铭

首题：唐高道王尚准故夫人窦氏墓志铭并序

摄幽州安次县主簿郭升撰

太原王居行镌字

盝顶盖。志长 52 厘米，宽 55 厘米，厚 8 厘米。盖长、宽均 48 厘米，厚 11 厘米。盖文 2 行，满行 2 字，篆书。志文 30 行，行 7 至 27 字不等，正书。

1949 年后海淀区出土，现藏海淀区文物管理所。

著录情况：《新出土（一）》（上），第 36 页；（下），第 29 页。

唐▨事兵马使充使宅将副将长沙茹府君（弘庆）墓志铭并序

唐乾符五年（878）秋季月（九月）下旬五日（二十五日）卒于幽都县通肆坊之私第

唐乾符七年（880）岁在庚子正月乙卯朔七日辛酉奉迁府君于幽都县刘□□□，礼也

盖篆：茹府君墓志铭

首题：▨事兵马使充使宅将副将长沙茹府君墓志铭并序

乡贡进士路宾辞撰

志上部及左下角均略有残缺。盝顶盖。志长 48 厘米，宽 52 厘米。盖长 48 厘米，宽 57 厘米。盖文 3 行，满行 2 字，正书。志文 22 行，行 8 至 30 字不等，正书。

1984 年海淀区二里沟进出口大楼院内出土，现藏北京石刻艺术博物馆。

著录情况：《新出土（一）》（上），第 37 页；（下），第 29、30 页。《馆目》，第 128 页。《墓拓》，序号 37，图版第 37 页；图版说明，第 277 页。《四十年》，0530，第 166 页。《中国考古学年鉴》1985 年，第 105 页。

按：唐乾符年号仅六年，庚子年（880）改元为广明元年。志文提及“乾符七年”，可知撰文时间在唐乾符五年（878）九月二十五日茹府君去世后至庚子年（880）正月改元前，具体时间志文未载。

唐幽州▨度押衙摄纳降军营田等使银青光禄大夫检校国子祭酒兼御史中丞上柱国侯府君（元知）墓志铭

唐中和二年（882）二月廿八日属纩于幽都县平朔坊之私第

唐中和三年（883）十一月廿一日窆穴幽都县界礼贤乡刘村之原，礼也

首题：唐幽州▨度押衙摄纳降军营田等使银青光禄大夫检校国子祭酒兼御史中丞上柱国侯府君墓志铭并序

前摄□边军胄曹参军试太常寺协律郎路□心□

盖佚。志长、宽均 49 厘米，厚 9 厘米。志文 30 行，行 24 至 38 字不等，正书。志文漫漶。

1969 年北京市西直门南侧拆除城墙时城墙基石中出土，现藏北京石刻艺术博物馆。

著录情况：《新出土（一）》（上），第 24 页；（下），第 16、17 页。《墓拓》，序号 39，图版第 39；图版说明，第 278 页。《四十年》，0391，第 126；0536，第 168，为同一墓志，当是志文漫漶造成重复记载。《中国考古学会第一次年会论文集》，第 413 页。

按：侯府君，据《四十年》，名“元知”，赵其昌《京华集》亦记作“元知”。葬年从“以其来□”推知当为“以其来年”，即唐中和三年（883）。志石现藏北京石刻艺术博物馆，从原石及现存拓片中看漫漶较甚，尤其是记载志主姓名之处字口残损，故《新出土（一）》作“□弘”，《墓拓》作“元弘”。

《新出土（一）》载大和二年（828）卒。据拓片，“□和二年”，漫漶难以辨认，但似乎像“中和二年”。

唐故妫州刺史充清夷军营田等使朝散大夫检校尚书司封郎中摄御史中丞上柱国赐紫金鱼袋彭城刘公（钤）墓志铭

唐文德元年（888）夏四月戊辰日（一日）捐馆舍于幽州蓟县燕都坊之私第

唐文德元年（888）五月壬寅（六日）归葬于蓟县姚村北原之先茔，以夫人赵郡李氏祔焉

首题：唐故妫州刺史充清夷军营田等使朝散大夫检校尚书司封郎中摄御史中丞上柱国赐紫金鱼袋彭城刘公墓志铭并序

卢龙节度判官兼掌书记朝散大夫检校尚书兵部郎中兼御史大夫赐紫金鱼袋郑隼撰

门吏节度□使官刘绍东书

盖佚。志长、宽均68厘米。志文30行，行6至50字不等，正书。

1982年丰台区右安门外东三条出土，现藏北京石刻艺术博物馆。

著录情况：《新出土（一）》（上），第38页；（下），第30、31页。《馆目》，第128，129页。《墓拓》，序号41，图版第41页；图版说明，第278页。

大唐范阳卢公故夫人天水郡赵氏墓志铭并序

唐光启三年（887）八月十三日卒

唐文德元年（888）十一月九日葬于蓟城西北十里樊村之原

盖篆：赵夫人墓志铭

首题：大唐范阳卢公故夫人天水郡赵氏墓志铭并序

前飞狐铸钱院巡覆官儒林郎试太常寺奉礼郎张钤撰

前节度驱使官辛居受书

志长47厘米，宽49厘米。盖长、宽均47厘米。盖文3行，满行2字，篆书。盖失拓。志文25行，行字不等，正书。

1959年海淀区紫竹院三虎桥出土，现藏首都博物馆。

著录情况：《拓汇》，第34册第22页。《拓目》，第181页，志4378。《墓拓》，序号43，图版第43；图版说明，第278页。《出土目》，012，第5页。《四十年》，0542，第169、170页。《中国考古学会第一次年会论文集》，第416页。

按：盖文据《墓拓》补。

大唐故信州刺史河东薛府君墓志之铭盖

唐天祐四年（907）前

盖篆：大唐故信州刺史河东薛府君墓志之铭

仅存志盖，盖盝顶式。盖长82厘米，宽82厘米。因拓有侧面，拓长90厘米，宽86厘米。盖铭文外四缘刻卷草纹，四刹线刻十二生肖，笔意简洁灵动。盖四侧面刻卷草纹，仅拓下部及右侧纹饰，上方及左侧未拓，待考。盖文4行，满行4字。

1952年11月宣武区陶然亭迤西姚家井第一监狱前出土，现藏首都博物馆。

著录情况：《拓汇》，第35册，第150页。《拓目》，第181页，志3401。《出土目》，013，第5页。《四十年》，0571，第175页。

唐张公之铭盖

唐天祐四年（907）前

盖篆：张公之铭

盝顶盖。志佚。盖断为二，右下角和左上角残缺。盖长49厘米，宽49厘米。盖四刹线刻十二文官抱十二生肖，四角线刻花纹。盖文2行，满行2字，篆书。

1949年后北京市出土，具体地点不详。现藏北京石刻艺术博物馆。

著录情况:《新出土（一）》（上），第39页;（下），第31、32页。《馆目》，第129页。

唐刘府君合祔墓志铭盖

唐天祐四年（907）前

盖篆：刘府君合祔墓志铭

盝顶盖。志佚。盖长69厘米，宽71厘米。盖四刹线刻十二文官抱十二生肖，四角线刻花纹。盖文4行，满行2字，篆书。

1949年后北京市出土，具体地点不详。现藏北京石刻艺术博物馆。

著录情况：《新出土（一）》（上），第39页；（下），第32页。

唐刘府君墓志铭盖

唐天祐四年（907）前

盖篆：刘府君墓志铭

盝顶盖。志佚。盖长、宽均76厘米，厚6厘米。盖四刹线刻十二文官抱十二生肖，四角线刻花纹。盖文3行，满行2字，篆书。

1949年后海淀区出土，现藏海淀区文物管理所。

著录情况：《新出土（一）》（上），第40页；（下），第32页。

唐纪公墓铭盖

唐天祐四年（907）前

盖篆：纪公墓铭

盝顶盖。志佚。盖长48厘米，宽50厘米，厚8厘米。盖四刹线刻十二文官抱十二生肖，四角线刻花纹。盖文2行，满行2字，篆书。

1949年后海淀区出土，现藏海淀区文物管理所。

著录情况：《新出土（一）》（上），第40页；（下），第32页。

唐李公墓志盖

唐天祐四年（907）前

盖篆：李公墓志

盝顶盖。志佚。盖长、宽均41厘米。盖四刹线刻十二文官抱十二生肖，四角线刻花纹。盖文2行，满行2字，篆书。

1988年昌平区马池口镇白浮村北出土，现藏昌平区文物管理所。

著录情况：《新出土（一）》（上），第41页；（下），第33页。

唐杨公墓志盖

唐天祐四年（907）前

盖篆：杨公墓志

盝顶盖。盖左边残缺。志佚。盖长 51 厘米，残宽 39 厘米。盖四刹线刻十二文官抱十二生肖，四角线刻花纹。盖文 2 行，满行 2 字，篆书。

1949 年后房山区城关办事处出土，现藏房山区文物管理所。

著录情况：《新出土（一）》（上），第 41 页；（下），第 33 页。

唐赵氏墓志盖

唐天祐四年（907）前

盖题：赵氏墓志。

志佚。盖长、宽均 54 厘米。素面无纹饰。盖文 2 行，满行 2 字，正书。

1949 年后密云县出土，现藏密云县文物管理所。

著录情况：《新出土（一）》（上），第 42 页；（下），第 33 页。

辽故盖造军绳墨都知兼采斫务使太原王府君（仲福）墓志铭并序

后唐清泰元年（934）正月二十八王府君卒，寻厝于府城东

辽应历九年（959）十二月十三日夫人齐氏终于蓟州渔阳县界高村之私第

辽应历十七年（967）三月二日迁祔于蓟州北渔阳县界高村管，礼也

盖题：〼郡〼君〼铭

首题：故盖造军绳墨都知兼采斫务使太原王府君墓志铭并序

盝顶盖。盖上部残缺。志长 52 厘米，宽 50 厘米。盖残长 23.5 厘米，宽 54 厘米。盖文 3 行，行各残存 1 字，正书。志文 24 行，行 11 至 26 字不等，正书。

1993 年 6 月平谷区东高村镇大旺务村出土，现藏平谷区文物管理所。

著录情况：《新出土（一）》（上），第 43 页；（下），第 33、34 页。

辽故朝散大夫□□□□□□□金鱼袋琅邪王府君（守谦）墓志铭并序

辽保宁元年（969）六月十二日王府君卒（夫人张氏卒年未载）

辽保宁八年（976）孟冬月（十月）二十七日庚申与夫人张氏合葬，祔于先司徒新茔壬地，礼也

首题：辽故朝散大夫□□□□□□□金鱼袋琅邪王府君墓志铭并序

志边缘有残缺。盖佚。志长、宽均 70.4 厘米。志文 30 行，行 13 至 35 字不等，正书。

具体出土时间地点不详。2000 年 8 月 25 日丰台区六里桥小井村居民院内征集，现藏北京石刻艺术博物馆。

著录情况：《新出土（一）》（上），第 44 页；（下），第 34、35 页。

契丹国故始平军节度管内观察处置等使崇禄大夫检校太保使持节辽州诸军事行辽州刺史兼御史大夫上柱国昌黎县开国男食邑三百户韩公（佚）墓志铭并序

辽统和十三年（995）六月一日薨于平州之私第

辽统和十五年（997）五月十九日葬于幽都县房仙乡鲁郭里之西原，从先茔，礼也

首题：契丹国故始平军节度管内观察处置等使崇禄大夫检校太保使持节辽州诸军事行辽州刺史兼御史大夫上柱国昌黎县开国男食邑三百户韩公墓志铭并序

卢龙节度判官朝散大夫行尚书祠部员外郎裴玄感撰

盖佚。志长、宽均60厘米。志文28行，行17至33字不等，正书。

1981年石景山区八宝山公墓院内出土，现藏北京石刻艺术博物馆。

著录情况：《新出土（一）》（上），第45页；（下），第35、36页。《馆目》，第129、130页。《墓拓》，序号47，图版第47；图版说明，第279页。《四十年》，0853，第252页。《考古学报》1984年3期，第361页，《辽韩佚墓发掘报告》。《考古》1984年8期，第752页，齐心《金代韩詠墓志考》。

辽故始平军节度使韩公（佚）夫人王氏墓志铭

辽统和十五年（997）五月十九日后卒，以其年十月二十五日归葬于燕京幽都县房仙乡鲁郭里之西原

盖篆：故韩公夫人王氏墓志之铭

首题：辽故始平军节度使□□□□□夫□□志铭并序

□士宋□已撰

盝顶盖。志长76厘米，宽75厘米。盖长74厘米，宽75厘米。盖文3行，满行3字，篆书。志文35行，满行35字，正书。志文漫漶。

1981年石景山区八宝山公墓院内出土，现藏北京石刻艺术博物馆。

著录情况：《新出土（一）》（上），第46页；（下），第36、37页。《馆目》，第130页。《四十年》，0856，第254页。

大契丹国故银青崇禄大夫行秦国王府校尉兼监察御史武骑尉济阳郡丁公（求瑾）墓志铭

辽开泰九年（1020）九月二十三日属纩于燕京单罗坊之私第

辽清宁三年（1057）岁次丁酉十一月一日癸酉申时归葬于析津府宛平县礼贤乡北彭里，祔先令公之茔，礼也

盖题：丁公墓志

首题：大契丹国故银青崇禄大夫行秦国王府校尉兼监察御史武骑尉济阳郡丁公墓志铭

志断为两块。盖左上角、左下角均有残缺。盝顶盖。志长 56 厘米，宽 57 厘米，厚 8 厘米。盖长、宽均 62 厘米，厚 4 厘米。盖文 2 行，满行 2 字，正书。志文 31 行，满行 32 字，正书。

1949 年后海淀区出土，现藏海淀区文物管理所。

著录情况：《新出土（一）》（上），第 47 页；（下），第 37、38 页。

按：该志出土详细地点不详。但据《墓拓》收录的辽天庆元年（1111）《丁洪墓志》（见《考古》1963 年第 3 期第 145 页《北京西郊百万庄辽墓发掘简报》，《考古》1988 年第 7 期第 650 页齐心《辽丁氏两方墓志考》）和辽天庆三年（1113）《丁文逳墓志》（《考古》1988 年第 7 期第 650 页齐心《辽丁氏两方墓志考》）载，他们各自的祖父名求谕和求说，曾祖名元恪，与丁求瑾的父亲和兄弟同名，他们当属同一家族。《丁洪墓志》和《丁文逳墓志》均于 1958 年出土与北京百万庄半截塔村。据志载，他们均葬于“宛平县仁寿乡陈王里，祔于先茔”，很可能这一带为其家族墓地，丁求瑾葬地“宛平县礼贤乡北彭里”可能也距此地不远。

辽故太子中舍知永兴彰愍宫提辖司事赐绯鱼袋荥阳郑公（颉）墓志铭

辽重熙（1032—1055）年间卒

辽大安十年（1094）后葬于潞县郑乡

首题：辽故太子中舍知永兴彰愍宫提辖司事赐绯鱼袋荥阳郑公墓志铭

弟□□□□史馆修撰应奉阁下□□□□□撰

志长 72 厘米，宽 73 厘米，厚 8 厘米。志文 26 行，满行 19 至 39 不等，正书。志文漫漶。

1949 年 5 月通州区通州城体育场东南角出土，现藏通州区博物馆。

著录情况：《新出土（一）》（上），第 48 页；（下），第 38、39 页。

辽故保静军节度使金紫崇禄大夫检校太傅兼御史中丞董庠记灭罪等真言

辽寿昌三年（1097）六月十四日记

首题：故保静军节度使金紫崇禄大夫检校太傅兼御史中丞董庠

石边框刻卷草纹，长 69 厘米，宽 69 厘米。铭文 12 行，满行 16 字，正书。

1970 年 3 月西城区阜成门外洪茂沟一带出土，现藏北京石刻艺术博物馆。

著录情况：《新出土（一）》（上），第 375 页；（下），第 355、356 页。《馆目》，第 131 页。《墓拓》，序号 54，图版第 54 页；图版说明，第 280 页。《四十年》，0892，第 267 页。《全辽文》，第 252 页。《辽代石刻文编》，第 484 页。《考古》1972 年第 3 期，第 35 页，《近年来北京发现的几座辽墓》。

按：铭文首题后真言有三：其一题“灭罪真言曰”一行，其后镌汉字注音的真言一行；其二题“智炬如来破地狱真言”一行，其后镌汉字注音的真言二行；其三题“生天真言曰”一行，其后镌汉字注音的真言一行。末行镌“所有勋业异政氏族具如幢文故此不书”。

《考古》1972年第3期《近年来北京发现的几座辽墓》载，同时出土的还有“清河县君（董庠妻）墓志”。

大辽金紫崇录大夫右散骑常侍柱国开国公致仕马直温故妻清河郡夫人张氏墓志铭并序

辽天庆三年（1113）四月六日卒于正寝

辽天庆三年（1113）五月二十四日葬于燕京析津县招贤乡东蓁里之生藏

盖篆：清河郡夫人张氏墓志

首题：大辽金紫崇录大夫右散骑常侍柱国开国公致仕马直温故妻清河郡夫人张氏墓志铭并序

弟朝议大夫守司农少卿前知忠顺军节度副使上骑都尉清河县开国子食邑五百户赐紫金鱼袋张峤撰

盝顶盖。志左下角略有残缺。盖铭文外边框内线刻云纹，四刹线刻兽首人身十二生肖，四角线刻花纹。志长74厘米，宽75厘米。盖长、宽均79厘米。盖文3行，满行3字，篆书。志文共41行，满行47字，正书。

1979年10月大兴区京开公路东侧西红门与前高米店之间北京液压机械厂院内出土，现藏首都博物馆。

著录情况：《四十年》，0904，第271、272页。《全辽文》，第264—266页。《文物》1980年12期，第30页，张先得《北京市大兴县辽代马直温夫妻合葬墓》。

辽故翰林学士金紫崇禄大夫行尚书▨提点大理寺上护军平昌□开国公食邑二千户食实封贰佰户诸路▨孟公（初）墓志铭

辽天庆四年（1114）卒

辽天庆七年（1117）十一月一日葬于良乡县房仙乡重义里

首题：辽故翰林学士金紫崇禄大夫行尚书▨提点大理寺上护军平昌□开国公食邑二千户食实封贰佰户诸路▨孟公墓志铭

昭文馆直学士知枢密直学士权翰林学士虞□□撰

盖佚。志长、宽均78厘米。志文35行，满行36字，正书。

1949年后房山区出土，现藏房山区文物管理所。

著录情况：《新出土（一）》（上），第49页；（下），第39、40页。

大金崔尚书小娘子史氏墓志铭

金天会七年（1129）十一月二十□日卒

金天会八年（1130）二月十一日葬于沽水之阳从先兆也

首题：大金崔尚书小娘子史氏墓志铭

盖佚。志上边和左下部漫漶较甚。志长 60 厘米，宽 62 厘米。志文 18 行，行字不等，正书。

1985 年 10 月通州区永顺镇黄瓜园村北北京市防腐厂出土，现藏通州博物馆。

著录情况：《墓拓》，序号 60，图版，第 60 页；图版说明，第 281 页。

金漆水郡夫人耶律氏（萧公建）墓志铭

金天眷二年（1139）冬十二月（丙子）三十日薨于寝

金皇统元年（1141）十二月乙酉（二十一日）卜葬于蓟州渔阳县☐乐山之原

盖篆：金漆水郡夫人耶律氏墓志铭

首题：金漆水郡夫人耶律氏墓志铭

承直郎行台右司☐长言撰

从仕郎滨州司法☐世泽书

儒林郎前知济南☐□篆盖

耿着刊

志、盖均断为 2 块，中部残缺。志、盖均残长 94 厘米，宽 99 厘米。盖文 3 行，满行 4 字，篆书。志文 37 行，行残存 8 至 34 字不等，正书。

1984 年 8 月平谷区黄松峪黑豆峪村出土，现藏平谷区文物管理所。

著录情况：《新出土（一）》（上），第 51 页；（下），第 41、42 页。

金何遵晏墓志铭

金大定五年（1165）九月辛酉（十五日）葬

首题：大金☐墓志铭

☐尚书省令史奉直文☐郭长倩撰

盖佚。志严重风化，志文漫漶。志长 61 厘米，宽 60 厘米。志文 30 行，满行 29 字，正书。

1993 年 3 月 1 日昌平区殡仪馆大门东侧出土，现藏昌平区文物管理所即昌平公园弘文馆。

著录情况：《新出土（一）》（上），第 52 页；（下），第 42、43 页。

按：何遵晏，天会二年（1124）进士。志文漫漶，卒年不详。志文中有大定官制，又载“□年九月辛酉葬”，似为大定五年。

大金故宣威将军河东路第一将正将兼知大和寨事上骑都尉武威县开国子食邑五百户石公（宗壁）墓志铭

金大定十五年（1175）十二月二十四日终

金大定十七年（1177）四月四日葬于通州潞县台头村之新茔，礼也

金大定十七年（1177）四月四日建

盖题：故宣威将军石公墓志

首题：大金故宣威将军河东路第一将正将兼知大和寨事上骑都尉武威县开国子食邑五百户石公墓志铭

通州乡贡进士郑肩撰

长男忠翊校尉前京兆府高陵酒监石均次男锐建

仅存志盖。盝顶盖，无纹饰，志风化较甚，上部及右上角残损。盖长60厘米，宽57厘米。盖文3行，满行3字，正书。志文31行，满行33字，正书。志文失拓。

1975年通州区三间房出土，现藏首都博物馆。

著录情况：《墓拓》，序号63，图版第63页；图版说明，第281页。《四十年》，第276、277页，0919。《文物》，1977年第11期，刘精义、张先得《北京市通县金代墓葬发掘简报》。

金中宪大夫同知昌武军节度使李公（抟）墓志铭

金大定十八年（1178）五月丙午（十三日）薨于京师

金大定十九年（1179）二月丙申（八日）葬于通州潞县潞水乡之祖茔

盖题：中宪大夫同知昌武军节度使李公墓志

首题：中宪大夫同知昌武军节度使李公墓志铭并序

盝顶盖。盖左下角残缺。志、盖均长、宽均78厘米。盖文4行，满行4字，正书。志文28行，满行28字，正书。

1949年后通州区徐辛庄乡葛渠二队出土，现藏北京石刻艺术博物馆。

著录情况：《新出土（一）》（上），第53页；（下），第43、44页。《馆目》，第131页。《墓拓》，序号64，图版第64页；图版说明，第281页。

大金故赠金紫光禄大夫乌古论公（窝论）墓志铭并序

金大定二十四年（1184）四月十二日改葬于大兴府良乡县西北乡永安村之原

盖篆：大金故金紫光禄大夫乌古论公墓志铭

首题：大金故赠金紫光禄大夫乌古论公墓志铭并序

翰林直学士太中大夫知制诰兼行太常少卿开国伯李晏撰

少中大夫尚书吏部侍郎上轻车都尉南阳郡开国伯邓俨书丹

承直郎应奉翰林文字同知制诰兼国史院编修官党怀英篆

盝顶盖。志、盖均长93厘米，宽93厘米。盖文4行，满行4字，篆书。志文30行，满行30字，正书。

1980年5月丰台区王佐乡米粮屯村出土，现藏北京石刻艺术博物馆。

著录情况：《新出土（一）》（上），第54页；（下），第44、45页。《墓拓》，序号

66，图版第 66；图版说明，第 282 页。《馆目》，第 131、132 页。《四十年》，0922，第 278 页。《北京文物与考古》第 1 期，第 55 页，《北京金墓发掘简报》；第 73 页，《金代乌古论窝伦、乌古论元忠及鲁国大长公主墓志考释》。

按：志文未载志主卒年。

金故保义校尉棣州商酒院使（仲良）墓志铭

金大定二十五年（1185）八月十日改葬

首题：故保义校尉棣州商酒院使墓志铭

志长 43 厘米，宽 43 厘米，厚 8 厘米。志文 7 行，满行 8 字，正书。

1995 年 6 月通州区永顺镇黄瓜园村北北京防腐厂内出土，现藏通州区博物馆。

著录情况：《新出土（一）》（上），第 55 页；（下），第 45 页。

金故达撒山行军谋克孛谨萧公（资茂）墓志铭并序

金正隆五年（1160）卒

金大定二十五年（1185）葬于渔阳醴泉乡先茔

首题：金故达撒山行军谋克孛谨萧公墓志铭并序

□□德将军尚书礼部员外郎兼翰林修撰同知知制诰国史院编修官骁骑尉耶律□撰并书

志长 80 厘米，宽 79 厘米。志文 20 行，满 21 字，正书。下部志文漫漶。

1984 年 8 月平谷区黄松峪黑豆峪村出土，现藏平谷区文物管理所。

著录情况：《新出土（一）》（上），第 55 页；（下），第 45、46 页。

金镇国上将军广宁府判班演暨妻刘氏合葬墓志

金明昌五年（1194）七月置石

首行题：大金国」中都大兴府良乡县明昌」年拨属涿州奉先县所辖」北辛安里」

葬主忠显校尉长男

同葬主次男详

志长 39 厘米，宽 48 厘米。志文 13 行，满行 10 字，正书。

1995 年 3 月房山区坨里镇沙窝村出土，现藏房山区文物管理所。

著录情况：《新出土（一）》（上），第 56 页；（下），第 46、47 页。

大金故开府仪同三司判彰德尹驸马都尉任国简定公（乌古论元忠）墓志铭并序

金泰和元年（1201）九月丙辰（九日）薨

金泰和元年（1201）十有二月乙酉（九日）葬于良乡之西岗先茔之次

盖篆：大金故开府仪同三司判彰德尹驸马都尉任国简定公墓志铭

首题：大金故开府仪同三司判彰德尹驸马都尉任国简定公墓志铭并序

翰林侍读学士少中大夫知制诰兼尚书礼部侍郎同修国史提点司天台护军清河郡开国侯食邑一千户食实封一百户张行简撰

承德郎充翰林修撰同知制诰飞骑尉赐绯鱼袋李着书

承直郎知登闻鼓院兼秘书丞骑都尉河南县开国男食邑三百户赐紫金鱼袋乔宇篆盖

盝顶盖。志、盖均长111厘米，宽111厘米。盖文4行，满行6字，篆书。志文52行，满行52字，正书。

1980年11月丰台区王佐乡米粮屯村出土，现藏北京石刻艺术博物馆。

著录情况：《新出土（一）》（上），第57页；（下），第47、48、49页。《馆目》，第132、133页。《墓拓》，序号68，图版第68；图版说明，第282。《四十年》，0926，第279页。《北京文物与考古》第1期，第55页，《北京金墓发掘简报》；第73页，《金代乌古论窝伦、乌古论元忠及鲁国大长公主墓志考释》。

金故光禄大夫前南京留守兼本路兵马都总管兼提举河防常平仓事上柱国开国公食邑二千户实食封二伯户驸马都尉蒲察公（胡沙）墓志铭

金泰和元年（1201）十二月十五日卒

金泰和二年（1202）三月十五日葬于宛平县玉泉之西北，祔葬先茔之次

金泰和二年（1202）三月十五日立石

盖篆：故光禄南京留守驸马都尉蒲察公墓志

首题：□□故光禄大夫前南京留守兼本路兵马都总管兼提举河防常平仓事上柱国开国公食邑二千户实食封二伯户驸马都尉蒲察公墓志铭

永安张伯玉□□□刻

盝顶盖。盖长43厘米，宽38厘米。志长88厘米，宽65厘米。盖文4行，满行4字，篆书。志文40行，满行30字，正书。

墓在海淀区香山娘娘府，早年被盗。志现藏首都博物馆。

著录情况：《四十年》，0927，第279、280页。《北京史论文集》1980年，第101、102页。

金知山东东西路按察副使兼□□事宣武将军张公（维垣）墓志铭

金泰和七年（1207）八月十一日卒

金泰和七年（1207）十一月甲申（十二日）葬于昌平区之蜀社原

盖题：故宣武将军张公墓志

首题：〼张公墓铭

〼大夫光禄〼尉赐绯鱼袋周昂撰文

〼县令兼□□常平仓事武骑尉赐绯鱼袋田时予书丹

〼大夫试尚书礼部侍郎兼瀛王傅□书少监上轻车都尉河南郡开国伯食邑七百户乔宇篆额

盝顶盖。志长 76 厘米，宽 74 厘米，厚 9 厘米。盖长 69 厘米，宽 68 厘米，厚 8 厘米。盖文 3 行，满行 3 字，正书。志文 28 行，满行 29 字，正书。志文漫漶。

1949 年后海淀区出土，现藏海淀区文物管理所。

著录情况：《新出土（一）》（上），第 58 页；（下），第 49、50 页。

金故鲁国大长公主（乌古论元忠妻）墓志铭

金大安元年（1209）五月二十四日卒于京师开阳里第之正寝

金大安元年（1209）七月己酉（十八日）合葬于乌古论元忠之墓，礼也

盖篆：大金故鲁国大长公主墓志铭

首题：大金故鲁国大长公主墓志铭

朝列大夫充三司判官骑都尉汝南县开国南食邑三百户赐紫金鱼袋周昂撰

承德郎秘书郎兼戴王府文学记室参军云骑尉赐绯鱼袋庞铸书丹并篆盖

张伯玉宫琢刻

盝顶盖。志、盖均长 115 厘米，宽 115 厘米。盖文 4 行，满行 3 字，篆书。志文 43 行，满行 42 字，正书。

1980 年 11 月丰台区王佐乡米粮屯村出土，现藏北京石刻艺术博物馆。

著录情况：《新出土（一）》（上），第 59 页；（下），第 50、51 页。《墓拓》，序号 70，图版第 70 页；图版说明，第 282 页。《馆目》，第 133、134 页。《四十年》，0929，第 280 页。《北京文物与考古》，第 1 期，第 55 页，《北京金墓发掘简报》；第 73 页，《金代乌古论窝伦、乌古论元忠及鲁国大长公主墓志考释》。

金敕葬平章政事崇国公致仕孙即康坟祭文〔附辽故启圣军节度使仪坤州管内观察处置等使金紫崇〼富春县开国伯食邑七伯户孙公（克构）墓志铭〕

金大安三年（1211）

首题一：敕葬平章政事崇国公致仕孙即康坟祭文

首题二：大辽故启圣军节度使仪坤州管内观察处置等使金紫崇〼富春县开国伯食邑七伯户孙公墓志铭并序

朝散大夫〼

朝散大夫守将作少监前知辽兴军节度副使大〼

石今佚。右上角及底部残缺。石残长 92 厘米，残宽 64.5 厘米。前为祭文，残存 15 行；后为志文，残存 21 行，行均残存 25 字，正书。

1949 年后北京市出土，具体地点不详。现藏北京石刻艺术博物馆。

著录情况：《新出土（一）》（上），第 60 页；（下），第 51、52 页。

按：该石前面镌孙即康坟祭文，时间不详，其后镌孙克构墓志文，从墓志文中推算当卒于辽大康九年（1083）后不久。据《金史》卷九十九《孙即康传》：“即康，克构曾孙……大安三年（1211）致仕。是岁，薨，遣使致祭。”

元玄靖达观大师刘公（志厚）墓志铭

元至元二十五年（1288）四月吉日建

首题：玄靖达观大师刘公墓志铭

濮川文道广撰

通玄致道大师张志履书丹

门掌教大宗师辅元履道玄逸真人张志仙建

志为碑形，两面刻字。志长126厘米，宽61厘米。志文共32行，满行45字，正书。

1949年后房山区紫草坞乡出土，现藏房山区文物管理所。

著录情况：《新出土（一）》（上），第62页；（下），第54、55页。

大元故太傅录军国重事宣徽使领大司农太医院事铁可公墓志铭

元皇庆二年（1313）四月十二日辛未卒，乙酉（若同月，则为二十六日）葬大兴县大师庄先茔之兆次

元皇庆二年（1313）上石

首题：大元故太傅录军国重事宣徽使领大司农太医院事铁可公墓志铭

翰林待制同知制诰兼国史院编修官承直郎蔡文渊撰

集贤大学士荣禄大夫刘庚书丹

志长72厘米，宽71厘米，厚7厘米。盖长72厘米，宽68厘米，厚5厘米。志底镌志文28行，满行29字，正书。志文未完，续刻于志盖下平面。盖续镌志文23行，满行27字，正书。

1962年12月崇文区法塔寺东铁氏茔地（龙潭湖以北吕家窑村北京工艺美术研究所院内）出土，现藏首都博物馆。

著录情况：《墓拓》，序号75，图版第75页；图版说明，第283页。《出土目》，025，第8、9页。《四十年》，0955，第289页。《考古学报》，1986年第1期，第95页，《元铁可父子和张弘纲墓》。

按：北京市文研所编《北京文物与考古》第二辑载，志出土崇文区法塔寺东铁氏茔地，志两石，一底一盖均为青白石，盖作覆斗形，顶无字，无纹饰，盖内续刻志文。

元焦公（埕）墓志

元泰定三年（1326）五月廿二日卒

元泰定五年（1328）岁次戊辰二月乙卯十五日戊申立

额题：焦公墓志

首行题：公讳珵字子琪焦德进之次子也公性敏

男焦伯义立石

次男焦六儿同立

志为碑形，方首抹角。长 79 厘米，宽 56 厘米。额文 1 行，4 字，正书。志文 14 行，满行 17 字，正书。

1989 年房山区紫草坞乡大董村出土，现藏房山区文物管理所。

著录情况：《新出土（一）》（上），第 67 页；（下），第 59、60 页。

元梦庵舍利石函

元天历三年（1330）三月初九日

首行题：大天源延圣寺住持」梦庵舍利」天历三年三月初九日志|

石函为长方体，盖盝顶式。石函长 50 厘米，宽 37 厘米，高 26 厘米，盖尺寸不详。题记镌于石函一侧面外壁上。拓高 25 厘米，宽 37 厘米。石函共镌文字 3 行，行字不等，现存 22 字，正书。

石函出土地点不详，北京市文研所移交，现藏北京石刻艺术博物馆。

著录情况：《馆目》，第 29 页。

按：石函为元代大天源延圣寺住持梦庵僧的舍利函。据元熊梦祥《析津志》载："黑塔在大天源延圣寺，太平坊。"梦庵生平不详。《日下旧闻考》卷二十二，西直门南小街冰窖胡同有黑塔寺。石函 1987 年从北京文物研究所调拨至北京石刻艺术博物馆。

元（仁寿）继母黄氏（妙真）墓记

元后至元初元（1335）乙亥岁闰十二月一日己卯卒

元后至元元年（1335）闰十二月六日甲申葬于里之饭堂山

额题：继母黄氏墓记

首行题：继母孺人黄氏讳妙真世居抚□川县兴寿乡

孤哀子仁寿泣书

记长 56 厘米，宽 39 厘米，厚 2 厘米。上为额文，3 行，满行 2 字，篆书。下为记文，17 行，满行 18 字，正书。

1949 年后朝阳区出土，具体地点不详。现藏朝阳区文物管理所。

著录情况：《新出土（一）》（上），第 68 页；（下），第 60、61 页。

大明追封故东平武烈王（朱能）墓志盖

明永乐四年（1406）七月后

盖篆：大明追封故东平武烈王墓志

志佚。盖长56厘米，宽56厘米。盖文3行，满行4字，篆书。

1984年7月怀柔区桥梓镇北宅村西北出土，现藏怀柔区图书馆（博物馆）。

著录情况：《新出土（一）》（上），第70页；（下），第62页。

按：志佚，年代不详。据《明史》卷一百四十五《朱能传》，能卒于明永乐四年七月，"敕葬昌平，追封东平王，谥武烈"。可知志主为朱能，墓志镌刻时间在明永乐四年（1406）七月后。

明追封东平武烈王（朱能）考朱公（亮）墓志铭

明洪武二十九年（1396）十一月二十四日殁

明永乐十六年（1418）十二月二十一日葬于北京昌平区孝思里北泽之原

首行题：公讳亮姓朱氏凤阳怀远县乐河乡人洪武初以善战立

翰林院侍读兼左春坊左赞善梁潜撰

翰林院侍讲学士沈度书

盖佚。志长、宽均50厘米。志文24行，满行24字，正书。

1984年7月怀柔区桥梓镇北宅村西北出土，现藏怀柔区图书馆（博物馆）。

著录情况：《新出土（一）》（上），第71页；（下），第62、63页。

明东平武烈王（朱能）太夫人孙氏墓志盖

明永乐十六年（1418）十二月二十一日后

盖题：东平武烈王太夫人孙氏墓志

志佚。盖长44厘米，宽44.5厘米。盖文4行，满行3字，正书。

1984年7月怀柔区桥梓镇北宅村西北出土，现藏怀柔区图书馆（博物馆）。

著录情况：《新出土（一）》（上），第70页；（下），第63页。《墓拓》，序号257，图版第258页；图版说明，第305页。

按：志佚，年代不详。据《朱亮墓志》，孙氏为朱亮妻、朱能母，朱亮卒时，孙氏尚在，据此推断孙氏墓志当在明永乐十六年（1418）十二月二十一日后。

明（王璘）故显考武德将军正千户王公（斌）墓志铭

明永乐十一年（1413）癸巳二月十七日王公殁（夫人刘氏先公十八年卒），葬于顺天府昌平区安仁里日照院沙峪口村平台山前

明宣德六年（1431）岁次辛亥六月壬寅（十日）吉日立

盖篆：故显考武德将军正千户王公墓志之铭

首题：□□□德将军管军正千户王公墓志铭

奉议大夫前山东提刑按察司佥事庐陵晏彦文撰

征仕郎中书舍人程南云篆盖

万全都司保安卫后所正千户王璘谨立

云间许宗武镌

志右上角略有残缺。志、盖均长68厘米，宽67厘米。盖文4行，满行4字，篆书。志文33行，满行33字，正书。

1981年怀柔区桥梓镇新王峪村北出土，现藏怀柔区图书馆。

著录情况：《新出土（一）》（上），第73页；（下），第64、65页。《墓拓》，序号78，图版第78页；图版说明，第283页。

明故骠骑将军后军都督府都督佥事赠榆次伯谥忠敏张公（廉）墓志铭

明宣德七年（1432）十月辛卯（六日）卒

明宣德七年（1432）十一月十三日戊辰葬于大兴县南七里东高村之原

盖篆：故骠骑将军后府都督佥事追封榆次伯谥忠敏张公墓志铭

首题：故骠骑将军后军都督府都督佥事赠榆次伯谥忠敏张公墓志铭

奉训大夫司经局洗马前翰林侍讲兼修国史蔺从善撰

左春坊左中允前翰林编修朱孔易书丹

征仕郎中书舍人干礼篆额

志长58厘米，宽47厘米。盖长56厘米，宽48厘米。盖文5行，满行5字，篆书。志文24行，满行30字，正书。

1949年后丰台区出土，现藏丰台区文物管理所。

著录情况：《新出土（一）》（上），第74页；（下），第65、66页。

明故骠骑将军山西都指挥使高公（冕）墓志铭

明永乐十五年（1417）九月二十三日高公卒

明永乐十五（1417）十月初六日葬高公大兴县大师庄金口河之原

明宣德七年（1432）十一月二十四日配孙氏卒

明宣德八年（1433）正月十六日葬

盖篆：故骠骑将军山西都指挥使高公墓志铭

首题：故骠骑将军山西都指挥使高公墓志铭

赐进士出身文林郎山西道监察御史五羊罗亨信撰

左春坊左中允前翰林编修云间朱孔易书丹

征仕郎中书舍人上洋干礼篆盖

盖四边均有残缺，志左下角残缺，少量字迹残损。盖长60厘米，宽52厘米，高8厘米。志长60厘米，宽52厘米，高9厘米。盖文4行，行4字，篆书。志文32行，行37字，正书。

具体出土时间地点不详。2006年9月8日，丰台区西罗园南里戴志义捐赠。现藏北京石刻艺术博物馆。

明昭勇将军锦衣卫指挥使李公（顺）墓志铭

明正统元年（1436）四月十四日卒

明正统元年（1436）五月八日葬于顺天府大兴县七里社高村之原

盖篆：故昭勇将军锦衣卫指挥使李公墓志铭

首题：昭勇将军锦衣卫指挥使李公墓志铭

翰林侍读学士奉直大夫兼经筵官金陵李时勉撰

承德郎户部主事金台何友书并篆

志长、宽均 53 厘米。盖长 56 厘米，宽 54 厘米。盖文 4 行，满行 4 字，篆书。志文 27 行，满行 28 字，正书。

1949 年后北京市出土，具体地点不详。现藏北京石刻艺术博物馆。

著录情况：《新出土（一）》（上），第 75 页；（下），第 66、67 页。《馆目》，第 134、135 页。

明赠武德将军李公（泰）墓志铭

明洪武二十八年（1395）李公卒，藁葬于东庄

明宣德三年（1428）三月十七日夫人王氏卒，三月二十四日葬于顺天府顺义区孙后里东庄之原

明正统元年（1436）六月二十六日改葬

盖篆：赠武德将军李公墓志

首题：赠武德将军李公墓志铭

吏部郎中兼翰林侍书程南云篆盖

翰林检讨王子璠撰

松窗萧节之书丹

孝子李贵泣血立

盖右下部残缺。志断为两块。志长 45 厘米，宽 44 厘米。盖长 45 厘米，宽 39 厘米。盖文 3 行，满行 3 字，篆书。志文 28 行，满行 28 字，正书。

1999 年后顺义区后沙峪镇东庄村出土，现藏顺义区文物管理所。

著录情况：《新出土（一）》（上），第 76 页；（下），第 67 页。

明神宫监太监昌公（盛）墓志铭

明正统三年（1438）戊午九月十九日终

明正统三年（1438）岁次戊午冬十一月吉日

盖篆：神宫监太监昌公墓志铭

首题：神宫监太监昌公墓志铭

资德大夫正治上卿礼部尚书毗陵胡濙撰

会稽散人任氏仲安书并篆

志、盖均长47，宽47厘米。盖文2行，满行5字，篆书。志文34行，满行34字，正书。

1949年后北京市出土，具体地点不详。现藏北京石刻艺术博物馆。

著录情况：《新出土（一）》（上），第77页；（下），第68页。《馆目》，第135、136页。《墓拓》，序号84，图版第84页；图版说明，第284页。

按：志文未载何时葬，“正统三年（1438）十一月吉日”镌于志文之末，可能为撰文或立石、或入葬时间。

明锦衣卫中所副千户班公（真）墓志铭

明正统八年（1443）十月廿有一日卒

明正统八年（1443）十一月己未（八日）葬于大兴县八里河之原

盖篆：武略将军锦衣卫中所副千户班公墓志

首题：锦衣卫中所副千户班公墓志铭

奉政大夫修正庶尹礼部郎中赐食三品禄直文渊阁永嘉黄养正撰

承德郎户部主事前中书舍人金□何友书并篆

志、盖均长49，宽49厘米。盖文4行，满行4字，篆书。志文24行，满行27字，正书。

1949年后丰台区出土，现藏丰台区文物管理所。

著录情况：《新出土（一）》（上），第78页；（下），第68、69页。

明故处士钱公（贵甫）墓志铭

明洪武二十八年（1395）七月三日卒

明正统十一年（1446）五月十七日迁葬于顺天府昌平区界清河桥东北之原

首题：故处士钱公墓志铭

资德大夫正治上卿礼部尚书前太子宾客兼国子祭酒毗陵胡濙撰

奉政大夫修正庶尹礼部郎中直文渊阁永嘉黄养正书

中议大夫赞治尹太常寺少卿兼经筵侍书广平程南云篆

盖佚。志长62厘米，宽62厘米，厚9厘米。志文28行，满行28字，正书。

1949年后海淀区出土，现藏海淀区文物管理所。

著录情况：《新出土（一）》（上），第79页；（下），第69、70页。

明伍花寺开山一代胜公（无际长老）塔院茔志记

明正统十一年（1446）丙寅岁五月二十五日巳时卒

明正统十一年（1446）丙寅岁六月九乙巳日辰时葬于宛平县玉河乡

明正统十一年（1446）丙寅岁六月九日立石、镌石

额题：伍花寺开山一代胜公塔院茔志记

首行题：切以京之都右顺天府宛平县玉河乡朱家庄方面

镌石作严广智

志长45厘米，宽45.4厘米，厚10.5厘米。额文1行，行14字，正书。志文20行，满行19字，正书。

1949年后海淀区出土，现藏海淀区文物管理所。

著录情况：《新出土（一）》（上），第80页；（下），第70页。

按：该志实为伍花寺开山一代胜公（无际长老）墓地的买地券。

明武德将军锦衣卫正千户张侯（寿）墓志铭

明正统丁卯〔十二年（1447)〕二月戊午（二十六日）卒，葬于顺义区安乐里之原

盖篆：故武德将军锦衣卫正千户张□墓志铭

首题：故武德将军锦衣卫正千户张侯墓志

翰林检讨征仕郎四明汪奉撰文

中书舍人征仕郎武林王琮书丹

中书舍人从仕郎南安王叔安篆盖

志左上角略有残缺。盖左上部残缺。志长、宽均57厘米。盖长58厘米，残宽42厘米。盖文4行，满行4字，篆书。志文26行，满行28字，正书。

1999年顺义区南法信乡焦各庄村出土，现藏顺义区文物管理所。

著录情况：《新出土（一）》（上），第81页；（下），第70、71页。

按：志文未载志主葬年。

明故镇朔将军总兵官武定侯郭公（玹）墓志铭

明正统十二年（1447）丁卯七月十六日卒

明正统十二年（1447）九月丙午（十七日）归窆怀柔县红螺山先妣太夫人徐氏墓次

明正统十二年（1447）龙集丁卯九月十七日立石

盖篆：故镇朔将军总兵官武定侯郭公墓志铭

首题：故镇朔将军总兵官武定侯郭公墓志铭

嘉议大夫都察院右副都御史五羊罗亨信撰文

镇远侯杨（按：疑为“扬”之误。）州顾兴祖书丹

驸马都尉凤阳沐昕篆额

志、盖均长 63 厘米，宽 63 厘米。盖文 4 行，满行 4 字，篆书。志文 41 行，满行 45 字，正书。

1998 年 4 月怀柔区红螺寺出土，现藏北京石刻艺术博物馆。

著录情况：《新出土（一）》（上），第 82 页；（下），第 71、72、73 页。

明故荣禄大夫后军都督府都督同知王公（彧）墓志铭

明正统十二年（1447）九月十九日卒

明正统十二年（1447）十一月初二日葬于顺天府昌平区安仁里沙峪之原

盖篆：故后军都督府都督同知王公墓志铭

首题：故荣禄大夫后军都督府都督同知王公墓志铭

中顺大夫太常少卿直文渊阁永嘉黄养正撰

征仕郎中书舍人直文渊阁姑苏徐瑛书

征仕郎中书舍人金陵刘良篆

括苍朱兴镌

志、盖均长 68 厘米，宽 67 厘米。盖文 4 行，满行 4 字，篆书。志文 32 行，满行 35 字，正书。

1981 年 7 月怀柔区桥梓镇沙峪口村出土，现藏怀柔区图书馆。

著录情况：《新出土（一）》（上），第 83 页；（下），第 73、74 页。《墓拓》，序号 88，图版第 88；图版说明，第 284 页。

明武（兴）室夫人狄氏（清真）墓志铭

明正统十二年（1447）十一月十二日卒

明正统十三年（1448）四月六日葬于顺天府大兴县八里庄之原

盖篆：武室夫人狄氏墓志铭

首题：武室夫人狄氏墓志铭

直隶淮安府山阳县儒学教谕闽中陈实撰文

进士四明史敏篆盖

昭信校尉淮安卫百户曹莹书丹

志、盖均长 64 厘米，宽 64 厘米。盖文 3 行，满行 3 字，篆书。志文 26 行，满行 30 字，正书。

1949 年后丰台区出土，现藏丰台区文物管理所。

著录情况：《新出土（一）》（上），第 84 页；（下），第 74、75 页。

大明宁阳侯（陈懋）夫人严氏（妙静）墓志铭

明正统戊辰〔十三年（1448）〕六月二十日卒

明正统十三年（1448）九月一日葬于顺天府宛平县香山乡之原

盖篆：大明宁阳侯夫人严氏墓志铭

首题：大明宁阳侯夫人严氏墓志铭

资德大夫正治上卿礼部尚书前太子宾客国子祭酒毗陵胡濙撰并书

志右上角及下角略有残缺。志、盖均长 70 厘米，宽 70 厘米，厚 9 厘米。盖文 4 行，满行 3 字，篆书。志文 36 行，满行 38 字，正书。

1949 年后海淀区出土，现藏海淀区文物管理所。

著录情况：《新出土（一）》（上），第 85 页；（下），第 75、76 页。

明赵（杰）宜人张氏（香）墓志铭

明正统十四年（1449）己巳三月二十日庚子卒

明正统十四年（1449）三月廿有八日戊申葬于顺天府宛平长庆里之原

盖篆：赵宜人张氏墓志铭

首题：赵宜人张氏墓志铭

赐进士及第翰林院编修承事郎燕山岳正撰

征仕郎中书舍人直文渊阁云间俞拱书

中宪大夫太常少卿直文渊阁永嘉黄养正篆

历阳王敬镌

志、盖均长 56 厘米，宽 56 厘米。盖文 2 行，满行 4 字，篆书。志文 20 行，满行 20 字，正书。

1949 年后朝阳区出土，现藏朝阳区文物管理所。

著录情况：《新出土（一）》（上），第 86 页；（下），第 76、77 页。

明故内使谢公（徕）墓志铭

明正统十四年（1449）八月十日卒

明正统十四年（1449）九月初七日葬于顺天府宛平县玉河乡旸台山之原

首题：明故内使谢公墓志铭

赐进士出身征仕郎中书舍人广阳赵昂撰

赐同进士出身金台王琮书

承德郎兵部主事云间金钝篆

吴兴林碧潭镌

盖佚。志长、宽均 56 厘米。志文 25 行，满行 25 字，正书。

1949 年后海淀区出土，具体地点不详。现藏北京石刻艺术博物馆。

著录情况：《新出土（一）》（上），第 87 页；（下），第 77 页。《馆目》，第 136 页。《墓拓》，序号 90，图版第 90 页；图版说明，第 285 页。

明内官监太监钱太监（安）瘗衣冠圹志

明正统十四年（1449）八月十五日卒于土木堡

明正统十四年（1449）十二月二十四日葬于清河昔所自营之寿圹（顺天府昌平区清河东北）

首题：内官监太监钱太监瘗衣冠圹志

太子太傅兼礼部尚书前太子宾客兼国子祭酒毗陵胡濙撰

亚中大夫太仆寺卿云间夏衡书

嘉议大夫太常寺卿广平程南云篆

盖佚。志长、宽均63厘米。志文26行，满行26字，正书。

1953年海淀区清河镇东小营出土，现藏首都博物馆。

著录情况：《拓汇》，第51册，第170页。《拓目》，第183页，志3954。《墓拓》，序号89，图版第89；图版说明，第285页。《出土目》，030，第10页。《四十年》，1046，第317页。

明故后军都督同知王公（彧）夫人魏氏（妙玉）墓志铭

明景泰三年（1452）正月初二日卒，葬于昌平区安仁里之沙峪

盖篆：故后军都督同知王公夫人魏氏墓志铭

首题：故后军都督同知王公夫人魏氏墓志铭

嘉议大夫太常寺卿前翰林修撰同修国史东鲁许彬撰文

亚中大夫太仆寺卿兼翰林侍书云间夏衡书并篆

括苍朱兴镌

盖右下角略有残缺。志、盖均长56厘米，宽57厘米。盖文4行，满行4字，篆书。志文33行，满行33字，正书。

1981年怀柔区桥梓镇沙峪口村出土，现藏怀柔区图书馆。

著录情况：《新出土（一）》（上），第88页；（下），第77、78页。《墓拓》，序号92，图版第92；图版说明，第285页。

按：志文未载志主葬年。

明处士任公（清）墓志铭

明景泰六年（1455）十二月初四日乙巳卒

明景泰六年（1455）十二月二十日葬于顺天府宛平县香山乡之原

盖篆：故处士任公墓志铭

首题：故处士任公墓志铭

赐进士出身翰林院庶吉士东阁纂修官五羊丘濬撰

征仕郎中书舍人直文渊阁侍经筵官金罍陈纲书并篆盖

志上边略有残缺。志、盖均长 47 厘米，宽 47 厘米，厚 6 厘米。盖文 2 行，满行 4 字，篆书。志文 26 行，满行 32 字，正书。

1949 年后海淀区出土，现藏海淀区文物管理所。

著录情况：《新出土（一）》（上），第 89 页；（下），第 79 页。

明平阴武愍王（朱勇）墓志铭

明正统十四年（1449）岁在己巳秋八月十三日卒

明天顺元年（1457）三月十三日后葬

盖篆：平阴武愍王墓志铭

首题：平阴武愍王墓志铭

国子祭酒前经筵国史官中宪大夫太常少卿兼翰林侍读学士东吴陈询撰

光禄大夫少傅礼部尚书昆陵胡濙书

魏国公凤阳徐承宗篆

志长、宽均 73 厘米。盖长 73 厘米，宽 71 厘米。盖文 3 行，满行 3 字，篆书。志文 42 行，满行 42 字，正书。

1984 年 7 月怀柔区桥梓镇北宅村西北出土，现藏怀柔区图书馆。

著录情况：《新出土（一）》（上），第 90 页；（下），第 79、80、81 页。

明故平阴王（朱勇）夫人王氏墓志铭盖

明天顺元年（1457）三月十三日后

盖篆：明故平阴王夫人王氏墓志铭

志佚。盖长、宽均 69 厘米。盖文 3 行，满行 4 字，篆书。

1984 年 7 月怀柔区桥梓镇北宅村西北出土，现藏怀柔区图书馆。

著录情况：《新出土（一）》（上），第 91 页；（下），第 81 页。《墓拓》，序号 258，图版第 259；图版说明，第 305 页。

按：王氏卒葬时间不详。据《明平阴武愍王（朱勇）墓志铭》，天顺元年（1457）三月十三日后葬时，王氏尚在，故系于天顺元年（1457）三月十三日后。

明（葛廷玉）故封宜人王氏（善清）墓志铭

明天顺丁丑〔元年（1457）〕三月二十九日卒

明天顺元年（1457）四月十日卜葬于大兴县七里铺北高村名乡之原

盖篆：故封宜人王氏墓志铭

首题：明故封宜人王氏墓志铭

赐进士奉议大夫通政使司右参议前翰林编修广阳赵昂撰

征仕郎中书舍人直文渊阁钱唐吴谦书

征仕郎中书舍人广平程洛篆

志、盖均长 50 厘米，宽 50 厘米。盖文 3 行，满行 3 字，篆书。志文 25 行，满行 26 字，正书。

1949 年后丰台区出土，现藏丰台区文物管理所。

著录情况：《新出土（一）》（上），第 92 页；（下），第 81、82 页。

明尚衣监故太监阮公墓志铭

明天顺戊寅〔二年（1458）〕十二月二十八日卒

明天顺三年（1459）二月（撰），葬于▨门外大顺屯之原

盖篆：尚衣监故太监阮公墓志铭

首题：尚衣监故太监阮公墓志铭

赐进士及第文林郎翰林院编修吴兴陈秉中撰

征仕郎中书舍人金台韩定书

奉训大夫礼部员外郎直文渊阁古虞陈纲篆

志、盖均长 63 厘米，宽 64 厘米。盖文 4 行，满行 3 字，篆书。志文 27 行，满行 27 字，正书。志文漫漶较甚。

1949 年后朝阳区广渠门外架松五区（今劲松）出土，现藏北京石刻艺术博物馆。

著录情况：《新出土（一）》（上），第 93；（下），第 82、83 页。《馆目》，第 136、137 页。《墓拓》，序号 95，图版第 95；图版说明，第 285 页。

按：志文漫漶，阮公名字不详。

明故镇国将军都指挥同知李君（鉴）墓志铭

明天顺三年（1459）正月三日卒

明天顺三年（1459）四月十日葬于大兴县高村祖营

盖篆：明故镇国将军都指挥同知李君墓志铭

首题：故镇国将军都指挥同知李君墓志铭

奉议大夫通政司右参议前翰林编修▨广阳赵昂撰

征仕郎中书舍人直文渊阁金陵刘珙书

征仕郎中书舍人直文渊阁广平程洛篆

志、盖均长 59 厘米，宽 60 厘米。盖文 4 行，满行 4 字，篆书。志文 35 行，满行 36 字，正书。

1949 年后北京市出土，具体地点不详。现藏北京石刻艺术博物馆。

著录情况：《新出土（一）》（上），第 94 页；（下），第 83、84 页。《馆目》，第 137 页。《墓拓》，序号 96，图版第 96 页；图版说明，第 285 页。

按：志主葬地“大兴县高村祖营”。“营”疑为“茔”之误。

明故镇守宣府内官监太监柏公（玉）墓志铭

明天顺三年（1459）七月十八日卒

明天顺三年（1459）九月吉旦葬于金台西山广善禅寺之右

盖篆：明故镇守宣府太监柏公墓志

首题：明故镇守宣府内官监太监柏公墓志铭

庚午科乡贡进士清江孙丞撰

宣府前卫怀远将军胡玉书篆

志长 34.5 厘米，宽 34.5 厘米，厚 8 厘米。盖长 33.5 厘米，宽 34 厘米，厚 8 厘米。盖文 3 行，满行 4 字，篆书。志文 25 行，满行 25 字，正书。

1949 年后海淀区出土，现藏海淀区文物管理所。

著录情况：《新出土（一）》（上），第 95 页；（下），第 84 页。

明丁海为考（丁氏）妣（陈氏）买地券

明天顺六年（1462）壬午三月甲辰二十五日庚申

券长 45 厘米，宽 45 厘米。券文 30 行，满行 33 字，正书。末行左上有符文。

1949 年后朝阳区出土，现藏朝阳区文物管理所。

著录情况：《新出土（一）》（上），第 376 页；（下），第 356、357 页。

按：据券载，茔地在"十里河东南系通州清安乡地名西韩村"。

明荣思贤妃（吴氏）圹志

明天顺五年（1461）十二月十六日薨

明天顺六年（1462）□月□九日葬于金山之原

首题：荣思贤妃圹志

志左下角残缺。盖佚。志长、宽均 62 厘米。志文 20 行，满行 21 字，正书。

1949 年后海淀区出土，藏海淀区文物管理所。

著录情况：《新出土（一）》（上），第 96 页；（下），第 85 页。

按：荣思贤妃吴氏，为明宣宗妃，生郕戾王后进封贤妃。景泰中，尝僭加太后号。英宗复辟后，复号贤妃。

明尚膳监太监张公（辉）墓志铭

明天顺七年（1463）四月▨卒

明天顺七年（1463）岁次癸未四月后立石

盖篆：尚膳监太监张公墓志铭

首题：尚膳监太监张公墓志铭

赐进士及第翰林院学士奉议大夫▨（撰）

奉议大夫☐（书）

承德郎☐（篆）

志、盖均为砖质。志下部残缺。志残长20厘米，宽38厘米，厚9厘米。盖长39厘米，宽39厘米，厚9厘米。盖文3行，满行4字，篆书。志文30行，行残存4至16字不等，正书。

1949年后海淀区出土，现藏海淀区文物管理所。

著录情况：《新出土（一）》（上），第97页；（下），第85、86页。

按：志后铭文曰："瘗龛建塔，千古□□"，推想墓旁当建有墓塔。志主葬地不详，文中有"敕赐兴福禅寺金额"，或许葬在兴福禅寺附近，待考。

明故居士赠文林郎浙江道监察御史吴君（仲贤）墓志铭

明景泰庚午〔元年（1450）〕四月十三日卒，权厝于崇文门外

明天顺七年（1463）九月初五日迁葬于通州安德乡之原

盖篆：明故居士赠文林郎浙江道监察御史吴君墓志铭

首题：明故居士赠文林郎浙江道监察御史吴君墓志铭

资德大夫正治上卿太子少保吏部尚书兼翰林学士知制诰南阳李贤撰

赐进士第奉政大夫通政使司右参议前翰林院编修广阳赵昂书

奉训大夫礼部仪制清吏司员外郎前中书舍人直内阁上虞陈纲篆

志长60厘米，宽59厘米，厚8厘米。盖长60厘米，宽60厘米，厚7.5厘米。盖文5行，满行4字，篆书。志文31行，满行31字，正书。

1989年6月19日朝阳区将台派出所后院出土，现藏朝阳区文物管理所。

著录情况：《新出土（一）》（上），第98页；（下），第86、87页。

按：书丹人"赐进士第奉政大夫通政使司右参议前翰林院编修广阳赵昂"，泐字据《明（吴祯）故封太孺人王氏墓志铭》补。

明（吴祯）故封太孺人王氏墓志铭

明天顺七年（1463）癸未九月初七日卒

明天顺七年（1463）十月十二日与吴君（仲贤）合葬于顺天府通州安德乡之原

盖篆：故封吴母太孺人王氏墓志铭

首题：故封太孺人王氏墓志铭

赐进士及第中宪大夫太常少卿兼翰林学士知制诰安成彭时撰

赐进士出身奉政大夫通政使司右参议前翰林院编修广阳赵昂书

奉训大夫礼部仪制员外郎前中书舍人直文渊阁上虞陈纲篆

志长64厘米，宽64.5厘米，厚8.5厘米。盖长63.5厘米，宽63.5厘米，厚9厘米。盖文4行，满行3字，篆书。志文30行，满行30字，正书。

1989 年 6 月 19 日朝阳区将台派出所后院出土，现藏朝阳区文物管理所。

著录情况：《新出土（一）》（上），第 99 页；（下），第 87、88 页。

明承运库官黄宗吕墓契

明天顺八年（1464）十月初一日卯时卒

明天顺八年（1464）十月初十日辰时立

额题：墓契

首行题：大明国京都内府承运库官黄宗吕右副使职事原系交

奉祀孝子黄福住

墓契长 58 厘米，宽 58 厘米，厚 9 厘米。上方额文横题 1 行 2 字，正书。下墓契文 27 行，满行 23 字，正书。

1949 年后海淀区出土，现藏海淀区文物管理所。

著录情况：《新出土（一）》（上），第 377 页；（下），第 357 页。

明承运库官黄宗吕明堂铭

明天顺八年（1464）十月初一日卯时卒

明天顺八年（1464）十月初十日辰时立

额题：明堂

首行题：大明国京都内府承运库官黄宗吕右副使职事原系交

奉祀孝子黄福住

明堂长 58 厘米，宽 58 厘米，厚 9 厘米。上方额文横题 1 行 2 字，正书。下明堂文 27 行，满行 23 字，正书。

1949 年后海淀区出土，现藏海淀区文物管理所。

著录情况：《新出土（一）》（上），第 378 页；（下），第 357、358 页。

明故刘（辅）母吴氏（惠金）墓志铭

明成化元年（1465）六月十九日乙未卒

明成化元年（1465）七月十六日辛酉葬于蓟州城东三十里，地名马申桥北山麓之祖原，祔于先夫子之圹

盖篆：明故刘母吴氏墓志铭

首题：明故刘母吴氏墓志铭

承事郎致仕知县郡人王容撰文

提督遮洋运粮都指挥山阳戴谅篆盖

承德郎泰州同知蓟门康定书丹

志、盖均长 59 厘米，宽 59 厘米，厚 10 厘米。盖文 3 行，满行 3 字，篆书。志文 22 行，

满行 24 字，正书。

具体出土时间地点不详。2001 年 6 月北京市文物局查没。现藏北京石刻艺术博物馆。

著录情况 ：《新出土（一）》（上），第 100 页 ；（下），第 88 页。

按 ：据志载，其葬地在“蓟州城东三十里地名马申桥北山麓”，即今天津蓟县。

明故神宫监太监赵公（琮）墓志铭

明成化三年（1467）八月十有七日卒

明成化三年（1467）九月初八日窆于顺天府大兴县常兴坝之原

盖篆 ：明故神宫监太监赵公墓志铭

首题 ：明故神宫监太监赵公墓志铭

赐进士出身奉议大夫右春坊右庶子同修国史经筵官安成刘宣撰

直仁智殿征仕郎中书舍人洮阳任杰书

直南薰殿征仕郎中书舍人东吴杨杞篆

志长 55 厘米，宽 55 厘米。盖长 58 厘米，宽 58 厘米。盖文 3 行，满行 4 字，篆书。志文 33 行，满行 35 字，正书。

1949 年后北京市出土，具体地点不详。现藏北京石刻艺术博物馆。

著录情况 ：《新出土（一）》（上），第 101 页 ；（下），第 88、89、90 页。《馆目》，第 138 页。《墓拓》，序号 97，图版第 97 页 ；图版说明，第 285、286 页。

明故杜（俊）夫人（尹氏）墓志铭

明成化戊子〔四年（1468）〕二月二十五日卒

明成化四年（1468）三月十三日葬于漫山之原

首题 ：故杜夫人墓志铭

万全都司儒学训导辽左张绅撰

宣府前卫武德将军上谷陆英书

志左下角略有残缺。盖佚。志长 40 厘米，宽 32 厘米。志文 21 行，满行 18 字，正书。具体出土时间地点不详。1998 年 4 月 21 日北京市公安局查没。现藏北京石刻艺术博物馆。

著录情况 ：《新出土（一）》（上），第 102 页 ；（下），第 90 页。

按 ：尹氏为万全都司指挥同知杜俊之妻，书、撰人亦为万全都司儒学训导和宣府前卫武德将军，推知其葬地当在今河北张家口万全县一带。

明故都知监太监阎公（礼）墓志铭

明成化五年（1469）五月二十一日卒，葬于宛平县香山乡新庄村之先茔

盖篆 ：都知监太监阎公墓志铭

首题 ：故都知监太监阎公墓志铭

四川等处提刑按察司按察使云中郭纪撰文

四川等处承宣布政使司左布政广平马显篆盖

四川等处承宣布政使司右布政余姚杨文琳书丹

志上边略有残缺。盖中间断裂。志长 64 厘米，宽 68 厘米，厚 8 厘米。盖长 60 厘米，宽 68 厘米，厚 9 厘米。盖文 3 行，满行 3 字，篆书。志文 30 行，满行 30 字，正书。

1999 年 4 月海淀区四季青乡南辛庄某部队院内出土，现藏海淀区文物管理所。

著录情况：《新出土（一）》（上），第 103 页；（下），第 90、91 页。

按：志文未载志主葬年。

明封奉议大夫南京刑部郎中金公（恺）墓志

明成化五年（1469）闰二月二十六日卒

明成化五年（1469）己丑冬十月下浣吉旦孤子绶泣血谨志

明成化五年（1469）十一月十日葬于（平谷）县城北之原

篆盖：封奉议大夫南京刑部郎中金公墓志

首题：封奉议大夫南京刑部郎中金公墓志

赐进士奉议大夫工部郎中朱锐篆额

赐进士奉训大夫刑部员外郎吴忱书丹

金公（恺）之长子金绶谨志

志长、宽均 54 厘米。盖长、宽均 55 厘米。盖文 4 行，满行 4 字，篆书。志文 26 行，满行 27 字，正书。

1982 年 10 月平谷区城关镇太平街村出土，现藏平谷区文物管理所。

著录情况：《新出土（一）》（上），第 104 页；（下），第 91、92 页。

明故昭勇将军指挥使陶公（俊）墓志铭

明成化五年（1469）冬十一月丁亥（七日）卒

明成化五年（1469）十一月二十六日葬于顺天府宛平县香山祖茔之原

盖篆：昭勇将军指挥使陶公墓志铭

首题：明故昭勇将军指挥使陶公墓志铭

赐进士奉政大夫通政参议前翰林编修广阳赵昂撰

赐进士奉政大夫刑部郎中浙东谢廉书

赐进士承德郎尚宝司丞京口蒋敔篆

志长 56.5 厘米，宽 56.5 厘米，厚 7.5 厘米。盖长 56 厘米，宽 56 厘米，厚 6.5 厘米。盖文 3 行，满行 4 字，篆书。志文 30 行，满行 30 字，正书。

1949 年后海淀区出土，现藏海淀区文物管理所。

著录情况：《新出土（一）》（上），第105页；（下），第92、93页。

明故兵马副指挥蔡公（诚）墓志铭

明成化七年（1471）四月己未（十七日）卒

明成化七年（1471）八月庚申（二十日）葬于京城东北湖渠原先茔之次

首题：明故兵马副指挥蔡公墓志铭

资德大夫正治上卿吏部尚书严郡姚夔撰

奉政大夫通政参议前翰林编修广阳赵昂书

奉训大夫吏部稽勋司员外郎盱江左赞篆

舍人王用镌

盖佚或失拓。仅拓志文。拓长、宽均60厘米。志文33行，满行33字，正书。

具体出土时间地点不详，现藏首都博物馆。

明悼恭太子（朱佑极）圹志

明成化八年（1472）壬辰正月二十六日薨

明成化八年（1472）三月初十日葬于金山

盖篆：悼恭太子圹志

首题：悼恭太子圹志

志、盖均长74厘米，宽74厘米。盖文2行，满行3字，篆书。志文15行，满行15字，正书。

1998年9月海淀区玉泉山国务院机关事务管理局院内出土，现藏北京古代建筑博物馆。

著录情况：《新出土（一）》（上），第106页；（下），第93页。

明故织染局右副使张公（瑛）墓志铭

明成化壬辰〔八年（1472）〕四月廿三日卒

明成化八年（1472）五月十八日葬于城西田村所建寺之侧

盖篆：织染局副使张公之墓

首题：故织染局右副使张公墓志铭

赐进士奉政大夫通政参议前翰林编修广阳赵昂撰

赐进士中顺大夫鸿胪寺卿前监察御史新城杨宣书

文林郎前军都督府都事尧封寇林篆

志长64厘米，宽63.5厘米，厚10厘米。盖长64.5厘米，宽64.5厘米，厚8.5厘米。盖文3行，满行3字，篆书。志文24行，满行25字，正书。

1990年后海淀区出土，现藏海淀区文物管理所。

著录情况：《新出土（一）》（上），第107页；（下），第93、94页。

按：张瑛在城西田村所建寺，即其创建的寿宁寺，志载“诏特赐寿宁寺”。

明故骠骑将军南京前军都督府都督佥事致仕戚公（斌）墓志铭

明成化壬辰〔八年（1472）〕十二月一日殁

明成化九年（1473）二月九日祔葬于顺天府通州漷县新河里苍头屯先茔之次

盖篆：明故骠骑将军南京前军都督府都督佥事致仕戚公墓志铭

首题：明故南京前军都督府致仕都督佥事致仕戚公墓志铭

赐进士第中宪大夫鸿胪寺卿前监察御史新城杨瑄撰文

征仕郎中书舍人直文渊阁预修国史南阳蔚瑄书丹

朝列大夫山东参议直内阁兼经筵官上虞陈纲篆盖

志部分文字漫漶，右下角断裂。志长59厘米，宽59厘米，厚9厘米，盖长58厘米，宽58厘米，厚9厘米。盖文5行，满行5字，篆书。志文30行，满行28字，正书。

1988年4月通州区张家湾镇南火垡村东戚家坟出土，现藏通州区博物馆。

著录情况：《新出土（一）》（上），第108页；（下），第94、95页。

明黄（锺）恭人白氏墓志铭

明成化癸巳〔九年（1473）〕四月十四日卒

明成化九年（1473）五月六日葬于宛平县花园村钓鱼台之侧

盖篆：明故黄恭人白氏之墓

首题：黄恭人白氏墓志铭

赐进士翰林院国史检讨征仕郎新喻傅翰撰

赐进士承德郎吏部文选司主事武邑国泰书

赐进士文林郎礼科都给事中恒山霍贵篆

会稽陈杲勒石

盖上部残缺。志长56厘米，宽55厘米，厚10厘米。盖残长36厘米，宽56厘米，厚8厘米。盖文3行，行残存2字，篆书。志文25行，满行25字，正书。

1949年后海淀区出土，现藏海淀区文物管理所。

著录情况：《新出土（一）》（上），第109页；（下），第95、96页。

明赠骠骑将军锦衣卫都指挥使万公（贵）墓志铭

明成化乙未〔十一年（1475）〕七月九日卒

明成化十一年（1475）九月十五日葬于都城南之原

首题：赠骠骑将军锦衣卫都指挥使万公墓志铭

赐进士出身资善大夫礼部尚书兼翰林院学士知制诰经筵官眉山万安撰文

尚宝司卿进朝列大夫直文华殿东吴朱奎书丹

奉政大夫尚宝司卿直文华殿广平程洛篆盖

志长、宽均64厘米。志文38行，满行38字，正书。

1957年丰台区右安门外彭庄出土，现藏首都博物馆。

著录情况：《拓目》，第183页，志4490。《墓拓》，序号102，图版第102页；图版说明，第286页。《出土目》，035，第11页。《四十年》，1076，第327页。

明敕封曾（鉴）母太安人艾氏（果）合葬墓志铭

明成化乙未〔十一年（1475）〕十月十七日卒

明成化十一年（1475）十一月十五日与曾有诚合葬迁民□之原，祔祖茔也

盖篆：明封曾母太安人艾氏墓志铭

首题：敕封曾母太安人艾氏合葬墓志铭

赐进士及第奉政大夫修正庶尹左春坊左庶子兼经筵讲官前翰林国史修撰华容黎淳撰

赐进士出身吏部验封员外郎前中书舍人直内阁西蜀刘淳书

赐进士出身奉政大夫吏部稽勋清吏司郎中盱江左赞篆

志断为三块。盖下边略有残缺。志长58厘米，宽59厘米，厚7厘米。盖长58厘米，宽58厘米，厚8厘米。盖文3行，满行4字，篆书。志文28行，满行28字，正书。

2001年7至9月朝阳区太阳宫乡十字口村出土，现藏朝阳区文物管理所。

著录情况：《新出土（一）》（上），第110页；（下），第96页。

明故万母太夫人王氏（万贵妻）墓志

明成化戊戌〔十四年（1478）〕正月初一日卒

明成化十四年（1478）二月初三日葬于都城南之原

盖篆：故万母太夫人王氏墓志铭

首题：故万母太夫人王氏墓志铭

赐进士出身翰林院编修文林郎淳安商良臣撰

朝列大夫尚宝司卿直文华殿永嘉任道逊书

奉政大夫礼部郎中前尚宝司卿越山汪景昂篆

志上部有残损痕迹。盖失拓。志长、宽均63厘米。志文37行，满行35字，正书。盖文4行，满行3字，篆书。

1957年丰台区右安门外彭庄出土，现藏首都博物馆。

著录情况：《拓汇》，第52册，第135、136页。《拓目》，第183页，4491。《墓拓》，序号104，图版第104页；图版说明，第286页。《出土目》035，第11页。《四十年》，1079，第328页。

明故都知监太监弓公（胜）墓志铭

明成化戊戌〔十四年(1478)〕九月二十五日卒

明成化十四年(1478)十二月十日葬于都城西四十五里黑山会之原

盖篆：明故都知监太监弓公之墓

首题：明故都知监太监弓公墓志铭

赐同进士出身翰林院庶吉士临淮李经撰

吏部听选监生雁门解性书

吏部听选监生华亭朱佐篆

瑞阳李廷纲勒

志、盖均长50厘米，宽66厘米。盖文4行，满行3字，篆书。志文35行，满行26字，正书。

1949年后石景山区八宝山何家坟村出土，现藏北京石刻艺术博物馆。

著录情况：《新出土（一）》（上），第111页；（下），第97页。《馆目》，第138、139页。《墓拓》，序号105，图版第105页；图版说明，第286页。

明故荣禄大夫后军都督府都督同知钱公（雄）墓志铭

明成化己亥〔十五年（1479)〕正月廿有三日卒

明成化十五年（1479)三月四日葬于都城西香山乡祖茔之次

首题：明故荣禄大夫后军都督府都督同知钱公墓志铭

赐进士第资政大夫太子少保礼部尚书兼文渊阁大学士知制诰修国史兼经筵官博陵刘吉撰

儒林郎大理寺左寺副直内阁前中书舍人永嘉姜立纲书丹

奉政大夫修正庶尹尚宝司卿直文华殿广平陈洛篆盖

盖佚。志长68厘米，宽70厘米。志文39行，满行39字，正书。

1949年后海淀区北京动物园检疫场出土，现藏北京石刻艺术博物馆。

著录情况：《新出土（一）》（上），第112页；（下），第98、99页。《馆目》，第139、140页。《墓拓》，序号106，图版第106；图版说明，第287页。

明殇童黄彭年墓志

明成化己亥〔十五年（1479)〕九月六日殇，祔葬于母墓之侧

明成化十五年（1479)九月八日志

盖篆：殇童黄彭年墓

其舅白某撰书

志、盖均断裂。志、盖均长35厘米，宽37厘米。盖文3行，满行2字，篆书。志文9行，行7至12字不等，正书。

1949 年后出土，具体地点不详。现藏北京石刻艺术博物馆。

著录情况：《新出土（一）》（上），第 113 页；（下），第 99 页。《馆目》，第 139 页。

大明故奉政大夫太医院使金公（谅）墓志铭

明成化十六年（1480）三月二十日卒

明成化十六年（1480）四月二十二日葬于魏村社先茔之次

盖篆：大明故奉政大夫太医院使金公墓志铭

首题：大明故奉政大夫太医院使金公墓志铭

提督十二营兼神机营总兵官掌左军都督府事太子太保定西侯前平羌将军协同守备南京广陵蒋琬撰

赐进士中宪大夫大理寺少卿知镇江府金台翟敬篆

赐进士奉政大夫通政参议前翰林编修广阳赵昂书

历阳王用镌

志长 53 厘米，宽 52 厘米，厚 8 厘米。盖长 54 厘米，宽 53 厘米，厚 8 厘米。盖文 4 行，满行 4 字，篆书。志文 28 行，满行 28 字，正书。

2002 年 8 月丰台区十里河桥西南出土，现藏北京石刻艺术博物馆。

著录情况：《新出土（一）》（上），第 114 页；（下），第 99、100 页。

明故镇国将军万全都司都指挥同知杜公（俊）墓志铭

明成化庚子〔十六年（1480）〕六月六日卒

明成化十六年（1480）七月七日，启夫人赵、尹之墓，合葬于先茔龙门娘子□之原

首题：故镇国将军万全都司都指挥同知杜公墓志铭

明威将军佥怀来卫指挥使司事古齐范鉷撰

武德将军龙门卫正千户致仕华亭朱杰书篆

永丰王理刻

盖佚。志长 43 厘米，宽 37 厘米。志文 30 行，满行 26 字，正书。

具体出土时间地点不详。1998 年 4 月 21 日北京市公安局查没。现藏北京石刻艺术博物馆。

著录情况：《新出土（一）》（上），第 115 页；（下），第 100、101 页。

按：杜俊，其先山西太谷人，其父“隶万全左卫”，杜俊曾“守备隆庆州”，“移守怀来城”。其子杜钰“袭隆庆右卫指挥使”。其葬地当在今河北张家口、怀来或万全县一带。

明故奉政大夫尚宝司卿齐公墓志铭

明成化十七年（1481）后

盖篆：大明故奉政大夫尚宝司卿齐公墓志铭

志文漫漶，首题不详。志长62厘米，宽62厘米。盖长63厘米，宽63厘米。盖文4行，满行3字，篆书。志文残存16行，行字不详，正书。

1949年后房山区出土，现藏房山区文物管理所。

著录情况：《新出土（一）》（上），第116页；（下），第101页。

按：据志文载，齐公“通外国书疏”，并有“外夷入”、“使女直”事，可能负责外夷入觐事，并出使过女真，当是掌管外交事务的官员。

明故骠骑将军右军都督府都督佥事房公（能）墓志铭

明成化壬寅〔十八年（1482）〕六月晦卒

盖篆：明故骠骑将军右军都督府都督佥事房公墓志铭

首题：明故骠骑将军右都督府署▨

赐进士第左春坊▨读兼▨

奉议大夫▨国史广▨

奉政大夫▨华殿广平▨

志右边及右下角残缺。盖左边略有残缺。志、盖均长57厘米，宽57厘米。盖文5行，满行4字，篆书。志文40行，满行42字，正书。

1995年7月11日海淀区北京动物园海洋馆工地出土，现藏北京石刻艺术博物馆。

著录情况：《新出土（一）》（上），第117页；（下），第101、102页。

按：志文未载志主葬年。

明赠内官监太监张公（端）墓志铭

明成化十八年(1482)九月二十四日卒，工部官营葬域于都城西香山之原（未载葬年）

首题：大明赠内官监太监张公墓志铭

赐进士第资政大夫太子少保户部尚书兼文渊阁大学士知制诰经筵官兼修国史玉牒青齐刘珝撰

奉天翊卫推诚佐理守正文臣特进光禄大夫柱国太子太傅威宁伯黎阳王越书丹

奉天翊卫推诚宣力佐理武臣特进光禄大夫右柱国太子太傅保国公睢阳朱永篆盖

盖佚。志长、宽均57厘米。志文34行，满行38字，正书。

1949年后海淀区静明园内（今香山饭店）出土，现藏北京石刻艺术博物馆。

著录情况：《新出土（一）》（上），第118页；（下），第103页。《馆目》，第140、141页。《墓拓》，序号110，图版第110页；图版说明，第287页。

按：志载，司礼监太监范弘建香山永安寺，“他匠作所图皆不惬范意，惟公（张端）经画规模……一一合矩”。

明故宿松县知县赵公（翊）圹志铭

明成化壬寅〔十八年（1482）〕七月十八日卒

明成化十八年（1482）十月十九日祔葬于长庆坝先大父参议府君墓侧

首题：故宿松县知县赵公圹志铭

顺天府儒学生弟竑撰

中书科冠带儒士弟靖书并篆

盖佚。志长 46 厘米，宽 46.5 厘米。志文 24 行，满行 24 字，正书。

1949 年后朝阳区出土，现藏朝阳区文物管理所。

著录情况：《新出土（一）》（上），第 119 页；（下），第 104 页。

明赠内官监太监张公（端）买地券

明成化十八年（1482）九月二十四日卒

明成化十八年（1482）岁次庚寅十月丙寅朔越十九日甲申立

券为二方，仅存一方。券长、宽均 59 厘米。券文 19 行，满行 25 字，正书。券文后刻有符文。

1949 年后海淀区香山静明园（今香山饭店）出土，现藏北京石刻艺术博物馆。

著录情况：《新出土（一）》（上），第 379 页；（下），第 358、359 页。《馆目》，第 141 页。

按：券载，茔地在"顺天府宛平县香山乡"。

明故戴处士（芳）墓志铭

明成化己亥〔十五年（1479）〕十月一日卒

明成化癸卯〔十九年（1483）〕九月十二日葬高力庄之原

盖篆：大明故戴处士墓志铭

首题：明故戴处士墓志铭

赐进士出身翰林院国史编修承德郎仁和汪澜撰

征仕郎中书舍人直文渊阁莱阳周文通书

中宪大夫太常寺少卿□内阁会稽陈刚篆

志、盖均长 51 厘米，宽 50 厘米，厚 8 厘米。盖文 3 行，满行 3 字，篆书。志文 25 行，满行 28 字，正书。

1995 年 6 月通州区梨园镇高楼金村出土，现藏通州区博物馆。

著录情况：《新出土（一）》（上），第 120 页；（下），第 104、105 页。

大明御用监太监钱公（义）墓志铭

明成化甲辰〔二十年（1484）〕七月廿二日申时卒

明成化二十年（1484）八月十八日葬于都城西香山乡真觉寺侧

盖篆：大明御用监太监钱公墓志铭

首题：大明御用监太监钱公墓志铭

光禄大夫柱国太子太傅吏部尚书兼华盖殿大学士知制诰经筵官眉山万安撰

赐进士及第通议大夫礼部右侍郎兼修玉牒前翰林院学士豫章谢一夔书

奉天翊卫推诚宣力武臣特进荣禄大夫柱国前征夷将军太子太保襄城侯历阳李谨篆

志、盖均长 78 厘米，宽 78 厘米。盖文 4 行，满行 3 字，篆书。志文 37 行，满行 38 字，正书。

1949 年后海淀区白石桥五塔寺村真觉寺出土，现藏北京石刻艺术博物馆。

著录情况：《新出土（一）》（上），第 121 页；（下），第 105、106 页。《馆目》，第 141、142 页。《墓拓》，序号 111，图版第 111 页；图版说明，第 287 页。

大明御用监太监龚公（升）墓志铭

明成化甲辰〔二十年(1484)〕十二月二十三日卒

明成化乙巳〔二十一年(1485)〕正月二十六日卜葬都城西于宛平县香山乡之原

盖篆：大明御用监太监龚公墓志铭

首题：大明御用监太监☑

尚□司司丞会稽许翰撰文

中书舍人直武英殿姑苏顾经书丹

尚宝司司丞四明金钥篆盖

志、盖均长 57 厘米，宽 57 厘米，厚 9 厘米。盖文 4 行，满行 3 字，篆书。志文 28 行，满行 28 字，正书。

1999 年海淀区北洼路麦钟桥工地出土，现藏北京石刻艺术博物馆。

著录情况：《新出土（一）》（上），第 122 页；（下），第 106、107 页。

明赠太常寺博士陈公（忠）合葬墓志铭

明成化丁酉〔十三年(1477)〕十月十五日陈公卒

明成化乙巳〔二十一年(1485)〕七月九日刘氏卒，与陈公（忠）合葬于太平里海店村之原（葬年未载）

盖篆：太常寺博士陈公太孺人刘氏合葬之墓

首题：赠太常寺博士陈公合葬墓志铭

赐进士出身翰林院学士奉议大夫经筵讲官同修国史兼太子讲读官钱唐倪岳撰文

赐进士及第翰林院修撰承务郎杭郡李旻书丹

赐进士出身翰林院侍讲兼修国史承直郎庐陵王臣篆盖

志、盖均长 49 厘米，宽 49 厘米，厚 7.5 厘米。盖文 4 行，满行 4 字，篆书。志文 30 行，满行 38 字，正书。

1949 年后海淀区出土，现藏海淀区文物管理所。

著录情况：《新出土（一）》（上），第 123 页；（下），第 107、108 页。

明赠太子太保都察院左都御史李公（宾）墓志铭

明成化二十一年（1485）五月十六日卒〔夫人杨氏先公二十八年（1457）卒〕

明成化二十一年（1485）八月十二日葬于祖茔东新陇之原，杨氏祔焉

首题：赠太子太保都察院左都御史李公墓志铭

盖佚或失拓。志长、宽均 66 厘米。志文 38 行，满行 41 字，正书。

1984 年文物普查时在顺义小临清村征集，现藏顺义区文管所。

著录情况：《墓拓》，序号 113，图版第 113 页；图版说明，第 287 页。

明故平乡伯陈公（政）墓志铭

明成化乙巳〔二十一年（1485）〕十月七日卒

明成化二十二年（1486）八月二日葬于通州大黄庄安得乡祖茔之次

盖篆：明故平乡伯陈公之墓

首题：明故平乡伯陈公墓志铭

赐进士及第资政大夫太子少保礼部尚书前翰林院侍读学士两京国子监祭酒蜀人周洪谟撰

宗人府掌府事驸马都尉相台周景书

提督五军营兵马掌左军都督府事总兵官平江伯合肥陈锐篆

志长 55 厘米，宽 54 厘米。盖长 54 厘米，宽 53 厘米。盖文 3 行，满行 3 字，篆书。志文 33 行，满行 36 字，正书。

1995 年 11 月 28 日朝阳区京通路三间房段出土，现藏朝阳区文物管理所。

著录情况：《新出土（一）》（上），第 124 页；（下），第 108、109 页。

明故封武略将军锦衣卫副千户高公（旺）墓志铭

明成化二十三年（1487）九月初七日卒

明成化二十三年（1487）九月廿五日礼葬于都城西顺天府宛平县玉河乡赤水村之原

盖篆：明故封武略将军高公墓志铭

首题：明故封武略将军锦衣卫副千户高公墓志铭

征仕郎中书舍人直文华殿江东安昱撰

奉议大夫通正使司右参议前中书舍人东吴顾经书

中宪大夫太仆寺少卿直文华殿安成李纶篆

志、盖均长 58 厘米，宽 57 厘米，厚 8 厘米。盖文 4 行，满行 3 字，篆书。志文 24 行，满行 27 字，正书。

1949 年后海淀区出土，现藏海淀区文物管理所。

著录情况：《新出土（一）》（上），第 125 页；（下），第 109、110 页。

明英庙（朱祁镇）庄僖端肃安妃（杨氏）圹志

明成化二十三年（1487）十月十七日卯时薨

明成化二十三年（1487）十一月十九日安葬金山

首题：英庙庄僖端肃安妃圹志

盖佚。志长、宽均 64 厘米。志文 17 行，满行 18 字，正书。

1949 年后海淀区出土，现藏海淀区文物管理所。

著录情况：《新出土（一）》（上），第 126 页；（下），第 110 页。

大明赠武略将军锦衣卫副千户马（铭）太宜人王氏（淑聚）合葬墓志铭

明弘治元年（1488）十月二十七日卒

明弘治元年（1488）十一月十八日葬于都城南西郊亭之原

盖篆：大明赠武略将军锦衣卫副千户马君太宜人王氏合葬之墓

首题：大明赠武略将军锦衣卫副千户马君太宜人王氏合葬墓志铭

赐进士及第翰林院修撰兼经筵讲官修国史钱唐李旻撰

征仕郎中书舍人直内阁瑞安柳楷篆

志长 56 厘米，宽 57 厘米，厚 8 厘米。盖长 57 厘米，宽 57 厘米，厚 8 厘米。盖文 5 行，满行 5 字，篆书。志文 32 行，满行 31 字，正书。

1949 年后朝阳区出土，现藏朝阳区文物管理所。

著录情况：《新出土（一）》（上），第 127 页；（下），第 110、111 页。

按：王氏曾为明英宗皇子德王乳母。其夫死于大同敌军中，遗骸不归，“乃题木主及尝所服衣冠，葬于都城南西郊亭之原。”

明故昭勇将军骁骑右卫指挥使致仕尹公（刚）墓志铭

明弘治庚戌〔三年（1490）〕四月四日尹公卒〔滕淑人先尹公二十年（1470）卒〕

明弘治三年（1490）四月二十四日合葬于城西白石桥滕淑人墓兆

盖篆：大明故昭勇将军骁骑右卫指挥使致仕尹公之墓

首题：明故昭勇将军骁骑右卫指挥使致仕尹公墓志铭

赐进士出身奉议大夫左春坊左庶子兼翰林院侍讲学士经筵官兼修国史长沙李东阳文并篆盖

征仕郎中书舍人直内阁经筵国史官永嘉柳楷书丹

志、盖均长 63 厘米，宽 63 厘米，厚 8 厘米。盖文 5 行，满行 4 字，篆书。志文 26 行，满行 26 字，正书。

1949 年后海淀区出土，现藏海淀区文物管理所。

著录情况：《新出土（一）》（上），第 128 页；（下），第 111、112 页。

大明故诰封太夫人安昌伯（钱承宗）母孙氏之墓志铭

明弘治辛亥〔四年（1491）〕三月二十二日卒

明弘治四年（1491）五月初九日葬于都城西香山乡，合都督公（钱雄）兆

盖篆：大明故诰封太夫人安昌伯母孙氏之墓

首题：▨铭

▨夫礼部尚书兼文渊阁大学士知制诰国史总裁同知经筵事东海徐溥撰

▨奉天翊卫推诚宣力佐理武臣特进光禄大夫右柱国侍经筵掌后军都督府诸军事提督十二营兼三千营总兵官太傅兼太子太师保国公前镇朔大将军睢阳朱永书

赐进士出身奉议大夫左春坊左庶子兼翰林院侍讲学士经筵官兼修国史长沙李东阳篆

历阳王用镌

志右上边略有残缺。盖右上角亦有残缺。志长 79 厘米，宽 77 厘米。盖长 79 厘米，宽 75 厘米。盖文 4 行，满行 4 字，篆书。志文 38 行，满行 42 字，正书。

1949 年后海淀区出土，现藏海淀区文物管理所。

著录情况：《新出土（一）》（上），第 129 页；（下），第 112、113 页。

明敕封从仕郎光禄寺典簿李公（鉴）墓志铭

明弘治辛亥〔四年（1491）〕十一月二十三日戌时终

明弘治壬子〔五年（1492）〕二月二十八日葬于乾冈祖茔，子山午向也

盖篆：敕封从仕郎光禄寺典簿李公墓志铭

志、盖均长 51 厘米，宽 49 厘米，厚 6 厘米。盖文 5 行，满行 3 字，篆书。志文 18 行，满行 17 字，正书。

1983 年 9 月密云县河南寨镇中庄村出土，现藏密云县文物管理所。

著录情况：《新出土（一）》（上），第 130 页；（下），第 113 页。《墓拓》，序号 116，图版第 116；图版说明，第 288 页。

大明英国夫人王氏（妙荣）墓志铭

明弘治壬子〔五年（1492）〕四月癸亥（二十三日）卒

明弘治五年（1492）六月庚申（二十一日）葬于都城西南六十里连三岗之原定兴王兆次

盖篆：大明英国夫人王氏之墓

首题：大明英国夫人王氏墓志铭

特进光禄大夫柱国少师兼太子太师吏部尚书华盖殿大学士知制诰国史总裁知经筵事

博野刘吉撰

中顺大夫太仆寺少卿直内阁经筵官预修国史永嘉姜立纲书

赐进士资德大夫正治上卿太子少保兵部尚书奉敕提督京营军务侍经筵钧阳马文升篆盖

东吴杨润谨镌

盖失拓。志长、宽均 80 厘米。盖长 77 厘米，宽 78 厘米。志文 37 行，满行 40 字，正书。盖文 4 行，满行 3 字，篆书。

1958 年丰台区赵辛店吕村张家坟出土，现藏首都博物馆。

著录情况：《拓汇》，第 53 册，第 16 页。《拓目》，第 184 页，志 4384。《墓拓》，序号 117，图版第 117 页；图版说明，第 288 页。《出土目》044，第 13 页。《四十年》，1094，第 332 页。

按：盖文情况据《拓汇》补。

明故尚膳监太监宁公（英）墓志铭

明弘治 癸丑〔六年 (1493)〕闰五月二十一日卒

明弘治六年 (1493) 六月廿九日葬于阜成门西二十五里黑山会玉河乡所卜寿藏之原

盖篆：大明故尚膳监太监宁公之墓

首题：明故尚膳监太监宁公墓志铭

光禄大夫柱国少傅兼太子太师吏部尚书华盖殿大学士知制诰经筵国史官眉山万安撰

赐进士第奉议大夫户部山东清吏司郎中京口赵祥书

赐进士第征仕郎中书舍人义兴储材篆

志、盖均长 57 厘米，宽 57 厘米。盖文 4 行，满行 3 字，篆书。志文 30 行，满行 32 字，正书。

1949 年后北京市出土，具体地点不详。现藏北京石刻艺术博物馆。

著录情况：《新出土（一）》（上），第 131 页；（下），第 114 页。《馆目》，第 142、143 页。《墓拓》，序号 120，图版第 120 页；图版说明，第 288 页。

明昭勇将军锦衣卫掌卫事都指挥佥事季公（成）墓志铭

大明弘治癸丑〔六年（1493）〕十二月二十三日卒

明弘治七年（1494）二月二十五日葬于都城西香山乡之原

盖篆：明故昭勇将军锦衣卫掌卫事都指挥佥事季公墓

首题：昭勇将军锦衣卫掌卫事都指挥佥事季公墓志铭

赐进士出身资善大夫礼部尚书侍经筵官前翰林院学士同修国史钱唐倪岳撰文

赐进士出身中顺大夫太常寺少卿兼翰林院侍讲学士经筵讲官兼修国史长沙李东阳篆盖

儒林郎大理寺左寺副直内阁经筵官莱阳周文通书丹

志、盖均长65厘米，宽60厘米，厚13厘米。盖文5行，满行4字，篆书。志文34行，满行36字，正书。

1949年后海淀区出土，现藏海淀区文物管理所。

著录情况：《新出土（一）》（上），第132页；（下），第114、115页。

张公买地券

弘治六年（1493）十二月卒

明弘治岁次甲寅〔七年（1494）〕七月丁亥朔越二十六日壬子立

券为砖质，砖面文字多有漫漶，左下角镌符。拓长、宽均58厘米。券文22行，22字，正书。

现藏首都博物馆。

按：券载，茔地在“顺天府宛平县宣武门外白纸□弘法寺”。“白纸□”应为“白纸坊”，在今宣武区。

据《日下旧闻考》卷一百五十五《存疑》载，“析津志，弘法寺在旧城。金大定十八年，潞州崔进之女法珍印经以一藏进于朝，命圣安寺设坛为法珍受戒为比丘尼。二十三年，赐紫衣弘教大师。明昌四年立碑石，秘书丞兼翰林修撰赵沨记，翰林侍讲学士党怀英篆额。盖此刹元时尚存，废于明代”。

从《张公买地券》可知，弘法寺在今宣武区白纸坊一带。

明故阎（整）母太孺人王氏墓志铭

明弘治乙卯〔八年（1495）〕八月十六日卒

明弘治八年（1495）九月十七日葬于都城门外西香山乡之原先茔之次

盖篆：明故阎母太孺人王氏墓志铭

首题：明故阎母太孺人王氏墓志铭

赐进士第奉政大夫修正庶尹佥山西按察司事琴川郑玉撰文

儒林郎大理寺左寺副直内阁经筵官莱阳周文通书丹

将仕佐郎礼部司务三衢李昶篆盖

志、盖均长56厘米，宽56厘米，厚9厘米。盖文4行，满行3字，篆书。志文29行，满行31字，正书。

1999年7月5日海淀区紫竹院小南门西侧市政工程工地出土，现藏北京石刻艺术博物馆。

著录情况：《新出土（一）》（上），第133页；（下），第115、116页。

明故都知监太监延平江公（惪）墓志铭

明弘治九年（1496）丙辰闰三月十六日卒

明弘治十年（1497）夏五月壬寅朔（一日）葬于都门外沟泥河之原

盖篆：明故都知监太监延平江公墓

首题：明故都知监太监延平江公墓□

赐进士嘉议大夫礼部右侍郎□兼经筵讲官前太子谕德□国史三山林瀚撰文

赐正二品禄正议大夫资治尹太常寺卿直□内阁经筵□钱唐林章书丹

提督十二营诸军事兼神机营总兵官掌中军都督府事荣禄大夫柱国太保兼太子太傅新宁□谭佑篆盖

东吴顾聪镌

志右边残缺。志长 66 厘米，宽 66 厘米，厚 13 厘米。盖长 65.5 厘米，宽 65.5 厘米，厚 13 厘米。盖文 4 行，满行 3 字，篆书。志文 36 行，满行 38 字，正书。

1994 年 10 月 3 日朝阳区大屯乡南沙滩危改小区四号楼地基出土，现藏朝阳区文物管理所。

著录情况：《新出土（一）》（上），第 135 页；（下），第 117、118 页。

明故宁夏左参将昭勇将军金吾右卫都指挥佥事致仕蔡公（英）墓志铭

明弘治十年（1497）十一月二十八日卒

明弘治十一年（1498）正月初十日葬于都城东长庆坝之北原，从先兆也

首题：明故宁夏左参将昭勇将军金吾右卫都指挥佥事致仕蔡公墓志铭

代府教授致仕北海仇东之撰文

征仕郎中书舍人前直文华殿会稽陈瓒书并篆

盖佚。志长 66 厘米，宽 65 厘米，厚 13 厘米。志文 32 行，满行 35 字，正书。

1949 年后朝阳区出土，现藏朝阳区文物管理所。

著录情况：《新出土（一）》（上），第 136 页；（下），第 118、119 页。

明故清微守默凝神志道体玄精修妙济辅教阐法陈真人（宗然）墓志铭

明弘治十有一年（1498）戊午夏五月十二日卒

明弘治十一年（1498）七月初二日葬于阜成门西郊香山

盖篆：明故清微守默凝神志道体玄精修妙济辅教阐法陈真人墓

首题：明故清微守默凝神志道体玄精修妙济辅教阐法陈真人墓志铭

赐进士嘉议大夫礼部右侍郎掌国子祭酒事兼经筵官前太子谕德同修国史三山林瀚撰文

文华殿直奉直大夫鸿胪寺右少卿前中书舍人安成李纶书丹并篆盖

志、盖均长 75 厘米，宽 75 厘米。盖文 6 行，满行 4 字，篆书。志文 32 行，满行 35 字，

正书。

1949 年后海淀区北洼路出土，现藏北京石刻艺术博物馆。

著录情况：《新出土（一）》（上），第 137 页；（下），第 119、120 页。《墓拓》，序号 125，图版第 125 页；图版说明，第 289 页。《馆目》，第 143、144 页。

明太康公主（朱秀荣）圹志

明弘治十一年（1498）九月十六日亥时薨

明弘治十一年（1498）十月十一日葬于都城西金山之原

首题：太康公主圹志

志长 67 厘米，宽 65 厘米，厚 12.5 厘米。志文 12 行，满行 13 字，正书。

1992 年 9 月 4 日海淀区金山出土，现藏海淀区文物管理所。

著录情况：《新出土（一）》（上），第 138 页；（下），第 120 页。

大明故汝宁府太守刘君（英）墓志铭

明弘治十二年 (1499) 四月十三日卒

明弘治十二年 (1499) 七月三日葬于崇文门外东皋村之原，从先兆也

盖篆：大明故汝宁府太守刘公之墓

首题：明故汝宁府太守刘君墓志铭

赐进士出身中宪大夫太常寺少卿兼翰林院侍读学士经筵讲官兼东宫讲读官同修国史会典副总裁前南京国子祭酒海虞李杰书撰文

征仕郎中书舍人直文华殿会稽陈瓒书并篆

志、盖均长 63 厘米，宽 63 厘米。盖文 4 行，满行 3 字，篆书。志文 27 行，满行 30 字，正书。

1949 年后北京市出土，具体地点不详。现藏北京石刻艺术博物馆。

著录情况：《新出土（一）》（上），第 139 页；（下），第 120、121 页。《馆目》，第 144、145 页。《墓拓》，序号 126，图版第 126 页；图版说明，第 289 页。

明故处士静庵邵公（安）墓志铭

明弘治己未〔十二年 (1499)〕五月十有四日卒

明弘治十二年 (1499) 中秋日（八月十五日）与何氏合葬于西直门香山乡之乖狗村

盖篆：大明故处士静庵邵公墓志铭

首题：明故处士静庵邵公墓志铭

赐进士通议大夫礼部右侍郎掌国子监祭酒兼经筵讲官前太子谕德同修国史三山林瀚撰

奉直大夫吏部郎中前中书舍人预修国史东吴季通篆盖

乡贡进士同修国史征仕郎中书舍人仁和王景书丹

志、盖均长63厘米，宽64厘米，厚10厘米。盖文4行，满行3字，篆书。志文24行，满行28字，正书。

2001年6月海淀区国家气象局院内出土，现藏北京石刻艺术博物馆。

著录情况：《新出土（一）》（上），第140页；（下），第121、122页。

明江西左参政段公（正）墓志铭

明弘治戊午〔十一年（1498）〕八月七日卒于正阳门崇真观之寓舍

明弘治己未〔十二年（1499）〕冬十一月四日葬于东皋村

篆盖：明故太中大夫江西布政使司左参政段公墓志铭

首题：明江西左参政段公墓志铭

赐进士出身中宪大夫掌翰林院事太常寺少卿兼本院侍读学士经筵讲官兼东宫讲读官同修国史会典副总裁前南京国子监祭酒海虞李杰书撰文

赐进士出身通议大夫户部左侍郎灵宝许进书丹

赐进士出身通议大夫兵部左侍郎东鹿王宗彝篆盖

盖佚。志长、宽均60厘米。志文35行，满行41字，正书。

1985年丰台区南苑乡方庄小区出土，现藏丰台区文物管理所。

著录情况：《新出土（一）》（上），第141页；（下），第123、124页。

大明内官监左监丞赵公（新）墓志铭

明弘治十三年（1500）二月十五日卒

明弘治十三年（1500）三月初六日葬于宛平县香山乡之原

篆盖：大明内官监左□

首题：大明内官监左监丞赵公墓志铭

赐进士第大理寺左少卿前都察院右佥都御史济南刘瓛撰文

赐进士出身承德郎顺天府通判三山李廷仪书丹

太子太傅掌右军都督府事遂安伯古渝陈韶篆盖

盖左半部残缺。志长65厘米，宽64厘米。盖长65厘米，残宽36厘米。盖文残存2行，满行3字，篆书。志文30行，满行32字，正书。

1949年后石景山区八大处九号院内出土。2002年4月征集。现藏北京石刻艺术博物馆。

著录情况：《新出土（一）》（上），第142页；（下），第123、124页。

大明故尚膳监太监刘公（赟）墓志铭

明弘治庚申〔十三年（1500）〕三月六日殁

明弘治十三年（1500）夏四月十一日葬于西直门外去广源闸不远永僖寺之傍

盖篆：明故尚膳监太监刘公墓志铭

首题：大明故尚膳监太监刘公墓志铭

应诏山人临川黎珏撰文

中书舍人永嘉赵式书丹

锦衣勋卫古汴张钦篆盖

志、盖均长56.5厘米，宽56.5厘米，厚10厘米。盖文4行，满行4字，篆书。志文24行，满行24字，正书。

1949年后海淀区出土，现藏海淀区文物管理所。

著录情况：《新出土（一）》（上），第143页；（下），第124、125页。

明故通政使司右参议致仕进阶朝列大夫赵先生（昂）墓志铭

明弘治庚申〔十三年（1500）〕九月十日卒

明弘治十三年（1500）十月十日葬于都城东安德乡之原

篆盖：明故通政使司右参议致仕进阶朝列大夫赵公墓

首题：明故通政使司右参议致仕进阶朝列大夫赵先生墓志铭

资政大夫太子少保礼部尚书兼文渊阁大学士知制诰经筵国史官长沙李东阳撰

赐进士资善大夫工部尚书侍经筵郴阳曾鉴书

正议大夫资治尹通政使司通政使东吴沈禄篆

志长61厘米，宽60厘米。盖长62厘米，宽61厘米。盖文5行，满行4字，篆书。志文36行，满行42字，正书。志右上部残缺。

1949年后朝阳区出土，现藏朝阳区文物管理所。

著录情况：《新出土（一）》（上），第144页；（下），第125、126页。

明（曾鉴）亡儿太学生曾洪圹志铭

明弘治庚申〔十三年（1500）〕九月二十九日卒

明弘治十三年（1500）十月十三日祔葬于东直门外迁民屯之原祖茔之次

盖篆：明故太学生曾洪之墓

首题：亡儿太学生曾洪圹志铭

赐进士资善大夫工部尚书郴阳曾鉴克明书

志长54厘米，宽54厘米。盖长53厘米，宽53厘米。盖文3行，满行3字，篆书。志文20行，满行22字，正书。

2001年7至9月朝阳区太阳宫乡十字口村出土，现藏朝阳区文物管理所。

著录情况：《新出土（一）》（上），第145页；（下），第126页。

明潘（杰）母金宜人墓志铭

明弘治庚申〔十三年（1500）〕二月十一日卒

明弘治十三年（1500）十一月十日葬于都城东下马社之原

盖篆：明故潘母宜人金氏墓

首题：潘母金宜人墓志铭

资政大夫太子少保礼部尚书兼文渊阁大学士知制诰经筵国史官长沙李东阳撰

赐进士第中顺大夫太仆寺少卿广阳魏玒书

赐进士第资善大夫工部尚书郴阳曾鉴篆

志长、宽均60厘米。盖长61厘米，宽59厘米。盖文3行，满行3字，篆书。志文31行，满行33字，正书。

1988年丰台区南苑乡萧村出土，现藏丰台区文物管理所。

著录情况：《新出土（一）》（上），第146页；（下），第127页。

明故郑（衷）介妇杨氏（惠荣）墓志铭

明成化丁未〔二十三年（1487）〕八月十四日卒，殡出于崇文门外五里屯之原，未葬

明弘治十四年（1501）五月初二日从葬于先茔之次

首题：明故郑介妇杨氏墓志铭

赐进士奉政大夫修正庶尹光禄寺少卿古沛李绅撰

赐进士文林郎湖广道监察御史甘陵李咨书

赐进士中宪大夫山东按察司副使广阳张舆篆

盖佚。志长58厘米，宽58厘米，厚9厘米。志文24行，满行29字，正书。

2001年10月宣武区牛街春风胡同十九号院征集。现藏北京石刻艺术博物馆。

著录情况：《新出土（一）》（上），第147页；（下），第128页。

明（曾鉴）封淑人亡妻陈氏（惠明）墓志铭

明弘治辛酉〔十四年（1501）〕闰七月七日卒

明弘治十五年（1502）三月初十日葬于崇文门外五基北之原

盖篆：大明封淑人陈氏之墓

首题：明封淑人亡妻陈氏墓志铭

赐进士第资善大夫工部尚书郴阳曾鉴书

志长55.5厘米，宽54.5厘米，厚8.5厘米。盖长50.5厘米，宽56.5厘米，厚8.5厘米。盖文3行，满行3字，篆书。志文27行，满行31字，正书。

1987年5月26日朝阳区东架松（今劲松东口南）出土，现藏朝阳区文物管理所。

著录情况：《新出土（一）》（上），第148页；（下），第128、129页。

明岐惠王圹志

明弘治十四年（1501）十月二十□卒

明弘治十五年（1502）七月二十一日葬

盖篆：岐惠王圹志

首行题：□子除幼殇则第三也母贵妃邵氏生于成化

盖保存完整，盖长、宽均63厘米。盖文3行，满行2字，篆书。志断为三部分，上半部残断，志石部分缺失；下半部较完整，石残长53厘米，宽63厘米。志文正书，志石下半部残存文字13行，行残存21字；另2石有字，但无法与该石相接。

圹志出土于石景山区石府村南岐惠王墓，今存田义墓前院。

按：岐惠王朱佑棆，明宪宗朱见深第五子，如不论早夭的则排在第三。明成化二十三年（1487）封为岐王，弘治八年（1493）就藩德安府（今湖北汉阳）。弘治十四年（1501）十月卒，时年二十四岁，谥曰惠。弘治十五年（1502）七月二十一日与其妃王氏合葬于今石景山区石府村南。夫妻二人同年所生，同年所葬。只是王较妃早生二月，晚卒三月而已。

明岐惠王妃王氏圹志盖

明弘治十五年（1502）七月二十一日葬京城之西山

盖篆：岐惠王妃圹志

首题：岐惠王妃圹志

志、盖长、宽均63.5厘米。盖文3行，满行2字，篆书。志文16行，满行17字，正书。

圹志出土于石景山区石府村南岐惠王墓，今存田义墓前院。

按：岐惠王妃王氏，兵马指挥王询之女，生于明成化十四年（1478）四月十二日，弘治六年（1493）被册封为岐王妃。弘治十四年（1501）七月初八日以疾卒，年仅二十四岁。弘治十五年（1502）七月二十一日与岐惠王合葬于“京城之西山”。

明故尚膳监太监黄公（瑜）墓志铭

明弘治十五年（1502）壬戌秋九月有九日卒

明弘治十五年（1502）十月十六日葬于都城西宛平县香山乡海甸之原

盖篆：大明故尚膳监太监黄公之墓

首题：明故尚膳监太监黄公墓志铭

赐进士出身光禄柱国少傅兼太子太傅吏部尚书侍经筵钧阳马文升撰

赐进士出身资善大夫工部尚书侍经筵郴阳曾鉴书

特进光禄大夫左柱国太师兼太子太师英国公监修国史知经筵事提督五军十二营诸军事总兵官掌后军都督府古汴张懋篆

盖左上角及左下角均略有残缺。志、盖均长60厘米，宽60厘米，厚10厘米。盖文4行，满行3字，篆书。志文30行，满行32字，正书。

1949年后海淀区出土，现藏海淀区文物管理所。

著录情况：《新出土（一）》（上），第149页；（下），第129、130页。

明故武略将军锦衣卫副千户李公（棨）合葬墓志铭

明天顺甲申〔八年（1464）〕十二月十七日李公（棨）卒

明弘治癸亥〔十六年（1503）〕二月九日宜人袁氏卒

明弘治十六年（1503）三月十七日合葬于双桥之原

篆盖：明故武略将军锦衣卫副千户李公合葬墓志铭

首题：明故武略将军锦衣卫副千户李公合葬墓志铭

赐同进士出身翰林院国史检讨征仕郎古鄂王九思撰

赐进士出身奉政大夫刑部江西清吏司郎中太原陈澍书

中宪大夫太仆寺少卿直文华殿安成李纶篆

志、盖均长60厘米，宽60厘米，厚9厘米。盖文5行，满行4字，篆书。志文25行，满行30字，正书。

1997年4月朝阳区双桥西柳村三十号出土，现藏朝阳区文物管理所。

著录情况：《新出土（一）》（上），第150页；（下），第130、131页。

明故内官监太监杨公（穆）墓志铭

明弘治十六年（1503）二月十五日卒

明弘治十六年（1503）四月一日祔葬于先陇之侧（七园村之原）

盖篆：大明故内官监太监杨公之墓

首题：□明故内官监太监杨公墓志铭

赐进士第资善大夫兵部尚书奉敕提督十二营军务华容刘大夏撰文

特进光禄大夫左柱国太师兼太子太师英国公奉敕提督十二营诸军事五军营总兵官掌后军都督府事监修国史知经筵事古汴张懋篆盖

敕提督三千营团营掌掌前军都督府事太子太保镇远侯维扬顾溥书丹

志右上角及左边略有残缺。志、盖均长63厘米，宽63.5厘米，厚9.5厘米。盖文4行，满行3字，篆书。志文40行，满行47字，正书。

1949年后海淀区出土，现藏海淀区文物管理所。

著录情况：《新出土（一）》（上），第151页；（下），第131、132页。

明岐惠王第二女圹志

明弘治十六年（1503）六月十九日薨

明弘治十六年（1503）八月八日命工部营葬域于惠王坟之侧

盖篆：岐惠王第二女圹志

首题：岐惠王第二女圹志

志左侧自上而下有一道约长50厘米、宽2厘米左右的残损痕迹，部分文字缺失。盖长55厘米，宽60厘米。志长、宽均60厘米。盖文3行，满行3字，篆书。志文12行，满行17字，正书。

圹志出土于石景山区石府村南岐惠王墓，今存田义墓前院。

明（赵昂）诰封宜人潘氏墓志铭

明弘治甲子〔十七年（1504）〕三月三十日卒

明弘治十七年（1504）闰四月二十日葬于通州安德乡之原

盖篆：诰封宜人潘氏墓志铭

▨士兼翰林院侍读学士▨都杨廷和撰

▨原乔宇书

▨阁预修国史官东吴张通篆

志上部残缺。盖上边及右边亦有残缺。志残长56厘米，宽61厘米，厚11厘米。盖长61厘米，宽61厘米，厚9.5厘米。盖文3行，满行3字，篆书。志文28行，行残存5至28字不等，正书。志文漫漶，首题不详。

1949年后朝阳区出土，现藏朝阳区文物管理所。

著录情况：《新出土（一）》（上），第152页；（下），第132、133页。

明故陈（伟）母姚孺人墓志铭

明弘治甲子〔十七年（1504）〕卒

明弘治十七年（1504）七月二十六日葬于阜成门外香山乡两家店之原

盖篆：明故陈母姚孺人之墓

首题：陈母姚孺人墓志铭

赐进士及第翰林院国史编修承事郎余姚孙清撰

赐进士出身承直郎礼部主客司主事提督会同馆紫府王源书

赐进士出身征仕郎中书舍人广阳庞璁篆

志、盖均长56厘米，宽57厘米。盖文3行，满行3字，篆书。志文25行，满行27字，正书。

1949年后北京市出土。2000年9月海淀区五棵松路五十五号院征集。现藏北京石刻艺术博物馆。

著录情况：《新出土（一）》（上），第153页；（下），第133、134页。

明故昭勇将军都指挥佥事薛公（瑛）合葬墓志铭

明弘治庚申〔十三年（1500)〕八月十日薛公（瑛）卒

明弘治甲子〔十七年（1504)〕七月二日继配李淑人卒

明弘治十七年（1504）八月三日与夫人李淑人合葬于都城西张花村

盖篆：明故昭勇将军都指挥佥事薛公合葬墓志铭

首题：明故昭勇将军都指挥佥事薛公合葬墓志铭

太子太保户部尚书兼谨身殿大学士知制诰经筵国史官会典总裁长沙李东阳撰

征仕郎中书舍人直文渊阁预修会典官太原乔宗书

承直郎礼部主客清吏司主事紫府王源篆

志长 68 厘米，宽 69 厘米，厚 10 厘米。盖长 69 厘米，宽 69 厘米，厚 10.5 厘米。盖文 5 行，满行 4 字，篆书。志文 29 行，满行 31 字，正书。

1949 年后海淀区出土，现藏海淀区文物管理所。

著录情况：《新出土（一)》(上)，第 154 页；(下)，第 134、135 页。

明故中官王公（增）墓志铭

明弘治八年后的弘治年间（1495—1505）八月二十七日卒，同年九月初九日葬于都城西玉河乡之原

盖篆：明故中官王公墓志铭

首题：明故中官王公墓志铭

赐进士出身奉□大夫吏部郎中太原乔宇撰

赐进士出身□训大夫刑部员外郎广阳吕杰书

赐进士出身□林郎广东道监察御史襄阳李良篆

盖左上部残缺。志长 63 厘米，宽 64 厘米，厚 11 厘米。盖长 62 厘米，宽 64 厘米，厚 11 厘米。盖文 3 行，满行 3 字，篆书。志文 30 行，满行 32 字，正书。

1949 年后海淀区出土，现藏海淀区文物管理所。

著录情况：《新出土（一)》(上)，第 134 页；(下)，第 116、117 页。

大明诰封武德将军神武中卫正千户刘公（贵）墓志铭

明正德元年（1506）九月十有一日卒

明正德二年（1507）三月初三日丙午葬于州城南永贵屯之原

盖篆：明故武德将军神武中卫正千户刘公墓

首题：大明诰封武德将军神武中卫正千户刘公墓志铭

顺天府通州儒学学正举人洪异撰文

中书舍人陈□篆盖

顺天府通州儒学训导李进书丹

志长60厘米，宽60厘米，厚9厘米。盖长60厘米，宽60厘米，厚10厘米。盖文4行，满行4字，篆书。志文33行，满行34字，正书。

1995年5月通州区出土，现藏通州区博物馆。

著录情况：《新出土（一）》（上），第155页；（下），第135、136页。

明故工部尚书进阶荣禄大夫致仕赠太子太保曾公（鉴）墓志铭

明正德二年（1507）闰正月八日卒

明正德二年（1507）三月二十七日葬于都城南五基之原

盖篆：明故工部尚书进阶荣禄大夫致仕赠太子太保曾公之墓

首题：明故工部尚书进阶荣禄大夫致仕赠太子太保曾公墓志铭

光禄大夫柱国少师兼太子太师吏部尚书华盖殿大学士知制诰同知经筵事国史总裁长沙李东阳撰

赐进士出身光禄大夫柱国太子太保刑部尚书侍经筵吴兴闵珪篆

中大夫光禄寺卿直文渊阁侍经筵同修国史玉牒莱阳周文通书

历阳王宗镌

志、盖均长78厘米，宽78厘米，厚15厘米。盖文5行，满行5字，篆书。志文37行，满行39字，正书。

1949年后朝阳区架松（今劲松东口南）出土，现藏朝阳区文物管理所。

著录情况：《新出土（一）》（上），第156页；（下），第136、137页。

明故武略将军锦衣卫副千户李邦贵（瓒）墓志铭

明正德二年（1507）□月十七日未时卒

明正德二年（1507）五月二十八日午时祔葬于祖茔之侧

首题：明故武略将军锦衣卫副千户李邦贵墓志铭

赐进士第文林郎广东道监察御史东山任文献撰

征仕郎中书舍人直文渊阁霸州王珙书丹

赐进士出身从仕郎吏科给事中沧州张瓒篆盖

志左边略有残缺。盖佚。志长63厘米，宽63厘米，厚8厘米。志文40行，满行50字，正书。

1997年4月朝阳区双桥西柳村三十号出土，现藏朝阳区文物管理所。

著录情况：《新出土（一）》（上），第157页；（下），第137、138、139页。

明故封太淑人申（宁）母许氏墓志铭

明弘治五年（1492）申广卒

明正德二年丁卯（1507）七月二十六日许氏卒，（葬年未载）葬于都城西香山之原，

祔约之先生焉

盖篆：明故封太淑人申母许氏墓志

首题：明故封太淑人申母许氏墓志铭

赐进士第中顺大夫奉敕提督学校山东等处提刑按察司副使前翰林院国史检讨经筵官上蔡李逊学撰文

赐进士中奉大夫山东布政司左布政使前监察御史安阳贾锭书丹

赐进士中顺大夫山东等处提刑按察司副使盩吾韩春篆盖

志、盖均长 62 厘米，宽 62 厘米。盖文 4 行，满行 3 字，篆书。志文 36 行，满行 38 字，正书。

1949 年后海淀区二里沟西老虎庙出土，现藏北京石刻艺术博物馆。

著录情况：《新出土（一）》（上），第 158 页；（下），第 139、140 页。《馆目》，第 145 页。《墓拓》，序号 134，图版第 134 页；图版说明，第 290 页。

按：太淑人许氏为安远将军、轻车都尉、济州卫指挥同知申广配。申广，字约之。

明故内官监太监吴公（振）墓志铭

明正德丁卯〔二年（1507）〕八月十四日卒，葬于宛平县香山乡委兀村之原

首题：明故内官监太监吴公墓志铭

资善大夫礼部尚书前翰林学士国子祭酒南京吏部尚书经筵讲官国史副总裁东吴李杰撰

通议大夫吏部左侍郎充国史副总裁前詹事府少詹事兼翰林院学士南海梁储书丹

敕管三千营兼提督十二营总兵官掌右军都督府诸军事前征虏大将军侍经筵太保保国公睢阳朱晖篆盖

盖佚。志长 66 厘米，宽 65.5 厘米。志文 28 行，满行 30 字，正书。

1949 年后海淀区出土，现藏海淀区文物管理所。

著录情况：《新出土（一）》（上），第 159 页；（下），第 140、141 页。

按：志文未载志主葬年。

明故奉政大夫工部郎中王公（文琮）配宋氏合葬墓志铭

明弘治乙卯〔八年（1495）〕七月二十五日王公卒

明正德戊辰〔三年（1508）〕七月八日宋氏卒

明正德三年（1508）九月十一日祔葬于公之侧

盖篆：明故奉政大夫工部郎中王公配宋氏合葬墓志铭

首题：明故奉政大夫工部郎中王公配宋氏合葬墓志铭

赐进士及第翰林国史馆编修经筵官文林郎濮阳李廷相撰

征仕郎中书舍人豫章王杲书

奉直大夫工部员外郎直内阁前国史官同邑李瑄篆

志右上角略有残缺。志长57厘米，宽56厘米。盖长57厘米，宽57厘米。盖文5行，满行4字，篆书。志文28行，满行32字，正书。

1991年6月平谷区大兴庄乡鲁各庄村出土，现藏平谷区文物管理所。

著录情况：《新出土（一）》（上），第160页；（下），第141页。

明明威将军神武中卫指挥佥事樊公（斌）恭人张氏合葬墓志铭

明弘治庚戌〔三年（1490）〕樊公卒

明正德戊辰〔三年（1508）〕季冬之日甲申（十二月二十一日）合葬于通州城南东石乡之原

盖篆：明威将军神武中卫指挥佥事樊公恭人张氏合葬墓志铭

首题：明威将军神武中卫指挥佥事樊公恭人张氏合葬墓志铭

赐进士及第翰林院编修文林郎经筵官同修国史余姚孙清撰文

赐进士及第翰林院编修文林郎经筵国史官濮阳李廷相篆盖

赐进士出身翰林院国史馆编修承事郎北海翟銮书丹

盖右下角残缺。志、盖均长60厘米，宽59厘米，厚9.5厘米。盖文5行，满行5字，篆书。志文30行，满行32字，正书。

1995年5月通州区梨园镇将军坟东出土，现藏通州区博物馆。

著录情况：《新出土（一）》（上），第161页；（下），第142、143页。

明故奉直大夫户部浙江司员外郎李公（鼎）墓志铭

明正德戊辰〔三年（1508）〕正月二十三日戌时卒

明正德四年（1509）二月二十二日卜葬于城西仙台之原

盖篆：明故奉直大夫户部浙江司员外郎李公墓志铭

首题：明故奉直大夫户部浙江司员外郎李公墓志铭

赐进士出身承直郎兵部职方司主事上虞徐子熙撰

赐进士出身承德郎户部山东司主事荆南刘悦书丹

赐进士出身承德郎户部贵州司主事全蜀张腾霄篆

志、盖均长63厘米，宽63厘米，厚9厘米。盖文3行，满行3字，篆书。志文32行，满行38字，正书。

1949年后北京市出土，具体地点不详。2002年6月北京市文物局查没。现藏北京石刻艺术博物馆。

著录情况：《新出土（一）》（上），第162页；（下），第143、144页。

明故金吾卫都指挥佥事充左参将蔡公（英）之配尚氏墓志铭

明正德己巳〔四年（1509）〕三月八日卒

明正德四年（1509）三月二十八日合葬于长庆坝参将公之墓

盖篆：□挥佥事□参将蔡□配尚氏□铭

首题：明故金吾卫都指挥佥事充左参将蔡公之配尚氏墓志铭

赐进士出身翰林院国史编修文林郎兼经筵官建安滕霄撰

赐进士出身征仕郎吏科给事中古沧张瓒书

赐进士出身承德郎兵部职方清吏司主事东吴崔杰篆

盖上半部及右边残缺。志长 52 厘米，宽 50.5 厘米，厚 7 厘米。盖长 40 厘米，残宽 33 厘米，厚 8 厘米。盖文 5 行，行残存 1 至 3 字不等，篆书。志文 25 行，满行 27 字，正书。

1992 年 7 月 20 日朝阳区南华建筑公司回填土中出土，现藏朝阳区文物管理所。

著录情况：《新出土（一）》（上），第 163 页；（下），第 144 页。

按：尚氏，为蔡英配，蔡霖、蔡需母。据《明故宁夏左参将昭勇将军金吾右卫都指挥佥事致仕蔡公（英）墓志铭》，蔡英，字仲华，明弘治十年（1497）十一月二十八日卒，明弘治十一年（1498）正月十日葬于都城东长庆坝之北原。

明故诰封太淑人赵（谦）母李氏（能）墓志铭

明正德四年（1509）三月十九日卒

明正德四年（1509）四月二十四日合葬于城东南八里庄之原

首题：明故诰封太淑人赵母李氏墓志铭

赐进士出身奉政大夫修正庶尹光禄寺少卿古沛李绅撰

征仕郎中书舍人直南熏殿姑苏傅亨书

征仕郎中书舍人直南熏殿云间张明师篆

盖佚。志长 54 厘米，宽 54 厘米。志文 28 行，满行 31 字，正书。

1949 年后北京市出土，具体地点不详。现藏北京石刻艺术博物馆。

著录情况：《新出土（一）》（上），第 164 页；（下），第 145 页。《墓拓》，序号 137，图版第 137 页；图版说明，第 290 页。

明故湖广按察司副使张公（琏）墓志铭

明弘治拾捌年（1505）乙丑贰月贰拾有叁日卒

明正德四年（1509）六月十三日葬于都城东永隆屯祖茔之侧

盖篆：明故中顺大夫湖广按察司副使张公墓志铭

首题：明故湖广按察司副使张公墓志铭

赐进士第中顺大夫太常寺少卿前翰林院国史检讨经筵官上蔡门人李逊学撰

文华殿直奉训大夫协正庶尹鸿胪寺左少卿渤海高岱书丹

大中大夫资治少尹太仆寺卿南昌杨立篆盖

盖佚。志长 63 厘米，宽 63 厘米，厚 10 厘米。志文 32 行，满行 35 字，正书。

1989 年 5 月通州区台湖镇垛子村北岗子出土，现藏通州区博物馆。

著录情况：《新出土（一）》（上），第 165 页；（下），第 146、147 页。

明故武略将军锦衣卫副千户顾君（渊）墓志铭

明正德二年（1507）丁卯四月十六日卒

明正德四年（1509）己巳八月日葬于崇文城之外十里河之原

盖篆：明故武略将军锦衣卫副千户顾君之墓

首题：明武略将军锦衣卫千户顾君墓志铭

赐进士出身翰林院修撰承务郎兼经筵官同修国史建安滕宵撰

中大夫光禄寺卿兼经筵官同修国史玉牒莱阳周文通书

征仕郎中书舍人直内阁霸州王珙篆

志、盖均长 57 厘米，宽 57 厘米。盖文 4 行，满行 4 字，篆书。志文 28 行，满行 31 字，正书。

1999 年 11 月 23 日后朝阳区劲松附近征集，具体出土地点不详。现藏北京石刻艺术博物馆。

著录情况：《新出土（一）》（上），第 166 页；（下），第 147、148 页。

明故诰封太淑人唐母贺氏合葬墓志铭

明正德五年（1510）十一月十日卒

明正德五年（1510）十二月十五日启先公之茔祔葬

盖篆：明故诰封太淑人唐母贺氏合葬墓志铭

首题：明故唐母太淑人墓志铭

赐进士第奉议大夫陕西按察司佥事郡人杨滋撰

赐进士第中宪大夫太常寺少卿郡人侯观书

赐进士第奉政大夫江西建昌府同知郡人崔暠篆

志长、宽均 50 厘米。盖长 51 厘米，宽 50 厘米。盖文 4 行，行 4 字，篆书。志文 34 行，行 32 字，正书。

具体出土时间地点不详。2007 年 10 月 26 日天津张连志捐赠。现藏北京石刻艺术博物馆。

按：贺氏“世居燕山”，为保定中卫指挥同知唐英母，蔚州左卫指挥同知唐智副室，寿八十九。墓志可能来源于河北保定或蔚州。

明故将仕佐郎蔚州幕岳公（铭）墓志铭

明正德五年（1510）十二月二十日卒

明正德六年（1511）二月九日葬于南张代庄祖茔之侧

盖篆：明故将仕佐郎蔚州岳公之墓

首题：明故将仕佐郎蔚州幕岳公墓志铭

赐进士第文林郎湖广道监察御史皖人丁楷撰

赐进士出身奉议大夫光禄寺少卿合肥马陟书

赐进士第文林郎福建道监察御史平谷王镗篆

志长 56 厘米，宽 57 厘米。盖长 55 厘米，宽 56 厘米。盖文 5 行，满行 4 字，篆书。志文 23 行，满行 28 字，正书。

1990 年 10 月平谷区马坊镇梨羊村出土，现藏平谷区文物管理所。

著录情况：《新出土（一）》（上），第 168 页；（下），第 149、150 页。

明故坦庵丁公（平）墓志铭

明正德壬申〔七年（1512)〕六月二十有四日卒

明正德七年（1512）八月一日葬于八里庄，祔（其兄）仕隆墓

盖篆：明故恩荣官坦庵丁公墓志铭

首题：明故坦庵丁公墓志铭

赐进士出身承直郎刑部主事邑人夏良胜撰

奉直大夫礼部员外郎直文渊阁预修国史玉牒太原乔宇书

征仕郎中书舍人直南熏殿云间张明师篆

志长 58 厘米，宽 57 厘米，厚 9 厘米。盖长 57 厘米，宽 57 厘米，厚 9 厘米。盖文 4 行，满行 3 字，篆书。志文 29 行，满行 31 字，正书。志文漫漶。

1990 年 10 月 29 日朝阳区北京工业大学研究生院西端南磨坊大队对面出土，现藏朝阳区文物管理所。

著录情况：《新出土（一）》（上），第 169 页；（下），第 150、151 页。

大明故南京左军都督府掌府事保定侯梁公（任）墓志铭

明正德壬申〔七年（1512)〕冬十月十三日（卒），数月后葬于祖茔香山之原

盖篆：大明故荣禄大夫柱国保定侯梁公之墓

首题：大明故南京左军都督府掌府事保定侯梁公墓志铭

奉训大夫南京左府经历泰和廖珮撰文

南京前军都督府柱国武靖伯赵弘泽篆盖

文林郎南京左府都事江阴贡斌书丹

江东杨镛镌

志、盖均长67厘米,宽67厘米。盖文4行,满行4字,篆书。志文34行,满行42字,正书。

1949年后海淀区西八里庄附近出土，现藏北京石刻艺术博物馆。

著录情况:《新出土（一)》(上),第170页;(下),第151、152页。《馆目》,第147页。《墓拓》，序号140，图版第140页；图版说明，第291页。

明故前四川左布政使潘公（楷）墓志铭

明正德壬申〔七年（1512)〕十一月二十有六日卒

明正德癸酉〔八年（1513)〕正月二十六日葬于都城南下马社祖茔之次

盖篆：明故前四川左布政使潘公墓

首题：明故前四川左布政使潘公墓志铭

赐进士朝议大夫国子祭酒经筵讲官赵郡石珤撰

中宪大夫太常寺少卿兼经筵官直内阁东吴刘棨书

赐进士通议大夫兵部左侍郎山西平阳府李浩篆

志长63厘米，宽61厘米。盖长62厘米，宽62厘米。盖文4行，满行3字，篆书。志文28行，满行30字，正书。

1988年6月丰台区南苑乡萧村出土，现藏丰台区文物管理所。

著录情况：《新出土（一)》(上)，第171页；(下)，第152、153页。

大明故司礼监太监高公（凤）墓志铭

明正德壬申〔七年（1512)〕十二月初十日卒

明正德癸酉〔八年（1513)〕二月初三日葬于都城西玉河乡之寿藏

盖篆：大明故司礼监太监高公之墓

首题：大明故司礼监太监高公墓志铭

特进光禄大夫左柱国少师兼太子太师礼部尚书华盖殿大学士知制诰同知经筵事国史总裁长沙李东阳撰

赐进士第资政大夫太子少保礼部尚书掌太常寺事侍经筵同郡田景贤书

特进光禄大夫左柱国太师兼太子太师英国公奉敕提督五军并十二团营总兵官监修国史知经筵事掌后军都督府事古汴张懋篆

志、盖均长78厘米,宽78厘米。盖文4行,满行3字,篆书。志文40行,满行42字,正书。

1949年后海淀区公主坟出土，现藏北京石刻艺术博物馆。

著录情况：《新出土（一)》(上)，第172页；(下)，第153、154页。《馆目》，第147、148页。《墓拓》，序号141，图版第141页；图版说明，第291页。

明故昭勇将军义勇中卫指挥使周公（瑛）墓志铭

明正德癸酉〔八年（1513）〕八月十日卒

明正德八年（1513）九月十七日葬于房山县之落平屯，从先兆也

盖篆：明故昭勇将军义勇中卫指挥使周公墓

首题：明故昭勇将军义勇中卫指挥使周公墓志铭

赐进士第浙江道监察御史前行人司行人广阳张翰撰

赐进士出身征仕郎兵科给事中夷陵王良佐书

赐进士出身承德郎礼部精善清吏司主事长洲徐明篆

志、盖均长64厘米，宽64厘米。盖文4行，满行4字，篆书。志文31行，满行34字，正书。

1990年春房山区崇各庄乡常乐寺村东南出土，现藏房山区文物管理所。

著录情况：《新出土（一）》（上），第173页；（下），第154、155页。

明故尚膳监太监傅公（锦）墓志铭

明正德甲戌〔九年（1514）〕四月二十四日卒

明正德九年（1514）五月二十八日窆于都城西香山乡南海甸之原

盖篆：明故尚膳监太监傅公之墓

首题：尚膳监太监傅公墓志铭

特进光禄大夫左柱国少师兼太子太师吏部尚书华盖殿大学士致仕长沙李东阳撰

荣禄大夫少保兼太子太保吏部尚书侍经筵官前奉敕总制提督军务都察院右都御史石淙杨一清书

特进光禄大夫柱国太傅兼太子太傅新宁伯奉敕提督十二营戎务兼五军营总兵官掌后军都督府事侍经筵滁阳谭祐篆

志、盖均长64厘米，宽64厘米。盖文4行，满行3字，篆书。志文34行，满行36字，正书。

1949年后海淀区中国人民大学出土，现藏北京石刻艺术博物馆。

著录情况：《新出土（一）》（上），第174页；（下），第155、156页。《馆目》，第148、149页。《墓拓》，序号144，图版第144页；图版说明，第291页。

明故御马监太监梁公（玉）墓志铭

明正德甲戌〔九年（1514）〕十月二十日卒

明正德十年（1515）六月六日葬于西直门外香山乡白石桥之原

盖篆：明故御马监太监梁公墓志铭

首题：明故御马监太监梁公墓志铭

光禄大夫柱国少傅兼太子太傅吏部尚书谨身殿大学士梁储撰

敕提督三千营总兵官掌中军都督府事侍经筵太子太傅成国公凤阳朱辅篆

赐进士第通议大夫刑部左侍郎前大理寺卿侍经筵都察院右佥都御史宣城张纶书

志长 70.5 厘米，宽 70.5 厘米，厚 14 厘米。盖长 70 厘米，宽 69 厘米，厚 14 厘米。盖文 4 行，满行 3 字，篆书。志文 34 行，满行 36 字，正书。

1949 年后海淀区出土，现藏海淀区文物管理所。

著录情况：《新出土（一）》（上），第 175 页；（下），第 156、157 页。

明故隆平侯（张玮）母王氏（淑仪）墓志铭

明正德乙亥〔十年（1515）〕十一月十七日卒

明正德丙子〔十一年（1516）〕正月二十四日葬于启隆平侯张禄之兆而祔，兆在都城北昌平区终滩营之原

盖篆：明故隆平侯母王氏墓

首题：明故隆平侯母王氏墓志铭

赐进士第征仕郎刑科给事中侍经筵武乡窦明撰

赐进士第文林郎山西道监察御史萧县李玑篆

赐进士第文林郎知祁门县知事渔阳康世臣书

志、均盖长 62 厘米，宽 62 厘米，厚 9.5 厘米。盖文 3 行，满行 3 字，篆书。志文 24 行，满行 28 字，正书。

2002 年 3 月朝阳区奶子房北京华神制药有限公司工地出土，现藏北京石刻艺术博物馆。

著录情况：《新出土（一）》（上），第 176 页；（下），第 157、158 页。

按：隆平侯（张玮）母王氏（淑仪）为隆平侯张禄妻。

明故宁（河）母朱氏孺人墓志铭

明正德十年（1515）十二月十二日卒

明正德十一年（1516）三月十五日葬于通州进士坊迭道之原

盖篆：明故宁母朱氏孺人墓志铭

首题：明故宁母朱氏孺人墓志铭

光禄大夫柱国太子太保户部尚书兼武英殿大学士知制诰国史经筵官京口靳贵撰

赐进士出身承事郎刑科都给事中信阳张云书

赐进士出身文林郎贵州道监察御史邑人张钦篆

志、盖均长 63 厘米，宽 63 厘米，厚 10 厘米。盖 4 行 3 字，篆书。志文 29 行，满行 33 字，正书。

1986 年 4 月通州区永顺镇后窑村南出土，现藏通州区博物馆。

著录情况：《新出土（一）》（上），第 177 页；（下），第 158、159 页。

明故武德将军锦衣卫正千户刘公（显）墓志铭

明正德丙子〔十一年（1516)〕五月二十一日卒

明正德十一年（1516）六月二十二日葬于城东八里之原

盖篆：明故武德将军锦衣卫正千户刘公墓志铭

首题：明故武德将军锦衣卫正千户刘公墓志铭

赐进士出身奉训大夫司经局太子洗马兼翰林院编修经筵讲官同修国史建安滕宵撰

赐进士第文林郎湖广道监察御史里姻伍希儒书

赐进士出身奉议大夫刑部贵州清吏司郎中顺义盛茂篆

志、盖均长 58.5、宽 58 厘米。盖文 4 行，满行 4 字，篆书。志文 27 行，满行 31 字，正书。

1949 年后朝阳区劲松华威小区出土，现藏北京石刻艺术博物馆。

著录情况：《新出土（一)》(上)，第 178 页；(下)，第 159、160 页。《馆目》，第 149、150 页。

明故神宫监太监李公（瑾）墓志铭

明正德丙子〔十一年（1516)〕秋九月六日卒于咸宜坊之私第

明正德十一年（1516）九月二十八日葬于顺天府宛平县香山乡小南庄之原

盖篆：明故神宫监太监李公墓志铭

首题：明故神宫监太监李公墓志铭

赐进士出身奉议大夫司经局太子洗马经筵讲官国史纂修官建安滕宵撰

中顺大夫太常寺少卿直文渊阁经筵预修国史官东吴刘棨书丹

奉议大夫礼部员外郎直内阁经筵玉牒官太原乔宗篆盖

志、盖均长 70 厘米，宽 70 厘米，厚 11 厘米。盖文 4 行，满行 3 字，篆书。志文 34 行，满行 40 字，正书。

1997 年 10 月海淀区北京理工大学出土，现藏海淀区文物管理所。

著录情况：《新出土（一)》(上)，第 179 页；(下)，第 160、161 页。

明神宫监太监李公（瑾）买地券

明正德十一年（1516）九月六日卒

明正德十一年（1516）九月二十八日葬

券为砖质，长 62 厘米，宽 62 厘米，厚 12 厘米。券文自左往右刻 17 行，满行 23 字，正书。后有半行符文。

1997 年 10 月海淀区北京理工大学出土，现藏海淀区文物管理所。

著录情况：《新出土（一)》(上)，第 380 页；(下)，第 359 页。

按：券载，茔地在“顺天府宛平县香山乡小南庄”。

明故恩荣官范公（端）墓志铭

明正德丁丑〔十二年（1517)〕正月十九日卒

明正德十二年（1517）二月初三日葬于都城西直门外拦马圈之村

首题：明故恩荣官范公墓志铭

征仕郎太仆寺主簿嘉兴沈葵撰文

奉议大夫通政使司有右参议直文华殿致仕东吴顾经书丹

登仕郎鸿胪寺序班安成李鼎篆盖

盖佚。志长 56 厘米，宽 55 厘米，厚 8 厘米。志文 24 行，满行 28 字，正书。

1949 年后海淀区出土，现藏海淀区文物管理所。

著录情况：《新出土（一)》(上)，第 180 页；(下)，第 161、162 页。

大明高都督（得林）之妻夫人苏氏墓志铭

明正德丁丑〔十二年（1517)〕夏五月四日卒

明正德十二年（1517）六月十六日葬于阜成门外玉河乡之原，从先墓也

盖篆：大明高都督之妻夫人苏氏墓

首题：大明高都督之妻夫人苏氏墓志铭

光禄大夫柱国少师兼太子太师吏部尚书华盖殿大学士南海梁储撰

正议大夫资治尹刑部左侍郎宣城张纶书

特进光禄大夫柱国太傅兼太子太傅新宁伯奉敕提督十二团营军务兼提督五军营总兵官掌后军都督府事侍经筵滁阳谭祐篆

志、盖均长 70 厘米，宽 70 厘米，厚 11 厘米。盖文 4 行，满行 3 字，篆书。志文 31 行，满行 33 字，正书。

1949 年后海淀区出土，现藏海淀区文物管理所。

著录情况：《新出土（一)》(上)，第 181 页；(下)，第 162 页。

明（刘文显）故封宜人朱氏墓志铭

明正德丁丑〔十二年（1517)〕九月四日卒

明正德十丁丑〔二年（1517)〕十月一日葬于都城西畏吾村祖茔之次

盖篆：大明诰故封宜人朱氏之墓

首题：明故封宜人朱氏墓志铭

赐进士出身奉训大夫右春坊右谕德兼翰林院侍讲经筵讲官同修国史临淮赵永撰

奉直大夫协正庶尹礼部员外郎直文渊阁太原乔宗书丹

赐同进士出身文林郎浙江道监察御史广阳张翰篆盖

志、盖均长 63 厘米，宽 63 厘米。盖文 4 行，满行 3 字，篆书。志文 29 行，满行 36 字，正书。

1949 年后海淀区解放军艺术学院出土，现藏北京石刻艺术博物馆。

著录情况：《新出土（一）》（上），第 182 页；（下），第 163 页。《馆目》，第 150 页。

明故锦衣卫指挥佥事潘公（杰）墓志铭

明正德丁丑〔十二年（1517）〕十一月十一日卒

明正德十二年（1517）十二月十九日葬于都城南下马社之原

盖篆：明故锦衣卫指挥佥事潘公墓志铭

首题：明故锦衣卫指挥佥事潘公墓志铭

赐进士资善大夫掌詹事府事礼部尚书兼翰林院学士内阁专管诰敕经筵讲官上蔡李逊学撰

赐进士第光禄大夫柱国太子太保工部尚书侍经筵前兼都察院左佥都御史奉敕总督陕西三边军饷并经略山海等关边务汤阴李鐩书

赐进士太子少保资政大夫户部尚书侍经筵藁城石玠篆

志下边略有残缺。盖下部亦略有残缺。志、盖均长 68 厘米，宽 68 厘米。盖文 4 行，满行 4 字，篆书。志文 33 行，满行 37 字，正书。

1988 年丰台区南苑乡萧村出土，现藏丰台区文物管理所。

著录情况：《新出土（一）》（上），第 183 页；（下），第 164、165 页。

明亡女张（文进）介妇（李春娇）墓志铭

明正德丁丑〔十二年（1517）〕十一月二十三日卒

明正德十二年（1517）十二月十九日庚申葬于平谷峰台原张氏祖茔之傍

盖篆：亡女张介妇墓志铭

赐进士及第翰林院侍讲学士奉训大夫经筵讲官同修国史前太子右中允兼史馆修撰父濮阳李廷相撰

志为二方。第一方左下边略有残缺。第一方长 37 厘米，宽 69 厘米。第二方长 38 厘米，宽 68 厘米。第一方右为盖文，3 行，满行 3 字，篆书。其余为志文，共 46 行，行 1 至 19 字不等。行楷相间。

1949 年后平谷区出土，现藏平谷区文物管理所。

著录情况：《新出土（一）》（上），第 184 页（下），第 165、166 页。

明故陈（达）母孺人朱氏墓志铭

明正德戊寅〔十三（1518）〕一月二十九日卒

明正德十三（1518）二月十五日合葬于都城西城角村之原

盖篆：明故陈母孺人朱氏墓

首题：明故陈母孺人朱氏墓志铭

赐进士出身奉训大夫春坊太子右谕德兼翰林院侍讲经筵讲官同修国史临淮赵永撰

赐进士通议大夫掌通政使司事礼部左侍郎前兼都察院右佥都御史整饬保定等五府武备临安俞林书

赐进士第正议大夫资治尹户部左侍郎古雄侯观篆

志长63.5厘米，宽63.5厘米，厚8.5厘米。盖长64厘米，宽64厘米，厚9.5厘米。盖文3行，满行3字，篆书。志文27行，满行31字，正书。

1999年8月16日海淀区太月园D座楼房工地出土，现藏海淀区文物管理所。

著录情况：《新出土（一）》（上），第185页；（下），第166页。

明故潘（杰）恭人王氏墓志铭

明正德己卯〔十四年（1519）〕岁正月八日卒

明正德十四年（1519）三月初三日合葬丁城南下马社

盖篆：明故潘恭人王氏之墓

首题：故潘恭人王氏墓志铭

赐进士及第中宪大夫山西等处提刑按察司副使奉敕整饬雁门等关兵备前翰林院编修经筵官同修国史出督学校事余姚孙清撰

赐进士出身奉政大夫通政使司左参议前兵科都给事中沧州张瓒书

赐进士第中奉大夫山西等处承宣布政使司左布政前南京兵科给事中古燕倪天民篆

志长62厘米，宽62厘米。盖长62厘米，宽61厘米。盖文3行，满行3字，篆书。志文30行，满行35字，正书。

1988年丰台区南苑乡萧村出土，现藏丰台区文物管理所。

著录情况：《新出土（一）》（上），第186页；（下），第167页。

明赠承德郎益庵薛公封太安人叶氏（秀）合葬墓志铭

明正德己卯〔十四年（1519）〕四月二十六日卒

明正德十四年（1519）五月二十八日葬于邓村

盖篆：明赠承德郎益庵薛公封太安人叶氏□□□□□

首题：明赠承德郎益庵薛公封太安人叶氏合葬□□□

赐进士出身翰林院编修文林郎经筵官白□朴▨

赐进士出身承德郎光禄寺丞前南京户部员外▨

赐进士出身征仕郎吏科右给事中侍经筵官前翰林院庶吉士东安许复礼篆

志右下角残缺。盖左半部残缺。志、盖均长57厘米，宽56.5厘米。盖文5行，满行4字，篆书。志文25行，满行28字，正书。

1949年后丰台区出土，现藏丰台区文物管理所。

著录情况：《新出土（一）》（上），第187页；（下），第168页。

明故神宫监太监苗公（旺）墓志铭

明正德己卯〔十四年（1519）〕五月二十六日卒

明正德十四年（1519）六月初十日葬于都城高碑店先茔之原

盖篆：明故神宫监太监苗公墓志铭

首题：明故神宫监太监苗公墓志铭

赐进士出身承直郎刑部主事真定王宇撰

光禄寺寺丞豫章王杲书

征仕郎中书舍人李升篆

志长63厘米，宽63厘米，厚9厘米。盖长63厘米，宽63厘米，厚9.5厘米。盖文4行，满行3字，篆书。志文27行，满行31字，正书。

1983年6月16日朝阳区高碑店污水厂工地出土，现藏朝阳区文物管理所。

著录情况：《新出土（一）》（上），第188页；（下），第169页。《墓拓》，序号154，图版第154页；图版说明，第292、293页。

明故登仕佐郎鸿胪寺序班致仕松崖赵公（靖）墓志铭

明正德己卯〔十四年（1519）〕六月十二日卒

明正德十四年（1519）七月十八日葬于安德乡湖曲祖茔之次

盖篆：明故登仕佐郎鸿胪寺序班致仕松崖赵公之墓

首题：明故登仕佐郎鸿胪寺序班致仕松崖赵公墓志铭

赐进士出身奉直大夫司经局太子洗马兼翰林院编修经筵讲官同修国史眷生建安滕霄撰

文渊阁供制敕事登仕佐郎鸿胪寺序班侍经筵官预修国史溧阴岳梁书

登仕佐郎鸿胪寺序班预修国史直内阁古燕凌楫篆

志长55厘米，宽55厘米。盖长54厘米，宽55厘米。盖文5行，满行4字，篆书。志文27行，满行32字，正书。

1949年后朝阳区出土，现藏朝阳区文物管理所。

著录情况：《新出土（一）》（上），第189页；（下），第169、170页。

明故明威将军锦衣卫指挥佥事韦君（玺）墓志铭

明正德十四年（1519）卒葬于都城东魏▨

盖篆：明威将军锦衣卫指挥佥事韦君墓志铭

首题：明故明威将军锦衣卫指挥佥事韦君墓▨

赐进士及第中宪大夫山西等处提刑按察▨敕整饬雁门等关兵备前翰林院编修经筵▨

赐进士出身中顺大夫通政使司左通政仁和柴▨

赐进士第文林郎浙江道监察御史三河张英篆

志下半部及左上角残缺。盖上有划痕。志长 63 厘米，残宽 36.5 厘米，厚 8 厘米。盖长 63 厘米，宽 63 厘米，厚 10 厘米。盖文 4 行，满行 4 字，篆书。志文 32 行，行残存 9 至 21 字不等，正书。

1949 年后朝阳区出土，现藏朝阳区文物管理所。

著录情况：《新出土（一）》（上），第 190 页；（下），第 170、171 页。

明故段处士逸庵（甫）墓志铭

明正德庚辰〔十五年（1520）〕三月三日卒

明正德十五年（1520）四月三日葬于都城南八里河祖茔

盖篆：明故处士逸闇（按：此字为别字。）段公墓

首题：明故段处士逸庵墓志铭

赐进士出身奉直大夫司经局太子洗马兼翰林院编修经筵讲官同修国史建安滕霄撰

赐进士出身奉训大夫工部都水清吏司员外郎前中书舍人广阳田龙书

赐进士出身承德郎户部广东清吏司主事河间冯曾篆

志长、宽均 55 厘米。盖长、宽均 54 厘米。盖文 3 行，满行 3 字，篆书。志文 22 行，满行 27 字，正书。

1949 年后北京市出土，具体地点不详。2000 年宣武区文物管理所移交。现藏北京石刻艺术博物馆。

著录情况：《新出土（一）》（上），第 191 页；（下），第 171、172 页。

明封安人汪（仁甫）配孟氏墓志铭

明正德庚辰〔十五年（1520）〕一月二十日卒

明正德十五年（1520）四月二十八日葬于都城东清安屯祖茔之次

盖篆：大明封安人汪配孟氏之墓

首题：封安人孟氏墓志铭

资善大夫礼部尚书前翰林院学士经筵日讲官同修国史太仓毛澄撰

赐进士资政大夫户部尚书奉敕提督京通等处仓场古雄侯观书

赐进士资政大夫礼部尚书掌太常寺事侍经筵官保定刘恺篆

志、盖均长 63 厘米，宽 63 厘米，厚 10 厘米。盖文 4 行，满行 3 字，篆书。志文 31 行，满行 33 字，正书。

1986 年 8 月后通州区永顺镇前上坡村南出土，现藏通州区博物馆。

著录情况：《新出土（一）》（上），第 192 页；（下），第 172、173 页。

明故御马监太监王公（钦）墓志铭

明正德庚辰〔十五年（1520）〕九月十九日卒

明正德十五年（1520）十月十八日葬于都城西宛平县香山乡广源闸悯贤祠左

盖篆：明故御马监太监王公墓志铭

首题：明故御马监太监王公墓志铭

武德将军锦衣卫衣右所副千户海山王深撰并书篆

志下边中部略有残缺。志、盖均长 64 厘米，宽 64 厘米，厚 9 厘米。盖文 4 行，满行 3 字，篆书。志文 26 行，满行 32 字，正书。

1949 年后海淀区出土，现藏海淀区文物管理所。

著录情况：《新出土（一）》（上），第 193 页；（下），第 173、174 页。

明故锦衣刘（琦）母宋孺人墓志铭

明正德十五年（1520）十月七日卒

明正德庚辰〔十五年（1520）〕冬十一月十九日葬于姚村社枣林沟之原

盖篆：明故锦衣刘母宋孺人墓志铭

首题：▨母宋孺人墓志铭

□□士及第中宪大夫山西等处提刑按察司副使奉敕整饬雁门等关兵备□□翰林院国史馆编修经筵官出督学校事余姚孙清撰

□□训大夫鸿胪寺左少卿前中书舍人古燕仝鈛书

□□卫武德将军锦衣正千户华亭沈麟篆

志长 54 厘米，宽 53 厘米。盖长、宽均 55 厘米。盖文 4 行，满行 3 字，篆书。志文 28 行，满行 31 字，正书。

20 世纪 80 年代初丰台区南苑出土，现藏丰台区文物管理所。

著录情况：《新出土（一）》（上），第 194 页；（下），第 174、175 页。

明故内官监太监彭公（喜）墓志铭

明正德辛巳〔十六年（1521）〕三月初二日卒

明正德十六年（1521）三月初九日葬于顺天府宛平县香山乡广源闸镇国寺东之原

盖篆：明故内官监太监彭公墓志铭

首题：明故内官监太监彭公墓志铭

奉议大夫通政司右参议东吴顾经撰

将仕佐郎鸿胪寺序班贾政书

将仕佐郎工部文思院副使顾聪篆

志长 56 厘米，宽 56 厘米，厚 9 厘米。盖长 57 厘米，宽 57 厘米，厚 9 厘米。盖文 4 行，满行 3 字，篆书。志文 26 行，满行 26 字，正书。

1949 年后海淀区出土，现藏海淀区文物管理所。

著录情况：《拓汇》，第 54 册，第 78 页。《新出土（一）》（上），第 195 页；（下），第175页。

明故笃庵处士刘公（信）配王氏合葬墓志铭

明正德己卯〔十四年（1519）〕二月二十日王氏卒

明正德辛巳〔十六年（1521）〕十二月十三日刘公卒

明嘉靖元年（1522）正月二十五日合葬于宣武关西赤水村

盖篆：明故笃庵处士刘公配王氏合葬之墓

首题：明故笃庵处士刘公配王氏合葬墓志铭

赐进士第资政大夫工部尚书掌通政司事侍经筵官前兼都察院右佥都御史奉敕整饬保定等五府武备临安俞琳撰

赐进士出身中宪大夫通政使司左通政仁和紫义书

赐进士出身中顺大夫通政使司右通政前兵科都给事中古沧张瓒篆

志、盖均长57.5厘米，宽57.5厘米，厚8厘米。盖文4行，满行4字，篆书。志文28行，满行30字，正书。

1949年后海淀区出土，现藏海淀区文物管理所。

著录情况：《新出土（一）》（上），第196页；（下），第176页。

明钦差总镇云南金齿腾冲地方等处御用监太监王公（嵩）墓志铭

明正德辛巳〔十六年（1521）〕十一月三十日卒

明嘉靖元年（1522）八月初九日葬于顺天府宛平县八里庄之原

盖篆：钦差总镇云南金齿腾冲地方等处御用监太监王公墓志铭

首题：钦差总镇云南金齿腾冲地方等处御用监太监王公墓志铭

赐进士及第翰林院国史馆编修文林郎西晋孙绍祖撰

赐进士第朝列大夫河南按察司佥事前吏科给事中古岍阎钦书

登仕郎鸿胪寺鸣赞直中书舍人事预修国史武进许锦篆

志长57厘米，宽54厘米，厚10厘米。盖长57厘米，宽53厘米，厚9厘米。盖文6行，满行4字，篆书。志文27行，满行32字，正书。

1949年后海淀区出土，现藏海淀区文物管理所。

著录情况：《新出土（一）》（上），第197页；（下），第177页。

明故季女张（文进）介妇（刘德庄）墓志铭

明嘉靖元年（1522）九月二十二日卒

明嘉靖元年（1522）十二月二十四日葬于平谷张氏之先茔

盖篆：明故季女刘氏张介妇之墓

首题：季女张介妇墓志铭

赐进士资政大夫礼部尚书掌太掌（按："掌"当为"常"之误）寺事侍经筵官前都察院右副都御史致仕保定新安刘恺撰

赐进士正议大夫资治尹掌通政使司事礼部左侍郎前兼都察院右佥都御史奉敕整饬保定等五府武备侍经筵官临安俞琳书

赐进士出身嘉议大夫太常寺卿前通政使司左通政仁和汪举篆

志右下边略有残缺。志、盖均长57.5厘米，宽57.5厘米。盖文4行，满行3字，篆书。志文23行，满行28字，正书。

1949年后平谷区出土，现藏平谷区文物管理所。

著录情况：《新出土（一）》（上），第198页；（下），第178页。

明锦衣卫镇抚夏公（涌）墓志铭

皇明嘉靖二年（1523）癸未仲夏（五月）中浣卒

首题：明锦衣卫镇抚夏公墓志铭

赐进士出身奉政大夫工部都水清吏司员外郎盩厔刘玑撰

征仕郎中书舍人直文华殿古沧任肅书并篆

淮阴萧肅镌

盖佚。志长、宽均53厘米。志文26行，满行29字，正书。

1949年后宣武区陶然亭自新路出土，现藏北京石刻艺术博物馆。

著录情况：《新出土（一）》（上），第199页；（下），第178、179页。《馆目》，第151页。《墓拓》，序号160，图版第160页；图版说明，第293页。

按：志文未载夏涌葬年及葬地。

明（曾沄）封孺人高氏墓志铭

明嘉靖癸未〔二年（1523）〕十二月十一日卒

明嘉靖三年（1524）正月二十日葬于都城南吾基之原

盖篆：明封孺人高氏之墓

首题：封孺人高氏墓志铭

赐进士出身通议大夫吏部右侍郎前巡抚云南都察院右副都御史郴阳何孟春撰

赐进士第中宪大夫鸿胪寺卿侍经筵前贵州道监察御史合肥魏境书

奉议大夫尚宝卿内阁共诰敕事与修国史长沙李兆蕃篆

志长57厘米，宽56厘米。盖长、宽均56厘米。盖文3行，满行3字，篆书。志文25行，满行30字，正书。

1949年后朝阳区架松（今劲松东口南）出土，现藏朝阳区文物管理所。

著录情况：《新出土（一）》（上），第200页；（下），第179、180页。

明故封太宜人董（链）母戴氏之墓志盖

明嘉靖三年（1524）十二月十二日前

盖篆：明故封太宜人董母戴氏之墓志

盖边略有残缺，志佚。盖长、宽均 63 厘米。盖文 4 行，满行 3 字，篆书。

具体出土时间地点不详。1998 年 4 月 21 日北京市公安局查没。现藏北京石刻艺术博物馆。

著录情况：《新出土（一）》（上），第 201 页；（下），第 180 页。

明故董氏三叔（链）墓志铭

明嘉靖三年（1524）九月初十日卒

明嘉靖三年（1524）十二月十二日葬于（昌邑）县南蓟林务之原

首题：明故董氏三叔墓志铭

侄男澜撰并书篆

盖佚。志长、宽均 63 厘米。志文 23 行，满行 27 字，正书。

具体出土时间地点不详。1998 年 4 月 21 日北京市公安局查没。现藏北京石刻艺术博物馆。

著录情况：《新出土（一）》（上），第 201 页；（下），第 180、181 页。

明诰封太宜人刘（丸）母王氏墓志铭

明嘉靖三年（1524）三月二十二日卒

明嘉靖四年（1525）三月一日葬于都城南魏村社武德公（其夫刘经达）之兆

盖篆：明诰封太宜人刘母王氏墓

首题：明诰封太宜人刘母王氏墓志铭

赐进士及第前翰林院编修经筵官同修国史奉敕出督学校粮储兵备事余姚孙清撰

赐进士出身中顺大夫陕西苑马寺少卿前兵部职方郎中古燕王举书

赐进士出身中宪大夫山东按察司副使致仕昆山高屿篆

盖断裂，四角均略有残缺。志、盖均长 57 厘米，宽 58 厘米。盖文 4 行，满行 3 字，篆书。志文 27 行，满行 36 字，正书。

1949 年后朝阳区劲松华威小区出土，现藏北京石刻艺术博物馆。

著录情况：《新出土（一）》（上），第 202 页；（下），第 181、182 页。《馆目》，第 153、154 页。

明亡女鲍校妻翟氏墓志铭

明嘉靖乙酉〔四年（1525）〕四月廿有六日卒

明嘉靖四年（1525）五月二十六日祔葬于都城南东安县孙洼里之原

首题：亡女鲍校妻翟氏墓志铭

父翰林侍读翟銮泣撰

盖佚。志长57.5厘米，宽57.5厘米，厚7.5厘米。志文24行，满行28字，正书。

1984年大兴区朱庄乡公和庄西北出土，现藏大兴县文物管理所。

著录情况：《新出土（一）》（上），第203页；（下），第182、183页。《墓拓》，序号163，图版第164页；图版说明，第293、294页。

明敕封南京大理寺评事直庵李公（琚）墓志铭

明嘉靖乙酉〔四年（1525）〕卒

明嘉靖四年（1525）五月廿六日葬于荆栗院之北原

首题：皇明敕封南京大理寺评事直庵李公墓志铭

盖篆：皇明敕封南京大理寺评事直庵李公墓志铭

赐进士出身翰林院侍读承德郎纂修国史兼经筵日讲官北海翟銮撰

赐进士出身嘉议大夫太常寺卿掌鸿胪寺侍经筵前贵州道监察御史合肥魏境书

赐进士出身中顺大夫通政使司左通政前兵科都给事中古沧张瓒篆

志、盖均长63厘米，宽62厘米，厚9厘米。盖文5行，满行4字，篆书。志文28行，满行33字，正书。

1983年9月密云县河南寨镇中庄村出土，现藏密云县文物管理所。

著录情况：《新出土（一）》（上），第204页；（下），第183、184页。《墓拓》，序号164，图版第165页；图版说明，第294页。

明故怀朴处士谭公（礼）合葬墓志铭

明正德癸酉〔八年（1513）〕十月二十三日孺人王氏卒

明嘉靖乙酉〔四年（1525）〕四月二十六日谭公卒

明嘉靖四年（1525）六月八日合葬于都城西两家店之原

首题：明故怀朴处士谭公合葬墓志铭

赐进士出身嘉议大夫南京礼部右侍郎前国子监祭酒右春坊右谕德兼翰林院经筵日讲官同修国史临淮赵永撰

赐进士出身奉政大夫通政使司右参议前山东道监察御史嘉兴葛禬书

赐进士出身奉政大夫大理寺左寺丞前河南道监察御史吉水毛伯温篆

盖佚。志长、宽均64厘米。志文30行，满行34字，正书。

1980年海淀区西郊半壁店橡胶厂出土，现藏北京石刻艺术博物馆。

著录情况：《新出土（一）》（上），第205页；（下），第184、185页。《馆目》，第152、153页。《墓拓》，序号165，图版第166页；图版说明，第294页。

明故刘（孟旸）冢妇邢孺人（兰桂）墓志铭

明嘉靖丙戌〔五年（1526)〕三月五日卒

明嘉靖五年（1526）五月二十日葬于都城东楼子庄祖茔之侧

盖篆：明故刘冢妇邢孺人之墓

首题：明故刘冢妇邢孺人墓志铭

赐进士承直郎国子监司业前翰林院检讨官四明北川吴惠撰

赐进士出身嘉议大夫太常寺卿前兵科都给事中沧州张瓒书

赐进士出身奉直大夫鸿胪寺左少卿前户部江西清吏司员外郎莱阳郑绅篆

志长62厘米,宽62.5厘米,厚11厘米。盖长62.5厘米,宽62.5厘米,厚11.5厘米。盖文4行，满行3字，篆书。志文28行，满行33字，正书。

1949年后朝阳区出土，现藏朝阳区文物管理所。

著录情况：《新出土（一)》(上)，第206页；(下)，第185、186页。

明故昭勇将军锦衣卫指挥使高君（得林）墓志铭

明嘉靖丙戌〔五年（1526)〕八月二十六日卒

明嘉靖五年（1526）十月二十日葬于都城西玉河乡之原

盖篆：明故昭勇将军锦衣卫指挥使高君之墓

首题：明故昭勇将军锦衣卫指挥使高君墓志铭

赐进士出身荣禄大夫少保兼太子太保礼部尚书武英殿大学士知制诰经筵官国史总裁颍川贾詠撰

赐进士出身嘉议大夫太常寺卿前兵科都给事中侍经筵古沧张瓒书

后军都督府掌府事奉敕提督五军营兼提督十二团营诸军事总兵官侍经筵荣禄大夫太保兼太子太傅武定侯凤阳郭勋篆

志左下角略有残缺。志长70.5厘米，宽70.5厘米，厚10.5厘米。盖长70厘米，宽70.5厘米，厚10厘米。盖文4行，满行4字，篆书。志文34行，满行40字，正书。

1949年后海淀区出土，现藏海淀区文物管理所。

著录情况：《新出土（一)》(上)，第207页；(下)，第186、187页。

明故寿官衡庵曾公（铨）墓志铭

明嘉靖丙戌五年（1526）二月二十六日卒

明嘉靖五年（1526）冬十月二十日葬于都城东迁民屯之祖兆

盖篆：明故寿官衡庵曾公墓

首题：明故寿官衡庵曾公墓志铭

赐进士出身嘉议大夫礼部右侍郎兼经筵日讲官前翰林院学士纂修国史北海翟銮撰

赐进士出身通议大夫都察院右副都御史奉敕总督南京粮储广阳张玠书

赐进士出身亚中大夫光禄寺卿东吴崔杰篆

志长 66 厘米，宽 56 厘米。盖长 67 厘米，宽 56 厘米。盖文 3 行，满行 3 字，篆书。志文 32 行，满行 35 字，正书。

2001 年 7 至 9 月朝阳区太阳宫乡十字口村出土，现藏朝阳区文物管理所。

著录情况：《新出土（一）》（上），第 208 页；（下），第 187、188 页。

明戚畹安昌伯钱君之墓志盖

明嘉靖五年（1526）后

盖篆：皇明戚畹安昌伯钱君之墓

志佚。盖长 80 厘米，宽 78 厘米，厚 15 厘米。盖文 4 行，满行 3 字，篆书。

1949 年后海淀区出土，现藏海淀区文物管理所。

著录情况：《新出土（一）》（上），第 209 页；（下），第 188 页。

按：《墓拓》载"钱承宗墓志"盖篆"明故推诚宣力武臣荣禄大夫柱国安昌伯谥荣僖钱公墓志铭"，首题同盖，西直门外四道口砖厂出土。

二人为同一家族，估计出土地应相距不远。

明故御马监太监邵公（恩）墓志铭

明嘉靖五年（1526）冬十有二月十六日卒

明嘉靖丁亥〔六年（1527）〕二月七日葬于京城西香山乡门头村之原

盖篆：明故御马监太监邵公墓志铭

首题：明故御马监太监邵公墓志铭

光禄大夫柱国少师兼太子太师吏部尚书谨身殿大学士知制诰经筵官石淙杨一清撰

赐进士出身中大夫光禄卿东吴崔杰书

后军都督府掌府事奉敕提督五军营兼提督十二团营诸军事总兵官侍经筵荣禄大夫太保兼太子太傅武定侯凤阳郭勋篆

志、盖均长 67 厘米，宽 67 厘米。盖文 4 行，满行 3 字，篆书。志文 46 行，满行 52 字，正书。

1949 年后海淀区中央团校理化工地出土，现藏北京石刻艺术博物馆。

著录情况：《新出土（一）》（上），第 210 页；（下），第 188、189 页。《馆目》，第 154 页。《墓拓》，序号 169，图版第 170 页；图版说明，第 294 页。

明故太子太保玉田伯赠太保谥荣僖蒋公（轮）墓志铭

明嘉靖乙酉〔四年（1525）〕闰十二月二日卒

明嘉靖丁亥〔六年（1527）〕三月十一日葬

盖篆：明故太子太保玉田伯赠太保谥荣僖蒋公墓志铭

首题：明故太子太保玉田伯赠太保谥荣僖蒋公墓志铭

赐进士及第光禄大夫柱国少师兼太子太师吏部尚书华盖殿大学士知制诰经筵官国史总裁铅山费宏撰

赐进士出身荣禄大夫少保兼太子太保礼部尚书武英殿大学士知制诰经筵官国史总裁颍川贾詠篆

后军都督府掌府事奉敕提督五军营兼提督十二团营诸军事总兵官侍经筵荣禄大夫太保兼太子太傅武定侯凤阳郭勋书

盖下边略有残缺。志、盖均长 77 厘米，宽 69.5 厘米。盖文 5 行，满行 4 字，篆书。志文 44 行，满行 52 字，正书。

1949 年后丰台区出土，现藏丰台区文物管理所。

著录情况：《新出土（一）》（上），第 211 页；（下），第 189、190 页。

明工部文思院某公与孺人倪氏买地券

明弘治辛亥〔弘治四年（1491）〕五月二十五日倪氏卒（某公卒年漫漶）

明嘉靖六年（1527）岁次丁亥五月立

券长、宽均 50 厘米。券文 24 行，满行 23 字，正书。

券来源不详。

按：券文载，茔地在“崇文门外东皋村”。文中提及“□锦衣卫指挥似镇抚司石”等人。

明故诰封陈（鏸）夫人张氏墓志铭

明嘉靖丁亥〔六年（1527）〕夏四月卒

明嘉靖六年（1527）六月十五日葬于都城南北花园先茔之次

盖篆：明故诰封陈夫人张氏之墓

首题：诰封陈夫人张氏墓志铭

光禄大夫柱国少师兼太子太师吏部尚书谨身殿大学士知制诰兼经筵官石淙杨一清撰

光禄大夫柱国少保兼太子太保礼部尚书武英殿大学士知制诰经筵官国史总裁颍川贾詠篆

赐进士出身嘉议大夫吏部左侍郎兼翰林院学士知制诰经筵官国史总裁北海翟銮书

志长 94 厘米，宽 94 厘米，厚 6.5 厘米。盖长 94 厘米，宽 97 厘米，厚 7 厘米。盖文 4 行，满行 3 字，篆书。志文 36 行，满行 40 字，正书。

1949 年后朝阳区出土，现藏朝阳区文物管理所。

著录情况：《新出土（一）》（上），第 212 页；（下），第 191、192 页。

明登仕佐郎鸿胪寺序班静窗华公（琇）暨配孺人俞氏合葬墓志铭

明弘治壬戌〔十五年（1502）〕十二月十九日孺人俞氏卒

明嘉靖丁亥〔六年（1527)〕六月三十日华公卒

明嘉靖六年（1527）七月二十八日合葬于城南东皋村

盖篆：皇明登仕左郎鸿胪寺序班静窗华公暨配孺人俞氏合葬之墓

首题：皇明登仕佐郎鸿胪寺序班静窗华公暨配孺人俞氏合葬墓志铭

赐进士第嘉议大夫太常寺卿掌鸿胪寺事侍经筵前贵州道监察御史合肥魏璄撰

赐进士第奉政大夫通政使司右参议前山东道监察御史古燕孙禬书

赐进士第奉直大夫协洽庶尹鸿胪寺左少卿抚宁王道中篆

志、盖均长63厘米，宽63厘米。盖文5行，满行5字，篆书。志文33行，满行36字，正书。

1949年后丰台区永定门外出土，现藏北京石刻艺术博物馆。

著录情况：《新出土（一)》（上)，第213页；(下)，第192、193页。《馆目》，第155页。《墓拓》，序号170，图版第171页；图版说明，第294页。

明戚畹赠怀远将军锦衣卫指挥同知蒋公（能）暨配封太淑人萧氏合葬墓志铭

明弘治庚申〔十三年（1500)〕六月十有二日蒋能卒

明嘉靖丙戌〔五年（1526)〕七月十有三日萧氏卒

明嘉靖丁亥〔六年（1527)〕十一月初十日从公兆都城南下马社之原

盖篆：皇明戚畹赠怀远将军锦衣卫指挥同知蒋公暨配封太淑人萧氏合葬墓志铭

首题：皇明戚畹赠怀远将军锦衣卫指挥同知蒋公暨配封太淑人萧氏合葬墓志铭

赐进士出身嘉议大夫礼部右侍郎兼经筵日讲官前翰林院学士纂修国史北海翟銮撰

资善大夫太常寺卿兼经筵侍书与修国史玉牒长洲刘棨书

奉敕监修国史知经筵事前提督神机营总兵官掌中军都督府事太师兼太子太师定国公凤阳徐光祚篆

盖左下角残缺。志、盖均长69厘米，宽69厘米。盖文6行，满行5字，篆书。志文34行，满行40字，正书。

1949年后丰台区出土，现藏丰台区文物管理所。

著录情况：《新出土（一)》（上)，第214页；(下)，第193、194页。

明故恩荣寿官张公（玺）墓志铭

明嘉靖丁亥六年（1527）九月念六日卒

明嘉靖六年（1527）十一月十六日葬于祖茔西南一里许

盖篆：恩荣寿官张公墓志铭

首题：恩荣寿官张公墓志铭

赐进士出身前承德郎刑部贵州清吏司署员外郎事主事淮南郭璋撰

赐进士出身奉政大夫兵部职方清吏司郎中同邑赵锦书

赐进士出身承德郎兵部武选清吏司主事任丘李垣篆

志、盖均长69厘米，宽69厘米。盖文3行，满行3字，篆书。志文33行，满行36字，正书。

1990年秋房山区石楼镇坨头村西南出土，现藏房山区文物管理所。

著录情况：《新出土（一）》（上），第215页；（下），第194、195页。

明内官监太监杨公蝀墓志铭

明嘉靖戊子年〔七年（1528）〕甲戌月（九月）癸未日（十四日）卒，寿域在昌平州太平里日照寺之隅

明嘉靖七年（1528）二月一日志

盖篆：明故内官监太监杨公墓志铭

首题：内官监太监杨公墓志铭

赐进士第嘉议大夫太常寺卿提督四夷馆南海杨一渶撰

志右边中部略有残缺。志、盖均长69厘米，宽69厘米，厚8厘米。盖文3行，满行4字，篆书。志文27行，满行27字，正书。

1949年后海淀区出土，现藏海淀区文物管理所。

著录情况：《新出土（一）》（上），第216页；（下），第195、196页。

按：明嘉靖戊子年甲戌月癸未日应为嘉靖七年九月十四日，撰志日在同年二月，二者必有一误。

明奉政大夫户部员外郎李德清（沧）墓志铭

明嘉靖丁亥〔六年（1527）〕冬十月李德清与孺人王氏相继卒

明嘉靖七年（1528）三月甲申（十三日）合葬于密云县之荆栗北原

盖篆：明奉政大夫户部员外郎李德清墓志铭

首题：明奉政大夫户部员外郎李德清墓志铭

皖城吴檄撰

志、盖均长63厘米，宽63厘米，厚7厘米。盖文4行，满行4字，篆书。志文26行，满行27字，正书。

1983年9月密云县河南寨镇中庄村出土，现藏密云县文物管理所。

著录情况：《新出土（一）》（上），第217页；（下），第196页。

明（张玺）故孺人贾氏合葬墓志铭

明嘉靖戊子〔七年（1528）〕三月二十一日卒（张玺卒年未载）

明嘉靖七年（1528）四月二十日合葬于夫君之侧

盖篆：明故孺人贾氏合葬墓志铭

首题：明故孺人贾氏合葬墓志铭

赐进士出身承德郎吏部验封司主事直文渊阁语溪张文宪撰

赐进士出身奉训大夫兵部武选司员外郎欧宁李默书

赐进士出身国子监五经博士沧州李钦昊篆

志长69厘米，宽69厘米。盖长67厘米，宽69厘米。盖文4行，满行3字，篆书。志文29行，满行34字，正书。

1990年秋房山区石楼镇坨头村西南出土，现藏房山区文物管理所。

著录情况：《新出土（一）》（上），第218页；（下），第197页。

明故恩荣官锦衣蓬庵胡先生（阳）墓志铭

明嘉靖七年（1528）四月初九日卒

明嘉靖七年（1528）五月廿六日葬于都城外魏村社之原

盖篆：明故恩荣官锦衣蓬庵胡先生墓志铭

首题：明故恩荣官锦衣蓬庵胡先生墓志铭

赐进士第中顺大夫陕西按察司副使前奉敕整饬固原等处兵备古燕朱冕撰

征仕郎中书舍人直文渊阁预修国史赵郡刘焞书

奉训大夫后军都督府经历恩邑朱胜篆

志长63厘米，宽63厘米，厚10厘米。盖长62厘米，宽62厘米，厚10厘米。盖文4行，满行4字，篆书。志文32行，满行38字，正书。

1949年后朝阳区十八里店乡周家坟出土，现藏朝阳区文物管理所。

著录情况：《新出土（一）》（上），第219页；（下），第198、199页。《墓拓》，序号172，图版第172页；图版说明，第295页。

明故司礼监太监张公（永）墓志铭

明嘉靖七年（1528）冬十二月三十日卒

明嘉靖八年（1529）三月初七日葬于阜成门西香山乡祖茔

盖篆：明故司礼监太监张公墓志铭

首题：明故司礼监□

特进光禄大夫左柱国少师兼太子太师吏部尚书华盖殿大学士知制诰经筵官石淙杨一清撰

荣禄大夫太子太保兵部尚书兼监都察院左都御史侍经筵奉敕提督十二团营军务嘉鱼李承勋篆

奉敕提督神机营兼督十二团营诸军事总兵官掌左军都督府印前节制陕西等处地方兵马太子太傅惠安伯永城张伟书

志右边及左边中部均略有残缺。志、盖均长 80 厘米，宽 80 厘米。盖文 4 行，满行 3 字，篆书。志文 58 行，满行 66 字，正书。

1949 年后海淀区二里沟外贸谈判大楼院内出土，现藏北京石刻艺术博物馆。

著录情况：《新出土（一）》（上），第 220 页；（下），第 199、200、201 页。《馆目》，第 156、157 页。《墓拓》，序号 177，图版第 178 页；图版说明，第 295 页。

明（蒋钦）暨配封太孺人前旌表节妇赵氏合葬墓志铭

明正德丙寅〔元年（1506）〕十二月二十九日卯时蒋钦卒

明嘉靖乙丑〔八年（1529）〕九月十二日午时赵氏卒

明嘉靖八年（1529）十月初三日合葬与阜城关外香山乡祖茔

首题：▨配封太孺人前旌表节妇赵氏合葬墓志铭

▨致仕前都察院右副都御史奉▨

▨等处提刑按察司副使丹阳朱应奎书

▨刑按察司副使奉▨海滨刘效祖篆

右上角残缺。盖佚。志长 66 厘米，宽 65 厘米，厚 11 厘米。志文 37 行，满行 45 字，正书。

1949 年后海淀区出土，现藏海淀区文物管理所。

著录情况：《新出土（一）》（上），第 221 页；（下），第 201、202 页。

明故义官朴庵郭公（俊）墓志铭

明嘉靖己丑〔八年（1529）〕十月十有五日卒

明嘉靖八年（1529）十一月十日葬于香山乡漆园村之地

盖篆：明故义官朴庵郭公墓志铭

首题：明故义官朴庵郭公墓志铭

赐进士出第礼部仪制清吏司主事东安李钦昊撰

赐进士出身文林郎四川道监察御史阳曲段汝砺书

赐进士出身承直郎刑部贵州清吏司主事兰谿程绶篆

志长 62 厘米，宽 62 厘米，厚 9 厘米。盖长 62.5 厘米，宽 63.5 厘米，厚 9 厘米。盖文 4 行，满行 3 字，篆书。志文 28 行，满行 36 字，正书。

1949 年后海淀区出土，现藏海淀区文物管理所。

著录情况：《新出土（一）》（上），第 222 页；（下），第 202，203 页。

明故宜宾县知县曾君（沄）墓志铭

明嘉靖庚寅〔九年（1530）〕二月四日曾沄卒（高孺人卒年未载）

明嘉靖九年（1530）四月二日合葬于都城南吾基高孺人之墓

盖篆：明故宜宾县知县曾君之墓

首题：明故宜宾知县曾君墓志铭

赐进士及第嘉议大夫南京吏部右侍郎前翰林院侍讲学士经筵讲官兼修国史濮阳李廷相撰

赐进士通议大夫都察院右副都御史前奉敕巡抚大同地方赞理军务长沙杨志学书

赐进士第奉政大夫通政使司右参议前山东道监察御史古燕孙禬篆

盖右下角残缺。志长63.5厘米，宽63.5厘米，厚10厘米。盖长63厘米，宽64厘米，厚10厘米。盖文4行，满行3字，篆书。志文30行，满行35字，正书。

1949年后朝阳区架松（今劲松东口南）出土，现藏朝阳区文物管理所。

著录情况：《新出土（一）》（上），第223页；（下），第203、204页。

明故敕封杨孺人卫氏墓志铭

明嘉靖庚寅〔九年（1530）〕六月十四日卒

明嘉靖九年（1530）□月□日祔葬于都城东□□庄先茔之次

盖篆：明故敕封杨孺人卫氏墓志铭

首题：明故敕封杨孺人卫氏墓志铭

征仕郎中书舍人▨

赐进士出身▨

奉政大夫▨

志右边及下边均有残缺。志、盖均长63厘米，宽63厘米，厚10厘米。盖文4行，满行4字，篆书。志文正书30行，满行36字，正书。志文漫漶。

1984年4月通州区马驹桥镇大松垡村东南出土，现藏通州区博物馆。

著录情况：《新出土（一）》（上），第224页；（下），第204、205页。《墓拓》，序号178，图版第179页；图版说明，第295页。

明故中奉大夫山西布政使司右布政使进阶资善大夫汪公墓志铭

明嘉靖庚寅〔九年（1530）〕正月十日卒（元配孟氏先公十年（1520）卒）

明嘉靖九年（1530）庚寅十一月十日合葬郡城西永贵屯之原

盖篆：明故中奉大夫山西布政使司右布政使进阶资善大夫汪公墓志铭

首题：明故中奉大夫山西布政使司右布政使进阶资善大夫汪公墓志铭

赐进士及第嘉议大夫南京吏部右侍郎前翰林院侍讲学士经筵讲官兼修国史濮阳李廷相撰

赐进士出身嘉议大夫通政使侍经筵前兵科都给事中东瀛张瓒书

赐进士第嘉议大夫太常寺卿掌鸿胪寺事侍经筵前贵州道监察御史合肥魏境篆

志左上边略有残缺。志、盖均长78厘米，宽78厘米。志文35行，满行45字，正书。盖文6行，满行5字，篆书。

1949年后通州区出土，现藏通州区博物馆。

明故郭（俊）室于孺人（淑祥）墓志铭

明嘉靖八年（1529）郭俊卒

明嘉靖九年（1530）冬至日（十二月三日）于孺人卒

明嘉靖九年（1530）十二月十六日合葬于阜城关外漆园村祖茔之侧

盖篆：明故郭室于孺人之墓

首题：明故郭室于孺人墓志铭

赐进士大中大夫河东陕西都转运盐使司运使前监察御史淮阳杜旻撰

承务郎通政使司知事直文华殿前鸿胪寺左少卿古燕仝鈛书

赐进士第承德郎工部都水清吏司主事闽同林馥篆

志、盖均长62厘米，宽63厘米，厚10 厘米。盖文3行，满行3字，篆书。志文27行，满行30字，正书。

1949年后海淀区出土，现藏海淀区文物管理所。

著录情况：《新出土（一）》（上），第225页；（下），第205、206页。

明故封锦衣指挥同知陈公（宗）暨配封太淑人刘氏合葬墓志铭

明嘉靖甲申〔三年（1524）〕六月初五日陈公卒

明嘉靖辛卯〔十年（1531）〕七月初一日刘氏卒

明嘉靖十年（1531）八月初三日合葬

盖篆：明故封锦衣指挥同知陈公暨配封太淑人刘氏合葬之墓

首题：明故封□□□□□知陈公暨配封太淑人刘氏合葬墓志铭

赐进士出身□□□□户部尚书侍经筵官食一品□□□七十七岁翁保定杨潭撰

赐同进士出身中顺大夫通政使司左通政前兵科右给事中海岱陈经书

赐进士文林郎陕西道监察御史□□□登庸篆

志右上部略有残缺。志、盖均长70厘米，宽71厘米。盖文5行，满行5字，篆书。志文36行，满行40字，正书。今人于志中刻一象棋盘，下刻“一九八一·八·十一日下午”十字，原字多被损坏。泐字较多。

1949年后北京市出土，具体地点不详。现藏北京石刻艺术博物馆。

著录情况：《新出土（一）》（上），第226页；（下），第206、207页。《馆目》，第151、152页。《墓拓》，序号182，图版第183页；图版说明，第296页。

明故前内官监太监湛庵刘公（璟）墓志铭

明嘉靖辛卯〔十年（1531）〕八月四日卒

明嘉靖十年（1531）九月十一日葬于西直门外冉家庄之原新阡

首题：明故前内官监太监湛庵刘公墓志铭

赐进士资政大夫户部尚书前奉敕提督仓场濮阳李瓒撰

赐进士出身通议大夫兵部左侍郎金华潘希曾书

敕守贵州等处前总兵官右军都督府管府事都督佥事濠梁牛桓篆

盖佚。志长 76 厘米，宽 76 厘米，厚 13 厘米。志文 30 行，满行 36 字，正书。

1949 年后北京市出土，具体地点不详。2001 年 6 月北京市文物局查没。现藏北京石刻艺术博物馆。

著录情况：《新出土（一）》（上），第 227 页；（下），第 207、208 页。

大明诰封锦衣卫指挥使高（荣）室左淑人墓志铭

明嘉靖壬辰〔十一年（1532）〕四月十有一日卒，同年葬于阜城关外池水村祖茔之侧

盖篆：大明诰封锦衣卫指挥使高室左淑人墓志铭

首题：大明诰封锦衣卫指挥使高室左淑人墓志铭

赐进士第前大中大夫河东陕西都转运盐使司运使广阳杜旻撰

赐进士出身中顺大夫陕西苑马寺少卿前兵部郎中古燕王举书

赐进士第奉政大夫山西按察司佥事奉敕督理口北兵备四明钱俊民篆

志、盖均长 64 厘米，宽 64 厘米，厚 9 厘米。盖文 5 行，满行 4 字，篆书。志文 28 行，满行 34 字，正书。

1949 年后海淀区出土，现藏海淀区文物管理所。

著录情况：《新出土（一）》（上），第 228 页；（下），第 208、209 页。

明故御用监右少监赵公（宣）墓志铭

明嘉靖癸巳〔十二年（1533）〕春二月廿有九日卒

明嘉靖十二年（1533）三月十八日葬于▨义会之原

盖篆：明故御用监右少监赵公墓志

首题：明故御用监右少监赵公墓志铭

赐进士出身承德郎刑部湖广清吏司主事慈谿费渊撰文

后军都督府带俸奉敕提督伍千营军务事成国公凤阳朱凤篆盖

征仕郎中书舍人直文华殿广阳张昆书丹

志下部略有残缺。志、盖均长 63.5 厘米，宽 63.5 厘米，厚 9.5 厘米。盖文 4 行，满行 3 字，篆书。志文 30 行，满行 36 字，正书。

1949 年后海淀区出土，现藏海淀区文物管理所。

著录情况：《新出土（一）》（上），第 229 页；（下），第 209、210 页。

明故御马监太监总督东厂官校办事钦改司礼监太监直庵芮公（景贤）墓志铭

明嘉靖癸巳〔十二年（1533）〕秋七月九日卒

明嘉靖十二年（1533）八月二十日葬于香山乡冉家庄之原

盖篆：明故御马监太监总督东厂官校办事钦改司礼监太监直庵芮公之墓

首题：明故御马监太监总督东厂官校办事钦改司礼监太监直庵芮公墓志铭

赐进士及第通议大夫吏部左侍郎兼翰林院学士前詹事府詹事同修国史经筵日讲官专营诰敕会典副总裁昆山顾鼎臣撰文

赐进士出身嘉议大夫户部右侍郎前兼都察院右佥都御史奉敕都督延绥军饷沧州张瓒书丹

左军都督府掌府事奉敕提督神机营兼督十二团营诸军事总兵官敕节制陕西等处地方兵马太子太傅惠安伯永城张伟篆盖

志、盖均长 61.5 厘米，宽 61.5 厘米，厚 9.7 厘米。盖文 6 行，满行 5 字，篆书。志文 44 行，满行 50 字，正书。

1949 年后海淀区出土，现藏海淀区文物管理所。

著录情况：《新出土（一）》（上），第 230 页；（下），第 210、211 页。

明故诰封恭人王（涣）母李氏〔淑正（王铭妻）〕墓志铭

明正德戊寅年〔十三年（1518）〕王铭卒

明正德庚辰年〔十五年（1520）〕七月二十七日李氏卒

明嘉靖十二年（1533）十月二十八日合葬于石婆营之原

盖篆：明故诰封恭人王母李氏之墓

首题：明故诰封恭人王母李氏墓志铭

赐进士第征仕郎侍经筵官刑科给事中前行人司行人秀水沈谧撰

奉敕提督神机营总兵官兼掌右军都督府事太子太傅宣城伯云间卫錞篆

奉敕提督三千营军务总兵官前军都督府管府事前南京协同守备兼掌南京右军都督府事靖远伯陆川王谨书

志断为两块。盖亦断为多块。志长 67 厘米，宽 66 厘米。盖长 68 厘米，宽 66 厘米。盖文 4 行，满行 3 字，篆书。志文 25 行，满行 30 字，正书。

1998 年 5 月 28 日朝阳区石佛营东里首都经贸大学宿舍施工工地出土，现藏朝阳区文物管理所。

著录情况：《新出土（一）》（上），第 231 页；（下），第 211、212 页。

明故中顺大夫镇远府知府靳君（溏）洎配齐氏合葬墓志铭

明嘉靖乙未〔十三年（1534）〕正月朔（一日）靳溏卒〔齐氏二十九年前（1505）卒〕明嘉靖十三年（1534）三月二十二日合葬

盖篆：明故中顺大夫镇远府知府靳君春江暨配齐氏合葬墓志铭

首题：中顺大夫镇远府知府靳君洎配齐氏合葬墓志铭

赐进士第奉政大夫陕西按察司佥事前刑部山西清吏司员外郎筠阳高夔撰

赐进士出身奉政大夫刑部江西清吏司郎中慈豀费渊书

赐进士第文林郎河南开封府知仪封县事遂昌周鲸篆

志、盖均长 55.5 厘米，宽 55.5 厘米，厚 6 厘米。盖文 6 行，满行 4 字，篆书。志文 29 行，满行 33 字，正书。

2002 年 1 月 15 日朝阳区双桥梆子井（三间房大学生公寓）出土，现藏朝阳区文物管理所。

著录情况：《新出土（一）》（上），第 232 页；（下），第 212、213 页。

明故尚衣监太监张公（丙）墓志铭

明嘉靖甲午〔十三年（1534）〕九月十三日卒

明嘉靖十三年（1534）十月廿七日葬于西直关外土城角之原

盖篆：明故尚衣监太监张公墓志铭

首题：明故尚衣监太监张公墓志铭

赐进士第奉政大夫翰林院侍讲学士同修国史玉牒副总裁经筵讲官弋江吴惠撰

承务郎通政使司知事前鸿胪寺左少卿直文华殿古燕仝鈛书

前军都督府掌府事奉敕提督三千营总兵官遂安伯西蜀陈鏸篆

志、盖均长 68 厘米，宽 68 厘米。盖文 4 行，满行 3 字，篆书。志文 34 行，满行 42 字，正书。

1949 年后北京市出土，具体地点不详。现藏北京石刻艺术博物馆。

著录情况：《新出土（一）》（上），第 233 页；（下），第 213，214 页。《馆目》，第 157、158 页。《墓拓》，序号 186，图版第 187 页；图版说明，第 295 页。

明故内官监左少监黄公（庆）墓志铭

明嘉靖靖乙未〔十四年（1535）〕二月二十八日卒

明嘉靖十四年（1535）三月二十二日窀穸于宛平县西直关外香山乡广源闸之原

盖篆：明故内官监左少监黄公志铭

首题：明故内官监左少监黄公墓志铭

赐进士出身前大中大夫河东陕西都转运盐使司运使广阳杜旻撰

承务郎通政使司知事前鸿胪寺左少卿直文华殿古燕仝鈛书

后军都督府管府事武安侯郑刚篆

志长60厘米，宽60厘米，厚9厘米。盖长60厘米，宽63厘米，厚9厘米。盖文4行，满行3字，篆书。志文30行，满行36字，正书。

2002年8月海淀区北洼路摩托罗拉大厦附近出土，现藏北京石刻艺术博物馆。

著录情况：《新出土（一）》（上），第234页；（下），第214、215页。

明故母王（锡卅二）孺人周氏墓志铭

明嘉靖辛卯〔十年（1531）〕八月十六日卒

明嘉靖乙未〔十四年（1535）〕己丑月（十二月）丙申日（十日）辛卯时葬

明嘉靖十四年（1535）乙未十二月初十吉日立

盖篆：明故母王孺人周氏墓志铭

首题：明故母王孺人周氏墓志铭

孤哀子王肃十二泣血拜

孝孙益九立圹记

志为碑形，圆首。长67厘米，宽36厘米，厚2厘米。额文2行，行3至8字不等，正书。志文12行，行11至33字不等，正书。

具体出土时间地点不详。2001年6月北京市文物局查没。现藏北京石刻艺术博物馆。

著录情况：《新出土（一）》（上），第235页；（下），第215、216页。

按：志载，“欑于祖坟山，土名桂泉山”，“卜佳城，作亥山巳向，壬丙三分”。

明（石宝）诰封恭人张氏墓志铭

明辛卯春〔嘉靖十年（1531）〕石宝卒

明嘉靖丙申〔十五年（1536）〕二月二十一日张氏卒

明嘉靖十五年（1536）五月初七日合葬于□□门外东杲村之原

盖篆：皇明诰封恭人锦衣石母张氏墓志铭

首题：皇明诰封恭人张氏墓志铭

赐同进士出身正议大夫资治尹户部左侍郎前吏科都给事中信阳张云撰

赐进士嘉议大夫侍经筵大理寺卿前奉敕巡抚顺天等府地方都察院都御史分宁周期雍书

前军都督府掌府事奉敕提督三千营兼提督十二团营诸军事前奉敕镇守蓟州永平山海等处地方总兵官特进荣禄大夫柱国太子太保遂安伯西蜀陈鏸篆

志左上角残缺。志、盖均长68厘米，宽65厘米。盖文4行，满行4字，篆书。志文31行，满行37字，正书。

1949年后丰台区出土，现藏丰台区文物管理所。

著录情况：《新出土（一）》（上），第236页；（下），第216、217页。

明故张（汝锡）室孺人周氏（惠闲）墓志铭

明嘉靖丙申〔十五年（1536)〕十月十六日卒

明嘉靖十五年（1536）十一月三日葬于都城西玉河乡祖茔之侧

盖篆：明故张室孺人周氏墓志铭

首题：明故张室孺人周氏墓志铭

赐进士出身中顺大夫太常寺少卿直内阁侍经筵预修国史嘉禾张文宪撰

赐进士出身奉议大夫通政使司右参议上海唐国相书

赐同进士出身从仕郎户科给事中武进吴希孟篆

志、盖均长 53.5 厘米，宽 53.5 厘米。盖文 4 行，满行 3 字，篆书。志文 24 行，满行 30 字，正书。

1949 年后北京市出土，具体地点不详。现藏北京石刻艺术博物馆。

著录情况：《新出土（一)》(上)，第 237 页；(下)，第 217 页。《馆目》，第 158 页。

明嘉靖十五年某公迁葬志

明嘉靖十五年（1536）闰十二月初九日奉敕修建茔域迁葬于顺天府大兴县魏村社之原

首行题：嘉靖十五年闰十

券为砖质，长、宽均 48 厘米。券左侧边缘中部有半个道教符箓。券文 7 行，满行 9 字，正书。

具体出土时间地点不详。现藏首都博物馆。

按：志载，茔域为奉敕修建，在“顺天府大兴县魏村社之原，东至大道，西至韩家坟，南至大河北至官道”。

本书收录葬于“魏村社”的墓志或地券种 7 种，即：

1.“明诰封太宜人刘（丸）母王氏墓志铭”，明嘉靖四年（1525）三月一日葬于都城南魏村社，朝阳区劲松华威小区出土，现藏北京石刻艺术博物馆。

2.“明故恩荣官锦衣蓬庵胡先生（阳）墓志铭”，明嘉靖七年（1528）五月廿六日葬于都城外魏村社之原，朝阳区十八里店乡周家坟出土，现藏朝阳区文物管理所。

3.“明嘉靖十五年某公迁葬志”，明嘉靖十五年（1536）闰十二月初九日奉敕修建茔域迁葬于顺天府大兴县魏村社之原，具体出土时间地点不详，现藏现藏首都博物馆。

4.“明故敕封修职郎太医院御医顺庵任公（鼐）墓志铭”，明嘉靖二十九年（1550）十一月十三日葬于魏村社八里庄，朝阳区出土，现藏朝阳区文物管理所。

5.“大明故奉政大夫太医院使金公（谅）墓志铭”，明成化十六年（1480）四月二十二日葬于魏村社，2002 年 8 月丰台区十里河桥西南出土，现藏北京石刻艺术博物馆。

6.“明故徐（穆）室孺人石氏墓志铭”，明嘉靖三十四年（1555）十一月初九日营葬于都城南魏村社祖茔之次，1983 年 5 月 28 日丰台区南苑镇成寿寺大队三队出土，现藏丰台区文物管理所。

7．“皇明诰封武略将军锦衣卫副千户一峰李公（琦）墓志铭”，明隆庆六年（1572）十月二日葬于都城东魏村社之原，北京市出土，具体地点不详，现藏北京石刻艺术博物馆。

这 7 种墓志，除 2 种出土地不详外，其中 3 种出土地在朝阳区，2 种在丰台。魏村社，应在今丰台区或朝阳区交界处即三环路东南角一带。

明总督东厂司设监太监毕公（云）墓志铭

明嘉靖丁酉〔十六年（1537）〕仲春（二月）四日卒

明嘉靖十六年（1537）三月日葬于都城阜成门外香山乡之原

首题：总督东厂司设监太监毕公墓志铭

赐进士光禄大夫柱国少傅兼太子太师吏部尚书华盖殿大学士知制诰经筵官国史会典总裁河间李时撰

赐进士出身嘉议大夫吏部左侍郎兼翰林院学士经筵日讲官国史副总裁华阳温仁和书

后军都督府掌府事奉敕提督五军营兼提督十二团营诸军事总兵官知经筵光禄大夫左柱国太师兼太子太师武定侯凤阳郭勋篆

盖佚。志长、宽均 65 厘米。志文 38 行，满行 45 字，正书。

1949 年后海淀区静明园内（今香山饭店）出土，现藏北京石刻艺术博物馆。

著录情况：《新出土（一）》（上），第 238 页；（下），第 218、219 页。《馆目》，第 158、159 页。《墓拓》，序号 188，图版第 189 页；图版说明，第 297 页。

明诰封宜人李氏（淑贞）墓志铭

明嘉靖丁酉〔十六年（1537）〕六月二十一日卒

明嘉靖十六年（1537）九月六日葬于都城西香山乡钓鱼台之原

盖篆：明诰封宜人李氏墓志铭

首题：明诰封宜人李氏墓志铭

赐进士出身资政大夫吏部尚书兼武英殿大学士知制诰经筵官国史会典总裁北海翟銮撰文

赐进士通议大夫都察院左副都御史前翰林院修撰经筵讲官兼修国史汲郡张衍庆书丹

赐进士及第奉直大夫太子洗马前翰林院侍讲经筵讲官固安杨维杰篆盖

盖左上、下角及右下角均略有残缺。志长 64 厘米，宽 64 厘米，厚 11 厘米。盖长 64 厘米，宽 65 厘米，厚 10 厘米。盖文 4 行，满行 3 字，篆书。志文 28 行，满行 31 字，正书。

1949 年后海淀区出土，现藏海淀区文物管理所。

著录情况：《新出土（一）》（上），第 239 页；（下），第 219 页。

明泾简王（朱佑橓）妃曹氏圹志

明嘉靖九年（1530）八月初四日卒，葬于山东沂州蒙山

明嘉靖十六年（1537）后迁葬，与王合葬于京师西山

首题：大明泾简王妃圹志

盖佚。志长、宽均 63 厘米。志文 17 行，满行 22 字，正书。

1980 年石景山区八大处（今北京工人疗养院）出土，现藏北京石刻艺术博物馆。

著录情况：《新出土（一）》（上），第 241 页；（下），第 221 页。《馆目》，第 157 页。《墓拓》，序号 180，图版第 181 页；图版说明，第 296 页。

按：迁葬年不详，志载与泾简王合葬，据《明史·诸王志》，泾简王卒于明嘉靖十六年，妃葬年当在其年后。

▨林氏合葬墓志铭

明嘉靖丁酉〔明嘉靖十六年（1537）〕后

首题：▨林氏合葬墓志铭

□进士出身资政大夫工部尚书前都察院右副都御史奉敕总督南京粮储古燕文明书

□进士第嘉议大夫通政使司通政前都察院右副都御史奉敕巡抚辽东地方兼赞理军方古燕孙禬篆

□进士出身□治□正□大夫掌詹事府事吏部左侍郎兼翰林院学士□筵□日讲官纂□□玉牒会典副总裁华亭孙承恩撰

盖佚或失拓。志长 76 厘米，宽 75.5 厘米，厚 11 厘米。首题漫漶，志左部及下方漫漶残损，后若干行漫漶无法辨认行数。志文残存 23 行，正书。

现藏崇文区文管所。

按：林氏，朱处士鉴妻、朱天奉母。

明故乡进士儿宁平墓志铭

明嘉靖十年（1531）五月十七日卒

明嘉靖十七年（1538）二月二十八日葬于蓟州西花乡许家台羊角山之阳

盖篆：明故乡进士儿宁平墓志铭

首题：明故乡进士儿宁平墓志铭

▨朝列大夫七□翁□□垂泣书

志左上角残缺。志长 53 厘米，宽 53 厘米，厚 10 厘米。志文 29 行，满行 31 字，正书。1987 年 5 月后通州区永顺镇芦庄村北财政学校出土，现藏通州区博物馆。

著录情况：《新出土（一）》（上），第 242 页；（下），第 221、222 页。

明〼军锦衣指挥使高公（荣）配淑人左氏合葬墓志铭

明嘉靖乙未〔十四年（1535）〕九月十□卒

明嘉靖〔十七年（1538）〕九月二十六日合葬于阜城关外池水村祖茔

首题：〼军锦衣指挥使高公配淑人左氏合葬墓志铭

〼大夫河东陕西都转运盐使司运使前监察御史广阳杜旻撰

〼翰林院编修国史经筵讲官分宜彭奉书

〼大理寺左评事新建魏良贵篆

上部及左边均有残缺。盖佚。志残长 43 厘米，宽 59.5 厘米，厚 9 厘米。志文 30 行，行残存 9 至 30 字不等，正书。

1949 年后海淀区出土，现藏海淀区文物管理所。

著录情况：《新出土（一）》（上），第 240 页；（下），第 220、221 页。

按：据志文中“停柩三越岁”，“周年丁酉日……葬”推知葬日在明嘉靖十七年（1538）九月后的丁酉日即明嘉靖十七年（1538）九月二十六日。

明〼定边卫指挥佥事纯庵王公（刚）墓志铭

明嘉靖己亥〔(十八年(1539)〕闰七月初八日巳时卒

明嘉靖庚子〔十九年(1540)〕二月二十一日葬于新城西门外祖原

首题：〼定边卫指挥佥事纯庵〼

赐进士出身翰林院侍讲校正国史御文经筵庐陵前冈胡经书

赐进士出身翰林院右赞善兼检讨预修圣御文丰城刎斋郭希颜撰

赐进士出身承德郎礼部祠祭清吏司郎中前翰林院庶吉士南昌蒙溪张鳌篆

志左下边略有残缺。盖佚。志长 62 厘米，宽 62 厘米，厚 10 厘米。志文 25 行，满行 31 字，正书。

1995 年 5 月通州区梨园镇将军坟出土，现藏通州区博物馆。

著录情况：《新出土（一）》（上），第 243 页；（下），第 222、223 页。

大明故神宫监右少监台村杜公（江）墓志铭

明嘉靖二十年（1541）八月初二日卒

明嘉靖二十年（1541）九月初一日葬于京城西宛平县香山乡广源闸之原

盖篆：大明故神宫监右少监台村杜公墓志铭

首题：大明故神宫监右少监台村杜公墓志铭

赐进士第翰林院检讨征仕郎同修国史经筵官四明全元立撰

承直郎中书舍人直文渊阁预修国史侍经筵官高邮孙□书并篆

志上边及右上边均略有残缺。志、盖均长 69 厘米，宽 69.5 厘米，厚 12 厘米。盖文 4 行，满行 4 字，篆书。志文 36 行，满行 42 字，正书。

1949 年后海淀区出土，现藏海淀区文物管理所。

著录情况 :《新出土（一)》(上)，第 244 页 ;(下)，第 223、224 页。

明武庙（朱厚照）荣淑贤妃沈氏圹志

明嘉靖二十一年（1542）五月十七日巳时薨逝

明嘉靖二十一年（1542）十月二十六日葬于金山之原

盖篆 : 大明武庙荣淑贤妃沈氏圹志

首题 : 武庙荣淑贤妃沈氏圹志

志、盖均长 62 厘米，宽 62 厘米，厚 13 厘米。盖文 4 行，满行 3 字，篆书。志文 23 行，满行 29 字，正书。

1949 年后海淀区出土，现藏海淀区文物管理所。

著录情况 :《新出土（一)》(上)，第 245 页 ;(下)，第 224 页。

明御马监太监岐山刘公（玉）墓志铭

明嘉靖癸卯〔二十二年（1543)〕八月十三日巳时卒

明嘉靖二十二年（1543）九月一日葬于城东三里屯乡新兆

盖篆 : 皇明御马监太监岐山刘公墓志铭

首题 : 皇明御马监太监岐山刘公墓志铭

赐进士出身前都察院都御史刑部尚书吴江吴山撰

荣禄大夫前军都督府应城伯凤阳孙永爵书并篆

志、盖均长 60 厘米，宽 60 厘米。盖文 4 行，满行 4 字，篆书。志文 32 行，满行 38 字。正书。

1949 年后朝阳区三里屯（今工人体育场）出土，现藏北京石刻艺术博物馆。

著录情况 :《新出土（一)》(上)，第 246 页 ;(下)，第 224、225 页。《墓拓》，序号 200，图版第 201 页 ; 图版说明，第 298 页。《馆目》，第 159、160 页。

明故神宫监太监刘公（浚）墓志铭

明嘉靖二十三年（1544）六月二十九日卒

明嘉靖二十三年（1544）七月二十四日葬于阜城关之四里原

盖篆 : 明故神宫监太监刘公墓志铭

首题 : 明故神宫监太监刘公墓志铭

奉直大夫礼部主客清吏司员外郎阳曲郭俊撰

承德郎礼部仪制清吏司主事西蜀刘延年书

武举团营立威营坐营大宁中卫署都指挥佥事山后王宁篆

志长 55 厘米，宽 55 厘米，厚 12.5 厘米。盖长 56 厘米，宽 55 厘米，厚 12.5 厘米。

盖文 4 行，满行 3 字，篆书。志文 28 行，满行 34 字，正书。

2002 年 10 月海淀区铁家坟玉阜嘉园东出土，现藏北京石刻艺术博物馆。

著录情况：《新出土（一）》（上），第 247 页；（下），第 225、226 页。

明诰封太宜人（葛华之配）张氏墓志铭

明己丑〔嘉靖八年（1529）〕葛华卒

明嘉靖甲辰〔二十三年（1544）〕六月二十有七日张氏卒

明嘉靖二十三年（1544）九月二十有五日合葬于都城北常家庄之原

首题：大明诰封太宜〼

赐进士第通议大夫□□□□郎前南京吏部侍郎太常寺卿掌祭酒事经筵日讲官兼修文官诰敕东郡许成名撰

赐进士出身资政大夫工部尚书掌通政使司事侍经筵食一品俸涞阳郑绅书

赐进士第资政大夫户部尚书奉敕总提督仓场兼督理西苑农事海岱陈经篆

盖佚。志文右部有若干字残。志长 70.5 厘米，宽 70 厘米。志文 32 行，满行 36 字，正书。

1949 年后北京市出土，具体地点不详。现藏北京石刻艺术博物馆。

著录情况：《新出土（一）》（上），第 248 页；（下），第 226、227 页。《馆目》，第 160、161 页。《墓拓》，序号 200，图版第 201 页；图版说明，第 298 页。

明归善公主圹志盖

明嘉靖二十三年（1544）卒

盖篆：大明归善公主圹志

左下角残缺。志佚。盖长 61 厘米，宽 61.5 厘米，厚 13 厘米。盖文 3 行，满行 3 字，篆书。

1949 年后海淀区出土，现藏海淀区文物管理所。

著录情况：《新出土（一）》（上），第 249 页；（下），第 227、228 页。

按：据《明史 · 归善公主传》，公主于明嘉靖二十三年（1544）薨。

明故昭勇将军府军左卫指挥使松岩张公（傅）暨配淑人董氏合葬墓志铭

明嘉靖乙巳二十四年（1545）闰正月十三日张公卒（董氏先卒，卒年未载）

明嘉靖二十四年（1545）二月初九日葬于都城西寿安山祖茔之次

盖篆：明故昭勇将军府军左卫指挥使松岩张公暨配淑人董氏合葬墓志铭

首题：明故昭勇将军府军左卫指挥使松岩张公暨配淑人董氏合葬墓志铭

修职佐郎国子监典簿邯郸谢应允撰

登仕佐郎前史馆预修国史侍经筵鸿胪寺序班广阳王元吉书

昭勇将军永清左卫掌卫事指挥使凤阳赵辉篆

志长64厘米，宽63.5厘米，厚9厘米。盖长64厘米，宽64.5厘米，厚9.5厘米。盖文6行，满行5字，篆书。志文28行，满行32字，正书。

1998年6月25日海淀区北京植物园扦插池工地出土，现藏海淀区文物管理所。

著录情况：《新出土（一）》（上），第250页；（下），第228、229页。

明故明威将军指挥佥事南畦樊公（靖）墓志铭

明嘉靖乙巳〔二十四年(1545)〕二月二十五日亥时卒

明嘉靖乙巳〔二十四年(1545)〕夏四月朔日（一日）撰文或勒铭

明嘉靖二十四年(1545)四月八日厝州之城南田家务

盖篆：故明威将军指挥佥事南畦樊公墓志铭

首题：故明□□军指挥佥事南畦樊公墓志铭

赐进士□身左春坊太子左司直兼翰林院检讨国史经筵官永丰吕怀撰文

赐进士第奉政大夫光禄寺少卿郡人李錞书丹

赐进士出身奉政大夫礼部主客清吏司郎中三河王楠篆盖

志、盖均长70厘米，宽70厘米，厚11厘米。盖文4行，满行4字，篆书。志文36行，满行38字，正书。

1995年5月通州区梨园镇将军坟出土，现藏通州区博物馆。

著录情况：《新出土（一）》（上），第251页；（下），第229、230页。

明故太学生曾景畴（洪）配孺人王氏（淑清）墓志铭

明嘉靖乙巳〔二十四年（1545）〕五月二十六日卒

明嘉靖二十四年（1545）六月十二日祔葬于都城南大吾基之赐兆

盖篆：明故太学生曾景畴配孺人王氏之墓

首题：明故太学生曾景畴配孺人王氏墓志铭

赐进士出身承直郎兵部职方司主事前翰林院庶吉士锡山夏子开撰

文林郎大理寺左评事赐四品服直文渊阁制敕房预修国史玉牒经筵官昌黎王槐书

登仕郎鸿胪寺署丞直内阁预修国史献陵李中篆

志长46厘米，宽46厘米，厚9厘米。盖长47厘米，宽47厘米，厚8.5厘米。盖文5行，满行3字，篆书。志文24行，满行29字，正书。

1949年后朝阳区架松（今劲松东口南）出土，现藏朝阳区文物管理所。

著录情况：《新出土（一）》（上），第252页；（下），第230、231页。

明故北川张公（瀚）墓志铭

明嘉靖乙巳〔二十四年（1545）〕七月初二日卒

明嘉靖二十四年（1545）九月初十日迁葬祖圹之侧

盖篆：明故北川张公墓志铭

首题：明故北川张公墓志铭

赐进士出身承职郎刑部陕西司主事清洛程绅撰文

赐进士出身中宪大夫广西等处提刑佥事前湖广道监察御史新昌俞则全书丹

锦衣卫昭勇将军都指挥同知淮阳杜承宗篆盖

志长 62 厘米，宽 61 厘米。盖长 62 厘米，宽 62 厘米。盖文 3 行，满行 3 字，篆书。志文 27 行，满行 33 字，正书。

1990 年秋房山区石楼镇坨头村西南出土，现藏房山区文物管理所。

著录情况：《新出土（一）》（上），第 253 页；（下），第 231、232 页。

明故御马监左监丞勉轩韦公（英）墓志铭

明嘉靖二十五（1546）三月二十六日卒

明嘉靖二十五（1546）四月十一日葬于崇文门外十里河会地之原

盖篆：明故御马监左监丞勉轩韦公墓志铭

首题：明故御马监左监丞勉轩韦公墓志铭

赐进士第奉训大夫国子监司业前翰林院侍读学士经筵日讲官同修国史秀水李本撰

儒林郎中书科中书舍人乾宁任廷弼书

文华殿直登仕佐郎鸿胪寺序班古燕韩寅篆

盖右上角及右下部残缺，志左右边缘处残缺。志长 63 厘米，宽 63 厘米，厚 9 厘米。盖长 63.5 厘米，宽 63 厘米，厚 9.5 厘米。盖文 4 行，行 4 字，篆书。志文 27 行，满行 36 字，正书。

2003 年 11 月 27 日征集自朝阳区肿瘤医院南，现藏北京石刻艺术博物馆。

按：韦公本姓郜，讳谟，七岁入宫后托籍于太监韦公，遂姓韦，改名英。

明故周（鸣卿）宜人徐氏（淑贤）墓志铭

明嘉靖丙午〔二十五年（1546）〕七月二十三日卒

明嘉靖二十五年（1546）八月十二日窆于京北昌平州祖茔之次

盖篆：明故周宜人徐氏墓志铭

首题：明故周宜人徐氏墓志铭

赐进士出身通议大夫礼部左侍郎前南京吏部右侍郎国子监祭酒翰林院学士同修国史经筵日讲官并管文官诰敕东郡许成名撰

赐进士第通议大夫吏部左侍郎兼翰林院学士会典副总裁纂修玉牒国史经筵讲官前右春坊太子谕德长沙张治书

后军都督府管理红盔将军直禁廷南宁伯古汴毛重器篆

志左部有残损，部分文字缺失漫漶。盖镌字面有少部分风化、剥蚀。志长 69 厘米，宽 69 厘米。盖长 69 厘米，宽 68 厘米。盖文 4 行，满行 3 字，篆书。志文 34 行，满行 40 字，正书。

1988 年昌平区马池口镇白浮村出土，现藏昌平区文物管理所。

著录情况：《新出土（一）》（上），第 254 页；（下），第 232、233 页。

明故张（桐）母杨孺人墓志铭

明嘉靖丁未〔二十六年（1547）〕秋八月二十二日卒

明嘉靖二十六年（1547）闰九月四日与先卒之北川公合葬

盖篆：明故张母杨孺人墓志铭

首题：明故张母杨孺人墓志铭

赐进士出身中宪大夫前通政使司右通政翰林院庶吉士上党郭秉聪撰

赐进士第承德郎刑部四川清吏司署员外郎主事丹阳朱应奎书丹

赐进士第承德郎户部山西清吏司主事新城崔巽篆盖

志长 54 厘米，宽 55 厘米。盖长 53 厘米，宽 56 厘米。盖文 4 行，满行 3 字，篆书。志文 22 行，满行 30 字，正书。

1990 年秋房山区石楼镇坨头村西南出土，现藏房山区文物管理所。

著录情况：《新出土（一）》（上），第 255 页；（下），第 233 页。

按：杨孺人，张瀚妻，张桐母。据《明故北川张公（瀚）墓志铭》，北川张公，名翰，明嘉靖二十四年（1545）七月二日卒，明嘉靖二十四年（1545）九月十日迁葬祖圹之侧。

明故直庵处士王公（孝）配董氏合葬墓志铭

明嘉靖十六年（1537）五月十二日王公卒

明嘉靖二十六年（1547）闰九月五日董氏卒

明嘉靖二十六年（1547）闰九月二十五日合葬于邓村先茔之次

盖篆：明故直庵处士王公配董氏合葬墓志铭

首题：明故直庵处士王公配董氏合葬墓志铭

赐进士第朝列大夫陕西布政使司右参议东安李钦昊撰

赐进士第奉直大夫前南京户部河南司郎中平谷王锐篆

赐武进士第钦差提督京城内外巡捕参将署都指挥佥事淮海陈善书

志上边略有残缺。盖上边亦有残缺。志、盖均长 63 厘米，宽 61.5 厘米。盖文 4 行，满行 4 字，篆书。志文 28 行，满行 34 字，正书。

1985 年 7 月 23 日丰台区南苑镇木樨园农贸市场出土，现藏丰台区文物管理所。

著录情况：《新出土（一）》（上），第 256 页（下），第 234 页。

明故署惜薪司事官西峰阎公（绶）之墓志铭

明嘉靖戊申〔二十七年（1548）〕一月九日卒

明嘉靖二十七年（1548）二月初八日葬于阜城郊之西义会寿藏

盖篆：明故署惜薪司事官西峰阎公之墓志铭

首题：明故署惜薪司事官西峰阎公之墓志铭

赐进士出身中宪大夫辽东行太仆寺左少卿致仕江都萧海撰

赐进士出身工部虞衡司主事长洲查懋昌书

特进荣禄大夫柱国后军都督府兴安伯大冶徐梦旸篆

志长 61 厘米，宽 63 厘米，厚 12.5 厘米。盖长 62.5 厘米，宽 63 厘米，厚 12.5 厘米。盖文 4 行，满行 4 字，篆书。志文 29 行，满行 34 字，正书。

1999 年 7 月 21 日海淀区北京轻工业学院出土，现藏海淀区文物管理所。

著录情况：《新出土（一）》（上），第 257 页；（下），第 235 页。

明故神宫监太监郑公（恭）墓志铭

明嘉靖戊申〔二十七年（1548）〕三月三日卒

明嘉靖二十七年（1548）三月二十五日葬于都城之西北谓吾村之原

盖篆：明故神宫监太监郑公墓志铭

首题：明故神宫监太监郑公墓志铭

志、盖均长 46.4 厘米，宽 46.4 厘米，厚 9 厘米。盖文 4 行，满行 3 字，篆书。志文 25 行，满行 32 字，正书。

1990 年后海淀区城乡贸易中心东侧出土，现藏海淀区文物管理所。

著录情况：《新出土（一）》（上），第 258 页；（下），第 235、236 页。

明故武略将军龙骧卫副千户徐公（瓒）暨配宜人杜氏墓志铭

明正德乙亥〔十年（1515）〕一月二十六日杜氏卒

明嘉靖戊申〔二十七年（1548）〕九月十五日徐公卒

明嘉靖二十七年（1548）十月初八日葬于宣武关王匠□祖茔之次

首题：明故武略将军龙骧卫副千户徐公暨配宜人杜氏墓志铭

赐进士出身通议大夫通政使司通政使加二品俸直文渊阁侍经筵同修国史玉牒嘉禾张文宪撰

赐进士第嘉议大夫都察院左副都御史前奉敕提督南京操江兼巡江北通杨行中书

明威将军锦衣卫管卫事指挥佥事前充整顿卤薄兼防护属车使庚辰武举山阳杜承宗篆

志左上角及上边、右下角及下边均有残缺。盖佚。志长 62 厘米，宽 61.5 厘米。志文 33 行，满行 42 字，正书。

1949 年后丰台区出土，现藏丰台区文物管理所。

著录情况：《新出土（一）》（上），第 259 页；（下），第 236、237 页。

明故武举指挥佥事靳公（渊）暨配恭人杨氏墓志铭

明正德三年（1508）戊辰五月二十五日靳公卒

明嘉靖丁未〔二十六年（1547）〕五月二十三日杨氏卒

明嘉靖己酉〔二十八年（1549）〕四月十日合葬

盖篆：明故武举指挥佥事靳公暨配恭人杨氏墓志铭

首题：明故武举指挥佥事靳公暨配恭人杨氏墓志铭

赐进士出身南京刑部湖广清吏司主事海宁蔡用义撰

赐进士出身户部湖广清吏司主事古徐朱乾亨书

赐进士第观都察院政平阳张来征篆盖

志长 63 厘米，宽 64 厘米。盖长 63 厘米，宽 63 厘米。盖文 5 行，满行 4 字，篆书。志文 33 行，满行 38 字，正书。

2002 年 1 月 15 日朝阳区双桥梆子井（三间房大学生公寓）出土，现藏朝阳区文物管理所。

著录情况：《新出土（一）》（上），第 260 页；（下），第 237、238、239 页。

明故司礼监太监春轩崔公（景）墓志铭

明嘉靖己酉〔二十八年（1549）〕四月十六日卒

明嘉靖二十八年（1549）五月二十七日葬于阜成门关外两家店之原

首题：明故司礼监太监春轩崔公墓志铭

特进光禄大夫柱国少师兼太子太师吏部尚书华盖殿大学士袁郡严嵩撰

赐进士出身嘉议大夫吏部左侍郎兼翰林院学士掌詹事府事前南京国子监祭酒司业国史编修经筵官泰和欧阳德书

特进荣禄大夫太傅兼太子太傅成国公奉敕提督五军十二团营诸军务总兵官掌右军都督府事前奉敕挂印充都扈副将军掌行在左军都督府事古濠朱希忠篆

盖佚。志长 78 厘米，宽 78 厘米，厚 15 厘米。志文 34 行，满行 45 字，正书。

1949 年后海淀区出土，现藏海淀区文物管理所。

著录情况：《新出土（一）》（上），第 261 页；（下），第 239 页。

明文林郎馆陶知县麟湖朱先生（时叙）墓志铭

明嘉靖二十八年（1549）十二月二十六日卒

明嘉靖二十九年（1550）二月十七日葬于崇文门外东皋村

首题：文林郎馆陶知县麟湖朱先生墓志铭

赐进士出身河南道监察御史前南京刑部主事阮鹗撰

赐进士出身户部云南司主事杨震书

大理寺左寺左寺副管中书舍人事刘光篆

盖佚。志长57厘米，宽57厘米，厚5.5厘米。志文23行，满行29字，正书。

现藏崇文区文管所。

明诰封太中大夫两淮都转运盐使司运使推庵高公（恕）墓志铭

明嘉靖己酉〔二十八年（1549）〕十一月十一日卒〔李淑人先公十二年（1537）卒〕

明嘉靖二十九年（1550）三月八日合葬于阜成门外香山乡钓鱼台之原

盖篆：明诰封太中大夫两淮都转运盐使司运使推庵高公之墓

首题：□□□□中大夫两淮都转运盐使司运使推庵高公墓□铭

赐进士出身通议大夫通政使司通政使加从二品俸直文渊阁侍经筵与修国史玉牒嘉禾张文宪撰

赐进士中大夫光禄寺卿前太常寺少卿提督四夷馆奉使琉球钦给一品服色北京东玉高澄书

赐进士第通奉大夫湖广等处承宣布政使司右布政使前翰林庶吉士监察御史郡人明山连镳篆

志右边及上、下角均略有残缺。志、盖均长71.5厘米，宽71.5厘米，厚19厘米。盖文5行，满行5字，篆书。志文32行，满行42字，正书。

1949年后海淀区出土，现藏海淀区文物管理所。

著录情况：《新出土（一）》（上），第262页；（下），第240、241页。

大明戚畹明威将军锦衣指挥佥事南山马公（循）墓志铭

明嘉靖二十九年庚戌（1550）四月二十一日卒

明嘉靖二十九年（1550）闰六月十一日葬于西山太平领，盖祔祖原，礼也

首题：大明戚畹明威将军锦衣指挥佥事南山马公墓志铭

赐进士中顺大夫詹事府少詹事兼翰林院学士知制诰国史会典总裁前两京国子监祭酒余姚李本撰

赐进士第中宪大夫顺天府府丞前光禄寺少卿武乡窦一桂书

赐进士及第翰林院侍讲国史编修官同修大明会典浚仪刑一凤篆

左边略有残缺。盖佚。志长、宽均69厘米。志文34行，满行40字，正书。

1949年后丰台区出土，现藏丰台区文物管理所。

著录情况：《新出土（一）》（上），第263页；（下），第241、242页。

明故敕封修职郎太医院御医顺庵任公（藼）墓志铭

明嘉靖庚戌〔二十九年（1550）〕八月十三日任公卒〔王氏先公十年（1540）卒〕

明嘉靖二十九年（1550）十一月十三日与孺人王氏合葬于魏村社八里庄祖茔之次

盖篆：明故敕封修职郎太医院御医顺庵任公墓志铭

首题：明故敕封修职郎太医院御医顺庵任公墓志铭

赐同进士出身兵部职方清吏司主事古魏申旞撰

赐进士第征仕郎工科给事中古瀛马汝松书丹

赐进士第征仕郎户科给事中同郡戴才篆额

志、盖均长68厘米，宽68厘米，厚12厘米。盖文5行，满行4字，篆书。志文27行，满行30字，正书。

1949年后朝阳区出土，现藏朝阳区文物管理所。

著录情况：《新出土（一）》（上），第264页；（下），第242、243页。

明故戚畹昭勇将军锦衣卫指挥使西坞钱公（维垣）墓志铭

明嘉靖辛丑〔二十年（1541）〕十二月十二日卒

明嘉靖辛亥〔三十年（1551）〕二月二十七日葬于香山乡祖茔之次

盖篆：明故戚畹昭勇将军锦衣卫指挥使西坞钱公墓志铭

首题：明故戚畹昭勇将军锦衣卫指挥使西坞钱公墓志铭

赐进士出身资政大夫工部尚书掌通政使司事致仕涞阳郑绅撰

敕进荣禄大夫柱国太傅兼太子太傅宗仁府掌府事驸马都尉京山侯奉敕纂修玉牒雁门崔元书

前奉敕镇守蓟州永平山海等处地方提督三千营兼十二团营诸军务总兵官前军都督府掌府事留守北京特进荣禄大夫柱国少保兼太子太傅遂安伯西蜀陈鏸篆

志、盖均长76.5厘米，宽76.5厘米，厚14厘米。盖文6行，满行4字，篆书。志文32行，满行40字，正书。

1949年后海淀区出土，现藏海淀区文物管理所。

著录情况：《新出土（一）》（上），第265页；（下），第243、244页。

按：钱维垣，为钱承宗子。

明故戚畹陈（西溪）夫人张氏墓志铭

明嘉靖壬子〔三十一年（1552）〕正月初三日卒

明嘉靖三十一年（1552）七月二十九日葬于都城西翠微山祖茔之侧

盖篆：明故戚畹陈夫人张氏墓志铭

首题：明故戚畹陈夫人张氏墓志铭

赐进士及第嘉议大夫太常寺卿管国子监祭酒事前左春坊左庶子兼翰林院侍讲学士掌院事□□会典国史高安吴山撰

赐进士出身嘉议大夫工部左侍郎前都察院左副都御史康郡梁尚德书

太子太保特进光禄大夫柱国赐会武第掌锦衣卫事后军都督府左都督奉敕提督缉事侍经筵前充扈跸使平湖陆炳篆

志长 71.5 厘米，宽 71.5 厘米，厚 10 厘米。盖长 70 厘米，宽 70 厘米，厚 10 厘米。盖文 4 行，满行 3 字，篆书。志文 31 行，满行 40 字，正书。

1949 年后海淀区出土，现藏海淀区文物管理所。

著录情况：《新出土（一）》（上），第 266 页；（下），第 244、245 页。

明故戚畹昭勇将军锦衣指挥使东皋阎公（纪）墓志铭

明嘉靖己酉〔二十八年（1549）〕□月三日卒

明嘉靖三十二年（1553）三月八日葬于都城宣武关外白纸坊青草之坞

盖篆：明故戚畹昭勇将军锦衣指挥使东皋阎公墓志铭

首题：明故戚畹昭勇将军锦衣指挥使东皋阎公墓志铭

赐进士出身通议大夫通政使司通政使加二品俸直文渊阁侍经筵预修国史玉牒嘉禾张文宪撰

前奉敕提督西官厅听征总兵官中军都督府管府事柱国抚宁侯睢易朱岳书

赐进士第中宪大夫太常寺少卿提督四夷馆前通政使司右参议历兼吏礼二科都给事中掌科事侍经官筵桐城李凤来篆

志、盖均长 63 厘米，宽 63 厘米。盖文 4 行，满行 5 字，篆书。志文 29 行，满行 30 字，正书。

1949 年后北京市出土，具体地点不详。现藏北京石刻艺术博物馆。

著录情况：《新出土（一）》（上），第 267 页；（下），第 245、246 页。《馆目》，第 161、162 页。《墓拓》，序号 212，图版第 213 页；图版说明，第 300 页。

明户部主事□公妻万氏墓志铭

明嘉靖癸丑〔三十二年（1553）〕六月十一日卒

明嘉靖三十二年（1553）八月一日葬于京南祖茔之次

盖佚。志长、宽均 56 厘米。志文 30 行，满行 36 字，正书。志文漫漶，首题不详。中间残缺。

具体出土时间地点不详。2001 年顺义区发现，现藏北京石刻艺术博物馆。

著录情况：《新出土（一）》（上），第 268 页；（下），第 246 页。

明封武定侯（郭守乾）夫人谭氏墓志铭

明嘉靖癸丑〔三十二年（1553）〕七月五日卒

明嘉靖三十二年（1553）八月二十八日葬于西直门外广源闸祖茔之次

盖篆：明封武定侯夫人谭氏墓志铭

首题：明封武定侯夫人谭氏墓志铭

赐进士出身通议大夫工部右侍郎加二品俸直文渊阁侍经筵同修国史玉牒嘉禾张文宪撰

文林郎河南偃师县知县古燕杜承绪书

后军都督府管府事襄城伯庐陵李应臣篆

志、盖均长69厘米，宽69厘米。盖文4行，满行3字，篆书。志文29行，满行34字，正书。

1982年海淀区中央团校南墙外理化工地出土，现藏北京石刻艺术博物馆。

著录情况：《新出土（一）》（上），第269页；（下），第247页。《馆目》，第162页。

明故徐（穆）室孺人石氏墓志铭盖

明嘉靖乙卯〔三十四年（1555）〕十月初四日卒

明嘉靖三十四年（1555）十一月初九日营葬于都城南魏村社祖茔之次

盖篆：明故徐室孺人石氏墓志铭

首题：明故徐室孺人石氏墓志铭

赐进士出身正议大夫资治尹工部右侍郎加二品俸直文渊阁侍经筵同修国史玉蝶嘉禾张文宪撰

正议大夫资治尹侍经筵官鸿胪寺掌寺太常寺卿仁和吴祖乾书

左军都督府署掌府事恭顺侯西京吴继爵篆

盖左上角残缺。志文失拓。盖长59厘米，宽64厘米。盖文4行，满行3字，篆书。志文25行，满行31字，正书。

1983年5月28日丰台区南苑镇成寿寺大队三队出土，现藏丰台区文物管理所。

著录情况：《拓目》，第190页，志5913.《新出土（一）》（上），第330页；（下），第304页。《墓拓》，序号214，图版第215页；图版说明，第300页。

按：志文情况据《墓拓》补。

明故骠骑将军左军都督府都督佥事梧冈李公（凤鸣）墓志铭

明嘉靖丙辰〔三十五年（1556）〕八月二十六日卒

明嘉靖三十五年（1556）九月十有八日葬于安定门外永安祖茔之次

盖篆：明故骠骑将军左军都督府都督佥事李公墓志铭

首题：明故骠骑将军左军都督府都督佥事梧冈李公墓志铭

赐进士出身通议大夫工部右侍郎加从二品俸直内阁侍经筵同修国史玉牒嘉禾张文宪撰

正议大夫资治尹侍经筵官鸿胪寺掌寺事太常寺卿仁和吴祖乾书

前军都督府管府事兼理围子手宿卫官军坐直怀宁侯东胜孙秉元篆

志、盖均长 73 厘米，宽 73 厘米，厚 13 厘米。盖文 5 行，满行 4 字，篆书。志文 39 行，满行 46 字，正书。

1949 年后朝阳区大屯乡出土，现藏朝阳区文物管理所。

著录情况：《新出土（一）》（上），第 270 页；（下），第 248、249 页。《墓拓》，序号 215，图版第 216 页；图版说明，第 300 页。

明处士清逸郝公（玺）暨配顾氏合葬墓志铭

明嘉靖辛丑〔二十年（1541）〕七月十五日郝公卒

明嘉靖丙辰〔三十五年（1556）〕十二月十七日顾氏卒

明嘉靖丁巳〔三十六年（1557）〕二月十八日合葬于东直门外郑村坝

盖篆：明处士清逸郝公暨配顾氏合葬墓志铭

首题：明处士清逸郝公暨配顾氏合葬墓志铭

赐进士出身资政大夫工部尚书掌通政使司事侍经筵食一品俸致仕涞阳郑绅撰

赐进士第正议大夫资治尹户部左侍郎致仕前兵部左侍郎兼都察院右佥都御史两次奉敕总督蓟州军务合肥孙禬书

赐进士出身中宪大夫顺天府府丞致仕滦州段麒篆

志、盖均长 63 厘米，宽 63 厘米。盖文 4 行，满行 4 字，篆书。志文 25 行，满行 33 字，正书。

1949 年后北京市出土，具体地点不详。现藏北京石刻艺术博物馆。

著录情况：《新出土（一）》（上），第 271 页；（下），第 249、250 页。《馆目》，第 163 页。《墓拓》，序号 216，图版第 217 页；图版说明，第 300 页。

明（高凤）故封恭人王氏墓志铭

明嘉靖丁巳〔三十六年（1557）〕十一月六日卒

明嘉靖三十七年（1558）正月二十四日葬于阜城关香山乡二里沟祖茔之侧

盖篆：明故封恭人王氏墓志铭

首题：明故封恭人王氏墓志铭

赐进士出身中宪大夫通政使司右通政前翰林院庶吉士上党郭聪撰

前军都督府管府事兼理红盔侍卫将军安乡伯凤阳张铎书

中军都督府掌府事定国公凤阳徐延德篆

志长 84 厘米，宽 83 厘米，厚 16.5 厘米。盖长 83 厘米，宽 83 厘米，厚 16.5 厘米。盖文 4 行，满行 3 字，篆书。志文 27 行，满行 30 字，正书。

1949 年后海淀区出土，现藏海淀区文物管理所。

著录情况：《新出土（一）》（上），第 272 页；（下），第 250 页。

明裕王世子（朱翊鉽）圹志

明嘉靖三十八年（1559）四月初五日申时卒

明嘉靖三十八年（1559）五月二十五日葬于西山之原

首题：裕王世子圹志

盖佚。志长 64 厘米，宽 64 厘米，厚 13 厘米。志文 15 行，满行 22 字，正书。

1949 年后海淀区香山正蓝旗 2 号院内出土，现藏海淀区文物管理所。

著录情况：《新出土（一）》（上），第 273 页；（下），第 251 页。《墓拓》，序号 220，图版第 221 页；图版说明，第 301 页。

明故左军都督府掌府事武定侯郭公（守乾）墓志铭

明嘉靖庚申〔三十九年（1560）〕四月十有三日卒

明嘉靖三十九年（1560）六月二十五日归葬于西直门外广源闸祖茔之次

盖篆：明故左军都督府掌府事武定侯郭公墓志铭

首题：明故左军都督府掌府事武定侯郭公墓志铭

赐进士出身工部尚书直内阁侍经筵同修国史玉牒嘉禾张文宪撰文

亚中大夫太仆寺卿直内阁同修国史玉牒经筵官赐狮麟服昌黎王槐书丹

后军都督府管府事兼管红盔将军宣城伯云间卫守正篆盖

志、盖均长 63 厘米，宽 63 厘米。盖文 6 行，满行 3 字，篆书。志文 35 行，满行 40 字，正书。

1982 年海淀区中央团校南墙外理化工地出土，现藏北京石刻艺术博物馆。

著录情况：《新出土（一）》（上），第 274 页；（下），第 251、252 页。《馆目》，第 163、164 页。《墓拓》，序号 221，图版第 222 页；图版说明，第 301 页。

大明御马监太监乐安张公（保）寿藏墓志铭

明嘉靖三十九年（1560）八月初七日寅时卒，葬于都城之西六十里许净德寺之原

盖篆：大明御马监太监乐安张公寿藏墓志铭

首题：大明御马监太监乐安张公寿藏墓志铭

赐进士出身文林郎吏科都给事中滦阳高耀撰并书篆

志、盖均长 64 厘米，宽 63 厘米。盖文 4 行，满行 4 字，篆书。志文 28 行，满行 32 字，正书。

1949 年后北京市出土，具体地点不详。现藏北京石刻艺术博物馆。

著录情况：《新出土（一）》（上），第 275 页；（下），第 252、253 页。《馆目》，第 164、165 页。《墓拓》，序号 193，图版第 194 页；图版说明，第 297 页。

明故内官监太监龙泉阎公（清）墓志铭

明嘉靖庚申〔三十九年（1560）〕十一月二十六日酉时卒，葬于西直关外畏吾村之原洪庆寺侧茔原

盖篆：明故内官监太监龙泉阎公墓志铭

首题：明故内官监太监龙泉阎公墓志铭

赐进士出身前翰林院庶吉士通政使司右通政艮山郭秉聪撰书

志左上角略有残缺。志长 64 厘米，宽 62.5 厘米，厚 8.5 厘米。盖长 64.5 厘米，宽 64.5 厘米，厚 9 厘米。盖文 5 行，满行 3 字，篆书。志文 26 行，满行 34 字，正书。

1949 年后海淀区出土，现藏海淀区文物管理所。

著录情况：《新出土（一）》（上），第 276 页；（下），第 253、254 页。

明武略将军锦衣卫副千户晴湖毕先生（清）墓志铭

明嘉靖辛酉〔四十年（1561）〕五月十有五日卒

明嘉靖四十年（1561）闰五月一日葬于永定门外石榴庄祖茔之次

盖篆：明武略将军锦衣卫副千户晴湖毕先生墓志铭

首题：□□□□□□□□□□□□湖毕先生墓志铭

〼莆田壶阳郑茂撰

〼史商丘古岩杨柏书

〼监察御史翼城前川史官篆

志右上角残缺。盖断为两块，右下边残缺。志、盖均长 68.5 厘米，宽 69 厘米。盖文 5 行，满行 4 字，篆书。志文 36 行，满行 38 字，正书。志文漫漶。

1949 年后丰台区出土，现藏丰台区文物管理所。

著录情况：《新出土（一）》（上），第 277 页；（下），第 254、255 页。

明故镇守两广地方总兵官征蛮将军特进荣禄大夫柱国丰润伯谥荣靖曹公（松）墓志铭盖

明嘉靖四十年（1561）十一月前

盖篆：明故镇守两广地方总兵官征蛮将军特进荣禄大夫柱国丰润伯谥荣靖曹公墓志铭

志佚。盖长、宽均 70 厘米。盖文 7 行，满行 5 字，篆书。

1949 年后北京市出土，具体地点不详。现藏北京石刻艺术博物馆。

著录情况：《新出土（一）》（上），第 278 页；（下），第 255 页。《馆目》，第 175 页。

按：盖年代不详。据《明诰封丰润伯太夫人曹（文炳）母苏氏墓志铭》知志主为曹文炳父曹松。查《明史·功臣世表》，曹文炳于明嘉靖四十年（1561）十一月袭封，知曹松于此前卒。

明故高孺人施氏墓志铭

明嘉靖四十一年（1562）六月十五日卒

明嘉靖四十一年（1562）八月二十日葬于都城永定门外东皋村祖茔之次

盖篆：明故高孺人施氏墓志铭

首题：明故高孺人施氏墓志铭

赐进士出身资善大夫工部尚书直内阁侍经筵同修国史玉牒致仕嘉禾张文宪撰

中大夫鸿胪寺掌寺事太仆寺卿侍经筵寿光靖洪书

特进荣禄大夫柱国少保兼太子太傅遂安伯右军都督府掌府事前奉敕镇守蓟州永平山海等处地方掌前军都督府事兼奉敕提督三千营兼提督十二营诸军务总兵官及奉敕留守北京充留守使西蜀陈鏸篆

志长71厘米，宽71厘米，厚11厘米。盖长71厘米，宽71厘米，厚11厘米。盖文4行，满行3字，篆书。志文32行，满行40字，正书。

现藏崇文区文管所。

按：高孺人施氏乃高保之配、高迁之母。

明故都督佥事东轩马公（阳辉）暨配淑人孙氏合葬墓志铭

明嘉靖甲子〔四十三年（1564）〕四月三十日马公卒〔孙氏先公十三年（1551）卒〕

明嘉靖甲子〔四十三年（1564）〕八月三日合葬

盖篆：明故都督佥事东轩马公暨配淑人孙氏合葬墓志铭

首题：明故都督佥事东轩马公暨配淑人孙氏合葬墓志铭

赐进士第资善大夫南京吏部尚书致仕北通杨□中撰

直经筵中顺大夫鸿胪寺卿古燕萧澜书

前军都督府管府事都督佥事前奉敕镇守广西提督江淮总兵官淮阴周□德篆

志、盖均长78厘米，宽77厘米。盖文6行，满行4字，篆书。志文34行，满行42字，正书。

1949年后顺义区出土，现藏北京石刻艺术博物馆。

著录情况：《新出土（一）》（上），第279页；（下），第255、256页。

广宁伯太夫人刘母马氏墓志

明嘉靖甲子〔四十三年（1564）〕十二月二十六日卒

明嘉靖乙丑〔四十四年（1565）〕正月二十八日葬于阜城关外玉河乡北辛安祖茔之次

盖篆：皇明诰封广宁伯太夫人刘母马氏墓志铭

首题：皇明诰封广宁伯太夫人刘母马氏墓志铭

赐进士出身资善大夫工部尚书直内阁侍经筵同修国史玉牒嘉禾张文宪撰

特进荣禄大夫柱国少保兼太子太傅遂安伯右军都督府掌府事前奉敕镇守蓟州永平山海等处地方掌前军都督府事兼奉敕提督三千营兼提督十二团营诸军务总兵及奉敕留守北京充留守使西蜀陈鏸书

后军都督府管府事兼管内直围子手官军宣城伯云间卫守正篆

盖失拓。志、盖均长 82 厘米，宽 82 厘米。正书 32 行，行 42 字。边框线刻云纹。

石景山区广宁村北广宁伯坟出土，现存田义墓前院。

明故文林郎河南通许知县刘君（堪）墓志铭

明嘉靖四十五年（1566）正月二十九日卒

明嘉靖四十五年（1566）三月初六日葬于城南□家左之原

盖篆：明故文林郎河南通许知县刘君墓志铭

首题：大明文林郎河南通许知县刘君墓志铭

赐进士出身嘉议大夫巡抚宁夏等处地方都察院右副都御史同郡东谷张镐撰文

赐进士出身资□大夫南京户部尚书开州端□王崇庆篆并书

志长 59 厘米，宽 60 厘米。盖长 59 厘米，宽 61 厘米。盖边框外线刻云纹。盖文 5 行，行 4 字，字外边框线刻云纹，篆书。志文 35 行，满行 35 字，正书。

具体出土时间地点不详。2007 年 10 月 26 日天津张连志捐赠。现藏北京石刻艺术博物馆。

明昭勇将军坐营杨公（仁）之墓志铭

明嘉靖己酉〔二十八年（1549)〕二月廿一日卒

明丁卯〔隆庆元年（1567)〕五月十三日葬于漷之祖茔

首题：昭勇将军坐营杨公之墓志铭

赐进士出身陕西布政司参议奉敕抚治商洛分守汉中等处地方隆庆苏乾撰

国子生谦山娄尧钦书

昌平庠生白石廖沂篆

盖佚。志长 56.5 厘米，宽 56.5 厘米，厚 8 厘米。志文 29 行，满行 32 字，正书。

1984 年 5 月通州区漷县镇黄厂铺村北出土，现藏通州区文化局。

著录情况：《新出土（一)》(上)，第 280 页；(下)，第 256、257 页。《墓拓》，序号 208，图版第 209 页；图版说明，第 299 页。

明王怀礼墓志

明隆庆二年（1568）十月十二日卒

明隆庆二年（1568）十一月十五日葬于邑南角头村祖茔之次

首行题：公姓王氏讳怀礼字嘉会号梅轩其先保定府深泽县诗礼名族（以下从略）

邑庠廪膳生员男王室谨志

盖佚。仅存志底。志长 64 厘米，宽 37 厘米。志文存 13 行，满行 30 字，正书。

具体出土时间地点不详。2007 年 10 月 26 日天津张连志捐赠。现藏北京石刻艺术博物馆。

明故锦衣卫指挥使游公（铉）墓志

明隆庆三年（1569）二月二十八日卒

明隆庆三年（1569）四月十二日议葬翠微山之阳

盖篆：明故锦衣卫指挥使游公之墓

首题：明故锦衣卫指挥使游公墓志铭

赐进士及第翰林院国史修撰会稽罗万化撰

太子太保英国公掌左军都督府事前奉敕提督神机营军务总兵官古汴张溶书

赐进士及第中宪大夫陕西等处提刑按察司副使前奉敕整饬固原靖虏等处兵备兼理粮饷海滨刘效祖篆

志文失拓。志、盖边框均刻祥云纹。志、盖均长 77 厘米，宽 77 厘米。盖文 4 行，满行 3 字，篆书。志文 31 行，满行 38 字，正书。

1949 年后出土于石景山区刘娘府村，现存田义墓。

明承德郎直隶凤阳府通判汝斋郝君（儒）暨配孺人戴氏合葬墓志铭

明嘉靖癸亥〔四十二年（1563）〕十二月七日郝君卒

明隆庆庚午〔四年（1570）〕二月七日戴氏卒

明隆庆四年（1570）三月六日合葬于东直门外西洋坝祖茔之次

首题：明承德郎直隶凤阳府通判汝斋郝君暨配孺人戴氏合葬墓志铭

朝请大夫赞治少尹奉诏进阶四品前陕西陇州知州致仕固安甄伟撰

赐进士第通议大夫都察院左副都御史关中邹应龙书

赐会武第锦衣卫管卫事指挥佥事奉敕勘事湖广前掌北镇抚司刑临汾程尧相篆

盖佚。志长、宽均 59 厘米。志文 30 行，满行 36 字，正书。

1949 年后北京市出土，具体地点不详。现藏北京石刻艺艺术博物馆。

著录情况：《新出土（一）》（上），第 281 页；（下），第 257、258 页。《馆目》，第 165、166 页。《墓拓》，序号 227，图版第 228 页；图版说明，第 301、302 页。

明故尚衣监掌监事太监马公（腾）墓志铭

明隆庆四年（1570）卒，葬于西直关外畏吾村马公松轩墓地之侧

盖篆：明故尚衣监掌监事太监马公墓志铭

首题：明故尚衣监掌监事太监马公墓志铭

赐进士第特进荣禄大夫柱国少保兼太子太保礼部尚书武英殿大学士荆州张居正撰

提督五军营总兵官太子少保恭顺侯凉州吴继爵书并篆

志、盖均长63厘米，宽63厘米，厚16厘米。盖文4行，满行4字，篆书。志文30行，满行37字，正书。

2000年12月24日海淀区中央民族大学操场出土，现藏海淀区文物管理所。

著录情况：《新出土（一）》（上），第282页；（下），第258、259页。

明故少保兼太子太傅遂安伯赠太保谥恭僖陈公（鏸）墓志铭

明隆庆六年（1572）闰二月初四日卒

明隆庆六年（1572）五月十二日葬于都城东安德乡祖茔之次

盖篆：明故少保兼太子太傅遂安伯赠太保谥恭僖陈公墓志铭

首题：明故少保兼太子太傅遂安伯赠太保谥恭僖陈公墓志铭

赐进士及第资善大夫礼部尚书兼翰林院学士实录副总裁前经筵日讲官越郡潘晟撰

特进光禄大夫柱国太师兼太子太师成国公奉敕知经筵事实录监修官怀远朱希忠书

后军都督府掌府事太子太保英国公前奉敕提督神机营军务总兵官掌前左二都府事古汴张溶篆

志长74厘米，宽76厘米，厚13厘米。盖长75厘米，宽75厘米，厚13厘米。盖文6行，满行4字，篆书。志文46行，满行57字，正书。

1949年后朝阳区出土，现藏朝阳区文物管理所。

著录情况：《新出土（一）》（上），第283页；（下），第259、260页。

明故彰武伯杨（儒）太夫人郭氏墓志铭

明隆庆六年（1572）六月二十六日卒

明隆庆六年（1572）九月初二日合葬于卢沟桥北台翁之兆

盖篆：明故彰武伯杨太夫人郭氏墓志铭

首题：明故彰武伯杨太夫人郭氏墓志铭

赐进士及第嘉议大夫吏部右侍郎兼翰林院侍读学士经筵日讲官两朝国史副总裁兼修玉牒山阴诸大绶撰

赐进士第奉敕协理京营戎政通议大夫兵部左侍郎兼都察院右佥都御史北平王遴书

右军都督府掌府事前管理红盔将军侍内直定国公凤阳徐文璧篆

志、盖均长70厘米，宽70厘米。盖文4行，满行4字，篆书。志文30行，满行37字，正书。

1949年后丰台区长辛店乡玉皇庄出土，现藏北京石刻艺术博物馆。

著录情况：《新出土（一）》（上），第284页；（下），第261页。

按：郭氏，杨儒母，杨质配。杨质早卒，志文未载卒年。

皇明诰封武略将军锦衣卫副千户一峰李公（琦）墓志铭

明隆庆壬申〔六年（1572）〕八月十七日亥时卒

明隆庆六年（1572）十月二日葬于都城东魏村社之原

盖篆：皇明诰封武略将军锦衣卫副千户享耄寿壹峰李公墓志铭

首题：皇明诰封武略将军锦衣卫副千户一峰李公墓志铭

赐进士出身中宪大夫知湖广郧阳府事前翰林院庶吉士都门夏子开撰

赐进士出身太中大夫长芦都转运盐使司运使前户部郎中奉敕仪真督催漕运榆川纪凤鸣书

赐武进士第骠骑将军前两次奉敕提督京城内外巡捕军务后军都督府都督佥事武定任俊篆

历阳王守义刻

志、盖均长 69 厘米，宽 69 厘米。盖文 6 行，满行 4 字，篆书。志文 29 行，满行 34 字，正书。

1949 年后北京市出土，具体地点不详。现藏北京石刻艺术博物馆。

著录情况：《新出土（一）》（上），第 285 页；（下），第 262 页。《馆目》，第 166 页。

按：其葬地“魏村社”，应在今丰台区与朝阳区交界处即三环路东南角一带。

皇明诰封东宁伯（焦文耀）太夫人张氏墓志铭

明万历二年甲戌（1574）八月三十日卒

明万历二年（1574）十一月廿五日合葬于东直关草寺庄

盖篆：皇明诰封东宁伯太夫人张氏墓志铭

首题：皇明诰封东宁伯太夫人张氏墓志铭

赐进士第中宪大夫前陕西等处提刑按察副使奉敕整饬固原靖虏等处兵备兼理粮饷海滨刘效祖撰

赐进士出身中顺大夫知太平府事前户部贵州司郎中广阳张大化书

中军都督府掌府军前卫事武安侯荥阳郑崑篆

盖佚。志、盖均长 77 厘米，宽 76 厘米，厚 16 厘米。盖文 4 行，满行 4 字，篆书。志文 24 行，满行 30 字，正书。

1984 年 4 月通州区宋庄镇岗子村西焦王坟出土，现藏通州区博物馆。

著录情况：《新出土（一）》（上），第 286 页；（下），第 263 页。

按：张氏，焦公庄僖之再继室。焦公早卒，卒年志文未载。

明诰封淑人徐公（继勋）配袁氏墓志铭

明万历癸酉〔元年（1573）〕八月十九日卒

明万历甲戌〔二年（1574）〕三月二十五日葬于阜城关外二里沟之新阡

明万历四年（1576）撰

盖篆：明诰封淑人徐公配袁墓志铭

首题：明诰封淑人徐公配袁墓志铭

赐进士及第中顺大夫詹事府少詹事兼翰林院侍读学士掌院事经筵日讲官国史副总裁直起居注修校玉牒吴郡申时行撰

赐进士第奉政大夫通政使司左参议东阳杜其骄书

前军都督府管府事定远侯奉旨管理红盔将军侍内直虹县邓世栋篆

志、盖均长64厘米，宽60厘米，厚10厘米。盖文4行，满行3字，篆书。志文36行，满行32字，正书。

1949年后海淀区出土，现藏海淀区文物管理所。

著录情况：《新出土（一）》（上），第287页；（下），第263、264页。

明诰封宜人毕（光祖）母李氏墓志铭

明万历丁丑〔五年（1577）〕四月十五日李氏卒

明万历五年（1577）五月十五日合葬于永定门外石榴庄

盖篆：□诰封□人毕□李氏墓志铭

首题：明诰封宜人毕母李氏墓志铭

赐进士出身翰林院侍讲纂修两朝实录大明会典富顺李长春撰

武进士及第锦衣卫管卫事指挥使奉命提督京城街道官校办事前都指挥佥事奉敕监督山陵赐飞鱼服河东杨俊卿书并篆

志断为两块，左上角残缺，上中部亦有残缺。盖右上部残缺。志长73厘米，宽69厘米。盖长71.5厘米，宽69厘米。盖文4行，满行3字，篆书。志文27行，满行31字，正书。

1949年后丰台区出土，现藏丰台区文物管理所。

著录情况：《新出土（一）》（上），第288页；（下），第265页。

按：李氏，毕晴湖之配，毕光祖之母。毕晴湖卒年志文未载。据《明武略将军锦衣卫副千户晴湖毕先生（清）墓志铭》，毕晴湖，名清，明嘉靖四十年（1561）五月十五日卒，明嘉靖四十年（1561）闰五月一日葬于永定门外石榴庄祖茔之次。

明故御马监太监萧公（准）墓志铭

明万历丁丑〔五年（1577）〕□月□十三日卒

明万历五年（1577）十月十一日葬于西直关外香山乡白石桥敕赐褒勤祠义会寿域

盖篆：明故御马监太监萧公墓志铭

首题：明故御马监太监萧公墓志铭

赐进士第通议大夫兵部右侍郎协理戎政府事前太仆寺卿承天确庵曾省吾撰

赐进士第征仕郎中书科中书舍人古燕洪声远书并篆

志、盖均长60厘米，宽60厘米，厚13厘米。盖文4行，满行3字，篆书。志文28行，满行40字，正书。志文漫漶。

1949年后海淀区出土，现藏海淀区文物管理所。

著录情况：《新出土（一）》（上），第289页；（下），第266页。

明中宪大夫甘肃行太仆寺少卿朴斋王公（泽）暨元配苏宜人合葬志铭

明嘉靖辛亥〔三十年（1551）〕四月十九日苏宜人卒

明万历四年（1576）十二月十八日王公卒

明万历五年（1577）十月十九日合葬于西赤水村

盖篆：明中宪大夫甘肃行太仆寺少卿朴斋王公暨元配苏宜人合葬志铭

首题：明中宪大夫甘肃行太仆寺少卿朴斋王公暨元配苏宜人合葬志铭

赐进士第中宪大夫陕西等处提刑按察副使前奉敕整饬固原靖虏等处兵备兼理粮饷海滨刘效祖撰

赐进士第中宪大夫陕西等处提刑按察使前奉敕整饬延绥东路兵粮兼分巡葭谷等处地方东羊陈廷芝书

中军都督府应城伯前奉敕南京提督小教场兼前军都督府管府事凤阳孙文栋篆

志、盖均长64厘米，宽64厘米。盖文6行，满行5字，篆书。志文30行，满行32字，正书。

1949年后北京市出土，具体地点不详。现藏北京石刻艺术博物馆。

著录情况：《新出土（一）》（上），第290页；（下），第267页。《馆目》，第166、167页。《墓拓》，序号234，图版第235页；图版说明，第302页。

明诰封丰润伯太夫人曹（文炳）母苏氏墓志铭

明万历丁丑〔五年（1577）〕十一月二十七日申时卒

明万历六年（1578）十二月二十一日袝葬于宛平县玉河乡之原

首题：明诰封丰润伯太夫人曹母苏氏墓志铭

赐进士出身资政大夫南京兵部尚书奉敕参赞机务前南京礼工二部尚书余姚翁大立撰

奉敕南京守备掌南京中军都督府事前奉制敕镇守两广地方总兵官征蛮将军太子少保恭顺侯雍凉吴继爵书

奉敕提督操江兼管巡江南京右军都督府掌府事泰宁侯维扬陈良弼篆

盖佚。志长73厘米，宽72厘米。志文37行，满行40字，正书。

1949年后北京市出土，具体地点不详。现藏北京石刻艺术博物馆。

著录情况：《新出土（一）》（上），第291页；（下），第268、269页。《馆目》，第167、168页。《墓拓》，序号235，图版第236页；图版说明，第303页。

明故御马监太监静庵王公（守成）墓志铭

明万历庚辰〔八年（1580）〕十一月初九日卒

明万历八年（1580）十一月二十四日葬于都城东南六十里采育□

首题：明故御马监太监静庵王公墓志铭

东安县庠生妹夫于野张鹤鸣顿首拜撰并书

同邑甥任应春沐手谨篆

志长 57.5 厘米，宽 57.5 厘米，厚 11 厘米。志文 28 行，满行 32 字，正书。

1949 年后大兴区采育镇南口出土，现藏大兴县文物管理所。

著录情况：《新出土（一）》（上），第 292 页；（下），第 269 页。

皇明（李如梅）诰封安人亡妻葛氏墓志铭

明万历八年庚辰（1580）五月十八日卒

明万历九年（1581）四月十六日葬于西直门外香山乡新阡

首题：皇明诰封安人亡妻葛氏墓志铭

昭信校尉锦衣卫西司房理刑百户永年李汝梅撰

历阳王守义刻

盖佚。志长 70 厘米，宽 70.5 厘米，厚 16 厘米。志文 30 行，满行 36 字，正书。

1949 年后海淀区出土，现藏海淀区文物管理所。

著录情况：《新出土（一）》（上），第 293 页；（下），第 270、271 页。

明少傅兼太子太傅英国公赠太保蒙谿张公（溶）墓志铭

明万历九年（1581）七月二十九日卒

明万历九年（1581）十月二十四日归窆于卢沟桥西连三冈钦赐祖茔之侧

盖篆：明少傅兼太子太傅英国公赠太保蒙谿张公墓志铭

首题：明少傅兼太子太傅英国公赠太保蒙谿张公墓志铭

赐进士及第光禄大夫少保兼太子太保户部尚书武英殿大学士知制诰起居注同知经筵事会典国史总裁四明余有丁撰

后军都督府掌府事少保兼太子太保定国公知经筵前奉旨提督皇城五门管理红盔将军禁侍内直掌右军都督府事凤阳徐文壁书

右军都督府掌府事前三奉制敕镇守两广地方总兵官征蛮将军总督京营戎政侍经筵守备南京兼掌南京中府印务掌中左军都督府事太子少保恭顺侯雍凉吴继爵篆

盖失拓。志长、宽均 87 厘米。铭文外边框线刻云纹。志文 56 行，满行 60 字，正书。盖文 6 行，满行 4 字，篆书。

1958 年丰台区赵辛店吕村张家坟出土，现藏首都博物馆。

著录情况：《拓汇》，第 57 册，第 107 页。《拓目》，第 192 页，志 4397。《墓拓》，序号 238，图版第 239 页；图版说明，第 303 页。《出土目》0110，第 30、31 页。《四十年》，1317，第 398 页。

明故嵩寿西圃吴公暨阎氏合葬墓志铭

明万历□年（1573—1582）六月十三日后葬

盖篆：明故嵩寿西圃吴公暨阎氏合葬墓志铭

首题：奉政大夫湖广▨

赐进士第通议大夫吏部右侍郎▨

国子监候选▨

宣□永宁▨

志长 66 厘米，宽 56 厘米。盖长、宽均 56 厘米。志风化严重，志文基本漫漶，存字状况不详，正书。盖略有漫漶，盖文 4 行，满行 4 字，篆书。

现藏延庆县灵照寺。

明故鸿胪主簿鹤亭杜公墓志铭盖

明万历十三年（1585）七月七日前卒，葬于都城东原

盖篆：明故鸿胪主簿鹤亭杜公墓志铭

志佚。盖长 67 厘米，宽 67 厘米。盖文 4 行、满行 4 字，篆书。

1949 年后朝阳区王四营乡出土，现藏北京石刻艺术博物馆。

著录情况：《新出土（一）》（上），第 294 页；（下），第 271 页。《馆目》，第 169 页。

按：盖年代不详。据《明故鸿胪主簿鹤亭杜公配太宜人赵氏合葬墓志铭》，公卒、葬年在赵氏卒年之前，即明万历十三年（1585）七月七日之前，推知该墓志的年代在明万历十三年（1585）七月七日前。

明故鸿胪主簿鹤亭杜公配太宜人赵氏合葬墓志铭

明万历乙酉〔十三年（1585）〕七月七日赵氏卒

明万历十三年（1585）八月十五日合葬于都城东原

首题：明故鸿胪主簿鹤亭杜公配太宜人赵氏合葬墓志铭

赐进士第赞善大夫工部尚书侍□□工科左给事中平谷倪光荐撰

赐进士第大理寺卿前都察院右佥都御史吏科给事中仙居吴时来书

赐进士第中宪大夫陕西等处提刑按察使司副使奉敕整饬固原靖虏等处兵备兼理粮饷海滨刘效祖篆

盖佚。志长、宽均 70 厘米。志文 31 行，满行 40 字。志文部分字迹漫漶，正书。

1949 年后朝阳区王四营公社出土，现藏北京石刻艺术博物馆。

著录情况：《新出土（一）》（上），第 294 页；（下），第 271、272 页。《馆目》，第

168、169 页。《墓拓》，序号 241，图版第 242 页；图版说明，第 303 页。

明静乐公主（朱轩媁）圹志

明万历乙酉〔十三年（1585）〕闰九月二十一日卒

明万历十三年（1585）十二月初四日葬于都城西金山之原

首题：静乐公主圹志

志长 63 厘米，宽 64 厘米。志文 13 行，满行 15 字，正书。

1999 年 6 月海淀区厂洼工地出土，现藏北京石刻艺术博物馆。

著录情况：《新出土（一）》（上），第 295 页；（下），第 272 页。

明镇国将军锦衣卫掌卫事提督东司房官校办事署都指挥同知七野傅公（霖）墓志铭

明万历三年（1575）卒

明万历十三年（1585）葬于城南之新阡

盖篆：明镇国将军锦衣卫掌卫事提督东司房官校办事署都指挥同知七野傅公墓志铭

首题：明镇国将军锦衣卫掌卫事提督东司房官校办事署都指挥同知七野傅公墓志铭

赐进士第翰林院修撰儒林郎纂修大明会典管理诰敕经筵讲官江陵刘楚先撰

锦衣卫管卫事指挥同知奉命提督京城内外街道沟渠兼奉敕督修街渠等处工程赐飞鱼服前典司诏狱四明张照书

明威将军锦衣卫北镇抚司理刑指挥佥事永年李如柏篆

志盖及底均略有残损。志长 71 厘米，宽 71 厘米，厚 13 厘米。盖长 71 厘米，宽 71 厘米，厚 13 厘米。盖文 7 行，满行 5 字，篆书。志文 40 行，满行 47 字，正书。

现藏崇文区文管所。

明故明威将军锦衣卫指挥佥事雪塘高翁（凤）墓志铭

明万历丁亥〔十五年（1587）〕春正月三十日卒

明万历十五年（1587）三月初八日葬于阜城关外二里沟祖茔之侧

盖篆：明故明威将军锦衣卫指挥佥事雪塘高翁墓志铭

首题：明故明威将军锦衣卫指挥佥事雪塘高翁墓志铭

赐进士及第翰林院编修国史纂修大明会典经筵官文林郎汉阳萧良有撰文

赐进士第奉政大夫工部都水司郎中周梦旸篆额

前掌前军都督府事武定侯临淮郭大诚书丹

志、盖均长 75 厘米，宽 75 厘米，厚 13 厘米。盖文 5 行，满行 4 字，篆书。志文 40 行，满行 44 字，正书。

1949 年后海淀区出土，现藏海淀区文物管理所。

著录情况：《新出土（一）》（上），第 296 页；（下），第 272、273、274 页。

明诰封进阶安远将军徐公（继勋）暨配袁淑人合葬墓志铭

明万历癸酉〔元年（1573）〕袁淑人卒

明万历丁亥〔十五年（1587）〕六月十□日徐公卒

明万历十五年（1587）八月九日合葬于阜城关外二里沟

盖篆：明诰封进阶安远将军徐公暨配袁淑人合葬墓志铭

首题：明诰封进阶安远将军徐公暨配袁淑人合葬墓志铭

赐进士出身资政大夫工部尚书侍经筵东明石星撰

赐进士出身通议大夫兵部左侍郎侍经筵蒲坂杨俊民书

特进荣禄大夫柱国临淮侯敕总督京营戎政兼提督大工侍经筵前奉敕南京守备掌两京中左都督府事盱眙李言恭篆

志、盖均长 70 厘米，宽 70 厘米，厚 11 厘米。盖文 5 行，满行 5 字，篆书。志文 32 行，满行 32 字，正书。

1949 年后海淀区出土，现藏海淀区文物管理所。

著录情况：《新出土（一）》（上），第 297 页；（下），第 274、275 页。

明故黄公（相）墓志

明万历十六年（1588）二月初十日卒，葬于祖山龙潭窠，乙山辛向，从吉兆也

皇明万历十六年（1588）岁次戊子二月二十日立

首题：明故黄公墓志

孤哀子黄清四、清五、幼仔泣血立石

志为碑形，圆首。志长 52 厘米，宽 36 厘米，厚 2 厘米。额文 1 行，6 字，正书。志文 15 行，满行 25 字，正书。

1949 年后朝阳区出土，现藏朝阳区文物管理所。

著录情况：《新出土（一）》（上），第 298 页；（下），第 275 页。

明诰封昭勇将军提督街道房官校办事锦衣卫管卫事都指挥佥事秀峰曹公（应魁）墓志铭

明万历庚寅十八年（1590）夏六月二十四日卒

明万历十八年（1590）十月十六日葬于东直门外北四十里沙峪屯祖茔之次

盖篆：明昭勇将军提督街道官校办事管锦衣卫事秀峰曹公墓志铭

首题：明诰封昭勇将军提督街道房官校办事锦衣卫管卫事都指挥佥事秀峰曹公墓志铭

赐进士第中顺大夫通政使司左通政东阳杜其骄撰

赐进士出身资善大夫南京吏部尚书姚江孙鑨书丹

赐进士出身通议大夫刑部右侍郎前都察院左副都御史协理院事姚江邵陛篆盖

盖右上角残缺。志长66厘米，宽69厘米。盖长62厘米，宽68厘米。盖文5行，满行5字，篆书。志文35行，满行40字，正书。

1999年顺义区后沙峪镇前沙峪村出土，现藏顺义区文物管理所。

著录情况：《新出土（一）》（上），第299页；（下），第275、276页。

明某公墓志

明万历十九年（1591）葬

首题：□士▨

盖佚。志长57厘米，宽60厘米。仅存志底，志文漫漶残损严重，存字状况不详，正书。书撰人名仅见“右春坊▨”和“诰敕▨”。

现藏延庆县灵照寺。

明戚畹武德将军锦衣卫正千户南山常公（江）墓志铭

明万历癸巳〔二十一年（1593）〕五月二十九日卒

明万历癸巳〔二十一年（1593）〕八月二十一日葬于西直关外胡村

首题：明戚畹武德将军锦衣卫正千户南山常公墓志铭

赐进士第大中大夫河南等处承宣布政使司右参政奉敕督理粮储前河南道监察御史晋阳董文寀撰

赐进士第中宪大夫知归德府事前山东福建河南道监察御史奉敕巡按陕西福建直隶兼督学校侍经筵德清沈涵书

赐进士第中宪大夫知太原府事前刑部浙江清吏司郎中渤海徐维楫篆

盖佚。志长63厘米，宽64厘米。志文32行，满行34字，正书。

1949年后北京市出土，具体地点不详。现藏北京石刻艺术博物馆。

著录情况：《新出土（一）》（上），第300页；（下），第277页。《馆目》，第169、170页。

皇明南京守备兼□都督府□荣禄大夫丰润伯孚公（曹文炳）墓志铭盖

明万历二十三年（1595）六月前

盖篆：皇明南京守备兼□都督府□荣禄大夫丰润伯孚公墓志铭

下部残缺。志佚。盖残长42厘米，宽69厘米。盖文6行，满行4字，篆书。

1949年后北京市出土，具体地点不详。现藏北京石刻艺术博物馆。

著录情况：《新出土（一）》（上），第300页；（下），第278页。《墓拓》，序号244，图版第245页；图版说明，第304页。

按：志盖年代不详。据《明诰封丰润伯太夫人曹（文炳）母苏氏墓志铭》，知志主为曹文炳。又据《明史·功臣世表》，继任者曹允成于明万历二十三（1595）年六月袭封，知志主于此前卒。

明锦衣卫千户续松陈公（善言）暨元配宋宜人墓志铭

明万历二十七年（1599）八月初四日陈公卒

明万历二十八年（1600）五月十五日宋宜人卒

明万历二十八年（1600）十二月十三日合葬于山之原

首题：锦衣卫千户续松陈公暨元配宋宜人墓志铭

赐同进士出身翰林院检讨征仕郎直起居馆正史纂修官乌程沈榷顿首拜撰

特进荣禄大夫柱国宣城伯前管神枢营务侍卫禁兵奉命点闸皇城四门官军前掌前军都督府事云间卫国本书

特进荣禄大夫柱国后军都督府武平伯前奉敕管理侍直禁兵红盔将军全椒陈如松篆

盖佚。志长 95 厘米，宽 95 厘米。志文 38 行，满行 42 字，正书。

1949 年后北京市出土，具体地点不详。现藏北京石刻艺术博物馆。

著录情况：《新出土（一）》（上），第 301 页；（下），第 278、279 页。《馆目》，第 170、171 页。《墓拓》，序号 245，图版第 246 页；图版说明，第 304 页。

皇明戚畹诰封锦衣淑人李（大本）母曹氏墓志铭

明万历辛丑〔二十九年（1601）〕四月十四日卒

明万历二十九年（1601）六月六日葬于西直门外祖茔之次

盖篆：皇明戚畹诰封锦衣淑人李母曹氏墓志铭

首题：皇明戚畹诰封锦衣淑人李母曹氏墓志铭

赐进士及第翰林院国史修撰承务郎金陵朱之蕃撰

特进荣禄大夫柱国泰宁侯总督京营戎政奉敕提督乾清等宫工程侍经筵前三承敕命提督操江兼管巡江奉祀孝陵南京守备两京掌中左右前军都督府事维扬陈良弼篆

特进荣禄大夫柱国永康侯前军都督府掌府事前左军都督府管府事兼管理禁兵义刀围子手侍卫合肥徐文炜书

志长 75.5 厘米，宽 75.5 厘米，厚 15.5 厘米。盖长 74 厘米，宽 74 厘米，厚 15.5 厘米。盖文 4 行，满行 4 字，篆书。志文 28 行，满行 35 字，正书。

1949 年后海淀区出土，现藏海淀区文物管理所。

著录情况：《新出土（一）》（上），第 302 页；（下），第 279、280 页。

明封太宜人高（秉直）母刘氏合葬墓志铭

明丁亥〔万历十五年（1587）〕春正月三十日高公雪塘卒

明万历壬寅〔三十年（1602）〕正月初十日刘氏卒

明万历三十年（1602）二月二十一日合葬

盖篆：皇明诰封太宜人锦衣高母刘氏合葬墓志铭

首题：明封太宜人高母刘氏合葬墓志铭

赐进士第翰林院检讨征仕郎直起居馆管理文官诰敕正史纂修官渤海刘生中撰

特进荣禄大夫柱国泰宁侯总督京营戎政奉敕提督乾清等宫工程侍经筵前三承敕命提督操江兼管巡江奉祀孝陵南京守备两京掌中左右前都督府事维扬陈良弼篆

特进荣禄大夫柱国永康侯前军都督府掌府事前左军都督府管府事兼管禁兵围子手侍卫合肥徐文炜书

志长 77 厘米，宽 77 厘米，厚 15 厘米。盖长 75 厘米，宽 74 厘米，厚 15 厘米。盖文 5 行，满行 4 字，篆书。志文 35 行，满行 40 字，正书。

1949 年后海淀区出土，现藏海淀区文物管理所。

著录情况：《新出土（一）》（上），第 303 页；（下），第 280、281 页。

皇明诰封丰润伯（曹允成）夫人陈氏墓志铭

明万历壬寅〔三十年（1602）〕正月十八日申时卒

明万历三十年（1602）四月九日葬于宛平县玉河乡祖茔之侧

盖篆：□□□□丰润伯夫人陈氏墓志铭

首题：皇明诰封丰润伯夫人陈氏墓志铭

赐进士第资善大夫南京吏部左侍郎兼侍读学士前礼部右侍郎司经局洗马谕德右中允国子监司业古闽叶向高撰

特进光禄大夫柱国新建伯钦差提督漕运等处地方总兵官前提督操江兼管巡江南京协同守备掌右后军都督府事管理红盔将军吴门王承勋书

特进荣禄大夫柱国武靖伯前军都督府管府事前侍卫禁兵管理红盔将军凤阳赵祖荫篆

盖文首行残缺。志、盖均长 74 厘米，宽 74 厘米。盖文残存 3 行，满行 4 字，篆书。志文 33 行，满行 36 字，正书。

1949 年后北京市出土，具体地点不详。现藏北京石刻艺术博物馆。

著录情况：《新出土（一）》（上），第 304 页；（下），第 281、282 页。《馆目》，第 171 页。《墓拓》，序号 247，图版第 248 页；图版说明，第 304 页。

皇明故戚畹荣斋郑公（承恩）墓志铭

明万历甲辰〔三十二年（1604）〕七月二十八日卒

明万历三十二年（1604）闰九月十三日葬于西直关外祖茔之侧

盖篆：皇明戚畹荣斋郑公墓志铭

首题：皇明戚畹荣斋郑公墓志铭

赐进士出身前翰林院庶吉士户兵二科都给事中侍经筵亚中大夫河南参政通政使司左

参议都人张书撰

赐会武第荣禄大夫钦差提督京城内外巡捕前奉制敕镇守贵州兼提督平清偏镇麻阳西邑等处地方总兵官前军都督府都督同知上虞陈汝忠书

奉直大夫南京刑部福建清吏司郎中东鲁杨从书篆

志、盖均长61厘米，宽61厘米。盖文4行，满行3字，篆书。志文31行，满行30字，正书。

1949年后北京市出土，具体地点不详。现藏北京石刻艺术博物馆。

著录情况：《新出土（一）》（上），第305页；（下），第282、283页。《馆目》，第172页。《墓拓》，序号248，图版第249页；图版说明，第304页。

按：该志出土的具体地点不详，志载“葬于西直关外祖茔之侧”。

郑承恩、郑承宗为兄弟，万历皇帝最宠爱的郑贵妃是郑承恩、郑承宗最小弟弟之女。据明万历四十年（1612）《明诰封昭勇将军锦衣卫指挥使南桥郑公（承宗）墓志铭》载其葬于（西直门外）小西门之先茔，而“小西门之先茔”为郑承宗所卜吉壤并迁葬。郑承宗墓志出土于海淀区北三环北京体育师范学院东侧，那么该地应为郑氏家族墓地，郑承恩也当葬于此地。

明敬嫔邵氏圹志

明万历三十四年（1606）三月十七日薨

明万历三十四年（1606）五月十七日葬于金山之原

盖篆：敬嫔邵氏圹志

首题：敬嫔邵氏圹志

志、盖均长64厘米，宽64厘米。盖文3行，满行2字，篆书。志文13行，满行17字，正书。

1954年海淀区镶红旗董四墓出土，现藏首都博物馆。

著录情况：《拓汇》，第58册，第182页。《拓目》第193页，志4053。《出土目》，0120，第33页。《四十年》，1358，第410页。

明永思王（朱常溥）圹志

明万历丙午年〔三十四年（1606）〕正月二十日薨逝

明万历三十四年（1606）六月十七日祔葬于金山之原

盖篆：永思王圹志

首题：永思王圹志

志长63厘米，宽63厘米，厚12.5厘米。盖长61厘米，宽61厘米，厚12.5厘米。盖文3行，满行2字，篆书。志文15行，满行19字，正书。

1984年文物普查时在海淀区中国林业科学院内发现，现藏海淀区文物管理所。

著录情况：《新出土（一）》（上），第 306 页；（下），第 283 页。《墓拓》，序号 203，图版第 203 页；图版说明，第 298 页。

明奉直大夫工部屯田清吏司员外郎文谿刘公（綵）墓志铭

明万历丁未〔三十五年（1607）〕十月十八日

明万历三十五年（1607）十二月二十日葬于宣武西便门外羊房店尹家村祖茔

盖篆：明奉直大夫工部屯田清吏司员外郎文谿刘公墓志铭

首题：明奉直大夫工部屯田清吏司员外郎文谿刘公墓志铭

赐进士出身朝列大夫国子监祭酒前右春坊右谕德翰林院侍讲东宫讲读官都人方从哲撰

中宪大夫太仆寺少卿兼司经局正字直文渊阁预修国史会典玉牒侍经筵日讲华亭包渐林书

赐进士出身大中大夫陕西等处承宣布政使司左参政前河南道监察御史巡按湖广淮扬督理两浙盐课古燕李天麟篆

志长 70.5 厘米，宽 60.5 厘米，厚 16.5 厘米。盖长 70 厘米，宽 60 厘米，厚 12.5 厘米。盖文 5 行，满行 5 字，篆书。志文 33 行，满行 50 字，正书。志文略漫漶。

1949 年后海淀区出土，现藏海淀区文物管理所。

著录情况：《新出土（一）》（上），第 307 页；（下），第 283、284、285 页。

明故司礼监掌监事太监聚庵成公（敬）墓志铭

明万历庚戌〔三十八年（1610）〕七月初五日卒

明万历三十八年（1610）七月望日（十五日）葬

盖篆：明故掌司礼监太监聚庵成公墓志铭

首题：明故司礼监掌监事太监聚庵成公墓志铭

赐进士出身资善大夫礼部尚书兼东阁大学士知经筵日讲制诰侍生叶向高拜撰

赐进士出身吏科左给事中前翰林院庶吉士吕邦耀书丹

特进荣禄大夫柱国少保兼太子太保英国公后军都督府掌府事古汴张惟贤篆盖

志长 73 厘米，宽 73 厘米。盖长 74 厘米，宽 74 厘米。盖文 4 行，满行 4 字，篆书。志文 43 行，满行 35 字，正书。

1949 年后海淀区出土，现藏海淀区文物管理所。

著录情况：《新出土（一）》（上），第 308 页；（下），第 285、286 页。

明诰封昭勇将军锦衣卫指挥使南桥郑公（承宗）墓志铭

明万历壬子〔四十年（1612）〕二月十九日卒

明万历四十年（1612）五月初九日葬于（西直门外）小西门之先茔

盖篆：明诰封昭勇将军锦衣卫指挥使南桥郑公墓志铭

首题：明诰封昭勇将军锦衣卫指挥使南桥郑公墓志铭

赐进士出身中宪大夫奉敕整饬岢岚等处兵备山西布政使司右布政前奉命巡视京营礼科给事中翰林院庶吉士滨隶刘余泽撰

特进荣禄大夫柱国宁阳侯总督京营戎政奉敕提督皇极等门工程侍经筵两京掌管中左前军都督府事寿州陈应诏书

特进荣禄大夫柱国管理侍直禁兵红盔将军中军都督府伏羌伯燉煌毛国器篆

志、盖均长 74 厘米，宽 74 厘米。盖文 5 行，满行 4 字，篆书。志文 36 行，满行 47 字，正书。

1982 年海淀区北三环北京体育师范学院东侧出土，现藏北京石刻艺术博物馆。

著录情况：《新出土（一）》（上），第 309 页；（下），第 286、287 页。《馆目》，第 172、173 页。《墓拓》，序号 251，图版第 252 页；图版说明，第 305 页。

皇明戚畹诰封昭勇将军锦衣卫指挥使苍泉李公（文松）墓志铭

明万历癸卯〔三十一年（1603）〕七月初四日卒

明万历四十四年（1616）二月十九日葬于西直关外祖茔之侧

盖篆：皇明戚畹诰封昭勇将军锦衣卫指挥使苍泉李公墓志铭

首题：皇明戚畹诰封昭勇将军锦衣卫指挥使苍泉李公墓志铭

赐进士及第奉议大夫右春坊右庶子兼翰林院侍读宣城汤宾尹撰

特进荣禄大夫右柱国少保兼太子太保英国公掌后军都督府事古汴张惟贤书

特进荣禄大夫柱国宁阳侯前总督京营戎政奉敕提督皇极等门工程侍经筵两京掌管中左前军都督府事寿州陈应诏篆

志、盖上边均略有残缺。志长 73 厘米，宽 73 厘米。盖长 73 厘米，宽 74 厘米。盖文 5 行，满行 5 字，篆书。志文 33 行，满行 36 字，正书。

1949 年后海淀区出土，现藏海淀区文物管理所。

著录情况：《新出土（一）》（上），第 310 页；（下），第 287、288 页。

明故司礼监秉笔太监管监事瑞庵杜公（茂）墓志铭

明泰昌元年（1620）十月二十八日卒

明泰昌元年（1620）十一月二十二日葬于阜成门外八里庄之原

盖篆：司礼监太监杜公墓志

首题：明故司礼监秉笔太监管监事瑞庵杜公墓志铭

赐进士第改翰林院庶吉士通家乡侍生杨维新顿首拜撰

不孝名下高进等泣血上石

志长、宽均 78 厘米。盖长、宽均 74 厘米。盖文 3 行，满行 3 字，篆书。志文 36 行，满行 42 字，正书。

1949 年后海淀区出土，现藏海淀区文物管理所。

著录情况：《新出土（一）》（上），第 311 页；（下），第 288、289 页。

皇明戚畹荣斋郑公（承恩）继配待赠太安人王氏合葬墓志铭

明天启元年（1621）二月十九日王氏卒

明天启元年（1621）五月十九日合葬于西直关外祖茔之侧

盖篆：皇明戚畹荣斋郑公继配待赠太安人王氏合葬墓志铭

首题：皇明戚畹荣斋郑公继配待赠太安人王氏合葬墓志铭

赐进士第中议大夫詹事府少詹事兼翰林院侍读学士纂修玉牒总裁荆溪张□纪撰

特进荣禄大夫柱国总督京营戎政太子太保泰宁侯六承敕命侍经筵提督乾清等宫皇极等门工程南京守备奉祀孝陵提督操江兼管巡江两京掌中左右前都督府事维扬陈良弼书

赐进士第奉政大夫修正庶尹刑部陕西清吏司郎中萧象烈篆

志、盖均长 77 厘米，宽 77 厘米。盖文 5 行，满行 5 字，篆书。志文 28 行，满行 40 字，正书。

1949 年后北京市出土，具体地点不详，据志文，当在“西直关外祖茔”。现藏北京石刻艺术博物馆。

著录情况：《新出土（一）》（上），第 312 页；（下），第 289、290 页。《墓拓》，序号 252，图版第 253 页；图版说明，第 305 页。《馆目》，第 173、174 页。

按：该志出土的具体地点不详，志载“葬于西直关外祖茔之侧”。

王氏为郑承恩妻，郑承恩为郑承宗之兄。据明万历四十年（1612）《明诰封昭勇将军锦衣卫指挥使南桥郑公（承宗）墓志铭》，“小西门之先茔”为郑承宗所卜吉壤并迁葬。郑承宗墓志出土于海淀区北三环北京体育师范学院东侧，那么该地应为郑氏家族墓地，郑承恩当葬于此地，其妻王氏亦当葬于此地。

永宁公主（朱淑娥）圹志

明天启三年（1623）七月初二日薨

明天启三年（1623）十二月十五日葬于金山之原

首题：永宁公主圹志

盖佚或失拓。志表面局部剥蚀风化。志长、宽均 63 厘米。志文 13 行，满行 18 字，正书。

1954 年海淀区镶红旗董四墓出土，现藏首都博物馆。

著录情况：《拓汇》，第 59 册，第 147 页。《拓目》，第 193 页，志 4061。《出土目》，0122，第 34 页。《四十年》，1390，第 420 页。

皇明怀宁公主（朱淑嫫）圹志

明天启四年（1624）六月十九日薨

明天启四年（1624）十二月二十日葬于金山之原

盖篆：皇明怀宁公主圹志

首题：怀宁公主圹志

志、盖均长 70 厘米，宽 70 厘米。盖文 3 行，满行 3 字，篆书。志文 14 行，满行 16 字，正书。

1954 海淀区镶红旗董四墓出土，现藏首都博物馆。

著录情况：《拓汇》，第 59 册，第 162 页。《拓目》，第 193 页，志 4062。《出土目》，0123，第 34 页。《四十年》，1391，第 420 页。

皇明钦差提督东厂官旗办事司礼监秉笔太监兼掌尚膳监印务邹公（义）墓志铭

明天启七年（1627）丁卯四月乙巳初二日卒，葬于西山门头村静妙庵

首题：皇明钦差提督东厂官旗办事司礼监秉笔太监兼掌尚膳监印务邹公墓志铭

赐进士第光禄大夫柱国兼太子太傅礼部尚书文渊阁大学士知制诰经筵实录典志总裁顾秉谦撰

武英殿侍直中书丁国宁书并篆

盖佚。志长 86 厘米，宽 83 厘米，厚 17 厘米。志文 26 行，满行 31 字，正书。

1949 年后海淀区出土，现藏海淀区文物管理所。

著录情况：《新出土（一）》（上），第 313 页；（下），第 290、291 页。

皇明诰封特进光禄大夫柱国前军都督府掌府事太保赠太傅谥恭敏遂安伯仰川陈公（伟）墓志铭

明崇祯戊辰〔元年（1628）〕十月二十一日卒

明崇祯己巳〔二年（1629）〕二月二十九日葬于都郊安德乡之赐阡

盖篆：皇明诰封特进光禄大夫柱国前军都督府掌府事太保赠太傅谥恭敏遂安伯仰川陈公墓志铭

首题：皇明诰封特进光禄大夫柱国前军都督府掌府事太保赠太傅谥恭敏遂安伯仰川陈公墓志铭

赐进士第资善大夫礼部尚书兼东阁大学士同知经筵制诰起居注实录总裁同邑眷生王应熊顿首拜撰

钦差总督京营戎政奉敕提督皇极等殿工程同知经筵后军都督府管府事领大汉将军侍卫殿陛奉命署掌后军都督府印代充班首持节册封两充正使钦赐肩舆云鹤服色特进荣禄大夫柱国太傅保定侯汝阳眷生梁世勋顿首拜篆

特进荣禄大夫柱国敕命提督持节册封充正使钦赐肩舆云鹤服色右军都督府掌府事太傅宁晋伯顿丘眷晚生刘天锡顿首拜书

志长 80 厘米，宽 87 厘米，厚 15 厘米。盖长 80 厘米，宽 86.5 厘米，厚 15 厘米。盖文 8 行，满行 5 字，篆书。志文 38 行，满行 50 字，正书。

1949 年后朝阳区出土，现藏朝阳区文物管理所。

著录情况：《新出土（一）》（上），第 314 页；（下），第 291、292、293 页。

明戚畹诰封锦衣昭勇将军王学买地券

明崇祯辛未年〔四年（1631）〕六月十三日子时逝于正寝

明崇祯四年（1631）岁次辛未八月壬寅朔初六日丁未谨券

首行题：券长 50 厘米，宽 50 厘米，厚 10 厘米。券两面刻字，一面为符文，5 行，行字不等，正书；另一面自左及右刻券文 28 行，满行 29 字，正书；券两侧镌铭文 1 行，行字不等，正书。

1949 年后海淀区青龙桥出土，现藏海淀区文物管理所。

著录情况：《新出土（一）》（上），第 381 页；（下），第 359、360 页。

按：券载，茔地在“西直关外青龙桥北城地方”。

明熹庙恭惠纯妃段氏圹志

明崇祯二年（1629）五月十三日卒

明崇祯四年（1631）闰十一月二十二日葬于金山之原

盖篆：熹庙恭惠纯妃段氏圹志

首题：熹庙恭惠纯妃圹志

志长、宽均 68 厘米。盖长、宽均 70 厘米。志文 17 行，满行 20 字，正书。盖文 4 行，满行 3 字，篆书。

1954 年海淀区镶红旗董四墓出土，现藏首都博物馆。

著录情况：《拓目》，第 194 页，志 4069。《出土目》，0127，第 35 页。《四十年》，1400，第 423 页。

明熹庙悼顺裕妃（张氏）圹志

明崇祯四年（1631）闰十一月二十二日迁葬于西山之原

首题：熹庙悼顺裕妃圹志

志长、宽均 69 厘米。志文 17 行，行 20 字，正书。

1954 年海淀区镶红旗董四墓出土，现藏首都博物馆。

著录情况：《拓汇》，第 60 册，第 34 页。《出土目》，0126，第 34 页。

按：妃明天启三年（1623）八月二十二日巳时薨逝，因死前革去冠服，后越七年十二月十六日仍复裕妃，谥悼顺。

明文林郎大理寺左寺左寺副徼隍李公（国泰）墓志铭

明崇祯七年（1634）甲戌二月十日寅时卒

明崇祯七年（1634）四月十五日葬（通州）高力庄祖茔

盖篆：明文林郎大理寺左寺左寺副徼隍李公墓志铭

首题：明文林郎大理寺左寺左寺副徼隍李公墓志铭

赐进士出身湖广道监察御史繁水眷年弟梁天□顿首拜撰并书

志长 71 厘米，宽 71 厘米，厚 13 厘米。盖长 71 厘米，宽 71 厘米，厚 11 厘米。盖文 5 行，满行 4 字，篆书。志文 39 行，满行 42 字，正书。

1986 年 6 月通州区张家湾镇大高力庄村北出土，现藏通州区博物馆。

著录情况：《新出土（一）》（上），第 315 页；（下），第 293、294 页。

明遂平长公主（朱徽婧）圹志

明崇祯六年（1633）正月初一日卒

明崇祯八年（1635）三月初十日葬于普安山之阳

盖篆：明遂平长公主圹志

首题：遂平长公主圹志

志断为两块，左下角略有残缺。盖右上角亦断裂。志、盖均长 68 厘米，宽 68 厘米。盖文 3 行，满行 3 字，篆书。志文 20 行，满行 22 字，正书。

1999 年 6 月海淀区鲍家窑出土，现藏海淀区文物管理所。

著录情况：《新出土（一）》（上），第 316 页；（下），第 294 页。

奉直大夫某君墓志

明崇祯八年（1635）十二月二十八日卒

盖佚。志长 70 厘米，宽 74 厘米。志边框线刻云纹，下部未拓全。镌字面中部、右侧及左上角漫漶、残损较甚。志文 34 行，满行 42 字，正书。

现存延庆县灵照寺。

按：首题及书撰人名均漫漶，仅见“奉直大夫▨”。另一面为《晓示生员碑》，清顺治九年（1652）二月初九日立，当是利用墓志改作。

皇明戚畹诰封骠骑将军岐山王公（学）元配淑人李氏合葬墓志铭

明崇祯辛未〔四年（1631）〕六月十三日子时王公卒

明崇祯丙子〔九年（1636）〕六月初十日亥时李氏卒

明崇祯九年（1636）九月十九日合葬于祖域

明崇祯丙子〔九年（1636)〕菊月（九月）上浣立

盖篆：皇明戚畹诰封骠骑将军岐山王公元配淑人李氏合葬墓志铭

首题：皇明戚畹诰封骠骑将军岐山王公元配淑人李氏合葬墓志铭

赐进士及第翰林院编修经筵日讲官国子监祭酒通家侍生何瑞征拜撰

赐进士第文林郎管节慎库贵州道监察御史张盛美篆额

后军都督府带俸太子太傅驸马都尉巩永固书丹

盖右上角略有残缺。志、盖均长 57 厘米，宽 57 厘米，厚 8 厘米。盖文 5 行，满行 5 字，篆书。志文 40 行，满行 42 字，正书。

1999 年 3 月 10 日海淀区六一幼儿园出土，现藏海淀区文物管理所。

著录情况：《新出土（一)》(上)，第 318 页；(下)，第 295、296 页。《墓拓》，序号 254，图版第 255 页；图版说明，第 305 页。

明故唐（汝为）母胡氏墓志铭

明崇祯九年（1636）十二月十五日酉时卒

明崇祯九年（1636）十二月二十一日葬

明崇祯九年丙子（1636）季冬月（十二月）立

额题：明故唐母胡氏墓志铭

四子泣血立

孝侄邑庠生汝经顿首

志为碑形，圆首。志长 49 厘米，宽 31 厘米，厚 2.5 厘米。额文 2 行，行 2 至 7 字不等，正书。志文 11 行，满行 21 字，正书。

具体出土时间地点不详。2001 年 6 月北京市文物局查没。现藏北京石刻艺术博物馆。

著录情况：《新出土（一)》(上)，第 317 页；(下)，第 295 页。

皇明乾清宫管事提督宫内两司房兼掌尚衣监印务尚膳监太监信吾王公（之佐）墓志铭

明崇祯十年（1637）正月二十二日子时卒

明崇祯十年（1637）二月十三日祔葬于房山县石府村（王宁宇墓）之侧

明崇祯十年（1637）十二月初八日改葬于昭忠老先生（王宁宇）之墓前十余丈

盖篆：皇明乾清宫管事提督宫内两司房兼掌尚衣监印务尚膳监太监信吾王公墓志铭

首题：皇明乾清宫管事提督宫内两司房兼掌尚衣监印务尚膳监太监信吾王公墓志铭

赐进士出身荣禄大夫太子太保协理京营戎政兵部尚书毗陵通家侍生陆完学顿首拜撰

特进荣禄大夫柱国前总督五军团营军务太傅襄城伯金斗眷侍生李守錡顿首拜篆

赐进士出身承直郎巡视京营戎政兵科右给事中天都通家侍生姚思孝顿首拜书

志、盖均长 83 厘米，宽 84 厘米。盖文 6 行，满行 6 字，篆书。志文 33 行，满行 36 字，正书。

1949 年后房山区崇各庄乡出土，现藏房山区文物管理所。

著录情况 ：《新出土（一）》（上），第 319 页 ；（下），第 296、297 页。

皇明戚畹诰封荣禄大夫柱国左军都督府都督同知蹊成李公（大本）墓志铭

明崇祯辛巳〔十四年（1641）〕六月廿二日卒

明崇祯十四年（1641）八月初五日葬于西直关外钦赐祖茔之侧

盖篆 ：皇明戚畹诰封特进荣禄大夫柱国左军都督府都督同知蹊成李公墓志铭

首题 ：皇明戚畹诰封荣禄大夫柱国左军都督府都督同知蹊成李公墓志铭

赐进士第通议大夫经筵日讲官知制诰纂修副总裁吏部左侍郎管右侍郎事兼翰林院侍读学士前礼部右侍郎知贡举官詹事府掌府事正詹事少詹管理清黄左右掌坊武会试正主考国子监司业署监事修订经史翰林院侍讲简讨神庙实录成加俸一级襄藩正使通家侍生黄锦顿首拜撰

特进光禄大夫柱国定国公奉旨知经筵事充班首官奉命册封持节正使左军都督府掌府事两奉敕谕申饬修省清刑屡蒙钦遣恭代诸大典礼武闱监试坐守大明正阳等门钦赐祭品膳馐蟒衣盔甲银币花红人口扇钞时鲜前管后军都督府事凤阳眷生徐允祯顿首拜篆

特进光禄大夫柱国前军都督府掌府事前掌府军前卫事右军都督府佥书奉命持节充正使太子太师彰武伯眷生杨崇猷顿首拜书

志、盖均长 83 厘米，宽 83 厘米，厚 17 厘米。盖文 6 行，满行 5 字，篆书。志文 40 行，满行 43 字，正书。

1949 年后海淀区出土，现藏海淀区文物管理所。

著录情况 ：《新出土（一）》（上），第 320 页 ；（下），第 298、299 页。

皇明戚畹锦衣卫百户待赠武德将军仰桥郑公（国宾）墓志铭

明崇祯辛巳〔十四年（1641）〕三月二十六日卒

明崇祯十六年（1643）九月十一日葬于西直门外小西门祖茔之侧

盖篆 ：皇明戚畹锦衣卫百户待赠武德将军仰桥郑公墓志铭

首题 ：皇明戚畹锦衣卫百户待赠武德将军仰桥郑公墓志铭

乡进士出身制敕房专理诰敕撰文兼管校阅纂修起居玉牒实录会典事务中书舍人通家眷姪袁端服顿首拜撰

赐进士出身翰林院编修通家晚生黄奇遇顿首拜书

管领大汉将军少师驸马都尉眷晚生冉兴让顿首拜篆

志、盖均长 72 厘米，宽 72 厘米。盖文 6 行，满行 4 字，篆书。志文 34 行，满行 48 字，正书。

1949 年后北京市出土，具体地点不详。现藏北京石刻艺术博物馆。

著录情况：《新出土（一）》（上），第 321 页；（下），第 299、300 页。《馆目》，第 174、175 页。

按：该志出土的具体地点不详，志载“葬于西直关外祖茔之侧”。

郑国宾为郑承宗子。据明万历四十年（1612）《明诰封昭勇将军锦衣卫指挥使南桥郑公（承宗）墓志铭》载其葬于（西直门外）小西门之先茔，郑承宗墓志出土于海淀区北三环北京体育师范学院东侧，那么该地应为郑氏家族墓地，郑国宾也当葬于此地。

明锦衣侍御冠带将军谢公（国玺）墓志

明崇祯十七年（1644）前

额题：谢亲漠□

志左上角残缺。志长 36 厘米，宽 29 厘米。额文 1 行 4 字，篆书。志文 13 行，行 19 至 26 字不等，正书。

1949 年后海淀区出土，现藏海淀区文物管理所。

著录情况：《新出土（一）》（上），第 322 页；（下），第 300、301 页。

明皇第四子沅怀王圹志盖

明崇祯十七年（1644）前

盖篆：皇第四子沅怀王圹志

志文失拓。盖长、宽均 62 厘米。盖文 3 行，满行 3 字。

1953 年海淀区镶红旗董四墓出土，现藏首都博物馆。

著录情况：《墓拓》，序号 260，图版第 261 页；图版说明，第 306 页。《出土目》，0131，第 36 页，

按：志文漫漶较甚，卒葬年不详。

明故封明威将军锦衣卫指挥佥事张公配淑人顾氏墓志盖

明崇祯十七年（1644）前

盖篆：明故封明威将军锦衣卫指挥佥事张公配淑人顾氏之墓

盖长、宽均 72 厘米。盖右上角残，盖文 5 行，满行 5 字。志佚或失拓。

现藏首都博物馆。

皇明□杨隐□暨配郎氏□氏孺人合葬墓志铭

明崇祯十七年（1644）前，合葬于潞北□里庄之阳

盖佚。志长、宽均 71 厘米。边框线刻云纹。志文基本漫漶，正书，存字状况不详。

现藏通州博物馆。

明故中宪大夫湖广汉阳府知杨公墓志铭府近斋墓志盖

明崇祯十七年（1644）前

盖篆：明故中宪大夫湖广汉阳府知杨公墓志铭府近斋

盖文 5 行，满行 5 字，篆书。盖长 78 厘米，宽 78 厘米。志佚。

现藏通州博物馆。

大明广德长公主圹志盖

明崇祯十七年（1644）前

盖篆：大明广德长公主圹志

盖长、宽均 71 厘米。盖文 3 行，满行 3 字，篆书。志文失拓或佚。

现藏首都博物馆。

皇明尚膳监太监乐山张公寿藏墓志铭盖

明崇祯十七年（1644）前

盖篆：皇明尚膳监太监乐山张公寿藏墓志铭

盖长、宽均 49 厘米。盖文 4 行，满行 4 字。志文失拓或佚。

现藏首都博物馆。

明故昭信校尉锦衣卫百户竹轩范公墓志盖

明崇祯十七年（1644）前

盖篆：明故昭信校尉锦衣卫百户竹轩范公墓志盖

盖长、宽均 60 厘米。盖文 4 行，满行 4 字，篆书。志佚。

现藏崇文区文管所。

明恩赐寿官南台刘公暨配马氏韩氏合葬墓志铭盖

明崇祯十七年（1644）前

盖篆：明恩赐寿官南台刘公暨配马氏韩氏合葬墓志铭

志佚。仅存志盖。盖疑为盝顶，盝刻减地平鈒莲花纹。盖拓长、宽均 69 厘米。盖文 4 行，满行 5 字。

2007 年 10 月 26 日天津张连志捐赠，现藏北京石刻艺术博物馆。

明奉政大夫山西等处提刑按察司佥事益津蒋公墓志铭盖

明崇祯十七年（1644）前

盖篆：明奉政大夫山西等处提刑按察司佥事益津蒋公墓志铭

盖长 63 厘米，宽 63 厘米。盖文 5 行，满行 5 字，篆书。志佚。

1949 年后北京市出土，具体地点不详。现藏北京石刻艺术博物馆。

著录情况 :《新出土（一)》(上)，第 323 页 ;(下)，第 301 页。《馆目》，第 175 页。

明故怡庵张处士之墓志盖

明崇祯十七年（1644）前

盖篆 : 明故怡庵张处士之墓

盖长 54 厘米，宽 54 厘米。盖文 3 行，满行 3 字，篆书。志佚。

20 世纪 70 年代北京市出土。2000 年 1 月东城区东华门外儿童剧场东侧胡同 58 号院征集。现藏北京石刻艺术博物馆。

著录情况 :《新出土（一)》(上)，第 323 页 ;(下)，第 301 页。

明故昭信校尉锦衣张公配安人徐氏合葬墓志铭盖

明崇祯十七年（1644）前

盖篆 : 明故昭信校尉锦衣张公配安人徐氏合葬墓志铭

盖长 60 厘米，宽 60 厘米，厚 8 厘米。盖文 5 行，满行 4 字，篆书。志佚。

1949 年后北京市出土，具体地点不详。1999 年 11 月 27 日征集于宣武区牛街房管所。现藏北京石刻艺术博物馆。

著录情况 :《新出土（一)》(上)，第 324 页 ;(下)，第 301 页。

明故中顺大夫陕西苑马寺少卿西庄王公墓志盖

明崇祯十七年（1644）前

盖篆 : 明故中顺大夫陕西苑马寺少卿西庄王公墓

盖长 58 厘米，宽 58 厘米，厚 8 厘米。盖文 5 行，满行 4 字，篆书。志佚。

具体出土时间地点不详。2001 年 6 月北京市文物局查没。现藏北京石刻艺术博物馆。

著录情况 :《新出土（一)》(上)，第 324 页 ;(下)，第 301 页。

明故前怀远将军锦衣指挥同知陈君墓志铭盖

明崇祯十七年（1644）前

盖篆 : 明故前怀远将军锦衣指挥同知陈君墓志铭

盖长 62 厘米，宽 62 厘米，厚 9 厘米。盖文 5 行，满行 4 字，篆书。志佚。

具体出土时间地点不详。2001 年 6 月北京市文物局查没。现藏北京石刻艺术博物馆。

著录情况 :《新出土（一)》(上)，第 325 页 ;(下)，第 302 页。

明故靖远伯仰松王公墓志铭盖

明崇祯十七年（1644）前

盖篆：明故靖远伯仰松王公墓志铭

盖长 62 厘米，宽 62 厘米，厚 12 厘米。盖文 4 行，满行 3 字，篆书。志佚。

具体出土时间地点不详。2001 年 10 月宣武区椿树园永光西街 31 号院征集。现藏北京石刻艺术博物馆。

著录情况：《新出土（一）》（上），第 325 页；（下），第 302 页。

明赠□□监□□张公之墓志盖

明崇祯十七年（1644）前

盖篆：□明赠□□监□□张□□墓

盖上部残缺。盖残长 32.5 厘米，宽 55.5 厘米。盖文 3 行，行残存 1 至 2 字不等，篆书。志佚。

1949 年后北京市出土，具体地点不详。现藏北京石刻艺术博物馆。

著录情况：《新出土（一）》（上），第 326 页；（下），第 302 页。

明故汝宁府太守刘公之墓志盖

明崇祯十七年（1644）前

盖篆：大明故汝宁府太守刘公之墓

盖左下角略有残缺。盖长 64 厘米，宽 63.5 厘米。盖文 4 行，满行 3 字，篆书。志佚。

1949 年后北京市出土，具体地点不详。现藏北京石刻艺术博物馆。

著录情况：《新出土（一）》（上），第 326 页；（下），第 302 页。

明▨禄大▨军都▨都督▨钱▨墓志盖

明崇祯十七年（1644）前

盖篆：大明▨禄大▨军都▨都督▨钱▨

盖下部残缺，右上角及左边亦残缺。盖残长 29 厘米，宽 66 厘米。盖文 5 行，行残存 1 至 2 字不等，篆书。志佚。

1949 年后北京市出土，具体地点不详。现藏北京石刻艺术博物馆。

著录情况：《新出土（一）》（上），第 327 页；（下），第 302、303 页。

明故宜人申氏墓志铭盖

明崇祯十七年（1644）前

盖篆：明故宜人申氏墓志铭

盖长 63 厘米，宽 63 厘米，厚 11 厘米。盖文 3 行，满行 3 字，篆书。志佚。

具体出土时间地点不详。1998 年 4 月 21 日北京市公安局查没。现藏北京石刻艺术博物馆。

著录情况：《新出土（一）》（上），第 327 页；（下），第 303 页。

诰封夫人王母尚氏墓志铭盖

明崇祯十七年（1644）前

盖篆：诰封夫人王母尚氏墓志铭

盖长 55 厘米，宽 55 厘米，厚 9 厘米。盖文 4 行，满行 3 字，篆书。志佚。

具体出土时间地点不详。2001 年 8 月北京市文物局查没。现藏北京石刻艺术博物馆。

著录情况：《新出土（一）》（上），第 328 页；（下），第 303 页。

按：盖年代不详，据形制、书法及纹饰，定为明代。

明故尚膳监太监三公墓志铭盖

明崇祯十七年（1644）前

盖篆：明故尚膳监太监三公墓志铭

盖长 57 厘米，宽 58 厘米，厚 9 厘米。盖文 4 行，满行 3 字，篆书。志佚。

1949 年后海淀区出土，现藏海淀区文物管理所。

著录情况：《新出土（一）》（上），第 328 页；（下），第 303 页。

大明故诰封宜人锦衣高母李氏之墓志盖

明崇祯十七年（1644）前

盖篆：大明故诰封宜人锦衣高母李氏之墓

盖右边部分残缺，左上角亦残缺。盖长 55 厘米，宽 52 厘米。盖文 4 行，满行 4 字，篆书。志佚。

1949 年后海淀区出土，现藏海淀区文物管理所。

著录情况：《新出土（一）》（上），第 329 页；（下），第 303 页。

明故奉政大夫陕西按察司佥事李公墓志盖

明崇祯十七年（1644）前

盖篆：明故奉政大夫陕西按察司佥事李公墓

盖左上角残缺。盖长 62.5 厘米，宽 63.5 厘米，厚 9 厘米。盖文 4 行，满行 4 字，篆书。志佚。

1949 年后海淀区出土，现藏海淀区文物管理所。

著录情况：《新出土（一）》（上），第 329 页；（下），第 304 页。

明故孺人袁氏墓志铭盖

明崇祯十七年（1644）前

盖篆：明故孺人袁氏墓志铭

盖长、宽均 70 厘米。盖文 3 行，满行 3 字，篆书。志佚。

1949 年后出土，具体地点不详。现藏门头沟区文物管理所。

著录情况：《新出土（一）》（上），第 330 页；（下），第 304 页。

明故淑人张氏墓志铭盖

明崇祯十七年（1644）前

盖篆：故淑人张氏墓志铭

盖长 55 厘米，宽 55 厘米，厚 13 厘米。盖文 2 行，满行 4 字，篆书。志佚。

1987 年 11 月通州区城内北苑北京光学仪器厂内出土，现藏通州区博物馆。

著录情况：《新出土（一）》（上），第 331 页；（下），第 304 页。

明赵王正妃沐氏之墓志盖

明崇祯十七年（1644）前

盖篆：大明赵王正妃沐氏之墓

盖长 47 厘米，宽 51 厘米。盖文 2 行，满行 5 字，篆书。志佚。

1981 年怀柔区桥梓镇沙峪口村出土，现藏怀柔区图书馆。

著录情况：《新出土（一）》（上），第 331 页；（下），第 304、305 页。

皇清诰封中宪大夫太常寺少卿玉衡胡公（来相）墓志铭

清康熙元年（1662）八月初七日卒

清康熙二年（1663）四月十六日葬于都城北新阡

盖篆：皇清诰封中宪大夫太常寺少卿玉衡胡公墓志铭

首题：皇清诰封中宪大夫太常寺少卿玉衡胡公墓志铭

少傅兼太子太傅户部尚书加一级保和殿内秘书院大学士成克巩撰文

赐进士出身秘书院学士章云鹭书丹

赐进士出身督理京省钱法户部右侍郎朱之弼篆盖

昆明虞世璎临上石

宛陵刘光扬镌

志、盖均长 65 厘米，宽 77 厘米，厚 10 厘米。盖文 5 行，满行 4 字，篆书。志文 32 行，满行 37 字，正书。

1949 年后海淀区出土，现藏海淀区文物管理所。

著录情况：《新出土（一）》（上），第 332 页；（下），第 305、306 页。

皇清光禄大夫经略湖广江西广西云南贵州等处地方总督军务兼理粮饷太傅兼太子太师兵部尚书都察院右副都御史武英殿大学士世袭三等阿达哈哈番致仕正一品顶带谥文襄亨九洪公（承畴）墓志铭

清康熙四年（1665）二月十七日卒

清康熙四年（1665）七月二十五日葬于都城西直门外麦庄桥南

盖篆：皇清光禄大夫经略五省太傅兼太子太师武英殿大学士兵部尚书兼都察院右副都御史世袭三等阿达哈哈番谥文襄享七十三寿亨九洪公墓志铭

首题：皇清光禄大夫经略湖广江西广西云南贵州等处地方总督军务兼理粮饷太傅兼太子太师兵部尚书都察院右副都御史武英殿大学士世袭三等阿达哈哈番致仕正一品顶带谥文襄亨九洪公墓志铭

太师兼太子太师刑部尚书内国史院大学士加一级曲沃后学卫周祚顿首拜撰

赐进士出身通议大夫礼部右侍郎钱塘后学黄机顿首拜篆

赐进士出身通议大夫刑部右侍郎汉阳门人吴正治顿首书丹

志边框线刻云龙纹。志长88厘米，宽86厘米。志风化漫漶严重。志文63行，满行66字，正书。盖失拓。

1952年海淀区车道沟出土，现藏首都博物馆。

著录情况：《拓目》，第195页，京8520。《墓拓》，序号261，图版第262页；图版说明，第306页。《出土目》，0137，第37、38页。《四十年》，1426，第430页。

按：盖文据《拓目》补。《北京考古四十年》（北京燕山出版社，1990年1月出版）载："1952年在西郊车道沟发掘了洪承畴墓，墓被盗，仅存墓志四合。"据《拓目》，这四合墓志分别为清康熙四年的《洪承畴墓志》一合、康熙十年的《洪承畴妻李氏合葬志》一合、康熙十八年的《洪士铭墓志》一合以及康熙二十年的《洪士铭妻林氏墓志》一合。

清诰授资政大夫头等阿达哈哈番又一拖沙喇哈番仍加一级弘宇门公（世文）墓志

清康熙癸卯二年（1663）七月十八日丑时元配叶夫人卒

清康熙甲辰三年（1664）九月十四日酉时门公卒

清康熙五年（1666）三月二十六日合葬于香山之原

辛未会元娄水通家弟吴伟业填讳

志长74厘米，宽45厘米，厚15厘米。志文10行，满行18字，正书。

1949年后海淀区出土，现藏海淀区文物管理所。

著录情况：《新出土（一）》（上），第333页；（下），第306页。

索尼买地券

清康熙六年（1667）六月二十二日卒，□月癸丑二十五日葬，茔地在德胜门外西北

之原

券已残断，上部残缺。残长 46 厘米，宽 60 厘米。券两面刻字，一面为符文 4 行，行字不等，正书。另一面刻券文，边框为八卦纹。券文残存 23 行，行字不等，正书。

1949 年后海淀区出土，现藏海淀区文物管理所。

著录情况：《新出土（一）》（上），第 382 页；（下），第 360、361 页。《馆目》，第 130 页。

李若桂暨配曹氏明堂

清康熙九年（1670）正月己丑十五日

额题：明堂

首行题：维」康熙九年（以下从略）」

拓长 42 厘米，宽 41 厘米。石上方横题额文 1 行，满行 2 字。铭文 18 行，前刻小字 17 行，行字不等，正书；铭文末行题大字 1 行“安镇中央永为执照”，亦正书。

现藏通州博物馆。

皇清诰封夫人张（士甄）母杜太夫人墓志铭

清康熙十年（1671）七月初□日卒

盖篆：皇清诰封夫人张母杜太夫人墓志铭

志、盖均长 76 厘米，宽 76 厘米，厚 11 厘米。盖文 4 行，满行 4 字，篆书。志文漫漶，行及行字不详，正书。

1973 年春通州区张家湾镇张家湾村出土，现藏通州区博物馆。

著录情况：《新出土（一）》（上），第 334 页；（下），第 306 页。

皇清光禄大夫经略湖广江西广西云南贵州等处地方总督军务兼理粮饷太傅兼太子太师兵部尚书都察院右副都御史武英殿大学士世袭三等阿达哈哈番致仕正一品顶带谥文襄亨九洪公（承畴）元配诰封一品夫人享七十六寿李太君合葬墓志铭盖

清康熙十年（1671）十二月七日葬

盖篆：皇清光禄大夫经略湖广江西广西云南贵州等处地方总督军务兼理粮饷太傅兼太子太师兵部尚书都察院右副都御史武英殿大学士世袭三等阿达哈哈番致仕正一品顶带谥文襄[亨]九洪公元配诰封一品夫人[享][七][十][六]寿李太君合葬墓志铭

盖长 78 厘米，宽 82 厘米。盖文 10 行，满行 10 字，篆书。志失拓。

1952 年海淀区车道沟出土，现藏首都博物馆。

著录情况：《拓汇》，第 62 册，第 182 页。《拓目》，第 195 页；志 4486。《墓拓》，序号 261，图版第 262 页；图版说明，第 306 页。《出土目》，0138，第 38 页。《四十年》，1428，第 431 页。

按：据《拓目》第195页载，《洪承畴妻李氏合葬志》，吴正治撰，黄宣泰正书，康熙十年（1671）十二月七日葬。

清故淑女黑舍里氏（索额图女众圣保）圹志铭

清康熙甲寅年〔十三年（1674）〕十二月二十七日卒

清康熙乙卯〔十四年（1675）〕四月廿一日葬于德胜门外之新阡

额篆：墓志铭

首题：清故淑女黑舍里氏圹志铭

国子监祭酒沈荃撰文并书丹

候补侍读冯济源篆额

长沙府通判刘源填硃

志为碑形，螭首须弥座。志高98厘米，宽28厘米，厚9厘米。志两面刻字，一面为汉文，额文1行3字，九迭篆；志文16行，满行27字，正书。一面为满文。

1962年7月海淀区索家坟北京师范大学西南角出土，现藏北京石刻艺术博物馆。

著录情况：《拓汇》，第63册，第69、70页。《拓目》，第195页，志4937。《馆目》，第175、176页。《新出土（一）》（上），第335页；（下），第307页。《四十年》，1429，第431、432页。

皇清诰封恭人胡（来相）门李氏祔葬墓志铭

清康熙乙卯〔十四年（1675）〕正月十八日辰时卒

清康熙十四年（1675）四月壬子（二十四日）祔葬于上清河玉衡胡公之墓冢

盖篆：皇清诰封恭人胡门李氏祔葬墓志铭

首题：皇清诰封恭人胡门李氏祔葬墓志铭

光禄大夫太子太傅兼礼部尚书保和殿大学士加一级渠梁进士杜立德撰文

赐进士光禄大夫礼部尚书加一级益津郝惟讷篆盖

赐进士及第中宪大夫国子监祭酒华亭沈荃书丹

志长75.5厘米，宽75.5厘米。盖长78厘米，宽78厘米，厚15厘米。盖文4行，满行4字，篆书。志文36行，满行40字，正书。

1949年后海淀区出土，现藏海淀区文物管理所。

著录情况：《新出土（一）》（上），第336页；（下），第307、308页。

皇清通奉大夫浙江等处承宣布政使司布政使世袭三等阿达哈哈番辅扆袁公（一相）暨继配待赠夫人赵氏合葬墓志铭

清康熙甲寅〔十三年（1674）〕四月初八日丑时袁公卒（元配张氏、继配赵氏先卒，未载卒年）

清康熙己卯〔十四年（1675）〕六月朔四日合葬于万泉庄之里

盖篆：皇清通奉大夫浙江等处承宣布政使司布政使世袭三等阿达哈哈番辅宸袁公暨继配待赠夫人赵氏合葬墓志铭

首题：皇清通奉大夫浙江等处承宣布政使司布政使世袭三等阿达哈哈番辅宸袁公墓志铭

赐进士第光禄大夫吏部尚书加一级前户礼刑工四部尚书加一级都察院左都御史吏户二部左右侍郎加二级大理寺卿通政使司左右通政参议太仆寺少卿福建都粮道参议刑部陕西广西司郎中员外主事戊戌甲辰庚戌文武殿试读卷官侍经筵甲辰文会试主考年家眷弟益津郝惟讷顿首拜撰

赐进士及第中宪大夫国子监祭酒前翰林院侍读充起居注日讲官纂修实录翰林院侍讲壬子浙江主考整饬通蓟分巡大梁道河南按察使司副使内翰林国史院编修眷弟沈荃顿首拜书丹

赐进士及第日讲官起居注翰林院侍讲学士前翰林院侍读侍讲内国史院编修癸丑分校礼闱壬子顺天武乡试正主考年通家治弟孙在丰顿首拜篆盖

盖下边略有残缺。志长 80 厘米，宽 79 厘米，厚 12 厘米。盖长 80.5 厘米，宽 80.5 厘米，厚 12 厘米。盖文 8 行，满行 6 字，篆书。志文 46 行，满行 58 字，正书。

1949 年后海淀区出土，现藏海淀区文物管理所。

著录情况：《新出土（一）》（上），第 337 页；（下），第 309、310、311 页。

皇清诰封资政大夫总督河道提督军务兼理粮饷兵部右侍郎兼都察院右副都御史前礼部左侍郎都察院右佥都御史拜他拉布勒哈番参领兼管佐领都察院副理官华封祝公（万春）暨元配夫人马氏合葬墓志铭

清康熙乙巳〔四年（1665）〕五月二十三日寅时祝公卒

清康熙丁未〔六年（1667）〕八月十九日申时马氏卒

清康熙丙辰〔十五年（1676）〕八月十九日合葬于西山锦屏峰麓之新茔

盖篆：皇清诰封资政大夫礼部左侍郎拜他拉布勒哈番参领兼管佐领总督河道提督军务兼理粮饷兵部右侍郎御史华封祝公夫人马氏合葬墓志铭

首题：皇清诰封资政大夫总督河道提督军务兼理粮饷兵部右侍郎兼都察院右副都御史前礼部左侍郎都察院右佥都御史拜他拉布勒哈番参领兼管佐领都察院副理官华封祝公暨元配夫人马氏合葬墓志铭

总督四川等处地方军务兼理粮饷兵部右侍郎兼都察院右副都御史前总督两广巡抚山东兵部尚书兼都察院右副都御史内弘文院学士纂修通鉴总裁侍读学士侍读眷晚生周有德撰文并书丹

志右上角及右上边均略有残缺。志、盖均长 73 厘米，宽 73 厘米，厚 13 厘米。盖文 10 行，满行 9 字，篆书。志文 38 行，满行 40 字，正书。

1949 年后海淀区出土，现藏海淀区文物管理所。

著录情况：《新出土（一）》（上），第 338 页；（下），第 311、312 页。

皇清诰封太夫人高（民瞻）母姬太君墓志铭

清康熙乙卯〔十四年（1675）〕十二月二十五日姬太君卒（高公国华先卒，未载卒年）

清康熙丁巳〔十六年（1677）〕六月壬寅（二十七日）合葬于左安门外之方家庄

盖篆：皇清诰封太夫人高母姬太君墓志铭

首题：皇清诰封太夫人高母姬太君墓志铭

赐进士及第资政大夫经筵日讲官记注起居翰林院掌院学士兼礼部侍郎加一级教□癸丑丙辰两科庶吉士纂修实录副总裁纂修《孝经衍义》总裁丙辰武会试总裁充丙辰文武殿试读卷官前内阁学士国子监祭酒内秘书院侍读己酉陕西乡试正主考掌理诰敕内国史院修撰崑山晚生徐元文顿首拜撰文

赐进士出身通奉大夫都察院左副都御史加一级侍经筵丙辰会试主考殿试读卷官前顺天府府尹左佥都御史通政使司右参议光禄寺少卿正四品服俸户科掌印给事中刑科给事中掌山东道事山东道监察御史通家眷晚生田六善顿首拜书丹

□告巡抚陕西等处地方督理军务都察院右副都御史眷姪黄尔性顿首拜篆盖

志、盖均长 80 厘米，宽 80 厘米。盖文 4 行，满行 4 字，篆书。志文 36 行，满行 49 字，正书。志文漫漶。

20 世纪 80 年代初年丰台区南苑成寿寺万家庄六队队部出土，现藏丰台区文物管理所。

著录情况：《新出土（一）》（上），第 339 页；（下），第 312、313、314 页。《墓拓》，序号 262，图版第 263 页；图版说明，第 306 页。

清黄氏（全衡）暨配叶氏茔墓记

大清康熙十六年（1677）岁次丁巳〼

盖篆：墓志

首题：黄氏茔墓记

赐进士第文林郎年家弟黄德州拜□

一等伯祈□通篆额

何□□□□

盖部分残缺。记长 73 厘米，宽 72 厘米。盖残长 34 厘米，宽 67 厘米。盖文 1 行，2 字，正书。志文 20 行，满行 24 字，正书。

1949 年后北京市出土，具体地点不详。现藏北京石刻艺术博物馆。

著录情况：《新出土（一）》（上），第 340 页；（下），第 314 页。

皇清诰封光禄大夫总督四川等处地方军务兼理粮饷兵部尚书兼都察院右副都御史加二级正一品大生苗公（澄）暨元配诰赠一品夫人苗母李太君合葬墓志铭

清康熙庚戌〔九年（1670）〕七月初二日李太君卒

清康熙丁巳〔十六年（1677）〕正月初二日苗公卒

清康熙戊午〔十七年（1678）〕春合葬于京城南马四□之新茔

盖篆：皇清诰封光禄大夫总督四川兵部尚书兼都察院右副都御史大生苗公暨元配诰赠一品夫人苗母李太君合葬墓志铭

首题：皇清诰封光禄大夫总督四川等处地方军务兼理粮饷兵部尚书兼都察院右副都御史加二级正一品大生苗公暨元配诰赠一品夫人苗母李太君合葬墓志铭

太子太傅礼部尚书保和殿大学士加二级前太子太保内国史院太□□吏户刑三部尚书吏兵工三部左侍郎管右侍郎事吏户两科都给事中浙江典试甲辰丁未癸丑三科文武会试总裁戊戌辛丑甲辰庚戌丙辰廷试充读卷官纂修实录监修玉牒总裁渠梁进士旧治眷弟杜立德顿首拜撰文

经筵讲官光禄大夫户部尚书加一级前礼兵刑三部尚书吏部左右侍郎□□右侍郎内翰林秘书院学士詹事府詹事兼内翰林秘书院侍读学士国史院侍讲学士弘文院编修内翰林庶吉士辛丑甲辰充读卷官一□会试总裁壬辰武会试总裁癸未进士旧治眷弟梁清标顿首拜篆盖

赐进士出身朝议大夫翰林院侍读加三级纂修两朝实录前掌诰命□书四川癸卯科乡试主考官旧治眷侍生杜镇顿首拜书丹

志、盖均长82厘米，宽82厘米。盖文8行，满行6字，篆书。志文50行，满行58字，正书。

2000年丰台区方庄小区中央音乐学院附中工地出土，现藏北京石刻艺术博物馆。

著录情况：《新出土（一）》（上），第341页；（下），第314、315、316页。

皇清纳兰（性德）室卢氏墓志铭

清康熙十六年（1677）五月三十日卒

清康熙十七年（1678）七月二十八日葬于玉河早荚屯之祖茔

首题：皇清纳腊室卢氏墓志铭

赐进士出身候补内阁中书舍人平湖叶舒崇撰

志长75厘米，宽95厘米，厚12.5厘米。志文31行，满行25字，正书。

1972年海淀区上庄乡上庄村出土，现藏北京石刻艺术博物馆。

著录情况：《新出土（一）》（上），第342页；（下），第316、317页。《馆目》，第176、177页。《墓拓》，序号263，图版第264页；图版说明，第306页。

按：纳兰家祖茔，在北京市海淀区皂荚屯即今上庄乡上庄村。余岱岩《纳兰性德墓今昔与明珠花园的开发》一文载，纳兰家茔地民国年间曾遭土匪盗掘，随葬珍宝大部被盗走。“文革”期间，尤其是1972—1973年间“农业学大寨”时期，号召以粮为纲，平整土地，在破四旧的口号下，拆古庙、挖古墓被视为与封建迷信决裂的革命行动。纳兰家族墓葬区就在那时被彻底、干净地夷为平地，荡然无存了。据赵迅《纳兰成德家族墓志通考》载，墓地先后出土了纳兰成德夫妇墓志各一方，其父母（即明珠和觉罗氏）墓志各一合，二弟揆叙夫妇墓志各一合，三弟揆方夫妇墓志各一合以及揆方子永寿（由揆叙妻抚养，后过继给揆叙）一合。上述墓志中除明珠墓志一合缺拓外，余者石刻馆均存有拓片，部分原石亦收藏在石刻馆。明珠墓志一合，赵迅先生书中说收藏于石刻馆，该说有误，该志可能存于首都博物馆或北京市文物研所。

此外，在纳兰家族皂荚屯茔地附近，还有一座《重修榆河乡东岳行宫碑记》，碑原立于上庄乡上庄村东岳庙，现移至北京石刻艺术博物馆保存。东岳庙实为纳兰家庙，大殿现保存较好。

清程衡买地券

清康熙十八年（1679）岁次乙未二月丙寅朔十三日戊寅

券砖质，上方抹角，长44厘米，宽42.5厘米，厚6.5厘米。券文由左往右书18行，满行29字，正书。

1998年后通州区永顺镇芦庄村出土，现藏通州区博物馆。

著录情况：《新出土（一）》（上），第383页；（下），第361页。

按：券载，茔地在“本州北门外冰窖西”；“券立二本，一本安立明堂，一本给付程公墓中”。

皇清诰授通议大夫佐领加二级君怀吴公（有德）墓志铭

清康熙辛酉〔二十年（1681）〕四月二十四日吴公卒（夫人卒年未载）

清康熙二十一年（1682）三月二十六日合葬于宛平杨坊之先茔

首题：皇清诰授通议大夫佐领加二级君怀吴公墓志铭

赐进士及第经筵讲官都察院左都御史监修明史前通奉大夫内阁学士兼礼部侍郎加一级日讲起居注官翰林院掌院学士教习癸丑丙辰两科庶吉士纂修太宗实录副总裁纂修《孝经衍义》总裁丙辰武会试总裁充丙辰文武殿试读卷官国子监祭酒内秘书院侍读已酉陕西乡试正主考掌理诰敕内弘文院修撰崑山徐元文顿首拜撰

赐进士出身通议大夫詹事府詹事兼翰林院侍读学士今候补年家眷弟王颺昌顿首书丹

赐进士出身奉直大夫候补内科给事中加三级姪源起顿首篆额

盖佚。志长65厘米，宽64厘米，厚12厘米。志文38行，满行38字，正书。

1949年后海淀区出土，现藏海淀区文物管理所。

著录情况：《新出土（一）》（上），第343页；（下），第317、318页。

皇清通议大夫一等侍卫佐领纳兰君（性德）墓志铭

清康熙二十四年（1685）五月乙丑（六日）卒

盖篆：皇清通议大夫一等侍卫佐领纳兰君墓志铭

首题：皇清通议大夫一等侍卫佐领纳兰君墓志铭

内阁学士兼礼部侍郎教习庶吉士昆山徐乾学撰文

经筵讲官都察院左都御史泽州陈廷敬篆盖

日讲官起居注翰林院侍读学士钱塘高士奇书丹

志长 76 厘米，宽 76 厘米，厚 14 厘米。志文 38 行，满行 61 字，正书。盖文 4 行，满行 5 字，篆书。

志 1972 至 1973 年海淀区上庄乡上庄村出土，现藏北京石刻艺术博物馆。盖发现于 1983 年，现藏海淀区上庄乡纳兰性德纪念馆。

著录情况：《新出土（一）》（上），第 344 页；（下），第 318、319、320 页。《馆目》，第 177 页。

皇清资政大夫世袭一等阿达哈哈番又一拖沙喇哈番驻防京口协领加二级白玉祖公（光玺）墓志铭

清康熙二十七年（1688）四月初八日卒，葬于平谷区马家庄之原

盖篆：皇清资政大夫世袭一等阿达哈哈番又一拖沙喇哈番驻防京口协领加二级白玉祖公墓志铭

首题：皇清资政大夫世袭一等阿达哈哈番又一拖沙喇哈番驻防京口协领加二级白玉祖公墓志铭

赐进士出身充纂修明史官翰林院编修年家眷弟长洲汪琬顿首拜撰

赐进士出身通议大夫吏部左侍郎年家眷弟京口张鹏顿首拜书丹

赐进士出身资政大夫经筵讲官礼部尚书年家眷弟京口张玉书顿首拜篆额

宛陵刘光信镌

志、盖均长 78 厘米，宽 78 厘米。盖文 7 行，满行 7 字，篆书。志文 39 行，满行 49 字，正书。

1972 年春平谷区靠山集镇东马各庄村出土，现藏平谷区文物管理所。

著录情况：《新出土（一）》（上），第 345 页；（下），第 320、321、322 页。

皇清诰封通议大夫石公关紫买地券

清康熙二十八年（1689）岁次己巳三月十五日

券两面均刻字。拓长、宽均 50 厘米。一面书券文，正文 14 行，行间有竖格，行字不等，正书。正文线框外四侧刻“百子千孙”等四句四字吉语及八卦符号，吉语行书。另一面中部竖刻符文一行，中书“玉皇大帝”、“土公青龙”“土母白虎”等；符文右侧刻“石

券一本给付”；左侧刻“关紫石公执照”。均正书。

现藏首都博物馆。

按：券文载“买到龙子岗阴地一方”。

皇清诰授资政大夫吏部尚书绣紫张公（士甄）墓志铭

清康熙三十年（1691）五月二十日后

盖篆：皇清诰授资政大夫吏部尚书绣紫张公墓志铭

志、盖均长76厘米，宽73厘米，厚15厘米。盖文5行，满行4字，篆书。志文漫漶，行及行字不详，正书。

1973年春通州区张湾镇张家湾村出土，现藏通州区博物馆。

著录情况：《新出土（一）》（上），第346页；（下），第322页。

按：据《清史稿·部院大臣年表》清康熙三十年吏部尚书条：“张士甄五月乙巳降”，故将墓志系于是日后。

皇清□□太子太□武英殿大学士兼礼部尚书相国纳兰公（明珠）元配一品夫人觉罗氏墓志铭

清康熙三十三年（1694）甲戌八月卒

清康熙三十三年（1694）十二月二十五日卜葬于双榆树之原

清康熙三十三年（1694）岁次甲戌季冬十二月二十五日立

首题：皇清□□太子太□武英殿大学士兼礼部尚书相国纳兰公元配一品夫人觉罗氏墓志铭

礼部仪制清吏司主事[高]□□拜撰

日讲官起居注翰林院侍读□□□拜篆

兵部□捕右理事官[胡]□□拜书

志长、宽均83厘米。志边框线刻云龙纹，石面风化，字迹部分漫漶。志文38行，满行60字，正书。仅拓志文。盖失拓。

1972至1973年海淀区上庄乡上庄村出土，现藏首都博物馆。

清周永志买地券

清康熙三十三年（1694）卒

券长、宽均49厘米。券文21行，满行22字，正书。

1949年后朝阳区出土，现藏北京石刻艺术博物馆。

著录情况：《新出土（一）》（上），第384页；（下），第361、362页。《馆目》，第177、178页。《墓拓》，序号264，图版第265页；图版说明，第306页。

皇清诰授光禄大夫銮仪卫銮仪使右都督加三级世袭阿思哈尼哈番鲍公（敬）暨元配诰赠一品夫人金氏太君合葬墓志铭

清康熙丁丑年〔三十六年（1697）〕三月二十三日鲍公卒（金氏先公卒，未载卒年）

清康熙丁丑年〔三十六年（1697）〕十月二十七日寅时葬于房山县西山沙窝□祖茔次

盖篆：皇清诰授光禄大夫銮仪卫銮仪使右都督加三级世袭阿思哈尼哈番鲍公暨元配诰赠一品夫人金氏太君合葬墓志铭

首题：皇清诰授光禄大夫銮仪卫銮仪使右都督加三级世袭阿思哈尼哈番鲍公暨元配诰赠一品夫人金氏太君合葬墓志铭

赐同进士出身光禄大夫太子太傅保和殿大学士兼礼部尚书年家眷弟王熙顿首拜撰文

赐进士出身资政大夫户部尚书文华殿大学士年家眷弟张玉书顿首拜篆盖

赐进士第翰林院编修年家眷晚生查昇顿首拜书丹

志长 90 厘米，宽 89 厘米。盖长 90 厘米，宽 91 厘米。盖文 9 行，满行 8 字，篆书。志文 44 行，满行 56 字，正书。

1983 年丰台区王佐乡沙锅村出土，现藏丰台区文物管理所。

著录情况：《新出土（一）》（上），第 347 页；（下），第 322、323、324 页。《墓拓》，序号 265，图版第 266 页；图版说明，第 306 页。

清张公华国府君买地券

清康熙三十七年（1698）八月十五日卒

清康熙三十七年（1698）岁次戊寅十二月一日立，茔地在城北安定门外新店之所

孝男张振兴、张振业仝立

券长 68 厘米，宽 68 厘米，厚 11 厘米。券文 8 行，行 2 至 48 字不等，首、末行与“艮”、“巽”、“乾”、“坤”四字在外，中六行文字绕“太极”八卦图自内向外绕读，正书。

2001 年 9 月 10 日朝阳区大屯辛庄高尔夫球场出土，现藏朝阳区文物管理所。

著录情况：《新出土（一）》（上），第 385 页；（下），第 362 页。

皇清（高承爵）诰赠一品太夫人赵氏墓志铭

清康熙三十五年（1696）十月二十二日赵氏卒（高邦瑞卒年未载）

清康熙三十七年（1698）十二月二十六日合葬

盖篆：皇清诰赠一品太夫人赵氏墓志铭

盖题：皇清诰赠一品太夫人赵氏墓志铭

首题：皇清诰赠一品太夫人赵氏墓志铭

赐进士及第通议大夫召修大清一统志总裁平定朔漠方略副总裁政治典训副总裁礼部右侍郎兼翰林院学士充日讲官起居注官兼管翰林院掌院学士事年家眷晚生长洲韩菼顿首

拜撰文

赐进士出身通议大夫内阁学士兼礼部侍郎前詹事府少詹事兼翰林院侍讲学士翰林院侍读学士侍讲学士右春坊右庶子掌坊事翰林院侍读侍讲左春坊左中允右春坊右中允日讲官起居注纂修太宗实录两朝圣训国史一统志癸丑会试同考癸▨正主考充甲戌丁丑文武▨翰林院编修加一级内弘▨吉士年家眷晚生大兴李▨顿首拜篆盖

▨出身翰林院编修充▨史纂修官前翰林院庶吉士年家□□生海宁查昇顿首拜书丹

志、盖均长95厘米，宽95厘米，厚13厘米。盖两面刻字：一面为1行，14字，正书；一面为4行，满行5字，共14字，篆书。志文分为3栏，每栏均32行，满行16字，正书。志上边中部残缺。

1949年后朝阳区出土，现藏朝阳区文物管理所。

著录情况：《新出土（一）》（上），第348页；（下），第324、325页。

按：赵氏，高邦瑞妻，高承爵母。

皇清诰授光禄大夫少傅兼太子太傅礼部尚书保和殿大学士谥文靖公王公（熙）墓志铭

清康熙四十二年（1703）一月二十七卒

清康熙四十二年（1703）十一月十九日葬于昆吾村之祖茔

盖篆：皇清诰授光禄大夫少傅兼太子太傅礼部尚书保和殿大学士谥文靖王公墓志铭

首题：皇清诰授光禄大夫少傅兼太子太傅礼部尚书保和殿大学士谥文靖公王公墓志铭

赐进士出身光禄大夫户部尚书文华殿大学士加四级总裁国史典训方略一统志律例监修明史京江门下年姪张玉书顿首拜撰文

赐进士及第光禄大夫经筵讲官工部尚书加三级华亭受业门人王鸿绪顿首拜书丹

赐进士及第通议大夫日讲官起居注吏部右侍郎兼翰林院学士兼管翰林院掌院学士事教习庶吉士石门受业门人吴涵顿首拜篆盖

志、盖均长106厘米，宽116厘米。盖文6行，满行6字，篆书。志文58行，满行70字，正书。

1949后海淀区魏公村出土，现藏北京石刻艺术博物馆。

著录情况：《新出土（一）》（上），第349页；（下），第325、326、327、328页。《馆目》，第178页。《墓拓》，序号266，图版第267页；图版说明，第306、307页。

皇清敕封太安人高（鐄）母汤太君墓志铭

清康熙乙酉〔四十四年（1705）〕二月初九日卯时卒（高公渭师卒年未载）

清康熙四十四年（1705）四月初一日祔葬于渭师先生之右

首题：皇清敕封太安人高母汤太君墓志铭

赐进士出身光禄大夫经筵讲官礼部尚书翰林院学士□县侍生李振裕撰文

赐进士及第通奉大夫礼部左侍郎加一级年家眷侍生胡会恩篆盖

赐进士出身中宪大夫皇太子□官詹事府少詹事兼翰林院侍讲学士年家眷侍生□会□书丹

盖佚。志长 79 厘米，宽 79.5 厘米，厚 15.5 厘米。志文为 3 栏，共 84 行，满行 14 字，正书。

1949 年后通州区出土，现藏通州区博物馆。

著录情况：《新出土（一）》（上），第 350 页；（下），第 328、329 页。

皇清诰授通议大夫拜他喇布勒哈番又一拖沙喇哈番驻防京口管协领事韫玉祖公（光璞）墓志铭

清康熙乙酉〔四十四年（1705）〕六月十一日（卒），葬于平谷区之原，与兄松楸相望不数里

盖篆：皇清诰授通议大夫拜他喇布勒哈番又一拖沙喇哈番驻防京口管协领事韫玉祖公墓志铭

首题：皇清诰授通议大夫拜他喇布勒哈番又一拖沙喇哈番驻防京口管协领事韫玉祖公墓志铭

赐进士出身光禄大夫文华殿大学士兼户部尚书加四级年家眷弟京江张玉书顿首拜撰

赐进士出身光禄大夫经筵讲官东阁大学士吏部尚书加一级今予告仍食俸留京师备顾问年家眷弟孝感熊赐履顿首篆额

赐进士出身日讲官起居注翰林院侍读学士年家眷长洲宋大业顿首拜书丹

志、盖均长 78 厘米，宽 78 厘米。盖文 8 行，满行 6 字，篆书。志文 39 行，满行 50 字，正书。

1991 年 4 月平谷区靠山集镇罗汉石村出土，现藏平谷区文物管理所。

著录情况：《新出土（一）》（上），第 351 页；（下），第 329、330 页。

皇清册封郡主觉罗淑慎（纳兰揆方妻）墓志铭

清康熙四十五年（1706）十一月十五日卒

清康熙四十六年（1707）四月十二日葬于玉河皂角屯祖茔之西北

盖篆：皇清册封郡主觉罗氏墓志铭

首题：皇清册封郡主觉罗氏墓志铭

翰林院侍读加三级双峰年羹尧撰文

贵州石阡府知府海宁陈弈禧书丹

经筵讲官工部尚书加三级华亭王鸿绪篆盖

旌德汪紫雯镌

志、盖均长 87 厘米，宽 87 厘米。盖文 4 行，满行 4 字，篆书。志文 30 行，满行 34 字，正书。

1972 至 1973 年海淀区上庄乡上庄村出土，现藏北京石刻艺术博物馆。

著录情况：《新出土（一）》（上），第 352 页；（下），第 331 页。《馆目》，第 178、179 页。《墓拓》，序号 267，图版第 268 页；图版说明，第 307 页。

皇清诰封和硕额驸纳兰揆公（方）墓志铭

清康熙四十七年（1708）正月十四日卒

清康熙四十七年（1708）正月廿五日卜葬于皂角屯

盖篆：皇清诰封和硕额驸纳兰揆公墓志铭

首题：皇清诰封和硕额驸纳兰揆公墓志铭

赐进士出身翰林院侍讲学士双峰年羹尧撰文

诰授奉政大夫户部湖广司郎中江西南安府知府海宁陈弈禧书丹

赐进士出身翰林院检讨加三级沽河阿金篆额

志、盖均长 88 厘米，宽 88 厘米。盖文 4 行，满行 4 字，篆书。志文 35 行，满行 40 字，正书。

1972 至 1973 年海淀区上庄乡上庄村出土，现藏北京石刻艺术博物馆。

著录情况：《新出土（一）》（上），第 353 页；（下），第 332、333 页。《墓拓》，序号 268，图版第 269 页；图版说明，第 307 页。《馆目》，第 179、180 页。

皇清诰授光禄大夫安铸九暨继配黎太君合葬墓志铭

清康熙戊子年四十七年（1708）闰三月初四日午时黎太君卒

清康熙己丑四十八年（1709）七月十三日申时合葬

首行题：皇清诰授光禄大夫江□□□□□尚书⧄显考安公铸九府君继配诰封一品夫人显妣安母黎太夫君

孝男定昌立

孝男宣昌立

志右上角及左下边均略有残缺。志长 38 厘米，宽 39 厘米。志文 10 行，满行 15 字，正书。

1993 年 5 月出土于昌平区北七家村砖厂（现北七家八仙新村），现藏昌平区文物管理所。

著录情况：《新出土（一）》（上），第 354 页；（下），第 333 页。

按：安铸九卒年志文未载。

清光禄寺正卿张公（万禄）墓志铭

清康熙三十三年（1694）十二月十三日未时张公殁

清康熙三十四年（1695）二月十二日葬于顺天府宛平县德胜门外土城关之先茔

清康熙五十一年（1712）十月十五日子时阴氏殁

清康熙五十一年（1712）十一月十六日合葬

盖篆：皇清诰授光禄大夫光禄寺正卿在寰张公墓志铭

首题：光禄寺正卿张公墓志铭

赐进士第刑部尚书前翰林院编修年家眷弟胡会恩顿首撰文

赐进士出身国子监祭酒前翰林院检讨庶吉士年家弟徐日暄书丹

赐进士及第翰林院修撰年家眷弟侍生王云锦篆额

志、盖均长 90 厘米，宽 90 厘米，厚 17.5 厘米。盖文 3 行，满行 8 字，篆书。志文 27 行，满行 28 字，正书。

1949 年后海淀区出土，现藏海淀区文物管理所。

著录情况：《新出土（一）》（上），第 355 页；（下），第 333、334 页。

皇清诰授光禄大夫兵部尚书军功加七级又加六级眉山范公（承勋）墓志铭

清康熙五十四年（1715）

盖篆：皇清诰授光禄大夫兵部尚书军功加七级又加六级眉山范公墓志铭

首题：皇清诰授光禄大夫兵部尚书军功加七级又加六级眉山范公墓志铭

王掞撰

汪士鋐书

李涛篆盖

朱圭刻字

盖长 100 厘米，宽 104 厘米。盖文 6 行，满行 5 字，篆书。志失拓。

墓志原址在密云县北青甸西康各庄，1958 年修水库时发掘出土。志盖现藏密云文管所。

著录情况：《出土目》0147，第 41 页。《四十年》，1440，第 435 页。

按：志底现藏首都博物馆。年代、首题、书撰人等均据《出土目》补。《出土目》载志 1958 年出土于密云太子务，志载葬于“密云县北清溪庄”。

皇清诰封光禄大夫世袭一等伯□两级□摄里□□□□（索尼及妻）圹志

清康熙五十五年（1716）闰三月十三日葬立石

额篆：皇清诰封一等伯圹志

首题：皇清诰封光禄大夫世袭一等伯□两级□摄里□□□□圹志

圹志碑形。额拓高 10 厘米，宽 10 厘米。碑身拓高 68 厘米，宽 44 厘米。额文 3 行，满行3字，篆书。圹文20行，满行35字，正书。

现藏首都博物馆。

按：圹志载索尼及其两位夫人的卒葬年月。“光禄大夫总理提督□仪□□□一应事务管□□侍□内大□都统□政大臣□□事管佐领世袭一等伯加两级□□里氏索□□□□熙辅政大臣诰封光禄大□一等公谥文忠公讳索尼”，清康熙四十五年（1706）八月初三日卒，次年（1707）四月十九日葬于德胜门外祖阡之次。元配夫人关氏卒于清康熙□□一年十一月十四日，以次年一月十八日葬。继妻觉罗氏清康熙五十五年（1716）正月十一日卒，闰三月十三日葬。

皇清诰授光禄大夫经筵讲官起居注议政大臣都察院左都御史兼翰林院掌院学士事教习庶吉士管佐领事加七级谥文端揆公（叙）墓志铭

清康熙丁酉〔五十六年（1717）〕正月初七日辰时卒

清康熙五十六年（1717）冬十月望（十五日）葬于昌平州皂荚屯之赐域，太师公之次穆位

盖篆：皇清诰授光禄大夫经筵讲官起居注议政大臣都察院左都御史兼翰林院掌院学士事教习庶吉士管佐领事加七级谥文端揆公墓志铭

首题：皇清诰授光禄大夫经筵讲官起居注议政大臣都察院左都御史兼翰林院掌院学士事教习庶吉士管佐领事加七级谥文端揆公墓志铭

赐进士出身光禄大夫经筵讲官文渊阁大学士兼礼部尚书加七级太仓王掞顿首拜撰

赐进士出身光禄大夫经筵讲官工部尚书加二级华亭年家眷弟王顼龄顿首拜书丹

赐进士及第光禄大夫巡抚广西等地方提督军务兵部左侍郎兼都察院右副都御史加二级海宁年家眷弟陈元龙顿首拜篆盖

志、盖均长108厘米，宽108厘米。盖文10行，满行7字，篆书。志文74行，满行79字，正书。

1972年海淀区上庄乡上庄村出土，现藏首都博物馆。

著录情况：《新出土（一）》（上），第356页；（下），第334、335、336页。《馆目》，第180页。

皇清诰授中宪大夫待赠光禄大夫太仆寺正卿加五级岐英王公（盛周）暨配诰赠恭人待赠一品夫人赵氏诰赠恭人待赠一品夫人刘氏合葬墓志铭

清康熙五十六年（1717）岁次丁酉八月二十有六日王公卒（赵氏、刘氏卒年未载）

清康熙五十七年（1718）五月一日合葬于西山新庄之原

盖篆：皇清诰授中宪大夫待赠光禄大夫太仆寺正卿加五级岐英王公暨配诰赠恭人待赠一品夫人赵氏诰赠恭人待赠一品夫人刘氏合葬墓志铭

首题：皇清诰授中宪大夫待赠光禄大夫太仆寺卿加五级岐英王公墓志铭

赐同进士出身日讲起居注官左春坊左庶子兼翰林院侍读蔡珽撰文

赐进士出身日讲起居注官左春坊左中允兼翰林院编修南书房旧直汪士鋐书丹

巡抚江西等处地方兼理军务都察院右副都御史加六级白潢篆盖

志、盖均长96厘米，宽96厘米，厚15厘米。盖文8行，满行8字，篆书。志文35行，满行34字，正书。

1949年后海淀区出土，现藏海淀区文物管理所。

著录情况：《新出土（一）》（上），第357页；（下），第337、338页。

清诰封一品夫人揆文端公（叙）元配永（寿）母耿太夫人墓志铭

清康熙己亥〔五十八年（1719）〕十一月初二日卒

清康熙五十八年（1719）十二月初四日祔葬于昌平州所属之造甲屯文端揆公之墓

盖篆：皇清诰封一品夫人揆文端公元配永母耿太夫人墓志铭

首题：皇清诰封一品夫人揆文端公元配永母耿太夫人墓志铭

赐进士出身光禄大夫经筵讲官文渊阁大学士兼礼部尚书加七级太仓王掞顿首拜撰

赐进士出身光禄大夫经筵讲官武英殿大学士兼工部尚书加二级华亭王顼龄顿首拜书丹

赐进士及第光禄大夫经筵讲官工部尚书加二级海宁陈元龙顿首拜篆盖

志、盖均长108厘米，宽108厘米，厚18厘米。盖文6行，满行5字，篆书。志文80行，满行80字，正书。

1972年至1973年海淀区上庄乡上庄村出土，现藏首都博物馆。

著录情况：《新出土（一）》（上），第358页；（下），第338、339、340页。《馆目》，第180、181页。

皇清诰授光禄大夫议政大臣散秩大臣兵部左侍郎正黄旗满洲副都统兼佐领事加五级永公（寿）墓志铭

清雍正九年（1731）正月初六日殁

清雍正九年（1731）正月二十五日葬于昌平州皂荚屯祖茔之次

盖篆：皇清诰授光禄大夫议政大臣散秩大臣兵部左侍郎正黄旗副都统管佐领事加五级永公墓志铭

首题：皇清诰授光禄大夫议政大臣散秩大臣兵部左侍郎正黄旗满洲副都统兼佐领事加五级永公墓志铭

钦赐进士第经筵讲官太子太傅文华殿大学士仍兼理户部尚书事务一等阿达哈哈番加七级年家世弟蒋廷锡顿首拜撰

赐进士出身光禄大夫内廷供奉经筵讲官都察院掌院事左都御史仍兼理吏部户部侍郎事加二级年家眷世弟史贻直顿首拜书丹

赐进士出身光禄大夫经筵日讲官起居注少保兼太子太保保和殿大学士兼管吏部户部尚书仍管翰林院掌院学士事世袭一等阿达哈哈番年家眷世弟张廷玉顿首拜篆盖

志、盖边框均刻回纹。志长、宽均111厘米，厚19厘米。盖长108厘米，宽109厘米，厚19厘米。盖文7行，满行7字，篆书。志文59行，满行72字，正书。志文上部略有漫漶。

1972至1973年海淀区上庄乡上庄村出土，现存首都博物馆或北京市文研所。

皇清例授承德郎议叙六品莲坡查君（为仁）元配金安人继配刘安人墓志铭

清康熙辛丑年〔六十年（1721）〕二月二十五日子时金安人卒

清乾隆己巳年〔十四年（1749）〕六月二十八日巳时查君卒

清乾隆庚午年〔十五年（1750）〕六月六日刘安人卒

清乾隆壬寅〔十七年（1752）〕八月二十日卜葬于三河县北石渠之原，两安人祔焉

首题：皇清例授承德郎议叙六品莲坡查君元配金安人继配刘安人墓志铭

召试博学鸿词翰林院编修仁和杭世骏撰文

赐进士出身翰林院编修掌京畿道监察御史加二级钱唐陆秩书丹

赐同进士出身工部屯田司主事掌河南道监察御史加二级仁和戴章甫篆盖

盖佚。志长47厘米，宽46厘米。志文32行，满行40字，正书。

1949年后平谷区马坊镇北石渠村出土，现藏平谷区文物管理所。

著录情况：《新出土（一）》（上），第359页；（下），第340、341页。

清黄永茂等为父母买地券

清乾隆三十年（1765）闰二月二十一日

券长、宽均34厘米。券上方横题文字1行8字，正书。券文8行，行8至19字不等，正书。

1949年后海淀区出土，现藏海淀区文物管理所。

著录情况：《新出土（一）》（上），第386页；（下），第362页。

清诰授资政大夫兵部侍郎兼都察院右副都御史河东河道总督提督军务含谿王公（秉韬）墓志铭

清嘉庆八年（1803）三月二十一日葬于延庆州大营之东南

盖篆：含谿王公墓志铭

首题：诰授资政大夫兵部侍郎兼都察院右副都御史河东河道总督提督军务含谿王公墓志铭

赐进士出身诰授光禄大夫太子太保经筵讲官协办大学士户部尚书管理武英殿御书处实录馆正总裁国史会典馆副总裁南书房供奉上书房总师傅大兴朱珪撰

诰授奉直大夫户部湖广司主事兼井田科甲寅科举人受业门人定羌张三纲书丹

赐进士出身内阁中书受业门人五台徐润第篆盖

志、盖均长 72 厘米，宽 69 厘米。盖文 1 行，满行 7 字，篆书。志文 31 行，满行 34 字，正书。

现藏延庆县灵照寺。

清匡士亮买地券

清嘉庆十五年（1810）九月五日卒

清嘉庆十七年（1812）九月二十五日葬，茔地在左安门外陈寺庄曰壬水之原

券为两方，均长 51 厘米，宽 51 厘米。两券上方均横题文字 1 行 4 字，正书。两券文字均 24 行，满行 24 字，正书；后均为符文。其一券文从右往左刻，另一券文从左往右刻，文字内容相同。

1949 年后北京市出土，具体地点不详。现藏北京石刻艺术博物馆。

著录情况：《新出土（一）》（上），第 387 页；（下），第 363 页。

皇清诰授通议大夫前大理寺少卿梅舫查君（淳）墓志铭

清道光壬午〔二年（1822）〕六月一日卒

清道光二年（1822）孟冬（十月）葬于三河

盖篆：皇清诰授通议大夫六品衔致仕大理寺少卿梅舫查君墓志铭

首题：皇清诰授通议大夫前大理寺少卿梅舫查君墓志铭

诰授中宪大夫前湖北安襄郧荆兵备道海丰吴之勷篆盖

至圣庙四品执事官曲阜孔广闲撰文

顺天府学生丁善庆书丹

志左半部残缺。志长 70 厘米，残宽 42 厘米。盖长 70 厘米，宽 69 厘米。盖文 5 行，满行 5 字，篆书。志文残存 17 行，满行 30 字，正书。

1949 年后平谷区出土，现藏平谷区文物管理所。

著录情况：《新出土（一）》（上），第 361 页；（下），第 342、343 页。

清佚名买地券

清道光九年（1829）十一月二十一日未时立

券为砖质，残存一方，长 50 厘米，宽 50 厘米，厚 7 厘米。券文 11 行，满行 15 字，正书。

1949 年后海淀区出土，现藏海淀区文物管理所。

著录情况：《新出土（一）》（上），第 388 页；（下），第 363、364 页。

清故先考赵起文八十六岁之移葬录

清道光十年（1830）三月六日

首题：清故先考赵起文八十六岁之移葬录

为砖质，长50厘米，宽50厘米，厚7厘米。两面刻字，一面为符文；另一面中为首题，两边为录文，共8行，行1至9字不等，正书。

1949年后海淀区出土，现藏海淀区文物管理所。

著录情况：《新出土（一）》（上），第362页；（下），第343页。

皇清诰封奉直大夫晋封奉政大夫师宗何君墓志铭

清咸丰十一年（1861）前

盖篆：皇清诰封奉直大夫晋封奉政大夫师宗何君墓志铭

首题：皇清诰封奉直大夫晋封奉政大夫师宗何君墓志铭

赐进士出身诰授通奉大夫前太常寺卿年家眷侍生唐鉴拜撰

赐进士出身诰授光禄大夫经筵讲官户部尚书军机大臣南书房行走年□姪祁寯藻拜书

赐进士出身诰授□□大夫内阁学士兼□

志仅存一方，长94厘米，宽35厘米。右为盖文，6行，满行4字，篆书。余为志文，残存13行，满行9字，正书。

1949年后宣武区骡马市大街原三晋会馆藏，现藏北京石刻艺术博物馆。

著录情况：《新出土（一）》（上），第363页；（下），第343、344页。《馆目》，第181、182页。

按：志泐甚。据《清史稿·儒林·唐鉴传》，唐鉴卒于清咸丰十一年（1861），故志本暂系是年之前。

清陈公卣卿暨原配张氏继配孙氏合葬墓志

清光绪元年（1875）五月十六日张氏卒

清光绪四年（1878）六月十九日陈公卒

清光绪六年（1880）五月二十四日孙氏卒

合葬于北乡鸭头里

志为瓷质，长35厘米，宽23厘米，厚6厘米。志文9行，行2至17字不等，正书。

具体出土时间地点不详。2001年6月北京市文物局查没。现藏北京石刻艺术博物馆。

著录情况：《新出土（一）》（上），第363页；（下），第344页。

按：葬地可能不在北京。

皇清诰授中宪大夫赏戴花翎前掌福建道监察御史加三级心芝刘公（治平）墓志铭

清光绪十年（1884）闰五月十六日卒

盖篆：皇清诰授中宪大夫赏戴花翎前掌福建道监察御史加三级心芝刘公墓志铭

首题：皇清诰授中宪大夫赏戴花翎前掌福建道监察御史加三级心芝刘公墓志铭

诰授奉直大夫员外郎衔刑部主事年姻愚弟大兴王彭运撰

敕授文林郎壬午科优贡候选知县通家姻愚姪东安锡桂书

赐进士出身诰授奉直大夫兵部主事随带加一级年愚弟大兴孙汝梅篆盖

志现存三方长方形横石，三石均长32厘米，宽101厘米，厚6厘米。第一石题盖铭8行，满行4字，篆书。其后题首题、撰文人，以及书丹人的官职和籍贯，共两栏，每栏5行，共10行，满行10字，正书。第二石接题书丹人姓名、篆盖人和墓志正文。第三石接第二石，题墓志正文，未完，尚不知后缺几石。二、三石均六栏文字，每栏5行，共30行，满行10字，正书。

志现藏崇文区文管所。

皇清诰封通奉大夫盐运使衔候补知府东河捕河通判查声庭先生（锜）墓志铭

清光绪二十四年（1898）春正月四日查声庭卒（配沈氏先卒，卒年未载），与沈氏合葬于三河城北之新阡，违查氏先茔五里

盖篆：诰封通奉大夫盐运使衔候补知府东河捕河通判查声庭先生墓志铭

首题：皇清诰封通奉大夫盐运使衔候补知府东河捕河通判查声庭先生墓志铭

济宁布衣姻如弟子李毓琛顿首拜撰文

赐进士出身山东通省运河兵备道年愚弟罗锦文顿首拜书丹

赐进士出身护理山西巡抚山西布政使司布政使姻愚弟何枢顿首拜篆盖

志石二方，均长114厘米，宽34厘米。第二方左下角略有残缺。第一方右镌盖文4行，满行7字，篆书；其左及第二石为志文，共119行，满行25字，正书。

1984年8月平谷区马坊镇洼里村出土，现藏平谷区文物管理所。

著录情况：《新出土（一）》（上），第364页；（下），第344、345、346、347页。

赵仁轩墓志

明清时期

盖佚。志边框线刻云鹤纹。志长70厘米，宽69厘米。志文漫漶，存字状况不详，正书。

现藏通州博物馆。

诰封宜人翰林院侍读□师高公元配林夫人墓志铭

明清时期

盖篆：诰封宜人翰林院侍读□师高公元配林夫人墓志铭

盖、志边框均线刻云鹤纹。志、盖均长 78 厘米，宽 78 厘米。盖文 5 行，满行 5 字，篆书。志文完全漫漶。

现藏通州博物馆。

⧄政大⧄政使⧄议⧄之墓志盖

盖篆：⧄政大⧄政使⧄议⧄之墓

明清时期

盖残长 26 厘米，宽 48 厘米。文 4 行，行残存 2 字，篆书。盖上半部残缺。志佚。

1949 年后朝阳区出土，现藏朝阳区文物管理所。

著录情况：《新出土（一）》（上），第 373 页；（下），第 355 页。

皇清敕授登仕佐郎历任山东恩县山西襄陵县典史覃恩晋封奉直大夫知州衔候选知县潜庵施公暨配诰封太宜人严太宜人范太宜人合葬墓志铭

清宣统三年（1911）前

盖篆：皇清敕授登仕佐郎历任山东恩县山西襄陵县典史覃恩晋封奉直大夫知州衔候选知县潜庵施公暨配诰封太宜人严太宜人范太宜人合葬墓志铭

盖长、宽均 50 厘米。盖文 8 行，满行 8 字，篆书。志佚或失拓。

现藏首都博物馆。

清诰授朝议大夫朱公（麟）之墓券

清宣统三年（1911）前

券为砖质，长 54 厘米，宽 54 厘米，厚 9 厘米。券文由内往外分三栏，中为券题 1 行 18 字，正书；外两栏为券联 2 行，满行 5 字，草书。栏外四边刻八卦符号和堪舆家言相间，正书。

1949 年后朝阳区出土，现藏朝阳区文物管理所。

著录情况：《新出土（一）》（上），第 389 页；（下），第 364 页。

皇清诰封通议大夫马公讳元龙及一品夫人夫人马门管氏一品夫人夫人马门裴氏买地券

清宣统三年（1911）前

券为砖质，长、宽均 52 厘米。券铭文外有线刻边框，框外刻八卦符号，表面部分风化。券线框内中部竖刻“皇清诰封通议大夫马公讳元龙及一品夫人夫人马门管氏一品夫人夫人马门裴氏之墓”，右侧刻“百子千孙”，左侧刻“富贵绵长”，均正书。

现藏首都博物馆。

皇清诰封淑人石门李氏老夫人买地券

清宣统三年（1911）前

券长、宽均52厘米。券为砖质，券两面均刻有文字。券一面中部竖题“皇清诰封淑人石门李氏老夫人之墓”1行15字，右侧竖题“百子千孙”，左侧竖题“富贵绵长”，均正书。文字外侧四面刻八卦符号。券另一面居中刻一个符，符内书“玉皇大地”、“土公青龙”“、土母白虎”，正书。符右侧刻“永镇”二字，左侧刻“千秋”二字，正书。

现藏首都博物馆。

清封光禄大夫傅公（锡畴）墓志铭

民国八年（1919）二月二十九日卒

民国八年（1919）六月十六日葬于城南南苑之新阡

盖篆：清封光禄大夫傅公之墓志铭

首题：清封光禄大夫傅公墓志铭

大勋位建威上将军陆军上将合肥段祺瑞撰文

大总统府谘议兼清史馆提调绍兴周肇祥书丹

清赏头品顶戴提调实录馆事合肥李经畬篆盖

志、盖均长74厘米，宽73厘米。盖文4行，满行3字，篆书。志文31行，满行36字，正书。

1983年丰台区南苑空军油库出土，现藏丰台区文物管理所。

著录情况：《新出土（一）》（上），第365页；（下），第347、348页。

清封中宪大夫姚君（源清）墓志铭

民国丁巳（1917）正月三日卒

民国甲子〔十三年（1924）〕三月二日与熊恭人（熊恭人先卒，葬年未载）合葬于京师西直门外七堆七间房之新黄阡

盖篆：清封中宪大夫姚君墓志铭

桐城姚永概撰文

孤子华书丹并篆盖

志、盖均长68厘米，宽68厘米。盖文4行，满行3字，篆书。志文26行，满行26字，正书。

1949年后海淀区七间房出土，现藏北京石刻艺术博物馆。

著录情况：《拓汇》，第94册，第63页。《拓目》，第199页，裱2525。《新出土（一）》

（上），第 366 页；（下），第 348、349 页。《馆目》，第 182 页。

按：《拓目》，第 198、199 页另载有《姚源清墓志》，为姚永概撰文，梁启超正书，陈衡恪篆盖，民国六年（1917）七月十五日葬。

云南黎县朱公（家宝）墓志铭

民国十一年（1923）九月五日卒于天津邸舍

民国十四年（1925）八月二十一日侨葬于宛平县西山之麓门头村

中华民国十有四年（1925）岁次乙丑五月

首题：云南黎县朱公墓志铭

桐城马其昶撰文

安吉吴昌硕篆盖

南丰赵世骏书丹

李月亭刻石

志拓长、宽均 74 厘米。志文正书 34 行，满行 33 字。盖失拓。

志石出土时间和地点不详，现存何处亦不详。拓本 20 世纪 90 年代购自琉璃厂中国书店。

著录情况：《拓汇》，第 95 册，第 3 页。《拓目》，第 199、200 页，志 4913。

按：志载“民国十四年八月二十一日侨葬于宛平县西山之麓门头村”，门头村，即海淀区香山南的门头村。《拓目》误作门头沟区出土。

清授荣禄大夫二品衔直隶巡警道叶君（崇质）母墓志铭

民国以后至民国二十年（1931）前，葬于八里庄之新阡

北平文楷斋摹勒

志仅存一方，长 31.5 厘米，宽 94 厘米。志文 31 行，满行 16 字，正书。

1949 年后海淀区出土，现藏海淀区文物管理所。

著录情况：《新出土（一）》（上），第 367 页；（下），第 349 页。

按：志石现存一方，为长方形，为墓志铭的后面部分，前面文字缺失，不知缺几石。志主葬年不详。据《民国修前清授荣禄大夫二品衔直隶巡警道叶君（崇质）墓志铭》，暂系民国二十年（1931）前。从“北平文楷斋摹勒”推知墓志镌刻当在民国以后。

清授荣禄大夫二品衔直隶巡警道叶君（崇质）墓志铭

民国庚午〔十九年（1930）〕闰六月十有三日卒

民国辛未岁〔二十年（1931）〕七月卜葬于北平西山八里庄新阡

盖篆：清授荣禄大夫二品衔直隶巡警道叶君之墓志铭

首题：清授荣禄大夫二品衔直隶巡警道叶君墓志铭

天津徐世昌撰并书丹

天津徐世襄篆盖

志上、下边及右边均略有残缺。盖下边及右边亦有残缺。志、盖均长106厘米，宽106厘米，厚16厘米。盖文5行，满行4字，篆书。志文29行，满行28字。正行相间。

1992年2月海淀区八里庄渔场出土，现藏海淀区文物管理所。

著录情况：《新出土（一）》（上），第368页；（下），第350页。

故国务总理兼交通总长潘公（复）墓志铭盖

民国二十五年（1936）九月十一日卒

盖篆：故国务总理兼交通总长潘公墓志铭

盖长74厘米，宽74厘米，厚11厘米。盖文4行，满行4行，篆书。志佚。

1998年9月西城区金融街工地出土，现藏北京石刻艺术博物馆。

著录情况：《新出土（一）》（上），第369页；（下），第351页。

按：据《中华民国史事日志》1936年9月11日条："曾任张作霖时代之国务总理潘复卒于北平。"

王妙如女士墓志铭

民国岁在旃蒙太渊献〔二十四年（1935）〕十有二月十□日卒

中华民国廿五年（1936）丙子冬月（十一月）勒石

盖篆：王妙如女士之墓志铭

首题：王妙如女士墓志铭

闽侯陈衍撰文

蒲圻张海若书丹并篆额

北平陈云亭勒石

志、盖均长75厘米，宽75厘米，厚13厘米。盖文3行，满行3字，篆书。志文31行，满行32字，隶书。

1996年5月31日西城区按院胡同四九号征集，现藏北京石刻艺术博物馆。

著录情况：《新出土（一）》（上），第370页；（下），第351、352页。

皇清诰授光禄大夫□□□□□江宁将军予谥庄靖满洲穆尔察公（铁良）墓志铭

民国戊寅年〔二十七年（1938）〕五月十一日穆尔察公卒〔乌苏夫人先公九年（1929）卒〕，葬于宛平县六道口祖墓之次，乌苏夫人祔焉

首题：皇清诰授光禄大夫□□□□□江宁将军予谥庄靖满洲穆尔察公墓志铭

大兴冯恕撰文书石并篆盖

志右上角略有残缺。盖佚。志长 67 厘米，宽 66 厘米。志文 41 行，满行 42 字，正书。志文漫漶。

1949 年后海淀区出土，现藏海淀区文物管理所。

著录情况：《新出土（一）》（上），第 371 页；（下），第 352、353、354 页。

“天圆地方”款买地券

年代不详

首行题：天圆地方」六神九章」符命告下」永镇幽堂」

券长、宽均 64 厘米。券表面风化较甚。券上半部正中竖镌大字 1 行，似为符文，符文两侧各镌文字 2 行，满行 4 字，正书。

现藏朝阳区文管所。

坛庙寺观类石刻

阎惠端造像题记

魏太和廿三年（499）三月十五日

首行题：太和廿三年三月十五日」阎惠端为▨」

该造像为背屏式单体石造像，像高255厘米，宽116厘米，厚25厘米。造像残为五块，现粘接。造像阳面镌立姿佛像，两旁为胁侍菩萨。主尊背后有背光，背光外周饰五色火焰纹，主尊身侧及项光外环雕饰伎乐天人，项光内环雕十二尊结跏趺坐小化佛。阴面上方浮雕佛坐像124尊，分12层排列，下刻题记，题记内容为捐资题名，皆为阎姓。仅拓题记部分，拓高68厘米，宽123厘米。题记文字11行，行字不等，正书。

造像原在海淀区车耳营村石佛寺，1998年9月30日移交北京石刻艺术博物馆收藏。

著录情况：《拓汇》，第3册，第36页 。《拓目》，第448页，京9227。《北京文博》1998年第四期，封三，《北魏太和造像被盗案侦破》。

按：该造像原在海淀区车耳营村石佛寺，民国时期曾建石亭保护，为北京市文物保护单位。1998年3月25日，造像被盗，断为5块。1998年9月27日，公安局破案。9月30日，造像被移交北京石刻艺术博物馆收藏，石亭仍在原地。

赵俊兴等造像碑

大魏天平三年（536）岁次丙辰四月辛未朔廿六日丙申

碑阳首行题：大魏天平三年岁次丙辰

主尊下方题：大象主赵俊兴造□□□一区」□伏波将军大资主□定宗」

郡□□督护□泽令都维那□方刊

碑首、座均佚。碑身高135厘米，宽55.5厘米，厚51厘米。碑阳拓高128厘米，宽54厘米。碑阴拓高128厘米，宽54厘米。碑左侧拓高132厘米，宽21厘米。碑右侧拓高120厘米，宽20厘米。碑阳上方镌供养人题名，下方镌题记23行，满行10字，现存223字，正书。碑阴镌供养人题名8行，共164字，正书。碑左侧镌供养人题名3行，103字，正书。碑右镌供养人题名4行，共99字，正书。

该造像碑为传世藏品，来源不详。1985年由首都博物馆调拨，现藏北京石刻艺术博物馆。

著录情况：《馆目》，第27页。

按：碑身阳面上部浮雕一佛二菩萨造像，莲瓣纹背光，上方线刻龙纹。佛像两侧和下方线刻供养人画像和题名，最下方镌题记一则。碑阴上方镌佛像一区，佛像两侧和下方线刻供养人画像和题名。碑身两侧均线刻供养人画像和题名。

该造像碑是赵俊兴等一百余人为祝皇帝万岁、国泰民安、五谷丰登、出现太平盛世而造。按造像年代，当时皇帝为东魏孝静帝元善见。造像文字剥泐较重，碑阳可辨者有邑子刘戠安，菩萨主梁定意、□子维那赵永安、大象主赵俊兴、□伏波将军大斋主□定宗、起像主□兴达、县主簿开明主赵舍珍、都维那刘玉音等。所刊供养人中多为赵、张二姓。

朱清郎造像碑残座

大齐国天宝二年（551）太岁在辛未七月十五日

碑阳首行题：都唯那南阳太守张文通

都邑主�县令朱清郎

碑身佚，仅存座。座高 65 厘米，宽 94 厘米，厚 54 厘米。阳拓高 50 厘米，宽 93 厘米。阴拓高 45 厘米，宽 92 厘米。左侧拓高 37 厘米，宽 56 厘米。右侧拓高 35 厘米，宽 55 厘米。座阳面文字 12 行，现存 111 字，正书。阴面文字 11 行，现存 105 字，正书。左侧文字 7 行，现存 92 字，正书。右侧文字 8 行，现存 82 字，正书。

该造像碑座为传世藏品，来源不详。1985 年由首都博物馆调拨，现藏北京石刻艺术博物馆。

著录情况：《馆目》第 27 页。

按：该石为造像碑残座，造像已佚。座上线刻供养人画像、题名及题记。造像主朱清郎，署衔为郏县县令。张文通，署衔为南阳太守。皆为今河南省地。该造像原收藏于北京市文物工作队，1985 年调拨至石刻艺术博物馆。

座四周分上下二层镌题。阳面上层刊文字 3 行，刊主造像主题名及供养人像，下层两侧镌翼兽各一，中第 1 行为“都唯那南阳太守张文通”题名，后 10 行为该造像碑题记。阴面镌“邑子前白直□主朱征”等 21 位供养人像及题名。左侧镌“唯那谯郡太守朱演”等 13 位供养人像及题名，右侧镌“佛弟子朱□书”等 14 位供养人像及题名。

文海珍妻周双仁造像碑

大齐天宝十年（559）□在已卯七月丙辰朔四日戊午

碑阳题：大都邑主文士渊

碑阴题记首行题：大齐天宝十年□在已卯七月

造像碑座佚，碑身高 132 厘米，宽 62 厘米，厚 13 厘米。碑阳拓高 37 厘米，宽 11 厘米。碑阴拓高 85 厘米，宽 58 厘米。碑阳文字 1 行 7 字，正书。碑阴镌供养人题名、题记 28 行，分题 4 列，现存 626 字，正书。

1985 年首都博物馆调拨，现藏北京石刻艺术博物馆。

著录情况：《馆目》，第 28 页。

按：造像碑碑阳上部中间雕小佛龛，龛内雕一佛四菩萨。碑阴为题名、题记，题名分为四列，题记在三、四列题名左边。题记载，造像为文海珍妻周双仁为亡夫敬造，因个人财力有限，所以劝得邑义七十一人共造此像，像举高五尺，愿佛护佑七十一人并己身及所生父母“长寿百年，贵富子孙，浴财盈亿，国王帝主，位极无穷，州郡令长同所愿”。造像主自称“宁远将军前吏部令史文海珍妻维那周双仁”，而碑阳书“大都邑主文士渊”，疑“士渊”或为海珍之字。供养人中多为文氏，且有任将军者三人，盖邑中大族。

此造像原为端方所藏，《陶斋藏石记》卷十一有载。

潘景晖等造像碑

大齐天统五年（569）岁次己丑四月庚申朔八日

题记首行题：盖□道非真极玄□言倩万

卞印建

造像碑螭首方座，首以浮雕和线刻结合手法饰缠绕螭龙六条，座浮雕云纹。碑身阳面上方镌佛龛，龛内镌一佛二菩萨，龛右侧下部镌年款和建碑人，龛下方镌题记。碑首身高200厘米，宽111厘米，厚31厘米；座高97厘米，宽96厘米，厚60厘米。碑阳拓高194厘米，宽110厘米。碑阴拓高197厘米，宽110厘米。碑侧拓高115厘米，宽30厘米。碑阳文字30行，现存400余字，正书。碑阴镌题名30行，分题8列，行间打界格，正书。碑左、右侧各题名8行8列，正书。

该造像碑为袁世凯旧藏，1985年由首都博物馆调拨，现藏北京石刻艺术博物馆。

按：《三海全咏》载该碑为袁世凯旧藏，从彰德（今河南安阳）得到，运至中南海收藏。

贤劫千佛之碑

大唐武德四年（621）岁□□巳正月己未朔十五日癸卯

碑阳篆：贤劫千佛之碑

碑阴

大唐武德四年（621）岁□□巳正月己未朔十五日癸卯

首行题：夫双林寂灭去（以下从略）

碑首、座均佚，仅存碑身，碑身有裂痕。碑身阳、阴及两侧浮雕千佛。碑身高228厘米，宽95厘米，厚37厘米。碑阴刻文部分拓高45厘米，宽53厘米。碑阳上部横题文字1行6字，阳文篆书，失拓。碑阴中部刻文字23行，满行22字，正书。

碑1975年冬出土于房山区窦店弘业寺附近，现立于云居寺北塔东侧。

悯忠寺无垢净光宝塔颂

唐至德二载（757）十一月十五日建

首题：范阳悯忠寺御史大夫史思明奉为大唐光天大圣文武孝感皇帝敬无垢净光宝塔颂

范阳府功曹参军兼节度掌书记张不矜撰

承奉郎守经略军胄曹参军苏灵芝书

御史大夫史思明立石

石高120厘米，宽73厘米。拓高120厘米，宽68厘米。碑文左行，共22行，满行 39 字，行书，行间有界格。

石原在宣武区法源寺，现已将其移入悯忠阁内并加玻璃罩保护。

著录情况：《拓汇》，第 27 册，第 3 页。《拓目》，第 206 页，京 4517。《法贞》，第 42—49 页。

按：法源寺西南角原有无垢净光宝塔，建于唐至德二年（757），辽清宁三年（1057 年）大地震时倒塌。此石原嵌在塔的墙壁上，当是塔铭。碑原刻于安禄山圣武二年（757），因当时正处于“安史之乱”的动荡时期，碑刻成后几经挖改，今天在碑上仍可看到清晰的痕迹。另外碑文是自左向右书写的，《曝书亭金石文字跋尾》云：“碑文以左为前，宁人（即顾炎武）谓书丹于石之故，疑从禄山俗，尚未可定也。”

大唐万寿寺记

唐景福元年（892）八月一日

首题：大唐万寿寺记

刺史柳玭撰

碑圆首，首身边框线刻花纹，座佚。碑首身通高 68 厘米，宽 37 厘米，厚 13 厘米。首身拓高 65 厘米，宽 36 厘米。碑文 15 行，满行 29 字，现存 389 字，正书。无额题，碑阴无字。

碑原址不详，1987 年 9 月 18 日北京市文研所移交，现藏北京石刻艺术博物馆。

按：据碑文，寺在长安城灞城门外一里许，隋开皇四年时名为延兴寺，唐中宗年间改为永泰寺，大中六年（852）改名万寿寺，宣帝（即唐肃宗）曾赐寺额。碑文还记述了寺产和僧人情况。

《拓汇》第 34 册第 26 页载《大唐万寿寺记》拓影，记曰“石在陕西西安阳甲城。拓片高 55 厘米，宽 33 厘米”。国图藏拓，碑圆首上方未拓，左右两侧的纹饰未拓全，尺寸基本接近馆藏石刻，内容、纹饰、形制则完全相同，因馆藏石刻流传经历不详，不知两者是否为同一石刻或馆藏石刻为后来翻刻。

悯忠寺重藏舍利记

唐景福元年（892）十二月十八日记

唐景福壬子〔元年（892）〕镌

首题：重藏舍利记

葬舍利僧复严

□□衔内殿讲论兼应制大德沙门南叙述

僧知常书

僧守因镌

石高 52 厘米，宽 98 厘米。拓长 96 厘米，宽 56 厘米。记文 41 行，满行 21 字，正书。

刻石现存于宣武区法源寺悯忠台内。

著录情况：《拓汇》，第34册，第28页。《拓目》，第1页，京810。《法贞》，第50—57页。

按：北周末年印度僧人携释迦佛舍利来华，隋文帝仁寿二年（602）敕天下大州造舍利塔一百处，幽州曾造五层木舍利塔，唐文宗大和八年（834）毁于火灾。唐宣宗初登宝位岁在丙寅（846）迁舍利函于悯忠寺（即今法源寺）。唐僖宗壬寅〔中和二年（882）〕大火焚毁悯忠寺舍利塔，后得陇西令公大王（李可举）捐资修建观音阁，僧复严于昭宗景福元年（892）奏请迁舍利于观音阁供奉。舍利开函示于僧俗，而后复闭入舍利函内，以异香宝器在观音阁下供养。

上方院摩崖碑

辽应历十年（960）十月□日

首行题：上方院

摩崖为线刻碑形，首圭形，身长方形，下有榫。拓高82厘米，宽34厘米。碑文3行，行字不等，正书。

摩崖镌于海淀区凤凰岭风景区上方寺遗址东北山崖。

按：上方院是辽金时期的古刹，曾以妙峰为名。

大辽阳台山清水院创造藏经记碑

时辽咸雍四年岁次戊申（1068）三月癸酉朔四日丙子日巽时

额题：奉为太后皇帝皇后万岁大王千秋

首题：大辽阳台山清水院创造藏经记

□京天王寺□□大德赐紫沙门志延撰

昌平区坊市乡贡进士李克忠书

燕京通天门外供御石匠曹辩镌造

玉河县南安乐村□贵合众成办永为供养

碑阴

额题：阳台山清水院藏经记

碑螭首龟趺。首身拓高130厘米，宽67厘米。碑阳额文4行，满行4字，正书。碑文17行，满行24字，正书。碑阴额文3行，行3字，正书。碑文均为题名，共15行，行字不等，正书。

碑在海淀区大觉寺半山腰，现原址保存。

著录情况：《拓汇》，第45册，第46页。《拓目》，第206页，京2588。

按：大觉寺始建于辽咸雍四年（1068），因寺后有泉而得名“清水院”。金章宗时为“西山八院”之一，称为“灵泉寺”。明宣德三年（1428）重修，改今名。

大辽析津府良乡县张君于谷积山院读藏经之记碑

时辽大康四年（1078）岁次戊午四月甲辰朔十五日戊午题

额篆：大辽析津府良乡县张君于谷积山院读藏经之记

首题：大辽析津府良乡县张君于谷积山院读藏经之记

行中书舍人前知营州军州事陈觉题

将仕郎守均州参军张惟白书并篆额

河南郡宫士全刻石

碑左侧

辽大康七年（1081）岁次辛酉四月戊午朔十日丁卯丙时建

首行题：谷积山院大众（以下漫漶）

碑螭首龟趺。碑阳、阴、两侧均刻文字。碑阳额文 4 行，行 5 字，篆书。碑文 20 行，满行 40 字，行楷。碑左侧镌题名及年款 8 行文字，漫漶较甚。碑阴及碑右侧失拓。

碑今在房山区坨里镇谷积山灵鹫禅寺普光明殿后。

按：房山区坨里镇的谷积山上，有五代时期后唐天成（926—930）年间所建寺院，辽时称谷积山院，元称灵严寺，明时重建改称灵鹫禅寺。灵鹫禅寺现存的建筑为明正统年间所建，是谷积山上保存最完整的寺院。寺内存有辽大康七年（1081）、元至正七年（1347）、明正统年间以及民国时期碑刻多通。

燕京大悯忠寺观音菩萨地宫舍利函记

辽大安十年（1094）岁次甲戌闰四月辛未朔二十二日壬辰甲时

首题：燕京大悯忠寺观音菩萨地宫舍利函记

功德主燕京管内左右街都僧录崇禄大夫检校太师行鸿胪卿聪辩大师赐紫沙门善制

门人义中书

石高 60 厘米，宽 59 厘米。拓高 60 厘米，宽 60 厘米。记文 16 行，满行 17 字，正书。

石原嵌于宣武区法源寺悯忠阁东壁，现移置悯忠阁内保存。

著录情况，《拓汇》，第 45 册，第 93 页，各 1241。《拓目》，第 2 页，京 808。《法贞》第 57–59 页。

新宗城县三清殿记

宋元祐年间（1086–1094）

首题：新宗城县三清殿记

大名张洁集晋右将军王羲之书

塑人凌宝

庙主王明

装人范孝忠

石高72厘米，宽73厘米，厚25厘米。拓高69厘米，宽71厘米。石刻文字23行，末2行文字字体较小，满行24字，行书。

石原址不详，2000年3月30日征集自天安门管委西廊仓库，现藏北京石刻艺术博物馆。

添修缙阳寺功德碑记

辽寿昌元年（1095）

额题：缙阳寺功德碑

首题：添修缙阳寺功德碑记

□太子洗马郑昉撰

碑阴

额题：缙阳寺庄帐碑

首题：缙阳寺庄帐记

当寺证经律论沙门守□述

首座持念

碑螭首，碑身下部残缺，阳、阴文字均有漫漶，座佚。碑首身通高199厘米，宽89厘米，厚21厘米。碑身拓高119厘米，宽82厘米。额拓高47厘米，宽31厘米。碑阳额文2行，满行3字，行楷。碑文19行，行残存27字，行书。碑阴额文2行，满行3字，行楷。碑文17行，正文10行，僧人题名7行，行字不等，行书。碑两侧均有文字，漫漶较甚，失拓。

碑原址在辽代缙山县北缙阳山上缙阳寺下院内，即今延庆县香营乡小堡村北二里处缙阳寺下院遗址。碑现立于延庆县灵照寺院内东侧碑廊。

著录情况：《拓汇》，第45册，第106、107页。《拓目》，第207页，京9446，京9444，分题二则：《缙阳寺功德碑》和《缙阳寺庄帐记》。《辽代石刻文编》，第464–467页。

按：据《嘉靖隆庆志》："缙阳山，在永宁城西北十三里，又名龙安山。"即今佛爷顶。石刻及拓片泐甚，"沙门守□"，《辽代石刻文编》作"守约"，《拓目》作"□绚"。

大辽燕京西大安山延福寺莲花峪更改通圆通理旧庵为观音堂记并诸师实行录

辽天庆五年（1115）□□二月□午日朔十三日记

额篆：大安山莲华峪延福寺观音堂记

首题：大辽燕京西大安山延福寺莲花峪更改通圆通理旧庵为观音堂记并诸师实行录

寄当蓝云水沙门琼焕撰并篆

碑侧题：涿州范阳县西北乡独树村贺公严并男二人寿哥、闰哥镌并」良乡县东关俗弟子韩□驾乞奴法号道俊」

碑方首抹角，碑阳首部线刻牡丹花纹；碑阴首部线刻花纹，首中部方框内横镌两个梵字；碑身阳阴边框线刻花纹。碑身拓高116厘米，宽80厘米。碑侧拓高59厘米，宽10厘米。碑阳额文3行，满行4字，篆书。碑文32行，满行50字，正书。碑侧刻文字2行，满行24字，正书。碑阳刻通圆、通理实行，通理实行未完，碑阴接刻，之后刻通悟、李山主实行。碑阴满刻文字，正书，泐甚。碑阴失拓。

碑原址在房山区大安山乡西苑村，今存房山区文物管理所。

著录情况：《北京文博》，1997年第3期，包世轩《辽〈大安山莲花峪延福寺观音堂记〉碑疏证》。《北京文博》，1998年第3期，黄春和《辽〈大安山莲花峪延福寺观音堂记〉通理实行补考》。

按："燕京开悟寺内殿忏悔主特进守太师辅国通圆大师"讳法赜，俗姓郑，燕京良乡县南石村人，辽乾统四年（1104）圆寂，"寿五十五，灵骨舍利，敕葬建塔本寺坟瘞云尔"。

"永泰寺内殿忏悔主通理大师"讳恒策，字开玄，姓王氏，"上谷礬山县新安人也"，辽寿昌四年（1098）二月十三日卒。碑文载通理大师"灵骨舍利分葬四处，各起灵塔"。山县即矾山县，在今河北涿鹿东南一带，与当时宛平县接壤。

"永泰寺内殿忏悔主检校太师行鸿胪卿通悟大师"讳恒简，姓高氏，蓟州玉田县三女河人也。辽天庆元年（1111）正月初一日卒，"灵骨敕建于本寺云水堂下"。

当寺故山主讳弘赜，姓李氏，良乡县西紫草务里人也。辽乾统八年（1105）圆寂，"灵骨建于本寺云尔"。李山主的灵塔参见辽天庆十年（1120）十一月二十三日立《辽大安山延福寺李山主（供臻）实行录塔铭》。

天开寺奉先县禁山榜示碑

金崇庆元年（1212）四月二十二日榜

首题：奉先县榜

山主比丘师□证立石

碑阴

（辽重）熙二十四年（1055）三月四日

首行题：涿州范阳县高家庄斋

碑残存下半部，残高73厘米，宽48厘米，厚10厘米。碑身拓高62厘米，宽47厘米；碑侧拓高62厘米，宽9厘米。碑阳存2栏，上栏仅存下部1—2列，约12行文字，行书。下栏文字20行，行字不等，行书。碑阴镌题名，上部残缺，下部镌线刻边框。现残存题名文字3栏，每栏文字20行，行字不等，现存566字，正书。碑两侧均刊题名4行，行字不等，正书。

碑原址在房山区上方山兜率寺，现藏北京石刻艺术博物馆。

著录情况：《拓汇》，第47册，第128页。《拓目》，第502页，京4429。《馆目》第28页。

《辽金史迹图志》下卷，第 44 页。

按：此碑原址在房山区上方山兜率寺。奉先县即今房山区，金时称“奉先县”。碑文载奉先县出示的榜文。榜文载，六聘山天开寺十方禅院僧人善辛状告寺产遭侵夺请求出榜保护事。早在明昌二年（1192）时该寺僧人善惠即状告邻近村坊之人砍伐本寺四至内的山林，当时已“给列文榜，付本寺收执”。后来寺内山林仍遭强行砍伐。由于原先榜文为万宁县所出，今已改作奉先县，所以善辛“今谨具状，上告奉先县。伏乞详状，别出榜文”，以禁止寺内所属山林再遭砍伐。碑由本寺山主□证和尚立，立碑时间应稍晚于金崇庆元年（1212）四月二十二日榜示时间。

由于金代上方山归属的行政区的变更改名，先是改名万宁，后改作奉先县，引起了天开寺山林寺产遭到侵夺，才有了两次出榜申明寺产事，榜文也有提及。该榜文镌于碑身下方，上方的残存碑文有“不得”等字，文字书写风格与下方榜文一致，推测即为榜文提及的明昌二年的榜文。

碑阴首行残存年款“□熙二十四年三月四日”，第二行题“□州范阳县高家庄斋”，当为“涿州范阳县”。

史载，唐武德七年（624）涿县改为范阳县；唐大历四年（769）始置涿州，州治在范阳县。金大定二十九年（1189），为奉山陵，始析良乡、范阳、宛平三县边地，置万宁县。金明昌二年（1191），改万宁县为奉先县，隶属涿州。元太宗八年（1236）涿州升为涿州路，中统四年（1263）又降为涿州。明洪武初年，范阳县并入涿州，属北平府；永乐元年（1403）改隶京师顺天府。清代因之。1913 年，涿州降为涿县。

该碑系利用旧碑改作，因为“涿州范阳县”这一历史地名，存在于唐代至元代，其间“□熙”的年号只能是辽代的“重熙”，因此该碑的题名当镌于辽代重熙二十四年，并且题名下方有边框，而该碑的金代榜文无边框，也佐证了题名的镌刻年代要早于榜文的镌刻年代。

“斋”字残石

金天兴三年（1234）前

辽阳瑞纶老人书

徐悟真立石

刻石有残缺，仅残剩一“斋”字的右半部。刻石残长 92 厘米，宽 40 厘米，厚 12 厘米。拓高 86 厘米，宽 40 厘米。“斋”字正书，题款 1 行 15 字，草书。

刻石出土于西城区白云观西侧，原址应在今白云观以西的金代大天长观内，现藏北京石刻艺术博物馆。

著录情况：《馆目》，第 29 页。

按：残石 1974 年出土于白云观迤西 50 米，发现时该石已被改为台阶，故其余字皆失。其出土地系为元代长春宫前身金代太极官，此残石当是太极宫中某斋之匾额。刻石的右侧署草书："☐月四日辽阳瑞纶老人书徐悟真立石。"徐悟真，据《道藏·宫观碑志》载，为金代中都大天长观玉虚殿侍香道人。

重建龙泉大历禅寺之碑

☐岁次丁酉〔窝阔台九年（1237）〕五月十有六日建

额篆：重建龙泉大历禅寺之碑

首题：重建龙泉大历禅寺之碑

竹林禅寺逍遥叟印彬撰

燕赵☐

碑阴

额篆：龙溪规式遗言之记

首题：龙溪规式遗言之记

碑螭首，碑文左上角漫漶，碑身下部残缺，龟趺首残。碑首身通高 207 厘米，宽 98 厘米，厚 24 厘米。龟趺残高 36 厘米，宽 109 厘米，长 134 厘米。碑阳身拓高 103 厘米，宽 96 厘米。额拓高 61 厘米，宽 37 厘米。碑阴身联额拓高 168 厘米，宽 83 厘米。碑阳额文 2 行，满行 5 字，篆书。碑文 28 行，行残存 35 字，正书。碑阴额文 2 行，满行 4 字，篆书。碑文正文 21 行，行残存 35 字，其后 5 行小字，为题名。阳、阴碑文均有漫漶。

碑今在房山区河北镇磁家务孔水洞万佛堂立。

按：龙泉大历禅寺即孔水洞万佛堂，此碑为寺中现存最早碑刻。碑阳为《重建龙泉大历禅寺之碑》，记述大历禅寺创建始末，至龙溪老人时重建禅寺。因文字部分漫漶，所述寺之沿革事略有不详。碑阴为《龙溪规式遗言之记》，碑文记载龙溪老人为寺内僧人所立清规戒律，内容包括僧人的生活起居，念经等各方面的要求，并"不得毁改所行规矩……"文末记载庙产及土地四至、人名姓氏。

龙溪老人，据元丁巳年〔元宪宗七年（1257）〕三月二十七日《德兴府礬山县圣泉柏山寺故通悟大师玄公塔铭并叙》，"师讳祖玄，通悟乃师号也，亦号龙溪老人，俗姓杨，祖居本土人也……"。礬山县即矾山县。龙溪老人生于金大定二十五年（1185），至乙卯（1255）年终。1248 年时曾授紫衣师号。

[大]都[昌][平]县东[乡][新]城村[双][泉]院地产记碑

元至元十九年（1282）岁次壬午季春（三月）望日（十五日）

首题：[大]都[昌][平]县东[乡][新]城村[双][泉]院地产记

双泉禅院住持传法嗣祖沙门龙岩、道庆立石

碑阴

石匠百☐

碑首身不存，碑身部分缺失，右上部风化漫漶严重。拓高 74 厘米，宽 74 厘米。碑文20行，行字不辨。碑阴线刻寺庙四至图。

2003年调查时碑在昌平区兴寿镇西新城村北双泉寺遗址，仆地，原址保存。

著录情况：《拓目》，第207页，京8587。

按：双泉寺始建于辽，因山门左右各有一口井而得名。明、清间曾进行过两次大修。该寺庙址仍存。

碑阳面右半部及右上角剥蚀漫漶严重，辨认困难。阴面大片剥蚀，风化。碑阴镌该寺四至图，标有寺的位置及新城村、破河头、西至崖等字样。

涞水县石门村白云□记碑

大元至元二十二年（1285）五月初四日

首题：涞水县石门村白云□记

刘致善书丹篆额

大长春宫玄学讲师常敏撰

□城提控李彬刻石

褚志中立石

碑螭首，首部勒额文处凿一孔，额文不存，座佚。碑首身通高148厘米，宽62厘米，厚25厘米。碑身拓高95厘米，宽88厘米。碑文18行，满行29字，正书。额失拓。

碑原址在房山区紫草坞乡，现存房山区文管所。

通仙观重修碑铭并序

元至元廿八年辛卯（1291）岁下元日（十月十五日）

首题：重修通仙观碑铭并序

知常静应玄同大师诸路道门玄学提举王道明撰

回中道人巩居智书丹

本观住持尊宿李志禧、刘志深等立石

房山王宽、李荣刊

碑仅存碑身，高108厘米，宽65厘米，厚16厘米。拓高128厘米，宽65厘米。碑文20行，满行36字，正书。碑现嵌樯，碑阴状况不详。

碑在门头沟区清水镇燕家台村，现嵌于燕家台村过街楼券门旁。

白话圣旨碑

大元至元三十一年（1294）四月立石

住持嗣祖沙门普应立石

燕山李文秀刊

碑圆首无额，高202厘米，宽77厘米，厚17厘米。拓高197厘米，宽77厘米。

碑上部和下部各刻一道圣旨，上部圣旨写于“虎儿年春二月二十日榆河”，下部圣旨写于“兔儿年七月初三日上都”，其后贯通上下镌文字一行：“大元至元三十一年四月住持嗣祖沙门普应立石燕山李文秀刊”。碑上方镌文字23行，行字不等，漫漶较甚；碑下方镌文21行，满行20字，碑文均正书。

碑原在房山区韩村河镇孤山口塔前，现存房山云居寺。

白瀑寿峰禅寺产业碑

元元贞丙申岁〔二年（1296）〕夏五月记

元元贞丙申岁〔二年（1296）〕秋七月本寺前监寺僧文莹施财立石

浙（按：疑为“析”之误。）津秦德进刻字

额题：白瀑寿峰禅寺产业之记

首题：大都宛平县金城山白瀑寿峰禅寺产业之记

诸路释教都统住持大庆寿寺传法嗣祖沙门西云易庵子安撰

朝请大夫礼部侍郎李衎书丹并题额

僧如宽依然复用此碑重新刻字

碑方首抹角，座佚，汉白玉石质。碑高140厘米，宽70厘米，厚15厘米。拓高140厘米，宽70厘米。碑上方题额文5行，满行2字，正书。碑文26行，前半部碑文满行46字，后半部碑文满行48字，均正书。碑阴状况不详。

碑原址在门头沟区白瀑寺，1995年普查时存门头沟西峰寺（原门头沟区博物馆）外院。

按：碑文分两部分，前半部为元元贞丙申岁〔二年（1296）〕夏五月记，是年秋七月本寺前监寺僧文莹施财立石。后半部为僧如宽依然复用此碑重新刻字，但年代不详。

蓟州平谷区大兴隆禅寺创建经藏记

元大德元年（1297）岁次丁酉十二月日

额篆：大兴隆禅寺创建经藏记

首题：蓟州平谷区大兴隆禅寺创建经藏记

翰林直学士奉训大夫乔达撰并书

桂阳路僧録镇国退堂佛光大禅师满聪篆额

本寺第五代住持龙泉长老行泰立石

圆明大师行聪同建

碑阴

首行题：平章门下

碑螭首，座佚。碑首身通高220厘米，宽75厘米，厚17厘米。碑阳额拓高50厘米，宽28厘米。碑阳身拓高133厘米，宽70厘米。碑阴身拓高129厘米，宽68厘米。碑阳额文2行，行5字，篆书。碑文21行，满行42字，正书。碑阴文字25行，行字不等，正书。

碑现立于平谷区王辛庄镇太后村大兴隆寺遗址，原址保存。

著录情况：《平谷文物志》，第116页。

按：《重印民国二十三年〈平谷区志〉》坛庙载，“兴隆寺，在瑞屏山下，至县二十里。元大德元年建，弘治年间重修。今俗称萧家院。”

碑阳前18行为正文，其后刊功德主题名。功德主有“赠光禄大夫代国忠遂公，代国太夫人李氏缘遇，光禄大夫平章政事大司农同知宣徽院事帖哥，夫人冉氏缘明，大儿妇刘氏、王氏，特赐夫人张氏，朝列大夫泉府少卿述古察”等。

碑阴为题名，以题名及官职判断应为元时所刻。碑右下刊“见字一代”，所署年款为“康熙二十五年（1686）夏月吉日造”，当是康熙二十五年（1686）曾添镌题记。记曰：“见字一代：慧广德真，道圆行满。愿力洪深，志仪明（显）见。见性本来，方绪大乘。果然玄域，法传正宗。康熙二十五年夏月吉日造。”

八思巴文圣旨

马儿年〔元至元三十一年（1294）〕六月十二日上都有时分写来

元大德三年（1299）七月日立石

额题：皇帝指示公告圣旨

碑阴

马儿年〔元至元三十一年（1294）〕六月十二日上

元大德三年（1299）七月日立石

额篆：皇恩特赐圣旨译本

首行题：长生天气力里

住持妙光寂▢立石

碑青石质，螭首，碑身阳面边框饰卷草纹，座佚。碑首身通高240厘米，宽82厘米，厚22厘米。阳、阴额拓均高50厘米，宽33厘米；阳、阴身拓均高136厘米，宽78厘米。碑阳额镌八思巴文2行，碑阳刻八思巴文圣旨13行，行字不等。碑阴额文2行，行4字，篆书。碑文22行，下半部风化漫漶严重，行字不辨，正书。

碑现立于平谷区王辛庄镇太后村大兴隆禅寺遗址内，原址保存。

著录情况：《平谷文物志》，第118页。《考古学报》，2006年第3期，蔡美彪《平谷元兴隆寺圣旨碑译释》。

按：碑阳面为八思巴文圣旨，阴面为八思巴文圣旨的汉文译本。

碑阳额文、碑文均为八思巴文。碑阳年代、额题据蔡美彪《平谷元兴隆寺圣旨碑译释》译文，碑阳八思巴文未镌刻立石年代。

碑阴正文后有“马儿年六月十二日上”，为圣旨颁布时间。据蔡美彪《平谷元兴隆寺圣旨碑译释》，该句后有缺文，应为“马儿年六月十二日上（都有时分写来）”，“马儿年”为元至元三十一年（1294）。此碑为颁旨五年后立。

碑阴大德年款下及左有8行题名，前5行僧人题名：“住持妙光寂融立石净严寺沙⧄瑞屏庵山主⧄」⧄华严寺住持讲经沙门兴思⧄」⧄独乐寺监寺兴如⧄」⧄寺典⧄」知客⧄」”。“知客⧄”题于“开读使臣总管郭天禅⧄正朵罗⧄”下方。

僧人题名左侧为4行官员题名，题名自左及右刻：“银青荣禄大夫平章军国重掌宣政院使领泉府卿答失丁」通议大夫山北辽东巡提刑按察使刘公□⧄」□管鹰房□公答剌赤」开读使臣总管郭天禅／正朵罗⧄」”。

蔡美彪《平谷元兴隆寺圣旨碑译释》，将“答失丁”记作“答失蛮”。

福寿兴元观圣旨碑

元蛇儿年〔延祐四年丁巳（1317）〕二月十三日大都有时分写来

额题：圣旨

首行题：长生天气力里

金玉局张子玉镌

碑螭首，二龙戏珠方座，座似后配。碑首身高350厘米，宽103厘米，厚30厘米。座高73厘米，宽120厘米，厚65厘米。拓高200厘米，宽103厘米。额文1行，满行2字，双钩正书。碑文19行，满行42字，正书。

碑现立于宣武区法源寺天王殿东侧。

按：元代圣旨碑完全采用地支生肖纪年。从碑文中提到成吉思皇帝、月古台皇帝、薛禅皇帝、完者笃皇帝、曲律皇帝可知，此圣旨为元仁宗爱育黎拔力八达（1285—1320）所颁。其中提到在大都识列门兴建福寿兴元观，第一代住持为提点复明善应通微大师阎道文（道号秋涧）。法源寺另有元至顺二年（1331）刊刻的《大元福寿兴元观记》，可作为参照。

金玉局，《元史·百官志四》载，“中统二年（1261），初立金玉局，秩正五品”，是掌造金玉冠帽、系腰束带、金银器皿，并总司其事的部门。

重修昭惠灵显真君庙碑

元至正二年（1342）六月既望（十六日）

额题：修昭惠灵显真君庙

首题：重修昭惠灵显真君庙碑

三山郑天振撰并书篆额

乡人齐文简等立

匠人朱继先翟得春

碑首上部残损。拓高108厘米，宽73厘米。额文4行，满行2字，篆书。碑文20行，满行24字，正书。碑阴镌题名，正书，漫漶较甚，失拓。

碑现立于密云县冶仙塔碑林。

按：据碑文，“州之南十里许有昭惠灵显真君庙一座”，金泰和年间立，元代多次重修。碑阳额文两侧各有一符号，似为八思巴文。

大都房山县大安山创建黑龙潭庙记碑

元至正拾肆年（1354）岁在甲午拾月己丑朔癸卯（十五）日建

额篆：大都房山县大安山创建黑龙潭庙记

首题：房山县大安山龙海观创建黑龙潭庙记

翰林学士承旨光禄大夫知制诰兼修国史☐

前大都路房山儒学教谕杨德庸书

太中大夫崇文太监周伯琦篆

碑阴

额题：良乡县官吏道教助缘耆老

碑螭首龟趺，汉白玉石质。碑首身高236厘米，宽86厘米，厚13厘米。龟趺高60厘米，长146厘米。碑阳身拓高138厘米，宽80厘米。阳额拓高54厘米，宽29厘米。碑阳额文3行，满行5字，篆书。碑文应存29行，前几行文字磨灭不辨，满行47字，正书。碑阴额文上方横题1行文字，行3字，下方竖题2行文字，行4字，均正书。碑身阴面大块剥落，文字基本漫漶，据《拓目》，阴刻题名，为官、道、俗等助缘者名氏，正书。

碑今在房山区佛子庄乡黑龙关村西北龙神庙内殿前西侧立。

著录情况：《拓汇》，第50册，第96—97页。《拓目》，第209页，京8328。

按：碑文多漫漶，据《日下旧闻考》，该碑文为欧阳玄所撰。查欧阳玄的《圭斋文集》，却未载此文。据史载，欧阳玄著述颇丰，但多毁于兵燹。该文因镌之于碑而得以保存，幸哉！《日下旧闻考》载原文，但在人名称谓略有不同；《拓汇》亦收录拓片，据此补首题及碑中漫漶文字。

龙王庙于1949年后渐毁，近年已重修。

香岩寺功德记碑

元至正丁酉十七年（1357）月日

山居野叟☐

额题：香岩寺功德记

首题：大元古白檀□□□□□□香岩寺功德记

碑方首抹角，碑首身通高140厘米，宽73厘米，厚17厘米。拓高143厘米，宽73厘米。额文3行，满行2字，正书。碑文24行，满行43字，正书。碑阴镌题名和地亩四至，正书。

碑阴失拓。

碑原为密云县巨各庄镇久远庄村北香岩寺的庙碑，后征集自塘子村，现立于密云县冶仙塔碑林。

大都兴隆寺置地记碑

元至正二十四年（1364）孟夏四月吉日

额题：兴隆寺创建施产碑铭记

首题：大都兴隆寺置地记

洞下凤山长老撰

燕山耆儒李元用书丹

大兴教寺僧定吉祥镌

碑阴

额题一：开山圆胜祖师宗泒图

额题二：海□澄清法演洪源滋泽浩湛

首行题：〼知事〼」提举源如（以下从略）

碑首身一体，方首抹角，首部饰云龙纹，座佚。首身通高137厘米，宽79厘米，厚15厘米。拓高130厘米，宽74厘米。碑阳额文2行，满行5字，正书。碑文16行，满行50字，493字，正书。碑阴额文2则，上方横题额文1行，行9字；下方额文3行，行4字，均正书。碑阴刊题名，剥蚀风化严重，残存107字，正书。

碑原址不详，拆除明城墙时出土，现藏北京石刻艺术博物馆。

著录情况：《馆目》，第30页。

按：碑载，兴隆寺在元时的豫顺坊内，“豫顺坊一隅有寺曰兴隆也”。又记“金水注于西北”，“琼岛从于东南”。据张清常著《北京街巷名称史话》第158页载：“豫顺坊为元大都新城（北城）50坊之一，明时的寅宾坊内（33坊）。”

碑文所述内容为元至正二十四年（1364）摩云长老大禅师、住持源泉等购置寺产事。“适岁有耆宿摩云长老大禅师卓锡于本寺”，“信口所说，无非佛事，白衣受戒之徒，车马盈门，未分朝夕”。“昔本寺数年之间普颜忽都皇后施大藏经一藏”。时寺南马达都的故宅，有地四亩欲出卖，摩云长老征得住持僧源泉和僧众之意，授戒资太监兰寿金公与其妻惠海任氏，愿施白米百石购置马达都之故宅，“永为寺业”。所置宅地之四至“东邻驸马，南邻官道，西邻晃忽儿大舍，北至寺”，并营立三门、围墙，修饰一新。

碑阴为僧众及居士题名，可辨认者有：福泉寺主持长老整无□、当代主持广惠聪辩济川大师源泉、化缘耆宿临济摩云长老禅师、檀信施主桑哥达思太子、异样府总管郁成甫等。

大元敕赐十寺碑记

大元至正二十五年（1365）乙巳岁正月吉日立碑

额篆：敕赐十寺寺碑记

首题：大元敕赐十寺碑记

翰林院讲学中奉大夫知制诰同修国史经筵黄溍撰

翰林学士资善大夫知制诰同修国史兼太子谕德李好文书

集贤侍讲学士中奉大夫兼国子祭酒赵期颐篆

镌字石匠宁永福

碑阴

明嘉靖十四年（1535）

额题：万古流芳

同立碑镌字匠张成、搭彩匠黄元

碑螭首龟趺，趺颈断后粘接。碑首身高 200 厘米，宽 92 厘米，厚 24 厘米。龟趺高 58 厘米，宽 90 厘米，长 142 厘米。碑阳额文 1 行，满行 7 字，篆书。碑文 23 行，残存 53 字（据文中五言偈语推测，碑下方当残缺二列，满行当为 55 字），正书。碑阴额文及碑文失拓。碑阴额文 2 行，满行 2 字，正书。碑文存字情况不详。

碑今在房山区周口店车厂村十字寺遗址西侧立，坐北朝南。

著录情况：《拓目》第 209 页，京 4544。

元通玄观住持李志镌造真武像题记

元至正二十八年（1368）

首行题：☐」真彩像」

此为真武坐姿石像，像头部佚，背面镌题记。真武像残高 170 厘米，宽 112 厘米，厚 90 厘米。题记拓高 15 厘米，宽 58 厘米。题记 15 行，行 3 字，实存 34 字，正书。

1998 年 9 月 15 日西城区西直门国务院第二招待所出土，现藏北京石刻艺术博物馆。

按：此题记文曰："□□□」真彩□」持正□」师大都」通玄观」住持提」点李志真」提举弟」子郑庭□」命工镌」造采石」局副使」□常秀」本局提」头王秀」□人□」"。

佑国寺田园记碑

元至正二十八年（1368）

额题：佑国寺田园记

首题：大元国大都路檀州西南□□院佑国寺常住山林田园地土铭曰

碑方首抹角。碑首身拓高 145 厘米，宽 81 厘米。额文横题 1 行，满行 6 字，正书。碑文 24 行，满行 36 字，漫漶较甚，正书。碑文镌该寺田园的四至。碑另一面情况不详。

碑原址在密云县十里堡镇十里堡村，现立于密云县冶仙塔碑林。

元白云观碑

元至正二十八年（1368）

碑漫漶严重。拓为碑阴，碑阴右上角及右下部分剥蚀脱落，碑文不存。拓高 200 厘米，宽 93 厘米。碑阴均题名，32 行，行字不等，正书。碑阳失拓。

碑原址不详，现存顺义区文物管理所。

著录情况：《重印民国顺义区志》卷之二，建置志，第 70 页。

按：《重印民国顺义区志》建置志载，“白云观，在呼奴山东，元大德八年张真人建。前列钟楼，后筑架阁，门外牌坊”。

碑上方题名多为当时顺州州吏。可辨题名有：⧄州判官孟禄，⧄州事张允中，⧄州知州监管本州岛诸军奥鲁劝农事姜居政，⧄兼管本州岛诸军奥鲁劝农事赛哥，捕盗所司吏田得荣，⧄大都路顺州判官赵天瑞，⧄征事郎同知大都路顺州吏崔哈剌拨都，奉直大夫大都路顺州知州兼管本州岛诸军奥鲁劝农事段庭珪，武节将军大都路顺州达鲁花赤兼管本州岛诸军奥鲁劝农事脱欢沙，资德大夫逞状中书右承大司农签宣徽院事曹庭瑞，荣禄大夫大司徒石蒙古女，⧄清荣禄大夫大司徒兼领□凉寺事冗都台，太师忠显东平王夫人布颜忽都，金紫光禄大夫太师⧄书承相安童等。

碑下部为当时的坊市、城镇、村庄、驻军等军民题名。

御制大觉寺碑

明宣德三年（1428）四月初七日

额篆：御制大觉寺碑

首题：御制大觉寺碑

明宣宗朱瞻基撰文

碑阴

明正统十一年（1446）十一月初一日

额题：御制重修大觉寺之碑

首题：御制重修大觉寺之碑

明英宗朱祁镇撰文

碑身拓高 187 厘米，宽 90 厘米。额高 38 厘米，宽 33 厘米。碑阳额文 2 行，行 3 字，篆书。碑文 23 行，满行 52 字，正书。碑阴额文 3 行，行 3 字，篆书。碑文 27 行，满行 57 字，正书。

碑在海淀区大觉寺北碑亭内，现原址保存。

著录情况：《拓汇》，第 51 册，第 58 页；第 51 册，第 147 页。《拓目》，第 209 页，京 2582；第 212 页，京 2580。

敕赐法华寺记碑

明正统二年（1437）岁次丁巳四月初三日立石

额篆：敕赐法华寺记

首题：敕赐法华寺记

资善大夫礼部尚书兼翰林学士国史总裁南郡杨溥撰文

行在吏部考功清吏司主事吴郡夏昶书丹

奉政大夫吏部郎中兼翰林侍书广平程南云篆额

碑阴

首行题：施财协力信官司设监太监吴亮法名福通

碑方首须弥座，碑首阳、阴饰云纹，碑身阳、阴边框刻卷草纹。碑阳拓高 157 厘米，宽 69 厘米。阴拓高 137 厘米，宽 69 厘米。碑阳额文 3 行，满行 2 字，篆书。碑文 24 行，满行 32 字，正书。碑阴刊题名，正书。

碑在昌平区兴寿镇上庄乡银山法华寺，现原址保存。

著录情况：《拓目》第 210 页，京 5966。《昌平文物志》，第 187 页。

敕赐西峰禅寺碑记

明正统四年（1439）岁次己未七月吉日

额篆：敕赐西峰禅寺碑记

首题：重建西峰禅寺碑记

碑汉白玉石质，方首刻云纹，碑身右下角石面风化剥蚀，文字残缺，座佚。碑首身通高 222 厘米，宽 94 厘米，厚 18.5 厘米。碑身拓高 154 厘米，宽 92 厘米。碑阳额文 3 行，满行 3 字，篆书。碑文 22 行，满行 35 字，正书。碑阴无字。

1995 年普查时，碑立于门头沟区西峰寺地矿部疗养院车库南侧。

敕赐妙觉禅寺碑记

明正统四年（1439）九月初一日

额篆：敕赐妙觉禅寺

首题：敕赐妙觉寺记

奉佛弟子尚膳监太监尹奉谨识

碑圆首，首饰云纹。首身拓高 163 厘米，宽 71 厘米。额文 2 行，满行 2 字，篆书。碑文 19 行，满行 35 字，正书。

碑现在于海淀区凤凰岭风景区妙觉禅寺遗址。

重建西峰禅寺记碑

明正统四年（1439）□

额篆：西峰禅寺碑记

首题：重建西峰禅寺记

碑汉白玉石质，方首刻云纹，碑身右下部石面风化剥蚀，文字残缺，座佚。碑首身通高224.5厘米，宽951.5厘米，厚18厘米。碑身拓高155厘米，宽91.5厘米。碑阳额文3行，满行2字，篆书。碑年款漫漶，碑文前刻正文，之后刻助缘善信名氏和僧人题名，最后镌年款，下方漫漶。碑文存字情况不详，正书。碑阴无字。

1995年普查时，碑立于门头沟区西峰寺地矿部疗养院车库南侧。

按：《日下旧闻考》卷105载碑文。

敕赐灵鹫禅寺记碑

大明正统四年（1439）岁次己未四月初八日记

大明正统五年（1440）庚申二月十五日同志立石

额篆：敕赐灵鹫禅寺

首题：敕赐灵鹫禅寺记

三宝弟子如庵居士福固谨记

碑方首，首浮雕祥云，碑身裂纹数道，龟趺下承素面海墁，海墁残。碑通高225厘米，宽94厘米，厚23厘米。趺高72厘米，宽100厘米，残长180厘米。碑身拓高158厘米，宽94厘米。碑阳额失拓。碑文24行，满行43字。碑阴无字无额题。

碑今在房山区坨里镇北车营村谷积山灵鹫禅寺一进院西侧立。

敕赐灵鹫禅寺兴建记碑

明正统五年（1440）岁在庚申四月八日

额篆：敕赐灵鹫寺兴建记

首题：敕赐灵鹫禅寺兴建记

住山金台沙门行寿记

碑方首龟趺，首浮雕祥云，碑阳碑首纹饰完全风化，碑首左上角残缺，碑身风化剥蚀较甚，从右上至左下部一道剥蚀斜贯碑身，以下以右剥蚀严重，文字亦漫漶残缺，龟首残缺。碑高162厘米，宽70厘米，厚15厘米。龟趺残高38厘米，宽73厘米，长125厘米。阳首身拓高156厘米，宽69厘米。碑身阴面拓高、宽均69厘米。碑阳额文2行，满行4字，篆书。碑文20行，满行36字，部分文字漫漶，正书。碑阴面仅拓文字部分，均题名，碑面风化严重，文字漫漶，正书。

碑今在房山区坨里镇北车营村谷积山院大殿院内东侧立。

法海禅寺记碑

明正统八年(1443)冬十月十五日

额篆：敕赐法海禅寺
首题：法海禅寺记
资善大夫吏部尚书兼经筵官前国史总裁泰和王直撰
将仕佐郎鸿胪寺序班钱唐吴谦书
修职郎工部营缮所副京口陈敬篆
古并贾英镌
碑阴
明正统八年（1443）十月十五日
额篆：敕赐法海禅寺
首行题：敕赐法海禅寺助缘法王上师国师禅师僧官剌麻僧众官员人等
建寺功德主太监李福善董工中贵贺佛信阮觉保等立石

碑螭首龟趺。碑首身通高 337 厘米，宽 102 厘米，厚 29 厘米。碑座高 82 厘米，宽 102 厘米，厚 250 厘米。碑身拓高 230 厘米，宽 102 厘米。额拓 40 高厘米，宽 31 厘米。碑阳额文 2 行，满行 3 字，篆书。碑文 23 行，满行 56 字，正书。碑阴刻人名。

碑在石景山区法海寺山门内西侧立。

著录情况：《拓目》，第 211 页，京 10423。

按：《日下旧闻考》卷 104 亦记此碑。碑阴题名中有多位藏族僧侣题名，第 2 行有大慈法王释迦也失题名：“万行妙明真如上胜清净般若弘照普应辅国显教至善大慈法王西天正觉如来自在大圆通佛释迦也失”。

敕赐法海禅寺碑记

明正统八年（1443）十月十五日
额篆：敕赐法海禅寺
首题：敕赐法海禅寺碑记
资德大夫正治上卿礼部尚书前太子宾客兼国子祭酒毗陵胡濙撰
鸿胪寺司仪署序班钱唐吴谦书
修职郎工部营缮所副吴郡杨春（篆）
古弁贾英镌
碑阴
明正统八年（1443）十月十五日
额篆：敕赐法海禅寺
首行题：敕赐法海禅寺助缘信官
建寺功德主太监李福善董工中贵贺佛信阮觉保等立石

碑螭首龟趺。碑首身通高 346 厘米，宽 118 厘米，厚 29 厘米。碑座高 80 厘米，宽 118 厘米，厚 260 厘米。额拓高 40 厘米，宽 29 厘米。碑身拓高 225 厘米，宽 106 厘米。

碑阳额文 2 行，满行 3 字，篆书。碑文 21 行，满行 50 字，正书。碑阴额文 2 行，满行 3 字，篆书。碑身满刻题名。

碑在石景山区法海寺山门内东侧立。

著录情况：《拓目》，第 211 页，京 10224。

大觉寺颁大藏经敕谕碑

明正统十年（1445）二月十五日

额篆：敕谕

首行题：皇帝圣旨朕体

碑身边框饰龙纹。碑身拓高 128 厘米，宽 68 厘米。额拓高 27 厘米、宽 22 厘米。额文 1 行，行 2 字，篆书。碑文 8 行，行 22 字，正书。

碑在海淀区大觉寺大殿北侧，现原址保存。

著录情况：《拓汇》，第 51 册，第 131 页。《拓目》第 211 页，京 2590。

崇福寺颁大藏经敕谕碑

明正统十年（1445）[二][月][十]五日

额篆：敕谕

首行题：皇帝圣旨朕体

碑阴

明□庚午〔景泰元年（1450）〕五月初五日

额篆：敕赐崇福禅寺之碑

赐进士出身朝列大夫国子祭酒前翰林侍读兼修国史泰和萧镃□

嘉议大夫太常寺卿兼经筵侍书广平程南云□

碑螭首龟趺。碑身阳、阴多处风化剥落，文字残泐。碑首身通高 276 厘米，宽 92 厘米，厚 25 厘米。趺高 60 厘米，宽 92 厘米，厚 185 厘米。碑身阴拓高 196 厘米，宽 96 厘米。碑阳额文 1 行 2 字，篆书。碑文 9 行，满行 17 字，正书。碑阴额文 2 行，行 4 字，篆书。碑文 27 行，满行 63 字，正书。碑阳、阳额、阴额均失拓。

碑现立于宣武区法源寺大雄宝殿前东侧。

著录情况：《拓汇》，第 51 册，第 145 页，第 171 页。《拓目》，京 898，第 212、213 页。《法贞》，第 70—72 页。

按：碑阳、阳额、阴额均失拓，据《拓汇》补。

碑阳年款有 4 字文字剥落，据明正统十年（1445）二月十五日《大觉寺颁大藏经敕谕碑》，该碑阳年款当与此碑同。

碑阴记述修建寺院的太监宋文毅生平。书撰人姓名据《拓汇》补。

崇福寺即为今之法源寺。唐贞观年间始建的悯忠寺在金代毁于战火，直至明正统年间由司礼监太监宋文毅牵头出资重修，更名为崇福寺。清代雍正年间重修后方名为法源寺。

重修义勇武安王庙记碑

明正统十年（1445）十月初三日立

额篆：重建义勇武安王庙记

首题：重修义勇武安王庙记

奉直大夫翰林院侍读学士兼修国史凤阳苗衷撰

卧云散人东海田子玉篆额并书丹

碑螭首座佚，碑身风化剥蚀严重，底部残缺。碑首身通高 152 厘米，宽 70 厘米，厚 13 厘米。碑身拓高 97 厘米，宽 67 厘米。额拓高 32 厘米，宽 28 厘米。碑阳额文 3 行，行 3 字，篆书。碑文应存 19 行，实存 16 行，满行残存 28 字，碑文现存 217 字，正书。碑阴无字。

碑原址在西城区西四北大街双关帝庙，碑征集于平安里大街 149 号，1983 年 11 月 28 日入藏，现藏北京石刻艺术博物馆。

著录情况：《拓汇》，第 51 册，第 142 页。《拓目》，第 212 页，京 321。《馆目》，第 30 页。《庙目》，第 56 页。

按：碑文字迹多漫漶。义勇武安王庙即双关帝庙。据《日下旧闻考》卷五十二载：“阜成门内关帝庙不知何时所建，元泰定间修。”其下按曰：“关帝庙在西四牌楼宣武街西，额曰双关帝庙，盖两像并祀也。”又记曰：“明碑三，一为正统十年（1445），侍读学士苗衷撰”，即为此碑。

撰者苗衷，字秉彝，直隶凤阳府定远人。《国朝献证录》有传，永乐七年（1409）进士，景泰间任兵部尚书，致仕，卒谥文康。

移嵩山祖庭大少林禅寺宗派之图

明正统十三年（1448）八月吉日立石

首题：移嵩山祖庭大少林禅寺宗派之图

石呈长方形，高 46 厘米，宽 79 厘米。首题横题于刻石上部，其下竖刻正文 14 行，满行 5 字，其后镌落款 1 行：“旹正统十三年八月吉日立石”，均正书。

20 世纪 90 年代前后出土于房山区坨里镇北车营村北谷积山般若禅寺遗址，现放置于慈云洞内。

宝塔寺钦赐礼部札付碑记

明正统十三年（1448）十一月十二日出给

大明正统十三年（1448）十一月十五日立石

额篆：圣旨

首题：钦赐礼部札付碑记

碑阴

额篆：万古流芳

首题：敕赐宝塔寺住持德玩同合山僧众□□芳名碑

碑螭首方座。碑首身通高320厘米，宽92厘米，厚23厘米。座高69厘米，宽108厘米，厚51厘米。碑身拓高220厘米，宽91厘米。额拓高48厘米，宽28厘米。碑阳额文1行，行2字，双钩篆书。碑文12行，满行22字，存140字，正书。碑阴额文1行，行4字，篆书。碑阴刊题名，剥蚀严重，大部分字迹不清，残存9行，共115字，正书。

碑原址在西城区阜成门外南礼士路月坛西夹道宝塔寺，现藏北京石刻艺术博物馆。

著录情况：《拓汇》，第51册，第161页。《拓目》，第212页，京1139。《馆目》第31页。《首图拓目》，第96页，第833页。

按：《拓目》载为《宝塔寺圣旨碑》。

碑阳所刊为礼部奉敕札付宝塔寺主持僧德玩，将该寺原名“宰塔寺”，赐名为“宝塔寺”。该札付在礼部档的编号为“礼字拾肆号”。

碑阴镌刻宝塔寺住持德玩同僧众的题名，文字多有漫漶，残存题名中可见东序知事都寺行真、监寺行端、西序知事前堂首座际瑁、后唐首座觉寿等，另有荣禄大夫少傅兼太子太师礼部尚书胡濙夫人张氏妙善。

中山禅寺新建之记碑

明正统年间（1436—1449）立

额篆：中山禅寺新建之记

首题：中山禅寺新建之记

奉政大夫吏部郎中兼翰林侍▨

碑圆首，浮雕祥云，素方座。碑只剩上半部，座身相离。碑残高124厘米，宽81厘米，厚16厘米。座高50厘米，宽100厘米，厚42厘米。额身联拓，拓高120厘米，宽80厘米。额文3行，满行3字，篆书。碑文18行，行残存16字，正书。碑仆地，另一面情况不详。

1997年普查时，碑在房山区张坊镇北白岱村北山中山寺遗址，仆地。

敕赐妙缘观四至房屋地亩碑记

大明景泰三年（1452）十二月十五日

额篆：敕赐妙缘观四至碑

首题：敕赐妙缘观四至房屋地亩碑记

本观住持道士黎崇庆李崇礼立石

碑方首座佚，首饰云纹。碑首身通高160厘米，宽63厘米，厚17厘米。碑身拓高 103 厘米，宽 62 厘米。额拓高 37 厘米，宽 25 厘米。碑阳额文 2 行，行 4 字，篆书。碑文 18 行，满行 38 字，现存 572 字，正书。碑阴无字，无额题。

碑原址在西城区地安门大街大石桥胡同，1998 年 5 月 31 日征集，现藏北京石刻艺术博物馆。

按：该碑于 1998 年 5 月 31 日征集于地安门大街大石桥工地，《拓目》及《拓汇》均未收此碑。据国图所藏明景泰二年（1451）“敕赐妙缘观兴（建）事实之碑”，可知妙缘观兴建于景泰二年。北京石刻艺术博物馆馆藏石为明景泰三年（1452）十二月十五日刊“敕赐妙缘观四至碑”，内容为建观之初的四至，非常重要。

御制新建大隆福寺之碑

明景泰三年（1452）六月十八日（敕谕）

明景泰四年（1453）四月初七日立

额篆：敕建

敕谕首行题：皇帝敕谕工部等衙门

首题：御制新建大隆福寺之碑

明代宗朱祁钰御制

碑阴

额篆：敕谕

碑螭首龟趺。首身通高 536 厘米，宽 170 厘米，厚 46 厘米。龟趺高 126 厘米，宽 185 厘米，厚 370 厘米。碑身拓高 346 厘米，宽 160 厘米。阳额拓高 64 厘米，宽 51 厘米。阴额拓高 78 厘米，宽 49 厘米。碑阳额文 1 行，行 2 字，篆书。碑文 38 行，满行 100 字，现存 1265 字，正书。碑阴额文 1 行，行 2 字，篆书。碑身无文字。

碑原址在东城区隆福寺内，1984 年 2 月 21 日入藏，现藏北京石刻艺术博物馆。

著录情况：《拓汇》，第 51 册，第 185 页。《拓目》，第 213 页，京 182。《馆目》，第 32 页。《庙目》，第 35 页。《首图拓片目》，第 121 页，第 1046 页。

按：碑阳正文前 12 行为明景泰三年（1452）六月十八日明代宗朱祁钰之敕谕文，之后为明景泰四年（1453）的《御制新建大隆福寺之碑》。

西山静明禅寺兴造记碑

明景泰岁次癸酉〔四年（1453）〕秋九月之吉

额篆：西山静明禅寺兴造记

首题：西山静明禅寺兴造记

嘉议大夫兵部左侍郎翰林院学士兼左春坊大学士知制诰淳安商辂撰

奉训大夫礼部祠祭清吏司员外郎预经筵直内阁豫章王叔安书并篆

登仕郎工部营缮所丞武阳吴子真镌

碑阳额拓高49厘米，宽40厘米。碑阳身拓高150厘米，宽110厘米。碑阴额拓高43厘米，宽31厘米。碑身阴面，仅拓部分文字，拓高82厘米，宽110厘米。碑阳额文3行，满行3字，篆书。碑文21行，满行36字，正书。碑阴额文2行，漫漶，文字内容不详。碑阴镌题名、买地文书两件及地亩四至情况，漫漶严重，存字状况不详，正书。

碑现立于门头沟区龙泉镇岳家坡村西静明寺遗址。

著录情况：《拓汇》，第51册，第189页。《拓目》，第214页，京6861。

按：碑阴题名为静明寺、静明寺文殊庵、静明寺下院等寺庙僧人题名。

买地文书地亩四至，一为大太监常某为静明寺买地的文书，落款中隐约可见“景泰三年三月二十九日”；另一件载“大檀越信官常捐资买到顺天府宛平县玉河乡大峪窑民人……无根闲地一段”，落款“景泰六年十一月十二日”。

隆安寺兴造檀越题名记碑

明景泰五年（1454）岁次甲戌中秋既望（八月十六日）

额篆：隆安寺檀越铭

首题：隆安寺兴造檀越题名记

碑螭首龟趺。碑首身通高260厘米，宽90厘米，厚19厘米。拓高182厘米，宽87厘米。碑身两面文字大多漫漶不清，均正书。碑阴刻临济宗派图，碑上方横题“临济正宗”1行4字，正书，下列僧名。

碑现立于崇文区白桥南里1号二进院内东侧。

著录情况：《拓目》，第214页，京7994。

圆通寺礼部札付碑

大明天顺元年（1457）十一月二十一日

额篆：圣旨

首行题：礼部为乞

碑螭首龟趺，龟首残，龟趺半埋于土中。碑通高313厘米，宽94厘米，厚31厘米。碑身拓高203厘米，宽91厘米。碑阳额文1行，满行2字，篆书。碑文14行，满行32字，正书。碑左下角空白处镌刻寺院山场四至，字体较小，镌刻年代不详。碑另一面情况不详。

碑现立于房山区谷积山圆通寺宝殿前东侧。

按：圆通寺，在房山区谷积山灵鹫禅寺西北里许，为明西华门写字内使姚彪出资并募缘修建，明正统十二年（1447）年四月八日始建，景泰五年（1454）四月八日落成。现圆通寺已倾圮殆尽，只残存圆通殿一座。

妙觉禅寺碑

明成化二年（1466）九月重九日

藏圆融显密大宗师播阳道深撰

尚书前太常寺少卿三山赵荣书

禄大夫太保柱国会昌侯济南孙继宗篆

本山第三代住持妙臻立石

碑身断为两截，右上部缺失。拓高204厘米，宽88厘米。碑文残存19行，行字不等，正书。

碑在海淀区凤凰岭风景区黄普院遗址。

赐敕香盘禅寺报恩碑

明成化五年（1469）十月

额篆：赐敕香盘禅寺报恩碑

碑阴

额题：万古流芳

阳额高45厘米，宽35厘米。阴额高40厘米，宽29厘米。阳额文3行，满行3字，篆书。阴额2行，满行2字，正书。碑身阳、阴文字均不存。

碑在石景山区双泉寺门（实为二门）前西侧立。

按：今石景山双泉寺寺址尚在，门（实为二门）前屹立双碑，西碑即“赐敕香盘禅寺报恩碑”，碑文不存，仅存额文；东碑为清光绪十年（1884）九月十九日后所立“重修翠微山双泉寺记碑”，碑阳额题“万古流芳”，碑阴额篆“重修香盘禅寺碑记铭”，碑阴无文字。

这两通碑均螭首龟趺，尺寸基本接近，螭首及龟趺的雕饰风格接近，颇类明碑，石质看起来也相同。

《日下旧闻考》卷104《郊坰》载：“双泉山旧有双泉寺，明成化间改名香盘寺。寺内名明碑一，无撰人姓名，嘉靖元年立。双泉在寺右，左侧塔一，高约七丈余。距寺数百武为双泉桥。明翰林院修撰云间钱福撰记，弘治七年立。”该书还记载了明人香盘禅寺碑略：“都城西四十余里有寺名双泉，有山名翠微。泉山幽胜，甲于他山。金章宗明昌五年诣其寺潜暑。寺有双泉，因而得名。即建祈福宝塔于寺北。至明成化五年十月，赐名香盘禅林。宣德二年十二月，奉旨兴院。嘉靖元年，葺而新之。”据《日下旧闻考》及所录碑文可知，该寺金代名双泉寺，明成化五年十月“赐名香盘禅林”，嘉靖元年重修。

清光绪十年（1884）九月“重修翠微山双泉寺记碑”载，“成化间建二碑尚屹立，庙址久圮，双泉在。其左为嘉靖元年太监冯重修”，福惠寺住持刘诚印等重修庙宇，“经始于光绪癸未三月初三日，落成于光绪甲申九月十九日”。那么双泉寺仅存门前二碑，应当为成化间所建；碑文又提及“其左为嘉靖元年太监冯重修”，也就是说左碑即东侧碑立于成化年间，但碑文镌刻于嘉靖年间。这两通碑形制、尺寸、雕刻风格以及石质均接近，同时立碑之说比较可信，但东碑有无镌刻成化年间碑文已不可考。门西侧的“赐敕香盘禅寺报恩碑”，现仅存额题，碑身阳、阴均严重漫漶，据额文内容及《重修翠微山双泉寺记碑》，该碑即至明成化五年十月赐名香盘禅林时所立。

《重修翠微山双泉寺记碑》既提及嘉靖年间碑，说明迟至光绪十年撰写碑文时，嘉靖年间碑文尚存。

而现在山门东侧碑碑阳为《重修翠微山双泉寺记碑》，阳额题“万古流芳”；碑阴额篆“重修香盘禅寺碑记铭”，碑身阴面漫漶严重，碑阴即嘉靖年间碑，碑名当为《重修香盘禅寺碑记铭》。现碑阴应为明碑碑阳，而光绪碑文当镌于明碑碑阴，重立后将碑阴、阳互换位置。清光绪年间碑用旧碑改作，撰文者当见过嘉靖碑文，可能时镌碑时将明嘉靖碑文磨去，或者因后来严重风化漫漶，现嘉靖碑除额题外，只字不存。

重修义勇武安王庙记碑

明（成化）七年（1471）岁次辛卯夏五月十三日

额篆：重修义勇武安王庙

首题：重修义勇武安王庙记

碑阴

额篆：众信人等芳名

碑方首，首阳、阴线刻祥云纹，碑身阳面边框饰卷草纹，碑阴无边框，风化较甚，碑身下部残缺，阳、阴文字亦缺失若干列，座佚。碑首身通高 182 厘米，宽 70 厘米，厚 13 厘米。碑身联额拓高 133 厘米，宽 60 厘米。碑阳额文 2 行，行 4 字，篆书。碑文 18 行，满行残存 29 字，现存 362 字，正书。碑阴额文 2 行，行 3 字，篆书。碑身刊题名 23 行 218 字，正书。

碑原址在西城区西四北大街双关帝庙，现藏北京石刻艺术博物馆。

著录情况：《馆目》，第 58 页。

按：此碑年款处泐，仅见“七年岁次辛卯夏五月十三日”。碑阴题名中有“御马监把总都指挥同知王升”，为明职官。查历史年表，只有成化七年为辛卯年。碑阴所刊题名为西会、东会的信士信官题名。落款处有“镌字所官陆裕、顾祯，石作把总□□”等字样。

敕赐重建龙泉禅寺碑记

大明成化九年岁次（1473）癸巳五月吉日

额篆：敕赐重修龙泉禅寺

首题：敕赐重建龙泉禅寺碑记

赐进士及第奉直大夫左春坊左谕德经筵官纂修玉牒兼修国史前翰林修撰豫章谢一夔撰

尚宝司卿进阶朝列大夫直文华殿东吴朱奎书

奉政大夫修正庶尹尚宝司卿直文华殿广平程洛篆

开山第一代住持智林

碑阴

额篆：檀越芳名

碑螭首方座。首身通高 336 厘米，宽 98 厘米，厚 25 厘米。座高 71 厘米，宽 125 厘米，厚 57 厘米。碑身拓高 217 厘米，宽 96 厘米。额拓高 54 厘米，宽 29 厘米。额文 2 行，行 4 字，篆书。碑文 20 行，满行 44 字，现存 373 字，正书。碑阴额文 1 行，行 4 字，篆书。碑身风化剥蚀严重，字迹已无法辨识。

碑原址在宣武区右安门内（陶然亭西）龙泉寺，现藏北京石刻艺术博物馆。

著录情况：《拓汇》，第 52 册，第 103 页。《拓目》，第 218 页，京 778。《馆目》，第 33 页。《首图拓目》第 32 页，第 264 页。《庙目》，第 96 页。

按：碑文叙述了位于正阳门南五里许的龙泉寺之重修情况。明正统八年（1443）秋，大兴隆寺僧万松看到龙泉古刹“岁久倾废无遗构”，遂“结茅庵于其隙地”，“以兴复为己任”。得锦衣卫指挥同知焦公所捐金帛，善男信女施财以助，万松赎回地基，鸠工筑寺而成。“诏复赐以旧额”。

万松，法名智林，凤阳定远人。七岁出家，拜鸿义玄妙广慧禅师为师，生平乐善好施。

慧聚禅寺重修记碑

明成化十年（ 1474）岁次甲午季春（三月）吉旦

额题：聚慧禅寺碑记

首题：聚慧禅寺重修记

敕赐普寿禅寺住山沙门任源思恩撰

寓独树石厂都司军掾华亭李守义书

住持比丘文欢置

石局把总王材刊

碑阴

首题：顺天府□□房山县西慧聚寺重建碑记

碑螭首龟趺，碑表面剥蚀，有裂纹，碑文漫漶，龟首残断。碑首身通高 230 厘米，宽 73 厘米，厚 19 厘米。龟趺高 40 厘米，宽 80 厘米，残长 150 厘米。碑身拓高 161 厘米，宽 72 厘米。碑阳额文 2 行，满行 3 字，正书。碑文 21 行，满行 47 字，正书，部分文字漫漶。碑阴首题以下以左满刻僧俗人名，碑文漫漶较甚，正书。碑阴无额题。

碑今在房山区长沟乡西甘池村西北花木公司院内。

著录情况：《拓目》，第 218 页，京 4341。

重修凤凰山华严禅寺碑记

明成化岁次甲午〔十年（1474）〕孟冬月（十月）吉日立

额篆：重修凤凰山华严禅寺记

首题：重修凤凰山华严禅寺碑记

御用监太监梁芳、房山县知县郭岑、僧会广净立

书记德□写字

金陵范福聪镌

碑身拓高 69 厘米，宽 71 厘米。额拓高 36 厘米，宽 29 厘米。额题 2 行，满行 5 字，篆书。碑上部镌碑记 23 行，满行行 18 字，正书；下部镌题名，仅拓 1 列，不知是碑残缺还是失拓。

碑原址在房山区凤凰山，1995 年拓片征购自房山文管所。

敕赐圆通寺创建记碑

明成化十一年（1475）岁次乙未春三月吉日立

额篆：敕赐圆通寺创建记

首题：敕赐圆通寺创建记

赐进士出身 □□大夫礼部尚书兼翰林院学士知制诰经筵官眉山万安撰

□进阶□大夫直文华殿□吴朱奎书

□宝卿□广平程洛篆

开山第一代住持通悟道□正宗同立

碑螭首龟趺，龟趺半埋于土中。碑通高 313 厘米，宽 94 厘米，厚 31 厘米。碑身拓高 203 厘米，宽 91 厘米。碑额失拓。额文 2 行，满行 3 字，篆书。碑文 29 行，满行 67 字，部分文字漫漶，正书。

碑立于房山区坨里镇北车营村北谷积山圆通寺圆通殿前西侧。

按：圆通寺建筑多已倾圮，惟遗圆通殿一座，坐北朝南，无梁殿式，六角攒尖顶。

真武庙重修碑记

大明成化十一年（1475）岁次乙未十月吉旦立

额篆：真武庙重修记

首题：真武庙重修碑记

奉议大夫通政司右参议前翰林院编修广阳赵昂撰文

征仕郎中书舍人直内阁□□刘韵书丹

将仕佐郎工部文思院副使东吴顾真篆额

碑身拓高 141 厘米，宽 77 厘米。额拓高 39 厘米，宽 28 厘米。额文 2 行，满行 3 字，篆书。碑文 20 行，满行 37 字，正书。

碑原址不详，现存顺义区文管所。

按：真武庙在顺义区洪胜里，因“岁久倾圮，不足以为神楼”。明成化八年（1472），御马监太监王允中偕石桥南马房长随洪福宗捐资“即其旧址恙撤而就之正殿三间”，使其“栋宇翚飞，规模宏廊，巍巍乎”。庙落成于成化十年（1474）八月，成化十年九月王允中荐道士徐遇春为住持。

御制重修大觉寺碑

明成化十四年（1478）九月初一日

额篆：御制重修大觉寺碑

首题：御制重修大觉寺碑

明宪宗朱见深撰文

碑身拓高 130 厘米，宽 68 厘米。额拓高 23 厘米，宽 22 厘米。额文 2 行，满行 4 字，篆书。碑文 22 行，行字不等，正书。

碑在海淀区大觉寺大殿南侧，现原址保存。

著录情况：《拓汇》，第 52 册，第 140 页。《拓目》，第 219 页，京 2592。

重修古刹常乐寺碑

大明成化十六年（1480）庚子岁黄钟月（十一月）吉日

额篆：重修古刹常乐寺碑

首题：重修古刹常乐寺碑

赐进士及第资善大夫太子少保吏部尚书兼华盖殿大学士知制诰经筵讲官淳安商辂撰

直南熏殿征仕郎中书舍人吴郡杨玘书

英宗敕旨赐习楷书东吴孙添济篆

重开山大功德主中官杨真、刘山、住持善定等立石

碑阴

明正德己卯年〔十四年（1519）〕三月后

额题：重修修补万古流芳

首题：古迹自来塔常乐寺重修记

天台石桥庵阅三藏沙门佛树撰

敕赐万寿戒坛□记沙门佛□书

碑螭首残断，碑表面略有风化剥蚀，龟趺已碎。碑首身通高 280 厘米，碑身高 185 厘米，宽 89 厘米，厚 22 厘米。额拓高 46 厘米，宽 30 厘米。碑身阳拓高 178 厘米，宽 87 厘米。阴拓 175 厘米，宽 82 厘米。碑阳额文 2 行，满行 4 字，篆书。碑文 19 行，满行 44 字，正书。碑阴额文 2 行，满行 4 字，正书。碑文右 14 行为记，满行 62 字，其后镌题名，文字泐甚，正书。

1997 年 7 月普查时，碑在房山区崇各庄乡常乐寺村常乐寺大殿前东侧，仆地。

著录情况：《拓汇》，第 52 册，第 161 页，碑阳。《拓目》，第 220 页，京 9990，碑阳；第 228 页，京 9988，碑阴。

表扬自来塔记碑

大明成化十七年（1481）辛丑季春三月吉日

额篆：表扬自来塔记

首题：表扬自来塔记

本寺大功德主中贵官杨真、刘山、康胜、住持善定等立石

碑身拓高 184 厘米，宽 87 厘米。额拓高 46，宽 30 厘米。额文 2 行，满行 3 字，篆书。碑文 18 行，满行 43 字，正书。碑仆地，另一面情况不详。

碑今在房山区崇各庄乡常乐寺村常乐寺大殿前西侧，仆地。

著录情况：《拓汇》，第 52 册，第 163 页。《拓目》第 504 页，京 9978。

重修法华寺碑记

大明成化二十一年（1485）岁次乙巳孟夏（四月）吉旦

额篆：重修法华寺碑记

首题：重修法华寺碑记

神宫监畲文立石

碑方首须弥座，碑阳首饰二龙戏珠，碑阴首饰云纹。拓高 137 厘米，宽 68 厘米。碑阳额文 2 行，满行 4 字，篆书。碑文 16 行，满行 38 字，正书。碑阴刊题名，正书。

碑在昌平区兴寿镇上庄乡银山法华寺，现原址保存。

著录情况：《昌平文物志》，第 193 页。

寿明寺重兴记碑残额

明弘治四年（1491）

额篆：寿明寺重兴记

首题：寿明寺重兴记

奉政大夫〼杜昌撰文

光禄大夫奉敕□□天〼张懋书丹

文林郎鸣〼应壁篆额

碑只残存碑首，身座俱佚。首高 140 厘米，宽 82 厘米，厚 24 厘米。额拓高 39 厘米，宽 24 厘米。额文 2 行，行 2 字，篆书。

碑原址在西城区鼓楼西大街 79 号，1983 年 12 月 11 日征集，现藏北京石刻艺术博物馆。

著录情况：《拓目》，第 222 页，京 546。《首图拓目》，第 72 页，第 611 页。《庙目》，第 45 页。《庙志》第二卷，第 648 页。

按：碑只残存碑首，查《拓目》和《拓汇》收录寿明寺碑四种，其中仅明弘治四年（1491）碑首篆题"寿明寺重兴记"，即《拓目》第 222 页所载之《寿明寺碑》，该碑额拓尺寸为 34 厘米 ×23 厘米，北京石刻艺术博物馆存拓片尺寸与国家图书馆接近。据额文及拓片尺寸，可知北京石刻艺术博物馆存《寿明寺重兴记碑》即明弘治四年的《寿明寺碑》。首题、撰文、书丹、篆额人皆据《庙志》所收录文补。

《庙志》对该寺历史有介绍，寺址今为北京市西城区房地产管理局党校。

重建都龙王庙碑记

明弘治八年（1495）岁次乙卯冬十月吉旦立

额篆：重建都龙王庙碑记

首题：重建都龙王庙碑记

署昌平区儒学训导事举人余何撰文并书丹

翰林院修撰承务郎季□题额

钦差守备黄花镇都知监右监丞吴英

助缘比丘真鉴、善人□刚

碑阴

额题：坛月芳名

拓高 134 厘米，宽 78 厘米。碑阳额文 2 行，满行 4 字，篆书。碑文 23 行，满行 45 字，正书。碑阴额文 1 行，行 4 字，双钩正书。碑阴题名，正书。

碑在昌平区白浮堰遗址都龙王庙，现原址保存。

著录情况：《拓目》，第 222 页，京 8809。

按：都龙王庙位于昌平区城南化庄村东，龙泉山之巅。肇建于元至元间郭守敬于白浮泉畔围堰引水济京，此即为通惠河之源。元中叶时，敕赐建都龙王庙于山顶，现遗址内尚存明、清时期修葺石碑五通。

碑阴额题"坛月芳名"应为"檀越芳名"。碑阴镌长陵等五神宫监、工部厂监工官长随内使、昌平区知县等人题名。

重修万福寺佛殿碑记

明弘治十一年（1498）岁戊午秋

篆额：重修万福寺佛殿碑记

首题：重修万福寺佛殿碑记

开山前住大魏净伦撰文

徒住持道宗、道义立石

碑螭首座佚，碑身两处断裂。碑首身高305厘米，宽95厘米，厚28厘米。拓高196厘米，宽94厘米。额文3行，满行3字，篆书。碑文残存18行，文字多漫漶，首题泐，正书。

碑原址在崇文区东花市朱营胡同，现存崇文区隆安寺。

著录情况：《拓目》，第223页，京1070。

按：碑漫漶严重，首题、原址均据《拓目》补。

重修府君庙记碑

明弘治十三年（1500）九月吉日后

额篆：重修府君庙记

首行题：盖闻

碑方首云纹，座佚。碑首身一体，现仅存碑之右部，左部残损。由于碑额完整，推知该碑残损约三分之一。碑下部有残损，但通读碑文，似乎文字不缺。碑通高92厘米，宽38厘米，厚16厘米。拓高93厘米，宽35厘米。额文2行，满行2字，篆书。碑文残存14行，满行25字，正书。

1995年普查时，碑在门头沟区沿河城办事处。

按：碑文载“大明国京都顺天府宛平县青白口社三岔村北有大河口”、“弘治十三年九月吉日良时创立古刹”，“次后”又有“栽树、垒墙”、“添塑”神像事，推知该碑镌于“弘治十三年九月”后，碑原址当在“宛平县青白口社三岔村北”附近的府君庙内。

重修义勇武安王庙碑

明弘治十五年岁次（1502）壬戌五月十五日立

额篆：义勇武安王碑

首题：重修义勇武安王庙碑

文华殿直太中大夫光禄寺卿云间张天骏撰文

文华殿直中宪大夫太仆寺少卿安成李纶篆额

文华殿直奉训大夫鸿胪寺左少卿东厂周蕙畴书丹

碑阴

额题：流芳万古

碑螭首无座，碑首身通高155厘米，宽69厘米，厚19厘米。碑身拓高120厘米，宽66厘米。额拓高27厘米，宽22厘米。碑阳额文2行，行3字，篆书。碑身阳面风化剥蚀严重，字迹已多不可识，零星可辨6字。碑阴额文2行，行2字，正书。碑阴刊题名，存28行，行字不等，现存203字，正书。

碑原址在西城区西四北大街双关帝庙，现藏北京石刻艺术博物馆。

著录情况：《拓汇》，第53册，第86页。《拓目》第224页，京319。《馆目》，第34页。

《庙目》，第 56 页。

按：碑风化严重，碑阳文字基本漫漶，仅存额题“义勇武安王碑”。撰文、篆额、书丹人及年代均据《拓汇》补。

大觉寺皇帝敕谕碑

明弘治十七年（1504）十一月初九日

额篆：大明敕谕

首行题：皇帝敕谕官员军民诸色人等

碑阴

大明正德四年（1509）岁次己巳九月菊日立

首行题：今将」大觉寺原」钦旨庄田并置买地土数目开坐」

碑首身一体，从中部断为两截，碑身边框饰云龙纹。碑身拓高 205 厘米，宽 90 厘米。额拓高 42 厘米，宽 21 厘米。碑阳额文 2 行，满行 2 字，篆书。碑文 12 行，行字不等，正书。碑阴记寺产情况。

碑在海淀区大觉寺内，原址保存。

著录情况：《拓汇》，第 53 册，第 150 页，碑阴。《拓目》，第 226 页，京 2594，碑阴。

重修城隍庙记碑

明☐年（1506）夏五月十二日立

首题：重修城隍庙记

密云县儒学乡贡进士训导赵☐☐撰文书丹篆题

拓高 190 厘米，宽 65 厘米。碑文 19 行，满行 67 字，正书。碑文漫漶较甚。

碑现立于密云县冶仙塔碑林。

按：碑文年代漫漶，从碑文中所记“钦差整饬密云等处边备兼管☐平等卫所☐县屯田司☐山东按察司中允大夫张琏”、“钦差镇守密云古北口等处地方都知监太监王欣”等的官职推知该碑当是明代所立。

碑文题名有李彦成、高贤。查史志，李彦成明弘治十七年（1504）任密云县知县，高贤正德元年（1506）任密云县知县。二人名同列于碑，高贤名字在前，推知该碑当立于 1506 年，高已到任而李尚未离任之时。

重修宝林禅寺碑记

明正德庚午岁〔正德五年（1510）〕孟秋（七月）吉旦

额篆：重修宝林寺记

首题：重修宝林禅寺碑记

乡贡进士国子监学正东广任千之撰

吏部听选监生巫山杨弼书篆

开山第一代住持比丘慧定（其下三行人名从略）、四海冶匠人张文、张□镌刊

碑螭首龟趺，趺与碑身分离，在碑旁。碑首身通高256厘米，宽81.5厘米，厚15厘米。龟趺高55厘米，宽95厘米，厚170厘米。首身拓高250厘米，宽81厘米。额文2行，满行3字，篆书。碑文20行，满行42字，正书。碑仆地，碑阴状况不详。

碑现在延庆县井庄镇宝林寺村村后山崖槐树下，即原宝林寺遗址。

著录情况：《拓汇》，第53册，第154页。《拓目》，第226页，京9475。

按：据《嘉靖隆庆志》，“宝林寺，在永宁城西南十五里，今废，遗址碑刻尚存”。

净房山古刹双林寺重修翻盖佛殿文记碑

旹大明正德岁次辛未年〔六年（1511）〕乙未仲月（六月）癸巳日（十五）吉时立石

额篆：重修双林寺记

首题：净房山古刹双林寺重修翻盖佛殿文记

金台曹洞泒少室隐山子古心并撰文书

碑阴

额题：众等芳名

首行题：双林寺常住院地一十二亩

瓦匠李安、张玉

判字匠人曹王、王聪

碑汉白玉石质，方首镌云纹，须弥座。碑首身一体，通高130厘米，宽66厘米，厚16.5厘米。座高42厘米，宽78.8厘米，厚48厘米。碑阳额文2行，满行3字，篆书。碑文19行，满行30字，正书。碑阴额文2行，满行2字，正书。碑文刻捐资题名，共22行，行字不等，正书。

碑在门头沟区上清水村西北山坡双林寺。

重修宝峰禅寺记碑

大明正德八年（1513）四月初八日立

首题：重修宝峰禅寺记碑

尚膳监佥书太监尹辅

盘山上方寺沙门继洪撰书

镌碑匠曹通、曹森、杨铠

碑首、座皆佚。碑身高170厘米，宽70厘米，厚15厘米。拓高130厘米，宽68厘米。碑文19行，满行38字，正书。

1996年7月普查时，碑在顺义区赵各庄乡后王会村村东原址保存。

按：宝峰禅寺位于顺义区赵各庄乡后王会村，村东碎石场即原寺庙遗址。此碑载宝峰禅寺始建于唐宋年间，寺内定光佛舍利塔建于辽清宁三年（1057年）。至明正德年间（1436年—1449年），"前代佛宇、僧舍废尽，惟塔存焉。观其名额，定光佛舍利之塔"。

重建寿明寺碑记

大明正德八年（1513）八月吉日

额篆：重建寿明寺碑

首题：重建寿明寺碑记

前奉政大夫修正庶尹通政使司右参议直文华殿中书舍人东吴顾经撰文

奉天翊卫推诚宣力武臣特进光禄大夫柱国掌后军都督府事英国公古汴张懋书丹

赐进士出身江西道监察御史海虞吴镗篆额

碑阴

额篆：万古留芳

碑螭首，座佚。碑首身通高300厘米，宽84厘米，厚25厘米。额拓高35厘米，宽25厘米。碑身拓高184厘米，宽81厘米。碑阳额文2行，行3字，篆书。碑文20行，满行49字，现存707字，正书。碑阴额文2行，行2字，篆书。碑身均为太监题名，存41行，行字不等，现存1646字，正书。

碑原址在西城区鼓楼西大街79号，1983年12月11日征集，现藏北京石刻艺术博物馆。

著录情况：《拓汇》，第54册，第4页。《拓目》，第227页，京549。《馆目》，第35页。《首图拓目》，第72页，第612页。《庙目》，第46页。《庙志》，第648页。

按：碑文载，该寺因地临司设监外厂而成为其香火庙，并叙述了寿明寺历次重修的情况。

碑阴题名均为太监，多为司设监太监题名。其中大功德主有司礼监太监张永、御用监太监丘聚、司设监太监马永成等。

大悲岩记碑

旹明正德八年（1513）岁次癸酉中秋日（八月十五日）立

额篆：大悲岩记

首题：大悲岩记

金台隐山子觉庵书

碑阴

额题：万古流芳

此碑圆首，龟趺。碑首身通高58厘米，宽35.5厘米，厚9.5厘米。龟趺与碑分离，1995年普查时仍在大悲岩洞中。拓高62厘米，宽35.5厘米。碑阳额文2行，满行2字，双钩正书。碑文14行，满行18字，正书。碑阴额文2行，满行2字，正书。碑身刻僧俗题名。

碑原址在门头沟区向阳口大悲岩，1995年普查时，碑身在沿河城办事处，龟趺仍在原址。

修建居庸关玉皇庙记碑

大明正德十年（1515）夏闰四月吉日立

额篆：修建居庸关玉皇庙记

首题：玉皇庙记

中宪大夫太常寺少卿兼经筵官预修国史玉蝶东吴刘启撰

奉直大夫礼部员外郎兼经筵官预修国史玉蝶太原乔宗书

承务郎大理寺左寺副兼经筵官预修国史玉蝶归安方英篆

碑螭首方座，保存完好。拓高213厘米，宽91厘米。额拓高45厘米，宽40厘米。碑阳额文3行，满行3字，篆书。碑文23行，满行50字，正书。碑阴失拓，存字情况不详。

碑原址在昌平区居庸关内玉皇顶，现立于关北河道东侧。

著录情况：《拓目》，第228页，京7675。

重修慧聚寺记碑

明正德十一年（1516）十一月吉日立

额篆：重修慧聚寺记

首题：重修慧聚寺记

赐进士第文林郎翰林院国史编修建安滕霄撰文

征仕郎中书舍人直文渊阁三山邵文恩书丹

奉议大夫通政使司右参议直南熏殿东吴顾经篆额

范阳郡许增镌

碑阴

额题：坛越芳名

碑螭首方座（座似后配）。碑首身通高275厘米，宽88厘米，厚28厘米。座高55厘米，宽130厘米，厚55厘米。碑身拓高178厘米，宽86厘米。碑阳额文2行，满行3字，篆书。碑文20行，满行38字，正书。碑阴额文2行，满行2字，正书。碑阴书慧聚寺、天开寺等寺住持、僧众及村名人名。

碑今在房山区长沟镇西甘池村西北小土山上花木公司园内。

著录情况：《拓汇》，第54册，第38页。《拓目》，第228页，京4342。

按：慧聚寺相传建于唐，明时已成遗址。文中云“唐来及元之遗迹”，说明慧聚寺可能在元时重建。慧聚寺原庙产东至甘池，南至高岗，西至衡山，北至雪山。因年代久远，渐为民产所侵，明时惟余寺前果园二十亩。慧聚寺时为万寿戒坛寺下院，住持僧文欢，号无极，为万寿戒坛寺住持知幻之徒孙，碑文记载文欢重建该寺之始末。

敕赐正通寺重修记碑

明正德十四年（1519）夏四月之吉

额篆：敕赐正通寺重修记

首题：敕赐正通寺重修▨

赐进士第文林郎翰林院编修经延官郡人刘朴撰文

赐进士第文林郎兵科给事中金台许复礼书

乡□士奉直大夫顺天府昌平州知州泾阳张守篆额

碑中部有大片剥蚀。拓高161厘米，宽96厘米。额拓高44厘米，宽28厘米。额文2行，满行4字，篆书。碑文22行，行字不等，正书。

碑原址在昌平区东关小园村，现存昌平公园内昌平石刻园。

重修城隍庙碑

▨秋九月〔明正德十五年（1520）秋九月立〕

首题：▨

□□□□□□□□讲学士奉直大夫经筵讲官兼修▨坊左中允兼史馆修撰上党刘龙撰

□□□□□□大□顺天府府丞前吏都刻都给事中郡人黄钟书

□□□□□议大夫陕西布政司参议前兵部郎中郡人苏乾篆

碑首、碑座均佚，碑右上角及下部残缺。碑残高139厘米，宽74厘米，厚17厘米。拓高122厘米，宽72厘米。碑文应存23行，首题全泐，现存22行，行残存44字，正书。碑阴满刻人名，漫漶严重，正书。

碑原址在延庆县原州城隍庙，现立于延庆县灵照寺院内西侧碑廊。

按：碑阳首题完全漫漶。末尾3行文字基本漫漶，其中第1行为年款，仅见“秋九月”三字，其后两行当为立碑人题名。

据清乾隆十年《延庆卫志略》，“洪武三十二年改隆镇卫为隆庆卫”，“穆宗改元因卫名与年号同改隆庆卫为延庆”。碑文中提及“出守隆庆”事，推知为明碑，其立碑年代在隆庆元年改元之前。

据《嘉靖隆庆志》，“城隍庙，在州治澄清街，永乐十二年知州陆振建……正德间知州张軏重修刻碑，立于庙内，翰林刘龙有记”。正德间碑当指此碑。

该碑年款漫漶，《嘉靖隆庆志·艺文志》载有碑文，碑文末题“正德庚辰秋九月吉旦知州张軏立”。艺文志仅载撰文者及其主要官职，书丹及篆额人未载。

《嘉靖隆庆志》、清乾隆八年修二十二年重订《宣化府志》、光绪七年《延庆州志》

等志书职官表中，虽未记载张軏何年任职，但据表中所列，张氏为正德年间最后一任知州，因此《嘉靖隆庆志·艺文志》载该碑为知州张軏正德十五年所立，所记当可信。

敕赐地藏禅寺重修碑记

明正德十六年（1521）三月初二

额篆：敕赐地藏寺重修碑记

首题：敕赐地藏禅寺重修碑记

撰文：赐进士昆山屈儒撰文

登仕郎前直文华殿鸿胪寺序班致仕东海徐恭书并篆

碑阴

额题：芳名千古

首题：敕赐地藏禅寺重修历代住持僧俗芳名开具于后

碑螭首，方座似后配。碑首身高263厘米，宽92厘米，厚25厘米。碑身拓高160厘米，宽92厘米。碑阳额文3行，满行3字，篆书。碑文19行，满行42字，正书。碑阴额文2行，满行2字，正书。碑阴均题名，正书。碑两侧有白鹿山人题诗，一侧为五律一首，作于丙戌岁〔嘉靖五年（1526）〕季秋朔；一侧为七律一首，作于嘉靖丙戌岁〔嘉靖五年（1526）〕季秋重阳日，均正书。阴额及碑两侧失拓。

碑原址在崇文区磁器口东一巷，现存崇文区隆安寺。

著录情况：《拓汇》，第54册，第76、132、133页。《拓目》，第229页，京1056；第459页，京1057-1；第459页，京1057-2。

按：碑石原址据《拓目》补。碑侧题诗的白鹿山人考为蔡宗兖。

蔡宗兖，字希渊。浙江山阴人。明正德十二年（1517）丁丑科进士，官至四川提学佥事。曾主持白鹿洞书院。

御制大德显灵宫营建碑

大明嘉靖三年岁次（1524）甲申月日

额篆：御制

首题：□圣大德显灵宫碑

明世宗朱厚熜御制

碑螭首龟趺，碑身阳面边框饰云龙纹，碑阴无边框。碑首身通高405厘米，宽120厘米，厚32厘米。龟趺高87厘米，宽134厘米，厚261厘米。碑身拓高258厘米，宽115厘米。额拓高54厘米，宽42厘米。碑阳额文1行，行2字，篆书。碑文21行，满行60字，现存698字，正书。碑阴无字，无额题。

碑原址在西城区砖塔胡同86号（原有显灵宫胡同，后改称鲜明胡同，86号为后门），现藏北京石刻艺术博物馆。

著录情况：《拓汇》，第 54 册，第 115 页。《拓目》，第 230 页，京 406。《馆目》，第 36 页。《首图拓目》，第 108 页，第 951 页。

按：碑文由明世宗嘉靖帝所撰书，叙述了大德显灵宫的营建历史。《日下旧闻考》卷五十引《春明梦余录》曰："大德显灵宫在皇城西，永乐时建。成化中更拓其制，又建弥罗阁。嘉靖中复建昊极通明殿，东辅萨君殿曰昭德，西弼王帅殿曰保真。西殿有柏，为雷所劈，其枝委地如屏。"又："倪文毅岳疏：永乐中，于禁城之西建天将庙及祖师殿，宣德中改庙为火德观，封萨真人为崇恩真君，王灵官为隆恩真君，又建一殿崇奉二真君，左曰崇恩殿，右曰隆恩殿。成化初年，改观曰宫，加显灵二字。"

大德显灵宫御制敷祀文碑

大明嘉靖三年岁次（1524）甲申

额篆：御制敷祀文碑

首行题：维」大明嘉靖三年岁次甲申」皇帝遣内官监太监崔文谨以玄酒之仪昭告于」昊天上帝（以下从略）」

明世宗朱厚熜撰文

碑螭首龟趺，碑身阳面边框饰云龙纹，碑阴无边框。碑首身通高 405 厘米，宽 117 厘米，厚 36 厘米。龟趺高 87 厘米，宽 134 厘米，厚 261 厘米。碑身拓高 258 厘米，宽 115 厘米。额拓高 53 厘米，宽 38 厘米。额文 2 行，行 3 字，篆书。碑文 15 行，满行 40 字，现存 329 字，正书。碑阴无字，无额题。

碑原址在西城区砖塔胡同 86 号（原有显灵宫胡同，后改称鲜明胡同，86 号为后门），现藏北京石刻艺术博物馆。

著录情况：《拓汇》，第 54 册，第 116 页。《拓目》，第 230 页，京 407。《馆目》，第 35 页。《首图拓目》，第 108 页，第 950 页。

按：此碑记载显灵宫建置殿宇奉祀诸神之情况。碑文述及明嘉靖二年（1523）十一月时，命内侍崔文督工于大德显灵宫玉皇阁，在二进院中建帝父、帝母室，名曰昊极尊明殿，左为昭德殿，右为保真殿，前为龙虎殿，匾曰"统元圣境"，前辟重门匾曰"嘉庆福地"，至嘉靖三年（1524）时工程全部完成。

观音寺重修记碑

明嘉靖五年（1526）丙戌孟冬（十月）望日（十五日）立

额篆：重修观音寺记

首题：重修观音寺记

赐进士第奉政大夫山西按察司佥事古檀李淳撰并书

碑座佚，首身通高 247 厘米，宽 84 厘米，厚 20 厘米。额拓高 25 厘米，宽 20 厘米；碑身拓高 148 厘米，宽 75 厘米。额文 2 行，满行 3 字，篆书。碑文 19 行，满行 32 字，正书。

碑原立于密云县河南寨镇两河村观音寺内，2001年征集至文管所，现立于密云县冶仙塔碑林。

按：据碑文，“密云之南十里许有寺名观音寺”。“此寺之建则创自盛唐而重修于大元，载之碑碣可考”。可知该碑原址在密云县城南十里许，观音寺则始建于唐代。

□□重修捐资碑

明嘉靖五年（1526）后

碑阴

额篆：万古流芳

碑侧题：张永恩妻魏氏男（以下从略）

碑螭首，方座系后配，碑身阳阴风化剥蚀严重，字迹多无法辨识。碑首身通高229厘米，宽82厘米，厚22厘米。碑身拓高130厘米，宽80厘米。额拓高25厘米，宽19厘米。侧拓高132厘米，宽20厘米。碑阳额文剥蚀不存，碑身仅下部10列碑文尚能辨认，正书。碑阴额文2行，行2字，篆书。碑身镌题名，正书。碑侧存3行23字，正书。

碑原址不详，现藏北京石刻艺术博物馆。

著录情况：《馆目》，第70页。

按：碑阳、阴文字基本漫漶。碑阳上半部严重风化。碑阳残存文字中可辨有“土地神也，其左□又以火德」▨其款识为明嘉靖五年重」”等字样。

该碑可能为某土地庙的捐资碑。

重修通仙观碑铭并序

旹大明嘉靖九年（1530）岁次庚寅仲冬十一月初六日吉时

首题：重修通仙观碑铭并序

云游玄流全真道人巫永春撰

本社李家庄村俗居玄门术士山子赵琦书丹

会中道友一一众等同立石

碑首座均佚，仅存碑身，汉白玉石质。碑高114厘米，宽66厘米，厚17厘米。碑身拓高115厘米，宽68厘米。侧拓高126厘米，宽17厘米。碑阳镌文字23行，满行39字，正书。碑一侧镌题名，行字不等，正书。

1995年普查时，碑在门头沟区清水镇燕家台村，嵌于过街楼券门之东侧。

重建敕赐广福寺碑

明嘉靖七年（1528）二月初二日盖造

明嘉靖十年（1531）四月初八日立碑

额篆：重建敕赐广福寺碑

第九代住持▨

碑阴

额篆：万古流芳

碑螭首龟趺。首身通高252厘米，宽85厘米，厚24厘米。龟趺高60厘米，宽85厘米，厚202厘米。碑身拓高147厘米，宽79厘米。碑阳额文2行，行4字，篆书。碑身阳面风化剥蚀严重，碑文辨认困难。碑文22行，行字无法辨识，正书。碑阴额文2行，满行2字，篆书。碑文镌捐资人名，正书。碑阴失拓。

碑原址不详，1996年普查时碑在通州区张家湾公园。

北岩头重修碣记

大明嘉靖十一年（1532）仲冬（十一月）蓂生二叶（初二日）

首题：北岩头重修碣记

涿水林田子张仲能书

据拓本，碑似无碑首，拓高110厘米，宽59厘米。碑阳、阴均有残损，部分文字漫漶。碑阳前为记，共17行，满行39字，后4行为庵主题名，均正书。碑阴满刻善人题名，正书。大多题名为夫妻二人同列名，如东安县崔家马头善人高玘尹氏、刘仲良王氏等。

碑在房山区张坊乡千河口村。

按：碑文记述师祖王林在北岩古迹道场，奉经祝延、参禅演教之余，开榛辟莽，开凿修建石殿、禅堂等。王林殁后，徒众建舍利宝塔于井泉之北。之后其徒法祥、徒孙海珠、海龙等能克绍其志，继续起盖禅堂，建造佛像，安养僧众。

地坛敕命碑

明嘉靖十四年（1535）七月□□

额篆：奉天敕命

首行题：奉」天承运」皇帝勅曰朕仰稽周典建」

碑阴

额题：衍庆流芳

碑螭首座佚，碑首身通高286厘米，宽90厘米，厚27厘米。拓高176厘米，宽86厘米。碑面风化严重，字迹漫漶。碑阳额文2行，满行2字，篆书。碑文9行，满行25字，共存67字，正书。碑阴额文2行，满行2字，正书。碑文刻题名5行，共47字，正书。

碑原址不详，现藏北京石刻艺术博物馆。

著录情况：《馆目》，第36、37页。

按：碑风化严重，大部分字迹不清。碑阳为皇帝敕命文，镌于明嘉靖十四年（1535）七月，文曰“朕仰稽周典，建北郊以祀地，其制备而其礼隆也”。碑阴题名有一代方泽坛奉祀汤民望，二代神乐清士冯怀恩、张怀仁，三代太常寺寺丞王思玄，四代太常寺司乐王用贤，五代德陵司▨，六代太常寺▨，等。

（东）普济寺重修碑

明嘉靖十六年（1537）三月吉旦

额篆：普济寺重修碑

首题：普济寺重修碑

□赐绍毗卢佛位天下劝善净慈圆明临□第一▨

大明清凉入藏通传虎林外史香山朽庵▨

后军都督府会昌侯孙昆（篆额）

碑首佚，碑身下半部残缺。碑残高195厘米，宽84厘米，厚21厘米。拓高106厘米，宽81厘米。额拓高41厘米，宽26厘米。额文2行，满行3字，篆书。碑文21行，满行残存28字，正书。

碑原址在顺义区高丽营镇北王路村，现存顺义区文物管理所院内碑林。

著录情况：《重印民国顺义区志》卷之二“建置志”，第66页；卷之十五“金石志”，第274页。

按：顺义区的普济寺有东、西两座，均为唐代所建。东普济寺原址在今北王路村。北王路村唐代已建村。该村曾为古御道经由之路，传唐太宗李世民东征归途经此地时，建寺以追荐阵亡将士。据碑文，明代该寺的匾额为唐时所赐。

碑文提及前代高僧锦秀峰修葺事，以及明嘉靖重修事。碑记载寺庙四至：“（前有阙文）西至沟渠，北至李兴之产。寺有买到地土二十三亩，供给香灯。”另据清康熙五十二年（1713）《重修普济寺碑记》“至正德嘉靖间开始有重修碑□可考”，即指此碑。

重修寿明寺记残碑

大明正德八年（1513）八月吉日立

明嘉靖二十年（1541）十一月吉日为因字样模糊方□深镌以传其后

额篆：重修寿明寺记

首题：重修寿明寺碑记

推诚宣力武臣特进荣禄大夫柱国泰安伯张富撰文

前奉政大夫通政使司右参议直文华殿中书舍人东吴顾经书丹

赐进士及第户部山东司主事毘陵胡忠篆额

碑首座均佚，碑身右上角及下部残缺，碑面风化较重。碑身残高136厘米，宽84厘米，厚25厘米。拓高70厘米，宽79厘米。碑文21行，满行残存18字，正书。碑阴无字。

碑原址在西城区鼓楼西大街79号，1983年12月11日征集，现藏北京石刻艺术博物馆。

著录情况：《拓目》，第227页，京548。《首图拓目》，第73页，第613页。《庙志》（二），第649页。

按：该碑仅残存碑身上部，首题、额题、书撰人及年款皆据《庙志》所收录文补。

古刹普会寺重修记碑

大明嘉靖三十六年（1557）岁次丁巳仲春（二月）吉日

额篆：古刹普会寺重修记

首题：古刹普会寺重修记

赐进士第前资政大夫户部尚书兼翰林院学士经筵讲官兼修国史濮阳李廷相撰

中顺大夫通政使司右通政文渊阁办制敕房事侍经筵预修国史玉牒昌黎王槐书

前军都督府掌府事特进荣禄大夫柱国少保兼太子太傅遂安伯西蜀陈鏸篆

碑螭首方座，首身通高383厘米，宽120厘米，厚36厘米。座高71厘米，宽135厘米，厚86厘米。碑身拓高226厘米，宽110厘米。额拓高49厘米，宽35厘米。额文2行，行4字，篆书。碑文20行，满行52字，现存742字，正书。碑阴无字无额题。

碑原址在海淀区蔡公庄普会寺村149号，现藏北京石刻艺术博物馆。

著录情况：《拓汇》，第56册，第20页。《拓目》第235页，京5793。《馆目》第37页。《庙志》，第766页。

按：碑文载，"都城阜成门外玉河乡池水村有寺曰普会"，明宣德年间初创。嘉靖三十三年（1554），"御用监太监西村蔡公秀恭建预修善事，命御马监太监署惜薪司事世安杨公禄总摄坛仪"。杨禄于是捐资振修。工程自嘉靖三十四年（1555）始，至嘉靖三十五年（1556）落成。惜薪司杨相、郑仁、住持法玉等均有捐资。《日下旧闻考》卷九十五曰："普会寺，辽之驻跸寺也……嘉靖甲寅，御马监太监蔡秀恭重建。土人呼其地为蔡公店。"

重修灵应关王庙碑记

明嘉靖庚申〔三十九年（1560）〕八月后

额篆：重修灵应关王庙碑记

碑圆首，首阳阴均浮雕云纹。碑身中间断裂，碑文漫漶严重，字迹多不辨。首身拓高108厘米，宽43厘米。碑阳额文3行，行3字，篆书。碑文15行，文字漫漶较甚，行存字情况不详，正书。碑阴无额，碑文存8行，行字不等，正书。

碑在海淀区上庄乡北玉河村东南角。

按：碑阴题名："钦差总督东厂□」章监事太监」提督太监」典簿管曰元」掌习房官臣张□、张朝、申信、杨禹、王宋臣」管库□张福、吴明、王熠、李金、李和」内官监掌监事太监李亨」▨僧人□」"。题名多为太监，从"总督东厂"语，可知为明碑，关王庙当建于明。

又《海淀区地名志》载："建于清代的关帝庙坐东朝西，乾隆年间重建，庙址今为261医院住房和院史陈列室。"

碑所在地即在261医院附近，不知碑中所载和《海淀区地名志》所记是否为同一关王庙。

重修护国广慧寺记碑

明嘉靖四十年（1561）岁次辛酉冬十月吉日立

额篆：重修碑记

首题：重修护国广慧寺记

赐进士奉议大夫广西按察司佥事莆田余一鹏撰并书篆

古燕张鸾镌

碑阴

额篆：万古流芳

碑螭首座佚。首身通高240厘米，宽90厘米，厚30厘米。碑身拓高148厘米，宽88厘米。额拓高29厘米，宽26厘米。碑阳额文2行，行2字，篆书。碑文21行，满行43字，行692字，正书。碑阴额文2行，行2字，篆书。碑身刊题名，多为太监、锦衣卫等，文字25行，行字不等，现存45字，正书。

碑原址在宣武区老墙根街广安北巷，现藏北京石刻艺术博物馆。

著录情况：《拓汇》，第56册，第60页。《拓目》第236页，京854。《馆目》第37页。《庙目》，第95页。

广慧寺大方上人流芳碑记

明嘉靖甲子〔四十三年（1564）〕六月吉旦立石

额篆：广慧寺流芳记

首题：广慧寺流芳碑记

赐进士第正议大夫资治尹户部左侍郎致仕前兵部左侍郎兼都察院右佥都御史两次奉敕总督蓟辽军务合肥孙禬撰

赐进士出身中顺大夫知真定府事前监察御史上都唐臣书并篆

碑螭首，座佚。首身通高246厘米，宽94厘米，厚35厘米。碑身拓高152厘米，宽87厘米。额拓高29厘米，宽26厘米。碑阳额文2行，行3字，篆书。碑文24行，满行52字，现存804字，正书。碑阴风化剥蚀严重，碑文大多无法辨认，仅右上角、左下有个别字迹可读，为题名。碑阴无额题。

碑原址在宣武区老墙根街广安北巷，现藏北京石刻艺术博物馆。

著录情况:《拓汇》,第 56 册,第 104 页。《拓目》,第 237 页,京 855。《馆目》,第 40 页。《庙目》,第 95 页。

按：此碑叙述了大方上人的生平和广慧寺的建寺因缘。据嘉靖四十年《护国广慧寺重修碑》，内官监太监朱仲在嘉靖三十七年（1558）发心重修该寺，是年为戊午年，而此碑谈及此事则记为戊子年（1528），此“子”字应为“午”之误，应系镌碑时误刻。

重修普安寺功德碑记

明嘉靖龙集甲子〔四十三年（1564)〕冬十月吉旦立

额篆：功德碑记

首题：重修普安寺功德碑记

赐进士及第光禄寺大夫少傅兼太子太傅礼部尚书武英殿大学士经筵国史总裁官华亭徐阶撰

赐进士出身资善大夫刑部尚书□□黄光升书

特进光禄大夫柱国兼太子太师掌后军都督府事凤阳朱希忠篆

碑螭首龟趺。首身通高 313 厘米,宽 95 厘米,厚 32 厘米。龟趺高 62 厘米,宽 100 厘米,厚 223 厘米。碑身拓高 195 厘米，宽 90 厘米。额拓高 30 厘米，宽 28 厘米。碑面风化剥蚀严重，大部分文字辨识困难。碑阳额文 2 行，行 2 字，篆书。碑文 21 行，行字不可辨，现存 170 字，正书。碑阴镌题名，多漫漶，可辨文字存 7 行 18 字，正书。

碑原址在西城区育教胡同（原翊教寺西)，现藏北京石刻艺术博物馆。

著录情况:《拓汇》,第 56 册,第 109 页。《拓目》。第 237 页,京 365。《馆目》,第 39 页。《首图拓目》，第 125 页 ，第 1086 页。

按：碑文严重风化，字迹不清，年代和撰文人、书丹人、篆额人均据《拓汇》补。

碑文载：普安寺始建于明初，因岁久风雨摧残而颓败，后幸得掌司礼监事黄锦捐资重修。落成后，特请宝藏禅师驻锡，宝藏禅师徒觉淳担任开山住持。

宝藏禅师，《新续高僧四集》卷三十四有载，禅师名自成，俗姓刘，山东德州人。曾住持普济寺、普安寺多年，传弟子觉淳。

同书卷二十载，觉淳，字古风，新城人，俗姓宋。明嘉靖十五年（1536）后拜名僧宝藏，先后住持普安寺及慈寿寺。

普安寺重修碑记

明嘉靖四十三年（1564）冬十一月至日（冬至）

额篆：重修碑记

首题：普安寺重修碑记

赐进士通议大夫吏部左侍郎兼翰林院学士/制诰国史浙东董汾撰

赐进士中顺大夫真定府知府兼前监察御史中都唐臣书

大中大夫南京太常寺少师前中书舍人日南杨文贯篆

碑螭首龟趺，首身通高315厘米，宽96厘米，厚32厘米。龟趺高56厘米，宽102厘米，厚233厘米。碑身拓高200厘米，宽93厘米。额拓高26厘米，宽18厘米。额文2行，行2字，篆书。 碑文20行，满行48字，现存315字，正书。碑阴无字。

碑原址在西城区育教胡同（原翊教寺西），现藏北京石刻艺术博物馆。

著录情况：《拓汇》，第56册，第111页。《拓目》第237页，京392。《馆目》第38页。《首图拓目》，第125页，第1087页。《日下旧闻考》卷五十二，第833页。

按：碑阳风化严重，撰文、书丹、篆额人均据《拓汇》补。

《日下旧闻考》卷五十二载："董汾碑，词甚鄙俚，且误汾为份，乃他人伪托。"此碑与前碑刊刻时间仅差一月，比前碑较祥记述延请宝藏禅师驻锡该寺之情况。

撰者董汾，字用均，号泌园，乌程（今浙江）人。明嘉靖进士，官至礼部尚书兼翰林院学士。

书者唐臣，字北敬，顺天府大兴县人。《兰台法鉴录》有传。明嘉靖十七年（1538）进士，二十五年（1546）巡按应天升真定府知府。

敕赐银山法华寺庄田记碑

旹大明嘉靖四十四年（1565）四月吉日立石

额题：万古流芳

首题：敕赐银山法华寺庄田记

临济释末后学沙门佛升篆文

碑阴

首行题：聂山营□□村居住奉」佛施财信士刘文举（以下从略）

募缘信士刘得玉

助缘沙门明园

刊字匠李堂

碑圆首饰如意云纹。阳拓高84厘米，宽49厘米。阴拓高67厘米，宽57厘米。碑阳额文2行，满行2字，双钩正书。碑文16行，满行22字，正书。碑阴刊题名15行，行字不等，正书。

碑在昌平区兴寿镇上庄乡银山法华寺，现原址保存。

著录情况：《昌平文物志》，第195页。

按：据碑文，法华寺原为辟支佛道场，唐代时邓隐峰曾在此修行，后有住持明灯领众焚修祝延圣寿。大檀越信士刘得玉等到此游山时，见寺院空虚道粮不接，捐资买地二十余亩为寺庙香火地。

敕赐西峰寺碑记

明隆庆六年（1572）九月吉日

额篆：敕赐西峰寺记

首题：敕赐西峰寺碑记

赐进士第文林郎户刻都给事中侍经筵前翰林院庶吉士石葵贾三虑书丹

赐进士第中顺大夫鸿胪寺卿前礼科都给事中侍经筵官见峰王之垣撰文

赐进士第文林郎贵州道监察御史侍经筵巡按直隶等处振楼马三乐篆额

碑阴

额题：万古流芳

首行题：□薪□西厂□」敕赐西峰寺隆庆四年二月内告明山场事刻于碑阴」

碑螭首，座佚。碑首身通高 265 厘米，宽 88.5 厘米，厚 19.5 厘米。碑身拓高 172 厘米，宽 90 厘米。碑阳额文 2 行，满行 3 字，篆书。碑文正文 14 行文字，满行 45 字，其后镌太监题名 11 行，再后为年款，均正书。碑阴额文 2 行，满行 2 字，双钩正书。碑身前半部镌历年赐西峰寺香火地情况，后半部镌西峰寺住持及僧人题名，正书。

碑现立于门头沟区西峰寺（地矿部疗养院）。

敕赐重修圆广寺碑记

明万历元年（1573）八月十六日

额篆：敕赐重修圆广寺碑记

首题：敕赐重修圆广寺碑记

碑阴

明万历肆拾壹年（1613）秋季（九月）吉日勒石

首行题：圆广寺旧有地一千畦被棍徒骗卖已致本寺荒

碑螭首方座。首身通高 388 厘米，宽 104 厘米，厚 33 厘米。座高 77 厘米，宽 140 厘米，厚 68 厘米。碑阳额高 40 厘米，宽 32 厘米。碑阴身拓高 129 厘米，宽 97 厘米。碑阳文字被人为磨去，只存额题。额文 3 行，满行 3 字，篆书。碑阴无额题，碑身文字 7 行，满行 19 字，现存 113 字，正书。

碑原址在西城区阜外南营房，现藏北京石刻艺术博物馆。

著录情况：《拓汇》，第 59 册，第 62 页。《拓目》，第 239 页，京 1158；第 254 页，京 1159。《馆目》第 66 页。《首图拓目》，第 74 页，第 622 页。

按：该碑碑阳只存额题，碑身文字已全部被磨去，碑文情况据《拓汇》补。

普安寺重修碑记

明万历三年（1575）六月吉日

额篆：敕赐普安寺重修碑记

首题：普安寺重修碑记

赐进士出身资德大夫正治上卿都察院掌院事左都御史前户刑二部尚书侍经筵德平葛守礼撰

碑螭首龟趺，碑身风化漫漶严重。首身通高 367 厘米，宽 123 厘米，厚 38 厘米。龟趺高 79 厘米，宽 127 厘米，厚 255 厘米。碑身拓高 202 厘米，宽 118 厘米。额失拓。碑阳额文 3 行，行 3 字，篆书。碑文 26 行，满行 59 字，现存 507 字，正书。碑阴刊题名，为番经厂掌□内官监、御马监等衙门太监题名，行字不等，正书。

碑原址在西城区育教胡同（原翊教寺西），现藏北京石刻艺术博物馆。

著录情况：《拓汇》，第 57 册，第 21 页。《拓目》第 240 页，京 364。《馆目》第 41 页。《首图拓目》，第 126 页，第 1088 页。

按：碑文漫漶较甚，额题及书撰人名据按《拓汇》补。

碑文主要记述东厂司礼监掌监事太监冯保“奉承懿旨”重修普安寺之情况。

敕赐重修普安寺碑记

明万历三年（1575）岁次乙亥菊月（九月）吉日

额篆：敕赐重修普安寺碑记

首题：重修普安寺碑记

赐进士出身嘉议大夫兵部左侍郎前奉敕阅视边务都察院右佥都御史新安汪道昆撰

碑螭首龟趺。首身通高 370 厘米，宽 124 厘米，厚 37 厘米。座高 77 厘米，宽 126 厘米，厚 197 厘米。碑身拓高 220 厘米，宽 118 厘米。额拓高 47 厘米，宽 29 厘米。额文 3 行，行 3 字，篆书。碑文 25 行，满行 59，现存 312 字，正书。

碑原址在西城区育教胡同（原翊教寺西），现藏北京石刻艺术博物馆。

著录情况：《拓汇》，第 57 册，第 24 页。《拓目》，第 240 页，京 366。《馆目》第 41 页。

按：碑文风化严重，多不能识。首题及书撰人按《拓汇》补。

碑述，重修普安寺时，太监冯保捐资印造《大藏经》一部，盖浴室二座，置买庄地三顷，造房舍百余间，筑环寺围墙等。

重修永宁城隍庙因纪县令王侯政绩碑

明万历六年（1578）十二月谷旦建立

额题：碑记

首题：重修永宁城隍庙因纪县令王侯政绩碑

前陕西延安府掌延长县事文林郎梁九畴撰并□

碑圆首，首身一体，外缘边框刻花纹，碑首线刻龙纹。碑高 143 厘米，宽 63.5 厘米，厚 15.5 厘米。碑阳额文 1 行，满行 2 字，正书。正文 21 行，满行 49 字，正文后年款前镌4行题名，年款下方镌题名1行，均正书。碑仆地，碑阴情况不详。

碑原址在永宁县城（2006年时集中存放于永宁镇文化站仓库），现立于延庆县永宁镇文化站。

按：县令王侯即永宁县知县王元弼。

《延庆州志》卷五载：城隍庙“一在永宁城西南隅……万历五年知县王元弼重修”。

新建护国报恩千佛禅寺碑记

明万历辛巳〔九年（1581）〕秋七月既望（十六日）立

额篆：新建护国报恩千佛禅寺碑记

首题：新建护国报恩千佛禅寺碑记

赐进士第通奉大夫陕西等处承宣布政使司右布政使前奉敕提督学校云南按察司副使长沙杨守鲁撰

修职佐郎鸿胪寺主簿厅主簿直文华殿中书预修国史镇阳林潮书并篆

燕山张应乾谨镌

碑阴

额篆：万古流芳

碑螭首座佚。首身通高363厘米，宽108厘米，厚37厘米。碑身拓高200厘米，宽103厘米。碑阳额文3行，行4字，篆书。碑文24行，满行47字，现存663字，正书。碑阴额文2行，行2字，篆书。碑阴题名38行，共1994字，正书。

碑原址在西城区果子市大石桥胡同28号拈花寺内，现藏北京石刻艺术博物馆。

著录情况:《拓目》，第242页，京535。《馆目》第42页。《庙目》，第24页。《庙志》，第45页，第225页。

按：碑载冯保等购地兴建护国报恩千佛禅寺并延请遍融主持事。寺即清代的拈花寺。碑阴刊题名，为钦依皇坛汉经厂各衙门太监等官、各衙门掌印佥书太监等官、大功德主、十方坛那、助缘释子等题名。

重修古刹镇国观音寺碑记

明万历十三年（1585）仲春（二月）吉旦立

额篆：赞表历代公创建碑记

首题：重修古刹镇国观音寺碑记

赐进士第大中大夫四川等处承宣布政使司右参政奉敕督理粮储前河南道监察御史晋阳董文宷撰

奉政大夫修正庶尹光禄寺少卿正四品服俸兼司经局正字直内阁经筵官预修玉牒大典东吴徐继申书并篆

碑阴

额篆：题名传代

碑螭首龟趺，碑、座分离。碑首身通高255厘米，宽85厘米，厚23厘米。阳额拓高34厘米，宽24厘米。阳身拓高163厘米，宽87厘米。阴额拓高35厘米，宽25厘米。阴身拓高157厘米，宽83厘米。碑阳额文3行，行3字，篆书。碑文23行，满行52字，正书。碑阴额文2行，行2字，篆书。碑文上下分12栏镌“各村店信官会首人等”题名，共19行，行字不等，正书。

碑原址在大兴区黄村南海子角村，现存大兴县文馆所。

著录情况：《拓汇》，第57册，第132、133页。《拓目》，第243页，京8293。

建立观音殿碑记

明万历十五年岁次（1587）丁亥仲春（二月）之吉立

额篆：建观音殿碑记

首题：建立观音殿碑记

奉训大夫山西平定州知州事古燕张榛撰

古渔阳逸士乐真子阎蒙露书

将仕郎办中书事鸿胪寺序班☐

历阳王守☐镌

碑阴

额篆：万古流芳

碑方首，首阳面浮雕宝鼎、人物，首阴面浮雕太阳、武士，座佚，碑身下部残缺。碑首身残高137厘米，宽66厘米，厚16厘米。碑身拓高92厘米，宽64厘米。额拓高25厘米，宽19厘米。碑阳额文2行，行3字，篆书。碑文17行，满行27字，共存398字，正书。碑阴额文2行，行2字，篆书。碑身刊题名36行，共500字，正书。

碑原址不详，现藏北京石刻艺术博物馆。

著录情况：《馆目》第43页。

按：据残存碑文记述：“中城旧有玄帝庙乃安乡伯张公香火院也，礼请羽士李公锐”，“有古观音像一尊，为地基浅隘供于僻庑”。李锐乃立会捐资，于菩萨圣诞时设建醮坛，并在（可能在玄帝庙西）创立新殿安妥观音圣位。文中安乡伯张公即碑阴题名中“大功德主前军都督府掌府事安乡伯张鋐”。

碑阴为神宫监太监和大功德主前军都督府掌府事安乡伯张鋐及家中女眷以及一些妇女的题名。

重修云蒙山大历古迹万佛龙泉宝殿碑铭

明万历十六年（1588）撰

额篆：重修万佛龙泉宝殿记

首题：重修云蒙山大历古迹万佛龙泉宝殿碑铭

赐同进士出身资善大夫太子少保工部尚书侍经筵东明石星撰

赐进士出身资善大夫工部尚书奉敕提督大工侍经筵吉水曾同亨书

赐同进士出身资善大夫南京工部尚书加一品俸进贤李辅篆

碑方首，首浮雕祥云，素面方座。首身通高202厘米，宽78厘米，厚25厘米。座高56厘米，宽100厘米，厚45厘米。碑身拓高130厘米，宽77厘米。额拓高33厘米，宽22厘米。额文3行，满行3字，篆书。碑文27行，满行46字，正书。

碑今在房山区河北镇磁家务万佛堂遗址。

著录情况：《拓汇》，第57册，第162页。《拓目》第243页，京9951。

按：万佛堂是龙泉大历禅寺仅存殿宇，原名万佛龙泉宝殿。建于唐大历五年（770），有《文殊普贤万菩萨法会图》浮雕，其后历经兴衰，元末再度毁于战火，明初重建。据明华英《重修大历万佛龙泉禅寺碑》，比丘尼真通与徒常喜于明弘治末年至正德十一年（1516）重修寺院，建万佛龙泉禅殿，将法会图从所嵌山崖取下，嵌于万佛龙泉宝殿内壁。

重修福祥禅寺碑记

明万历二十一年（1593）五月

额篆：重修福祥禅寺碑记

碑阴

旹明万历癸巳〔二十一年（1593）〕上元日（正月十五日）

额篆：万古流芳

首题：僧录司左觉义守愚进公主持福祥寺序

赐同进士出身通议大夫户部左侍郎□维祯撰并序

历阳王守义刻

碑螭首座佚，碑身阳阴风化剥蚀严重，字迹多难以辨识。碑首身通高281厘米，宽100厘米，厚44厘米。碑身拓高180厘米，宽92厘米。额拓高34厘米，宽28厘米。碑阳额文2行，行4字，篆书。碑文14行，满行34字，正书。碑阴额文2行，行2字，篆书。碑身表面风化剥蚀极其严重，存字情况不详，正书。

碑原址在东城区南锣鼓巷福祥胡同，现藏北京石刻艺术博物馆。

著录情况：《拓汇》，第58册，第35页。《拓目》，第246页，京452-1，京452-2。《馆目》，第44页。《首图拓目》，第136页，第1180页。

按：碑阳、阴面剥蚀严重，大部分字迹漫漶，首题及书撰人、刻工据《拓汇》及《拓目》补。《拓汇》及《拓目》错将该碑阴误作碑阳，现据原石订正。碑阳年代《拓目》作“明万历二十一年（1593）五月”，原石碑阳年款全泐。

《故都变迁记略》载：“福祥寺在南锣鼓巷内蓑衣胡同，创建年月不详。旧作蓑衣寺，有明正德、万历两碑。寺今已无存。”说明到民国时福祥寺已不复存在。

重修朝真寺记碑

明万历二十一年（1593）

首题：重修朝真寺记

额篆：重修朝真寺记

奉政大夫☐司□事前□□□□教下陈希文撰文

☐理行直禁☐教下陈如松书丹

☐教下沙相篆额

碑首、座均失，仅存碑身，身边框饰花纹。碑身高124厘米，宽70厘米，厚15厘米。拓高117厘米，宽66厘米。碑阳面剥蚀严重，字迹多漫漶无法辨认，碑文正书，存字情况不详。碑阴镌题名，失拓。

碑原址在通州区南大街清真寺，1996年普查时原址保存。

著录情况：《拓目》：第247页，京8321。

按：碑文剥蚀风化极为严重，仅底部少数文字依稀可辨，幸撰文、书丹、篆额人还可辨识。

重修观音寺记碑

明万历岁次乙未〔二十三年（1595）〕仲秋（八月）吉旦立

额题：万代流芳

首题：重修观音寺记

檀庠王君爵撰并书

碑方首抹角，碑首及碑身均有边框，边框线刻花纹，座佚。碑首身通高102厘米，宽43厘米，厚14厘米。碑首身拓高102厘米，宽43厘米。额文2行，满行2字，正书。碑文10行，满行27字，共230字，行书。

碑原立于密云县不老屯镇大窝铺村北山观音寺内，后征集至密云县文管所，现立于密云冶仙塔碑林。

按：碑文载，“密云县治北□□□旧有观音寺”。

药王庙记碑

明万历丙申〔二十四年（1596）〕六月既望（十六日）

额篆：药王庙记

首题：药王庙记

工部文思院副使姑苏松麓甫王宷熏沐谨识并书

抚宁靳世魁镌

碑阴

额篆：万古流芳

碑方首，首饰云纹，座佚。碑首身高 198 厘米，宽 76 厘米，厚 19 厘米。碑身拓高 191 厘米，宽 75 厘米。碑阳、阴额均失拓。碑阳额文 2 行，行 2 字，篆书。碑文 17 行，满行 35 字，现存 319 字，正书。碑阴额文 2 行，行 2 字，篆书。碑身镌题名，碑面风化漫漶严重，碑文 37 行，共 1089 字，正书。

碑原址在东城区东压不桥胡同药王庙，现藏北京石刻艺术博物馆。

著录情况：《拓汇》，第 58 册，第 66 页。《拓目》，第 247 页，京 583。《馆目》，第 45 页。《首图拓目》，第 107 页，第 929 页。《庙目》，第 57 页。

按：碑文述，帝京有药王庙在大内之东北隅，御马监薛瀛洲与司礼监等衙门太监等五十余人立义会，以资助药王庙香火之需。

碑阴为“内府各衙门太监等官”及“善信”题名。

王思玄敕命碑

明万历二十七年（1599）九月二十日

额篆：奉天敕命

首行题：奉」天承运」皇帝敕曰奉常为朕明慎斋祓恪供太祀而仪文器数则有司存自」

碑螭首无座，高 250 厘米，宽 88 厘米，厚 25 厘米。拓高 160 厘米，宽 85 厘米。额文 2 行，满行 2 字，篆书。碑文 12 行，满行 26 字，实存 183 字，正书。末行年款两侧镌“敕命之宝”四小字，正书。

碑原址在宣武区右安门内樱桃园真武庙，现藏北京石刻艺术博物馆。

著录情况：《拓汇》，第 58 册，第 100 页。《拓目》，第 16 页，京 1258。《馆目》，第 81—82 页。

大慈瑞峰庵重修碑记

明万历己亥〔二十七年（1599）〕岁九月吉日立

额篆：重修碑记

首题：大慈瑞峰庵重修碑记

赐进士及第光禄大夫柱国兼太子太傅吏部尚书建极殿大学士知制诰经筵日讲正史总裁浙东赵志皋撰

碑阴

明崇祯五年（1632）四月

额篆：万古流芳

首题：崇祯五年肆月□□□□□□□庵住持僧慧琭禀称

碑身拓高 156 厘米，宽 82 厘米。额拓高 32 厘米，宽 25 厘米。碑阳额文 2 行，行 2 字，篆书。碑文 21 行，满行 47 字，正书。碑阴额文 2 行，行 2 字，篆书。碑文 15 行，行字不等，正书。

碑在昌平区十三陵德胜口沟沟崖瑞峰庵遗址内，现原址保存。

著录情况：《拓汇》，第58册，第97页。《拓目》，第248页，京9465。

按：瑞峰庵在昌平区十三陵镇德胜口沟沟崖中部，俗称“下庙”，始建于明初，万历十二年（1584）九月，赐额“大慈瑞峰庵”。

新建白衣观音祠碑记

明万历甲辰〔三十二年（1604）〕暮春（三月）之吉浣☐

额篆：白衣观音祠记

首题：新建白衣观音祠碑记

碑方首，首阳阴均饰云纹。碑身中部横向断裂，右下角有剥蚀。首身拓高126厘米，宽63厘米。碑阳额文2行，满行3字，双钩篆书。碑文20行，满行33字，正书。碑阴无额题。碑身刊题名，泐甚，文字多无法辨识，仅右方7行尚可读。

碑原址不详，现存昌平公园内昌平石刻园。

勑建通运桥福德庙碑记

明万历三十三年（1605）八月后

额篆：敕建通运桥福德庙碑记

首题：敕建通运桥福德庙碑记

赐进士出身光禄大夫柱国少师兼太子太师吏部尚书建极殿大学士知经筵日讲／

赐进士第翰林院纂修国史诰敕左春坊右谕德福莆周如盘篆

武英殿校理书籍中书舍人杨东正书

碑螭首，座佚，碑身风化剥蚀，下部残缺，边框线刻云龙纹。碑首身通高366厘米，宽108厘米，厚38厘米。碑身拓高125厘米，宽102厘米。额拓高36厘米，宽27厘米。碑阳额文4行，满行3字，篆书。碑文24行，满行残存36字，正书。碑阴刻捐资人名，失拓。

1996年普查时，碑在通州区张家湾镇张家湾粮库院内，原址保存。

按：《明神宗实录》卷四百一十二载：“万历三十三年（1605）八月，赐通湾税盐张烨改建石桥名‘通运桥’，庙额与做‘福德’。”清吴存礼《通州志》记载：“在张家湾通运桥明万历甲寅（1614）太监张琪奏建，李太后助银，即三官庙也。”张琪当为张烨之讹。

增修东岳庙记碑

明万历丁未〔三十五年（1607）〕孟夏（四月）吉旦

额篆：增修东岳庙记

首题：增修东岳庙记

赐进士第文林郎兵科右给事中前翰林院庶吉士都人吕邦耀撰文

乡进士邑人孔庭谟书丹

乡贡进士邑人徐可大篆额

本庙住持焚修道士胡阳震豫章傅栋

碑阴

明万历丁未〔三十五年（1607）〕仲夏（五月）吉日

额题：会姓题名

首题：重修东岳庙会姓题名记

碑螭首，碑身阳、阴边框线刻花纹，座佚。碑首身通高 292 厘米，宽 94 厘米，厚 25 厘米。碑阳、阴首身拓高 195 厘米，宽 88 厘米。额阳、阴拓高 60 厘米，宽 39 厘米。碑阳额文 2 行，满行 3 字，双钩正书。碑文 18 行，满行 40 字，正书。碑阴额文 2 行，满行 2 字，正书。碑身满刻题名，正书。碑左侧、右侧均有题名，失拓。

碑原址在密云县城东门外东岳庙内，现存密云县冶仙塔碑林。

著录情况：《拓汇》，第 58 册，第 190、191 页。《拓目》，第 251 页，京 10317。

中街新建显圣关王庙碑记

明万历岁次己酉〔三十七年（1609）〕孟春（正月）之吉

额篆：显圣关王碑记

首题：中街新建显圣关王庙碑记

赐进士出身承德郎兵部车驾清吏司主事鲁史谨撰

燕北孙寿书

主持范宗□、王宗安

碑阴

额篆：显圣关王碑记

碑螭首方座，座浮雕云龙纹。首身通高 218 厘米，宽 91 厘米，厚 32 厘米。座高 107 厘米，宽 135 厘米，厚 76 厘米。碑身拓高 182 厘米，宽 86 厘米。额拓高 25 厘米，宽 24 厘米。碑阳额文 3 行，行 2 字，篆书。碑文 20 行，满行 54 字，现存 550 字，正书。碑阴额文 3 行，行 2 字，篆书。碑身刻捐资题名，文字间有剥蚀，行字不等，实存 723 字，正书。

碑原址在西城区北新华街显佑寺，现藏北京石刻艺术博物馆。

著录情况：《拓汇》，第 59 册，第 4 页。《拓目》，第 252 页，京 93 页。《馆目》，第 45 页。《首图拓录》，第 108 页，第 945 页。

按：碑阳有风化磨泐，左下部分剥蚀尤甚。碑文记述该庙由当地“居民割地而创”，其地在今西城区北新华街，庙即后来之显佑寺。碑阴风化剥蚀严重，均为题名，碑阴文载“会首姓名、捐金多寡，总勒碑阴”。

燃灯佛舍利塔碑

明万历三十八年（1610）庚戌

右题：唐贞观七年癸巳建

中题：燃灯佛舍利塔

左题：工部郎中平湖陆基恕识

碑圆首抹角，座为莲花形座，不知是否原配。碑高 152 厘米，宽 62 厘米，厚 20 厘米；座高 74 厘米，宽 100 厘米，厚 37 厘米。拓高 136 厘米，宽 63 厘米。碑面风化剥蚀严重，碑文 3 行，中间一行文字双钩正书，另两行文字正书。

碑原址在通州区大城街，1996 年普查时在通州区西海子公园。

著录情况：《拓汇》：第 59 册，第 16 页。《拓目》，第 17 页，京 8701。

按：按碑文记“燃灯佛舍利塔”建于唐贞观七年（633）。

《日下旧闻考》载，“燃灯佛塔建自后周宇文氏，贞观中（627—649）尉迟敬德修，元大德间（1297—1307）都哩都尔苏再修”。

清代吴存礼《通州志》曰：(塔)“在州治西北隅浮屠十三层下作莲花台，创于唐贞观七年癸巳历五代，辽金元而始成为州之巨观，即八景中之古塔凌云也。康熙九年黄花山老僧智亭重修。十八年（1679）地震尽圮。僧照盛募建。自三十年起每岁营建一层。”

重修净土寺添置田亩碑记

明万历三十□年（1603—1611）岁次

额篆：重修金阁寺添置碑记

首题：重修净土寺添置田亩碑记

肃水后学观光许用宾顿首撰篆并书

碑阴

额篆：碑阴题名

首行题：本山会首

碑方首抹角，方座，座正面浮雕二龙戏珠纹，背面双鹤祥云捧寿，侧雕瑞兽。碑面右下方有剥落。碑身高 240 厘米，宽 97 厘米，厚 21 厘米。碑座高 96 厘米，宽 127 厘米，厚 50 厘米。碑身拓高 178 厘米，宽 94 厘米。碑阳额文 3 行，满行 3 字，篆书。碑文 20 行，满行 37 字，正书。碑阴额文 2 行，满行 2 字，篆书。碑身刻捐资人名，正书。

碑立于石景山区石景山（今首钢院内）南面半山处。

著录情况：《拓汇》，第 59 册，第 31—33 页。《拓目》，第 253 页，京 10204。

按：碑文于年代处剥蚀。《重修净土寺添置田亩碑》，《拓汇》与《拓目》二书均作《净土寺置田碑》。

重修吉庆寺记碑

明万历四十五年（1617）岁在丁巳仲春（二月）吉日立

额篆：重修吉庆寺记

首题：重修吉庆寺记

赐进士第左春坊左赞善兼翰林院检讨直起居注编纂六曹章奏丰城丘士毅撰文

后军都督府管府事管领大汉将军保定侯汝阳梁世勋书丹

前军都督府管府事东宁伯山后焦梦雄篆额

功德主钦差天寿山提督司礼监管文书内官监太监潘朝用

碑阴

首行题：本寺第一代住持通注

碑螭首座佚。首身通高 273 厘米，宽 98 厘米，厚 34 厘米。碑身拓高 161 厘米，宽 93 厘米。额拓高 33 厘米，宽 24 厘米。碑阴额文 2 行，行 3 字，篆书。碑文 19 行，满行 42 字，现存 442 字，正书。撰文人下方镌方印三，上印阳刻篆书“丘士毅印”，中阴文篆书“甲辰进士”，下阳文篆书“太史之章”。碑阴无额题。碑身阴面刻题名 12 行，行字不等，现存 104 字，正书。

碑原址在海淀区白石桥（今首都体育馆），现藏北京石刻艺术博物馆。

著录情况：《馆目》，第 46 页。

按：《北京寺庙历史资料》载，“吉庆寺坐落西郊三分署三贝子花园六号”。

碑石残断，碑文不全。据碑文，首行有“寺□□李唐，灯叶之序已不复”字样，推测该寺有可能初创于唐。后该寺“门堂、敔磬殚没于蒿莱中”，几近荒废。宛平僧杨无极，得内官监太监潘朝用帮助，于明万历四十一年（1613）鸠工重修，至万历四十五年（1617）竣工。

梁世勋、焦梦雄，《明史》有传。

创建兴胜庵碑记

旹明万历四十五年（1617）夏月吉旦

首题：创建兴胜庵碑记

赐进士及第翰林院国史修撰儒林郎义兴周延儒撰

碑螭首，碑身阳、阴边框均饰云龙纹，座佚。首身通高 253 厘米，宽 95 厘米，厚 36 厘米。碑身拓高 133 厘米，宽 63 厘米。碑阳无额题，碑文 18 行，满行 39 字，现存 548 字，正书。碑文末尾钤方印二，印高、宽均 3.5 厘米，上印“孔□儒臣”，下印“毗黎居士”，均阳文篆书。碑阴无字，无额题。

碑原址在海淀区北洼路，现藏北京石刻艺术博物馆。

著录情况：《馆目》，第 47 页。

按：据碑文，此庵所在地为太监田诏的寿藏之地，“因丘陇而开法界”。

重建石景山天主宫碑记

明万历四十八年（1620）四月之吉立

额篆：重建石景山天主宫记

首题：重建石景山天主宫碑记

□海肃水后学许用宾涤忱撰篆并书

郑文义镌刻

碑阴

额篆：万古流芳

碑方首抹角，首雕云纹，方座雕云纹。碑身阳面左半部剥落。碑通高308厘米，宽102厘米，厚28厘米。碑身拓高206厘米，宽99厘米。碑阳额文3行，满行3字，双钩篆书。碑文19行，满行39字，正书。碑阴额文2行，满行2字，篆书。碑文刻捐资人名，正书。

碑在石景山区南麓玉皇殿前。

著录情况：《拓汇》，第59册，第114页。《拓目》，第255页，京10246。

宝和店重修玄帝庙碑记

明天启四年（1624）岁次甲子立夏之日吉旦

额篆：重修宝和店玄帝庙碑记

首题：宝和店重修玄帝庙碑记

赐进士出身通议大夫礼部右侍郎兼翰林院侍读学士汪辉撰

特进荣禄大夫柱国左军都督府掌府事少傅兼太子太傅惠安伯张庆臻书

赐进士出身奉以大夫刑部河南清吏司郎中前福建布政司右参政赵会祯篆

碑阴

明天启四年（1624）八月

住持张真盛

碑螭首，二龙戏珠方座。碑首身通高282厘米，宽94厘米，厚27厘米。座高87厘米，宽126厘米，厚60厘米。碑身拓高170厘米，高89厘米，额失拓。碑阳额文3行，满行3字，篆书。碑文20行，满行52字，行书。碑阴无额题，碑身刊题名，行字不等，正书。

碑原址在东城区灯市口北巷7号，1995年10月25日征集，现藏北京石刻艺术博物馆。

按：碑阴刊题名，居中为“钦差总督东厂官旗办事提督礼仪房宝和等店兼掌惜薪司内府供用库印务司礼监太监魏忠贤”，左为“乾清宫管事惜薪司总理御马监太监王朝用”，右为“监造工程惜薪司总理御马监太监武朝”、“惜薪司红罗厂贴厂御马监太监韩宠”、“天师庵草场管事御马监太监李永成”，下为锦衣百户王惟吉等人和住持张真盛等人题名。

重修中上方寺碑记

大明崇祯二年（1629）岁次乙巳孟秋（七月）吉旦立

首题：重修中上方寺碑记

碑首身一体，碑身下部残缺，碑身边框饰卷草纹。首身拓高 131 厘米，宽 67 厘米。碑文存 17 行，行残存 24 字，正书。无额题。

碑在海淀区凤凰岭上方寺遗址，仆地。

吕纯阳真人祠记碑

明崇祯七年（1634）夏

额题：吕祖祠记

首题：吕纯阳真人祠记

赐进士第奉政大夫太子太保礼部尚书兼翰林院学士实录副总裁董其昌撰并书

主持僧成祥

碑身拓高 124 厘米，宽 84 厘米。额高 38 厘米，宽 27 厘米。额文 2 行，满行 2 字，双钩篆书。碑文 15 行，满行 40 字，行书。

碑原址在昌平区城内小学，现存昌平公园内石刻园。

著录情况：《拓汇》，第 60 册，第 55 页。《拓目》，第 259 页，京 5703。

按：碑未署年款，碑文中有“祠始于癸酉秋成于甲戌之夏”，据此，碑当立甲戌之夏即明崇祯七年（1634）夏。

唐家堡创立香火地碑记

明崇祯九年（1636）二月吉旦

额题：碑记

首题：唐家堡创立香火地碑记

本郡林泉野人贾国祥沐手谨书

碑阴

额题：芳名

本州岛散人姚起凤洗心沐手撰文

碑圆首，座佚，现座系后配。碑首阳阴面均镌云纹，碑身阳阴均线刻边框。碑首身通高 111 厘米，宽 53.5 厘米，厚 16 厘米。首身拓高 105 厘米，宽 53 厘米。碑阳额文 2 行，满行 1 字，正书。碑文 16 行，满行 24 字，正书。碑阴额文 2 行，满行 1 字，正书。碑阴刻僧人、道人及捐资人名，正书。

碑原址不详，当在延庆县延庆镇唐家堡村一带，2004 年普查时在延庆县灵照寺前院内东墙立，现移至灵照寺前院内西侧碑廊立。

敕建护国万佛延寿寺永远传代香火碑记

明崇祯十三年（1640）岁次庚辰孟夏（四月）吉旦

首题：敕建护国万佛延寿寺永远传代香火碑记

菩萨戒弟子周锵撰

戒弟子周道洽书丹

信心弟子车天祥、姚诚同立

住持如琳

关中张翺、张翔镌

碑阴

大明崇祯十三年（1640）庚辰孟秋（七月）

额篆：须菩提尊者像

（唐）王翰画

周道洽重摹

住持如琳识

碑螭首，碑身阳、阴边框均浮雕云龙纹，方座。首身通高 340 厘米，宽 102 厘米，厚 38 厘米。座高 88 厘米，宽 133 厘米，厚 65 厘米。碑身拓高 205 厘米，宽 98 厘米。额拓高 36 厘米，宽 32 厘米。碑阳额文漫漶，篆书。碑文 20 行，满行 54 字，实存 726 字，正书。碑阴额文 3 行，行 2 字，篆书。碑身镌须菩提像，像右侧镌题记 3 行，满行 32 字，现存 90 字，行书。

碑原址在丰台区岳各庄大井村高庙，现藏北京石刻艺术博物馆。

著录情况：《拓汇》，第 60 册，第 103 页。《拓目》第 260 页，京 3528；第 452 页，京 3526（《须菩提像》）。《馆目》，第 47 页。

重修延庆寺碑记

明崇祯癸未〔十六年（1640）〕岁孟秋（七月）吉旦

首题：重修延庆寺碑记

赐进士第左春坊左谕德兼翰林院侍讲前国子监司业经筵日讲官清苑孙从度撰

特进光禄大夫柱国定国公前管后军都督府掌府事凤阳徐允祯篆

文华殿中书舍人侍经筵四明袁志学书

乾清宫打卯牌子□督御马监勇士四卫营官军兼掌红罗厂事务太监直隶中山人也并叙之

碑首缺失，座佚，仅存碑身。碑身阳面边框云龙纹，碑阴无边框。碑高 150 厘米，宽 84 厘米，厚 24 厘米。拓高 121 厘米，宽 64 厘米。碑文 20 行，满行 49 字，现存 730 字，行书。碑阴无字。

碑原址在海淀区西直门外白石桥西二里延庆寺，1983 年 10 月 26 日征集，现藏北京石刻艺术博物馆。

著录情况：《馆目》，第 48 页。《北平庙宇通检》下篇，第 42 页。

按：《日下旧闻考》卷九十八“延庆寺”条载此碑：“崇祯癸未年重修碑一，翰林院侍讲清苑孙从庆撰。”据碑文，撰者当为“孙从度”。

孙从度，直隶清苑（今河北清苑县）人，明崇祯元年（1628）进士。

重建大悲岩观音寺碑记

明崇祯岁次辛巳〔十四年（1641）〕孟夏（四月）建立

额题：万古流芳

首题：重建大悲岩观音寺碑记

岩穴逸叟郭维藩撰

住持僧人慧助募缘

徒性常

碑阴

额题：重建功德

碑方首抹角，首身分离，座佚。碑首高 56 厘米，宽 65 厘米，厚 14 厘米。碑身高 123 厘米，宽 64 厘米，厚 13 厘米。碑身拓高 120 厘米，宽 63 厘米。碑阳额文 2 行，满行 2 字，双钩正书。碑文 15 行，满行 28 字，正书。碑阴额文 2 行，满行 2 字，双钩正书。碑仆地，碑阴失拓，存字状况不详。

1995 年普查时，碑在门头沟区沿河城乡向阳口大悲岩观音寺，仆地。

重修关帝祠记碑

明〔崇祯庚午年（1630）后〕□仲夏（五月）朔□

额题：万古流芳

首题：重修关帝祠记

碑圆首，首线刻祥云纹。碑身残存上部，下半部残缺，碑身左侧边缘亦有残缺，座佚。碑首身残高 150 厘米，宽 70 厘米，厚 26 厘米。拓高 148 厘米，宽 70 厘米。额文 2 行，行 2 字，正书。碑文 19 行，行残存 32 字，正书。

碑原址在顺义区杨镇杨各庄，现存顺义区杨镇一中。

按：碑文载明崇祯庚午年〔崇祯二年（1629）〕重修事。

《重印民国顺义区志》载：“杨镇关帝庙，在西门外。殿两层，钟鼓分列，庙前有戏台一座。明崇祯间重修。”“明崇祯间重修”之说可能依据该碑文记载。据另收录的清咸丰六年（1858）《关圣帝君庙碑文》（只残存中段）记（“庙创自有明乎”），可见杨镇关帝庙创建于明。

宝禅寺七字真言碑

明崇祯十七年（1644）

额题：皇图永固

碑身竖题：唵悉怛多般怛

碑阴

额题：万古流芳

碑方首，碑首阳阴均浮雕二龙戏珠，方座系后配。首身通高 200 厘米，宽 69 厘米，厚 22 厘米。座高 44 厘米，宽 88 厘米，厚 47 厘米。碑身拓高 129 厘米，宽 55 厘米。额拓高 24 厘米，宽 18 厘米。碑阳额文 2 行，行 2 字，正书。碑身竖刻大字 1 行，行 7 字，正书。碑阴额文 2 行，行 2 字，正书。碑身无字。

碑原址在西城区西四北八条 35 号（原西城区王侯胡同），现藏北京石刻艺术博物馆。

著录情况：《拓汇》，第 60 册，第 184 页。《拓目》第 262 页，京 369。《馆目》第 71 页。《庙目》，第 58 页。

按：碑居中书"唵悉怛多般怛啰"佛教七字真言。真言两侧原有碑文数行已被磨去，仅依稀可辨真言左一行"塔院"二字及末行"勒碑于后"。碑身阴面边框饰竹纹，文字亦全部磨去，《拓目》、《拓汇》称作《宝禅寺碑》，附于明碑后。《拓目》注曰："上下文已全部凿去，疑与明阉魏忠贤有关。"

梨园岭村某庵捐资碑

明崇祯十七年（1644）

额题：万古芳名

首行题：信官守梨园岭西口事保定右卫千户张守官（其下为题名从略）

碑圆首，线刻云纹；首身一体，残断为二；方座素面，与碑身分离。碑首身高 189 厘米，宽 70 厘米，厚 23 厘米。碑座高 40 厘米，宽 75 厘米，厚 58 厘米。拓高 165 厘米，宽 70 厘米。碑阳额文 2 行，满行 2 字，双钩正书。碑文满刻题名，正书。碑阴失拓，据普查表，碑阴亦题名。

碑原址可能在门头沟区清水镇梨园岭村一带。1995 年普查时在门头沟西峰寺博物馆外院放置，仆地。

按：碑文除首行的"张守官"、末行"村西坡旧龙王庙前松树一株地一分尽舍在本庵一□头中"外，余均为各村信士信女题名。

普胜寺创建碑

大清顺治八年（1651）岁次辛卯仲冬（十一月）吉旦立

首行题：恭惟」皇上仁孝性成」

内翰林弘文院掌院事大学士希福校定

国史院塔七哈哈番罗米书写满洲字

内翰林国史院大学士宁完我撰文

秘书院笔帖式哈番阿沙里书写蒙古字

国史院典籍杨振麟书写汉字

碑为螭首方座式卧碑，碑身阳面边框饰线刻云龙纹，座饰云纹。碑首身通高247厘米，宽383厘米，厚45厘米。座高97厘米，宽447厘米，厚101厘米。碑身拓高148厘米，宽376厘米。碑阳满、蒙、汉三种文字合璧，满文居中，蒙文位右，汉文位左，满、蒙、汉文字均15行；汉文行字不等，现存209字，正书。碑阴汉文9行，行字不等，共86字，正书。

碑原址在东城区东华门南河沿111号，1983年12月8日征集，现藏北京石刻艺术博物馆。

著录情况：《拓目》，第264页，京8025。《馆目》，第49页。

按：碑阴镌营建普胜寺官员及工匠题名：总理内佛寺工部尚书张凤翔、侍郎罗绍、启心郎吴达礼、理事官屠尔伯慎把兔录、拜塔喇布勒哈方毛弹、画匠头龙永德、木匠头李茂、塑佛匠庐普仓拉希葛龙、呈样匠古录式西、塑匠头韩时王、瓦匠头侯应诏、石匠头吕学。

城隍庙重修碑记

清顺治九年（1652）岁次壬辰孟秋（七月）之吉

额篆：城隍庙重修碑记

首题：城隍庙重修碑记

郡人卢永祯熏沐拜撰

裴鸣政熏沐拜书

李澄熏沐拜篆

薛罂、刘一明仝镌

碑身拓高156厘米，宽84厘米。额文2行，满行3字，篆书。碑文23行，满行49字，正书。

碑原址在昌平区城内，现存昌平公园内石刻园。

著录情况：《拓汇》，第61册，第55页。《拓目》第265页，京8829。

金刚寺次略记碑

清顺治十年（1653）肆月浴佛前一日（七日）立

额篆：金刚寺十方常住碑

首题：金刚寺次略记

大理寺寺丞加一级前湖广道督学江南监察御史高去奢撰文

户部广西清吏司员外郎张学曾书篆

碑螭首龟趺。首身通高310厘米，宽104厘米，厚34厘米。座高74厘米，宽104厘米，厚210厘米。碑身拓高163厘米，宽69厘米。碑阳额文4行，行2字，篆书。碑文20行，满行52字，现存744字，正书。碑阴镌题名，文字30行，现存354字，正书。

碑原址在西城区德胜门内抄手胡同慈觉寺，现藏北京石刻艺术博物馆。

著录情况：《拓汇》，第61册，第59页。《拓目》第265页，京580。《馆目》第49页。《首图拓目》第132页，第1143页。《庙志》，第736页。

重修天仙庵碑记

大清顺治十五年（1658）五月十九日孟夏（四月）吉旦立

额题：重修天仙庙记

首题：重修天仙庵碑记

光禄寺大夫礼部右侍郎加一级潘朝选撰

信士弟子代撰写林□德

碑阴

额题：万古流芳

碑方首，首阳、阴饰云鹤纹，座佚。碑首身通高275厘米，宽89厘米，厚33厘米。碑身拓高177厘米，宽84厘米。碑首拓高88厘米，宽82厘米。额文2行，行3字，双钩正书。碑文26行，行字不等，正书。碑阴额文2行，行2字，正书。碑身镌题名，大部分剥蚀，正书。

碑原址在西城区辟才胡同，现藏北京石刻艺术博物馆。

著录情况：《拓汇》，第66册，第26页。《拓目》第266页，京59。

重修万佛堂记碑

大清顺治十六年（1659）四月

额题：万古流芳

首题：重修万佛堂记

文林郎□房山县事云中毋□坤撰文

典史池阳陈君显书丹

巡检古越刘名世篆额

碑方首，浮雕祥云，座佚。碑通高139厘米，宽67厘米，厚10厘米。字迹部分残泐。首身拓高136厘米，宽67厘米。额文2行，满行2字，正书。碑正文10行，满行32字，文末列书撰人和捐资人题名约12行，字略小，均正书。

碑今在房山区河北镇万佛堂孔水洞，嵌于万佛堂南侧山崖中。

著录情况：《拓汇》，第61册，第131页。《拓目》，第266—267页，京5359。

按：碑文漫漶较甚，立碑时间据《拓汇》补。万佛堂即大历龙泉禅寺，现仅存一座石砌歇山顶无梁殿。正面辟汉白玉券门，两侧为石棂窗。券门上石匾额，阳刻楷书“大历古迹万佛龙泉宝殿”。殿内有浮雕《文殊普贤万菩萨法图》。

修葺双关帝庙碑记

旹清顺治岁次辛丑〔十八年（1661）〕仲夏（五月）之吉

额篆：修葺碑记

首题：修葺双关帝庙碑记

侧题：三圣老会众善修立

碑阴

额题：三圣老会

碑螭首，碑身下部残缺，座佚。碑首身残高 187 厘米，宽 81 厘米，厚 32 厘米。碑身拓高 108 厘米，宽 68 厘米。额拓高、宽均 20 厘米。侧拓高 106 厘米，宽 24 厘米。额文 2 行，行 2 字，双钩篆书。碑文 18 行，满行 42 字，现存 328 字，正书。碑阴额文 2 行，行 2 字，正书。碑身刊题名 38 行，现存 946 字，正书。碑侧 1 行 7 字，正书。

碑原址在西城区西四北大街 149 号双关帝庙内，1983 年 11 月 30 日征集，现藏北京石刻艺术博物馆。

著录情况：《拓汇》，第 61 册，第 175 页。《拓目》，第 268 页，京 323。《馆目》，第 50 页。《庙目》，第 56 页。

按：碑文前 2 行及下部文字不存，首题按《拓汇》补。碑载“禁城西□门宣武街北有关帝庙一区”。

碑阴为三圣老会题名，上首书“合会官庶修理信心弟子”，下为 38 行题名。

重建慧化禅寺记碑

大清康熙元年（1662）岁次壬午正月元旦立石

额题：重建慧化寺碑

首题：重建慧化禅寺记

赐进士兵科给事中前翰林院庶吉士古涿鹿史▨书丹

赐进士文林郎山东济南府历城县知县致政房山兹里梁敏□题额

都下人逸居涿州八衮崇古山□秦瑄撰文

石工卢宁镌

碑方首抹角方座，首浮雕二龙戏珠，碑身边框刻云龙纹，座饰圭角云纹。碑首身通高 264 厘米，宽 87 厘米，厚 25 厘米。座高 78 厘米，宽 126 厘米，厚 57 厘米。碑身拓高 174 厘米，宽 83 厘米。额拓高 36 厘米，宽 28 厘米。额文 2 行，满行 3 字，正书。碑文 22 行，满行 55 字，正书。

碑今在房山区张坊镇北白岱村。

按：慧化寺遗址今为北白岱村大队部。

灵佑观维新记碑

清康熙六年（1667）丁未孟秋（七月）朔日（一日）之吉

首题：灵佑观维新记

奉直大夫知延庆州事三韩王振祖撰文

碑阴题：百代流馨

碑首、座均佚，座系后配，碑身边框线刻花纹。碑身高173厘米，宽78.5厘米，厚20厘米。碑身拓高170厘米，宽76厘米。碑阴仅拓文字，拓高91厘米，宽18厘米。碑阳镌文16行，满行44字，正书。碑阴居中竖题1行文字，行4字，双钩正书。

碑原址在延庆州城西北隅三清观街西头灵佑观内，现立于延庆县灵照寺院内东侧碑廊。

西顶进香碑记

清康熙八年（1669）岁次己酉孟夏（四月）望越二日十七日勒石

额题：圣母垂慈

首题：西顶进香碑记

京都人范文举镌

碑阴

额题：万古流芳

碑侧题：西直门外天禧昌运宫大宅等村领会香头王道直仝立

碑螭首，碑身阳面边框饰卷草纹，碑阴无边框，方座系后配。首身通高252厘米，宽89厘米，厚28厘米。座高65厘米，宽103厘米，厚54厘米。碑身拓高152厘米，宽86厘米。额拓高27厘米，宽22厘米。侧拓高152厘米，宽26厘米。碑阳额文2行，行2字，双钩行书。碑文21行，满行32字，现存470字，正书。碑阴额文2行，行2字，双钩正书。碑身刊捐资人题名，行字不等，实存2329字，正书。碑侧刊立碑人，存1行22字，双钩正书。

碑原址在海淀区蓝靛厂正白旗39号，即四季青蓝靛厂广仁宫也即西顶，现藏北京石刻艺术博物馆。

著录情况：《拓汇》，第62册，第124页。《拓目》，第270页，京2763。《馆目》第50页。

德福庵补修碑记

清康熙九年（1670）嘉平月（十二月）之吉

额篆：亿万斯年

首题：德福庵补修碑记

诰封中大夫两侍经筵顺天府府丞督学加一级前知南和县掌京畿道事江南道监察御史加三级高尔位识

碑螭首方座。碑首身通高 273 厘米，宽 97 厘米，厚 36 厘米。座高 78 厘米，宽 126 厘米，厚 73 厘米。碑身拓高 156 厘米，宽 94 厘米。额拓高 26 厘米，宽 23 厘米。碑阳额文 2 行，行 2 字，篆书。碑文 13 行，满行 22 字，现存 205 字，正书。碑阴无字，无额题。

碑原址在西城区西直门内南小街，1998 年 8 月 16 日征集于国英园小区工地，现藏北京石刻艺术博物馆。

著录情况：《拓汇》，第 62 册，第 172 页。《拓目》，第 271 页，京 423。《首图拓目》，第 137 页，第 1186 页。《庙目》，第 46 页。

按：碑文载，“都会西直门内广平库有德福庵”。

望宝川马刨泉创庙碑记

清康熙壬戌〔十四年（1675）〕菊月（九月）

额题：玉山上京

首题：望宝川马跑泉创庙碑记

碑方首，碑身边框饰卷草纹，碑面风化。碑首身拓高 148 厘米，宽 63 厘米。额文 2 行，满行 2 字，双钩正书。碑文 15 行，满行 35 字，正书。

碑在昌平区流村镇马刨泉村。

大悲菩萨自传真像碑

清康熙十六年（1677）

碑身题：大悲菩萨自传真像

碑阴

清康熙丁巳〔十六年（1677）〕友日书

碑身题：敬佛

碑左侧

清嘉庆二十一年（1816）丙子季春御笔

诗题：丙子季春游香界寺遂至静宜园作

首行题：省耕清跸（以下从略）

清仁宗颙琰御笔

碑螭首方座，碑身边框刻卷草纹，座右侧雕象、人物、竹、摇钱树，座左侧雕祥云、马，座正背面浮雕祥云。碑首身通高 330 厘米，宽 98 厘米，厚 43 厘米。方座高 80 厘米，宽 118 厘米，厚 78 厘米。拓高 220 厘米，宽 98 厘米。碑身拓高 217 厘米，宽 91 厘米。侧拓高 217 厘米，宽 42 厘米。碑阳镌线刻菩萨像，像上横题“大悲菩萨自传真像”1

行8字，正书。像左侧镌“碑存于都京西山敕建圣感寺”。碑阴正中竖题“敬佛”2字，其左竖题“康熙丁巳友日书”，右上角竖镌“三无九有”，1行4字，篆书。碑上方中部镌一印，阴文篆书“万几余暇”；印上竖题“御笔”二字，行书。碑西侧镌“丙子季春游香界寺遂至静宜园作御笔”诗，诗刻4行，满行24字，行书。末尾镌二印，上阳文篆书“嘉庆御笔之宝”，下阴文篆书“执两用中”。碑阳、阴均无额题。

碑现立于石景山区八大处六处送子观音殿前。

著录情况：《拓汇》，第78册，第146页，侧《游香界寺诗》。《拓目》第453页，京6441，《大悲菩萨自传真》；第474，京6443，侧《游香界寺诗》；第492页，京6439《敬佛》。

御制圣感寺碑文

清康熙十七年（1678）岁次戊午孟秋（七月）谷旦书

额篆：御制碑文

首题：御制圣感寺碑文

康熙皇帝御笔撰书

碑阴

清乾隆十四年（1749）岁次己巳年仲冬（十一）月吉日

首题：御制香界寺碑文

碑螭首龟趺，碑身边框二龙戏珠，碑侧浮雕二龙戏珠。碑面为颗粒状风化。碑首身高320厘米，宽105厘米，厚43厘米。趺座高85厘米，宽105厘米，长246厘米。碑身上方边框未拓，拓高209厘米，宽94厘米。碑阳额文2行，满行2字，篆书。碑文12行，满行45字，正书，首题“御制圣感寺碑文”失拓。碑阴镌碑文13行，满行37字，正书。碑阴无额题。

碑现立于石景山区八大处六处送子观音殿前。

著录情况：《拓汇》，第63册，第124页，《圣感寺碑》；第70册，第120页，《香界寺碑》。《拓目》，第274页，京6435，《圣感寺碑》；第300页，京6437，《香界寺碑》。

按：此碑阳、阴碑文均见于《日下旧闻考》卷一百三。今其山门殿仍嵌当年乾隆皇帝所书“敕建香界寺”石额，殿后为大乘门，石额“觉径同由”。

香灯碑记

清康熙拾捌年（1679）陆月贰拾肆日记

额篆：香灯碑记

首行题：□□乾石桥之西有庙名曰□□盖缘▨」关帝也」

住持祖清

仁和孙滨书

□卫孙兴业镌

碑阴

额篆：万古流芳

碑螭首方座。碑首身通高212厘米，宽67厘米，厚25厘米。座高61厘米，宽111厘米，厚60厘米。额拓高19厘米，宽17厘米。碑身拓高118厘米，宽66厘米。碑阳额文2行，行2字，篆书。碑文15行，满行25字，正书。碑阴额文2行，行2字，篆书。碑身刻题名33行，行字不等，正书。

碑原址在西城区红庙胡同，1995年5月9日征集，现藏北京石刻艺术博物馆。

按：碑身左半部自上而下风化剥蚀严重，前三行碑文泐甚。阳面碑文尾钤方印二，均阴刻，上印："孙滗之印"；下印："公亮"。

中山寺创建维摩之院碑记

大清康熙廿年（1681）岁次辛酉季秋九月□日立

额题：万古流芳

首题：创建维摩□□碑记

〼安行口和南撰

碑阴

额题：齐出手眼

碑方首，首浮雕祥云，素面方座，碑、座分离。碑首身通高160厘米，宽69厘米，厚16厘米。座高32厘米，宽85厘米，厚45厘米。额身拓高136厘米，宽68厘米。碑阳、阴文字泐甚。碑阳额文2行，满行2字，正书。碑文21行，满行31字，正书。碑阴额文2行，满行2字，正书。碑阴满刻僧俗人名，正书。

碑今在房山区张坊镇北白岱村北山中山寺遗址，仆地。

□□□神会记碑

清康熙二十一年（1682）季春（三月）谷旦立石

首题：□□□神会记

□□翰林院编修东郡耿愿鲁撰文

□□翰林院编修曲阜颜光猷篆额

□□书科中书舍人武城苏俊书丹

会首苏溶等立

碑无首座佚，碑上部残缺，仅存下半部。碑残高117厘米，宽78厘米，厚23厘米。碑身拓高115厘米，宽77厘米。碑文17行，行残存42字，正书。

碑位于石景山区龙泉寺内前院。

按：碑首题夺三字，疑为"蟠龙山"三字。年款处题作"□□岁次壬戌季春谷旦立石"，夺文二字。撰文人颜光猷为康熙十年（1671）进士，推知立碑时间应为“康熙岁次壬戌”，即康熙二十一年（1682）。

妙峰山香会序碑

清康熙二十八年（1689）三月谷旦

额题：万古流芳

首题：妙峰山香会序

钦差督理街道工部营缮清吏司主事张献纂并书

碑阴

额题：碑阴题名

碑侧题：京都平则门外宝塔寺诚起北顶走香圣会」正会首杨明立」

碑螭首，座为后配。碑首身通高 167 厘米，宽 68 厘米，厚 21 厘米。碑首身拓高 138 厘米，宽 69 厘米。碑侧高 98 厘米，宽 14 厘米。碑阳额文 2 行，满行 2 字，正书。碑文 14 行，满行 31 字，正书。碑阴额文 2 行 2 字，正书，碑身刻捐资人名，均失拓。碑两侧各镌文字两行，满行 17 字，所镌内容亦相同。仅拓一侧，碑另一侧失拓。碑阴及碑侧情况据普查表补记。

碑立于门头沟区妙峰山惠济祠前。

涿州圣会碑记

清康熙二十八年（1689）岁次己巳暮春（三月）吉旦立

额篆：涿州圣会

首题：涿州圣会碑记

碑阴

额篆：万古流芳

金台弟子王道化撰文并书丹

碑螭首方座，碑首身通高 214 厘米，宽 77 厘米，厚 21 厘米。座高 67 厘米，宽 111 厘米，厚 64 厘米。拓高 116 厘米，宽 57 厘米。碑阳额高 18 厘米，碑阴额高 20 厘米，宽均为 18 厘米。碑阳额文 2 行，行 2 字，篆书。碑文 12 行 259 字，正书。碑阴额文 2 行，行 2 字，篆书。碑身刻题名，存 27 行 1312 字，正书。碑侧亦刻题名，正书。

碑原在西城区赵登禹路 43 号（北沟沿小护国寺），现藏北京石刻艺术博物馆。

著录情况：《拓汇》，第 64 册，第 125–127 页。《拓目》第 277 页，京 61。《馆目》，第 2 页。

红庙香灯圣会题名碑

清康熙贰拾玖年（1690）陆月日立

额题：香灯圣会

首题：西城宣武门里乾石桥西红庙香灯圣会题名碑记

江南姑孰周谦选（按："选"，疑为"撰"之误。）

浙江金兰倪瑞樗书

住持祖清

碑阴

额篆：万古流芳

碑螭首方座。碑首身通高223厘米，宽80厘米，厚25厘米。碑座高63厘米，宽101厘米，厚58厘米。碑身拓高143厘米，宽75厘米。额拓高25厘米，宽22厘米。碑阳额文2行，行2字，双钩正书。碑文13行，满行44字，正书。碑阴额文2行，行2字，双钩篆书。碑身刊题名，行字不等，正书。

碑原址在西城区红庙胡同，1995年5月9日征集，现藏北京石刻艺术博物馆。

显化寺碑记

清康熙三十一年（1692）

额篆：碑记

首题：▨碑记

▨府上东路永宁▨

直隶永宁卫掌印守备▨

直隶延庆州儒学兼摄永▨

碑身边框线刻花纹，右上角和下部残缺。碑残高150厘米，宽80厘米，厚24厘米。碑首身拓高120厘米，宽77厘米。额文1行，满行2字，篆书。碑文17行，行残存23字，正书。碑仆地，碑阴情况不详。

碑原址在延庆县永宁城内显化寺，现在永宁镇（2006年时集中存放于永宁镇文化站仓库）。

按：《嘉靖隆庆志》载，"显化寺在永宁县治西，旧名永安寺，宣德中重建，改今名"。据《拓汇》第58册第108页载明万历二十八年（1600）九月《重修显化寺禅林碑记》，碑在延庆县永宁镇。碑文载明宣德五年（1430），阳武侯薛公筑城时建显化寺。

长芦盐局公祀关圣帝君碑记

清龙飞康熙岁次癸酉〔三十二年（1693）〕季春（三月）上浣吉日

额篆：关圣帝君碑记

首题：长芦盐局公祀关圣帝君碑记

赐进士出身通仪大夫都察院左副都御使前江南道监察御史奉旨内升巡视直隶长芦盐课监察御史翰林院庶吉士余杭严曾榘沐手拜撰

□司乐焚修杨宗缔暨徒陈世德、王世臣、□□□立石

碑阴

额篆：万年乘世

督工人宋文焕

镌字人张国宝

碑螭首，方座浮雕二龙戏珠。碑首身高215厘米，宽77厘米，厚22厘米。座高70厘米，宽94厘米，厚38厘米。拓高137厘米，宽73厘米。碑阳文字18行，满行55字，行楷；碑阴文字14行，刻“长芦运司京城行盐商人”题名，正书。

碑现存崇文区隆安寺。

按：立石人中最后一个名字似被刻意凿去，原因尚待考证。清初沿明制，设巡盐御史一人，“纠劾镇将，抑制豪强，禁止私贩”，几经停复。清康熙十一年曾将长芦盐法事务归直隶巡抚管理，十二年复设御史，咸丰十年裁撤。大部分御史均“一年更代”，“秩从五品，掌巡视长芦、山东盐法……驻天津”。

椒园山右碑记

清康熙岁次癸酉□〔康熙三十二年（1693)〕

首题：椒园山右碑记

碑为摩崖连山碑，圆首，无饰纹。碑通高430厘米，宽350厘米，碑东侧厚98厘米，西侧厚16厘米。碑身高270厘米，宽350厘米。碑文分拓五纸，文字未拓全。碑满刻文字，因风化侵蚀，漫漶严重，辨认困难。碑右侧刊碑文11行，字径高、宽均约3厘米，其后满刻满汉男女信众题名，文字泐甚，行字不等。

摩崖碑在顺义区顾家庄村东北椒园山南侧半山处，面南。

按：碑身下端被土石掩埋，中部砌有矮墙，部分题名被遮挡。连山碑东南约百米处，有方形楼阁式砖石拱券建筑——无梁阁，始建于明代，清代重修。无梁阁外观三层，内部两层，因整座建筑无一根木质横梁支撑，故名。阁内上下二层楼的四壁满绘道教内容的壁画。阁后还有一座砖石拱券式建筑，东侧门券上方题“女娲皇帝宫”，西侧门券上方题“西王祖母宫”，可知里面供奉有道教女神女娲和西王母。此地名椒园山，椒在古代乃多子的象征，这里当是人们求子的场所。

创建三清殿碑记

清康熙三十三年(1694)甲戌仲秋（八月）吉旦

额题：山高水长

首题：创建三清殿碑记

文林郎知房山县事候推主事蜀营山罗在公撰并书

御前侍卫内务府营造司郎中正黄旗佐领管甲喇章京事佛保、赐进士第直隶钱谷守道

参议特升江南提督学院猗氏邵嗣尧仝建

碑圆首方座，阳首浮雕祥云，座正面浮雕麒麟，圭角云纹。阴首浮雕道士炼丹图，边刻“日”、“月”、太极图等。碑身阳、阴均有边框刻八卦及祥云图案。碑首身通高219厘米，宽77厘米，厚20厘米。方座高55厘米，宽106厘米，厚49厘米。首身拓高176厘米，宽77厘米。碑身阳、阴均有部分文字漫漶。碑阳额文2行，满行2字，正书。碑文17行，满行38字，行楷相间。碑阴刻“京都顺天府信士周口店乔守智”等助缘者村名、人名和龙门派第九代传戒子弟王太定等题名，正书。

碑今在房山区周口店新街村庄公院内。

著录情况：《拓目》，第278、279页，京9005。

按：砖公院位于房山县周口店娄子水村旁山上，建筑多已倾圮，今遗存无梁殿、配殿各一间及若干碑刻。

重修砖公院记碑

清康熙三十七年（1698）岁次戊寅十月谷旦立

额篆：重修砖公院记

碑阴

额题：万古流芳

首题：重修石殿碑记

诰封奉政大夫顺天府房山县知县加四级候补主事前乡贡进士蜀营山罗在公撰文

国子监拔贡监生邑人李天性书丹

邑岁贡生齐维藩篆额

石匠李福元镌字

碑螭首方座，碑身阳面边框刻云龙纹。首身通高278厘米，宽89厘米，厚23厘米。座高60厘米，宽109厘米，厚50厘米。碑身拓高173厘米，宽89厘米。碑阳额文2行，满行3字，篆书。碑文15行，满行60字，正书。碑阴额文2行2字，正书。碑身满刻村名人名，正书。

碑今在房山区周口店地区新街村庄公院址立。

著录情况：《拓目》，第280页，京9007。

按：庄公院院内并立四碑，该碑为从东数第二块。

庄公院助缘题名刻石

清康熙三十七（1698）前后

首行题：顺天府涿州房山县娄子水村

刻石边框线刻花纹。刻石长37厘米，宽62厘米。石刻文字23行，满行12字，部分文字漫漶，正书。

石在房山区周口店地区新街村南山上庄公院无梁殿中放置。

按：刻石镌刻助缘者姓名，无年款。但据“京都臧家桥造斗姆圣像功德主苑春祥”、“龙门派第九代弟子王太定”等语，可知应与清康熙三十七年王太定重修石殿有关，刻立时间应在康熙三十七年（1698）前后。王太定重修石殿事见清康熙三十七年《重修砖公院石殿碑》。

重修秘密阁禅院碑记

大清康熙四十年（1701）岁次辛巳中秋月（八月）吉日立

额篆：重修秘密阁记

首题：重修秘密阁禅院碑记

碑螭首，方座似后配，碑身风化剥蚀。首身通高206厘米，宽77厘米，厚21厘米。座高54厘米，宽93厘米，厚45厘米。碑身拓高131厘米，宽67厘米。额拓高19厘米，宽17厘米。碑阳额文3行，行2字，双钩篆书。碑文12行，满行44字，现存355字，正书。碑阴无字，无额题。

碑原址在西城区护国寺东巷秘密阁禅院内，现藏北京石刻艺术博物馆。

著录情况：《拓汇》，第65册，第175页。《拓目》第281页，京349。《馆目》，第51页。《首图拓目》第118页，第1027页。《庙目》，第30页。

真武庙碑

清康熙四十二年（1703）岁次癸未正月吉旦

额题：真武庙碑

首行题：京师名刹林立其创

赐进士及第经筵讲官礼部尚书长洲韩菼撰

赐进士出身日讲官起居注右春坊□谕德海宁查升书

碑螭首，碑身阳、阴边框均饰卷草纹，座佚。碑首身通高277厘米，宽89厘米，厚26厘米。碑身拓高170厘米，宽87厘米。碑阳额文2行2字，篆书。碑文上下分为四栏，每栏16行，行8字，现存455字，行书。碑阴无字，无额题。

碑原址不详，现藏北京石刻艺术博物馆。

著录情况：《馆目》，第51页。

按：碑文记，“江南名宿成梁，临济正宗也”，“与安国寺发大愿力思建禅林于东直门之外以庇荫一方”，“废瓦之场一变而为清净焚修之地矣。夫佛氏植福种因缘”。可知，成梁所修当为佛寺，地址在东直门外一带，但文中未提及寺庙的名称。额题作“真武庙碑”，当是利用原真武庙旧碑改作。

诚意会碑记

皇清康熙四十七年（1708 年）岁在戊子清和（四月）谷旦

首题：诚意会碑记

钦赐进士第皇太子讲官内廷供奉翰林院编修汪灏题

碑左侧题：东华门门皇城内外众善人等同立

碑方首浮雕二龙戏珠，碑身阳、阴边框均浅浮雕缠枝莲。阳拓高 143 厘米，宽 83 厘米；阴拓高 145 厘米，宽 82 厘米。碑阳碑文 12 行，满行 32 字，正书。碑阴为题名，碑身上方居中竖题“当年正会首”，文字 22 行，行字不等，正书。碑额失拓，侧失拓。

碑现在平谷区丫髻山上娘娘庙下方碑厂子，原址保存。

著录情况：《平谷文物志》，第 126 页。《畿东泰岱——丫髻山》，第 44、45 页。

蟠龙山圣母祠碑

清康熙四十九年（1710）四月初七日

首题：蟠龙山圣母祠记

赐进士第日讲官起居注詹事府詹事兼翰林院侍读学士王原祁熏手拜撰

碑方首雕祥云纹，座佚。碑存半块，三分之一埋在土里，露高 136 厘米，宽 68 厘米，厚 18 厘米。拓高 99 厘米，宽 67 厘米。碑文 20 行，满行 32 字，正书。碑右侧刻“西直门外高亮桥北领命王□□”，失拓。

碑在石景山区龙泉寺内西侧。

著录情况：《拓汇》，第 66 册，第 141 页。《拓目》，第 284 页，京 10294，《天仙圣母祠碑》。

按：圣母祠即碧霞元君庙，位于龙泉寺旧址。龙泉寺历史悠久，据明正统八年（1443）《敕赐法海禅寺碑记》记载，李童在“龙泉古寺之左”建法海寺，又用余资修龙泉寺，可见，龙泉寺在明正统年间即已存在并来历已久。清顺治年间，龙泉寺改为碧霞元君祠。康熙年间重修，改称圣母祠。乾隆年间又重加修葺，易名天仙圣母庙。当地俗称西庙，以其在法海寺西故。圣母庙是清代北京颇有名气的供奉碧霞元君之庙宇，以是许多人来此进香、祈福。

元宝老会碑

清龙飞康熙五十二年（1713）岁次癸巳四月谷旦敬立

额题：元宝老会

赐进士出身前翰林院庶吉士原任兵部督捕右侍郎加一级章云鹭沐手书

碑阴

额题：万古流芳

碑身上方横题：元宝老会

首题：京都正阳门外猪市口迤南天桥元宝老会碑记

碑螭首，首一侧残缺，碑阳、阴边框均浮雕卷草纹。碑身表面有风化剥蚀。碑阳拓高 103 厘米，宽 63 厘米。阴拓高 115 厘米，宽 68 厘米。碑阳额、阴额均失拓。碑阳文字 3 行，行字不等，正书。碑阴文字 20 行，行字不等，正书。

碑现在平谷区丫髻山上娘娘庙下方碑厂子，原址保存。

著录情况：《畿东泰岱——丫髻山》，第 48 页。该书所记碑阳即本书碑阴，碑阴即本书碑阳。

按：碑阳文字共 3 行，居中双钩竖题“金光普照”4 个大字，字径高 20 厘米，宽 22 厘米。右为书丹人题名，左为年款。碑身阴面上部双钩横题“元宝老会”四字，首题后全部为会众题名。碑阳额、阴额失拓，额题据《畿东泰岱——丫髻山》补录。

重修昌平州龙王山神祠碑记

清康熙五十二年（1713）癸巳夏闰五月初十日

首题：特调整饬霸昌道兼理屯田驿传粮饷事务参政军功加六级祁讳国祚重修昌平州龙王山神祠碑记

▨科举人候补中□改都昌平学正事郭□撰文

▨昌平州州判军政加二十一级周邦宁书丹

碑阴

首行题：古北口同知郑富（以下从略）

碑面风化较甚。碑身拓高 129 厘米，宽 62 厘米。碑阳碑文 21 行，满行 38 字，正书。碑阴刊题名，行字不等，正书。

碑在昌平区白浮堰遗址都龙王庙，现原址保存。

按：碑阴刊古北口、昌平州、霸州、大兴县、宛平县、延庆卫等知州、知县、守备共二十人题名。

（西）普济寺重修碑

清康熙五十二年（1713）岁次癸巳七月谷旦立

首题：重修普济寺碑记

赐进士出身敕授承德郎翰林院编修加一级前内廷供奉合太查慎行撰并书

赐进士出身诰授通奉大夫经筵讲官吏部右侍郎加一级兼翰林院掌院学士仁和杨□□篆额

碑汉白玉石质，首、座皆佚，碑面风化剥蚀，碑身边框饰卷草纹。碑残高 205 厘米，宽 98 厘米，厚 24 厘米。拓高 180 厘米，宽 93 厘米。碑文 16 行，满行 46 字，正书。

碑原址在顺义区高丽营镇南王路村，现存顺义区文物管理所院内碑林。

著录情况：《重印民国顺义区志》卷之二“建置志”，第 67 页；卷之十五“金石志”，第276页。

按：本碑与前述明嘉靖十六年三月（1537）所立普济寺重修碑地点不同，前碑在南北王路村之间的普济寺（又称东普济寺），而本碑立于南王路村普济寺（又称西普济寺）。相传两寺都是唐太宗李世民东征高丽回来途经此地时，为度阵亡将士做普济道场而建。

丫髻山行宫碑文

大清康熙岁次甲午〔五十三年（1714）〕孟夏（四月）谷旦

额篆：恩光普照

首题：丫髻山行宫碑文

皇三子诚亲王胤祉奉敕书

鸿胪寺序班加二级臣朱圭恭镌

碑汉白玉石质，螭首龟趺，碑身阳、阴边框及两侧浮雕云龙纹。碑身拓高135厘米，宽69厘米。额拓高20厘米，宽17厘米。碑阳额文2行，行2字，篆书。碑文21行，满行60字，正书。碑阴无字。

碑现存平谷区丫髻山万寿碑亭内。

著录情况：《平谷文物志》，第127页。《畿东泰岱——丫髻山》，第50页。

按：丫髻山行宫建于清康熙五十三年（1714），是年为康熙帝六十大寿，皇三子和硕诚亲王胤祉率群臣来丫髻山朝山做万寿道场时所建，并立此碑。此后康熙、乾隆、嘉庆、道光皇帝曾多次朝山并驻跸此地。行宫坐落于龟山脚下，占地约1.5平方里，建筑坐北朝南依山而建，由御路、石桥、宫殿等构成。惜原有建筑在民国十二年三月被拆毁。

重建龙王庙碑记

清康熙五十三年（1714）五月吉旦立

额题：万古流芳

首题：重修龙王庙碑记

昌平州廪膳生员任淳书丹

碑石风化、漫漶较重。碑身拓高119厘米，宽60厘米。额文2行，满行2字，正书。碑文20行，满行32字，正书。

碑在昌平区白浮堰遗址都龙王庙，原址保存。

丫髻山玉皇阁碑记

清康熙五十四年（1715）四月十八日

额篆：御制宸翰

首题：丫髻山玉皇阁碑记

清圣祖玄烨御制

碑阴

御书处监造兼骁骑校加一级臣哲库纳奉敕监造

鸿胪寺序班加二级臣朱圭奉敕勒石并篆额

碑身中部剥蚀。拓高130厘米，宽62厘米。碑阳碑文12行，满行40字，正书。碑文末行年款处钤康熙印，印高宽均为6.5厘米，篆书“康熙御笔之宝”。碑阴无额题，碑身左下方镌4行小字，正书。碑阳额及碑阴失拓。

碑现立于平谷区丫髻山两顶之间药王庙前，原址保存。

著录情况：《平谷文物志》，第129页。《畿东泰岱——丫髻山》，第51页。

二顶放堂老会碑记

清康熙岁次丁酉〔五十六年（1717）〕孟夏（四月）朔日（一日）谷旦立

额篆：二顶放堂老会

首题：二顶放堂老会碑记

碑首身一体，碑首上部残缺，碑身边框浮雕花纹。拓高138厘米，宽76厘米。额文2行，行3字，篆书。碑文16行，文字漫漶，正书。

碑现在平谷区丫髻山，原址保存。

著录情况：《畿东泰岱——丫髻山》，第55—56页。

重修大悲岩灵岩寺碑记

旹龙飞大清康熙五十八年（1719）岁次己亥月吉旦

额题：重建功德

首题：重修大悲岩灵岩寺碑记

壬申科状元及第管理都察院左都御史兼翰林院大学士内阁侍读学士蔡升元撰文

碑阴

额题：万古流芳

刊字匠孙承相蔡永宣

碑侧

首行题：今因重修殿宇于地内抱出遗砖一块上开古时四至内云

碑圆首，方座。碑阳首部浮雕二龙戏珠，边框装饰缠枝莲，碑阴首部浮雕云纹。碑首高40厘米，宽61厘米，厚34厘米。碑首身通高131厘米，宽59厘米，厚13厘米。碑阳首身拓高130厘米，宽60厘米。碑阳额文2行，满行2字，双钩正书。碑身镌文字23行，满行35字，正书。撰文人之左镌印2方，均阴文篆书，上题：“蔡升元印”，下题“学士宗伯”。碑阴额文2行，满行2字，正书。碑身刻捐资人名，正书。碑阴失拓，存字情况据馆藏门头沟区普查表。碑侧镌文字4行，满行25字，正书。

1995年普查时，碑在门头沟区沿河城乡向阳口大悲岩观音寺，仆地。

送迦陵禅师安大觉方丈碑记

清康熙五十九年（1720）岁次庚子秋九月

额篆：法轮重转

首题：送迦陵禅师安大觉方丈碑记

和硕雍亲王（胤禛）撰并书

碑阴

清乾隆十二年（1747）岁在丁卯冬十一月

额篆：香界长新

首题：御制重修大觉寺碑文

清高宗弘历御制

兵部侍郎臣庄有恭奉敕敬书

碑身拓高182厘米，宽90厘米。额拓高40厘米，宽32厘米。碑阳额文2行，行2字，篆书。碑文14行，满行29字，行书。正文尾钤方印二，均篆书，上阴文篆书“御赐朗吟阁宝”，下印阳文篆书“和硕雍亲王宝”。碑阴额文2行，行2字，篆书。碑文17行，满行31字，正书。

碑在海淀区大觉寺南碑亭内，现原址保存。

著录情况：《拓汇》，第67册，第123页；第70册，第12页。《拓目》，第57页，京2586；第299页，京2584。

重修榆河乡东岳行宫碑记

大清康熙五十九年（1720）岁次庚子九月榖旦

额篆：榆河乡重修东岳庙记

首题：重修榆河乡东岳行宫碑记

赐进士出身翰林院编修加一级华亭王时鸿撰文

赐进士出身翰林院编修加一级溧阳狄贻孙书丹

赐进士出身翰林院编修加一级金坛王澍篆额

碑螭首龟趺，碑身从中部断裂后粘接。碑身阳、阴四周边框均浮雕云龙纹，碑侧浮雕云龙纹。碑首身通高425厘米，宽131厘米，厚 61厘米。龟趺高133厘米，宽136厘米，厚350厘米。碑身拓高254厘米，宽100厘米。额拓高33厘米，宽25厘米。碑阳额文3行，行3字，篆书。碑文16行，满行69字，现存818字，正书。碑阴无字，无额题。

碑原址在海淀区永太庄皂甲屯，1986年征集，现藏北京石刻艺术博物馆。

著录情况：《拓汇》，第67册，第122页。《拓目》，第287页，京8598。《馆目》，第52页。《石刻保护论文集》，第59页。

大范永丰阁续修碑记

清康熙六十年（1721）岁次辛丑季秋（九月）上浣吉旦立

首题：大范永丰阁续修碑记

儒学廪膳生员阎箴陛顿首拜撰

儒学增广生员李之杰沐手书丹

儒学授□庠生具永基虔拜篆额

延庆州石匠王之禄恭镌

碑上部及左下角残缺，碑身边框线刻花纹。碑高 137 厘米，宽 78 厘米，厚 31 厘米。碑拓高 137 厘米，宽 73 厘米。碑文应存 21 行，残存 19 行，碑文上方不知泐几字，残存 45 字，正书。碑仆地，碑阴状况不详。

碑原址在延庆县永宁城内，现在永宁镇（2006 年时集中存放于永宁镇文化站仓库）。

著录情况：《拓汇》，第 67 册，第 135 页。《拓目》，第 288 页，京 9473。

按：碑文中提及“吕祖大范”，永丰阁应供奉吕祖，文中又有“朝天宫以众善协力”等语，推知永丰阁可能为朝天宫内建筑。

重修寿因寺碑记

清康熙六十一年（1722）壬寅夏六月朔日

额篆：敕建寿因寺碑

首题：重修寿因寺碑记

皇十六子允禄奉敕谨书

碑阴

大清乾隆十二年（1747）八月中秋吉旦

碑螭首方座，座浮雕龙。碑首身高 290 厘米，宽 108 厘米，厚 38 厘米。座 38 厘米（露高），宽 156 厘米，厚 84 厘米。碑身拓高 195 厘米，宽 68 厘米。额拓高 34 厘米，宽 32 厘米。碑阳额文 3 行，满行 2 字，篆书。碑文 13 行，满行 47 字，正书。“皇十六子允禄”下方镌印 2 方，上印阴文篆书“皇十六子之章”，印文 3 行，满行 2 字，下印阴文篆书“万年”2 字，横题。碑阴漫漶风化较甚，仅见年款和个别字，存字状况不详，正书。

碑今在房山区良乡梅花庄村大队场院内立，坐北朝南。

著录情况：《拓汇》，第 67 册，第 147 页。《拓目》，第 288 页，京 9906。

敕赐崇效禅寺复兴十方常住碑记

大清雍正元年（1723）岁逢癸卯春王正月之吉日勒石

额题：重整规模

首题：敕赐崇效禅寺复兴十方常住碑记

住盘山青沟盘谷禅寺同门法弟德玺拜撰

住南城右安门外柳林崇寿禅寺法侄行璧书丹

石匠郝玺镌

碑方首座佚，首身通高179厘米，宽76厘米，厚19厘米。碑身拓高157厘米，宽69厘米。碑身上方题额文1行4字，正书。碑文28行，前5行文字风化剥蚀严重，满行60字，现存1325字，正书。碑阴无字无额题。

碑原址在宣武区红后里9号（原崇效寺牡丹花院），现藏北京石刻艺术博物馆。

著录情况：《拓汇》，第68册，第1页。《拓目》，第289页，京1233。《馆目》，第53页。《庙目》，第87页。

供佛设斋清茶老会碑记

时雍正三年（1725）三月吉日立

额题：供米清茶老会

首题：供佛设斋清茶老会碑记

住持僧明寿熏沐敬撰

碑阴

清光绪二十三年（1897）八月仲等人重建

额题：万古流芳

首行题：会首张永亮舍地一段座落在京北古城九拾八亩五分（以下从略）

碑方首，首浮雕云纹，首身一体，素面方座，碑风化漫漶较甚。碑首身通高252厘米，宽87厘米，厚23厘米。座高75厘米，宽110厘米，厚47厘米。碑身拓高158厘米，宽87厘米。碑阳额文3行，满行2字，正书。碑文16行，满行32字，正书。碑阴额文2行，满行2字，正书。碑文22行，满行41字，正书。碑文均为会众舍地捐资题名。

碑现在门头沟区潭柘寺毗卢阁前帝王树前，南北向立。

著录情况：《拓汇》，第68册，第32页（碑阳）。《拓目》，第289页，京6923（碑阳）。

按：碑阳（即年代较早的一面）镌于石刻北面，不知何故。

御制隆福寺碑文

清雍正三年（1725）十月十二日

额篆：敕建

首题：御制隆福寺碑文

清世宗胤禛御制

碑螭首龟趺，首身通高536厘米，宽169厘米，厚50厘米。龟趺高126厘米，宽185厘米，厚370厘米。碑身拓高355厘米，宽161厘米。额拓高64厘米，宽51厘米。碑阳额文满汉合璧，满汉文各1行，行2字，篆书。碑文满汉文合璧，满文22行；汉文9行，满行65字，现存325字，正书。碑阴无字，无额题。

碑原址在东城区隆福寺街25号，现藏北京石刻艺术博物馆。

著录情况:《拓汇》,第68册,第39页。《拓目》,第290页,京181。《馆目》第53页。《首图拓目》，第121页。《庙目》，第35页。

天龙古寺会馆碑记

清雍正五年（1727）四月日谷旦

额篆：天龙寺碑

首题：天龙古寺会馆碑记

特授分巡□东□湖道按察司副使加一级郡人楼俨撰

整饬陕西□山守▨分巡甘山道按察司副使加一级郡人冯敬玉书

浙江▨八县绅矜士商公立

住持僧普略募

碑螭首龟趺。碑首身高327厘米,宽77厘米,厚40厘米。趺高80厘米,宽108厘米,长252厘米。拓高136厘米，宽67厘米。碑文10行，上部碑文漫漶，字数不详，正书。

碑原址在崇文区天龙寺东里，现存崇文区隆安寺。

著录情况：《拓汇》，第68册，第48页。《拓目》，第290页，京1087。

按：馆藏拓片漫漶严重，年代、首题、撰书人与募资立石人等均从《拓汇》所录拓片补。

重修三义庙碑记

旹清雍正六年（1728）岁次戊申季夏月（六月）吉旦

额题：万古流芳

首题：重修三义庙碑记

原任湖北荆州府长阳县教谕弟子天门谭一豫熏沐拜撰

碑螭首方座，碑身边框饰卷草纹，碑面风化漫漶。碑首身高220厘米，宽80厘米，厚25厘米。座高50厘米，宽105厘米，厚59厘米。拓高130厘米，宽67厘米。额拓高24厘米，宽21厘米。额文2行，行2字，双钩正书。碑文20行，前13行为正文，满行37字，后刊7行小字，上下分7栏，为“山左会首”题名，均正书。

1996年普查时，碑在通州区北苑粮食加工厂内三义庙旧址。

著录情况：《拓汇》，第68册，第55页。《拓目》，第290页，京8323。

曹洞宗源流碑记

大清雍正六年（1728）岁次戊申▨

阳额：皇图巩固

首题：源流碑记

曹洞三十一世延庆住持德震撰

碑阴

额题：帝道遐昌

碑螭首，碑身下部残缺，碑身阳、阴边框饰花纹，座佚。碑首身残高 173 厘米，宽 102 厘米，厚 34 厘米。碑身拓高 64 厘米，宽 89 厘米。额拓高 36 厘米，宽 27 厘米。碑阳额文 2 行，行 2 字，双钩正书。碑文 26 行，满行残存 26 字，现存 320 字，正书。碑阴额文 2 行，行 2 字，双钩正书。碑身镌嗣法弟子和皈依弟子题名 23 行，行字不等，现存 335 字，正书。

碑原址不详，现藏北京石刻艺术博物馆。

著录情况：《馆目》，第 54 页。

按：因碑身仅剩上半部，碑文残缺不全。所幸第一行注明撰者德震为曹洞宗三十一世延庆寺住持。

北惠济庙雍正御制碑文

清雍正壬子年〔十年（1732）〕四月日立

首行题：永定河古所称桑干河出太原经马邑合雁云诸水奔注畿南发源既高汇流甚众厥性激湍数徙善溃康熙三十七年我

清世宗胤禛御制

碑阴

清乾隆十八年（1753）

清乾隆二十一年（1756）

首行题：崇祠依石堰像设谒金堂云壁瞻初度曦轮居小阳河防甚有自

清高宗弘历御笔

碑螭首龟趺，通高 435 厘米，碑身高 179 厘米，宽 66 厘米。碑文 15 行，满行 49 字，正书。碑阴镌诗文 9 行，满行 26 字，行书。碑阴末行题“御笔”下钤 2 印，上“所宝惟贤”，阳文篆书；下“乾隆御笔”，阴文篆书。

碑现存石景山区庞村之西（原首钢公司氧气厂院内）。

按：碑阴为乾隆十八年（1753）《初礼惠济祠》五言律诗一首及乾隆二十一年（1756）《礼惠济祠叠癸酉旧作韵》五言诗一首。

清乾隆十八年（1753）诗后题“乾隆癸酉孟冬初礼惠济祠因成五言一律以志虔敬”，乾隆二十一年（1756）诗后题“甲申仲春月礼惠济祠叠癸酉旧作韵御笔”。

碑外罩碑亭，亭额石质，边框浮雕云龙纹，额文“谟肇恬波”为清高宗弘历御笔，额文上方居中钤“乾隆御笔”宝玺。

御制重修拈花寺碑文

清雍正十二年（1734）四月初四日

首题：御制重修拈花寺碑文

清世宗胤禛御制

和硕果亲王臣允礼奉敕敬书

碑螭首，碑身阳、阴边框饰云龙纹，方座浮雕云龙纹。首身通高336厘米，宽107厘米，厚35厘米。座高77厘米，宽139厘米，厚67厘米。碑身拓高220厘米，宽103厘米。碑阳无额题。碑文16行，满行48字，现存663字，正书。碑阴无字无额题。

碑原址在西城区德胜门东大街（旧鼓楼大街大石桥胡同），现藏北京石刻艺术博物馆。

著录情况：《拓汇》，第68册，第141页。《拓目》，第292页，京537。《馆目》，第54页。《首图拓目》，第97、840页。《庙志》，第207、231页。

按：拈花寺原为明宦官赵明诚故宅，明万历九年（1581）司礼监太监冯保承孝定皇太后命改建，赐名千佛寺。清雍正十一年（1732）奉敕重建，改名拈花寺。

蟠龙山进香碑记文

清乾隆三年(1738)五月十五日谷旦

额题：万松老会

首题：蟠龙山进香碑记文

碑螭首座佚，今仆地。碑高168厘米，宽69厘米，厚17厘米。碑额联身通高138厘米，宽68厘米。额文2行，满行2字，正书。碑文10行，行2至33字不等，正书。

碑在石景山区龙泉寺内。

游山圣会碑

清乾隆五年(1740)肆月初八吉日立

额题：万古流芳

碑文上方横题：金光普照

首题：游山圣会

碑方首雕祥云如意纹，方座。碑今仆地，断为两截。碑高100厘米，宽64厘米，厚23厘米。方座高46厘米，宽76厘米，厚34厘米。首身拓通高85厘米，宽64厘米。额文2行，满行2字，正书。碑文漫漶较甚，字体大小不一，存字状况不详。

碑在石景山区龙泉寺内。

岫云寺龙华三会记碑

清乾隆六年（1741）

额题：龙华三会

首题：岫云寺龙华三会记

内廷供奉通政使司通政使张若霭篆额并书丹

碑汉白玉石质，螭首龟趺。碑首身通高240厘米，宽80厘米，厚24厘米。趺高62厘米，宽90厘米，长200厘米。碑身拓高160厘米，宽80厘米。碑阳额文2行，满行2字，正书。碑文16行，满行36字，正书。碑阴刻捐资　人名，失拓。

碑在门头沟区潭柘寺山门外，怀远桥西侧，坐北朝南。

著录情况：《拓目》，第296页，京6951。

金顶妙峰山进香碑记

皇清乾隆七年（1742）岁次壬戌孟春（一月）吉旦

额题：二顶兴隆圣会

首题：金顶妙峰山进香碑记

宗室弘晃恭撰并书

碑阴

额题：万古流芳

碑左侧题：京都顺天府宛平县西直门内肯处诚起二顶兴隆圣会

碑右侧题：大清乾隆七年岁次壬戌孟夏月十四日吉旦立

碑螭首，首身分离，碑身阳、阴边框均浮雕云龙纹，方座。碑身高68厘米，宽42厘米，厚14厘米。座高44厘米，宽66厘米，厚23厘米。碑阳、阴拓均高67厘米，宽42厘米。碑两侧拓均高67厘米，宽14厘米。碑阳、阴额均失拓。碑阳镌碑文11行，满行38字，正书。碑阴均为会首、会众题名。碑左侧文字1行22字，正书。碑右侧镌年款及5行题名，正书。

碑现立于门头沟区妙峰山惠济祠前。

左安门外四块玉各地善人茶豆结缘斋僧圣会碑

大清乾隆八年四月（1743）佛诞日吉立

额题：万古流芳

首行题：西城左安门内四块玉各地方众善人等诚起茶豆结缘斋僧圣会☐

碑方首浮雕云纹。碑首身一体，通高164厘米，宽63厘米，厚15厘米。拓高142厘米，宽63厘米。额文2行，满行2字，正书。碑文前面8行为正文，满行31字，其后为题名，正书。碑当时仆地，另一面情况不详。

1995年普查时，碑在门头沟区戒台寺山门外停车场。

著录情况：《拓汇》，第69册，第118页。《拓目》，第296页，京6779。

五圣禅林重修佛殿碑记

峕大清乾隆九年（1744）伍月二十五日吉立

额题：万古流芳

首题：重修佛殿碑记

住持戒纳僧实亮献

碑方首，首浮雕云纹，首身一体，碑身浮雕云龙纹，座佚。碑首身通高 172 厘米，宽 60 厘米，厚 18 厘米。首身拓高 136 厘米，宽 60 厘米。碑阳额文 2 行，满行 2 字，正书。碑文 8 行，满行 6—26 字不等，正书。碑仆地，碑阴状况不详。

碑原址不详，1995 年普查时在门头沟区西峰寺博物馆外院放置，仆地。

著录情况：《拓目》，第 297，京 6863。

按：碑原址不详，文中提及“本村古刹五圣禅林”。《拓目》载石在“门头沟区宽街”。

普胜寺重修碑

大清乾隆九年（1744）岁次甲子七月孟秋吉旦立

额篆：御制

首行：粤自象教之兴基于西土以清净无为体以慈悲不

兵部尚书班第校定

内阁中书永泰写满洲字

工部右侍郎励宗万撰文

内阁中书六十八写蒙古字

户部郎中戴临写汉字

碑为螭首龟趺长方形卧碑，阳面碑身边框饰云龙纹，碑座雕饰海水江崖，下承海墁石。碑首身通高 237 厘米，宽 380 厘米，厚 38 厘米。龟趺高 96 厘米，宽 404 厘米，厚 283 厘米。碑身拓高 152 厘米，宽 366 厘米。碑阳额文 1 行，行 2 字，篆书。额碑文满、蒙、汉三种文字合璧，满文居中，蒙文在右，汉文居左。碑身满、蒙文均 23 行；汉文 20 行，满行 24 字，现存 327 字，正书。碑阴无额题。碑身文字 8 行，均汉文，存 115 字，正书。

碑原址在东城区东华门南河沿 111 号，现藏北京石刻艺术博物馆。

著录情况：《拓汇》，第 69 册，第 150 页。《拓目》，第 297 页，京 8027。《馆目》，第 55 页。

按：碑阴为营建普胜寺官员题名，多为户部及内务府官员。

御制雍和宫碑文

清乾隆九年（1744）岁在甲子冬十月

额篆：陟降庭止

汉文首题：雍和宫碑文

清高宗弘历御制

碑身拓高 270 厘米，宽 103 厘米。碑额拓高 40 厘米，宽 40 厘米。碑阳额文满汉文各 2 行 2 字，汉文篆书。碑文满汉文合璧，满文 15 行；汉文 15 行，满行 80 字，正书。碑阴额文藏文蒙文合璧，藏文横题 2 行，蒙文竖题 2 行。碑文藏文蒙文合璧，藏文横题 84 行，蒙文竖题 17 行。

碑东城区雍和宫东碑亭，原址保存。

著录情况：《拓汇》，第 69 册，第 154、155 页。《拓目》，第 297 页，京 213。

按：清乾隆九年（1744），雍和宫改为皇家藏传佛教寺院。清高宗弘历撰写碑文称雍和宫为雍正皇帝登基前的居所，子孙后代无人能住，但若长久闲置，必显荒凉，便把它改为寺院，派驻高僧，“香幢宝纲，夕呗晨钟”，以昭崇奉，认为是纪念先皇的最好方式。

关帝庙碑

清乾隆拾年（1745）肆月初捌日立

额篆：万古流芳

首行题：承造」盖闻古之为神者莫不由于正直惟正直常存于天」

弟子伊起吉、杨大汉、刘偏、本庙梵修王义章仝敬立

碑阴

石作张廷俊

碑方首，首阳阴饰云纹，方座系后配。首身通高 261 厘米，宽 85 厘米，厚 26 厘米。座高 57 厘米，宽 97 厘米，厚 52 厘米。碑身拓高 167 厘米，宽 83 厘米。额拓高 39 厘米，宽 30 厘米。额文 2 行，行 2 字，篆书。碑文 13 行，满行 22 字，现存 185 字，正书。碑阴刊会末众等题名，分刊上下 7 栏，现存 120 字，正书。碑阴无额题。

碑原址在西城区德胜门瓮城内，1985 年 11 月 1 日征集，现藏北京石刻艺术博物馆。

著录情况：《拓目》，第 298 页，京 4148。《馆目》，第 56 页。《庙志》第 274、278 页。

敕赐翠岫十方禅院地亩碑

清乾隆十一（1746）□

额题：万善同皈

首题：敕赐翠岫十方□

碑阴

额题：法轮常转

碑残存螭首及碑身上部，碑身阳、阴边框饰卷草纹。碑首身残高 137 厘米，宽 92 厘米，厚 32 厘米。碑身拓高 42 厘米，宽 90 厘米。额拓高 33 厘米，宽 26 厘米。碑阳 2 行，行 2 字，双钩正书。碑文 24 行，满行残存 6 字，现存 115 字，正书。碑阴碑文仅存“皈依弟”1 行 3 字。

碑原址不详，现藏北京石刻艺术博物馆。

著录情况：《馆目》，第56页。

按：此碑残存碑首及身上部，碑阳残存文字6列，残存碑文中载有四至及地亩数量，碑文第4行有“和硕简亲王府”、“贝子府”、“常家坟”、“孟家坟南”等字样。碑阴居中上部仅存“皈依弟”三字，推测碑下部应为题名。

重修佛殿玉帝殿功成记载序碑

清乾隆十二年岁次丁卯（1747）孟秋（七月）中浣穀旦立

首题：重修佛殿玉帝殿功成记载序

本县贡生牛捷芳

碑首残缺，碑身残断为三，左侧为一整块，右侧从中部断为二段，现已修复。碑阳边框饰“卐”字及梅花纹碑，阴边框饰缠枝牡丹纹。碑整体尺寸未记录，碑身右侧残高230厘米，残宽57厘米，厚25厘米。碑身右侧拓高228厘米，宽53厘米；碑身左侧失拓。碑阳右侧残存11行，满行55字，正书。碑阴为题名，字迹较清晰，失拓。

1996年7月普查时碑在顺义区牛栏山镇牛栏山一中，仆地。今立于元圣宫二进院东侧。

按：1996年普查时，碑尚仆地并残断，因此只记录了碑身右侧尺寸，拓片也为碑身右侧。

元圣宫位于顺义城正北10公里的牛栏山，元末明初建成，至今保存比较完好。庙旧称真武庙，明代万历丙子年（1576）重修，康熙五十五年（1716），知县黄成章因本寺前有真武像，后有玉皇像，而改称元圣宫。庙宇坐北朝南，前立有一座木制牌楼，后有石狮一对，皆为明代遗物，有仪门、前殿、正殿、后殿、东西配殿等建筑。

潭柘山岫云寺楞严胜会碑

旹清乾隆十三年（1748）岁在戊辰秋月吉日合会众等仝立

额题：万古流芳。

首题：潭柘山岫云寺楞严胜会碑记

康熙万寿癸巳科赐进士及第历任翰林院编修充国史馆纂修官国子监司业纪录二次白山僧格勒撰记

汉军义学教授兼骑都尉纪录三次浑椿廊肅书丹

监院比丘来琳募化

碑螭首，首身相连，素面方座。碑首身通高217厘米，宽80厘米，厚20厘米；座高58厘米，宽93厘米，厚53厘米。拓高150厘米，宽80厘米。碑阳额文2行，满行2字，正书。碑文19行，满行40字，行书。碑阴刻人名，满汉文合璧，失拓。

碑在门头沟区潭柘寺山门外怀远桥西侧，坐北朝南。

著录情况：《拓汇》，第 70 册，第 34 页。《拓目》，第 299 页，京 6963。

广善米会碑

清乾隆十六年（1751）九月一日

额题：万古流芳

首行题：伏以天道经还因时育物（以下略）

碑阴

额题：广善米会

碑方首浮雕云纹，首身一体，方座。碑首身通高 226 厘米，宽 83 厘米，厚 23 厘米；座高 65 厘米，宽 113 厘米，厚 45 厘米。馆内仅存阳、阴碑额拓片，碑身失拓。拓均高 29 厘米，宽 26 厘米。碑阳、阴额文均 2 行 2 字，正书。碑阴刻捐资人名。

碑现在门头沟区戒台寺。

著录情况：《拓汇》，第 70 册，第 161 页。《拓目》，第 300 页，京 7207，广善米会置香火地碑。

都龙王庙置庙田碑记

旹清乾隆十七年（1752）岁次壬申清和月（四月）谷旦

额篆：流芳百世

首题：都龙王庙置庙田碑记

郡人杨清贻熏沐撰文

郡人何涛熏沐书丹

碑阴

首行题：大清乾隆拾肆年六月置白姓地十八亩坐落白浮村北（以下从略）

住持僧至月

顺德府内邱县石匠杨有刻字

六十六村众善人等仝立

碑石保存完好。拓高 130 厘米，宽 69 厘米。碑阳额文 2 行，满行 2 字，正书。碑文 22 行，满行 31 字，正书。碑阴前 2 行镌地亩及四至，其后镌题名，碑文 28 行，行字不等，正书。

碑在昌平区白浮堰遗址都龙王庙，原址保存。

著录情况：《拓目》，第 301 页，京 8935。

按：碑阴记“乾隆十四年置白浮村白姓地十八亩”、“十七年二月置公德林地一顷二十亩”等置地事，后刊捐资人题名。

景山南府灵官庙年例福善香茶斗香老会恭诣宝宫酬愿答报四恩碑铭

清乾隆贰拾年（1755）岁次乙亥辛巳四月吉旦

首题：景山南府灵官庙年例福善香茶斗香老会恭诣宝宫酬愿答报四恩碑铭

碑右侧题：京都皇城内景山西门灵官庙

碑左侧题：景山南府福善老会众善仝立

碑方首，首浅浮雕二龙戏珠祥云纹。碑身拓高 90 厘米，宽 59 厘米。碑文 24 行，正文 5 行，满行 34 字，行书，其后 19 行为题名，行字不等，正书。两侧拓均高 90 厘米，宽 17 厘米，正书。

碑现立于平谷区丫髻山西顶下碑场子，原址保存。

著录情况：《畿东泰岱——丫髻山》，第 63 页。

朝阳庵□药王面前戏楼碑记

清乾隆岁次己亥〔二十年（1755）〕阳月（十月）吉日

额题：永垂不朽

首题：朝阳庵□药王面前戏楼碑记

本县洗心亭主人居士周冈梧撰

本镇王琨书

住持普慧、普亮立

碑首浮雕云龙纹，边框线刻几何纹。拓高 136 厘米，宽 64 厘米。额文 2 行，满行 2 字，阳文正书。碑面文字有漫漶，碑文 17 行，满行 32 字，正书。

碑原址在顺义区牛栏山南关东井道，现存顺义区文管所。

著录情况：《拓汇》，第 74 册，第 45 页。《拓目》，第 316 页，京 9274。《重印民国顺义区志》，第 69 页。

按：《重印民国顺义区志》载："朝阳庵，一称药王庙，在牛山南关东井道，崇祯元年建。"

碑正文后，刊经理人吴邦剎、艾宗儒、吴邦正及会首张现龙等十二人题名，以及木匠吴铨、瓦匠马一魁、石匠刘文科题名。

重修观音堂记碑

大清乾隆贰拾年（1755）岁次▨

额题：重修碑记

首题：重修观音堂记

怀柔县壬申科□□恩贡生候选□□□□撰

碑阴

额题：碑阴提（按：为"题"之误。）名

碑身阴面拓高 126 厘米，宽 70 厘米。额拓高 30 厘米，宽 23 厘米。碑阳失拓。碑阳额文 2 行，满行 2 字，正书；额题上方 2 字的上半部残缺。碑文 14 行，文字多漫漶，正书。碑阴额文 2 行，满行 2 字，正书。碑身满刻男女题名，行字不等，正书。

碑现立于密云县冶仙塔碑林。

全心圣会碑

清乾隆二十三年 (1758) 四月初一日立

额题：万古流芳

碑文上方横题：全心圣会

碑方首抹角，首雕祥云纹，碑身边框刻卷草纹，座佚。碑高 155 厘米，宽 64 厘米，厚 17 厘米。碑额联身拓高 136 厘米，宽 61 厘米。额文 2 行，满行 2 字，正书。碑文上方横题文字 1 行 4 字，正书。碑文竖题 3 行，行字不等，正书。

碑在石景山区龙泉寺内。

真武庙重修序碑

清乾隆二十三年（1758）伍月吉日仝立

额题：重修碑记

首题：重修真武庙序

碑首身一体，边框浮雕云纹，座佚。碑通高 151 厘米，宽 61 厘米，厚 15 厘米。拓高 150 厘米，宽 60 厘米。额文 2 行，满行 2 字，正书。碑文 13 行，满行 52 字，正书。

碑原址当在门头沟区沿河城北城墙马面墙上的真武庙内，1995 年普查时在沿河城办事处院内放置。

万寿戒坛启建三元大悲圣会碑

大清乾隆二十三年（1758）岁次戊午月日立三元大悲老会重刻建起

额题：万古流芳

首题：万寿戒坛启建三元大悲圣会

碑阴

额题：永垂不朽

碑阴题：三元大悲圣会引善弟子（以下并列八人题名）阖会仝立

碑螭首方座，首身通高 144 厘米，宽 80 厘米，厚 20 厘米。拓高 136 厘米，宽 68 厘米。碑阳额文 2 行，满行 2 字，正书。碑阳文失拓，首题据《拓汇》补。碑阴额文 2 行，满行 2 字，正书。碑身文字 8 行，正书。

1995 年普查时，碑在门头沟区戒台寺戒坛殿后立。

著录情况：《拓汇》，第 69 册，第 146 页。《拓目》，第 297 页，京 7219。

楞严坛会记碑

大清乾隆二十五年岁在庚辰（1760）中元日（七月十五日）

额题：楞严老会

首题：楞严坛会记

金坛于敏中撰文并书

碑阴

额题：万古流芳

碑青石质，螭首方座，螭首顶端稍残。碑首身通高 260 厘米，宽 86 厘米，厚 24 厘米。座高 71 厘米，宽 116 厘米，厚 51 厘米。拓高 166 厘米，宽 86 厘米。碑阳额文 2 行，满行 2 字，正书。碑文 17 行，满行 31 字，正书。“金坛于敏中撰文并书”下镌 2 印，上阳文篆书“于敏中印”，下阴文篆书“耐圃”。碑阴额文 2 行，满行 2 字，正书。碑文均为题名，正书。阴额失拓。

碑在门头沟区潭柘寺山门外，怀远桥东侧。

著录情况：《拓汇》，第 71 册，第 176 页。《拓目》，第 305 页，京 6921。

御制重修正觉寺碑文

清乾隆二十有六年（1761）岁在辛巳冬十一月吉日御笔

额篆：御制

首题：重修正觉寺碑文

清高宗弘历御制

碑螭首，碑身阳面边框浮雕缠枝莲，碑阴无边框，龟趺。首身通高 295 厘米，宽 93 厘米，厚 31 厘米。龟趺高 89 厘米，宽 99 厘米，厚 219 厘米。碑身拓高 195 厘米，宽 94 厘米。额拓高 40 厘米，宽 30 厘米。额文 2 行，满汉文各 1 行，汉文篆书。碑文满汉合璧，满文 12 行；汉字存 12 行，满行 63 字，现存 252 字，正书。碑阴无字无额题。

碑原址在海淀区五塔寺村 24 号真觉寺，现藏北京石刻艺术博物馆，原址保存。

著录情况：《拓汇》，第 71 册，第 201 页。《拓目》，第 306 页，京 865。《馆目》第 57 页。《北京寺庙历史资料》，第 177、454 页。

御制重修正觉寺碑文（藏蒙文）

清乾隆二十六年（1761）十一月吉日

碑螭首，碑身阳面边框浮雕缠枝莲，碑阴无边框，龟趺头部残缺。首身通高 292 厘米，宽 92 厘米，厚 30 厘米。龟趺高 79 厘米，宽 101 厘米，厚 170 厘米。额文 2 行，藏蒙文各 1 行。碑文藏蒙合璧，藏文横题，存 47 行；蒙文竖题，存 12 行。碑阴无字无额题。

碑原址在海淀区五塔寺村 24 号真觉寺，现藏北京石刻艺术博物馆，原址保存。

纯善源溜老会碑

大清乾隆叁拾二年（1767）四月吉日谷旦立

额篆：万古流芳

碑身右题：大清国京都顺天府大兴县朝阳门外六里屯东口外张处」自顺治八年诚起」

碑身居中双钩竖题：纯善源溜老会

碑身左题：大清乾隆叁拾二年四月吉日谷旦立

碑阴

额题：圣母垂恩

碑方首，阳阴首部均浮雕祥云纹。首身拓高142厘米，宽75厘米。碑阳额文2行2字，双钩正书。碑文4行，行字不等，正书。碑中部竖题“纯善源溜老会”6字，字体较大，字径高10厘米，宽11厘米，双钩正书。碑阴额文2行2字，双钩正书。碑身镌会众题名，上下共11列，正书。碑阴失拓。

碑现立于平谷区丫髻山，原址保存。

著录情况：《畿东泰岱——丫髻山》，第72页。

按：据碑文，“纯善源溜老会”成立于清顺治八年（1651），至乾隆三十二年（1768）立碑时，该会已有一百一十七年的历史。

重修碑记

大清乾隆三十二年（1767）孟秋月（七月）立

额题：重修碑记

碑圆首云纹，首身一体，边框线刻花纹，断为两截。碑首身通高173厘米，宽70厘米，厚24厘米。碑首身拓高172厘米，宽70厘米。额文2行，满行2字，双钩正书。碑文内容为捐资村名、铺号、人名和金额以及社首题名等。碑仆地，另一面状况不详。

碑原址不详，但应在延庆县榆林堡一带。碑现存延庆县榆林堡村大队部院内。

潭柘岫云寺募置香火田碑记

清乾隆三十三年（1768）岁次戊子四月日建立

额篆：万古流芳

首题：潭柘岫云寺募置香火田碑记

赐进士出身诰授光禄大夫经筵讲官吏部左侍郎正黄旗汉军副都统总管内务府大臣兼管国子监事务吉林德保撰并书

碑汉白玉石质，螭首龟趺，碑面风化严重。碑首身高300厘米，宽93厘米，厚27厘米。趺座高72厘米，宽93厘米，长214厘米。碑身拓高194厘米，宽93厘米。额文2行，满行2字，篆书。碑文21行，满行52字，正书。“德保撰并书”下镌二印，上阳文篆书“德保私印”，下阴文篆书“经筵讲官”。

碑在门头沟区潭柘寺山门外怀远桥东，坐北朝南。

著录情况：《拓汇》，第 72 册，第 182 页。《拓目》，第 310 页，京 6939。

天仙圣母感应碑碣

清乾隆三十五年四月（1770）十四日谷旦

额题：万古流芳

首题：天仙圣母感应碑碣

碑阴

额题：碑记

碑方首浮雕云纹，方座。碑首身通高 91 厘米，宽 38 厘米，厚 13 厘米。座高 41 厘米，宽 66 厘米，厚 31 厘米。碑阳额文 2 行，满行 2 字，正书。碑文 10 行，满行 22 字，正书。碑阴额文 1 行 2 字，正书。碑文上方横题“拾人膏药老会”1 行 6 字，其下竖题香会会首、会众题名及年款，正书。

碑现立于门头沟区妙峰山惠济祠前。

四顶源流子孙老会酬恩碑记

清乾隆三十五年（1770）四月谷旦公立

额题：万古流芳

碑身右题：本会起自康熙五十二年迄今几六十载矣夙蒙」保佑含饴衍绕膝之休敬达涓涘泐石纪铭心之悃晁永贵及」

碑身居中双钩题：四顶源流子孙老会酬恩碑记

碑身左题：众善人等谨于」乾隆三十五年四月彀旦公立」

碑身左下角刊小字：晁宅在京都正阳门内工部南夹道处

碑侧题：东华门皇城内外众善人等仝立

碑阴

额题：□刊不朽

碑螭首，首部左侧残缺，碑首阳面边框饰卷草纹。碑身拓高 90 厘米，宽 64 厘米。碑侧拓高 86 厘米，宽 15 厘米。碑阳存文字 6 行，行字不等，正书。碑侧文字 1 行，行 13 字，正书。碑阳额及碑阴额、身均失拓。

碑现立于平谷区丫髻山，原址保存。

著录情况：《畿东泰岱——丫髻山》，第 67 页。

献灯圣会碑记

清乾隆三十八年（1773）四月吉日立石

额题：万古流芳

首题：献灯圣会碑记

碑方首雕祥云纹，碑仆地，座佚。碑首身高 116 厘米，宽 62 厘米，厚 17.5 厘米。碑首身拓高 114 厘米，宽 61 厘米。额文 2 行，满行 2 字，正书。碑文 10 行，满行 13 字，正书。

碑在石景山区龙泉寺山门外石阶西侧。

普济真君庙碑

清乾隆三十八年（1773）岁次癸巳四月谷旦

首题：普济真君庙碑

大清国京都顺天府宛平县孝义乡东黄垡村阖会人等立

文安县儒学生卢严沐手敬撰

天津府沧州王□承沐手谨书

仅见碑身，边框饰卷草纹，右上角残缺。碑残高 73 厘米，宽 65 厘米，厚 13 厘米。拓高 70 厘米，宽 67 厘米。碑文 17 行，满行 24 字，正书。

碑原址在大兴区黄垡村药王庙，现存大兴区文物管理所。

按：碑述，孙真人以医药而致普济真君之号，宛邑之南境西黄垡村有真人之行宫，祷无不灵，求无不应，四民感戴，每年梅月下浣民众都赶来献供。

永远帘子老会碑

清乾隆三十八年（1773）四月吉旦立

额题：恭建碑志

碑身右题：京都地安门内帘子库众善诚起

碑身居中题：永远帘子老会

碑身左题：大清乾隆三十八年四月吉旦立

碑阴

额题：留名不朽

碑方首，首浮雕云龙纹，碑阳、阴边框均饰卷草纹。碑身拓高 105 厘米，宽 66 厘米。碑文 3 行，行字不等，正书。碑身居中题“永远帘子老会”6 字，字径高 10 厘米，宽 11 厘米，正书。碑阳、阴额文均 2 行，满行 2 字，正书。碑阴刻会众题名。碑阳额及碑阴额、身均失拓。

碑现立于平谷区丫髻山，原址保存。

著录情况：《畿东泰岱——丫髻山》，第 67 页。

戒坛建五百罗汉尊者碑记

清乾隆三十八年（1773）岁在癸巳六月既望（十六日）建

首题：戒坛建五百罗汉尊者碑记

赐进士出身内廷供奉都察院左都御史吉林观保书

赐进士出身山西布政使司布政使前日讲起居注官翰林院侍读学士大兴朱珪撰

碑为嵌墙刻石，高 66 厘米，宽 125 厘米。拓高 66 厘米，宽 125 厘米。碑文 36 行，满行 20 字，正书。

1995 年普查时，碑在门头沟区戒台寺戒坛北门外北侧嵌墙。

著录情况：《拓汇》，第 73 册，第 105 页。《拓目》，第 313，京 7189。

蟠龙山子孙胜会碑记

清乾隆三十八年（1773）岁次癸巳立石

首题：蟠龙山子孙胜会碑记

碑抹角方首，浮雕二龙戏珠，座佚，碑仅存上半段。碑残高 125 厘米，宽 73 厘米，厚 17 厘米。碑拓高 70 厘米，宽 67 厘米。碑文 12 行，行残存 14 字，正书。

碑在石景山区龙泉寺前院。

新春如意老会碑记

大清乾隆三十九年（1774）岁次甲午孟冬（十月）吉日立

额题：新春如意老会

首题：新春如意老会碑记

卢知铭行书

碑方首浮雕云纹，座佚。碑首身相连，通高 163 厘米，宽 63 厘米，厚 16 厘米。拓高 130 厘米，宽 63 厘米。额文 2 行，满行 3 字，正书。碑文正文 9 行，其后镌题名，行字不等，行书。碑仆地，另一面情况不详。

1995 年普查时，碑在门头沟区戒台寺停车场，仆地。

著录情况：《拓汇》，第 73 册，第 141 页。《拓目》，第 314 页，京 7243。

按：馆藏拓片漫漶，书撰人据《拓汇》补。

重修七圣庙碑文

大清乾隆三十九年（1774）岁□□□冬月谷旦

额题：为善最乐

首题：重修七圣庙碑文

庚午科举人候选知县姬永年熏沐拜撰

大兴杨世澄熏沐敬书

碑阴

额题：万古流芳

碑方首方座，碑身阳、阴边框饰卷草纹。碑身阳面左及下部漫漶剥蚀，碑阴上部剥蚀，下部漫漶。首身通高228厘米，宽80厘米，厚24厘米。座高57厘米，宽114厘米，厚53厘米。碑身拓高126厘米，宽61厘米。额拓高30厘米，宽26厘米。额文2行，行2字，正书。碑文11行，满行35字，现存298字，正书。碑阴额文2行，行2字，正书。碑身镌题名，存58字，正书。

碑原址在宣武区大栅栏北火扇胡同协资庙，现藏北京石刻艺术博物馆。

著录情况：《拓汇》，第73册，第151页。《拓目》，第314页，京1282。《馆目》第58页。《北京寺庙历史资料》，第150、461页。

按：碑撰文、书丹人及年代均据《拓汇》补。

重修弘慈禅寺左记碑

清乾隆岁次丙申年〔四十一年（1776）〕仲春月（二月）吉旦立

额篆：万古流芳

首题：重修弘慈禅寺左记

钦命赐紫拈花寺住持掌僧录司管理八城诸山事务达天通理撰

碑螭首，碑身阳面边框云龙纹，座佚。碑首身通高244厘米，宽93厘米，厚32.5厘米。碑身拓高126厘米，宽55厘米。额拓高24厘米，宽23厘米。额文2行，行2字，篆书。碑文16行，满行48字，正书。首题前钤一长方印，印文不详。碑文尾钤方印二，上阳文篆书“通理之印”，下阴文篆书“达天”。

碑原址在西城区北营房中街，2001年西城区德胜门外校场口征集，现藏北京石刻艺术博物馆。

著录情况：《拓汇》，第73册，第167页。《拓目》，第314页，京4157。

重修弘慈禅寺右记碑

清乾隆岁次丙申〔四十一年（1776）〕仲春月（二月）吉旦立

额篆：永垂不朽

首题：重修弘慈禅寺右记

钦命巡视北城察院掌京畿道监察御史加一级纪录一次吴湘撰

正黄旗汉军翻译笔帖式弟子罗坦敬书

宛平弟子贾成玉敬镌

碑螭首，碑身阳面边框云龙纹，座佚。碑首身通高236厘米，宽91.5厘米，厚24.5厘米。碑身拓高126厘米，宽55厘米。额拓高23厘米，宽24厘米。额文2行，行2字，篆书。碑文16行，满行43字，正书。“吴湘撰”下方钤方印二，上阴文篆书“臣湘私印”，下阳文篆书“束轩”。碑阴失拓。

碑原址西城区北营房中街，2001年西城区德胜门外校场口征集，现藏北京石刻艺术博物馆。

著录情况：《拓汇》，第73册，第168页。《拓目》，第314页，京4156。

三晋重修吉庆寺碑记

清乾隆四十三年（1778）桂月（八月）谷旦

额题：万古流芳

首题：三晋重修吉庆寺碑记

赐进士出身文林郎翰林院检讨加二级纪录三次文水王钟健熏沐谨撰

赐进士出身奉直大夫礼部仪制司主事加一级平遥阎泰和熏沐谨书

住持行僧安然

山西太原府汾州府合会公立

碑阴

额题：万传后代

碑螭首座佚，首身通高261厘米，宽93厘米，厚26厘米。碑身拓高181厘米，宽86厘米。额拓高26厘米，宽30厘米。碑阳额文2行，行2字，双钩正书。碑文22行，满行49字，现存600字，正书。碑阴额文2行，行2字，双钩正书。碑身刊捐资铺号人名及施银金额，正书存26行，行字不等，现存1126字。

碑原址在海淀区白石桥（今首都体育馆），现藏北京石刻艺术博物馆。

著录情况：《馆目》，第59页。

按：据碑载，京师西直门外之西口二里沟，旧有吉庆寺，创始不知何年，风雨剥蚀渐进颓废。晋人之来贾于此者，岁时祭享，乃公议捐资在寺之佛殿前建关帝庙一楹。越数年，以旧制颇狭，复议于殿之南约三丈许移建圣庙，广作三楹，后又修山门、造两廊、建戏楼等。

修补龙神庙碑记

大清乾隆肆拾肆年（1779）岁次己亥六月辛未朔癸丑（二十七）日建

额题：万古流芳

首题：修补龙神庙碑记

高阳县儒学生员常尔瑜撰文

儒学生员常庆云书丹

房山县儒学生员马佺篆额

经理人佟庆、李明、栗宗富

住持燕理经、鲁宗政

石工李相镌

碑阴

额题：千秋永固

首题：众善芳名开列于后

碑方首抹角，首阳、阴均浮雕祥云，座佚。碑通高 160 厘米，宽 63 厘米，厚 10 厘米。碑身拓高 114 厘米，宽 63 厘米。碑阳额文 2 行，满行 2 字，正书。碑阳文 22 行，满行 41 字，正书。碑阴额文 2 行，满行 2 字，正书。碑阴满刻村名、人名及捐资数目。碑阳、阴均有个别字剥蚀。

碑今在房山区佛子庄乡黑龙关村西北山前水后龙神庙内殿前东侧立。

著录情况：《拓汇》，第 74 册，第 38 页。《拓目》，第 315 页，京 9986。

显应观重修记碑

清乾隆四十四年（1779）九月

首题：重修显应观记

经筵讲官户部尚书臣梁国治奉敕恭撰并书

碑螭首，碑身下部残缺，座佚。碑首身残高 305 厘米，宽 113 厘米，厚 34 厘米。碑身拓高 181 厘米，宽 100 厘米。碑阳无额题，碑文 25 行，满行残存 52 字，现存 559 字，正书。碑阴无字，无额题。

碑原址在西城区西斜街（原显应观），现藏北京石刻艺术博物馆。

著录情况：《拓汇》，第 74 册，第 44 页。《拓目》，第 316 页，京 55。《馆目》，第 60 页。《首图拓目》，第 108、948 页。《庙目》，第 62 页。

按：撰者按《拓汇》补。

碑载："皇城西安门外咸宜坊显应观者，创自明嘉靖中，越今二百余年，乾隆四十四年（1779）重加葺治。"

岫云寺龙华道场碑记

清乾隆四十有五年（1780）七月望日（十五日）后

额题：龙华胜会

首题：岫云寺龙华道场碑记

经筵讲官议政大臣礼部尚书管理太常寺事务兼总管内务府大臣镶黄旗汉军都统加一级吉林德保谨记

碑阴

额题：众信芳名

碑汉白玉石质，螭首方座，碑身阳面边框花纹，座浮雕二龙戏珠。碑首身相连，通高 250 厘米，宽 81 厘米，厚 23 厘米。座高 75 厘米，宽 112 厘米，厚 57 厘米。碑身拓高 150 厘米，宽 80 厘米。碑阳额文 2 行，满行 2 字，正书。碑文 18 行，满行 50 字，行书。碑阴额文 2 行，满行 2 字，双钩正书。碑身失拓。

碑在门头沟区潭柘寺山门外怀远桥东，坐北朝南。

著录情况：《拓汇》，第 74 册，第 83 页。《拓目》，第 316 页，京 6941。

二人老会碑

大清乾隆壬寅年〔四十七年（1782）〕秋七月谷旦立

额题：二人老会

首行题：世间最神奇之事而以平易出之斯旷百世而愈着其神奇

信士弟子明智呈献

碑阴

额题：万古流芳

碑方首方座，碑首阳、阴两面均浮雕花纹，碑身两面边框亦浮雕花纹。碑首身通高 115 厘米，宽 53 厘米，厚 12 厘米。座高 50 厘米，宽 76 厘米，厚 27 厘米。拓高 114 厘米，宽 50 厘米。碑阳额文 2 行，满行 2 字，正书。碑文 10 行，满行 25 字，正书。碑阴额文 2 行，满行 2 字，正书。碑身刻会众题名。

碑在门头沟区妙峰山惠济祠前。

创建关帝庙戏楼碑文

大清乾隆四拾捌年（1783）岁次癸卯孟夏月（四月）

额题：万古流芳

首题：创建关帝庙戏楼碑文

顺天府昌平州廪生陈⧄

山西平阳府翼城县吕⧄

居庸路军功赏花翎都司那丹珠⧄

本城司厅把总张俊杰

碑阴

额题：永垂不朽

首行题：计开尊名施财数目于左

碑身下部残缺。碑身拓高 110 厘米，宽 89 厘米。碑阳额文 2 行，满行 2 字，行书。碑文 17 行，行残存 31 字，正书。碑阴额文 2 行，满行 2 字，行书。碑身刻捐资铺号、人名及金额，正书。

碑原址不详，现存昌平公园内石刻园。

按：碑阳载“居庸关南口之中有飞檐杰阁翼如焕如”，推知碑原址应在南口一带。

法渊寺碑记

清乾隆四十九年（1784）岁在甲辰孟冬月（十月）吉御笔

额篆：御制

首题：法渊寺碑记

清高宗弘历御制

碑螭首龟趺，首身通高373厘米，宽109厘米，厚53厘米。龟趺高116厘米，宽122厘米，厚310厘米。碑身拓高218厘米，宽76厘米。碑阳额文满汉合璧，满汉文各1行，行2字，汉字篆书。碑文满汉合璧，满汉文各12行；汉文在右侧，满行80字，现存751字，正书，末行年款下镌印二方，上阴文篆书“古稀天子之宝”，下阳文篆书“犹日孜孜”。碑阴蒙藏文合璧，蒙文11行，竖刊；藏文49行，横刊。阴额蒙藏文合璧，蒙藏文各1行。

碑原址在东城区嵩祝院西巷，现藏北京石刻艺术博物馆。

著录情况：《拓汇》，第75册，第15页。《拓目》，第318页，京664。《馆目》，第60页。《首图拓目》，第135、1170页。

按：碑文载，“法渊寺在嵩祝寺左，其右侧智珠寺，佛宇毗连，皆前明经厂旧址也”，“明永乐间以延致喇嘛传写梵经，故有番经厂、汉经厂之名”。

京都顺天府大宛二县年例诚起大悲圣会众善芳名题名碑

清乾隆五十年（1785）正月谷旦阖会人等仝立

额题：永垂不朽

首行题：京都顺天府大宛二县年例诚起大悲圣会众善芳名开列于后

碑方首方座，碑身高147厘米，宽58厘米，厚13厘米。座高47厘米，宽76厘米，27厘米。拓高135厘米，宽67厘米。额文2行，满行2字，正书。碑文均为题名，行字不等，正书。碑当时仆地，另一面状况不详。

1995年普查时，碑在门头沟区戒台寺门外停车场，仆地。

著录情况：《拓目》，第318页，京7221。

清宗室常福保、荣喜等舍地刻石

清乾隆五十年（1785）十二月二十三日

首行题：舍地人厢白旗宗室（以下漫漶）

石高80厘米，宽146厘米。拓高76厘米，宽136厘米。碑文35行，前23行字体较大，满行26字，后12行字体较小，行字不等，均行书。碑风化较甚，文字多漫漶。

1995年普查时，碑在门头沟区戒台寺活动松旁。

著录情况：《拓汇》，第75册，第43页。《拓目》，第318页，京7221。

按：该碑文纪录了清乾隆四十三年（1778）至乾隆五十年（1785）间清宗室常福保、荣喜等多位成员向戒台寺舍地情况。

庄公院告示碑

清乾隆五十一年（1786）后立

额题：名著千载

碑阴

额题：流芳万古

首行题：立交代人王太定因为年老不能承管恐坏圣地幸访闻有一道人苏太新道德高明（以下从略）

□人伟书

石匠刘秉忠镌字

碑方首抹角，碑阳首浮雕祥云、团莲花，阴浮雕祥云，方座。碑大体保存完整，局部碑面有剥蚀。碑首身通高245厘米，宽88厘米，厚14厘米。座高55厘米，宽118厘米，厚50厘米。碑身拓高163厘米，宽86厘米。碑阳额文2行，满行2字，正书。碑身镌告示文，共16行，行字不等，字体大小不一，正书。碑阴额文2行，满行2字，正书。碑文16行，行字不等，正书。

碑在房山区周口店娄子水村西北半山腰庄公院，为从东数第一通碑。

著录情况：《拓汇》，第75册，第66、67页。《拓目》，第296页，京9009；第518页，京9011。

按：阳刻刻告示两则，一为清乾隆四十八年（1783）五月十二日，一为乾隆四十九年（1784）三月二十三日，内容均为庄公院道士纪一通所开荒地亩系香火庙产、不得争夺侵占事。二告示中均明示地亩四至。

碑阴刻三种内容：其一，清康熙五十四年（1715）四月初六日王太定将祖业山院卖与苏太新的契据。其二，为苏太新所记雍正年间修建庙宇、造井以及香火地亩情况。其三，为乾隆六年（1741）交与纪一通持受庄公院，以及乾隆四十七年（1782）、五十一年（1786）修建殿宇等事。

《拓目》第296页载《庄公院交接契文》为碑阳，额题为“名著千载”；《拓目》第518页载《告示碑》为碑阴，未载额题。《拓汇》第75册第66、67页图版亦把《庄公院交接契文》作为碑阳，额题为“名著千载”，《告示碑》为碑阴，额题为“流芳万古”。据实地调查，告示碑为庄公院内从东数第一通碑，刻有告示的一面面南而立，额题“名著千载”，《庄公院交接契文》实为碑阴，其额题为“流芳万古”。

该碑未刻镌刻年代，碑阳告示中的年款乃告示发布日期，非镌碑年代，刻告示于碑的目的是为了证明该寺庙产受到官府保护，因此碑阳当与碑阴《庄公院交接契文》同时刻立，碑阴提及的最晚年代为乾隆五十一年（1786）修建殿宇事，碑当镌于该年或以后。

献供斗香膏药胜会碑

清乾隆五十二年（1787）四月十三日谷旦

额题：万古流芳

首行题：京都顺天府宛平县西直门外成府村年例诚起

碑阳中题：献供斗香膏药胜会

末行题：乾隆五十二年四月十三日谷旦

碑阴

额题：勒碑刻铭

碑方首抹角，首浮雕云纹，方座。碑高 90 厘米，宽 34 厘米，厚 9 厘米。座高 45 厘米，宽 53 厘米，厚 25 厘米。拓高 108 厘米，宽 32 厘米。碑阳额文 2 行，满行 2 字，正书。碑文 3 行，行字不等，正书。碑阴额文 2 行，满行 2 字，正书。碑身刻会首会众题名，正书。

碑在门头沟区妙峰山惠济祠前。

德胜门外沙家坟诚起大悲老会恭往戒台寺进香题名碑

清乾隆五十四年（1789）三月吉立

额题：万古流芳

首行题：德胜门外沙家坟年例诚起大悲老会恭往戒台寺进香斋僧礼忏施食众善芳名于左

碑方首，座佚。碑首身通高 172 厘米，宽 61 厘米，厚 13 厘米。首身拓高 134 厘米，宽 57 厘米。额文 2 行，满行 2 字，正书。碑文满刻会众芳名，包括汉人、满人及妇女等，行字不等，正书。碑仆地，另一面状况不详。

1995 年普查时，碑在门头沟区戒台寺门外停车场，仆地。

著录情况：《拓汇》，第 75 册，第 110 页。《拓目》，第 320 页，京 7255。

▨重修碑记

大清乾隆五十四（1789）年菊月（九月）谷旦立

首题：▨重修碑记

本堡县学增生□为桐撰文

山东兖州府寿张县今住帮水峪永安寺僧人清云沐手书丹

碑原址不详，但应在延庆县榆林堡一带，现在延庆县榆林堡村大队部院内。

碑无首，碑身边框线刻花纹。碑身高 140 厘米，宽 60 厘米，厚 23 厘米。碑身拓高 135 厘米，宽 60 厘米。碑文 16 行，文字多漫漶，行字不等，行书。碑倚墙横置，另一面状况不详。

按：碑文提及东门外旧有龙神、东岳行宫二处，又记配建神农皇帝之庙事。

圣文寺香火地碑记

清乾隆五十六年（1791）岁次辛亥荷月（六月）敬立

额题：永垂不朽

首题：圣文寺香火地碑记

碑身边框饰卷草纹，下部残缺，碑面风化，文字多漫漶不清。碑身拓高 61 厘米，宽 53 厘米。额拓高 22 厘米，宽 22 厘米。额文 2 行，满行 2 字，正书。碑文 15 行，行残存 18 字，正书。

碑原址不详，现存昌平公园内石刻园。

喇嘛说碑

碑阴

清乾隆五十有七年（1792）岁次壬子孟冬月（十月）之上浣御笔

首题：喇嘛说

清高宗弘历御笔

碑身拓高 290 厘米，宽 111 厘米。碑正文 21 行，行中间有小字注释，行字不等，正书。碑文末行题款下镌印章二方，上阴文篆书“八征耄念之宝”，下阳文篆书“自强不息”。碑阳刻满文，碑东侧刻蒙文，碑西侧刻藏文。

碑现立于东城区雍和宫正殿前，原址保存。

著录情况：《拓汇》，第 76 册，第 37—40 页。《拓目》，第 519 页，京 214。

按：碑文为乾隆皇帝撰文并书丹，内容主要包括三个方面：喇嘛教的来历，为什么要崇尚喇嘛教，以及如何控制喇嘛教的传承问题。

城隍庙香火地碑

清乾隆五十九年（1794）二月吉日立

额题：昭示来许

首行题：城隍庙香火地一段三顷三十三亩零坐落四至开列于后

住持僧世浩

碑身边框饰卷草纹。拓高 136 厘米，宽 60 厘米。额文 2 行，行 2 字，正书。碑文 12 行，满行 30 字，正书。

碑原址不详，现存顺义区文管所。

按：碑文述及城隍庙香火地，其一“坐落大营村东”，另有“缔兴寺于乾隆四十八年（1783）修补，亦系城隍庙僧人带管”，还购置马邦彦、马邦喜地一段，“坐落石门村家东”。后为当年会首王俊凯等共十八人题名。

永护会碑记

清乾隆五十有九年（1794）岁次甲寅清和（四月）谷旦吉立

额篆：永护圣会

首题：永护会碑记

献石弟子吴常寿、于官福

镌刻弟子刘常寿、王山根、黄万宁

诚立住持道李嘉相

碑为嵌墙立石，高 107 厘米，宽 43 厘米，厚 14 厘米。拓高 103 厘米，宽 42 厘米。额文 1 行 4 字，横题碑上方，篆书。碑左侧题年款 1 行 17 字，正书；年款右侧碑文分题上下两栏，上为碑记，共 15 行，满行 16 字，正书；下为捐资、献石、镌刻弟子题名，行字不等，现存 323 字，正书。

碑原址在西城区鼓楼大街药王庙，现藏北京石刻艺术博物馆。

著录情况：《馆目》，第 9 页。

按：碑文记述，永护会由内银库众善人等发起捐资。该会历年在旧鼓楼大街北药王庙进香祈福，而设驾则停在铸钟厂真武庙内。清乾隆五十二年（1787）众善又捐资创修殿宇三间，并听从住持道王智诚之言，塑斗母金像护佑群生。至乾隆五十九年（1794）四月始作碑记，并嵌石于殿庑东壁。碑下半部刊捐资弟子题名。

《拓汇》第 76 册第 72 页载“永护圣会碑”，大清乾隆五十有九年岁次甲寅四月之望吉旦恭立，碑身拓高 134 厘米，宽 68 厘米，额高 20 厘米，宽 19 厘米，可参考。

龙灯老会碑

大清乾隆五十九年（1794）岁次甲寅清和月（四月）吉日阖会众善信敬立碑碣

额题：金光普照

碑身右题：京都顺天府大宛二县东四牌楼北八巷朱处会同」外西安门内旗民众善人等重修（以下从略）

碑身上部居中竖题：龙灯老会

诚信士弟子朱福兴、朱福旺、信女朱门礼氏、朱门□氏率侄子瑞麟、瑞常、瑞泰、瑞栋献

碑螭首，碑身阳面边框饰卷草纹。碑身拓高 109 厘米，宽 75 厘米。碑阳额文 2 行 2 字，正书。碑文行字不等，正书。碑上部居中题“龙灯老会”四大字，下半部刊阖会香首、信女题名共五栏。碑阴、碑侧无字。

碑现立于平谷区丫髻山西顶下碑场子，原址保存。

著录情况：《畿东泰岱——丫髻山》，第 70 页。

华藏弥陀寺重修碑

明万历壬辰〔二十年（1592）〕仲夏（五月）下旬八日（二十八）书顶礼哀泣叩拜重上石

大清乾隆甲寅年〔五十九年（1794）〕七月（翻刻）

额题：诸行无常是生灭法生灭灭已寂灭为乐如来证涅槃永断于生死若能志心听常得无量乐

碑身上方横题：释迦如来双迹灵相图

首行题：按西域记云摩竭陁国波吒厘精舍

末行题：圣迹在西直门里三官庙后华藏弥陀寺立

碑阴

明万历二十年（1592）五月

大清乾隆甲寅年〔五十九年（1794）〕七月（翻刻）

首题：古刹八达寺重修华藏弥陀寺

翰林院学士焦竑书碑记序

碑右侧

大清乾隆甲寅年〔五十九年（1794）〕七月

首题：□自幼在弥陀寺剃度（以下从略）

长寿庵主持僧广文勒石

碑左侧

首题：谨将众善人等姓名开列于左

碑方首方座，首饰二龙戏珠如意云纹，碑身阳面边框饰线刻莲花纹。首身通高 197 厘米，宽 68 厘米，厚 21 厘米。座高 46 厘米，宽 84 厘米，厚 44 厘米。碑身阳、阴、两侧皆镌文，碑身拓高 128 厘米，宽 67 厘米。额高 25 厘米、宽 18 厘米。侧拓高 127 厘米，宽 20 厘米。碑阳额文 4 行，满行 9 字，共 36 字，正书。碑身镌“释迦如来双迹灵相图”及题记，记文 31 行，满行 15 字，共 392 字，正书。碑阴无额题。碑文 22 行，满行 56 字，现存 1128 字，正书。碑侧记载长寿庵创建情况，碑文 6 行，满行 48 字，现存 243 字，正书。另一侧镌捐资人题名 5 行，现存 74 字，正书。

碑原址在西城区西四北八条胡同（武王侯胡同）35 号，现藏北京石刻艺术博物馆。

著录情况：《拓汇》，第 58 册，第 28 页，《释迦如来双迹图》；第 76 册，第 81 页，碑两侧《长寿庵记》。《拓目》，第 452 页，京 367，《释迦如来双迹图》；第 323 页，京 368，碑两侧《长寿庵记》。《馆目》，第 43 页。《庙目》，第 58 页。《庙志》，第 21 页。《石刻保护论文集》（内部资料），滕艳玲《古刹八达寺重修华藏弥陀寺碑变迁记》。

按：碑阳额题为大唐西崇福寺沙门智升所撰“集诸经礼忏仪卷上”中文字。

碑阳上部线刻佛像，中部为佛足图，两图间横题“释迦如来双迹灵相图”，下部为题记。上部佛像为一佛二菩萨端坐于莲台之上，像后线刻背光，左右有力士各一。佛足左右有佛八宝纹饰，图中也饰有双鱼等纹饰。题记末行记为“圣迹在西直门里三官庙后华藏弥陀寺立”。

碑阴记述高僧华藏于明嘉靖十三年（1534）二月吉日入昌平沟沟崖西峰寺修行三十余载事。

碑侧的《长寿庵创建记》载，该庵住持僧广文自幼在弥陀寺剃度，因弥陀寺“地当孔道”，后别创一刹即长寿庵以作静养。又恐“不知衲眷属之由开创之意，谨将弥陀寺碑文移立庵中”。

碑侧提及“谨将弥陀寺碑文移立庵中”，而非将碑移立庵中，可知该碑阳、阴均为清乾隆五十九年翻刻。碑阳题记末行题“圣迹在西直门里三官庙后华藏弥陀寺立”，当为住持僧广文所题，所谓“圣迹”，当是指《释迦如来双迹图》原碑。从碑阴的碑面布局及文意看，碑文应未刻完，因碑文右侧文字与边缘相距不足2厘米，而左侧则有约13厘米的空白；碑阴碑文前面有焦竑的题记，后为华藏的自述，焦竑书丹。但碑文文字书法与焦竑的文坛地位颇不相符，当是刻工较差所致，亦可佐证该碑为清乾隆五十九年翻刻，而原碑当时还在华藏弥陀寺。查阅史料，惜未见有关原碑的记载，不知现碑的阳、阴两面是翻刻自同一碑，还是不同的碑。

▨修敕赐广福禅寺碑记

清乾隆五十九年（1794）□月吉旦立碑

首题：▨修敕赐广福禅寺碑记

邑庠生李湄撰文

吏部候选州右堂会稽朱成谟书丹

碑身上部残缺，边框镌卷草纹。碑身高140厘米，宽88厘米，厚27厘米。拓高130厘米，宽70厘米。碑面文字多漫漶，碑文18行，满行残存38字，正书。

1996年普查时碑存放通州区张家湾镇公园内，仆地，碑阳朝上。

按：《日下旧闻考》载，广福寺本元高丽寺旧址，明正统己未〔四年（1439）〕更建，赐今额。该碑碑文虽剥蚀，但依稀可见“大明正统己未”之语，正可与《日下旧闻考》互证。

年款署“▨五十九年”，年号剥蚀。有清年号有五十九年者只有康熙和乾隆。《日下旧闻考》为乾隆朝所修，此碑未见载，因此碑似应镌于《日下旧闻考》成书之后的乾隆五十九年。

永定门内外观音老会进香题名碑

大清乾隆六十年（1795）四月十七日

额题：万古流芳

首行题：京都永定门内外年例诚起观音老会公往戒台寺进香斋僧礼忏施食功德无量旗民众善」人等芳名开列于左」

碑方首浮雕云纹，座佚。碑首身一体，通高174厘米，宽57厘米，厚10厘米。拓高149厘米，宽57厘米。额文2行，满行2字，正书。碑文镌男女会众题名，行字不等，正书。碑仆地，另一面情况不详。

1995年普查时，碑在门头沟区戒台寺停车场东南，仆地。

著录情况：《拓目》，第 324 页，京 6761。

修补道路圣会碑碣

大清乾隆六十年（1795）夏月吉日立

首题：修补道路圣会碑碣

碑阴

中华民国丁丑年（1937）夏历四月初一日吉立

首行题：□修福作德乃人人之所乐（以下从略）

王松岩撰

李谷襄书

碑首碑座均佚，碑身阳面边框刻花纹，现座系后配。碑身高 102 厘米，宽 51 厘米，厚 12 厘米。拓高 98 厘米，宽 51 厘米。碑阳前半部镌正文 8 行，满行 28 字，其后为会首、会众、僧人题名及年款 1 行，均正书。碑阴前半部镌碑文 8 行，无首题，上部残缺约 2 至 3 字，行残存 48 字，其后为发起人题名和年款，正书。碑阴文字方向倒置。

碑在门头沟区妙峰山惠济祠前立。

子午香长香会碑记

大清乾隆六十年（1795）岁次乙卯孟夏（四月）谷旦

额篆：圣母垂恩□□

首题：子午 香 长 香 会 碑记

引善弟子贺履中敬立

碑圆首，首浮雕祥云纹，碑阳、阴边框饰卷草纹，碑身上方断裂后粘接，断裂处右侧残缺，文字部分缺失。碑身拓高 110 厘米，宽 69 厘米。碑文 14 行，满行 29 字，正书。碑阳额及碑阴额、身失拓。

碑现立于平谷区丫髻山西顶下碑场子，原址保存。

著录情况：《畿东泰岱——丫髻山》，第 72 页。

按：首题、额文按《畿东泰岱——丫髻山》补录。

元圣宫题名残碑

清乾隆六十年（1795）九月谷旦立

张永宽沐手书丹

碑右侧残缺，仅余左半部，首佚，碑身边框饰卷草纹。拓高 167 厘米，宽 36 厘米。碑文残存左半部，文字 9 行，行字不等，正书。

1996 年 7 月普查时，碑在顺义区牛栏山一中院内（原元圣宫旧址），原址保存，仆地。

按：碑残存左半部，为 9 行题名，所刊题名多为时顺义官绅即“原任骁骑校积德、特授直隶顺义城守营都闲府军功一等加五级纪录五次袁定纲、署顺义区知县加三级纪录五次崔人纪、顺义区训导候选知县加三级纪录三次戴三公、直隶候补吏目管顺县典史事加二级陈风漩、提标前营顺义营漕河汛把总加三级军功纪录二次贾兴贵、直隶顺义营杨各庄汛河厅加三级胡国良”。尾刊“京都顺天府大兴县民籍施舍香火地壹顷伍拾亩整，坐落怀河东”。立碑人为主持僧源胜等率徒广维等及徒孙绪星等。

重修翠微山大悲寺记碑

清乾隆六十年（1795）岁在乙卯孟□旦

首题：重修翠微山大悲寺记

诰授中宪大夫工部营缮司□□□阳方体祖□□书

碑无首，碑身上部抹角，方座，座正面雕象，侧雕灵芝草。碑身高 138 厘米，宽 70 厘米，厚 14.5 厘米。碑座高 53 厘米，宽 84 厘米，厚 34 厘米。碑身拓高 134 厘米，宽 70 厘米。碑文 14 行，满行 27 字。正书。

碑在石景山区八大处四处大悲殿前石阶西侧。

潭柘山岫云寺置地修道碑记

清乾隆六年（1741）辛酉三月后之乾隆年间（1741—1795）

额题：万古流芳

首题：潭柘山岫云寺置地修道碑记

赐进士出身通议大夫内廷供奉通政使司通政使加一级桐山张若霭篆

碑方首浮雕云纹，首身一体，方座。碑首身通高 215 厘米，宽 70 厘米，宽 20 厘米。碑座高 53 厘米，宽 94 厘米，厚 43 厘米。碑身拓高 140 厘米，宽 70 厘米。碑阳额文 2 行，满行 2 字，双钩正书。碑文 18 行，满行 34 字，正书。碑阴有字，风化较甚，失拓。

碑立于门头沟区潭柘寺山门外怀远桥西侧，坐北朝南。

重修关帝庙碑

清嘉庆三年（1798）四月上浣之吉立

额篆：重修关帝庙碑

首题：重修关圣帝君庙记

诰授光禄大夫总督仓场户部右侍郎军功加一级又加十一级纪录七次刘秉恬撰

通议大夫日讲起居注官詹事府詹事纪录七次平恕书

穆礼贤镌

碑阴

额题：万古流芳

首题：重修关圣帝君庙后记

碑身边框饰卷云纹，风化极严重，上半部碑文泐失，只下半部部分碑文可识。首身高177厘米，宽75厘米，厚20厘米。碑身拓高144厘米，宽80厘米。额拓高28厘米，宽24厘米。碑阳额文3行，行2字，篆书。碑文漫漶，行字不详，正书。碑阴额文2行，行2字，正书。碑文前为重修关圣帝君庙后记正文，后为捐资题名及金额，正书。

碑1999年3月8日征集自宣武区北半截胡同41号谭嗣同故居（原湖南会馆），现藏北京石刻艺术博物馆。

著录情况：《拓汇》，第77册，第29页。《拓目》，第325页，京734。

按：据残存碑文，关圣帝君庙在“京师宣武门外绳匠胡同”。

该碑因上半部风化泐毁严重，存字多不能辨识。年代、首题及撰文、书丹人职衔和刻工题名均按《拓汇》补录。《拓汇》、《拓目》载碑原址在宣武区菜市口胡同伏魔寺。

秉心如意老会题名碑

大清嘉庆三年（1798）岁在戊午八月谷旦合会众等仝立

额题：永垂不朽

首行题：京都顺天府宛平县右安门内外众善诚起秉心如意老会年例八月前到潭戒二山呈贡拈香办斋☐

碑方首浮雕云纹，方座，碑、座分离。碑首身通高164厘米，宽60厘米，厚14厘米。拓高135厘米，宽60厘米。额文2行，满行2字，正书。碑文满刻会众题名，行字不等。碑仆地，另一面情况不详。

1995年普查时，碑在门头沟区戒台寺门外停车场，仆地。

著录情况：《拓目》，第326页，京6783。

大悲随心圣会捐资题名碑

清嘉庆五年（1800）三月二十三吉日立

额题：大悲随心圣会

首行题：兹因前三门内外众善诚起大悲随心圣会（以下从略）

碑阴

额题：万古流芳

碑方首浮雕云纹，首身一体，方座为后配。碑首身通高163厘米，宽72厘米，厚19厘米。座高55厘米，宽92厘米，厚29厘米。馆内仅存碑阳额拓片，拓高33厘米，宽23厘米。阳额文2行，满行3字，正书。阳面碑身满刻题名，失拓。碑阴额文2行，满行2字，正书，失拓。阴面碑身是否镌字，情况不详。

碑在门头沟戒区台寺戒坛殿后。

著录情况：《拓汇》，第77册，第71页，京7233。《拓目》，第326页，京7233。

碑重建天太山慈善寺大悲坛碑记

清嘉庆五年（1800）八月立石

额题：永垂不朽

上联：慈念常昭界道银绳面四衢而拓制

下联：善因不昧擢茎金表跨八万之具成

首题：重建天太山慈善寺大悲坛碑记

信官弟子内阁学士兼礼部侍郎萨彬图恭撰

同弟乡贡进士宁古斋敬书

碑嵌墙，浮雕龙纹方首、梅兰鹤方座。碑保存基本完好，座左下角残损。碑四框莲花纹，碑身外嵌石额、石联。碑通高 324 厘米，宽 115 厘米。碑身拓高 141 厘米，宽 67 厘米。额拓高 15 厘米，宽 40 厘米。二联拓均高 170 厘米，宽 11 厘米。额横题 1 行，满行 4 字，正书。碑文 22 行，满行 42 字，正书。联竖题 2 行，满行 14 字，正书。

碑在石景山区慈善寺大悲坛东廊头，嵌墙。

慈善寺重修碑

清嘉庆七年（1802）立石

额题：万善同归

上联：上当星纪下接莲峰欢喜同登佛土

下联：字表金镌书传玉勒威灵永固皇图

首题：昔古佛云人生在世如

碑嵌墙，方首，浮雕鹿松兰竹方座。碑四框莲花纹，碑身外嵌石额、石联。碑通高 324 厘米，宽 115 厘米。碑身拓高 141 厘米，宽 67 厘米。额拓高 15 厘米，宽 40 厘米；二联拓均高 170 厘米，宽 11 厘米。额横题 1 行，满行 4 字，正书。碑身上半部分刻碑文，下半部分刻捐资人名，碑文 24 行，满行 9 字，正书。联竖题 2 行，满行 14 字，正书。

碑在石景山区五里坨慈善寺大悲坛西廊，嵌墙。

天龙寺置地捐资修葺碑

清嘉庆八年（1803）岁在癸亥七月

额篆：德沐珠林

赐进士出身诰授中议大夫太仆寺卿加二级纪录六次周□林撰文

赐进士出身翰林院庶吉士充国史馆纂修武英殿协修工部都水司主事加一级赵玉书丹

碑阴

额篆：天龙寺碑

碑螭首，碑身上部残断，方座系后配。碑首身通高 284 厘米，宽 80 厘米，厚 23 厘米。

碑身拓高160厘米，宽66厘米。阳、阴额均失拓。碑阳文字15行，满行51字，正书。碑阴，刻捐资题名及钱数，文字大部分漫漶，依稀可见首行有“乾隆壬子补葺”、二行刻“天龙寺诸善台布施功德列左”字样，碑阴文字16行，行字不详，正书。

碑原在崇文区广渠门内天龙东里，现存崇文区隆安寺。

著录情况：《拓汇》，第77册，第137页。《拓目》，第327页，京7958。

按：该碑的年代、书撰人题名、存字情况等，据《拓汇》补。

重修孔水洞关帝庙碑记

清嘉庆九年（1804）岁在甲子孟冬（十月）谷旦

额篆：重修龙泉寺功德主碑

首题：重修孔水洞关帝庙碑记

赐进士出身即用县正堂邑人徐梦陈撰

顺天府学生员罗瑛书丹

住持僧普兴敬立

碑阴

额篆：万古流芳

首行题：重修古迹万佛龙泉禅寺关圣大殿东西堂各村布施开列于后

碑螭首方座。首身通高305厘米，宽91厘米，厚27厘米。座高59厘米，宽113厘米，厚50厘米。碑身拓高203厘米，宽83厘米。额拓高38厘米，宽28厘米。碑阳额文3行，满行3字，篆书。碑文20行，满行58字，正书。碑阴额文2行，满行2字，篆书。碑文21行，均为各村捐资金额，正书。

碑今在房山区河北镇磁家务煤矿孔水洞。

京邑财神老会公议碑

清嘉庆丙寅年〔十一年（1806)〕孟夏（四月）重修

额题：名垂千古

首行题：京邑财神老会殿宇并有楞严菩萨殿宇（以下从略）

碑方首浮雕祥云纹，首身一体，无座。碑通高193厘米，宽64厘米，厚23厘米。碑身拓高124厘米，宽64厘米。额文2行，满行2字，正书。碑文前4行，满行52字，记载京邑财神老会公议于每岁仲夏同赴西山供奉信香及于都中献戏礼神事，其后18行为会首、会众、信女题名，均正书。碑倒地，另一面失拓，情况不详。

1995年普查时，碑在门头沟区戒台寺观音殿后院，仆地。

一山善人灯会捐资碑

清嘉庆十三年（1808）岁次戊辰三月谷旦

额篆：万古流芳

首行题：丫髻山在都城之东相距百余里北倚紫塞南拱神京冈峦回合蜿蜒磅礴而钟秀特

太子少保协办大学士户部尚书信官戴衢亨敬撰并书

信士王光治等敬立石

碑侧题：京都龙灯老会挂灯献茶

碑螭首，碑身边框饰花纹。拓高140厘米，宽82厘米。碑阳额文2行，满行2字，篆书。碑文19行，满行36字，正书。碑侧"京都"二字横题于上方，其下文字竖题，均正书。额、侧失拓。碑阴无字。

碑现立于平谷区丫髻山西顶下碑场子，原址保存。

著录情况：《平谷文物志》，第134页。《畿东泰岱——丫髻山》，第74页，载为《一山善人灯会记事碑》。

新建宛平县城隍庙碑记

清嘉庆十七年（1812）八月谷旦立

额题：万古流芳

首题：新建宛平县城隍庙碑记

碑阴

额题：光垂日月

碑方首方座，首右上部残缺，碑身下边残缺，碑面风化较甚。首身通高230厘米，宽75厘米，厚22厘米。座高67厘米，宽102厘米，厚48厘米。碑身拓高64厘米，宽44厘米。碑阳额文2行，行2字，正书。碑文残存11行，现仅存37字，正书。碑阴额文2行，行2字，正书。碑身题名。碑阴额及身均失拓。

碑原址在西城区地安门西大街133号（原西皇城根北街保安寺），现藏北京石刻艺术博物馆。

著录情况：《拓汇》，第78册，第102、103页。《拓目》，第331页，京488。《馆目》，第61页。《首图拓目》，第105页，第909页。《庙目》，第25页。

按：该碑面风化严重，字泐甚，首题额题及碑阴情况据《拓汇》补。

新建宛平县城隍行宫山门碑记

清嘉庆十七年（1812）玖月十一日

额题：芳名不朽

首题：新建宛平县城隍行宫山门碑记

碑阴

额题：果行碑记

碑方首抹角，首浮雕祥云纹，方座。碑首身通高 200 厘米，宽 68 厘米，厚 21 厘米。座高 57 厘米，宽 86 厘米，厚 47 厘米。碑身拓高 132 厘米，宽 60 厘米。额拓高 16 厘米，宽 15 厘米。碑阳额文 2 行，满行 2 字，正书。碑文 14 行，满行 40 字，共 396 字，正书。碑阴额文 2 行，行 2 字，正书。碑身满刻铺号人名，存 19 行 492 字，正书。

碑原址在西城区地安门西大街 133 号，现存北京石刻艺术博物馆。

著录情况：《拓汇》，第 78 册，第 104、105 页。《拓目》，第 331 页，京 489。《馆目》，第 61 页。《首图拓目》，第 105、910 页。《庙目》，第 25 页。

重修吉祥庵碑记

清嘉庆十九年（1814）

额题：重修碑记

首题：重修吉祥庵碑记

赐进士出身文林郎题补福建龙溪县知县邵自锦盥手敬撰

邑人薛自谦书丹

碑方首抹角，首部刻花纹，碑身边框花纹。首身拓高 226 厘米，宽 72 厘米。碑阳额文 2 行，满行 2 字，正书。碑文正文 11 行，满行 45 字，正书。其后小字书“庙内香火地亩附后”等 7 行文字，再后 3 行书年款及书撰人名，均正书。碑阴失拓。

碑原址在密云县密云镇季庄村吉祥庵，出土于季庄小学教学楼工地，现立于密云县冶仙塔碑林。

玉虚宫碑记

清嘉庆岁次丙子〔二十一年（1816）〕清和月（四月）吉日

额题：万古流芳

首题：玉虚宫碑记

钧香酣史夔铭撰并书

碑阴

额题：嘉庆年示

首行题：顺天府为严禁事照得房山县西四十里宝金山有道院住

碑方首抹角，碑首浮雕绶带、祥云、蝙蝠，碑身阳面边框线刻几何纹样，碑身阴面边框浮雕卷草纹。碑首身通高 168 厘米，宽 75 厘米，厚 14 厘米。碑阴拓高 158 厘米，宽 73 厘米，碑阳失拓。碑阳额文 2 行，满行 2 字，正书。碑文 18 行，满行 35 字，行楷相间。碑阴额文 2 行，满行 2 字，正书。碑阴文字 8 行，满行 30 字，正书。

碑立于房山区黄山店乡宝金山玉虚宫大殿前北侧，仆地。

著录情况：《拓汇》，第 78 册，第 147，148。《拓目》第 332 页，京 9055；第 520、521 页，京 9057。

按：顺天府告示内容为严禁玉虚宫附近山民滋扰毁损道院周围的果树，违者按律惩治，并标明本寺四至。

重修佛峪口汤泉观碑记

清嘉庆二十二年（1817）秋桂月（八月）谷旦立

额题：百世流芳

首题：重修□□口汤泉观碑记

延庆卫候选训导岁进士王□福撰书

碑阴

额题：永垂不朽

碑圆首，碑身断为两截，碑身阳阴均线刻边框。碑首身通高142厘米，宽59厘米，厚17.5厘米。碑身拓高136厘米，宽59厘米。碑阳额文2行，满行2字，双钩正书。碑文24行，行字不等，正书。碑阴额文2行，满行2字，双钩正书。碑身刻铺号、人名及捐资钱款，正书。

碑在延庆县松山自然保护区林场原汤泉观内（现塘子浴宾馆前），仆地。

按：《光绪延庆州志》卷十一载碑文"于锡福重修佛峪口汤泉观碑记"，撰文人为于锡福。而从馆存拓片上看，撰文人为"王□福"，碑从中部断裂，裂缝恰在"王"字下方，致使撰文人名中间一字残缺。州志所载碑文内容与馆拓相同，州志所载撰文人"于锡福"当为"王锡福"之误记。

三义庙创立义园并施棺木碑记

清嘉庆二十三年（1818）岁次戊寅菊月（九月）吉旦

首题：三义庙创立义园并施棺木碑记

额题：永垂不朽

住持僧广瑞率僧徒孙觉悟敬立

碑阴

额题：山左仝立

首行题：大清嘉庆十年三月十六日置地一段（以下从略）

碑螭首方座。碑高240厘米，宽85厘米，厚23厘米。阳、阴身拓均高151厘米，宽81厘米。阳额拓高25厘米，宽26厘米。阴额拓高31厘米，宽25厘米。碑阳额文2行，行2字，正书。碑文33行，满行52字，正书。碑阴额文2行，行2字，正书。碑文12行，满行56字，正书。

1996年普查时，碑在通州区北苑粮食加工厂内三义庙旧址院内东侧立。

著录情况：《拓汇》，第78册，第178页。《拓目》，第520页，京8322。

按：碑阳前6行为碑文正文，后为题名，上下分刊13栏。碑阴记述三义庙历次置地情况及四至，即清嘉庆十年三月十六日、嘉庆十三年十二月初六日、嘉庆十六年七月二十九日、嘉庆二十五年十一月初七日及道光二年三月初十日共五次置地。碑在记述完道光二年置地情况后留有空白，据此推断碑阴至迟在道光二年刊刻。碑阴末尾镌 4 行助善人题名。

中兴秘魔崖证果禅寺十方常住缘起碑记

清道光二年（1822）岁名元黓敦牂月名极如（二月）辛丑日（二十五日）

额篆：证果寺重修缘起记

首题：中兴秘魔崖证果禅寺十方常住缘起碑记

传贤首宗三十二世讲经沙门幻庵崇理杲鉴撰

南书房翰林古歙程恩泽书

碑螭首龟趺。碑首身通高 305 厘米，宽 90 厘米，厚 17 厘米。趺座高 60 厘米，宽 90 厘米，长 180 厘米。碑身拓高 181 厘米，宽 87 厘米。额拓高 51 厘米，宽 32 厘米。碑阴梵文额拓高 9 厘米，宽 30 厘米。碑阳额文 2 行，满行 4 字，篆书。碑文 15 行，满行 34 字，正书。碑阴首部阴刻梵文碑额 1 行，横题，为佛教六字真言。

碑现立于石景山区八大处八处证果寺山门外东侧。

著录情况：《拓汇》，第 79 册，第 23 页。《拓目》，第 335 页，京 6455。

镇海寺旧碑记

明景泰五年（1454）甲戌孟秋（七月）僧录司右善事兼住持大圆通寺七十一叟如幻南浦老人撰

清道光二年壬午（1822）季春（三月）觉生寺住持沙门海峰源亮重刻

额篆：昭示来今

首题：镇海寺旧碑记

南书房翰林寿阳祁寯藻重书

碑螭首龟趺。碑首身通高 280 厘米，宽 79 厘米，厚 16 厘米。趺座高 70 厘米，宽 70 厘米，长 170 厘米。碑身拓高 185 厘米，宽 77 厘米。额拓高 40 厘米，宽 30 厘米。碑阴梵文额高 9 厘米，宽 30 厘米。碑阳额文 2 行，满行 2 字，篆书。碑文 15 行，满行 40 字，正书。碑阴首部阴刻梵文碑额 1 行，横题，为佛教六字真言。

碑现立于石景山区八大处第八处证果寺山门外西侧。

著录情况：《拓汇》，第 51 册，第 192 页。《拓目》，第 214 页，京 6453。

按：此碑文原为明景泰五年南浦所撰，据《日下旧闻考》卷一百四，是碑原名《重修镇海禅寺记》，并载其全文。据道光二年《证果寺重修缘起碑》记载，此碑嘉庆年间已残。海峰法师和杲鉴发现后，在重修证果寺时重刻，由祁寯藻重新书丹。

福缘善庆碑

大清道光六年（1826）丙戌五月上浣谷旦

额题：福缘善庆

碑方首云纹，碑身线刻几何纹，座佚。碑首身通高226厘米，宽64厘米，宽23厘米。拓高218厘米，宽67厘米。额文2行，满行2字，正书。碑身表面风化严重，满刻题名，文字多无法辨识，依稀可见“众善人等”、“募化”及年款等。

1996年普查时，碑在顺义区李遂乡葛带子村西南角，仆地。

按：因石面泐甚，碑文实难辨认。据《北京市顺义区地名志》载，葛代子村“村内现存清代建筑宝灵宫，即娘娘庙”。由此推测该碑应为宝灵宫遗物。《重印民国顺义区志》建置志曰：“宝灵宫，在葛代子村西土台上，乾隆间重修。石阶层高，殿西南隅，有一柱虚悬。据称，光绪十六年白河溢，石柱下陷，此柱独悬，附近村人神异传说，并于乾方塑像，美名龙道真人。”

重修慈祥庵碑记

清道光七年（1827）丁亥秋九月

额篆：用垂不朽

首题：重修慈祥庵碑记

京西遗光寺传贤宗教关三十二世讲经沙门崇理杲鉴撰

懋勤殿首领吕进祥书

碑身拓高152厘米，宽86厘米。额拓高24厘米，宽23厘米。额文2行，满行2字，篆书。碑文13行，满行26字，正书。

碑在石景山区模式口慈祥庵。

著录情况：《拓汇》，第79册，第123页。《拓目》，第337页，京10220。

重修龙王庙碑

大清道光己丑〔九年（1829）〕孟秋月（七月）立

额题：万善同归

庠生吴文□撰文

张永富书丹

住持孙永庆

碑阴

额题：因果不昧

首题：今将众善捐钱刊列于左

碑方首抹角，碑首阳面刻云龙纹，阴刻祥云纹，碑身阳、阴边框刻卷草纹，座佚。碑首身通高163厘米，宽63厘米，厚22厘米。碑阳拓高163厘米，宽63厘米，厚22厘米。

碑阴拓高159厘米，宽62厘米。碑阳额文2行，行2字，正书。碑身阳面左半部风化剥蚀严重，疑前2行碑文佚，首题风化无法辨识，碑文残存16行，满行35字，正书。碑阴额文2行，行2字，正书。碑阴满刻捐资金额及铺号人名，碑文24行，行字不等，正书。

1996年7月普查时，碑在顺义区杨镇一中教学区西，仆地。

按：碑文前2行风化严重，首题泐佚。碑文记述了该龙王庙住持孙永庆修葺大殿、禅堂、耳房、山门、围墙和粉饰龙王金身事。碑文末刊助善者姓名。碑阴镌所捐钱两数目。

药王庙碑

大清道光辛卯年〔十一年（1831）〕菊月（九月）

额题：名垂千古

首行题：盖闻古之以功德及于民得祀而遍天下（以下残缺）

顺义区辛酉科拔贡候选教谕王瑞成

顺义区北牛栏山南门外艾宏恩书

碑残存碑首及碑身上半部，碑方首抹角，浮雕二龙戏珠，边框浮雕蕉叶菊莲纹。碑首身残高130厘米，宽80厘米，厚18厘米。拓高61厘米，宽76厘米。额拓高34厘米，宽30厘米。额文2行，行2字，正书。碑文21行，满行残存18字，正书。

1996年普查时，碑在顺义区牛山镇安乐大队村中药王庙遗址前院。

著录情况：《拓汇》，第80册，第15页。《拓目》，第339页，京9270。

按：《拓目》、《拓汇》俱载碑在顺义区牛栏山南门井道胡同。《拓目》及《拓汇》所收拓片为全拓，拓首身通高225厘米，宽76厘米。从《拓汇》收拓片图片看，碑身当时断为2截。北京石刻艺术博物馆馆普查时，仅见上半段。

碑石下半部残缺，残存碑文记述了重修药王庙事。碑文前11行为正文，后为时顺义区官员题名，即署顺义区正堂加十级纪录十次李宣范、特授顺义区右堂加五级纪录五次黄鉴、署顺义区儒学正堂加五级纪录五次王家植、特授顺义营都闲府加十级纪录十次福海、顺义营司厅军功一等加八级纪录三次刘廷贵、特授漕河汛司厅军功一等加三级纪录三次郭永安、署顺义区僧会司正堂加七级纪录五次广德。

光明海灯重修碑

清道光十六年（1836）四月十一日刊

额题：海灯老会

首行题：安定门外喀尔喀馆弟子公立

碑文刻引善弟子及承办善弟子题名

碑阴

大清同治二年（1863）秋七月

额题：万古流芳

首题：重建光明海灯碑文

碑方首抹角，方座。碑首身高 91 厘米，宽 47 厘米，厚 12 厘米。座高 42 厘米，宽 65 厘米，厚 31 厘米。首身拓高 60 厘米，宽 36 厘米。碑阳额文 2 行，满行 2 字，正书。碑身镌人名，行字不等，正书。碑阴额文 2 行，满行 2 字，正书。碑文 12 行，满行 15 字，正书。碑文倒数第 2 行最下方镌 2 印，上阴文篆书“李殿英印”，下印漫漶。

碑现立于门头沟区妙峰山惠济祠前。

张胜等重建慈济真人庙施香火钱题名及庙产刻石

清道光丁酉年〔十七年（1837）〕七月谷旦

首行题：善友人等伏为」御马监兔北马房信官左监丞」张胜重建」慈济真人庙谨发处心每月各施微赀以供香」火之用后有领者任续入之」会中善友姓名刻后」

廪膳生吴维泗书丹

住持僧□灯月

石为八棱形，疑用经幢改制。石高 158 厘米，大棱宽 18 厘米，小棱宽 15 厘米。

碑原址应在顺义区杨镇兔北马房一带，现存顺义区文管所。

按：该刻石疑用经幢改制。刻石铭文年款有二，一为清道光十七年，一为道光二十五年。铭文情况如下：

第一棱镌：善友人等伏为」御马监兔北马房信官左监丞」张胜重建」

第二棱镌：慈济真人庙谨发处心每月各施微赀以供香」火之用后有领者任续入之」会中善友姓名刻后」（该棱末行题名）

三、四棱镌题名。

第五棱无字。

第六棱镌：道光丁酉年七月谷旦施主等因古来碑匾字迹残蚀殆尽谨将庙中旧有之香火房地勒志于后（后镌地亩四至）。

第八棱亦镌地亩四至。

以上当为道光十七年所刻，字稍大。

第七棱镌：发心供奉香火信女道光二十五年买地一段，坐落庙北（以下为四至和信女题名，略），字略小于前面，当是后来补刻。

御制重修丫髻山碧霞元君庙碑文

清道光十七年（1837）岁次丁酉孟冬月（十月）御笔

额篆：御制

首题：重修丫髻山碧霞元君庙碑文

清宣宗旻宁御制

碑如意首，阳、阴均浮雕拐子龙，碑身阳面边框浮雕拐子纹。碑身从中部断为两截，文字部分缺失。拓高 150 厘米，宽 80 厘米。碑文 15 行，满行 40 字，正书。年款下方钤方印二，均阴文篆书，文字有残缺，上篆“□月微明”，下篆“道光宸翰”。

碑现立于平谷区丫髻山西顶碧霞元君祠前，原址保存。

著录情况：《畿东泰岱——丫髻山》，第 75 页。

陈金彩等金装诸罗汉捐资题名碑

大清道光拾柒年（1837）

额题：永垂不朽

首行题：窃谓人中日戴天不知天之高终日履地不知地之厚也然则终日受恩不知□□

碑方首浮雕云纹，方座。碑首身通高 174 厘米，宽 59 厘米，厚 14 厘米。座高 50 厘米，宽 74 厘米，厚 26 厘米。拓高 140 厘米，宽 59 厘米。碑文前半部书正文 9 行，满行 33 字，其后刻捐资题名及金额，均正书。

1995 年普查时，碑在门头沟区戒台寺戒坛殿后立。

著录情况：《拓汇》，第 80 册，第 143 页。《拓目》，第 342 页，京 7271，《重金五百罗汉碑》。

戒台寺重修罗汉殿并金装诸神捐资人名碑

大清道光十八年（1838）八月吉日立

额题：因果不昧

首行题：重修罗汉殿金装尊者圣像众护法檀越芳名开」列于后」

戒台寺住持真□勒石

碑方首，首浮雕祥云，素面方座。碑首身通高 114 厘米，宽 58 厘米，厚 13 厘米。方座高 55 厘米，宽 77 厘米，厚 28 厘米。碑首身拓高 100 厘米，宽 58 厘米。碑阳额文 2 行，满行 2 字，正书。碑身满刻捐资人名及金额，正书。碑阴无字，无额题。

1995 年普查时，碑在门头沟区戒台寺前院北门外立。

重修铁山寺捐资题名碑

清龙飞道光十九年（1839）岁在己亥季秋月（九月）谷旦

额篆：万古流芳

首行题：盖闻道妙无为功存有作人天胜果修福第一玆因

碑方首，方座系后配。碑首身高 147 厘米，宽 46 厘米，厚 13 厘米。拓高 120 厘米，宽 46 厘米。碑文横题 1 行 4 字，篆书。碑文 16 行，满行 32 字，正书。

碑原在崇文区前门外三里河，现存隆安寺。

按：铁山寺，位于崇文区。《宸垣识略》载，铁山寺在三里河桥西，为一个叫铁山的僧人所建，故取名铁山寺。其地现为珠市口东大街。

添建延庆州火神庙乐楼碑记

大清道光二十年（1840）岁次庚子孟夏（四月）吉日谷旦立石

额篆：重修火神庙新建致和乐楼记

首题：添建延庆州火神庙乐楼碑记

诰授奉直大夫知宣化府延庆州事加五级纪录十次童恩篆额

敕授修职郎延庆州学正加二级纪录□次郑奎雄撰文

延庆州儒学庠生张景星书丹

都捕厅吏目周元亨、城守营把总李攀凤、署理城守营赵仁监修

董事人（共3行，包括人名和铺号，从略）

工人史万贵镌字

碑螭首，座佚，碑身边框线刻花纹，碑首身分离。碑首高79厘米，宽84厘米，厚23厘米。碑身高152厘米，宽76厘米，厚21厘米。碑身拓高150厘米，宽76厘米，厚20厘米。碑阳额文3行，满行4字，篆书。碑额失拓。碑文23行，满行56字，正书。碑阴额文失拓。碑阴镌题名，失拓。

碑现立于延庆县灵照寺前院内西侧碑廊。

按：碑原址在延庆州火神庙戏楼旁，"文革"时，戏楼被拆，碑倒伏。1980年建县文化馆时，碑被埋于文化馆大门里侧地下。2002年改建文化馆为文化中心大楼时出土。2004年普查时在延庆县灵照寺前院内西侧仆地，仅见碑身，下方叠压一件螭首，可能是其碑首。碑身、碑首现在分别立于灵照寺前院内西侧碑廊。

砌路修桥碑

清道光二十二年（1842）四月二十二日

额题：永垂不朽

首行题：兹因供佛斋僧如意发心砌路修桥（以下从略）

戒台寺真祥勒石

碑方首浮雕云纹，座佚。碑首身一体，通高148厘米，宽55厘米，厚10厘米。拓高116厘米，宽55厘米。额文2行，满行2字，正书。碑前半部镌碑文4行，无首题，满行28字，其后为旗民众善即香会会首、男女会众捐资题名及年款，均正书。碑当时仆地，另一面情况不详。

1995年普查时，碑在门头沟区戒台寺停车场，仆地。

京都顺天府宛平县彰仪门外大井村众弟子诚起秉心如意圣会碑记

清道光二十二年（1842）五月吉日立

额题：万古流芳

首题：京都顺天府宛平县彰仪门外大井村众弟子诚起秉心如意圣会碑记

碑阴

清咸丰八年（1858）八月二十七日

碑末行题：咸丰八年八月二十七日合众善弟子庆贺碑记

碑方首方座，首浮雕双狮捧火焰珠，座浮雕缠枝莲花。碑首身通高 180 厘米，宽 72 厘米，厚 19 厘米。座高 68 厘米，宽 92 厘米，厚 37 厘米。拓高 120 厘米，宽 72 厘米。碑阳额文 2 行，满行 2 字，正书。碑身阳、阴均满刻该会男女会众题名，正书。

碑在门头沟区潭柘寺山门外牌楼和石桥之间，为东起第一块碑。

著录情况：《拓汇》，第 81 册，第 53 页。《拓目》，第 343 页，京 6993。

九天庙地亩碑

清道光二十二年（1842）五月[吉]日

宗人府府丞刘重麟工部主事田润等公商刻石

碑阴

首题：九天庙地亩

碑无首，座佚，碑左下角残缺，碑身表面略有风化。碑身高 157 厘米，宽 62 厘米，厚 17 厘米。拓高 137 厘米，宽 60 厘米。碑文 15 行，满行残存 37 字，正书。碑阴文字 13 行，满行残存 38 字，正书。

1995 年 10 月 9 日征集于宣武区莲花池工地，现藏北京石刻艺术博物馆。

著录情况：《拓汇》，第 81 册，第 95 页。《拓目》，第 344 页，京 2923。

按：《拓目》、《拓汇》，均题作“道光二十五年（1845 年）二月刻”，碑在宣武区广安门外九天庙。

碑阳前 5 行碑文记述修葺九天庙庙址东北原有停榇房七间之事，“此举专为吾乡京官无力归榇者而作，如非同乡及同……官者均不得在此停寄”。说明该庙为某省在京官员及同乡停榇之地。正文后镌年款和捐资题名、金额及资金使用情况。

碑阴题作“九天庙地亩”，刊述该庙历年所置义地地亩及其位置四至。其中一处地亩提及“大荔王月轩”、“平凉张晓村”、“地契存关中会馆内”等，推知该地当为陕西、甘肃一带京官或同乡停榇之地。

碑阴刊九天庙共置地五处，其中第五处为道光二十五年二月置买。该段记述文字两行，字体明显小于碑阳和碑阴前面镌刻的文字，书写风格也略有差别，可知该碑当立于清道光二十二年（1842）五月，而道光二十五年二月的两行文字明显系后来补刻。

广恩禅寺碑记

大清道光二十六年（1846）岁在丙午腊月（十二月）壬子朔八日己未

额篆：广恩禅寺碑记

首题：广恩禅寺碑记

赐进士出身掌福建道监察御史前翰林院编修朱琦撰文

赐进士出身候选知府前河南开归道步际桐篆额

赐进士出身户部江南司兼贵州司主事胡澐书丹

徒印光率徒孙慧开、慧照、曾孙定安、定然同建

碑方首座佚，首阳面饰云龙纹，阴面饰云纹。首身通高179厘米，宽70厘米，厚16厘米。碑身拓高106厘米，宽67厘米。额拓高25厘米，宽17厘米。额文2行，行3字，篆书。碑文存20行，满行40字，现存705字，正书。碑阴无字无额题。

碑原址在宣武区下斜街南口外广恩寺，1986年5月征集，现藏北京石刻艺术博物馆。

著录情况：《拓汇》，第81册，第131页。《拓目》，第345页，京857。《馆目》，第62页。《北京寺庙历史资料》，第108、453页。

吕祖祠添建山门碑

清道光三十年（1850）十月上浣吉日（以下从略）」

额题：万善同归

首行题：都中前门外琉璃厂」吕祖祠前明至今由来久矣

董事弟子浙绍施照、吴彬、孟祥敬刊

本庙住持道张教亮、徒弟吕永常、徒侄马永德募化

碑方首，首阳、阴浮雕云纹，碑身阳面边框刻卷草纹，阴无边框，龟趺疑后配。碑首身通高180厘米，宽80厘米，厚16厘米。龟趺高58厘米，宽88厘米，厚153厘米。碑身拓高105厘米，宽62厘米。额拓高38厘米，宽32厘米。额文2行，行2字，正书。碑文18行，满行36字，现存506字，正书。

碑原址在宣武区琉璃厂西街（原厂甸），现藏北京石刻艺术博物馆。

著录情况：《拓汇》，第81册，第199页。《拓目》，第347页，京726。《馆目》，第63页。《首图拓目》，第73、618页。《庙目》，第72页。

按：碑文前述添建山门事，后题捐资人名、铺号及金额。

重修忠义关帝庙碑记

清咸丰二年（1852）岁在壬子十一月十九日

额篆：忠义关帝庙碑记

首题：重修忠义关帝庙碑记

赐进士出身诰授中宪大夫户部山西司员外郎青州隋藏珠敬撰并书

善信弟子众等公立石

张潘云刻字

碑阴

额篆：万古流芳

碑方首座佚，首饰云纹，碑身阳、阴边框饰缠枝纹。首身通高 226 厘米，宽 86 厘米，厚 21 厘米。碑身拓高 137 厘米，宽 70 厘米。额拓高 28 厘米，宽 25 厘米。碑阳额文 3 行，满行 3 字，篆书。碑文 20 行，满行 43 字，现存 457 字，正书。碑阴额文 2 行，行 2 字，篆书。碑身刊题名，存 37 行，行字不等，现存 1089 字，正书。

碑原址在东城区景山东大街，现藏北京石刻艺术博物馆。

著录情况：《拓汇》，第 82 册，第 51—52 页。《拓目》，第 348、349 页，京 651。《馆目》，第 63 页。《庙目》，第 55 页。

关圣帝君庙碑文

清咸丰六年（1856）岁次丙辰孟夏（四月）

首题：关圣帝君庙碑文

▨河阳癸卯科举人□□三等拣选知县郝□瀛撰文

山右汾邑刘庆长书丹

碑首、座皆佚，只残存碑身，亦断为两截，碑身阳面边框饰卷草纹。碑身高 132 厘米，宽 75 厘米，厚 19 厘米。拓高 132 厘米，宽 70 厘米。碑正文 9 行，行残存 38 字，正文后为 7 行题名和 1 行年款，部分文字漫漶缺失，碑文均正书。碑当时仆地，碑阴情况不详。

1996 年 8 月普查时，碑在顺义区杨镇一中。

按：碑文载："杨各庄镇关帝庙创自有明"。杨镇西门外原有关帝庙一座。《重印民国顺义区志》记该关帝庙曾在明崇祯年间重修，清康熙三十六年（1697）的"重修关帝祠记碑"也记载该庙明代已有，可知该碑当为杨镇西门外的关帝庙碑。

双林寺碑记

清咸丰八年（1858）三月朔旦之吉

额篆：流芳百世

首题：双林寺碑记

立石▨

校刊▨

碑方首，首浮雕云龙纹，碑身阳阴边框刻云纹，座佚。碑面风化较甚，部分文字缺失。首身通高 210 厘米，宽 82 厘米，厚 26 厘米。碑身拓高 119 厘米，宽 69 厘米。额拓高 25 厘米，宽 20 厘米。碑阳额文 2 行，行 2 字，篆书。碑文 12 行，满行 38 字，现存 286 字，正书。碑阴无字无额题。

碑原址在东城区南小街南门仓，1984 年 8 月 18 日征集，现藏北京石刻艺术博物馆。

著录情况：《馆目》，第 64 页。

重修隆安寺碑文

大清咸丰八年（1858）十二月初八日

额题：万古流芳

首题：重修隆安寺碑文

住持僧达成、徒悟修、徒孙真如立石

碑方首浮雕二龙戏珠，方座。碑首身高 211 厘米，宽 70 厘米，厚 16 厘米。座高 57 厘米，宽 79 厘米，厚 39 厘米。拓高 136 厘米，宽 87 厘米。碑阳额文 2 行 2 字，正书。碑文 16 行，满行 34 字，正书。碑阴有字，剥蚀严重，失拓。

碑在崇文区白桥南里 1 号二进院西侧立。

著录情况：《拓汇》，第 82 册，第 148 页。《拓目》，第 350 页，京 1069。

重修延庆寺北极宫碑

清咸丰九年（1859）孟夏（四月）

额篆：重修延庆寺北极宫碑

首行题：城之西偏旧有」延庆寺上帝庙（以下从略）」

赐进士出身知延庆州事马晓林敬志

恩科道光辛巳举人延庆州学正梁春注篆额

宣化镇怀来路永宁营部厅赵廷彦、宣化镇怀来路延庆营司厅王寿、宣化府延庆州吏目吴辅臣、彭良木、查具□监修

怀来县儒学生员郭伟书丹

镌字人史万贵

碑阴

额篆：佛日同辉

碑方首抹角，座佚。碑阳首刻云龙纹，碑身边框线刻花纹。碑阴首线刻云纹，额题上方镌线刻圆形双钩“寿”字，碑身边框线刻花纹。碑首身通高 226 厘米，宽 69 厘米，厚 23 厘米。首身拓高 195 厘米，宽 68 厘米。碑阳额文 3 行，满行 3 字，双钩篆书。碑文 18 行，满行 53 字，正书。碑阴额文 2 行，满行 2 字，篆书。碑身前半部刻捐资金额、铺号、人名，其后刻该庙宇四至、董事人名、助募僧、住持僧等，正书。

碑原址在延庆县延庆寺北极宫，现立于灵照寺院内东侧碑廊。

按：《光绪延庆州志》卷十一载：“延庆寺在州城内西城根，始建无考，昔为尼所居，明成化四年知州李蕭逐尼募僧居之。国朝康熙四十七年邑人葛九调住持僧性理募修。”

永宁北极宫重修及置地碑

清同治三年（1864）三月季春上浣建立

额题：万古流芳

募修弟子住持史合柱、徒刘教宽、石工许文明仝镌

碑圆首，碑身边框线刻花纹，座佚。碑首身通高 167 厘米，宽 79 厘米，厚 15.5 厘米。碑首身拓高 163 厘米，宽 78 厘米。碑阳额文 2 行，满行 2 字，正书。碑文 24 行，满行 54 字，正书。碑阴无字。

碑原址不详，现立于延庆县灵照寺院内东侧碑廊。

按：《光绪延庆州志》载："元帝庙在（永宁）城东北隅。"

碑文前半部分记述住持李复祥募资重修北极宫事，后半部刻李复祥所置地亩明细及折合价钱金额。

北极宫地基图像及地亩碑

清同治三年（1864）三月

额题：百世不朽

延庆州儒学魏悬清撰书

龙门正宗派募修住持史合柱徒刘教宽建立

延庆州傅余屯石工许文明镌字

碑圆首，碑身边框线刻花纹，座佚。碑首身通高 160 厘米，宽 82 厘米，厚 17 厘米。碑首身拓高 155 厘米，宽 82 厘米。碑阳额文 2 行 2 字，正书。碑身上半部镌刻北极宫的平面布局示意图，碑下半部镌刻自先祖师李复祥以来旧、新置地亩情况。碑文 24 行，满行 33 字，正书。碑阴无字。

碑原址不详，现立于延庆县灵照寺院内东侧碑廊。

按：《光绪延庆州志》载："元帝庙在（永宁）城东北隅。"

三圣庵住持鉴空述事碑

清同治三年（1864）岁次甲子十二月佛成道日（初八）

首行题：闻夫如来灭度后中五百年岁有（按：此处脱字"摄"。）摩腾竺法兰以经来而华人

碑方首，座佚。碑首身通高 124 厘米，宽 57 厘米，厚 16 厘米。拓高 124 厘米，宽 57 厘米。碑文 16 行，满行 34 字，正书。

碑现存崇文区隆安寺。

按：碑文叙述本流派由贤首宗发展传承的历史，及日后以铁山寺为主传法等事。

三圣庵在今柳巷南路东，为供奉西方三圣的尼姑庵。西方三圣即阿弥陀佛、大势至菩萨和观世音菩萨。

重建护国寺碑记

清同治五年（1866）岁次丙寅四月吉日

首题：重建护国寺碑记

赐进士出身赏戴花翎盐运使衔候选道哈达赫舍里如山撰

咸丰已未恩科举人松山尹启秀书

碑阴题：众善人等

碑侧题：直隶宣化府怀来县人氏主持阔如敬献

碑螭首方座，碑身阳面边框饰云龙鹤纹，阴面边框饰佛八宝花纹。首身通高213厘米，宽78厘米，厚22厘米。座高47厘米，宽85厘米，厚41厘米。碑身拓高131厘米，宽69厘米。侧拓高136厘米，宽21厘米。碑阳无额题，碑文13行，满行40字，现存383字，正书。碑阴无额题，碑身上部上居中镌大字“众善人等”1行4字，正书。碑侧1行16字，正书。

碑原址在西城区丰盛胡同西口外（原小护国寺），1986年8月征集，现藏北京石刻艺术博物馆。

著录情况：《拓汇》，第83册，第80页。《拓目》，第352页，京60。《馆目》，第64页。《首图拓目》，第14、116页。《庙目》，第6页。

按：碑阴只竖刊“众善人等”四字，下部应刊题名，却未见题名，不知是镌碑时未刊，还是后被磨去。

撰者如山，镶蓝旗满洲人，清道光十八年（1838）进士。

火德真君庙碑记

清同治五年（1866）七月望日（十五日）

额题：万古流芳

首题：火德真君庙碑记

怀仁壬戌科进士马文耀谨书

碑方首，首浮雕祥云纹，碑下部残断，方座系后配。碑首身通高180厘米，宽66厘米，厚18厘米。拓高105厘米，宽65厘米。额文2行2字，正书。碑文11行，满行22字，正书。碑阴失拓。

碑原在崇文区崇文门外大街，现存崇文区隆安寺。

著录情况：《拓汇》，第83册，第85页。《拓目》，第352页，京7616。

按：书丹人及碑原址据《拓目》补。怀仁县属今山西省朔州市。

碑阳文中记“众善芳□，谨登于后，以其不朽云”，那么碑阴应当刻有题名。馆藏未见碑阴拓片，《拓汇》亦未收碑阴拓本。

重建吕祖祠记碑

清同治六年（1867）岁次丁卯菊月（九月）立

碑身上部首题篆：重建吕祖祠记

碑身下部首行题：捐资姓氏数目列后

孟至才撰文并篆额

北平蒋乃勋书丹

韩松荣刻石

住持道宋元福稽首敬立

碑首缺失，座佚，仅存碑身。碑身高 214 厘米，宽 98 厘米，厚 20 厘米。碑身拓高 214 厘米，宽 94 厘米。碑身上部镌碑文，碑文外饰边框，首题 1 行 6 字，篆书；碑文 24 行，满行 25 字，现存 424 字，正书；下部分为捐资铺号人名及银两，无边框，碑文 41 行，现存 1627 字，正书。

碑原址在宣武区琉璃厂厂甸吕祖祠，现藏北京石刻艺术博物馆。

著录情况：《拓汇》，第 83 册，第 120 页。《拓目》，第 353，京 725。《馆目》，第 65 页。《首图拓目》，第 73、619 页。《庙目》，第 72 页。

显化庵碑记

清同治八年（1869）二月初二日后至同治九年（1870）七月前

额题：古建碑文

首题：显化庵碑记

碑阴

大清同治九年（1870）岁次庚午七月谷旦

额题：千载不磨

国子监学生王晋撰文

碑圆首，首线刻云龙纹，碑身边框线刻几何纹，座佚。碑首身通高 199 厘米，宽 72 厘米，厚 21 厘米。首身拓高 192 厘米，宽 69 厘米。碑阳额文 2 行 2 字，正书。碑文正文 11 行，满行 44 字，其后镌经理人题名，正书。碑阴额文 2 行 2 字，正书。碑当时仆地，碑阴失拓。

碑原址应在延庆州城内显化庵，现立于延庆县灵照寺院东侧碑廊。

按：《光绪延庆州志》卷十一："显化庵在州城儒林街。"

碑阳未题立碑年月，碑阳正文记录了清同治二年至同治八年间多次捐资修缮显化庵情况，部分文字漫漶，可辨识文字中最晚修缮时间为"同治八年二月初二日"，而碑阴文撰写于清同治九年（1870）七月，可知立碑时间当在同治八年（1869）二月初二日后至清同治九年（1870）七月之前。

碑阳左侧末行下方镌文字一行曰"同治十二年十二月二十一日后续▨南至大道北至李姓"，碑阳首题下方亦镌文字一行曰"同治十三年十一月初七日后▨城□□北关□□南至道北至道东至□□西至王姓刘姓▨"，系后来补刻。

题名及四至残碑

清同治十一年（1872）三月初二日

住持僧如宽率徒悦天、乐天立石

碑首、座俱失。碑身高168厘米，宽67.5厘米，厚14厘米。碑拓高166厘米，宽67厘米。碑漫漶严重，仅存部分题名以及寺庙四至文字7行，正书。碑仆地，另一面情况不详。

2006年普查时，碑在延庆县永宁镇长城风酒厂院内。

步军统领衙署内土地庙重修碑

清同治十一年（1872）岁次壬申夏四月谷旦立

额篆：众善奉行

首行题：盖闻声灵赫濯官署设司土之神庙貌巍峨立碑泐纪年之字溯夫金吾」创署于禁北土神即祠于堂东（以下从略）」

花翎司务崇晖谨志并书

碑阴

额篆：万古流芳

碑方首，首阳阴浮雕二龙戏珠，方座。首身通高176厘米，宽69厘米，厚24厘米。座高50厘米，宽76厘米，厚43厘米。首身拓高137厘米，宽66厘米。碑阳额文2行，行2字，篆书。碑文10行，满行29字，现存198字，正书。碑阴镌题名及助银数目，存26行，行字不等，现存679字，正书。

碑原址在东城区帽儿胡同西口，现藏北京石刻艺术博物馆。

著录情况：《馆目》，第65页。

按：入馆记录未载碑原址。据碑文，该庙在步军统领衙署内，清代“步军统领衙门”在后门桥北边、帽儿胡同西口。

碑阴碑身上方居中题：“步军统领衙门”，其下镌兼办司员、本衙门司员、笔帖式等题名及捐资金额。

关帝庙重修碑

清同治十三年（1874）十月一日立

额题：万古流芳

首题：重修碑□

碑阴

总理董事贡元张殿祥撰

住持僧证修

碑方首方座，首阳阴浮雕云纹，碑身阳面风化剥蚀严重，字迹大多无法辨认。碑通高 194 厘米，宽 48 厘米，厚 16 厘米。首身拓高 133 厘米，宽 45 厘米。碑阳额文 2 行，行 2 字，正书。碑文仅残存 7 字，正书。碑阴刊题名 10 行 71 字，正书。

碑原址在西城区小乘巷关帝庙，现藏北京石刻艺术博物馆。

著录情况:《拓目》,第 356 页,京 431。《馆目》,第 65 页。《首图拓目》,第 56、469 页。《庙目》，第 53 页。

按：碑阳文字几近全失，年代及原址均据《拓目》补。碑阴刊香末人、会中账房先生、总理董事、瓦作、木作、油作及住持僧等题名。

黄普院重修关帝庙碑记

大清光绪二年（1876）六月十一谷旦

额题：万古流芳

首题：重修碑记

住持比丘尼志海募化

碑方首，首饰云纹，额题上方镌一篆书“寿”字，碑身边框饰卷草纹。碑首身拓高 165 厘米，宽 68 厘米。额文 2 行，满行 2 字，正书。碑文 12 行，满行 27 字，正书。

碑在海淀区北安河乡车耳营黄普院。

著录情况:《拓汇》，第 84 册，第 122 页。《拓目》，第 357 页，京 9224，《关帝庙碑》。

山西汾阳府汾阳县施立义地碑文

大清光绪二年岁次丙子（1876 年）□月十九▨

额篆：万古流芳

首题：施立义地碑文

赐进士出身福建道监察御史郭从▨（撰文）

钦加同知衔癸卯科举人拣选知县▨（书丹）

碑阴

额篆：永垂不朽

首题：计开义地四至

碑首身一体，方首抹角，碑身下部残缺，座佚。碑首阳面浅浮雕双凤朝阳、双狮、祥云及花卉，碑首阴面浅浮雕五蝠、鹤、鹿、祥云、海水江崖。碑身阳、阴边框均饰卷草纹。碑首身残高 138 厘米，宽 72 厘米，厚 16 厘米。拓高 135 厘米，宽 67 厘米。碑阳额文 2 行，行 2 字，篆书。碑文 13 行，行字不等，正书。碑阴额文 2 行，行 2 字，篆书。碑文 13 行，行字不等，正书。

1996 年 8 月普查时，碑在顺义区杨镇一中。

按：碑阴记义地四至以及山西汾阳府汾阳县的一些商号如长盛号、隆顺当、永祥号、益茂号、益诚号等题名，后又刊清道光二十八年购赵永清地基及四至事。

杨镇西门外原有关帝庙一座，而现在的杨镇一中存有多方关帝庙旧碑，关帝庙旧址应当就在杨镇一中一带。

重修沙河城隍庙碑记

大清光绪四年（1878）十月吉日

额篆：碑记

首题：重修沙河城隍庙碑记

诰授中宪大夫花翎运同衔护理霸昌道顺天北路刑钱督捕府稽查营汛兼管盐务随带加三级丁酉科举人阳曲郑沂熏沐撰文

敕授修职郎鸿胪寺序班廪贡生平定黄鋆田沐手书丹

碑阴

额题：万古流芳

首行题：沙河镇

碑身下部残缺。碑身拓高 138 厘米，宽 70 厘米。额拓高 24 厘米，宽 16 厘米。碑阳额文 1 行，满行 2 字，双钩篆书。碑文 15 行，满行应存 52 字，行残存 45 字，正书。碑阴额文 2 行，满行 2 字，双钩正书。碑文 27 行，行字不等，正书。

碑原址不详，现存昌平公园内石刻园。

著录情况：《拓汇》，第 84 册，第 173 页。《拓目》，第 359 页，京 8643。

按：碑文下部残缺，书篆人名据《拓汇》补录。

碑阴刊捐资人姓氏及施银数量，“共收布施：当十钱壹仟零六拾贰吊七佰五十文；银柒佰七拾五两贰钱四分；本庙香火地一段十贰亩，坐落城西周家坟，又一段六亩在本庙前后；观音堂香火地一段三十亩坐落桥南村，又一段三亩在北门外姑子坟。通共合当十钱柒仟柒佰贰拾吊零九佰卅文”。末行题“观音堂一座光绪三年重修”。

玉虚宫重修碑

清光绪五年（1879）四月二十一日建立

额题：万古流芳

首行题：房山县西宝金山之麓有」三清庙（以下从略）」

碑阴

清光绪五年（1879）岁次己卯孟夏月（四月）建立

额题：万善同归

首行题：京都顺天府房山县西乡宝金山

邑人刘佑清书

工师刘东江镌

碑螭首方座，座浮雕四龙。碑身阳、阴均有浮雕云龙纹边框。碑身阳面碑文部分文字缺失。碑身阴面有数道划痕，文字基本完整。碑首、身通高 233 厘米，宽 96 厘米，厚 26 厘米。碑座高 75 厘米，宽 120 厘米，厚 47 厘米。碑身拓高 154 厘米，宽 93 厘米。碑阳额文 2 行，满行 2 字，正书。碑文 12 行，满行 24 字，正书。碑阴额文 2 行，满行 2 字，正书。碑文刻护法众善人等以及开山人等题名，正书，有大小两种字体。

碑立于房山区黄山店乡宝金山玉虚宫大殿前南侧，坐西朝东。

著录情况：《拓汇》，第 84 册，第 201 页。《拓目》，第 359 页，京 9053。

按：玉虚宫位于房山区黄山店乡宝金山，坐西朝东，两进院落，砖券山门。正殿三间调大脊，旋子彩画。后院山门勾搭连顶，正殿面阔三间，调大脊，旋子彩画。玉虚宫后有墓塔，损毁严重。

“护法众善人等”题名中有“长春宫四品花翎总管李莲英”、“钟粹宫六品蓝翎首领高诚义”、“长春宫六品蓝翎总管刘诚印”、“乾清宫五品督领事佟禄”等太监。

重修凤凰山山顶龙王庙碑记

清光绪七年（1881）岁次辛巳孟秋（七月）吉旦立

额题：万古流芳

首题：重修凤凰山山顶龙王庙碑记

郡人廪生范龙田敬撰

郡人孝廉方正候选教谕陈念城书丹

下寺住持僧印芳、印茹、徒可清、徒孙傅喜代焚修募化

碑身拓高 118 厘米，宽 60 厘米。额文 2 行，行 2 字。碑文 18 行，满行 45 字，正书。

碑在昌平区白浮堰遗址都龙王庙，现原址保存。

重修潭柘寺琉璃牌楼碑志

清光绪十年（1884）八月二十日

额题：同善如意老会碑志

首题：重修潭柘寺琉璃牌楼碑志

碑方首浮雕云纹，首身一体，座浮雕云龙纹。碑面风化较甚，下部完全剥落。碑首身通高 244 厘米，宽 78 厘米，厚 18 厘米。碑座高 61 厘米，宽 87 厘米，厚 40 厘米。碑阳额文 2 行，满行 4 字，正书。碑文前 7 行为正文，行残存 30 字，其后镌会众男女题名，均正书。碑阴亦题名，风化严重，失拓。

碑立于门头沟区潭柘寺山门外，为东起第七块碑，坐北朝南。

重修翠微山双泉寺记碑

清光绪甲申〔十年（1884)〕九月十九日后

额题：万古流芳

首题：重修翠微山双泉寺记

赐进士出身记名御史翰林院编修加三级谢祖源撰

梁耀枢书

碑阴

额篆：重修香盘禅寺碑记铭

碑螭首方座。碑身拓高172厘米，宽90厘米。额拓高42厘米，宽28厘米。碑阳无额题。碑文17行，满行33字，正书。碑阴额文3行，满行3字，篆书。碑身阴面无文字。

碑在石景山区双泉寺门（实为二门）前东侧立，保存较完整。

按：参见明成化五年（1474）十月《赐敕香盘禅寺报恩碑》条，该碑当利用明嘉靖年间《重修香盘禅寺碑记铭》旧碑重刻碑文，现碑阳为明碑碑阴。

太上三清玉皇灵官庙置香火地碑

大清光绪乙酉年〔十一年（1885）〕岁次季夏（六月）壬午月立

额题：万古流芳

住持道□立碑

碑首身一体，方首抹角，碑身右部及下部残缺。首身拓高130厘米，宽77厘米。额文横题1行4字，正书。碑文残存8行，行残存17字，正书。

碑原址不详，可能在昌平区居庸关一带。

创修安神寺碑

清光绪十三年（1887）六月谷旦立石

首题：创修安神寺碑

廪膳生王鸿撰文

邑□生□玉辉篆额

增广生丁环书丹

住持尼僧心恒募化

碑首及座均佚。碑身高154厘米，宽76.5厘米，厚20厘米。碑身拓高150厘米，宽74厘米。碑阳前半部镌碑文，其后镌经理人题名，正书。碑阴刻捐资人名及修庙各项花费明细，正书。

碑原址不详，碑现立于延庆县灵照寺院内东侧碑廊。

按：《光绪延庆州志》卷十一载，“安神寺在州城东南灵照寺东”。

重修万寿寺戒坛碑记

大清光绪十七年（1891）

额篆：重修万寿寺戒坛碑记

首题：重修万寿寺戒坛碑记

皇六子和硕恭亲王奕䜣恭撰并书

碑汉白玉石质，螭首方座。碑身阳面边框浮雕云龙纹，座浮雕二龙戏珠。碑首身通高 304 厘米，宽 99 厘米，厚 30 厘米。座高 85 厘米，宽 130 厘米，厚 53 厘米。碑身拓高 172 厘米，宽 84 厘米。碑阳额文失拓。碑文 14 行，满行 31 字，正书。碑文末行最下方镌 2 印，上阴文篆书“皇六子印”，下阳文篆书“恭亲王”。碑阴无字。

1995 年普查时，碑在门头沟区戒台寺四进院中立，坐西朝东。

著录情况：《拓汇》，第 86 册，第 197 页，《拓目》，第 367 页，京 7253。

普济寺殿宇门墙重修捐资碑

皇清光绪十八年（1892）岁次壬辰仲夏谷旦良辰

额题：永垂不朽

首题：大清国京都顺天府昌平州西北路前流村南河涯旧有普济寺一座而□□

碑阴

额题：悠久俱扬

碑身拓高 102 厘米，宽 73 厘米。额拓高 29 厘米，宽 24 厘米。碑阳额文 2 行，满行 2 字，正书。碑文 19 行，正文 11 行，其后 7 行小字刊捐资人姓氏及银两，末行年款，行字不等，正书。碑阴额文 2 行，满行 2 字，正书。碑阴刊铺号、捐资人姓氏及捐资银两，行字不等，正书。

碑原址不详，可能在昌平区流村镇南流村，现存昌平公园内昌平石刻园。

新建南口财神庙碑记

大清光绪贰拾贰年（1896）五月刊立

额篆：万古流芳

首题：新建南口财神庙碑记

候选训导昌平贯市麻兆庆敬拜撰

延庆州学廪膳生谢宗濂篆额并书

碑阴

额题：万善同归

碑首身一体，方首饰云纹。碑首身拓高 126 厘米，宽 63 厘米。碑阳额文 2 行，满行 2 字，双钩篆书。碑文 21 行，满行 31 字，正书。碑阴额文 2 行，满行 2 字，双钩正书。碑阴刊捐资铺号、人名及银两，共 20 行，上下分 4 栏，行字不等，正书。

碑原址在昌平区南口财神庙，现存昌平公园内石刻园。

重修灵照寺碑记

清光绪二十五年（1899）□月吉旦

首题：重修灵照寺碑记

▨科举人吴毓福撰文

后学▨庆延书丹

▨州乡学训导单鸿图篆额

住持僧▨徒募修

碑首缺失，碑身上方残缺，碑身凿有4个径约10厘米的圆孔，座佚，现座系后配。碑身边框线刻花纹，上方边框残缺。碑身残高197厘米，宽71厘米，厚19.5厘米。拓高187厘米，宽70厘米。碑文14行，满行49字，正书。碑阴无字。

碑现在延庆县灵照寺院内东侧碑廊。

重修圆广寺碑

圣清光绪二十有七年（1901）岁次辛丑十二月

额篆：万古流芳

首题：重修圆广寺碑

出使俄奥国大使户部左侍郎铁岭杨儒撰并书

碑螭首龟趺，碑身断为两截，后修复。首身通高383厘米，宽105厘米，厚30厘米。座高85厘米，宽111厘米，厚287厘米。碑身拓高242厘米，宽102厘米。额文2行，行2字，篆书。碑文10行，满行35字，现存294字，隶书。

碑原址在西城区阜成门外南营房，1983年11月22日征集，现藏北京石刻艺术博物馆。

著录情况：《拓汇》，第88册，第119页。《拓目》，第372页，京1155。《馆目》，第66页。《首图拓目》，第74、624页。

天主教残碑

清光绪三十年（1904）仲秋初旬谷旦

永宁南关阖▨（立）

碑仅残存左下角及左侧边框花纹。碑残高66厘米，宽31厘米。碑残存文字3行，存字状况不详，正书。碑仆地，碑阴情况不详。

碑现在延庆县永宁天主教堂内。

万诚善会碑

清光绪三十一年（1905）岁次乙巳月（四月）谷旦

额题：万善同归

碑首行题：盖闻天之□□曰生万物必赖坤成（以下从略）

叔平吴宝钧书

碑阴

额题：万诚老会

碑方首抹角，首饰二龙戏珠纹，碑身阳面边框饰拐子纹，碑身中部断裂后粘接。碑首身拓高220厘米，宽71厘米。碑阳额文2行，满行2字，隶书。碑文14行，满行40字，正书。碑阴额文2行2字，正书。碑身镌信士题名。碑阴额、身均失拓。

碑现立于平谷区丫髻山，原址保存。

著录情况：《畿东泰岱——丫髻山》，第88页。

按：馆藏碑阳拓片下半部失拓，书丹人按《畿东泰岱——丫髻山》所载录文补充。据碑文题名“万诚善会人等刘明发、陈善策、李□、邓庆林、张廷献、张宝林仝立”，碑名定为《万诚善会碑》。《畿东泰岱——丫髻山》将其定名为“万诚老会碑”。

善会、老会均为香会的称谓，二者的区别在于百年以上历史的善会才能称老会。碑阴题作“万诚老会”，可能其镌刻年代要晚于碑阳。

立施舍香火地租碑记

大清光绪三十二年（1906）四月谷旦

额题：万古流芳

首题：立施舍香火地租碑记

本山住持道赵德化敬立

碑方首，首浮雕祥云纹，碑身边框饰几何纹。拓高113厘米，宽51厘米。碑阳额文2行，行2字，正书。碑文14行，满行25字，正书。碑阴无字。

碑现立于平谷区丫髻山，原址保存。

著录情况：《畿东泰岱——丫髻山》，第91页。

五显财神圣会碑

大清光绪三十二年（1906）八月二十四日

额题：万古流芳

首行题：兹因」戒台寺创自唐间原设五显财神圣殿至大清国初立有五显财」神圣会（以下从略）」

会末众等梁文琛等同撰

碑方首，首阳、阴均浮雕祥云纹，方须弥座。碑首身通高205厘米，宽64厘米，厚16.5厘米。须弥座高52厘米，宽84厘米，厚40厘米。碑首身拓高172厘米，宽64厘米。碑阳额文2行，满行2字，正书。碑文9行，满行30字，正书。碑阴无字无额题。

1995年普查时，碑在门头沟区戒台寺。

著录情况：《拓汇》，第89册，第102页。《拓目》，第374页，京7223。

重修清真寺碑序

大清宣统元年（1909）端阳月（五月）下旬立碑

首题：重修清真寺碑序

宛平初级师范卒业生薛宝璜撰并书

碑阴

额题：万古流芳

碑方首方座，保存完好。碑首身通高172厘米，宽60厘米，厚19厘米。座高35厘米，宽73厘米，厚33厘米。碑首身拓高172厘米，宽60厘米。额文为阿文。碑文17行，满行39字，正书。碑阴刻捐资题名。碑阴额及身失拓。

1996年普查时，碑在大兴区薛营清真寺内立。

重修古柏隆安寺碑文

清宣统三年（1911）岁次辛亥九月谷旦

额篆：重修隆安寺碑

首题：重修古柏隆安寺碑文

赐进士及第理藩部尚宗室钦加一品衔仓场委门监□局行册第院待诏大兴邢家书并篆

住持安和率徒越宗、续宗、方宗建立石

碑方首浮雕祥云纹，方座浮雕二龙戏珠。碑首身通高300厘米，宽90厘米，厚24厘米。座高88厘米，宽120厘米，厚51厘米。拓高196厘米，宽88厘米。额文2行3字，篆书。碑文19行，满行51字，正书。

碑原址在崇文区白桥南里3号院内东北，现存崇文区隆安寺。

按：隆安寺为北京外城一所著名的佛寺，始建于明景泰五年（1454），现存寺院建筑基本为清代重修，但仍然可以看到明朝寺庙的建筑风格。

遗迹后善碑

清宣统三年（1911）前

额题：遗迹后善

碑阴

额题：共襄斯举

首行题：山西太原、汾州府京城内外各行□理□出造碑☐

碑螭首，二龙戏珠方座系后配。碑身风化漫漶较重，碑面阳阴文字泐甚。首身通高223厘米，宽80厘米，厚25厘米。座高63厘米，宽101厘米，厚58厘米。碑身拓高

116 厘米，宽 77 厘米。额拓高 24 厘米，宽 20 厘米。碑阳额文 2 行 2 字，正书。碑文基本漫漶。碑阴额文 2 行 2 字，双钩正书。碑文刊捐资题名，行数难辨，残存 216 字。

碑原址在西城区红庙胡同，1995 年 5 月 9 日征集入馆，现藏北京石刻艺术博物馆。

窦店清真寺启盖礼拜寺来历清碣刻石

清宣统三年（1911）前

首题：启盖礼拜寺来历清碣

刻石嵌墙，青石质，高 37 厘米，宽 57 厘米。碑文 26 行，满行 22 字，正书。

刻石今在房山区窦店乡窦店村清真寺，嵌墙。

按：文中未书刻石年代。碑文载清“康熙五十年前，豆店镇并无回民焚修之所”，“初立丁国宣掌教在位四十余年”，推知碑石应立于乾隆年间。读碑文，末行语义似未完，疑后续仍有刻石，未见。

捐资碑

清宣统三年（1911）前

碑首及碑身上部残缺，仅存碑身下部，边框饰花纹，座佚。拓高 103 厘米，宽 69 厘米。碑文存 20 行，行字不等。碑文均为各村捐资金额。

碑原址不详，现存顺义区文管所。

按：碑文所列捐资村庄有石家营、河津营、北彩庄、喇苏营等。尾刊木匠周旺、石匠王炳、瓦匠牛成瑞、画匠王锦茂。捐资金额单位为吊和文，可能为清碑。

捐资铺号人名碑

清宣统三年（1911）前

额题：万古流芳

首题：远近捐资化募众善人等姓名店号于后

碑身拓高 92 厘米，宽 68 厘米。额文 2 行，行 2 字，正书。碑文镌铺号人名，正书。

碑原址不详，现存昌平公园内石刻园。

按：碑文上下分七栏刊人名、商号等。尾题小字一行，“会首危仪暨捐资在簿众善人等”。

三顶献灯老会题名碑

清宣统三年（1911）前

额题：万古流芳

首题：□三顶献灯圣会

碑首镌云纹。碑首身拓高 132 厘米，宽 68 厘米。碑身右部漫漶较甚。碑文均为香会会首、信士信女题名，其中有许多妇女题名，存字状况不详，正书。

碑在石景山区龙泉寺。

按：碑无年款，题名中“绥远城副都统舒明”为清代官职，碑当立于清代。

圣母垂恩碑

清宣统三年（1911）前

首题：圣母垂恩

碑首饰云纹。拓高134厘米，宽74厘米。碑阴额文2行，行2字，双钩正书。碑文23行，行字不等，正书，均为信士信女题名。碑阳失拓。

碑在平谷区丫髻山，现原址保存。

戒台寺建山路碑记

民国十年（1921）辛酉仲夏（五月）谷旦

额题：永垂不朽

首题：戒台寺建山路碑记

住持达文敬立

碑方首浮雕云纹，首身相连，座佚。碑首身通高142厘米，宽65厘米，厚13厘米。拓高127厘米，宽65厘米。额文2行，满行2字，正书。碑文13行，满行24字，隶书。碑仆地，另一面情况不详。

1995年普查时，碑在门头沟区戒台寺停车场，仆地。

著录情况：《拓汇》，第93册，第60页。《拓目》，第535页，京6781。

按：撰文人达文，戒台寺住持妙性弟子，民国初年任戒台寺住持。民国六年（1907）为谭鑫培修陵墓。民国十一年（1922），因寺院附近有人开矿采煤，向社会呼吁，并提请北洋政府禁止开矿采煤，保护戒台寺。

戒坛寺碑文

中华民国十年（1921）十二月

额篆：戒坛寺碑

首题：戒坛寺碑文

天津徐世昌撰并书

碑螭首方座，碑身阳、阴边框均浮雕云龙纹，碑座浮雕二龙戏珠。碑首身通高306厘米，宽96厘米，厚53厘米。碑座高84厘米，宽130厘米，厚53厘米。碑身拓高170厘米，宽69厘米。碑阳额失拓。碑文18行，满行47字，行楷。碑阴无字。

1995年普查时，碑在门头沟区戒台寺四进院内立。

著录情况：《拓汇》，第93册，第94页。《拓目》，第382页，京6777。

谷积山灵鹫寺碑

中华民国十二年（1923）岁次癸亥正月上浣六日穀旦建立

额题：谷积山灵鹫寺

首行题：乾隆六十年置买北京内崇国寺僧官如真同法孙教本言将破庙荒山

珪璋赵文祥书丹

山西人士赵仕禄、赵仕祯刻石

碑嵌墙，方首抹角，首浮雕祥云纹。碑通高162厘米，宽73厘米。额文2行，满行3字，正书。碑文15行，满行28字，正书。

碑在今在房山区坨里镇北车营村谷积山院大殿西侧。

按：谷积山灵严禅寺，原称谷积山院，始建于五代后唐天成（926—930）年间，元顺帝时重建，赐名“灵严寺”，至明时渐倾圮，明正统年间进行过修缮。灵鹫寺现存有明正统时所建山门、天王殿、普光明殿等建筑，是谷积山现存较为完整的寺院。

重兴灵光寺碑记

中华民国十二年（1923）八月谷旦

首题：重兴灵光寺碑记

前云南补用道楚雄府知府吉林关崇谦撰并书

碑外砌碑楼。碑方首，二龙戏珠方座。碑身高224厘米，宽67厘米。方座高80厘米，宽54厘米。拓高218厘米，宽63厘米。碑阳碑文11行，满行42字，隶书。碑阴刻人名及捐资银元数额，正书。

碑在石景山区八大处二处观音殿前南侧立。

著录情况：《拓汇》，第94册，第16、17页。《拓目》，第383页，京6409。

重修灵光寺碑记

中华民国十二年秋（1923）八月谷旦

首题：重修灵光寺碑记

前云南补用道楚雄府知府吉林关崇谦撰并书

碑阴

首行题：谨将诸大善士芳名开列于后

碑外砌碑楼，方首，海水江崖方座。碑身高234厘米，宽66厘米。方座高79厘米，宽59厘米。拓高218厘米，宽63厘米。碑文12行，满行43字，隶书。碑阴满刻人名及捐资银元数额，正书。

碑在石景山区八大处二处观音殿前北侧立。

著录情况：《拓汇》，第94册，第18—19页。《拓目》，第383—384页，京6410。

重修观音堂碑

中华民国十三年（1924）五月吉日公建

额篆：重修观音堂碑

首行题：南海淀观音堂古刹也建立年代虽不能详然以炉鼎款识考之殆建自清初者与崇奂巍然爰出尘表为海淀西南屏蔽地势冲要形家尝谓

挹娄苏英贤篆额并撰

信都杨茂龄敬沐书丹

碑阴

额篆：芳留千古

碑方首，首阳面浮雕云龙纹，阴面浮雕云纹，座浮雕云龙纹。碑首身通高228厘米，宽85厘米，厚26厘米。座高60厘米，宽113厘米，厚52厘米。拓高147厘米，宽80厘米。额拓高28厘米，宽22厘米。碑阳额文3行，行2字，篆书。碑文25行，满行55字，实存1178字。碑阴额文2行，行2字，篆书。碑身均题名，正书。

碑原址在海淀区海淀南路倒座庙，现藏北京石刻艺术博物馆。

按：《北京寺庙历史资料》载，“倒座观音堂”坐落西郊四分署倒座观音堂二十号，即今海淀南路和苏州街路口处。寺庙建筑一般为南向，而此庙却北向，正对海淀西大街，为面阔三间二层楼阁式建筑，另有东西配殿各三间，所以人称“倒座庙”。因庙内原供有一尊木质观音大士像，因此全称“倒座观音堂”。庙始建年代不详，民国十三年(1924)合村集资重修。1988年扩展苏州街时被拆毁，作为地名，仍有几座楼房用倒座庙门牌号。

佛教徒某氏还愿碑

中华民国十三年（1924）岁次甲子□月谷旦勒石

额篆：万古长春

首行题：观夫浚川者必先清其源而后其流乃清种树者必先培其本而后枝叶始荣为善者必须先

刘延年沐手书并篆额

庙主王文云建

碑方首座佚，首阳面浮雕蝙蝠云纹。首身通高179厘米，宽49厘米，厚17厘米。首身拓高175厘米，宽50厘米。碑阳额文2行2字，篆书。碑文12行，满行36字，现存303字，隶书。碑阴无字无额题。

碑原址在宣武门外大街149号，现藏北京石刻艺术博物馆。

著录情况：《馆目》，第67页。

按：此碑未载庙名及还愿者姓名。据碑载：“氏自于归以来，终年多病，兼之家境萧条困苦万状，曾于病笃之际向佛发愿，誓必终身茹素念佛”，可知还愿者某氏当为某为女性。

重修天元寺碑记

中华民国十有五年（1926）岁次丙寅夏历四月谷旦勒石建立

额篆：永垂不朽

首题：重修天元寺碑记

三宝弟子法名妙修适伊张仲樨敬述

京兆密云县信士宗庆煦敬代撰并书

良邑人永立石厂刻字李茂来、刘景云

碑阴

额题：万古流芳

首行题：县长周志中助功德洋四圆

碑方首抹角，首两面均浮雕江崖祥云纹，方座（似后配，但系旧物）阳浮雕二龙戏珠，阴浮雕神牛，右侧浮雕单鹿，左侧雕双鹿。碑首身通高 201 厘米，宽 76 厘米，厚 18 厘米。座高 73 厘米，宽 120 厘米，厚 66 厘米。拓首身高 195 厘米，宽 76 厘米。碑阳额文 2 行，满行 2 字，篆书。碑阳正文及年款共计 12 行文字，行 43 字，正书；碑左下方镌发起人、经理人和书撰人、刻工等人名，正书。碑阴额文 2 行，满行 2 字，正书。碑阴刻捐资人名、铺号和捐款数目。

碑今在房山区崇各庄乡大马村东天元寺大殿前廊西侧。

按：天元寺建筑保存较为完整，山门上石额居中正书“天元寺”字被填漆，保存完好。寺内有大悲心陀罗尼幢，座佚，尚有幢檐、须弥座残构件殿前东侧置。幢首题“圣千手千眼观自在菩萨摩诃萨广大圆满无碍大悲心陀罗尼”。此数件石刻从造型和雕刻手法上看，应为早期遗物，亦可见此寺建立之早。

潭柘山岫云寺观音殿子孙会碑

中华民国十六年（1927）岁次丁卯九月

额篆：子孙会碑

首题：潭柘山岫云寺观音殿子孙会碑

泉台吴心谷撰文

大兴雷观群敬书

本寺住持僧□□监工勒石

碑螭首龟趺，碑身中部断裂，龟趺颈至头部为后补。碑首身通高 300 厘米，宽 94 厘米，厚 24.5 厘米。趺高 56 厘米，宽 103 厘米，厚 216 厘米。碑身拓高 170 厘米，宽 80 厘米。碑阳额文 2 行，满行 2 字，篆书。碑文 23 行，满行 46 字，正书。碑阴无字。

碑立于门头沟区潭柘寺毗卢阁前，坐北朝南。

著录情况：《拓汇》，第 95 册，第 115 页。《拓目》，第 385 页，京 6953。

京兆大井村天仙娘娘庙碑记

中华民国十六年（1927）岁次丁卯秋九月吉日立

额题：永垂不朽

首题：京兆大井村天仙娘娘庙碑记

信士弟子崔玉璋熏沐盥手敬撰并书

碑方首方座。首身通高 151 厘米，宽 50 厘米，厚 17 厘米。座高 31 里，宽 99 厘米，厚 37 厘米。碑身拓高 101 厘米，宽 50 厘米。额拓高 18 厘米，宽 17 厘米。额文 2 行，行 2 字，正书。碑文 15 行，满行 31 字，现存 397 字，正书。碑阴刊题名，仅残存 19 字，正书。

碑原址在西城区北三条张旺胡同，1986 年 4 月 9 日征集，现藏北京石刻艺术博物馆。

著录情况：《馆目》，第 67 页。

按：据碑载："都门西南十五里京兆宛平县属大井村中路北旧有古寺，乃明代万历年间村人所建设，□其落成之年月今已无可考矣。"由碑文可知庙在大井村，碑何故移至城内不详。

碑阴风化严重，文字多不辨。

天仙圣母娘娘庙重修碑记

中华民国十七年（1928）阴历四月初一日立

首行题：盖闻神道设教所以修道德之穷坤无潜化所以赞天□之运唯我天仙圣母娘娘慈仁□于海宇万姓蒙庥教化敷于西方

本寺住持僧达文

仅拓碑身，边框刻花纹。拓高 159 厘米，宽 69 厘米。碑文 13 行，行 50 字，正书。

碑在海淀区凤凰岭风景区龙泉寺。

金荣捐助铺房碑

中华民国二十年（1931）十月

额篆：万古流芳

首行题：先生金氏讳荣河北通县人也（以下从略）

富顺石厂赵林刻

碑嵌墙，方首方座。碑身拓高 126 厘米，宽 67 厘米。额拓高 25 厘米，宽 23 厘米。额文 2 行，行 2 字，篆书。碑文 17 行，前 6 行为大字，中 10 行小字，末行年款；大字满行 30 字，小字满行 48 字，正书。

碑在通州区南大街清真寺。

海淀圆明园并各村题名碑

中华民国二十年（1931）☐

额题：万善同归

碑首行题：兹因京西海甸圆明园并各村□民□善☐」程前往丫髻山朝顶进香外□来☐」

碑身下部残缺，仅剩碑首及碑身上半部，风化剥蚀严重。拓高59厘米，宽47厘米。碑文20行，行字不详，正书。额文2行，满行2字，正书。

碑在平谷区丫髻山，原址保存。

重修宣武门外老墙根白衣庵碑记

中华民国二十一年（1932）岁次壬申冬月（十月）中浣敬立

额题：十方丛林

首题：重修宣武门外老墙根白衣庵碑记

前众议院议员四川财政厅长密宗戒弟子永川黄云鹏敬撰并书

主持僧昌宏敬镌

碑仅存碑身，阳、阴边框云龙纹，龟趺系后配。碑身高277厘米，宽115厘米，厚34厘米。龟趺高91厘米，宽118厘米，厚279厘米。碑身拓高254厘米，宽85厘米。碑文14行，满行50字，现存526字，隶书。碑阴无字。

碑原址宣武区诚实夹道玉虚观6号（原白衣庵），现藏北京石刻艺术博物馆。

著录情况：《拓汇》，第97册，第37页。《拓目》，第387，京10067。《馆目》，第68页。《北平庙宇通检》，第110页。

按：碑首佚，额题据《拓目》补。

无名氏为清真寺施地碑

中华民国二十二年(1933)二月立

首行题：今有无名氏施给通县城内

碑为嵌墙刻石。拓高58厘米，宽80厘米。碑文19行，满行12字，正书。

刻石在通州区南大街清真寺。

清真寺财产管理碑

中华民国二十三年（1934）五月立

额横题：万古流芳

首行题：盖维本寺素乏基金供给经学师生恒感困难兹承湖南

碑首身一体，方首，方座。首身通高139厘米，宽55厘米，厚16厘米。座高51厘米，宽90厘米，厚36厘米。碑身拓高135厘米，宽53厘米。额文横题1行4字，正书。

碑文 17 行，满行 37 字，现存 574 字，正书。碑阴无字，无额题。

碑原址在西城区阜成门外北大街，现藏北京石刻艺术博物馆。

著录情况：《馆目》，第 68 页。

按：碑文前述马振五、马西园等捐给清真寺房屋等事，后记捐乜贴题名及金额。

重修通县胜教寺记碑

中华民国二十五年（1936）岁在丙子孟秋（七月）谷旦立

额题：永垂不朽

首题：重修通县胜教寺记

男姚学礼勒石谨识

王子衡熏沐书丹

贾玉亭监工

王华堂书额

富顺石厂赵林刻

碑首浮雕祥云纹，碑身边框浮雕卷草纹饰，龟趺。碑首身通高 232 厘米，宽 84.5 厘米，厚 28.5 厘米。龟趺高 89 厘米，宽 88 厘米，厚 156 厘米。拓高 137 厘米，宽 70 厘米。碑阳额文 2 行，满行 2 字，正书。碑文 16 行，满行 44 字，正书。碑阴无字。

碑现立于通州区西海公园大光明殿院内。

按：《长安客话》载："通州佑圣教寺在州治西北，学宫之右，逼近城垣。有燃灯古佛舍利宝塔，创自唐贞观七年。塔顶有铁矢一，世传为金时杨彦升射中于上，迨今犹存。"

《日下旧闻考》："城西北隅有佑圣教寺，内建浮图十三层，高二百八十尺，下作莲花台座，高百二十尺。周围百四尺，虚其中以祀佛。考断碑，创于唐贞观七年。"

民国金士坚《通县志要》："佑胜教寺，冀东政府成立后一度改为保安处。"

此寺先为佛寺，后为道观，再修之后为佛道共尊。寺原名"佑胜教寺"，今名"胜教寺"。

五塔寺金刚宝座修缮工程刻石

中华民国二十七年（1938）十一月十日完工

首行题：五塔寺金刚宝座修缮工程于中

此为嵌墙刻石，高 61 厘米，宽 29 厘米。拓高 59 厘米，宽 29 厘米。石刻文字 5 行，满行 13 字，现存 62 字，正书。

刻石原址在海淀区真觉寺（俗称五塔寺），现藏北京石刻艺术博物馆。

著录情况：《馆目》，第 69 页。

修葺关帝庙等处功德刻石

中华民国已卯年〔三十八年（1939）〕重修

首行题：关帝庙堂上开山第一代上安下实成功祖师

住持僧清法谨志

徐敬、王荫川、战栋臣敬书

石方形，共二石。第一石系明墓志盖改作，盖篆“明故昭信」校尉锦衣」卫百户竹」轩范公墓”，石高 61 厘米，宽 61 厘米，厚 8 厘米。第二石高 63 厘米，宽 61 厘米，厚 5.5 厘米。拓片高 60 厘米，宽 60 厘米。因第一石首行顶格，所以二石行数不等。第一石文 16 行，满行 16 字，第二石文 16 行，满行 14 字，均正书。

石原在崇文区崇文门外花市中四条，现存隆安寺。

著录情况：《拓汇》，第 99 册，第 37 页。《拓目》，第 389 页，京 8024。

按：碑原址据《拓目》补。

碑文记清法僧先师德印明公生前即为修葺关帝庙募化，清法继其志，清光绪三十二年起募化翻修增寿广法寺、崇外唐洗伯街福生观音庵并中四条关帝庙等处寺观。清法感念诸施者功德，遂为立碑以志。

北京庆云寺碑

天运壬午〔民国三十一年（1942）〕七月日谷旦

额篆：重修庆云寺碑

首题：北京庆云寺碑

桐城马振彪撰文

长沙夏职忠书丹

碑阴

额篆：万古流芳

碑方首，首饰云纹，右上部残缺，方座。首身通高 186 厘米，宽 75 厘米，厚 22 厘米。座高 39 厘米，宽 90 厘米，厚 39 厘米。碑身拓高 119 厘米，宽 73 厘米。额拓高 25 厘米，宽 27 厘米。碑阳额文 2 行，行 3 字，篆书。碑文存 22 行，满行 41 字，现存 810 字，正书。碑阴无字。

碑原址在西城区景山后街 10 号（恭简胡同南口，景山西街北口），1983 年 11 月 25 日征集入馆，现藏北京石刻艺术博物馆。

著录情况：《拓汇》，第 100 册，第 17 页。《拓目》，第 390 页，京 4151。《馆目》，第 70 页。

慈善寺重修碑

中华民国三十四年（1945）三月望日（十五）

额题：永垂不朽

首行题：盖闻二仪有象显覆载以含生

宛平香山教授贺毅斋拜撰

宛平乡立学校校长王喆臣书

碑螭首座佚。碑首身通高 202 厘米，宽 68 厘米，厚 20 厘米。碑身拓高 132 厘米，宽 66 厘米。额拓高、宽均 17 厘米。碑阳额文 2 行，满行 2 字，正书。碑文 21 行，满行 45 字，正书。碑当时仆地，碑阴情况不详。

碑在石景山区慈善寺大悲坛大殿后墙，仆地

按：碑文载慈善寺乃清初之古刹，供奉燃灯古佛（俗称魔王老爷），名闻中外，每年的三月十五日为古佛成道之日，来此进香的人非常多。

清真寺某君捐地助学刻石

中华民国三十四年 (1945) 十月谷旦

首行题：永垂不朽「□□□北平巨镇宗教较他处兴旺」

潞河后学朱翌周谨撰并书

此为嵌墙刻石，石右上角残。拓高 40 厘米，宽 98 厘米。石刻文字 25 行，满行 14 字，隶书。

刻石在通州区南大街清真寺，原址保存。

按：刻石镌于民国三十四年（1945），时值抗日战争刚刚结束，“战事影响米珠薪桂负笈者以供应不足，无力向学”，致使生徒日见稀少，学校发展举步维艰。某君鉴于此景，“以自置民地二十亩捐助大学”。所捐地在通州黎园。碑文后附该地每年所得支配办法。

捐资人名铺号碑

民国时期（1912—949）

额题：永垂不朽

首行题：领化

拓高 128 厘米，宽 57 厘米。额文 2 行，行 2 字，正书。碑文 20 行，行字不等，正书。

碑原址不详，现存昌平公园内石刻园。

按：碑文题名中有“公安局”及“三会乡长”等，据此推断为民国时期。碑身上方居中题“发起人”三字，下刊人名、商号、商会名等。

（关帝庙）庙产四至碑

年代不详

额题：以昭来兹

首行题：地之坐落四至开记于后

住持源亮

碑方首浮雕祥云纹，碑首身一体，外框均饰卷草纹。碑高 152 厘米，宽 55 厘米，厚15厘米。拓高150厘米，宽59厘米。额文2行，行2字，双钩正书。碑文7行，满行28字，正书。碑当时仆地，另一面情况不详。

1996年8月普查时，碑在顺义区杨镇一中。

按：碑文记述庙产地三段，并标明三段地所在位置及四至，落款为住持源亮率徒慈舟、侄聚舟及徒孙荣喜、来喜、长喜。

元圣宫题名残碑

年代不详

额题：□□不朽

碑首身一体，右半部残缺。碑首浮雕祥云纹，碑身边框浮雕卷草纹。拓高199厘米，宽38厘米。额文残存1行，满行2字，正书。碑文残存12行，上下分刻15栏，均为铺号和人名，正书。

1996年普查时，碑在顺义区牛栏山一中院内（原元圣宫旧址），原址保存。

按：据民国《顺义区志》，牛山元圣宫建于元末明初。

元圣宫题名碑

年代不详

碑身线刻单线边框，中下部有漫漶剥蚀。拓高132厘米，宽80厘米。碑文24行，行字不等，均为题名，正书。

1996年普查时，碑在顺义区牛栏山一中院内（原元圣宫旧址），原址保存。

按：碑上方中部竖题题“本店会友”，其下分列题名，题名中记有“蓟州商人蔡宗仁”、“江西客人李恭”、“浙江余姚县人潘大荣”及“本店信女李门张氏、王门张氏”等。

元圣宫捐资铺号题名残碑

年代不详

首行题：▨列于后何宁刘万库（以下从略）

王琨沐手书

碑首缺，座佚。碑身上部残缺，残存碑身从中部纵向断为二，碑身边框浮雕卷草纹。拓高180厘米，宽92厘米。碑文残存25行，上下13栏，分镌铺号及人名。

1996年7月普查时，碑在顺义区牛栏山一中院内（原元圣宫旧址），原址保存。

按：碑上部残缺，并从中部纵向断为两部分，上方有阙文。碑刊铺号及人名，首列所刊人名、铺号有王克荣、广源号、如意号、瑞成号、恒泰号等；第1行刊捐资人有何宁、刘万库、许景春、乔素云、盛景贤等。

坤会众芳名碑

年代不详

碑上方横题：坤会众芳名

碑风化剥蚀严重，字迹多难以辨认。碑阳失拓，阴拓高 151 厘米，宽 82 厘米。碑阴碑文 34 行，行字不等，正书。

碑现在平谷区丫髻山，原址保存。

旮旯庵碣文残石

年代不详

首题：☐碣文

拓高 68 厘米，宽 68 厘米。碣文残存 26 行，行残存 16 字，正书。

石在海淀区凤凰岭风景区。

按：文中载“兹因白虎涧迤西有庵名曰旮旯”，“僧人名觉显募化善人”。前为正文，后镌男女题名，未署年款。

捐资碑

年代不详

额篆：芳名千古

首题：谨将捐款人姓名列后

额拓高 22 厘米，宽 30 厘米。碑身拓高 154 厘米，宽 81 厘米。额文 2 行，满行 2 字，篆书。碑文镌村名、人名、铺号名，行字不等，正书。

碑在海淀区。

按：碑上下分 11 栏刊捐资人名，每栏 15 行。第二行首刊“巴沟村”，第 14 行刊捐资铺号及人名。末行题：“本庙董事值年总董苏英☐。”

火神庙记碑

年代不详

额篆：火神庙记

碑螭首，座佚。碑首身高 230 厘米，宽 86 厘米，厚 24 厘米。拓高 138 厘米，宽 68 厘米。额文 2 行，行 2 字，篆书。碑文几乎全部漫漶。

石现存崇文区隆安寺。

重修☐圣☐☐祠☐记

年代不详

额篆：重修☐圣☐☐祠☐记

碑螭首，座佚。碑首身通高 320 厘米，宽 95 厘米，厚 30 厘米。拓高 134 厘米，宽 68 厘米。碑文 16 行，文字漫漶，正书。

石现存崇文区隆安寺

按：碑文中有“谷旦□布行公立”字样。

祠堂类石刻

昌平县狄梁公祠堂记碑

元大德四年（1300）闰八月朔（一日）记

额篆：□□县」□□公」□□记」

首题：昌平县狄梁公祠堂记

集贤学士大中大夫宋渤文并书

翰林学士中顺大夫知制诰同修国史杨文郁题额

进义副尉昌平区达鲁花赤木忽里、从仕郎昌平区尹王敬、昌平县主簿阿思兰不花、昌平县尉郭温、典史陈彦礼同立石

碑阴

首题：今具助缘立石人等于后

碑首上部残缺。碑首身拓高130厘米，宽81厘米。碑阳文22行，行字不等，行书。碑阴23行，行字不等，镌提控司吏郝禄等人名，正书。

碑原址在昌平区旧县村北，现存昌平公园内昌平石刻园。

著录情况：《拓汇》，第48册，第158—159页。《拓目》，第208页，京8861。

按：碑文泐甚，首题及书撰人名据《拓目》补。

文丞相传碑

明嘉靖二十八年（1549）己卯贰月望日（十五日）逊识

额题：宋文丞相传

首题：文丞相传

刘岳申撰文

吴期书丹

梅珊书额

王逊重刻并跋

碑方首抹角无首，方座。碑身高167厘米，宽73厘米，厚16厘米；座高57厘米，宽97厘米，厚38厘米。拓高167厘米，宽72厘米。碑上方横题额文1行5字，隶书。碑文48行，隶书。跋2行，正书。碑下部漫漶，行存字状况不详。

碑现存东城区文天祥祠。

著录情况：《拓汇》，第55册，第136页。《拓目》，第459页，京254。

按：明嘉靖二十八年为己酉年，己卯为误写或误刻。碑文中称“宋亡七年，崖山亡又五年矣”，则撰写年代在元至元十一年（1284）即文天祥卒年之后。

撰文人刘岳申，生于1260年，卒年不详，约14世纪后半叶。字高仲，号申斋，吉水县人。少时才华横溢，深得刘辰翁、吴澄等人赞许，好持论，长于考证，平生作文多至千余篇，因遭乱世动荡，失之过半，有门人萧洵所编《申斋刘先生文集》15卷传世。

《过文先生祠》诗刻

明嘉靖甲寅〔三十三年（1554）〕春望

首题：过文先生祠

南京户部主事嵩山李世德题

月篴吴期书

燕山张鸾镌

刻石嵌墙，长95厘米，高35厘米。拓长93厘米，高32厘米。石左侧有立石人小字题识一行。碑文14行，满行6字；小字题识1行10字，均正书。

石刻现存东城区府学胡同文天祥祠。

著录情况：《拓汇》，第55册，第185页。《拓目》，第460页，京263。

重修唐狄梁国公祠碑记

明隆庆二年（1568）岁次戊辰六月吉日立石

额篆：☐修唐☐国公☐碑记。

首题：重修唐狄梁国公祠碑记

赐进士出身通议大夫工部左侍郎浴泉徐纲撰文

钦差总理昌平粮饷承德郎户部浙江清吏司主事古蔺道愚吴哲书丹

奉敕总督京营戎政侍经筵前节奉制敕南京守备掌南京中军□□□□提督漕运镇守□安地方总兵官及镇守两广地方总兵官☐府诸军务大☐

碑阴

额题：万古流芳

拓高160厘米，宽93厘米。碑阳额文3行，行残存2字，篆书。碑阳中部有大片剥落，下中部漫漶严重，碑文26行，因有缺字，行字不详，正书。碑阴额文2行，满行2字，正书。碑阴均为题名，多为太监题名，漫漶较甚，存字状况不详，正书。

碑原址在昌平区旧县村北，现存昌平公园内昌平石刻园。

著录情况：《拓目》，第238页，京8763。

普惠生祠香火地亩疏碑

明天启四年（1624）四月日记石

额题：圣谕

首行题：题请惠普生祠香火地亩疏

碑阴

明天启七年四月

首行题：切惟京东大坝城池自

碑螭首龟趺，首身通高246厘米，宽115厘米，厚35厘米。龟趺长240厘米，宽

115 厘米，高 78 厘米。拓高 240 厘米，宽 113 厘米。碑身阳面浮雕云龙纹边框，阴无边框。碑阳额文 1 行，竖刻，满行 2 字，双钩正书。碑文 20 行，满行 56 字，共计 644 字，正书。碑阴碑文 24 行，满行 51 字，共计 863 字，正书。

碑原址在朝阳区东坝十六中学，1985 年 12 月征集入馆，现藏北京石刻艺术博物馆。

著录情况：《拓目》，第 256 页，京 9226。《馆目》，第 82 页。

重建唐梁国谥文惠前昌平令狄公祠记碑

明天启四年（1624）□（六月）

额篆：重建唐梁国谥文惠前昌平令狄公祠记

首题：重建唐梁国谥文惠前昌平令狄公祠记

□吏司员外郎萧思似顿首拜撰并书篆

拓高 146 厘米，宽 103 厘米。额文 4 行，满行 4 字，篆书。碑文 30 行，碑面风化剥蚀严重，难以辨识，行字不等，行书。碑阴镌题名，失拓。

碑原址在昌平区旧县村北，现存昌平公园内昌平石刻园。

著录情况：《拓目》，第 256 页，京 8665。

按：年款部分漫漶，首题基本漫漶，据《拓目》补。

重修狄梁公庙碑记

明崇祯十二年（1639）四月初一日立石

额篆：重修狄梁公庙碑记

首题：重修狄梁公庙碑记

赐进士第荣禄大夫礼部尚书东阁大学士前翰林院掌院事礼部右侍郎教习馆员兼侍读学士纂修实录副总裁姚明恭顿首拜撰并书篆

碑阴

首题：捐助题名记

碑阳、阴边框线刻龙纹。碑身拓高 150 厘米，宽 98 厘米。碑阳额文 2 行，行 4 字，双钩篆书，失拓。碑文 21 行，满行 46 字，正书。碑阴均题名，多为太监题名，碑文 24 行，行字不等，正书。碑阴额文失拓。

碑原址在昌平区旧县村北，现存昌平公园内石刻园。

著录情况：《拓汇》，第 60 册，第 96 页。《拓目》，第 260 页，京 8945。

大唐狄梁公彭泽县碑记

明崇祯十六年（1643）孟秋（七月）吉旦立

首题：大唐狄梁公彭泽县碑记

范仲淹撰

天寿山提督察饬昌关等处军务司礼监监官内官监太监申之秀重刊

碑身拓高 100 厘米，宽 87 厘米。碑文存 38 行，行字不等，正书。

碑原址在昌平区旧县村北，现存昌平公园内石刻园。

宋丞相信国文公像碑

明崇祯十七年（1644）前

额篆（上方）：宋丞相信国文公像

额题（下方）：孔曰成仁孟曰取义惟其义尽所以仁至读圣贤书所为何事而今而后，庶几无愧自赞

顺天府儒学训导萧山汪浩立石

碑方首抹角，座系后配。碑首身一体，碑首刻云纹，碑身边框刻卷草纹。碑首身高 128 厘米，宽 81 厘米，厚 10 厘米。拓高 130 厘米，宽 81 厘米。额文上半部 4 行文字，满行 2 字，篆书；下半部 9 行文字，满行 4 字，正书。碑身线刻文天祥半身画像，左侧有立石人小字题识 1 行。

碑现藏东城区府学胡同文天祥祠。

著录情况：《拓汇》，第 60 册，第 141 页。《拓目》，第 452—453 页，京 262。

按："孔曰成仁"云云传为文天祥临终绝笔。

"教忠坊"匾

明崇祯十七年（1644）前

匾题：教忠坊

匾高 45 厘米，宽 116 厘米。拓长 110 厘米，高 42 厘米。匾文横题大字 1 行 3 字，双钩正书。

匾现藏东城区府学胡同文天祥祠。

著录情况：《拓目》，第 491 页，京 5644。

按：据《宋文信国公祠重修记》可知，该匾原为文丞相祠享堂二门门额，1937 年被旧都文物整理实施事务处发现时，匾背面朝上作为享堂角门阶石。事务处置之祠壁上加以保护，并在旁另刻石题识。（参见民国二十六年《教忠坊刻石发现记》条）

重修狄梁公惠公庙碑文

清康熙十四年（1675）月缠鹑尾之次

首题：重修狄梁文惠公庙碑文

燕山逸士沙澈撰并书

通议大夫加一级闵弘宗立石

中军守备李应第仝建

碑身边框饰卷草纹，底部失拓。拓高 120 厘米，宽 94 厘米。碑文 18 行，行 26 字，行草。

碑原址在昌平区旧县村北，现存昌平公园内石刻园。

著录情况：《拓汇》，第 63 册，第 72 页。《拓目》，第 273 页，京 8845。

贾公祠宪批碑

清康熙二十九年（1690）三月初四日行

额题：宪批

首行题：房山县为恳恩转以扬先贤以杜后患事本年三月初七日蒙

房山县知县罗在公遵奉勒石

碑方首，首浮雕祥云，方座。碑首身通高 156 厘米，宽 67 厘米，厚 17 厘米；座高 63 厘米，宽 85 厘米。碑身拓高 102 厘米，宽 66 厘米。额失拓。碑文 16 行，满行 32 字，正书。碑文部分文字漫漶。碑阴情况不详。

碑今在房山区石楼乡二站村贾公祠。

春秋二祭刚祖圣会碑

清康熙四十年（1701）岁次辛巳季冬月（十二月）谷旦

额题一：春秋二祭刚祖圣会

额题二：永远祭祀

弟子马腾蛟置立

此为嵌墙刻石，碑形，方首垂巾方座。碑通高 125 厘米，宽 39 厘米。碑拓高 124 厘米，宽 39 厘米。碑文 17 行，满行 31 字，正书。额题有二，其一横题 1 行文字，满行 8 字，正书；其二额文 2 行，满行 2 字，正书。

碑在石景山区刚铁祠内大殿门洞东墙嵌墙。

著录情况：《拓汇》，第 65 册，第 182 页。《拓目》，第 281 页，京 4126，《刚祖圣会碑》。

黑山会司礼监太监刚公护国□碑

明万历元年（1573）岁次癸酉春三月吉日立

清康熙四十年（1701）岁次▨修补建新

额篆：重修司礼监太监刚公护国寺碑记

首题：黑山会司礼监太监刚公护国□碑

赐进士第光禄大夫柱国少师兼太子太师吏部尚书侍经筵食正一品俸蒲坂虞坡杨博撰文

碑螭首须弥座，座为新配。碑首身高 325 厘米，宽 110 厘米，厚 35 厘米。碑身拓高 204 厘米，宽 104 厘米。额文 4 行 4 字，篆书。碑文 27 行，满行 56 字，正书。

碑在石景山八宝山烈士纪念堂（刚炳祠）内东侧。

著录情况：《拓汇》，第57册，第3页。《拓目》第239页，京6342。

按：刚炳墓前为刚公祠（即褒忠祠），祠东南为护国寺。护国寺俗称“太监庙”，设有“太监养老义会”。此碑原为明碑，清康熙时修补建新。

重修黑山会褒忠祠碑

明万历三十五年（1607）岁次丁未季夏（六月）吉旦立

清康熙四十年（1701）岁次辛巳合会内外众等捐资前后修补建新

额篆：重修黑山会褒忠祠碑记

首题：重修黑山会褒忠祠

赐进士第奉议大夫左春坊左庶子兼翰林院侍读东宫讲读官前记注起居纂修正史兼理诰敕都人冯有经撰文

碑阴

篆额：百世流芳

碑方首须弥座，座为后配，碑首雕三龙戏珠，碑身四框雕二龙戏珠。碑首身高365厘米，宽117厘米，厚31厘米。碑身拓高195厘米，宽107厘米。碑阳额文4行3字，篆书。碑文20行，满行50字，正书。碑阴额文2行2字，篆书。碑阴刻人名，共21行，正书。

碑在石景山八宝山烈士纪念堂（原刚炳祠）西侧。

著录情况：《拓汇》，第58册，第195页。《拓目》第252页，京4134。

按：明万历元年（1573）“黑山会刚公护国寺碑”与本碑，落款处虽明代万历有“元年”与“三十五年”之不同，但其下均有“康熙四十年…修补建新”。从实地调查情况看，二碑的确有明代风格，可能是在康熙四十年时，太监义会对二碑进行了一次全身的打磨清洗及对碑文的剔挖见新工作，并在碑文后刻文纪事。

赵忠愍祠墓防护文告刻石

清乾隆八年（1743）五月

首行题：工部为褒忠已奉

石为嵌墙横石，高37厘米，宽98厘米。石刻文字32行，满行18字，452字，正书。

石刻原在宣武区法源寺前街11号，现藏北京石刻艺术博物馆

著录情况：《馆目》，第4页。

按：赵公祠亦称云南会馆，是祭祀赵谍的祠堂。赵谍字镇所，昆明人。明崇祯甲申（1644）任御史巡视中城，城破后被杀于白帽胡同。同乡公建景忠庵奉祀，有碑碣可据。

清乾隆四年（1739）赐谥忠愍，并敕祀贤良祠。

傅恒宗祠碑

清乾隆十四年（1749）四月初十日后

额篆：敕建

首行题：乾隆十四年三月初七日内阁奉

碑螭首龟趺，碑阳、阴边框均浮雕云龙纹，碑两侧浮雕云龙纹图案，龟趺下有海墁石。碑首身通高 467 厘米，宽 148 厘米，厚 59 厘米；龟趺长 365 厘米，宽 159 厘米，高 123 厘米。碑身拓高 268 厘米，宽 90 厘米；额拓高 44 厘米，宽 40 厘米。碑阳额文竖题，满汉文各 1 行，满行 2 字，汉字篆书。碑阳满汉文合璧，汉文存 13 行，满行 84 字，实存 540 字，正书。碑阴无字无额题。

碑原址在东城区景山东街东口路北（中国社科院法学研究所），1986 年 4 月征集入馆，现藏北京石刻艺术博物馆。

著录情况：《拓汇》，第 70 册，第 45 页。《拓目》，第 299 页，京 912。《馆目》，第 96 页。《北京文博》1999 年第 1 期，李巍《傅恒宗祠碑与大金川战役》。

重修唐狄梁公祠碑记

大清乾隆三十九年（1774）冬十月立石

额篆：重修狄[梁][公]祠

首题：重修唐狄梁公祠碑记

赐进士出身奉直大夫知昌平州事王屋李芳茂撰文

赐进士出身户部郎中记名御史石门蔡履元书丹

赐进士出身中书舍人署内阁侍读里人王家宾篆额

住持道士曹来景

碑阴

额篆：狄梁公祠重修题名

首题：重修狄梁公祠劝捐伸衿士庶姓名列后

碑阳面风化剥蚀漫漶严重，无法辨识。拓高 153 厘米，宽 93 厘米。额文 2 行，满行 3 字，篆书。碑阴额文 2 行，满行 4 字，篆书。碑文 22 行，满行 47 字，正书。碑阴镌题名，行字不等，正书。

碑原址在昌平区旧县村北，现存昌平公园内昌平石刻园。

著录情况：《拓汇》，第 73 册，第 148 页。《拓目》，第 314 页，京 8819。

按：碑阳面基本漫漶，首题及书撰人等据《拓汇》补。

曹氏重修先祠记碑

清乾隆四十九年（1784）岁次甲辰季秋（九月）谷旦

额篆：先祠碑文

首题：曹氏重修先祠记

香河韩烈撰文

香河韩为书丹

碑方首方座，首饰云纹。碑首身通高 148 厘米，宽 52 厘米，厚 20 厘米；座高 53 厘米，宽 52 厘米，厚 20 厘米。拓高 149 厘米，宽 54 厘米。额文 2 行，满行 2 字，双钩篆书。碑文 22 行，满行 44 字，正书。碑阴额、文均失拓。

1996 年普查时，碑在通州区大曹庄曹氏祠堂大殿前廊西头立。

宗人府颁恩碑

清乾隆六十年（1795）

额篆：公祝洪恩永垂万年

首行题：皇帝握机肇运阅今六十年乾苞钟叡坤纽阐禔尧风舜曦煦濡万品凡薄海内外乐春台图王会者久已炳耀册府矣仰惟

碑方首，首阳阴及两侧浮雕云龙纹。碑身残存下半部，阳阴边框刻卷草纹，两侧浮雕云龙纹。碑首身残高 271 厘米，宽 177 厘米，厚 70 厘米。碑身拓高 123 厘米，宽 168 厘米。碑阳额文满汉文合璧，汉文 3 行，满行 3 字，篆书。碑阳满汉文合璧，满文应存 18 行，现存 13 行；汉文应存 19 行，现存 11 行，仅存 324 字，正书。碑阴刻题名，满汉文合璧，汉文存 2014 字，正书。

碑出土于东城区中华门毛泽东纪念堂地基，现藏北京石刻艺术博物馆。

著录情况：《拓汇》，第 76 册，第 109 页。《拓目》，第 324 页，京 10。《馆目》，第 187 页。

按：碑文情况据《拓汇》第 76 册第 109 页补。

《□谥忠愍诗》刻石

清乾隆年间（1736—1795）

首题：□谥忠愍诗」人为天地心斯理几曾绝（以下从略）」

□□后学傅为许稿

拓长 63 厘米，宽 38 厘米。石刻镌七古诗一首，文字 20 行，满行 15 字，行楷。

刻石原址应在宣武区赵忠愍祠，现藏北京石刻艺术博物馆。

按：《会集》记载，法源寺另有一首题“赐谥忠愍诗”刻石，尺寸与此石相当，款“建水后学傅为许稿”，为七言古诗一首，首句亦为“人为天地心，斯理几曾绝”。

重修贾公祠碑记

旹大清嘉庆贰拾叁年（1818）岁次戊寅陆月吉日立

额题：永垂不朽

首题：重修贾公祠碑记

顺天府良乡县甲子科举人拣选知县孙锦撰文

汉军正黄旗人黄景☐

碑方首浮雕祥云，素方座。碑高 150 厘米，宽 67 厘米，厚 15 厘米。座高 50 厘米，宽 75 厘米，厚 35 厘米。拓联首高 135 厘米，宽 65 厘米。碑文 20 行，满行 29 字，正书。

碑在房山区石楼镇二站村南。

著录情况：《拓汇》，第 78 册，第 175 页。《拓目》，第 333 页，京 9194。

按：碑文漫漶，立碑时间据《拓汇》补。从残存碑刻可知，此地原有贾公祠和墓，贾公祠保留至上世纪 50 年代，因盖校舍被毁。今墓和祠均被夷为田地。

宋文信国公祠重修记碑

清道光七年（1827）秋九月

额题：重修碑记

首行题：宋文信国公祠在京师顺天府学之东明初北平按察司副使刘公崧创建其地在元为□□

赐同进士出身诰授通议大夫顺天府府丞稽查右翼宗学加一级记录八次平湖朱为弼敬撰

赐进士出身诰授资政大夫翰林院侍读学士顺天府学政加七级记录十二次南昌彭邦畴敬书

碑方首方座。碑首身高 184 厘米，宽 60 厘米，厚 19 厘米。座高 48 厘米，宽 67 厘米，厚 46 厘米。拓高 133 厘米，宽 60 厘米。碑阳额文 2 行，满行 2 字，正书，失拓。碑文 16 行，满行 36 字，正书。碑阴刻捐资题名及金额，小字 30 行，正书。

碑现藏东城区府学胡同文天祥祠。

著录情况：《拓汇》，第 79 册，第 122 页。《拓目》，第 337 页，京 237。

按：碑阳额题失拓，据《拓汇》补。

杨椒山祠祀典记

清道光二十七年（1847）仲秋月（八月）谷旦

首题：科道公捐松筠庵祀典记

京畿道御史花詠春、史佩瑲 、恩符、荣椿、田润、恭录勒石

刻石中部断裂，个别文字漫漶。石高 32 厘米，宽 96 厘米，厚 8 厘米。拓高 31 厘米，宽 88 厘米。记文 41 行，满行 15 字，实存 510 字，正书。

石原址在宣武区上斜街道旁砖堆内，现藏北京石刻艺术博物馆。

著录情况：《拓汇》，第 81 册，第 143 页。《拓目》，第 345 页，京 1273。

为周家楣建专祠刻石

清光绪十五年（1889）之后

第一石首行题：雨河溢顺天二十四州县相续被灾家楣亟遣员绅

第二石首行题：郎于光绪四年补授顺天府府尹讲求察吏安民之

赐进士及第翰林院侍讲姻侍生冯文蔚顿首拜书

拓存 2 纸，拓长 90 厘米，高 52 厘米。第一石、第二石均存文字 37 行，满行 20 字，正书。

石刻原址不详，可能在通州区。

按：从内容上看，前后可能都有缺文。

周家楣（1835—1887）字小棠，一作筱堂，江苏宜兴宜城镇西门人，清咸丰九年（1859）进士，入翰林，同治间任礼部郎中，总理各国事务衙门（外交部）章京，记名御史。光绪二年（1876）十二月任大理寺少卿，宜兴人称“周天官”。光绪四年（1878）任顺天府尹，兼总理各国事务衙门大臣。后陆续任礼、兵、户三部左右侍郎，左副都御史，吏部左侍郎等。曾创修《光绪顺天府志》，兴修金台书院等。光绪十三年（1887）五月卒于任上。顺天府士民感其德政，在通县（今北京通州区）为其兴建专祠。

冯文蔚（1814—1896），字联堂，清光绪二年（1876）丙子恩科进士第三人。光绪十五年至十八年任翰林院侍讲，母丧服阕仍任翰林院侍讲，后升为侍读。因此碑文的创作年代很可能在光绪十五年到十八年之间。

僧格林沁祠碑

清光绪二十年（1894）

首行题：朕惟屏藩著绩▨既崇祠之特建轮奂流辉宜伟略之丕彰丝纶锡眷式颁巽命用勒

清德宗载湉御制

碑螭首方座，碑身边框浮雕龙纹，方座浮雕云龙纹，碑身中部残断并残缺一截。碑首身通高 409 厘米，宽 132 厘米，厚 54 厘米；方座高 105 厘米，宽 166 厘米，厚 103 厘米。碑身拓高 215 厘米，宽 84 厘米。碑阳无额文，碑文满汉文合璧，碑文中部残缺若干列，满文存 8 行；汉文存 8 行，残存 222 字，正书。 碑阴无字。

碑原址在东城区地安门东大街 47 号僧格林沁祠内，1983 年 12 月 1 日征集，现藏北京石刻艺术博物馆。

著录情况：《馆目》，第 108 页。

按：僧格林沁，科尔沁左翼后旗人，博尔济吉特氏，蒙古族。清同治四年（1865）

四月与捻军作战时战死，死后谥“忠”。《清史稿》有传。

据《老北京旅行指南》，光绪甲午年间（1894）在安定门内为僧格林沁建显忠祠。碑未署年款，推测碑当与祠堂同时建立。

僧格林沁祠，又名显忠祠，现主要建筑保存完好，为东城区文物保护单位。

刘蕡故里碑

清光绪年间（1875—1908）

碑身居中双钩竖题：刘蕡故里

左下款题小字：吴下倪钦□

碑身下部残缺，拓高 122 厘米，宽 59 厘米。碑文 2 行，均行书。

碑原址在昌平区沙河镇西沙屯，现存昌平公园内昌平石刻园。

按：刘蕡，字去华，幽州昌平人，唐宝历二年（826）擢进士第。时宦官专横，刘蕡常痛疾。太和初，举为贤良方士，能直言极谏。冯宿等为考策官，见蕡对嗟服，但中宦当途，畏之不敢取。宦官深疾蕡，卒诬以罪，贬柳州司户参军。刘蕡卒于柳州，葬柳州城郊，后赠左谏议大夫。刘蕡著有策集一卷，收入《新唐书·艺文志》传于世。

该碑未署年款。据《昌平区地名志》，元泰定二年（1325）立祠于昌平区。明中叶在县南西沙屯建祠，明崇祯五年（1632）在祠内立碑，碑文为董其昌书。清光绪年间又在祠前立刘蕡故里碑。现祠已毁，碑移至昌平公园内昌平石刻园保存。

刚炳祠重修碑记

清宣统元年（1909）桃月（三月）吉日建

额题：重修碑记

碑嵌墙，方首抹角，方座。碑首、身、座通高 80 厘米，宽 27 厘米。拓通高 80 厘米，宽 27 厘米。额文 2 行，满行 2 字，正书。碑文 12 行，行 7 至 37 字不等，正书。

碑在石景山区刚铁祠大殿门洞西侧嵌墙。

著录情况：《拓汇》，第 90 册，第 9 页。《拓目》，第 376，京 4124。

吴柳堂先生故宅记碑

清光绪三十一年春后（1905—1911）

额篆：吴柳堂先生故宅碑记

首题：吴柳堂先生故宅记

赐进士出身诰授通奉大夫赏顶戴花翎内阁学士兼礼部侍郎衔文渊阁直阁事加三级秦州刘永亨撰并书

碑方首，碑阳首浮雕祥云图案，碑身边框刻几何图案，碑阴首、身无纹饰，无文字，座佚。碑首身通高 175 厘米，宽 89 厘米，厚 20 厘米。拓首身通高 175 厘米，宽 75 厘米。

额文3行，满行3字，篆书。碑文20行，满行52字，共计829字，正书。

碑原址在宣武区南横街11号，现藏北京石刻艺术博物馆。

按：吴柳堂（1812—1879），名可读，甘肃兰州人，清道光庚戌（1850）进士。1872年补河南道监察御史，冬因弹劾成禄，降三级调用。1876年起用为吏部主事。1879年，吴可读在蓟县马伸桥三义庙，死谏慈禧为太皇太后而废垂帘听政，自杀殉国。有《携雪堂诗文集》。

据《老北京旅行指南》，“后人仿杨椒山故宅例，建祠祀之”。因此，吴柳堂先生故宅，实为祠堂。

袁公祠记

孔子二千四百六十八年（1917）丁巳七月

首行题：嗟夫明清之际关于中国

乡后学南海康有为撰书

石高36厘米，宽99厘米。拓长96厘米，高35厘米。刻文27行，满行10字，隶书。

刻石在崇文区东花市斜街袁崇焕祠享堂西墙北，嵌墙。

著录情况：《拓汇》，第91册，第181页，京3655。《拓目》，第381页，京3655。

按：19世纪中叶以后，中国一些学者、维新党人，如康有为、梁启超等反对以帝王年号纪年，提倡孔子纪年。他们所办的《强学报》，于光绪二十一年十一月（1896年1月）出版的创刊号上，以孔子卒后3年为孔子纪年的纪元。康有为《礼运注·序》中，则以孔子降生之年为纪年。

楚学精庐刻石碑

中华民国二十五年（1936）五月立石

额篆：楚学精庐刻石

首题：楚学精庐刻石

潜江门下士甘鹏云撰文并书

董事胡钧、傅岳棻、龙骧、李钦、周宗泽、刘文嘉、孙培基、方觉慧监刻

碑阴

中华民国二十五年（1936）夏历丙子七月立石

额篆：楚学精庐规约及题名

首题：楚学精庐规约

潜江甘鹏云书丹时年七十有五

沔阳胡钧篆额

武强李瑞廷镌

碑螭首龟趺，阳阴边框及两侧均浮雕云龙纹。碑首身通高307厘米，宽94厘米，

厚 28 厘米。碑身拓高 164 厘米，宽 68 厘米。碑阳额文 2 行，满行 3 字，篆书。碑文 19 行，满行 44 字，实存 780 字，隶书。碑阴额文 3 行，满行 3 字，篆书。碑文 19 行，满行 52 字，实存 881 字，行楷。

碑原在西城区背阴胡同，现藏北京石刻艺术博物馆。

著录情况：《馆目》，第 119 页。

张文襄公祠堂碑铭

中华民国二十五年（1936）六月刻石

额篆：张文襄公祠堂之碑铭

首题：张文襄公祠堂碑铭

门下士潜江甘鹏云撰文并书

门下士沔阳胡钧篆额

董事傅岳棻、龙骧、李钦、周宗泽、刘文嘉、孙培基、方觉慧监刻

碑阴

中华民国二十五年（1936）太岁在丙子七月立石

额篆：张文襄公祠捐资题名

首题：张文襄公祠捐资题名

潜江甘鹏云书丹时年七十有五

沔阳胡钧篆额

武强李瑞廷镌

碑螭首龟趺，阳阴边框及两侧均浮雕云龙纹。碑首身通高 330 厘米，宽 107 厘米，厚 43 厘米；龟趺高 83 厘米，宽 104 厘米，厚 236 厘米。碑身拓高 212 厘米，宽 97 厘米；额拓高 32 厘米，宽 29 厘米。碑阳额文 3 行 3 字，篆书。碑文 19 行，满行 53 字，实存 900 字，正书。碑阴额文 3 行，满行 3 字，篆书。碑文 19 行，满行 55 字，实存 959 字，正书。

碑原在西城区背阴胡同，现藏北京石刻艺术博物馆。

著录情况：《馆目》，第 118 页。

北平余氏宗祠记

中华民国三十年（1941）六月一日

首题：北平余氏宗祠记

芜湖洪镕敬撰

永新陈继圣敬书

拓宽 84 厘米，高 39 厘米。石刻文字 36 行，满行 17 字，正书。

石原址在西城区德胜门西顺城街 60 号，1996 年 2 月 29 日征集，现藏北京石刻艺

术博物馆。

刚炳祠重葺诗刻石

中华民国三十七年（1948）仲春三月

首行题：中华民国三十七年仲春三月重葺

后生信修明七十有一岁敬题

拓高40厘米，宽22厘米。碑文4行，行12至14字不等，行楷。

碑位于石景山八宝山烈士纪念堂（原刚炳祠）。

著录情况：《拓汇》，第100册，第119页。《拓目》，第539—540页，京4136。

按：信翰臣，法号修明，为护国寺最后一名住持。十九岁净身入宫当太监，宣统时为永和宫首领。1924年冯玉祥驱逐溥仪出宫，信翰臣出宫在护国寺当住持。曾任"华北道教总会北京分会长"。爱好书画，并著有《宫廷琐记》。

重修明都师袁崇焕祠墓碑

公元一九五二年八月立石

首题：重修明都师袁崇焕祠墓碑

李济深撰

叶恭绰书

陈云亭刻字

石嵌墙，高、宽均84厘米。拓高76厘米，宽67厘米。碑文24行，满行22字，正书。

碑原在崇文区广渠门内广东义园，现嵌于崇文区袁崇焕祠享堂东墙。

著录情况：《拓目》，京5656，第146页。

按：袁崇焕祠墓位于崇文区东花市斜街，原广东义园旧址。袁崇焕蒙冤而死后，佘氏义仆为其收敛骸骨，葬于北京广渠门内广东义园，并从此世代为袁守墓。清乾隆四十七年（1782），乾隆帝下令为袁崇焕平反昭雪，后人为纪念袁崇焕，先后修建了祠和墓。1952年2月，北京市规划局准备迁移城内所有墓地，进行大规模的改造城市建设。照此规定，袁督师庙和墓均在迁移之列。叶恭绰、柳亚子、李济深、章士钊联名上书，呼吁保护袁墓，北京市政府对袁崇焕墓进行了全面的修葺，古迹得以保存。

教育类石刻

太中大夫同签宣徽院事曹公（庭瑞）善行记碑

大元至元廿三年（1286）八月吉日建

额题：曹宣徽善行记

首题：太中大夫同签宣徽院事曹公善行记

正奉大夫前枢密副使商挺记并书及额

贾蕙亚刊

碑阴

首题：顺州闲良官及坊市诸耆旧同立曹宣徽善行碑凡九十余人咸列名于后

碑螭首，座佚。碑身中部风化，字迹有漫漶。碑首身高220厘米，宽64厘米，厚17厘米。碑身拓高136厘米，宽63厘米；额拓高63厘米，宽67厘米。额文2行，满行3字，隶书。碑文20行，满行47字，正书。碑阴刻立碑官民九十余人题名，行字不等，正书。碑阴无额题。

碑原立于顺义区文庙西庑南。1984年该碑被公布为县文物保护单位。1996年7月普查时碑在顺义区城关镇二中后院（即原顺义区庙学旧址），仆地。碑现存于顺义区文物管理所院内碑林。

著录情况：《重印民国顺义区志》，第248、273页。

按：碑文记述太中大夫同签宣徽院事曹庭瑞居乡之善行。曹庭瑞，字国祥，顺州本地人氏，卒谥宣靖公。初为州吏，迁府吏。至元六年（1269），尚书省札俾领应办公事，十四年（1277），选充宣徽院令史，升承事郎院主事。十七年（1280），迁奉议大夫，同签宣徽院事，寻加中顺大夫，后加太中大夫。《元史》无载。

碑由顺州闲（贤）良官及坊市诸耆旧萧祐、刘庆兴等率同辈九十余人同立。题名镌于碑阴，分为6栏共18行，上栏为前檀顺二州万户所经历官萧祐、前权顺州事刘庆祥、前顺州吏目杨斌等题名。后刊坊市耆老及河频乡、崇义乡、广平乡、德信乡、安乐乡各乡人名。

有关曹公在乡行善之事，除此碑所述之外，尚有元泰定四年（1327）《顺州庙学记》和至正九年（1349）《重修庙学记》，记述其修葺顺州庙学之事。

顺州孔子庙神门记碑

元泰定二年（1325）三月二十四日（马祖常）撰文

元至顺初元（1330）六月上吉（梁宜谨识并）勒石

额篆：顺州孔子庙神门记

首行题：天下通祀孔子而王之其庙门必三然后为称顺今京辅股肱之郡已庙而无门以通神之送迎往来以序入春秋官之位无

翰林待制奉直大夫典宾少监马祖常记

中奉大夫中书参知政事王士熙书并题额

知州茌平梁宜谨识

碑青石质，圆首，碑身边框线刻莲花纹，座佚。碑首身通高200厘米，宽74厘米，厚20厘米。拓高196厘米，宽70厘米。额文4行，满行2字，篆书。碑文16行，满行50字，正书。

碑原立于顺义区庙学学宫前，民国时尚在原址，后不知何故埋入地下，1997年出土。碑现存顺义区文物管理所院内碑林。

著录情况：《重印民国顺义区志》，第249、273页。

按：《重印民国顺义区志》载有碑文，记为《天下通祀碑记》，乃据额题定名。据碑文，元泰定元年（1324）八月顺州人蒲察晋状请时任翰林待制的马祖常记述中书右丞曹廷瑞之子中书礼部侍郎曹伟于泰定元年（1324）出资修拓庙学，创神门、左右斋舍、庖库，购经史数万卷、造礼器二百三拾件之事，文撰写于元泰定二年（1325）三月二十四日，五年后才勒石。

重修庙学记碑

元至正己丑年〔九年（1349）〕秋闰七月吉日建

额篆：重修庙学之记

首题：重修庙学记

奉训大夫前监察御史张植撰文

中奉大夫太史院使刘竦书并篆额

碑青石质，螭首，座佚，碑身漫漶严重。碑首身高267厘米，宽89厘米，厚25厘米。拓高164厘米，宽87厘米。额拓高65厘米，宽38厘米。额文2行，满行3字，篆书。碑文19行，满行37字，正书。

1996年7月普查时碑在顺义区教育局进修学校（原庙学旧址）。碑现存顺义区文物管理所院内碑林。

著录情况：《重印民国顺义区志》，第250、274页。

按：顺义庙学旧址，据《光绪顺天府志》，“在县治西门内北小巷”。此碑至正九年（1349）立于顺义学宫西庑南。

洪武二年顺天府学圣旨碑

洪武八年（1375）六月

额篆：圣旨

首行题：洪武二年十月二十五日

庐陵困学严同寅书刻

碑螭首，方座似后配。碑首身高274厘米，宽94厘米，厚26厘米。碑身拓高170厘米，宽88厘米。碑额拓高50厘米，宽36厘米。额文1行2字，双钩篆书。碑上半部刻三通圣旨，大字21行，满行12字，正书；下半部刻府学规则范式一篇，小字41行，满行66字，正书。

碑现立于东城区府学小学。

著录情况：《拓汇》，第51册，第13页。《拓目》第408页，京259。

隆庆州学榜示碑

明成化三年（1467）五月贰拾日

首行题：礼部钦依出谕晓示郡邑学校生员为建言事由本部查得学校之设□□□□□学校」必志在□□德性以成贤人（以下从略）」

直隶隆庆州知州李□

碑嵌墙，高70厘米，宽78厘米，厚20厘米。拓高67厘米，宽78厘米。石面泐甚，文字多有缺失。碑文44行，行字不等，正书。

碑原址应在延庆州学内，1980年发现于延庆旧城东街工业品公司（东街百货公司）后院，现存延庆县灵照寺院内东侧碑廊，嵌墙。

按：延庆原名隆庆州，明隆庆元年改延庆州，推知该碑当刻于隆庆元年之前的明代，从残存笔画看，似为成化三年（1468）。

据清乾隆八年修、二十二年重订《宣化府志·职官》载，成化年间李姓知州仅“李蕭”一人。据光绪七年《延庆州志》，李蕭，成化三年任。

《嘉靖隆庆志·文事》载，“成化三年知州李蕭撤其旧而新之”，可知李蕭确对州学有所建设，该碑立于成化三年的推测当是可信。

重修延庆州儒学记碑

明隆庆肆年（1570）菊月（九月）望日（十五日）

首题：重修延庆州儒学记

赐进士出身文林郎翰林院编修纂修国史山阴王家屏撰文

鸿胪寺左寺丞郡人刘儒题额

山东济南府新城县知县郡人马维迁书丹

儒学学正刘荣、训导何君宷、杨文□仝立

碑身阳阴边框均线刻花纹。碑身拓高183厘米，宽79厘米。碑阳、阴文字均有残损。碑阳镌文字22行，满行56字，正书。碑阴满刻题名，正书。

碑原址应在延庆州学内，现立于延庆县灵照寺前院内东侧碑廊。

重建文庙碑

明万历三年（1575）秋九月吉日立

额篆：重建文庙碑

首题：重建文庙碑

赐进士第特进荣禄大夫太子太保工部尚书侍经筵万安朱衡撰

赐进士出身中顺大夫太仆寺少卿西安乌昇书

掌中军都督府事伏羌伯西凉毛登篆

碑方首，首阳、阴浮雕祥云纹，座基本被水泥地砖埋砌。首身通高280厘米，宽93厘米，厚33厘米。碑身拓高185厘米，宽83厘米。额拓高48厘米，宽38厘米。碑阳额文2行，满行3字，篆书。碑文22行，部分文字满行剥蚀，满行52字，正书。碑阴无字无额题。

1997年11月普查时，碑在房山区东大街房山中学操场西侧立。

著录情况：《拓汇》，第57册，第23页。《拓目》，第240页，京9066。

顺天府儒学贡士题名碑记

大明万历二十五年（1597）正月吉日

首题：顺天府儒学贡士题名碑记

知宛大二县事胡从实、冯运泰立

碑首佚，方座似后配。碑身高150厘米，宽67厘米，厚14厘米。拓高138厘米，宽67厘米。上半部刻碑文25行，满行19字；下部刻贡士题名24行，部分字迹漫漶难辨，均正书。碑额文篆书，文字同首题。额失拓。

碑现立于东城区府学胡同65号府学小学院内（原顺天府学）。

著录情况：《拓汇》，第58册，第71页。《拓目》，第420页，京249。

按：顺天府学建于明洪武元年（1368），初名大兴县学。明永乐元年（1403）改北平为顺天府，始称府学。永乐九年于学内建明伦堂，永乐十二年建大成殿、东西斋舍。宣德年间重建大成殿，配以东、西两庑及戟门，并在明伦堂东、西建六斋及食堂。因旧址有文天祥祠，故在学舍之西设祠。万历年间将文丞相祠迁于学舍之东，就其地建怀忠会馆。后在祠东北建尊经阁，在祠东南建文昌祠。清顺治初年复加修葺，以后不断重修、续建。20世纪80年代后曾为东城区少年宫、府学胡同小学。原顺天府学建筑大部分已被拆除，仅存大成殿及部分配房。

重修房山县学记碑

明万历三十七年（1609）己酉孟秋（七月）吉旦

额篆：房山县重修学碑记

首题：重修房山县学记

赐进士第通议大夫吏部右侍郎兼翰林院侍读学士纪注起居注经筵日讲官玉牒副总裁兼教习庶吉士掌院事西京王图撰文

奉政大夫河南汝宁府同知邑人郑民悦书丹

文林郎山东登州府推官邑人陈效忠篆额

河东举人署儒学教谕事商希禹训导刘应□前任训导王宋典史陈应龙前任典史王一臣同立

碑方首，首阳、阴均浮雕祥云纹，方座。碑身高 200 厘米，宽 93 厘米，厚 32 厘米。方座大部分被水泥地砖埋砌，露高 5 厘米，宽 130 厘米，厚 75 厘米。碑身拓高 198 厘米，宽 95 厘米。额拓高 55 厘米，宽 33 厘米。碑阳额文 2 行，满行 4 字，篆书。碑文 26 行，泐甚，行字不详，正书。碑阴无字无额题。

1997 年 11 月普查时，碑在房山区东大街房山中学操场西侧立。

创置顺天府学学田记碑

大明万历庚戌〔三十八年（1610）〕秀萎之月（四月）

首题：创置顺天府学学田记

钦差巡按直隶等处监察御史新都毕懋康撰并书

莆田黄衍相篆额

顺天府署府事府丞黄吉士、治中刘孟铣、通判药济众、张羽凤、吴成烈、推官涂云应立石

大兴县知县周道直、县丞林之兰、陈绍、主簿王利用、典史刘君□

宛平县知县李嗣善、县丞吴守中、蔡日强、主簿傅之墉、典史陈□典

儒学教授劳永嘉、训导李荣德、刘见曾、赵了、李继志、杨尚礼、颜务孙仝立石

关中张翔、张翱镌字

碑方首，首浮雕祥云纹，碑身边框浮雕花纹；方座似后配，浮雕二龙戏珠。碑首身通高 205 厘米，宽 87 厘米，厚 20 厘米。碑身拓高 134 厘米，宽 85 厘米。碑文 24 行，下部漫漶，行存字情况不详，正书。

碑现立于东城区府学小学院内。

著录情况：《拓汇》，第 59 册，第 14 页。《拓目》，第 409 页，京 245。

按：篆额人据《拓目》补。

恭纪大京兆黄天子兴学德政碑

大明万历三十九年（1611）岁在重光天□□五月上浣之吉

首题：恭纪大京兆黄天子兴学德政碑

顺天府儒学教授张迟撰文

莆田黄衍相书丹

训导李崇德、刘见曾、赵了、李继志、杨尚礼、颜务孙仝立石

燕山赵文奎镌刻

碑圆首，座佚，现仆地。碑首身高 161 厘米，宽 94 厘米，厚 21 厘米。碑身拓高 156 厘米，宽 89 厘米。碑文 28 行，行字不等，行书。

1998年至2001年间，碑出土于东城区府学小学院内，现存东城区府学小学。

著录情况：《拓目》，第409页，京236。《拓汇》，第59册，第21—22页。

按：碑阴失拓。根据国图所藏拓片，碑阴刻有学校所需书籍用具清单。

顺天府重修儒学碑记

明万历癸丑〔四十一年（1613）〕阳月（十月）之吉

额篆：顺天府重修儒学碑记

首题：顺天府重修儒学记

赐进士出身礼部尚书兼东阁大学士都人方从哲撰

赐进士第奉议大夫左春坊左庶子兼翰林院侍读东宫讲读官前记注起居□（书丹）

钦差巡抚辽东等处地方赞理军务兼管备倭都察院右都御史兼兵部右侍郎前山东道□（篆额）

碑方首，首浮雕云龙纹，方座系后配。碑首身高215厘米，宽92厘米，厚19厘米。拓连额高136厘米，宽91厘米。碑正文22行，下部漫漶字迹不可辨；左侧正书题名3行，均正书。

碑现立于东城区府学小学。

著录情况：《拓汇》，第59册，第63页，京248。《拓目》，第409页，京247。

重修名宦乡贤碑记

明天启五年（1625）岁在乙丑六月谷旦

额篆：重修名宦乡贤碑记

首题：重修名宦乡贤碑记

赐进士出身通议大夫南京大理寺卿原任顺天府府尹前奉敕提督两河学政四明董光宏顿首撰

乾斋公嫡孙周道洽集晋右将军王羲之书

关西张翱刻字

碑方首，龟趺为后配。碑首身高150厘米，宽72厘米，厚22厘米。拓高140厘米，宽69厘米。碑阳首题正书，碑文23行，行字不等，碑中部有漫漶，行书。“乾斋公嫡孙周道洽集晋右将军王羲之书”下方镌篆书印一方：“周道洽印”。碑阴满刻题名，正书。

碑现立于东城区府学胡同府学小学。

著录情况：《拓汇》，第59册，第176页。《拓目》，第509页，京5643。

顺天府儒学题名记碑

明崇祯七年（1634）十一月日立石

额篆：顺天府儒学题名记

首行题：崇祯元年

碑方首圆角，首浮雕祥云纹，须弥座为后配。碑首身高 200 厘米，宽 72 厘米，厚 18 厘米。碑身拓高 136 厘米，宽 68 厘米。碑额拓高 32 厘米，宽 24 厘米。碑阳额文 2 行，行 4 字，篆书。碑文题崇祯元年教授 10 人、训导 29 人姓名爵里。碑阴漫漶，似有题字，存字情况不详。

碑现立于东城区府学小学。

著录情况：《拓汇》，第 60 册，第 61 页。《拓目》，第 421 页，京 234。

晓示生员刻石

清顺治九年（1652）二月初九日

首题：礼部题奉钦依刊立卧碑晓示生员

知州达日豫吏目何止仁、儒学学正训导吕维望、赵一中仝立石

石为嵌墙刻石，高 76 厘米，宽 86 厘米。拓高 70 厘米，宽 85 厘米。碑文 26 行，满行 27 字，正书。部分文字风化漫漶。碑另一面刻明崇祯八年（1635）十二月二十八日《奉直大夫某君墓志》（参见墓志类《奉直大夫某君墓志》），该碑当是利用此墓志改作。

石原址应在延庆州学，现在延庆县灵照寺院内。

修顺天府学庙碑记

清康熙五年（1666）岁在丙午十月吉日立

额篆：修顺天府学记

首题：修顺天府学庙碑记

予告光禄大夫太▨

予告光禄大夫太子太保都察院▨

碑螭首，座佚，现方座系后配。碑首身高 237 厘米，宽 87 厘米，厚 29 厘米。碑身拓高 138 厘米，宽 84 厘米。碑额拓高 30 厘米，宽 20 厘米。额文 2 行，满行 3 字，篆书。碑文 22 行，下部漫漶，存字情况不详，行书。

碑现立于东城区府学小学。

著录情况：《拓目》，第 409 页，京 223。

按：据《拓目》载，碑刻由王崇简撰文，孙永泽书丹。

文庙修葺碑

清康熙七年（1668）岁在戊申七月之吉立

首行题：位承□」畿内督视学政者四载（以下从略）」

顺天府府丞督学加一级前巡按陕西巡按山西巡视两淮盐课□□□□□江南道监察御史加三级两侍经筵高尔位识

碑方首浮雕云纹，方座。碑首身高 160 厘米，宽 66 厘米，厚 17 厘米；座高 53 厘米，宽 84 厘米，厚 40 厘米。拓高 106 厘米，宽 66 厘米。碑文 15 行，满行 37 字，正书。

碑现立于东城区府学小学。

著录情况：《拓汇》，第 62 册，第 117 页。《拓目》，第 409 页，京 243。

按：《拓目》题作“顺天府学明伦堂及育贤坊碑”。《拓目》另录有清康熙十年（1671）三月高尔位撰文碑，额篆“顺天府重修儒学碑记”（《拓目》第 410 页，京 220），可为参照。

重修密云县学记碑

清乾隆八年（1743）癸亥孟冬（十月）吉日立

首题：重修密云县学记

赐进士及第经筵讲官兵部尚书安州陈悳华撰文

赐进士出身分巡天津道按察使司副使金匮陶正中篆额

赐进士出身吏科掌印给事中定兴鹿迈祖书丹

苑成功刻字

碑首、座均佚，仅存碑身。碑身高 204.5 厘米，宽 102 厘米，厚 23 厘米。拓高 206 厘米，宽 104 厘米。碑文 20 行，满行 43 字，共存 598 字，正书。碑额及碑阴失拓。

碑原址在密云县城文庙内，现立于密云县冶仙塔碑林。

著录情况：《拓汇》，第 69 册，第 132 页。《拓目》，第 410 页，京 10302。

重修延庆州学记碑

清乾隆十六年（1751）十月谷旦

首题：重修延庆州学记

赐进士出身奉直大夫知直隶延庆州事今升直隶永平府知府前云南楚雄府楚雄县知县户部湖广清吏司额外延庆州〼赵屏晋撰文

奉直大夫知延庆州事前宣化县知县〼张秉恪续修

直隶延庆州儒学学正鹿〼马有声书丹

直隶延庆州儒学训导海〼曹近光篆额

延庆州吏目玉照余德绥、延庆州永宁城巡检白下张本同督石

己酉科拔贡南书院肄业期满吏部候〼丞郡人贾跃龙校勒

碑首佚，碑阳、阴边框均线刻花纹。碑高 252 厘米，宽 81 厘米，厚 24 厘米。碑阳拓高 232 厘米，宽 80 厘米。碑文 23 行，下部断裂，不知泐几字，行现残存 71 字，正书。碑阴刻捐资人名、银两，末行刻“石匠张自发”，存字状况不详，正书。碑阴失拓。

碑原址应在延庆州学，2004 年普查时在延庆县灵照寺前院内西侧倒卧，现立于灵照寺前院东侧碑廊。

重修顺天府学宫碑记

清嘉庆十三年（1808）岁次戊辰五月谷旦

额篆：重修顺天府学宫碑记

首题：重修顺天府学宫碑记

赐进士出身诰封荣禄大夫都察院左都御史加三级记录十一次大兴周廷栋撰

赐进士出身诰封中宪大夫詹事府少詹事前奉天府丞提督学政长乐梁上国书

碑阴

清嘉庆十三年（1808）六月谷旦

首题：捐修顺天府学诸位名衔银数开后

碑方首浮雕祥云纹，碑阳边框刻卷草纹，方座浮雕二龙戏珠。碑首身高 213 厘米，宽 87 厘米，厚 24 厘米。座高 63 厘米，宽 102 厘米，厚 50 厘米。碑身拓高 148 厘米，宽 85 厘米。碑额拓高 34 厘米，宽 22 厘米。碑文 17 行，满行 52 字，正书。碑阴拓高 135 厘米，宽 85 厘米。碑阴满刻题名，共 32 行，行 5 组题名，正书。

碑现存东城区府学小学。

著录情况：《拓汇》，第 78 册，第 26 页。《拓目》，第 411 页，京 239。

按：书碑人梁上国（1750—1818 年），字斯仪、九山，长乐县江田人。清乾隆四十年（1775）进士，选庶吉士。乾隆五十五年（1790），授编修，转御史给事中，历奉天府丞兼提督学政。嘉庆十二年（1807）迁詹事府少詹事，升任太常寺卿。著述颇丰，有《驳阎氏尚书古文疏证》5 卷、《驳毛氏大学证文》1 卷、《粤西游记》1 卷，《诗文集》10 余卷等行世。

重修义乌县学宫记

清道光四年（1824）

首题：重修义乌县学宫记

吏部左侍郎前提督浙江学政滨州杜堮撰

史官张岳崧书

碑阴

首题：谕祭文

刻石为嵌墙横石，残缺一角。刻石高 38 厘米，宽 100 厘米。拓宽 100 厘米，高 35 厘米。石刻阳面文字 36 行，满行 12 字，实存 424 字，正书。阴面镌文字 27 行，满行 10 字，实存 258 字，正书。

碑原址在宣武区达智桥松筠庵，现藏北京石刻艺术博物馆。

著录情况：《拓汇》，第 79 册，第 68 页。《拓目》，第 411 页，京 5670。《馆目》，第 187、188 页。

按：清道光二年（1822），杜堮督学于两浙，义乌县圣庙重修兴建，改为“义乌县学宫”，道光四年（1824）四月告成。

碑阴镌谕祭文，谕祭“原任浙江提督追封三等壮烈伯李长庚”。

李长庚（1751—1808）字西岩，福建同安人，官至福建提督，复调浙江提督。嘉庆十二年十二月，追剿海寇蔡牵时阵亡，追封三等壮烈伯，谥忠毅，于原籍建专祠。

重修顺天文庙碑记

清咸丰四年（1854）岁次甲寅秋仲（八月）敬刊

额篆：重修顺天文庙碑记

首题：重修顺天文庙碑记

浙江布政司布政使前顺天府尹阳湖汪本铨谨撰

刑部左侍郎署顺天府尹河间李钧书丹

太仆寺卿前顺天府府丞丹徒张锡庚篆额

总理工程候补道前知宛平县事钱塘戚贞专管督修工程

蓟州训导永年高守贵、候补训导良乡张瀚同列

大兴徐源淳摹石

顺天府儒学教授鲁方、训导张本崇监刻

碑方首座佚。碑首身高230厘米，宽86厘米，厚24厘米。碑身拓高145厘米，宽85厘米。碑额拓高30厘米，宽25厘米。碑文25行，满行42字，正书。碑仆地，碑阴存字状况不详。

碑现存东城区府学小学。

著录情况：《拓汇》，第82册，第78页，京224。

按：碑阴失拓，可参见《拓汇》第82册第79页，载碑阴。碑阴额篆“万古流芳”，首题“顺天府官属捐银衔名”，碑文满刻捐资姓名及钱数，文字正书。

顺天府密云县高等小学堂碑记

清光绪三十年（1904）甲辰十月

额篆：密云县高等小学堂碑记

首题：顺天府密云县高等小学堂碑记

陈雄藩撰文

段允昌隶书

碑阳失拓，碑阴拓高91厘米，宽79厘米。碑阳额文5行，满行2字，双钩篆书。碑文24行，满行46字，1104字，隶书。碑阴刻各村捐资题名及金额，正书。

碑现藏密云县文管所。

著录情况：《拓汇》，第89册，第31页。《拓目》，第412页，京10322。

按：北京石刻艺术博物馆仅存此碑碑阴拓片，碑阳情况据《拓汇》第89册第31页

所载碑阳拓片补。

玉皇庙改建学堂碑

大清光绪叁拾贰年〔三十二年（1906）〕岁次丙午梅月（十月）下旬敬立

额题：万古流芳

首行题：佛教流入中国几千年矣修庙宇以妥神灵代不乏人然考之东西各国建祠塑像者实不数观方今

顺天举人山西调署吉州知州候补府刘增广沐手敬文

蠡县童生齐金铸书丹

碑阴

额题：永垂不朽

碑方首方座。碑首阳阴两面均浮雕二龙戏珠、海水江崖图案，碑身阳面边框花纹，阴无边框。碑首身通高 170 厘米，宽 68 厘米，厚 23 厘米。座高 50 厘米，宽 86 厘米，厚 42 厘米。拓高 120 厘米，宽 70 厘米。碑阳额文 2 行，满行 2 字，正书。碑身前半部镌正文 10 行，满行 42 字，正书。其后书引善人、经理人题名以及年款，行字不等，正书。碑阴额文 2 行，满行 2 字，正书。碑身书捐资人名及捐资银两，正书。

1995 年普查时，碑在门头沟区木城涧玉皇庙大殿前廊下西头立。

著录情况：《拓汇》，第 89 册，第 109 页。《拓目》，第 375 页，京 7389。

慧仙女工学校碑

清光绪三十有二年（1906）十一月

额篆：慧仙女工学校

首题：慧仙女工学校碑记

花翎二品衔候补三品卿郎中诚璋撰文

京师督学局科员学部主事祝椿年书

碑阴

（民国）戊午年（1918）四月十五日

邓璋记

碑螭首须弥座。碑首身通高 277 厘米，宽 89 厘米，厚 23 厘米。须弥座高 73 厘米，宽 114 厘米，厚 70 厘米。碑身拓高 160 厘米，宽 87 厘米。碑阳额文 2 行，满行 3 字，篆书。碑文存 18 行，满行 50 字，共计 740 字，正书。碑阴无额，无首题。碑文 9 行，满行 18 字，共计 144 字，正书。

碑原址在东城区南吉祥胡同 21 号，现藏北京石刻艺术博物馆。

著录情况：《馆目》，第 189、190 页。《北京石刻艺术博物馆建馆十周年纪念文集》，燕山出版社，苏芸《记“慧仙女工学校碑”》。

按：据碑载，学校以慧仙女士之名命名。慧仙姓额者特氏，其夫为故工部郎中云骑都尉承厚君。

会馆类石刻

汀州会馆碑记

明万历十五年（1587）丁亥季夏（六月）

额篆：汀州会馆碑记

首题：汀州会馆记

赐进士第嘉议大夫太常寺卿前侍经筵兵科都给事中清流裴应章

赐进士第奉议大夫刑部江西清吏司郎中永定沈孟化书并篆

碑方首，首浮雕祥云纹，座佚。碑首身高165厘米，宽66厘米，厚21厘米。碑身断为两截。拓高167厘米，宽65厘米。额文2行，满行3字，篆书。碑文22行，满行42字，正书。碑仆地，碑阴情况不详。

碑在崇文区前门外长巷下二条，原址保存。

按：汀州在明清时亦称汀州府，包括福建省长汀、连城、宁化、清流、归化、上杭、武平、永定等八县。汀州会馆始建于明代弘治年间，由居京同乡集资修建，分北馆和南馆两部分，隔街相对。北馆是清流籍尚书裴应章于明万历十五年（1587）捐宅为馆，南馆清乾隆年间建成。

创立三晋会馆序

清康熙六年（1667）岁次丁未四月吉旦

首题：创立三晋会馆序

大理寺少卿翼城上官鋐撰

石为嵌墙横石，高34厘米，长76厘米。石刻文字31行，满行20字，共534字，正书。石左侧名款下方镌印二方，印文分别为“上官鋐印”和“风月高华”，均阴文篆书。

石原在宣武区骡马市大街133号，现藏北京石刻艺术博物馆。

著录情况：《拓汇》，第62册，第85页。《拓目》，第394页，京7165。《馆目》，第1页。

按：三晋会馆创立后，曾于清雍正十三年、乾隆二十四年及三十九年、光绪三十二年重修。

重置云南会馆记碑

清康熙二十四年（1685）岁次乙丑▨

首题：重置云南会馆记

巡抚浙江等处地方提督军务都察院右副都御史▨

翰林院庶吉士▨

吏部候选进士▨

男□□□□生世溥、世□、世□校正

碑圆首浮雕祥云纹，方座。碑首身通高144厘米，宽65厘米，厚15厘米。座高65厘米，宽100厘米，厚47厘米。碑身拓高99厘米，宽63厘米。碑文23行，碑下部漫漶难辨，行字数不详，正书。

碑原在宣武区法源寺前街11号，现藏北京石刻艺术博物馆。

著录情况：《馆目》，第1页。

按：据《云南旅平同乡会会馆章程（1948年7月）》，云南会馆在京共有四处：校场头条三号云南会馆（今为7号）；宣外珠巢街二十四号云南会馆（今珠朝街4号）；延旺庙街云南南馆（今迎新街67号）；法源寺前街四号赵公祠（今11号）。赵公祠为明御史赵课（谥忠愍，云南人）的祠堂。

山西平阳府浮山会馆志碑

清雍正柒年（1729）岁次己酉暮春（三月）吉日

额题：万古流芳

首题：山西平阳府浮山会馆志

恩科乙卯举人吏部候选知县左汾王梅撰

古越少□丁义麟书

碑阴

额题：流名百世

碑方首方座。碑首身通高190厘米，宽72厘米，厚20厘米。座高54厘米，宽88厘米，厚45厘米。碑阳拓高120厘米，宽66厘米。碑阴拓高116厘米，宽66厘米。碑阳额文2行，行2字，正书。碑文存31行461字，正书。碑阴额文2行，行2字，正书。碑身刻题名，存40行1278字，正书。

碑原址为宣武区正阳门外珠市口南鹞儿胡同16号，现藏北京石刻艺术博物馆。

著录情况：《拓汇》，第68册，第71、72页。《拓目》，第394页，京4174。《馆目》，第2页。《会集》，第959页。

按：书撰人衔名据《拓汇》补。浮山县属今山西省临汾市，在京会馆不知起于何时，这通碑为该会馆现存最早的修葺记录。

重修全浙会馆记碑

清雍正十二年（1734）岁次甲寅正月朔日

隶额：重修全浙会馆碑记

首题：重修全浙会馆记

太子少保兵部尚书兼都察院右副都御史总督直隶等处地方紫荆密云等关隘提督军务兼理粮饷加十级记录九次又军功记录一次彭城李卫撰

中书舍人周景柱书

江南旌德刘弘智镌

碑阴

首题：捐助各姓氏

碑螭首方座。碑首身通高270厘米，宽95厘米，厚38厘米。座高74厘米，宽133厘米，厚74厘米。碑身拓高168厘米，宽82厘米。碑额拓高28厘米，宽22厘米。碑阳额文2行，行3字，隶书。碑文19行，满行45字，正书。碑阴满刻题名及捐资金额，正书。碑阴无额题。

碑原址在宣武区下斜街，2001年8月13日征集于宣武区长椿街宣武医院东侧20米处，现藏北京石刻艺术博物馆。

著录情况：《拓汇》，第68册，第133—134页。《拓目》，第394页，京3516。《会集》，第1295页。

按：碑阴失拓。刻捐资题名。根据《北平市全浙会馆章程草案》可知，北京的全浙会馆有房屋两处，下斜街房屋为办公之用，向未允许同乡居住；同乡来京安顿在所属南横街二十二号新馆。

重修全浙会馆碑记

清雍正十二年（1734）岁次甲寅正月日

额题：重修全浙会馆碑记

首题：重修全浙会馆碑记

赐进士及第诰授光禄大夫予告太子太傅文渊阁大学士兼礼部尚书海宁陈元龙撰

赐进士出身日讲官起居注翰林院侍读学士许王猷书

江南旌德刘弘智镌

碑阴

首题：捐助各姓氏

碑螭首方座，座四面浮雕龙纹。首身通高250厘米，宽90厘米，厚27厘米。座高69厘米，宽125厘米，厚61厘米。拓高150厘米，宽89厘米。碑阳额文2行，行3字，正书。碑文21行，满行42字，共681字，正书。碑阴满刻题名及捐资金额，文字大部分漫漶，正书。碑阴无额题。

碑原址在宣武区下斜街，现藏北京石刻艺术博物馆。

著录情况：《拓汇》，第68册，第135、136页。《拓目》，第394页，京3518。《馆目》，第3页。

按：陈元龙（1652—1736）字广陵，号乾斋。清康熙二十四年一甲二名进士，授编修，直南书房。曾任广西巡抚、工部、礼部、兵部尚书，文渊阁大学士、文华殿大学士等职。雍正十一年致仕，乾隆元年卒，谥文简。其侄陈邦彦亦为清代著名学者、书法家。

重修三晋会馆捐资题名刻石

清雍正十三年（1735）乙卯春日

首行题：重修三晋会馆捐资同人开后

石为嵌墙横石，长78厘米，高51厘米，厚13.5厘米。拓长78厘米，高50厘米。石满刻捐资衔名及钱数，正书。

石原址在宣武区骡马市大街，1999年10月19日自宣武区四川营棉花头条东头（实为骡马市大街）征集，现藏北京石刻艺术博物馆。

著录情况：《拓汇》，第68册，第165页。《拓目》，第395页，京9501。《会集》，第1061页。

按：《拓汇》第68册第162页载《重修三晋会馆记》横石一方，尺寸与此石一致，为清雍正十三年岁次乙卯仲春工部右侍郎管理水利钱粮兼官田观察使副使加六级记录十二次王钧撰，记载会馆的创立历史及重修事宜。二石可能同时刊刻。

重修关夫子庙及建修马王庙碑

清乾隆三年（1738）四月初十谷旦题

额题：皇图永固

首行题：京师为四方人物荟萃之区仕宦商旅奔走驰驱者

赐进士出身特授文林郎翰林院编修晋铜鞮张孝揑撰文

住持行实

碑螭首方座，碑身阳面边框刻花纹。碑首身通高245厘米，宽89厘米，厚30厘米。座高73厘米，宽123厘米，厚64厘米。碑身拓高143厘米，宽86厘米。碑阳额文2行2字，双钩正书。碑文18行，满行32字，共406字，正书。碑右上方镌印一方，左下方镌印章二方，字迹漫漶不可辨。碑阴无字，碑阴额部被水泥遮盖。

碑原址在宣武区广安门，1983年7月22日于宣武区广安门外手帕口征集，现藏北京石刻艺术博物馆。

著录情况：《拓汇》，第69册，第30页，京7965，题作《关公庙茶房碑》。《馆目》，第3页，题作《马王庙修建碑》。

创建晋翼会馆序

清乾隆肆年（1739）岁次己未蒲月（五月）谷旦

额篆：义重金兰

首题：创建晋翼会馆序

赐进士出身奉直大夫知河南陕州直隶州事加三级纪录五次前开封府扶沟县知县调繁太康县知县丙午科河南乡试文武两闱同考试官内廷头等教习邑人靖斋郭绍璞撰并书

邑人督工李泰时、冯长育、薛憷、吕良佐仝建碑圆首方座，碑身边框饰卷草纹。碑首身座一体，通高 185 厘米，宽 63 厘米，厚 15 厘米。拓高 163 厘米，宽 60 厘米。额文 2 行，行 2 字，篆书。碑文 12 行，满行 38 字，正书。碑当时仆地，碑阴状况不详。

1996 年普查时，碑在通州区教子胡同工商联院内。

休宁会馆碑文

大清乾隆十有八年（1753）岁次癸酉正月谷旦立

首题：休宁会馆碑文

赐进士出身光禄大夫经筵讲官太子少师工部尚书让谿汪由敦撰文

赐进士及第通奉大夫太常寺卿瓯山金德瑛书丹并篆额

石为嵌墙横石，共 4 方，两方高 36 厘米，宽 80 厘米，另两方高 39 厘米，宽 90 厘米。每石文字分 5 栏，每栏 4 行，满行 8 字，共 632 字，正书。

石原址在宣武区菜市口胡同 35 号，现藏北京石刻艺术博物馆。

著录情况：《馆目》，第 4 页。《会集》，第 90 页。

按：休宁会馆自清乾隆十七年秋购地营建，十八年正月立碑。《京师休宁会馆公立规约》所载《休宁县会馆碑文》为乾隆乙巳（1785）重刻，有黄轩题记。菜市口胡同，清代、民国时称丞相胡同或绳匠胡同。

休宁会馆值年条规刻石

清乾隆十八年（1753）正月

首题：值年条规

休宁同乡公立

石为嵌墙横石，高 69 厘米，长 100 厘米。石刻文字 46 行，满行 33 字，共 813 字，正书。

石原址在宣武区菜市口胡同 35 号，现藏北京石刻艺术博物馆

著录情况：《馆目》，第 5 页。

休宁会馆住宿条规刻石

□年正月□立

首行题：创立会馆捐费同人心力今幸告成宾至如归矣惟是下榻者众必定章程方为可久

休宁□□公立

石为嵌墙横石，高 69 厘米，长 97 厘米。石面上部文字漫漶严重。石刻文字 37 行，满行 33 字，共 656 字，正书。

石原址在宣武区菜市口胡同 35 号，现藏北京石刻艺术博物馆。

著录情况：《馆目》，第 5 页。

按：石刻漫漶较甚，从残存文字可知为休宁会馆的住宿条规，从字体大小、刻石格式及石刻尺寸等推断，其刻立时间或与《值年条规碑》同时，为清乾隆十八年（1753）正月。

重修浮山会馆碑记

清乾隆岁次乙酉〔三十年（1765）〕年孟冬月（十月）日吉立

额篆：万古流芳

首题：重修会馆碑记

碑阴

首题：阖邑各号姓氏

碑方首方座，碑首阳、阴两面均浮雕云纹江崖，碑身无纹饰，碑座浮雕云纹、花纹、飘带等图案，碑身轻微风化，字迹略有漫漶，碑座有磕碰残损和修补痕迹。碑首身通高 197 厘米，宽 74 厘米，厚 20 厘米。座高 67 厘米，宽 90 厘米，厚 44 厘米。碑身拓高 130 厘米，宽 72 厘米。碑阳额文 2 行，行 2 字，篆书。碑文 39 行，1146 字，右侧刻正文 6 行，其后刻阖邑缙绅人名及捐资银两、会馆东西院房舍情况，正书。碑阴满刻铺号及商户姓名，存 42 行 710 字，正书。碑阴无额题。

碑原址在宣武区正阳门外珠市口南鹞儿胡同 16 号，现藏北京石刻艺术博物馆。

著录情况：《拓汇》，第 72 册，第 129 页。《拓目》，第 395 页，京 4170。《馆目》，第 7 页。《会集》，第 960 页。

南宫枣强两县各行等姓公义园买地契约碑

清乾隆二十二年（1757）十一月立契

清乾隆三十三年（1768）五月二十日立碑

额题：公议老会

首题：南宫枣强两县各行等姓公义园今将买地红契勒石为记

碑方首座佚。碑首身通高 160 厘米，宽 67 厘米，厚 15 厘米。碑身拓高 101 厘米，宽 65 厘米。碑额拓高 27 厘米，宽 23 厘米。额文 2 行，行 2 字，正书。碑文 26 行，行字不等，共 614 字，正书。碑阴无字，无额题。

碑原址在宣武区广内大街，现藏北京石刻艺术博物馆。

著录情况：《馆目》，第 5 页。

按：碑文为南宫、枣强二县在京各行行会为建义园从杨俊德兄弟手中购买房屋空地若干之契约。发起人南宫侯忠和枣强郑同共创南枣义园。枣强义地旧址在今宣武区枣林前街以北。南枣义园以广安门内大街为界，有南院、北院之分。

重修三晋会馆记

清乾隆甲午〔三十九年（1774）〕夏四月刻石

首题：重修三晋会馆记

太仆寺少卿前史官汾阳曹学闵撰文

刑部广西司员外郎浮山张道源书丹

石为嵌墙横石，高59厘米，长68厘米。石刻文字31行，满行8字，共725字，正书。撰文人下镌印章二方，篆书“学”、“闵”，书丹人下镌印章二方，篆书“□”、“印”。

石原在宣武区骡马市大街133号，现藏北京石刻艺术博物馆。

著录情况：《拓汇》，第73册，第131页，京7147。《馆目》，第7页。《会集》，第1062页。

按：曹学闵（1709—1787），字孝如，号慕堂，山西汾阳人。清乾隆十九年进士，曾任鸿胪寺少卿、内阁侍读学士等职。曹氏为人乐善好施，在京城的山右三忠祠、三晋会馆等，都曾得他捐献薪俸、监督修缮。著有《紫云山房诗文稿》。

西晋会馆扩建关帝庙碑

清乾隆四十一年（1776）岁次丙申荷月（六月）中浣谷旦

额题：西晋会馆

首行题：盖闻圣王之制祀典也法施于民则祀之（以下从略）

特授北城兵马司正指挥加五级纪录八次郝振都恭撰

赐进士出身翰林院庶吉士加二级戴联奎敬书

仝会弟子敬立

碑方首方座，座疑为后配。碑首部有长方形边框，框内刻草龙纹；碑身阳面边框刻缠枝花卉纹，碑阴边框刻几何纹。碑首身高174厘米，宽66厘米，厚23厘米。额拓高21厘米，宽20厘米。身拓高110厘米，宽60厘米。碑阳额文2行，满行2字，正书。碑文15行，满行32字，正书。撰文人下钤方印二，上阴文篆书“郝振都印”，下阳文篆书“维新”；书丹人下钤方印二，上阴文篆书“戴联奎印”，下阳文篆书“紫垣”。碑阴无字无额题。

碑原址在海淀区青龙桥厢红旗东，现藏北京石刻艺术博物馆。

著录情况：《拓汇》，第73册，第182页。《拓目》，第314、315页，京5042，题作《关帝庙碑》。

按：戴联奎（1751—1822）字紫垣，江苏如皋人。清乾隆四十年进士，授翰林院庶吉士，3年后升为编修。历任内阁学士，礼部、兵部尚书等职。

山西会馆重修关帝庙碑

大清乾隆四十五年（1780）五月吉立

额题：山西会馆

首行题：盖闻太上立德其次立功其次立言（以下从略）

敕授承德郎张□□漕运通判加三级记大功二次军功纪录三次徐敬儒撰并书

石作郝安荣敬刻

住持道士刘教增、徒马应奎

碑方首座趺，碑身上、下边框饰线刻二龙戏珠及回纹，左、右边框饰回纹。碑首身通高175厘米，宽63厘米，厚22厘米。拓高112厘米，宽62厘米。碑文19行，满行46字，正书。额文2行2字，正书，失拓。碑当时仆地，碑阴状况不详。

碑原址在通州区张家湾镇张家湾村北木桥，1996年普查时在张家湾公园。

按：此地原有关帝庙，清乾隆三十五年（1770）发大水被冲毁，通州的山西人共同捐资重修，并在原址建此会馆。

重修西晋会馆碑记

清乾隆四十八年（1783）岁次癸卯五月谷旦立

额篆：万古流芳

首题：重修西晋会馆碑记

碑阴

首题：今将施银数目姓名铺号开列于后

南城兵马司副指挥前任山东□河通判广西宁明州知州丙子科举人张惇典熏沐撰文

候选知县壬午科举人刘亦坦熏沐书丹

本庙住持僧心亮

碑方首方座，碑身断为两截后粘接。碑阳首部浮雕缎带结纹饰，碑身阳面边框刻卷草纹；碑阴首部无纹饰，碑身无边框。碑首身通高193厘米，宽77厘米，厚24厘米。座高64厘米，宽94厘米，厚36厘米。碑身连额拓高151厘米，宽74厘米。碑阳额文2行，行2字，篆书。碑文正文14行，满行32字，其后为会首题名3行，字体较小，行37–41字不等，共380字，正书。碑阴满刻题名，存30行，2554字，正书。碑阴无额题。

1993年7月22日，碑征集于宣武区广内大街路南，现藏北京石刻艺术博物馆。

著录情况：《馆目》，第7页。

创建奉天会馆碑记

清乾隆四十九年（1784）后

额篆：创建奉天会馆碑记

首题：创建奉天会馆碑记

碑通高174厘米，宽67厘米，厚18厘米。碑身拓高104厘米，宽65厘米。额拓高28厘米，宽25厘米。额文3行，满行3字，篆书。碑文正文10行，满行53字；捐资衔名及钱数13行，均正书。碑阴失拓，存字情况不详。

2001年10月4日，碑征集于宣武区珠市口西大街，现存北京石刻艺术博物馆。

四川会馆重修刻石

清乾隆四十九年（1784）之后

首行题：☐四川会馆盖前明初盛（以下从略）

☐一级记录二次前工部尚书兵部左侍郎刑部右侍郎内阁学士兼礼部侍郎翰林院侍☐右春坊右中允翰林院编修翰林院庶吉士涪陵周煌海山氏拜撰时年七十有一

☐纂修官四库全书馆纂修官加一级又随带加一级记录一次石门陈万青拜书并篆额

旌邑李良玉镌

石为嵌墙立石，上部残缺，不知泐几列文字。石高82厘米，宽68厘米。石刻文字13行，行残存38字，共448字，正书。

石原址在宣武区上斜街，现藏北京石刻艺术博物馆。

著录情况：《馆目》，第8页。

按：据《会集》，在京的四川会馆有宣武区椿树街道前青厂胡同巷内一处、宣武门外大街巷内一处、棉花上七条1号一处共三处。

汉中会馆刻石

大清乾隆五十一年（1786）岁次丙午正月吉辰立

城固进士刑部福建司主事刘☐宠志石并书

江宁杜仁沛镌

城固人管馆九天庙住持僧清理

石为嵌墙横石，高48.5厘米，宽89厘米，厚12厘米。拓长88厘米，高48厘米。石刻文字23行，满行18字，正书。

2001年11月5日自宣武区烂漫胡同征集，现藏北京石刻艺术博物馆。

休宁会馆续捐姓氏刻石

清乾隆五十一年（1786）三月以后

首题：续捐姓氏

石为嵌墙横石，共3方，均高34厘米，宽82厘米。3石满刻题名，每石分5栏，每栏6行，行字不等。第1石存30行385字；第2石30行368字；第3石29行375字，均正书。

石原址在宣武区菜市口胡同35号，现藏北京石刻艺术博物馆。

著录情况：《馆目》，第9页。

重修义园神像置买园地碑记

清乾隆六十年（1795）岁次乙卯仲夏（五月）

首题：重修义园神像置买园地碑记

福建大田县知县□□之（撰文）

拓高93厘米，宽53厘米。碑文13行，满行28字，正书。

碑原址在崇文区崇文门外，现藏崇文区隆安寺。

按：从碑文可知，义园内有关帝庙。义园在清乾隆六年（1741）曾加修葺，张文和公有碑记其事。

绩溪义园记

清嘉庆元年（1796）龙在丙辰六月之吉

首题：绩溪义园记

邑人方体撰记

周宗杬书石

高会寅、汪茂南、程颂华鉴造

石为嵌墙横石，长87厘米，高35厘米，厚13厘米。石前书正文21行，满行14字，后书捐资人名及钱数16行，均隶书。

1999年2月3日，石征集于宣武区琉璃厂东椿树胡同6号院，现藏北京石刻艺术博物馆。

按：宣武区椿树上头条胡同原有绩溪会馆，创始于清乾隆年间。

重修浮山会馆及新建罩棚碑

清嘉庆二年（1797）岁次丁巳夏五月吉

额题：万古流芳

首题：重修会馆碑记

碑阴

额题：永垂不朽

首题：阖会姓氏首事人姓号

神山李霔叜书

碑方首须弥座。首身通高210厘米，宽77厘米，厚22厘米。座高60厘米，宽90厘米，厚47厘米。碑身拓高133厘米，宽70厘米。碑阳额文2行，行2字，正书。碑文10行，满行29字，共224字，行书。碑阴额文2行，行2字，正书。碑身满刻人名铺号，存31行共473字，正书。

碑原址在宣武区正阳门外珠市口南鹞儿胡同6号，现藏北京石刻艺术博物馆

著录情况：《拓目》，第397页，京4182。《馆目》，第9页。

文昌帝君阴骘文

清嘉庆四年（1799）岁次乙未仲春（二月）中浣

首题：文昌帝阴骘文

余姚邵瑛敬书

碑无首座佚，现方座系后配。碑身高 164 厘米，宽 80 厘米，厚 21 厘米。座高 54 厘米，宽 101 厘米，厚 45 厘米。碑身拓高 160 厘米，宽 79 厘米。碑文 16 行，满行 40 字，正书。

碑原址在宣武区储库营胡同 15 号太原会馆，现藏北京石刻艺术博物馆。

著录情况：《拓汇》，第 77 册，第 48 页，京 10060。《馆目》，第 10 页。《会集》，第 1086 页。

按：邵瑛（1739—1818），字桐南，号瑶圃，清乾隆四十九年（1784）甲辰科进士第二名，历任官职有翰林院的玉牒馆协修、国史馆纂修，文渊阁检阅等。擅长书法。有《间架结构摘要九十二法》传世。该帖石今藏于北京石刻艺术博物馆。

南枣义园老会碑

大清嘉庆十三年（1808）岁次戊辰闰五月二十日谷旦

额题：义园老会

首行题：盖闻众所尊戴曰义至行过人曰义而与众共之亦曰义如义仓义社义

碑螭首座佚。碑首身通高 168 厘米，宽 54 厘米，厚 20 厘米。碑身拓高 111 厘米，宽 53 厘米。碑额拓高 20 厘米，宽 15 厘米。额文 2 行，行 2 字，正书。碑文正文 12 行，满行 29 字，正文后为题名，均正书。碑阴无字无额题。

碑原址在宣武区广内大街，现藏北京石刻艺术博物馆。

著录情况：《馆目》，第 13 页。

按：碑末尾补记文字一行，“嘉庆十八年岁次癸酉六月初七日徒修比（可能为“北”之误）房三间仝立”。道光七年（1827）五月十九日又在碑左下部空白处补刻会首题名 9 行。

碑文中提到会馆在彰义门大街以北。彰义门大街即广宁门大街，后更名为广安门大街。南枣义园以今广安门内大街为界，南侧者称南院，北侧者称北院。

增修三晋庙碑文

清乾隆三十年（1765）六月吉日建

清嘉庆十四年（1809）己巳秋日重建

额篆：三晋庙碑文

首题：增修三晋庙碑文

赐进士出身掌河南道监察御史汾阳曹学闵撰

二品荫生大理寺丞雁门冯廷丞书

吏科掌印给事中曹锡龄谨识

住持祖月重募整理

碑螭首方座。碑首身通高244厘米，宽83厘米，厚27厘米。座高83厘米，宽121厘米，厚60厘米。碑身拓高145厘米，宽81厘米。额拓高28厘米，宽23厘米。碑阳额文3行，满行2字，篆书。碑文19行，满行41字，共695字，正书。碑阴满刻捐资、施材等铺号、骡行的信官、信士题名，存24行，963字，正书。碑阴无额题。

碑原在宣武区三晋庙，1994年2月3日于丰台区回民公墓征集，现藏北京石刻艺术博物馆。

著录情况：《馆目》，第6页。

按：碑阳末尾处有曹锡龄小字题记2行，有“因旧碑剥落，重书上石”语，记重书刻碑事。

置洪洞会馆地□契文立成碑

清嘉庆十八年（1813）菊月（九月）

额题：万古不朽

首题：置洪洞会馆地□契文立成碑

住持僧等□书

石为嵌墙立石，高102厘米，宽51厘米。石刻文字18行，满行32字，共360字，正书。

石原址在宣武区广内大街，现藏北京石刻艺术博物馆。

著录情况：《馆目》，第10页。

按：据民国三十五年《洪洞会馆总登记表》，洪洞会馆创自清乾隆二十二年，购置宅院并建正殿，乾隆五十一年又增建戏楼等。嘉庆十八年购得珠巢街十三号房院一所，作为义园停埋客死而无归之邑人。

歙县会馆岁输经费记

清嘉庆十九年（1814）甲戌孟陬（正月）

首题：会馆岁输经费记

内阁学士兼礼部侍郎里人鲍桂星撰

翰林院庶吉士武英殿协修里人程恩泽书

石为嵌墙横石，共两方，均高48厘米，长98厘米。第1石刻文字29行，正文24行及捐输姓氏5行，正文满行18字，共397字；第2石刻文字31行，为捐资姓名及银两，共420字。2石文字均正书。

石原址在宣武区宣武门外大街，现藏北京石刻艺术博物馆。

著录情况：《拓汇》，第78册，第127页。《拓目》，第398页，京10079。《馆目》，第11页。《会集》，第65页。

按：歙县会馆创始于清乾隆初年，这两方刻石是嘉庆十九年重修时所刻。同年正月另有刻石两方，尺寸相同，亦为鲍桂星撰、程恩泽正书，首题《重修会馆记》，记载此次修葺始末。

鲍桂星（1764—1824）字双五，一字觉生。歙县人。嘉庆四年进士。曾任工部侍郎、翰林学士等职。少从吴定求学，后师从姚鼐。

程恩泽（1785—1837），字云芬，号春海，歙县人。师从凌廷堪，工于金石书画、医算等项。嘉庆十六年进士，授翰林院编修，官至户部侍郎。熟通六艺，善考据、诗文，是近代宋诗运动之提倡者，与阮元并称嘉庆、道光间儒林之首。

山阴会稽两邑会馆记

清道光丙戌〔六年（1826）〕岁冬十一月

首题：山阴会稽两邑会馆记

史致光渔邨撰

稷辰附记

石为嵌墙横石，高36厘米，长102厘米。石刻文字64行，满行20字，共1186字，正书。

石原址在宣武区南半截胡同7号绍兴会馆，现藏北京石刻艺术博物馆。

著录情况：《拓汇》，第79册，第102页。《拓目》，第399页，京7077。《馆目》，第12页。

按：会馆创设于清道光六年，由山阴、会稽两邑乡人集资置产，至道光九年定名为山会邑馆。民国裁并山阴、会稽二县，合为绍兴。馆名亦随之更易。

据《都城越岘山馆记》，书丹人名宗稷辰，此碑附记之稷辰或即宗稷辰。宗稷辰（1792—1867），字迪甫，一作涤甫，号涤楼，浙江会稽人。道光元年举人。咸丰初迁御史，曾疏请各省实行保甲，又荐举左宗棠等人，官至山东运河道。先后主持过湖南、群玉、濂溪、虎溪等书院。因病辞官后，又曾主持余姚龙山书院和山阴蕺山书院。

浮山会馆重修关帝庙碑

清道光九年（1829）岁次己丑五月吉日立

额题：万古流芳

首行题：盖闻事神者和人合礼者嘉会（以下从略）

例授文林郎吏部拣选知县己科举人程启泰撰

碑阴

额题：永垂不朽

碑方首方座，碑首身通高192厘米，宽69厘米，厚23厘米。座高58厘米，宽90厘米，厚40厘米。碑身拓高130厘米，宽66厘米。额拓高25厘米，宽20厘米。碑阳额文2行，行2字，正书。碑文12行，满行33字，共352字，正书。碑阴额文2行，行2字，正书。碑身刻铺号、题名及捐资银数，存40行1278字，正书。

碑原址在宣武区天桥街道鹞儿胡同，现藏北京石刻艺术博物馆。

著录情况：《拓汇》，第79册，第148、149页，京4180，题作《关帝庙碑》。《馆目》，第13页，题作《浮山会馆重修神殿碑》。

新建广东南海县会馆碑记

大清道光十有五年（1835）岁次乙未

首题：新建广东南海县会馆碑记

赐进士出身资政大夫兵部侍郎兼都察院右副都御史巡抚湖南等处地方提督军务兼理粮饷兼署湖广总督刑部郎中军机章京掌河南道监察御史翰林院编修里人吴荣光撰文并书丹

碑无首，碑身上方抹角，下为方座，碑座保存较好。碑身高159厘米，宽77厘米，厚19厘米。座高52厘米，宽97厘米，厚38厘米。碑身拓高155厘米，宽74厘米。碑阳风化严重，碑文17行，满行40字，文字基本漫漶，正书。碑阴无字。

碑原址在宣武区米市胡同43号，现藏北京石刻艺术博物馆。

著录情况：《拓汇》，第80册，第84页。《拓目》，第399页，京2638。《馆目》，第13页。《会集》，第345页。

按：吴荣光（1773—1843），原名燎光，字殿垣，一字伯荣，号荷屋、可庵，别署拜经老人、白云山人。广东南海人，清嘉庆四年（1799）进士。吴荣光为岭南名宿，于金石书画，鉴别最精，是著名书法家、诗人、鉴藏家、金石学家。著有《辛丑销夏记》、《吾学录初编》、《白云山人文稿》、《筠清馆金石录》等。

重建晋翼会馆序碑

龙飞大清道光十七年（1837）岁次丁酉六月

首题：重建晋翼会馆序

额题：流芳百世

敕授徵仕郎直隶大名府原任并州分州前署容城东安宝坻南宫等县事加五级纪录五次又记大功二次晋桐封弟子社人阜斋李祖垚熏沐撰□

国子监肄业太学生翼邑弟子社人福堂常景命熏沐□□

阶登仕郎吏部候选少尹李喜德书丹

碑方首，座佚。首浮雕云龙纹，碑身下部风化漫漶较严重。碑首身通高133厘米，宽66厘米，厚18厘米。首身拓高130厘米，宽65厘米。碑阳额文2行，满行2字，双钩正书。碑文22行，满行34字，正书。碑仆地，碑阴情况不详。

1996年普查时，碑在通州区教子胡同工商联院内（原山西会馆）。

黄陂会馆改修邑馆南院记

清道光十八年（1838）吉月谷旦公立

首题：改修邑馆南院记

邑人金光杰谨识

男（金）国均敬书

石为嵌墙横石，高 39 厘米，宽 69 厘米，厚 11 厘米。拓长 70 厘米，高 38 厘米。石刻文字 26 行，满行 17 字，正书。

石原址在宣武区城南灵中坊潘家河沿黄陂新馆，现藏北京石刻艺术博物馆。

著录情况：《会集》，第 570、571 页。

重建闻喜会馆并修闻喜庵邑人捐资衔名数目碑记

清道光十九年（1839）岁次己亥三月谷旦

首题：重建闻喜会馆并修闻喜庵邑人捐资衔名数目碑记

邑人增广生员支兴桀书丹

碑无首，方座。碑身高 168 厘米，宽 68 厘米，厚 18 厘米。座高 34 厘米，宽 78 厘米，厚 38 厘米。碑身拓高 163 厘米，宽 66 厘米。碑无碑首无额题，碑身满刻题名、铺号、捐资银两。碑阴无字。

1994 年 3 月 3 日，碑征集于宣武区广内大街 127 号，现藏北京石刻艺术博物馆。

著录情况：《馆目》，第 14 页。

吉安义园修缮捐资题名刻石

清道光壬寅年〔道光二十二年（1842）〕秋八月

首行题：园旧有隙房一间为停柩所历年既远瓦败垣颓又

郡人黄赞汤撰文

郡人李光涵书石

石为嵌墙刻石，长 47.5 厘米，宽 31.5 厘米，厚 12.5 厘米。石刻文字 22 行，满行 20 字，共 299 字，正书。

石原址在宣武区乐培园胡同南口，现藏北京石刻艺术博物馆。

著录情况：《馆目》，第 14 页。

按：黄赞汤（1805—1869），字莘农，号徵三，清江西庐陵（今吉安）人，道光癸巳科进士，历官江南道监察御史、兵部右侍郎、刑部右侍郎、户部右侍郎、福建学政、河南巡抚、河道总督及广东巡抚等。由黄赞汤籍贯推测，这方义地刻石或也属于吉安义园。

汀州会馆何学刻石

清道光甲辰〔二十四年（1844）〕之后立

石刻题：道光甲辰科汀州会馆何兰亭何学置

拓高 61 厘米，宽 21 厘米。石刻文字 1 行 15 字，正书。

石在东城区前门外长巷下二条，原址保存。

重修京都吉安义园碑记

清道光二十八年（1848）岁次戊申孟冬月（十月）

首题：重修京都吉安义园碑记

郡人黄赞汤记

石为嵌墙横石，长 95 厘米，宽 32 厘米，厚 9 厘米。石前镌正文 31 行，满行 16 字；其后为捐输芳名并钱数 16 行，行 4—17 字不等，共 686 字，均正书。

1993 年 10 月 7 日，石征集于宣武区广内大街 153 号，现藏北京石刻艺术博物馆。

著录情况：《馆目》，第 15 页。

按：宣武区广安门大街清泰寺有清道光二十四年（1844）七月一日刻《重修吉安义园碑》一通，署“前云南盐法道郡人王赠芳撰”，见《会集》第 1426，可为参照。

玉行长春会馆重修碑

清咸丰辛亥年〔元年（1851）〕仲秋（八月）吉日谷旦

额题：永垂不朽

首行题：启云玉行公立长春会馆已有年矣兹因重修殿宇创立碑记以光前人之志裕后人好

碑阴

额题：万古长春

首行题：谨记于乾隆五十四年起建立承办王、饶、傅、李馆内现在房间数目铭刻于左

碑方首座佚，碑首阳面刻二龙戏珠，阴面刻祥云纹。碑首身通高 178 厘米，宽 61 厘米，厚 18 厘米。碑身拓高 121 厘米，宽 60 厘米。额拓高 21 厘米，宽 19 厘米。碑阳额文 2 行，行 2 字，正书。碑文 17 行，满行 36 字，共 320 字，正书。碑阴额文 2 行，行 2 字，正书。碑身刻列会馆房产情况及会首题名，存 23 行 504 字，正书。

碑原址在宣武区琉璃厂小沙土园，现藏北京石刻艺术博物馆。

著录情况：《拓汇》，第 82 册，第 16、17 页。《拓目》，第 400 页，京 4464，题作《玉行长春会馆馆产碑》。《馆目》，第 15 页。《会集》，第 112 页。

按：据碑阴记载，玉行长春会馆创自清乾隆五十四年。

庐州会馆记

清咸丰三年（1853）癸丑孟秋（七月）

首题：庐州会馆记

李文玕撰文

孙观书丹

石为嵌墙横石，高29厘米，宽57厘米。石剥蚀甚，大部文字模糊不可辨。石刻文字17行，满行12字，正书。

石原址在宣武区白广路，现藏北京石刻艺术博物馆。

著录情况：《拓目》，第401页，京7157。《馆目》，第16页，题作《庐凤义园碑记》。

按：碑剥蚀甚，大部文字模糊不可辨，据国图藏不缺字拓本补全信息。刻石原址，《拓目》载在珠市口西大街路南。据《清史稿》卷五十九载，庐州、安庆、凤阳三府相邻，此义园为府立义园。舒城、合肥均隶庐州府。

李文安（1801—1855），合肥人，清道光十八年（1838）进士，榜名李文玕，官至刑部督捕司郎中、记名御史，为李鸿章之父。

潜山义园记碑

大清咸丰七年（1857）岁在丁巳孟夏月（四月）谷旦立石

首题：潜山义园记

赐进士出身敕授承德郎刑部湖广司主事前翰林院庶吉士望江倪文尉撰并书

碑方首座佚。碑通高193厘米，宽67.5厘米，厚20厘米。拓高124厘米，宽65厘米。碑文12行，满行29字，共265字，正书。

碑原址在西城区阜成门外大街百万庄南街南口，现藏北京石刻艺术博物馆。

著录情况：《馆目》，第16页。

按：倪文蔚（1823—1890），字茂甫，号豹岑，安徽望江人。清咸丰二年进士，三年任任刑部主事。曾任广西、广东、河南巡抚，河东河道总督等职。

都城越岘山馆记

清咸丰七年（1857）五月六日

首题：都城越岘山馆记

宗稷辰书丹

石为嵌墙横石，长82厘米，宽32厘米，厚9.5厘米。记文分6栏，正文每栏6行，共32行，满行16字，第6栏以小字刻捐资姓名及钱数，文字均正书。

石原址在宣武区上斜街46号，现藏北京石刻艺术博物馆。

著录情况：《馆目》，第17页。

按：宗稷辰亦号越岘山人，其所著《躬耻斋文钞》，即于清咸丰元年（1851）由越岘山馆刊行。

重修庐郡会馆碑记

清同治元年（1862）壬戌秋月

首题：重修庐郡会馆碑记

庐江刘秉璋记并书

石为嵌墙横石，高35厘米，宽57厘米。石刻文字16行，满行13字，共197字，正书。

石原址在宣武区西珠市口大街130号，现藏北京石刻艺术博物馆。

著录情况：《拓汇》，第83册，第22页。《拓目》，第401页，京7135。《馆目》，第18页。

按：刘秉璋，安徽庐江人，晚清重臣。中法战争期间，他力抗外侮，指挥了著名的“镇海之役”。他督蜀十年，因“成都教案”被清廷罢职。他为家乡捐建了三乐堂书院、南京庐江试馆，培养了一大批有用之才。

京师番禺会馆碑记

清同治二年（1863）岁在癸亥秋九日

首题：京师番禺会馆碑记

里人潘仕成谨记

男桂敬立石

碑嵌墙，仅碑阳外露，方首方座。碑首、碑身和碑座共有五块石头组合而成。碑首左、右及上方边框浮雕缠枝花卉，其内浮雕二龙戏珠，碑额无字。碑身由三石构成，中心为一长方形竖石，无纹饰，镌刻碑文，两侧各有一长条形石柱，浮雕缠枝花卉。座浮雕海水江崖莲荷花。碑身部分风化残损，字迹略有漫漶。碑身左侧石柱及浮雕风化较甚，其余部分保存较好。碑通高190厘米，宽80厘米。碑文12行，满行30字，共315字，隶书。

碑原址在宣武区上斜街50号，现藏北京石刻艺术博物馆。

著录情况：《拓汇》，第83册，第31页。《拓目》，第401页，京2645。《馆目》，第18页。《会集》，第303页。

按：上斜街番禺会馆为近代思想家、文学家龚自珍故居，现为宣武区文物保护单位。番禺会馆除广内街道上斜街老馆外，另辟椿树街道周家大院7号为新馆，由董事统一管理。

潘仕成（1804—1873），字德畬、德舆，祖籍福建，世居广州，是晚清享誉朝野的官商巨富。潘仕成是大收藏家，他主持修建的私人别墅——海山仙馆，其中所藏金石、字帖、古籍、画作号称“粤东第一”，极盛之时甚至一度成为广东清朝高级官员非正式接见欧美外交使者和商人的场所。

重修广东旧义园醵金题名刻石

清同治五年（1866）岁在丙寅仲冬（十一月）谷旦

首题：重修广东旧义园醵金题名

石高 55 厘米，宽 85 厘米。拓长 83 厘米，高 50 厘米。石刻文字 47 行，均为捐资者题名及金额，满行 29 字，正书。

碑在崇文区东花市斜街袁崇焕祠（原佘家馆一号）享堂廊下西侧，嵌墙。

著录情况：《会集》，第 1418 页。

重修广东旧义园记

清同治七年（1868）岁次戊辰孟夏（四月）谷旦

首题：重修广东旧义园记

通议大夫记名知府刑部郎中邓华熙撰文

光禄大夫经筵讲官户部尚书罗惇衍书丹

石高 54 厘米，宽 85 厘米。拓高 82 厘米，宽 51 厘米。石刻文字 32 行，满行 19 字，正书。

石在朝阳区广渠门外弘善寺二十号。

著录情况：《拓目》，第 525 页，京 2647。《会集》，第 1421、1422 页。

按：旧义园在明时为粤东会馆，明中叶迁至达摩厂，天启时因地处偏僻而辟为义园。另在法塔寺东南有广东新义园。

长吴会馆献供捐资刻石

清同治七年（1868）仲秋（八月）初三日立

第一石额横题：圣寿无疆

第二石额横题：万古流芳

首行题：兹因东南城茶房年例恭庆」灶君（以下从略）」

石两方，均高 125 厘米，宽 57 厘米，厚 16 厘米。拓高 116 厘米，宽 57 厘米。第一石镌碑文，存 16 行，满行 49 字，正书。第二石满刻捐资人题名及年款，正书。

碑原址在崇文区长巷三条，现藏崇文区隆安寺。

新建津邑试馆碑记

清同治二年（1863）岁次癸亥四月谷旦撰文

清同治七年（1868）八月立石

首题：新建津邑试馆碑记

邑人沈兆沄撰

邑人吴惠元书

刻石为嵌墙横石，共两方，均高 44 厘米，宽 102 厘米，厚 12 厘米。拓长 101 厘米，高 43 厘米。第一石前半部分介绍建馆始末，并有“捐资姓氏合勒诸石”等语。后有撰文时间及书、撰人题名。后半部分镌刻捐资者题名，未完成部分另刻一石。第一石正文

25行，满行22字，正文及题名均正书。第二石悉刻捐资者题名，正书。

石原址在崇文区正阳门外珠市口东大街天津同乡试馆，现藏崇文区隆安寺。

浮山会馆重修碑记

清同治十二年（1873）五月吉立

额题：永垂不朽

首题：重修会馆碑记

神山监生姚梦周、姚梦兰撰书

碑阴

额题：万古流芳

首行题：阖会字号首事人姓名

碑方首方座，碑首身通高154厘米，宽64厘米，厚17厘米。座高54厘米，宽82厘米，厚48厘米。碑身拓高98厘米，宽63厘米。碑额拓高21厘米，宽18厘米。碑阳额文2行，行2字，正书。碑文14行，满行25字，共267字，正书。碑阴额文2行，行2字，正书。碑身满刻铺号、人名，末行刻大字年款，碑文17行，行字不等，共240字，正书。

碑原址在宣武区天桥街道鹞儿胡同16号，现藏北京石刻艺术博物馆。

著录情况：《拓汇》，第84册，第51页。《拓目》，第402页，京4178。《馆目》，第18页。《会集》，第960页。

按：《拓目》所收拓片与之时间一致，尺寸相仿，额题“万古流芳”，但称为“题名碑”，可能是将碑阴错为一碑，而碑阳未录。

中州乡祠重修并建嵩云草堂记刻石

清光绪四年（1878）岁次戊寅二月谷旦

首题：中州乡祠重修并建嵩云草堂记

武陟毛昶熙撰并书

石为嵌墙横石，共3方，均高46厘米，宽106厘米。第一石存文字26行，满行14字，共348字，正书；第二石存文字26行，满行16字，共364字，正书；第三石存文字15行，满行14字，共192字，正书。

石原址在宣武区上斜街，现藏北京石刻艺术博物馆。

著录情况：《馆目》，第19页。

按：明万历年间，河南新郑人、大学士高拱在上斜街北始建中州乡祠。后屡经扩建，至清同治十三年，北至后河沿，南至达智桥，包括中州乡祠、洛社、池北精舍、月牙池、听涛山馆、精忠祠、报国堂等建筑扩建的河南会馆，总称嵩云草堂。亦有称路北部分为中州乡祠、路南部分为嵩云草堂的说法。

嵩云草堂条规刻石

清光绪四年（1878）季秋之月（九月）谷旦

首题：嵩云草堂条规

石为嵌墙横石，高45厘米，宽107厘米。石刻文字34行，满行18字，共491字，正书。

石原址在宣武区广内街道达智桥胡同55号，现藏北京石刻艺术博物馆。

著录情况：《馆目》，第19页。《会集》，第518页。

按：嵩云草堂是河南在京最大的一处会馆，亦是近代史上的一处胜迹。公车上书时，许多举子们便是从这里出发前往督察院的。这里也是强学会和保国会的活动场所，袁世凯、张勋等人都曾在此处活动。

“山西太平试馆”石额

清光绪戊子〔十四年（1888）〕

额题：山西太平试馆

石额高44厘米，宽138厘米。石额居中横题大字“太平试馆”，1行4字，双钩正书；上方横题小字“山西”，1行2字，正书；右侧竖题小字“光绪戊子”1行4字；左侧竖题小字“阖邑绅士公建”，1行6字。文字均正书。

石原址在宣武区菜市口胡同46号，现藏北京石刻艺术博物馆。

著录情况：《馆目》，第20页。《会集》，第1083页。

按：《拓汇》第72册第78页收录有《山西太平县会馆碑》，可为参照。

黄陂新馆记

清光绪纪元十六年（1890）庚寅岁仲秋月（八月）朔有八日也

首题：黄陂新馆记

邑后学彭世谷敬撰并下丹

单殿元刊石

石为嵌墙横石，共二方，均高45厘米，宽103厘米，厚10厘米。拓长103厘米，高43厘米。第一石文字31行，满行12字；第二石文字30行，满行12字。均正书。

石原在宣武区城南灵中坊黄陂新馆北院起凤堂，现藏北京石刻艺术博物馆。

著录情况：《会集》，第571—572页。

按：黄陂旧馆在东草厂胡同，明季到清初荒废。

云山别墅记

清太岁元默执徐光绪十有八年（1892）秋八月

首题：云山别墅记

寿阳祁世长制文

命孙师曾敬书

江宁吴以贵镌

石为嵌墙立石，青石质，镌字面打磨平整，其余五面为糙面，现嵌入展墙内。刻石右部边缘及有下角残缺，石面上有若干风裂纹，字迹泐甚。刻石高128厘米，宽76厘米。石刻文字25行，行46字，共895字，正书。

石原址在宣武区广内街道下斜街1号，现藏北京石刻艺术博物馆。

著录情况：《拓汇》，第87册，第22页。《拓目》，第403页，京9497。《馆目》，第20页。

按：云山别墅为清光绪十八年山西旅居北京之人创建，三十二年重修一次，原为晋人祭祀宴会之所，民国后成为山西会馆。《拓汇》收有首题为“修建云山别墅京外官绅商号捐资题名碑”拓片一纸，尺寸亦相同，记为此石碑阴，或许是另一块嵌墙石。

祁世长（？—1892），字子禾，山西寿阳人。清咸丰十年进士。曾任内阁学士、礼部、吏部侍郎，工部尚书，兼管顺天府尹。卒谥文恪。

南海增广会馆碑记

清光绪十九年（1893）岁次癸巳三月十日建

额隶：南海增广会馆碑记

首行题：吾邑京师会馆之设肇于道光之甲申年庭宇显敞衣冠偁盛近十

赐进士出身五品衔翰林院编修国史馆协修戴鸿慈撰文

赐同进士出身同知衔陕西榆林府榆林县知县李应鸿书丹

石为嵌墙立石，镌字面打磨平整，石面上满布细碎裂纹和天然黄褐色石花，余五面为未经打磨，现嵌入展墙内。刻石左下角残缺，石面上满布细碎裂纹，但字迹较为清晰。石高101厘米，宽36厘米。额文4行，行2字，隶书。碑文11行，行26字，共275字，正书。

石原址在宣武区陶然亭街道米市胡同43号，现藏北京石刻艺术博物馆。

著录情况：《馆目》，第20页。《会集》，第346页。

按：北京的南海会馆始于清道光十五年（1835），现为康有为故居、北京市文物保护单位。

京外同乡力助姓氏刻石

清宣统三年前（1911）

首行题：京外同乡力助姓氏（以下漫漶，隐约有字）

石为嵌墙横石，共2方，第一石高34厘米，宽80厘米，第二石高35厘米，宽101厘米。第一石满刻题名，存60行520字，正书；其二石漫漶较甚，前半部刻题名30行81字，正书，后半部未刻文字。

石原址在宣武区米市胡同 43 号，现藏北京石刻艺术博物馆。

著录情况：《馆目》，第 12 页。

重修浮山会馆碑记

中华民国三年（1914）十一月初一日

额题：万古流芳

首题：重修浮山会馆碑记

碑阴

额题：永垂不朽

首行题：合会字号首事姓名列左

山西警务学校毕业邑人贾文卿撰并书

碑方首方座，首身通高 190 厘米，宽 76 厘米，厚 21 厘米。座高 57 厘米，宽 117 厘米，厚 47 厘米。碑身拓高 121 厘米，宽 71 厘米。碑阳额文 2 行，行 2 字，正书。碑文 15 行，满行 39 字，共 267 字，正书。碑阴额文 2 行，行 2 字，正书。碑身刻铺号、人名及捐资金额，存 20 行 448 字，正书。

碑原址在宣武区天桥街道鹞儿胡同 16 号，现藏北京石刻艺术博物馆。

著录情况：《拓汇》，第 91 册，第 61 页。《拓目》，第 404 页，京 4172。《馆目》，第 22 页。《会集》，第 957、958 页。《会馆》，第 101—104 页。

龙岩新馆碑记

民国五年（1916）十二月

首题：龙岩新馆碑记

苏寿乔撰文并书丹

连贤基等八人立石

石为嵌墙横石，高 40 厘米，宽 80 厘米。石刻文字 27 行，满行 15 字，共 345 字，正书。

石原址在宣武区虎坊桥贾家胡同 14 号，现藏北京石刻艺术博物馆。

著录情况：《拓汇》，第 91 册，第 138 页。《拓目》，第 404 页，京 7075。《馆目》，第 22 页。《会集》，第 232、233 页。

按：据碑文，龙岩旧馆在石头胡同路东，原为段云龙所建，供岩州的平宁、龙岩二县共用，以龙岩为名。后售出旧馆在贾家胡同购新馆，仍袭旧名。因其时龙岩改州为县，平宁分立而出，为表会馆归二县共有，特立碑记。

东莞新馆记

民国戊午〔七年（1918）〕五月十五日撰文

民国己未〔八年（1919）〕十月书丹

首题：东莞新馆记

邑人张伯桢撰文

清远朱汝珍书丹

石为嵌墙横石，高 38 厘米，宽 98 厘米。石刻文字 34 行，满行 13 字，共 423 字，正书。石左下方镌篆文印章二方：“朱汝珍印”（阳文）、“甲辰榜眼”（阴文）。

石原址在宣武区上斜街 56 号，现藏北京石刻艺术博物馆。

著录情况：《馆目》，第 23 页。

按：上斜街东莞会馆传系年羹尧故宅，后由陈复平等购置改建为东莞新馆。旧馆购置于光绪元年，在今宣武区牛街街道烂漫胡同 131 号。

整容行公益会碑

中华民国十年（1921）三十令节国庆纪念日岁次辛酉时维重阳（九月九日）

额题一：整容行公益会碑

额题二：万古流芳

二品顶戴前湖南特用道翰林院编修四等嘉禾勋章国务院简任职存记国务院谘议内务部参事上行走贺州林世焘撰并书

陈通魁等 21 人发起

碑阴

额题一：共襄义举

额题二：万古千秋

碑方首，方座疑为后配。碑阳上部边缘有残损，部分花纹缺失。碑面风化较甚，字迹多有漫漶。碑阴面保存较好，有小部分残损及污迹。碑首身通高 140 厘米，宽 64 厘米，厚 15 厘米。座高 67 厘米，宽 90 厘米，厚 35 厘米。拓高 134 厘米，宽 63 厘米。碑阳刻卷草纹边框，边框内上方自右及左横题“整容行公益会碑”和“万古流芳”两行额文，正书，其下竖刻碑文 14 行 541 字，正书。碑阴无边框，其上方自右及左横题“共襄义举，万古千秋”两行额文，正书，其下刻题名 15 行 6 列 266 字，正书。

碑原址在宣武区培智胡同，即原前门外小马神庙 31 号甲，现藏北京石刻艺术博物馆。

著录情况：《拓汇》，第 93 册，第 76 页。《拓目》，第 405 页，京 7855。《馆目》，第 23 页。《会集》，第 190、191 页。《会馆》，第 169—172 页。

按：整容行即理发店，公益会成立于清光绪三十二年（1906）丙午，用以接济本行人年老孤苦者，或为死者置备义材、义地。

林世焘，字昭彦，号次煌，广西贺县人。光绪三十年（1904）末科进士，以办学务授编修。民国初年，任北洋政府临时参议会议员。工于书法，为张之洞侄婿。

京师饭庄商会成立始末记碑

中华民国十有五年（1926）岁次丙寅夏正三月谷旦

额篆：永垂不朽

首题：京师饭庄商会成立始末记

山左蓬莱卢嘉淦撰文

山左蓬莱赵汝涌书丹

山左招远冷家骥篆额

董事张蔚亭等 15 人公立

碑阴

额篆：永垂不朽

首行题：谨将京师饭庄商会绅商各号捐款数目胪列于后

碑方首方座，碑阴、碑阳边框均刻有卷草纹。碑首身通高 221 厘米，宽 78 厘米，厚 28 厘米。座高 69 厘米，宽 100 厘米，厚 52 厘米。拓高 150 厘米，宽 80 厘米。碑阳额文 2 行，行 2 字，篆书。碑文 17 行，满行 38 字，正书。碑阴额文 2 行，行 2 字，篆书。碑身满刻捐资铺号及金额，行字不等，正书。

碑原在宣武区铁树斜街 34 号，现藏北京石刻艺术博物馆。

著录情况：《拓目》，第 395 页，京 7992。《会集》，第 123、124 页。

按：根据碑文，京师饭庄商会成立于民国二年，在十一年时抽各号年终红利的 1% 置地产。碑文记述了商会成立始末、发起人、众人捐资等事宜。

徐州会馆修葺捐款衔名刻石

中华民国十五年（1926）刻石

首行题：民国十五年夏修葺徐州会馆捐款衔名列后

刻石为嵌墙横石，高 30 厘米，宽 94 厘米。刻石文字 23 行，满行 12 字，220 字，刻捐资人名及金额，并列捐款总数与支出情况，正书。

刻石原在宣武区米市胡同，现藏北京石刻艺术博物馆。

著录情况：《拓汇》，第 95 册，第 46 页。《拓目》，第 405 页，京 7081。《馆目》，第 24 页。《会集》，第 747 页。

龙岩会馆扩建捐资人名刻石

中华民国十六年（1927）八月刻石

首行题：龙岩会馆近因旅京者日众不敷分住

连天麟撰文

刻石为嵌墙横石，高 37 厘米，宽 97 厘米。刻石正文 5 行，满行 15 字，正文后小字刻捐资书院、题名及金额，均正书。

石原址在宣武区虎坊桥贾家胡同 14 号，现藏北京石刻艺术博物馆

著录情况：《拓汇》，第 95 册，第 109 页。《拓目》，第 405 页，京 7061。《馆目》，第 24 页。《会集》，第 233 页。

创建徐州会馆记

中华民国二十年（1931）七月吉立

首题：创建徐州会馆记

睢宁王玉树记

铜山苏倬书

刻石为嵌墙横石，高 40 厘米，宽 140 厘米。前刻正文 26 行，满行 18 字，后刻捐资题名及钱数 38 行，行字不等，均正书。

石原在宣武区米市胡同 62 号，现藏北京石刻艺术博物馆。

著录情况：《拓汇》，第 96 册，第 128 页，京 7065。《馆目》，第 24 页。《会集》，第 748 页。

按：徐州会馆创始于光绪十五年（1889），萧县段少沧、宿迁黄伯雨等创修徐州会馆并订定馆章。民国十五年曾有修葺。“徐州旅平同乡会”包括当时属于江苏省的铜山、丰县、沛县、砀山、萧县、邳县、宿迁、睢宁八县暨徐州市人。

徐州会馆条规刻石

中华民国二十年（1931）刻石

首题：徐州会馆条规

刻石为嵌墙横石，高 37 厘米，宽 95 厘米。石刻文字 46 行，满行 24 字，共 852 字，正书。

刻石原址宣武区米市胡同 62 号，现藏北京石刻艺术博物馆。

著录情况：《拓汇》，第 96 册，第 129 页。《拓目》，京 7069，第 406 页。《馆目》，第 25 页。《会集》，第 748 页。

按：刻石年代据《拓目》补，附于七月后。

玉行长春会馆购置地产刻石

中华民国二十一年（1932）四月初一日吉立

额题：永垂不朽

首行题：珊瑚翡翠自古称为至宝然以如此之贵则业此者须如此以稳

石高 141 厘米，宽 61 厘米，厚 24 厘米。拓高 139 厘米，宽 61 厘米。石上方横题 1 行 4 字，正书。铭文 15 行，满行 25 字，正书。

石原在崇文区崇文门外北羊市口 15 号，现藏崇文区隆安寺。

按：文载“座落崇文门外北羊市口中间路东门牌拾伍号”。

芝麻油业同业工会成立始末暨购置公廨记

中华民国二十二年（1933）岁在癸酉夏四月谷旦

额篆：永垂不朽

首题：芝麻油业同业工会成立始末暨购置公廨记

蓬莱赵汝涌撰文

招远冷家骥书丹

碑阴

额题：作范千秋

碑方首，上方断裂，座佚。碑首身高195厘米，宽72厘米，厚20厘米。拓高138厘米，宽70厘米。碑阳额文2行2字，篆书。碑文14行，满行41字，正书。碑阴额文2行2字，正书。碑文14行，满行39字，正书。

碑原址在崇文区珠市口东大街，现藏崇文区隆安寺。

著录情况：《拓汇》，第97册，第69页。《拓目》，京7867，第406页。《会集》，第192—193页。《会馆》，第185页。

按：碑阳记载北京芝麻油业商会因民国十五年改选时发生纠纷，油业商会分出，及新公会购置公廨等事，碑阴刻有房屋地址、面积、购置金额，本会商号名称等。据《拓目》、《会集》等书记载，会馆地址在民国时的门牌为东柳树井102号。

重修南枣义园碑记

中华民国二十二年（1933）六月

首题：重修南枣义园碑记

南枣义园保管会全体会员公立

碑无首，座佚。碑身高203厘米，宽70厘米，厚22厘米。拓高136厘米，宽68厘米。碑文15行，满行46字，共475字，正书。碑阴无字。

碑原址在宣武区广内大街，现藏北京石刻艺术博物馆。

著录情况：《馆目》，第25页。

长春会馆碑记

中华民国二十四年（1935）十月吉日

额篆：万古长春

首题：长春会馆碑记

碑阴

额篆：永垂不朽

碑身上方横题：玉行长春会馆

北平邹梓受谨撰

潞河秀峰李德嵩隶书并篆额

碑方首方座。碑首身通高200厘米，宽74厘米，厚26厘米。座高56厘米，宽94厘米，厚46厘米。碑身拓高125厘米，宽70厘米。额拓高33厘米，宽24厘米。碑阳额文2行，行2字，篆书。碑文27行，满行40字，共714字，隶书。碑阳左下方篆书印章二枚："李德嵩印"（阳文）、"秀峰"（阴文）。碑阴额文2行，行2字，篆书。碑身刻计划、监修、监工人员题名，及会董、帮办衔名共24行269字，隶书。

碑原址在宣武区和平门外琉璃厂小沙土园6号，现藏北京石刻艺术博物馆。

著录情况：《拓汇》，第98册，第38—39页。《拓目》，京4470，第407页。《馆目》，第26页。《会集》，第109–110页。《会馆》，第117—120页。

按：长春会馆即在京玉行行业商会。始于清朝中叶，因开辟和平门、在南新华街建筑马路，影响了会馆西面的临街商铺，夏日下雨水会灌入屋中，故筹资迁址改建，并立碑纪事。

"长春会馆"匾

民国乙亥谷旦〔二十四年（1935)〕

匾高91厘米，宽194厘米，厚19厘米。拓高57厘米，长160厘米。匾上方横向正书双钩小字一行："玉行"；上方中央印章一方："孚威将军"；中间横向正书双钩大字1行："长春会馆"；左侧纵向正书双钩小字1行："民国乙亥谷旦"。

1993年7月22日，匾征集于武区小沙土园，现藏北京石刻艺术博物馆。

按：孚威将军即吴佩孚。直奉战争失败后，当时的大总统黎元洪赐吴佩孚"孚威上将军"称号。

北平石埭会馆房产并义地碑记

中华民国二十五年(1936)岁次丙子春吉日立

首题：北平石埭会馆房产并义地碑记

徐文炳敬撰

拓长100厘米，高50厘米。正文大字15行，满行16字，为会馆房产、义地情况及立石经过等，正书；小字24行，满行23字，刻会馆各处房产及义地位置、面积和契约时间等，正书。

刻石在崇文区外大席胡同20号。

按：石埭县今为安徽池州石台县辖地。埭意为堤岸，《太平寰宇记》卷105池州石埭县亦云："因贵池源有两小石埭堰溪水，遂以为名。"

李君创设玉器商场记碑

中华民国三十一年（1942）四月吉日

额篆：徵在万年

首题：李君创设玉器商场记

古贯城李生馨撰文

束鹿县刘子久书丹

李门马氏立石

碑方首浮雕二龙戏珠，方座浮雕花卉。碑首身高 250 厘米，宽 75 厘米，厚 25 厘米。座高 63 厘米，宽 103 厘米，厚 44 厘米。拓高 160 厘米，宽 58 厘米。碑文 17 行，满行 54 字，正书。碑阴无字。

碑原址不详，碑现藏崇文区隆安寺。

“靛行会馆”匾

年代不详

匾题：靛行会馆

匾高 38 厘米，长 114 厘米，厚 10 厘米。拓长 114 厘米，高 39 厘米。匾文 1 行 4 字，双钩正书。

匾原址在崇文区西半壁街 17 号，现藏崇文区隆安寺。

按：《会馆》第 94 页、《会集》第 118—119 页录有道光十五年《新建靛行会馆碑记》。靛行会馆亦称染坊会馆，由染坊商、蓝靛商等共同建立。

云南会馆重修刻石

年代不详

刻石为嵌墙横石，高 35 厘米，宽 103 厘米。刻石风化严重，文字仅存下半部，存 30 行 165 字，前为正文，后捐资题名及金额，文字均正书。

刻石发现于宣武区法源寺前街，现藏北京石刻艺术博物馆。

著录情况：《馆目》，第 21 页。

建置会馆捐助姓氏碑

年代不详

首题：建置会馆捐助姓氏

碑无首，座佚。碑身高 160 厘米，宽 61 厘米，厚 17 厘米。拓高 150 厘米，宽 60 厘米。碑身刻捐资姓名及钱数，存 31 行，行字不等，共 1219 字，正书。碑阴无字。

碑原址不详，现藏北京石刻艺术博物馆。

著录情况：《馆目》，第21页。

按：题名中有“代州”等地名，应为山西某地的会馆捐资碑。

经幢、塔铭、刻经类石刻

维摩诘所说经

隋（581—618）刻

首行题：是菩提无生住灭故知是菩提了众生心行故不会（以下从略）

拓高 90 厘米，宽 60 厘米。经文 26 行，满行 40 字，正书。

经版现藏房山区云居寺石经山雷音洞内。

著录情况：《房山石经》第 1 册（华夏出版社，2000 年 5 月），第 79 页。

按：该经版为“维摩诘所说经”33 块经版之其中 1 石。据记载，雷音洞内四壁石经共 17 种，均为静琬主持刻写，《维摩诘所说经》即其中之一种。元代时因经版毁损，高丽僧慧月曾补刻其中之两石。

据《拓目》，房山云居寺石经，刻石年代历隋、唐、辽、金、元、明，分刻 15143 石，尺寸不等，拓本共 30314 张，国图藏全套拓本。

静琬刻经题记

唐武德八年（625）

首行题：正法五百岁像□一□□

阴首行题：总作六行北头第一行

石长 32 厘米，宽 37 厘米，厚 10.5 厘米。拓高 32 厘米，宽 35 厘米。刻石两面刻字。阳面上方残缺，不知缺几列，下方亦有残损，文字多漫漶，题记 12 行，满行 10 字，正书。阴面上方残缺，不知缺几列，下方有残损剥蚀，题记 10 行，满行 10 字，正书。

1989 年 3 月 3 日，该石出土于房山区石经山雷音洞东南方的石栏板下面，现藏房山区云居寺文物管理处。

著录情况：《法音》，1990 年第 2 期，田福月《石经山发现唐武德八年静琬题记残碑》。

按：该刻石上方及下方均被凿断，从断痕判断，是很早以前即被不明其价值者将原石断为三截，用作补砌石料。现存部分为原石中段，石阳阴及两侧均被磨平。

静琬刻经题记

唐贞观二年（628）

首行题：〼凡〼

第二行题：〼至今贞观二年〼

石高 41 厘米，宽 34 厘米。拓高 52 厘米，宽 34 厘米。石右部及左下角残缺。题记残存 9 行，满行 10 字，正书。

石原在房山区石经山雷音洞门左上角，现存房山区云居寺文物管理处。

著录情况：《拓汇》，第 11 册，第 18 页。《拓目》，京 3873，第 489 页。《房山石经题记汇编》（书目文献出版社，1987 年 8 月），第 1 页。《全元文》，第 55 册，第 155 页。

按：据《全元文》元代贾志道撰《重修华严堂经本记》及《房山石经题记汇编》，

记文补录如下：

释迦如来正法像法凡千五百余岁至今贞观二年已浸末法七十五载，佛日既没，冥夜方深，瞽目群生，从兹失导。静琬为护正法，率己门徒知识及好施檀越，就此山巅刊华严经等一十二部，冀于旷劫，济度苍生一切道俗同登正觉。

《拓目》还收录了唐贞观八年静琬撰书的《镌华严经题记》，北京石刻艺术博物馆未藏。

宋小儿造金刚经碑

唐延载元年（694）五月刻

首题：佛说金刚般若波罗蜜多经

碑螭首方座。碑阳、阴、两侧、阳首及座阳面均刻字。碑阳、阴及左侧刻“金刚经”，碑右侧前 3 行续刻“金刚经”，第 3 行中部往下刻“心经”。碑阳首镌题记，均为唐延载元年（694）五月刻。碑座镌明成化十年（1474）题记。

馆藏拓本仅拓碑阳及阳首。拓首身联拓，拓应高 204 厘米，首上部失拓，拓高 193 厘米，宽 91 厘米。螭首碑额处镌一铺三尊造像，像两侧各竖刻文字 1 行，正书，分别为“清信女宋小儿敬造上”、“金轮圣神皇帝及师僧父母”。碑阳刻经文 37 行，满行 61 字，正书。

碑现立于房山区云居寺石经山第七藏经洞门外。

著录情况：《拓汇》，第 18 册，第 40 页。《拓目》京 3883，第 438 页。

佛顶尊胜陀罗尼真言并序及北郑院邑人起建陀罗尼经幢记

辽应历伍年（955）岁次乙卯肆月己亥朔八日丙午巳时建

首题一：佛顶尊胜陀罗尼真言并序

首题二：北郑院邑人起建陀罗尼经幢记

常友镌

幢身 8 棱，高 167 厘米，大棱宽 20 厘米，小棱宽 10 厘米。

幢身先刻序言，首题曰“佛顶尊胜陀罗尼真言并序”，序 15 行，正书。序后刻佛顶尊胜陀罗尼真言，首题曰“佛顶尊胜陀罗尼真言”，其下题“罽宾沙门佛陀波利奉诏译真言即说咒曰”，其左为汉文音译的咒语 8 行，再后镌“维应历伍年岁次乙卯肆月己亥朔八日丙午巳时建陀罗尼憧常友镌”。序言及咒语共 5 棱，3 大棱，2 小棱。

咒语后镌“北郑院邑人起建陀罗尼经幢记”，首题刻于幢身 1 大棱的上方，竖题文字 3 行，行 4 字，均正书。其下方及左右 2 小棱镌建幢僧人、官员、邑人（包括女邑）题名。记文共刻 1 大棱，2 小棱。

幢 1976 年出土于房山区长沟镇北郑村辽塔地宫内，现立于房山区云居寺院内。

按：据《北京考古四十年》（北京燕山出版社，1990 年 1 月出版）第 152 至 153 页载，北郑村辽塔建于辽重熙二十年（1051）。1976 年因塔身倒塌进行全面清理发掘。幢立于地宫盖板上，通高 321.5 厘米。幢四周还散落着 20 余件唐至五代的残石佛像。

涿州白带山云居寺东峰续镌成四大部经记碑

大契丹清宁四年（1058）三月一日记

额题：四大部经成就碑记

首题：涿州白带山云居寺东峰续镌成四大部经记

殿试进士赵遵仁撰

乡贡进士王诠书

碑方首抹角，首身一体，碑座方座，系后配。拓高 111 厘米，宽 59 厘米。碑首题 4 行，行 2 字，正书。额题 4 行，满行 2 字，正书，额上还竖题“吴志全”和“吴世准”两行人名，当是后人所题，亦正书。碑文 25 行，末尾 2 行为题名，行字不等，正书。碑一侧竖题文字 1 行，为辽大康六年（1080）四月一日《王仁洽题记》，正书，失拓。

碑现立于房山区云居寺石经山第六藏经洞前。

著录情况：《拓目》，京 3879 1，第 501 页；侧见《拓目》《大康六年四月一日王仁洽题记》，京 3880，第 490 页。《房山石经题记汇编》（书目文献出版社，1987 年 8 月），第 23 页。

佛顶尊胜陀罗尼经幢

辽大康元年（1075）岁次乙卯七月辛酉朔二十四日甲申庚时建

首题：佛顶尊胜陀罗尼经

王鼎撰

邵文景镌

幢身八棱，幢身上方有双重幢盖，下为八角形幢座，幢通高约 200 厘米。幢身八面均刻铭文。馆拓仅拓镌有年款的棱面，拓高 150 厘米，宽 22 厘米。该棱面存铭文 5 行，为幢后题记的末尾部分，满行 33 字，正书。

幢现立于门头沟区戒台寺戒坛院山门外。

著录情况：《拓目》，第 441 页，京 8497。

按：该幢和另外一通辽大康三年（1077）所刻陀罗尼经幢均为纪念法均大师而立。书撰人均据《拓目》补。

佛顶尊胜陀罗尼经幢

辽大康八年（1082）十二月七日

首题：[佛][顶]尊胜[陀]罗尼幢

仅存幢身，幢身八棱，高 65 厘米，宽 87 厘米。拓不全，仅拓 4 面，棱宽均 24 厘米，每棱镌字 4 行，行字不等，为佛教咒语的汉文注音，末尾处镌年款 1 行，汉文正书。

幢原址不详，现存密云县文管所。

按：馆存拓片不全，包括首题在内的 4 棱面失拓。据《北京辽金史迹图志》（上）

第 210 页刊该幢的拓片两幅，经幢拓片文字多处漫漶，首题为隐约可见“□□胜尊□罗尼幢”，残存经文与其他佛顶尊胜陀罗尼经幢上所刻经文亦相同，可知该幢为佛顶尊胜陀罗尼经幢。

佛顶尊胜陀罗尼经幢

辽寿昌五年（1099）七月十五日记

首题：佛顶尊胜陀罗尼

仅存幢身，幢身 8 棱，现残存 6 面。幢身围拓，拓高 99 厘米，宽 100 厘米，大棱宽 9 厘米，小棱宽 7 厘米。据拓片，第 5、6 棱缺失，第 7 棱部分缺失。第 1 至 4 棱和残存的第 7 棱均镌佛顶尊胜陀罗尼，除首题和译者题名外，经文内容为汉字注音和梵文，即唐梵两体文字镌刻。大棱镌 5 行文字，小棱镌 4 行文字。第 8 棱镌题记、年款及法空寺沙门、里正等题名，字体大小不一，行字不等。幢文共 24 行，均正书。

幢原址不详，现存昌平公园内昌平石刻园。

佛顶尊胜陀罗尼经幢

辽乾统四年（1104）三月十七日立

首题一：佛顶尊胜陀罗尼曰

首题二：报父母真言曰

幢身 4 棱抹角，共 8 棱。幢身高 87 厘米，大棱宽 20 厘米，小棱宽 10 厘米。大棱刻字 4 行，小棱刻字 2 行，共 22 行经文，行 16 字，字较大。第 8 棱为小棱，刻题记 4 行，字较小，字迹泐甚。

幢身前 7 棱刻经文，前为“佛顶尊胜陀罗尼”的汉字注音，其后不另起行接题“报父母真言曰”，经文亦为汉字注音。最后 1 小棱刻题记，提及该幢是某男为母王氏所建。

幢原址在房山区大安山乡，后移至房山区文管所保存。拓片 1994 年自房山区文管所征集。

圣千手千眼观自在菩萨摩诃萨广大圆满无碍大悲心陀罗尼经幢

维辽乾统五年（1105）岁乙酉三月朔日戊戌廿四日癸时建

首题一：圣千手千眼观自在菩萨摩诃萨｣广大圆满无碍大悲心陀罗尼曰｣

首题二：七俱眡佛母心大准提陀罗尼真言曰

仅拓幢身，幢身 8 棱，上、下边框均饰卷草纹。幢高 148 厘米。大棱宽 17 厘米，小棱宽 15 厘米。每棱均刻文字 3 行，行字不等，正文共 24 行。第 8 棱上方镌《七佛俱眡佛母心大准提陀罗尼真言》，下方 4 行小字题记，首行题：“奉为亡过先灵特建大悲心宝幢出家男讲经沙门□□”，后镌题名和年款。幢文除二首题和后面题记为汉文外，真言正文均为汉字注音。

幢来源不详，现存顺义区文管所。

按：幢第8棱镌《七俱眩佛母心大准提陀罗尼真言》，将“七俱胝佛”之“胝”字误刊为“眩”字。

佛顶心真言幢

辽天庆元年（1111）十月二日辛卯时记

首题一：佛顶心真言曰

首题二：贺矩如来破地狱真言曰

仅存幢身，幢身4棱抹角，上部略有收分，上方及下方均线刻花纹。幢身高64厘米，大棱下方宽17至18厘米不等，上方宽14至16厘米不等，小棱宽约10厘米。拓高64厘米，宽110厘米。

前3棱（包括2大棱1小棱）镌“佛顶心真言”，首题汉文，正书，其后为真言的汉字注音。大棱各镌真言4行，小棱镌2行，满行均15字，亦正书。“佛顶心真言”共10行文字。第4棱及第5棱的第1行镌真言，首题汉文，正书，其后为真言的汉字注音，满行15字，亦正书。“贺矩如来破地狱真言”包括首题共3行文字，小棱面上镌两行文字，大棱面镌1行文字。“贺矩如来破地狱真言”后镌明嘉靖二十七年杜花题记16行，记述杜花祖上原为齐家庄人，后在斋堂村置产，杜从顺这一支分到庄子一座，并在此营建坟丘事，之后为杜氏家族男女老幼的题名，末题“大明嘉靖二十七年二月二日弟子杜花吕氏重修□尖一□”。题记共3个棱面，字体较小，也较随意，行字不等，推知是磨去原经幢上的文字后所刻。最后1棱为小棱，镌题记3行，满行22字，之后镌“辽天庆元年十月二日辛卯时记”年款1行，因前面刻字已满，年款遂镌于“首题一”的下方即第1棱首行下方，文字正书，字略小于真言，但字体工整，与真言的文字风格相同。

幢原址当在门头沟区西部斋堂村原杜氏坟茔附近，1995年普查时放置于西峰寺博物馆外院。

按：该幢为辽天庆元年（1111）某氏为父母灭罪所立，幢身所刻的明嘉靖二十七年（1548）杜花题记，当是磨去原经幢上的文字后所刻。

大辽国燕京永泰寺荣禄大夫检校太尉传菩萨戒忏悔正慧大师遗行造塔记

辽天庆六年（1116）四月二十七日建

塔题：奉为先师大师特建佛顶尊胜密言灵塔

首题一：佛顶尊胜陀罗尼曰

首题二：大辽国燕京永泰寺荣禄大夫检校太尉传菩萨戒忏悔正慧大师遗行造塔记

塔幢石质，为八角五级密檐式，塔身饰以浮雕人、兽像，通高6米。幢身8棱，每棱上下均刻花纹。幢身高134厘米，棱宽27厘米。

第1棱为塔题“奉为先师大师特建佛顶尊胜密言灵塔”。塔题2行，满行8字，正书。

其下横镌 2 莲花，花内镌 2 个梵字。再下刻两扇门。

第 2 至 5 棱刻“佛顶尊胜陀罗尼经”，每棱均刻 5 行文字，满行 22 字，正书。首题“佛顶尊胜陀罗尼曰”汉文，经文为汉字注音。

第 6 至 8 棱镌正慧大师生平 20 行，第 6、7 棱每棱 8 行文字，第 8 棱 4 行文字，其后镌建幢僧俗题名。首题“大辽国燕京永泰寺荣禄大夫检校太尉传菩萨戒忏悔正慧大师遗行造塔记”。末建幢僧俗题名有“先师门资、玉泉太师大师、传戒善杰法师、善悟法师”等。

塔幢今立于房山区张坊村学校操场。

著录情况：《拓汇》，第 45 册，第 146、147 页。《拓目》，第 3 页，京 4388。

按：据幢文，正慧俗姓齐，永清县人。自幼出家礼天王寺三藏为师。天王寺即今宣武区之天宁寺。幢文载石塔建于“张坊院内乾位”，可知“张坊院”应为寺院之名。

佛顶尊胜陀罗尼真言经幢

辽天庆八年（1118）七月二十三日

首题一：佛顶尊胜陀罗尼曰

首题二：□□□闻普贤真言曰

首题三：佛顶心真言曰

首题四：六字真言曰

首题五：文殊五字真言曰

仅存幢身，幢身 8 棱。八面围拓，高 127 厘米，大棱宽 18 厘米，小棱宽 10 厘米。小棱刻 2—3 行，大棱刻 3—4 行，行字不等，正书。第 1 至 7 棱镌“佛顶尊胜陀罗尼”等经咒或真言 5 种，首题均为汉文，真言正文前 4 种为汉字注音，“文殊五字真言”正文为梵文。第 8 棱镌题记 3 行，行字不等，正书。

幢原址不详，现存崇文区隆安寺。

按：幢来源不详，幢身题记首行题“大辽南京时和坊高□□为父等建幢（以下从略）”。

辽大安山延福寺李山主（供臻）实行録幢

辽天庆十年（1120）十一月戊子戊戌朔二十三日庚申坤时建立并讫

辽天庆十年（1120）十一月二十三日（立）

首题一：佛顶尊胜陀罗尼

首题二：大安山延福寺李山主实行

门资遵撰

仅存幢身，幢身 8 棱，高 101 厘米，大棱宽 17 厘米，小棱宽 13 厘米。前 5 面为“佛顶尊胜陀罗尼经”，首题“佛顶尊胜陀罗尼”为汉文，正书；其后镌汉字注音的经文。其后镌《大安山延福寺李山主实行录》铭文 13 行，分镌 3 面，大字满行 25 字，小字满行 47 字，正书。

塔铭原立于房山区大安山乡大安山村，现藏房山区文物管理所。

著录情况：《新出土（一）》，（上），第 50 页；（下），第 40、41 页。《北京文博》，2005 年第 2 期，任昉《辽大安山延福寺李山主实行录从考》。

按：延福寺在房山区大安山乡大安山村，是辽代大安山名刹。辽天庆五年（1115）□□二月□午日朔十三日《大辽燕京西大安山延福寺莲花峪更改通圆通理旧庵为观音堂记并诸师实行录》载，此前曾有通理、通圆大师在延福寺清修。通理曾继刻云居寺石经，为一代名僧，卒于辽寿昌四年（1098）。该碑碑阴镌李山主的生平也即实行。

云居寺镌葬藏经总经题字号目录

金天眷三年（1140）岁次庚申四月乙巳朔▨辰时瘗之

首题：▨藏经总经题字号目录

横石两方，第一石首题“▨藏经总经题字号目录”，以左目录，石右上角残缺，上半部文字漫漶；第二石前镌目录，末尾镌六行题记和二行年款，石左上角残缺。

拓存二纸，均长 40 厘米，宽 69 厘米。第一石存文字 25 行，第二石亦存文字 25 行，行字不等，均正书。

刻石于 1987 年 8 月 7 日下午在清理房山区云居寺行宫院遗址时出土，现存云居寺文物管理处。

按：清石景芬《石经山访碑记》载：南塔下有“金天眷三年经目石一方，二面刻，半置塔台上”。据《房山石经中通理大师刻经之研究》（陈燕珠著，台湾觉苑出版社 1993 年 4 月 8 日初版），首题“▨藏经总经题字号目录”所缺字为“镌葬”二字。

大金故慧聚寺严行大德闲公（悟闲）塔铭并序

金贞元元年（1153）五月二十四日

塔题：严行大德灵塔

首题：大金故慧聚寺严行大德闲公塔铭并序

银青光禄大夫翰林学士承旨刘长言撰

玉山张楷书

开府仪同三司平章政事上柱国□王食邑五千户张通古建

塔幢六角七级密檐式，汉白玉石质，保存完好。幢通高 553 厘米。幢身 6 棱，幢身拓高 134 厘米，每棱宽 47 厘米。每棱的上下均线刻边框。第一棱（即正对南方的棱面）上半部书塔题 2 行，满行 3 字，字径 13 厘米，正书。铭文外四周线刻花纹。其下方线刻格扇门两扇。第 2 棱至第 6 棱刻铭文，每棱刻铭文 11 行，满行 34 字，字径 3 厘米，行书。塔幢文字前部完好，后部漫漶。

塔幢座为须弥座式，亦六棱，束腰处六棱面上均镌刻梵文，每棱面横题梵文 2 字，每字外有以圆圈，字左右两侧均线刻花纹。

幢今在房山区长沟镇西甘池村村西北山岗上。

大金大兴府良乡县金山院比丘尼了性灵塔记

旹金贞元三年（1155）四月初九日

首题：大金大兴府良乡县金山院比丘尼了性灵塔记

□行撰并书

幢身8棱，仅拓4棱。幢身高63厘米，大棱宽17厘米，小棱宽11厘米。幢身8面刻了性生平，大棱每棱4行文字，小棱每棱2行文字，满行16字，正书。文字多漫漶。

经幢在房山区上方山兜率寺附近的寺庙内保存。

著录情况：《拓汇》，第46册，第50页。《拓目》，第3页，志3889。

按：幢身刻字情况据《拓汇》第46册第50页拓影补录。

潞阴县清善村延庆院照公（圆照）寿塔铭并序

旹金大定十八年（1178）月日建

首题：潞阴县清善村延庆院照公寿塔铭并序

馆拓首行题：父母从焉年十有八岁礼潞阴县清善村延庆院

门人僧戒才

仅存幢身，幢身8棱，高87厘米。拓仅4棱。拓高73厘米，宽40厘米。大棱宽11.5厘米，小棱宽10厘米。4棱共残存文字9行，满行19字，正书。

幢原址不详，1996年普查时幢在通州区文管所。

按：馆存拓片不全，首题及年款均未拓，据《辽金史迹图志》（上）第258页至259页图版说明及拓片补录首题及年款。

据墓幢残文，圆照在十八岁拜潞阴县（今通州区境内）清善村延庆院聪慧大师为师，法名圆照，金皇统二年（1142）受具足戒。

大安山龙泉峪西石堂尼院第二代山主超师（善超）塔铭

金大定二十四年（1184）三月二十六日卒于西石堂院

金大定二十九年（1189）三月十六日（建）

首题一：七俱胝佛母心大尊那真言

首题二：大安山龙泉峪西石堂尼院第二代山主超师塔铭

涿郡石经义藏谨为铭

山主普净门人大众等同建

塔身8棱。拓高76厘米，棱宽16厘米。塔铭第1棱上方横刻“尊坛”二字，其下的线刻圆圈内镌9个梵文，应是梵文种子字。再下为法器图案，法器下方镌4行文字，为年款和建塔人题名，正书。第 2 棱为“七俱胝佛母心大尊那真言”，首题汉文，1 行 11 字，正书；其下其左书真言正文，为梵文，共 4 行文字，满行 13 字。其后 6 棱为“大安山龙泉峪西石堂尼院第二代山主超师塔铭”，铭文 24 行，满行 17 字，正书。

塔铭 1949 年后于房山区大安山乡征集，现藏房山区文物管理所。

著录情况：《新出土（一）》（上），第 56 页；（下），第 46 页。

行贵墓幢

金明昌贰年（1191）三月三日

首题：通州潞县马驹／

□□当院讲经沙门即空撰并书

门人智演、智清、智□、智果等建

仅存幢身，拓仅 4 棱。拓高 73 厘米，宽 66 厘米。大棱宽 21 厘米，小棱宽 15 厘米。大棱存文字 9 行，小棱存 6 行，共存 21 行，满行 25 字，正书。拓仅为 4 个棱面，其他棱面失拓。据拓片，4 棱面下方均镌有卷草纹边框，上部无边框，推知幢身上部有残缺，下部较完整。第 1 棱面线刻图纹，上刊长方形边框，内题“准提□”，中刊圆形线框，框内文字 3 行，行 3 字，均梵文，下有线刻莲花座纹饰，再下两侧刻供桌，中竖题“法轮常转”。供桌上置宝瓶莲花。另 3 棱面为幢尾题记。

幢原址不详，1996 年普查时幢在通州文管所。

按：行贵，据幢文，“潞县马驹西保人也，俗姓冯氏”。

一切如来随心陀罗尼经幢

金明昌五年（1194）四月二十一日建幢

首题一：一切如来随心陀罗尼

首题二：一切如来灌顶陀罗尼

首题三：一切如来结界陀罗尼

幢顶及座缺失，仅存幢身，幢身 4 棱抹角，共 8 棱面。幢身高 43 厘米，大棱宽 12 厘米，小棱宽 5 厘米。拓高 48 厘米，宽 66 厘米。幢文 19 行，行字不等。前六棱面分刊“一切如来随心陀罗尼”、“一切如来灌顶陀罗尼”、“一切如来结□陀罗尼”，首题汉文正书，经文为汉字注音及梵文相间。后 2 棱面刊立幢人及年款 4 行。

1982 年该幢出土于大兴区黄村镇南 7 公里的广阳镇旧址即今安定火车站附近，现存大兴区文物管理所。

按：该幢是右班殿直广阳镇商酒兼烟火都监李之问为其兄李之才及其夫人所立。末尾处年款题作“昌五年四月廿一日建幢”。

金崇庆某师墓幢

金崇庆壬申〔元年（1212)〕中冬二十有五日

第一棱题：▨」国焚修祝延」圣寿（以下从略)」

第二棱题：▨香积隆丰若非大有因缘何感闻达」圣听崇庆壬申中冬二十有五日特奉」圣旨赐钱钞二万贯面四百石（以下从略)」

仅拓2棱，幢身高63厘米，每棱宽11.5厘米。每棱镌题记5行，幢文漫漶较甚，正书。

幢在房山区上方山。

按：幢文多漫漶，大意为记述某位高僧大德之生平，所存两棱文字中，有“焚修祝延圣寿”事以及皇帝颁旨赐钱、面等，并“恒为给赡无令失事”等，推测可能为某位僧人的墓幢或寿塔。

德兴府礬山县圣泉柏山寺故通悟大师玄公塔铭并叙

元丁巳年（元宪宗七年（1257)〕三月二十七日

首题：德兴府礬山县圣泉柏山寺故通悟大师玄公塔铭并叙

存拓首行题：伟矣玄公赋性尊崇禅无不悟教无不通

嗣法子宗主道理等造

进士王庭瑶撰并书篆

拓高53厘米，宽43厘米。铭文19行，行3至16字不等，正书。该石刻前4行镌塔铭，满行16字。其后依次镌嗣法子题名4行、嗣法比丘尼题名1行，为“道”字辈，嗣法孙题名2行，为“义”字辈，再后功德主3行，最末3行为年款、建塔人和书撰人等题名。

塔铭原在门头沟区斋堂镇沿河城村万柏山下柏山寺西的通悟玄公塔上嵌，现塔已毁。1995年普查时，塔铭存于门头沟西峰寺。

按：塔铭当有二石，现仅拓后一石，首题据《门头沟文物志》（第64、157页）和《北京门头沟村落文化志》。据二志，塔铭共存40行文字。据塔铭，“师讳祖玄，通悟乃师号也，亦号龙溪老人，俗姓杨，祖居本土人也”。

净川建佛舍利塔记

元至元十八年（1281）夏五月后

塔题：佛□」利□」

首题：舍利塔▨

僧净川创立

石匠汪德

舍利塔为幢形，仅存幢身，八棱形，身断为二，断裂处有残缺，幢残高92厘米。围拓，分拓二纸。上拓高50厘米，宽135厘米。下拓高48厘米，宽135厘米。幢身1、3、5、

7 棱面上方浮雕佛像 4 尊，造像头部均毁失，仅第 5 棱面的佛像上方镌文字“不空成就佛”，其他佛像上方的文字已不存。另 4 棱面上方线刻四天王像，像基本漫漶，仅第 4 及第 6 棱面天王像上方分别镌“广目天王”和“多闻天王”。佛像和天王像下方镌文字，第 1 棱面镌 2 行大字 ：“佛□亅利□亅。”第 2 至第 4 棱面镌铭文 17 行，首题“舍利塔▨”。第 5 至第 8 棱面镌汉字注音的经咒语 16 行，经文后镌“石匠汪德”和“▨十五□□僧净川创立”两行文字。幢上所有文字均正书。

幢原址不详，现藏海淀区文管所。

按 ：第一棱面镌的“佛□亅利□”，推测应为“佛舍利塔”。

铭文记净川建舍利塔事,碑文有“净川大都昌平区□□□李资信之□子”、“观音殿”、“□谷寺”、“佛牙一枝”、“至元十八年夏五月▨迁葬”、“创立舍利塔一座”等语。

大元国大都路昌平区昭圣禅寺故先师云峰檀公（从檀）禅师道行石幢之记

元至元二十二年（1285）十二月十二日卒

元至元二十三年（1286）四月十五日立

首题 ：大元国大都路昌平区昭圣禅寺故先师云峰檀公禅师道行石幢之记

住持仰山大栖隐禅寺传法嗣祖沙门本琏撰并书丹

石匠古□王守、王州

仅存幢身，幢身 8 棱。幢身高 143 厘米，径 46 厘米，棱宽 19 厘米。八面围拓，拓高 134 厘米，宽 135 厘米。记文 40 行，满行 36 字，正书。前刻记文，后刻题名及寺之四至。

幢原址在昌平区昌平镇旧县村，2000 年移交昌平区文物管理所，现立于昌平公园内昌平石刻园。

著录情况 ：《拓目》，京 8573，第 502 页。《新出土（一）》（上），第 61 页 ；（下），第 52、53 页。

金城山白瀑寿峰禅寺第十一代勤公（本勤）禅师塔铭

元至元二十七年（1290）正月十六日卒

塔题 ：勤公禅师之塔

首题 ：金城山白瀑寿峰禅寺第十一代勤公禅师塔铭

故路释教都总统大庆寿寺传法嗣祖沙门西云于安撰

大都海云禅寺提点文长书丹并题额

石匠侯林、刘成

塔铭幢形，仅存幢身，4 棱抹角，共 8 棱。幢身高 90 厘米，大棱宽 18 厘米，小棱宽 9 厘米。仅拓 4 棱，拓高 86 厘米，宽 56 厘米。铭文 18 行，满行 28 字，正书。其中包括塔题的 4 棱失拓。塔题 2 行，满行 3 字，正书，失拓。

1981 年门头沟区白瀑寺外出土，现藏门头沟区博物馆。

著录情况：《新出土（一）》（上），第 63 页；（下），第 55、56 页。

按：白瀑寺院西侧为塔院，有圆正法师塔、源衍长老塔、本勤禅师塔。圆正法师塔建于金皇统六年（1146），为密檐式塔和覆钵式塔的组合；源衍长老塔为其弟子本勤禅师于“戊申”年（1248）建立，是金、元之际盛行的幢式墓塔，现仅存八棱形幢身及天盖等石雕构件，现存门头沟区博物馆；本勤禅师塔也为幢式墓塔，现仅存幢身。据《门头沟文物志》，本勤禅师塔建造于元大德二年（1298），塔题“勤公禅师之塔”亦据该志第 224 图版补。

大都鞍山慧聚禅寺月泉（同）新公长老塔铭并序

元至元二十二年（1285）五月一日卒

元至元二十八年（1291）四月二十八日立

塔题：故月泉新公禅师虚塔

首题：大都鞍山慧聚禅寺月泉新公长老塔铭并序

大都万寿退隐林泉老人从伦撰

大都奉福禅寺南溪野衲居实书

住持山主成璞、成璋、思济等建

塔铭幢形，幢身 4 棱抹角，共 8 棱。幢高 117 厘米，通宽 122 厘米。第 1 棱上方镌塔题，文 3 行，满行 3 字，篆书。其左 7 棱为铭文，40 行，满行 48 字，正书。

塔铭原在门头沟区西峰寺，民国年间移至戒台寺。现藏门头沟区戒台寺管理处。

著录情况：《拓目》，第 5 页，京 6785，作“同新塔铭”。《新出土（一）》（上），第 64 页；（下）；第 56、57 页。

元讷庵谦公禅师（刘道谦）塔铭

元至元二十九年（1292）后

塔题：荐福讷庵谦公禅师之塔

首题：元讷庵谦公禅师塔铭

翰林侍讲学士少中大夫知制诰兼修国史徒单公履

同尘居士葛询书丹

塔铭为幢式，仅存幢身，幢身亦仅残存 3 棱面，上边和下边均线刻花纹。3 棱联拓，拓长 109 厘米，宽 55 厘米。其中右侧棱面右半面残缺，残存棱面未镌字，推测当为塔铭之最后 1 棱。中部棱面上部花纹部分残损，其余部分基本完好。该棱面上部镌塔题 2 行，满行 5 字，正书，下部线刻莲花和门扇图案，应为塔幢之第 1 面。左侧棱面左边部分残缺，该面镌塔铭正文，第 1 行为首题，铭文残存 9 行，满行 48 字，正书。

塔铭为明城墙填充之物，20 世纪 70 年代北京环线地铁工地出土，现藏北京石刻艺术博物馆。

著录情况：《馆目》，第 76、77 页。《新出土（一）》（上），第 65 页；（下），第 58 页。

佛顶尊胜陀罗尼经幢

元至元二十□年（1284–1292）四月十七日▨善朗善定等建

首题：佛顶尊胜陀罗尼

仅存幢身，幢高 132 厘米，棱宽 19 厘米，幢身上下边框饰线刻花纹。拓高 132 厘米，宽 30 厘米。幢身残存 3 棱，中间 1 棱完整，另 2 棱各残存 1 行文字，为经幢的首棱、2 棱的第 1 行文字及最后 1 棱的末行文字。首题镌于完整的棱面上，其后为梵文，残存的最后 1 棱镌年款 1 行。幢拓存文字 6 行，汉文 2 行，梵文 4 行，满行 24 字，汉文正书。

幢来源不详，现藏北京石刻艺术博物馆。

按：幢来源不详，并经过改制。馆藏石刻中有一批自北京市文研所拨交的明城墙填充物，其中的经幢数通，也多经过改制，该幢疑为北京市文研所拨交的明城墙填充物之一。

崇国寺退隐僧塔铭

元大德九年（1305）三月三日（卒）

首行题：▨般若天寿□斗□应机接□缁素咸服迨夫晚年」▨喧便静退天寿之席如弃敝屣欣然龟于南崇国寺闲房闭门却埽猎涉内」

塔铭幢式，铭高 100 厘米，残宽 27 厘米，残厚 31 厘米。幢仅存 2 面，一面较完整，存文字 6 行，另一面残损甚，仅见 1 行文字。铭文上部及右、左边均有残缺，共残存 7 行文字，满行 30 字，正书。

塔铭为明城墙填充之物，20 世纪 70 年代北京环线地铁工地出土，现藏北京石刻艺术博物馆。

著录情况：《馆目》第 72、73 页。《新出土（一）》（上），第 65 页；（下），第 58、59 页。

妙严大师塔铭

壬子岁〔元皇庆元年（1312）〕九月十三日卒

时壬子岁〔元皇庆元年（1312）〕十月日立石

首行题：▨法是时▨」不倾听有本京等路悯忠都提点章公惜其神俊遂号为妙严大师次胜□

哥哥提控王彦成建

塔铭幢式，仅残存 3 棱面，其中一面完整，另两面大部分被凿毁，无法判断形制为 6 棱或 8 棱。三面联拓，拓高 84 厘米，残宽 30 厘米，其中完整棱面宽 22 厘米。残存文字为塔铭的后半部分，铭文残存 12 行，满行 29 字，正书。

塔铭为明城墙填充之物，20 世纪 70 年代北京环线地铁工地出土，现藏北京石刻艺术博物馆。

著录情况：《馆目》，第 121 页。《新出土（一）》（上），第 66 页；（下），第 59 页。

番字牌摩崖石刻

元泰定三年（1326）

该处摩崖从西到东共有 12 组刻字，依次为：

1.《番字牌摩崖之一·藏文摩崖》，该摩崖为藏文，双钩横刻，共 3 行，刻字面积高、宽均 160 厘米。第 1 行高 41 厘米，宽 160 厘米；第 2 行高 38 厘米，宽 156 厘米；第 3 行高 30 厘米，仅存 1 字。

2.《番字牌摩崖之二 · 梵文摩崖》，该摩崖为梵文，双钩横刻，共 3 行，刻字面积高 147 厘米，宽 214 厘米。第 1 行高 43 厘米，宽 214 厘米；第 2 行高 46 厘米，宽 214 厘米；第 3 行高 44 厘米，宽 214 厘米。其西侧下方还另有一行藏文小字，高 5 厘米，宽 25 厘米。

3.《番字牌摩崖之三 · 藏文摩崖》，该摩崖为藏文，双钩横刻，共 3 行，刻字面积高 125 厘米，宽 153 厘米。第 1 行高 42 厘米，宽 123 厘米；第 2 行高 35 厘米，宽 139 厘米；第 3 行高 44 厘米，宽 153 厘米。

4.《番字牌摩崖之四 · 梵文摩崖》，该摩崖为梵文，双钩横刻，共 3 行，刻字面积高 70 厘米，宽 160 厘米。第 1 行高 29 厘米，宽 160 厘米；第 2 行高 29 厘米，160 厘米；第 3 行漫漶。

5.《番字牌摩崖之五 · 藏文摩崖》，该摩崖为藏文，横刻，共 3 行，单线刻，刻字面积高 39 厘米，宽 53 厘米。第 1 行高 13 厘米，宽 28 厘米；第 2 行高 15 厘米，宽 37 厘米；第 3 行高 14 厘米，宽 53 厘米。

6.《番字牌摩崖之六·藏文摩崖》，该摩崖为藏文，横刻，共 5 行，刻字面积高 67 厘米，宽 78 厘米。第 1 行双钩，高 23 厘米，残宽 49 厘米。下 4 行为单线刻。其旁石头上残存一符号，可能为藏文或梵文，高 10 厘米，宽 8 厘米。

7.《番字牌摩崖之七·梵藏文合璧摩崖》，该摩崖为梵藏文合璧，双钩横刻，共 2 行，刻字面积高 63 厘米，宽 152 厘米，上镌梵文，高 30 厘米，宽 152 厘米，下藏文高 32 厘米，宽 140 厘米 .

8.《番字牌摩崖之八 · 藏文摩崖》，该摩崖为藏文，双钩横刻，共 2 行，刻字面积高 73 厘米，宽 130 厘米。第 1 行高 44 厘米，宽 130 厘米；第 2 行存 1 字，高 28 厘米，宽 48 厘米。

9.《番字牌摩崖之九 · 蒙文摩崖》，该摩崖为蒙文，双钩横刻，1 行，刻字面积高 47 厘米，宽 89 厘米。

10.《番字牌摩崖之十 · 梵文摩崖》，该摩崖为梵文，双钩横刻，1 行，刻字面积高 39 厘米，宽 170 厘米。

11.《番字牌摩崖之十一 · 梵文摩崖》，该摩崖为梵文，双钩横刻，1 行，刻字面积高33厘米，宽163厘米。

12.《番字牌摩崖之十二·蒙文摩崖》，该摩崖为蒙文，双钩横刻，共2行，刻字面积高80厘米，宽93厘米。第一行高33厘米，宽80厘米；第二行高41厘米，宽93厘米。

番字牌摩崖石刻镌于密云县冯家峪镇番字牌村小孤山南面山崖上。

著录情况：《北京地区摩崖石刻》，第248—255页。

按：在密云县冯家峪镇番字牌村小孤山南一面长50多米、高7至8米的崖壁上，从西到东共镌有12组梵文、藏文、回纥式蒙古文摩崖石刻，多为佛教咒语《六字真言》。据《番字牌村话“番字”》（黄颢著《在北京的藏族文物》，民族出版社1993年8月出版），其中一则摩崖落款为“（第）三阴火兔年”，（第）三阴火兔年为藏历年号，一般认为是元泰定三年（1326），一说为明代。

1990年2月23日番字牌摩崖石刻被公布为北京市文物保护单位。2000年前后为保护石刻不被进一步的破坏，有关部门在石刻上方盖有保护性亭子。

奉福寺圆寂云光长老住持德公灵塔

元至顺四年（1333）五月日立石

横题：奉福寺

首题：圆寂云光长老住持德公灵塔

塔铭幢式，仅存1棱面，铭高115厘米，宽25厘米。残存棱面上部镌塔题和年款，横题1行，行3字；竖题3行，行6至17字不等，均为正书。下部刻门扇图案。

灵塔为明城墙填充之物，20世纪70年代北京环线地铁工地出土，现藏北京石刻艺术博物馆。

著录情况：《馆目》，第75、76页。《新出土（一）》（上），第66页；（下），第60页。

慧月僧补刻《胜鬘狮子吼一乘大方便方广经》

元至正元年（1341）补刻

首行题：为成就说如来法身（以下从略）

石高184厘米，宽64厘米，字间有方界格。经文27行，满行82字，正书。

经版在房山区云居寺石经山上雷音洞内。

著录情况：《拓目》，第439页。《房山石经》，第1册，第98页。

按：该经版为《胜鬘狮子吼一乘大方便方广经》之最后一石，末行下方小字刻“高丽国比丘等达牧书」字慧月修补经石五介”，可知该经版为元代高僧慧月补刻。

据载，至正元年（1341）夏四月，高丽僧慧月路经小西天华严堂（即雷音洞），见石户摧圮，经本残缺，于是募资修葺石户，又补刻5方残缺的经石。慧月修补的雷音洞经石有“弥勒上生经”四石中的2石，“胜鬘狮子吼一乘大方便方广经”4石中的最后一石，及“维摩诘所说经”33石中的2石。

《胜鬘狮子吼一乘大方便方广经》经版共 4 石，初为唐代静琬主持刻写，最后 1 石损坏，元代时慧月僧曾补刻。

大元宣授洞奥兴福大师讲三学传戒沙门大广济寺开山祖师回光（从信）之灵塔铭

元至正八年（1348）丁巳月（四月）乙酉日（十九日）立石

塔题：特赐宣授洞奥兴福开山祖师讲主回光信公灵塔

首题：时大元宣授洞奥兴福大师讲三学传戒沙门大广济寺开山祖师回光之灵塔铭

☐圆融通辩大师保定路易州在戒大兴☐寺住持讲三学沙门翠峰智信☐☐书丹

法孙祥瑞严、三纲立石

石匠张仲仁镌

塔铭幢式，仅存幢身，幢身 8 棱，高 120 厘米，大棱宽 16 厘米，小棱宽 12 厘米。幢身上边框饰线刻缠枝莲纹，下边框饰线刻缠枝卷草纹。幢身 8 面围拓，拓高 120 厘米，宽 132 厘米。第 1 棱为塔题，其下镌门、香炉、须弥座。第 2 棱镌《佛说观自在菩萨施甘露呪真言》3 行。3 至 7 棱镌铭文，8 棱镌题名和年款。其中，塔题 2 行，满行 9 字，正书。“佛说观自在菩萨施甘露呪真言”3 行，满行 35 字，正书。铭文、题名及年款 24 行，满行 35 字，行楷相间。

1983 年 6 月顺义区南彩镇北彩村出土，现藏顺义区文物管理所。

著录情况：《新出土（一）》（上），第 69 页；（下），第 61、62 页。

圣千手千眼观自在菩萨摩诃萨广大圆满无碍大悲心陀罗尼经幢

年代：辽金元时期

首题：圣千手千眼观自在菩萨摩诃萨广大圆满无碍大悲心陀罗尼

幢身残高 201 厘米，只剩 4 棱，大棱宽 25 厘米，小棱宽 16 厘米，上下边框饰线刻卷草纹。拓高 190 厘米，宽 80 厘米。幢文残存 16 行，满行 38 字，正书。拓 1 棱面为“净除一切恶道佛顶尊胜陀罗尼咒”的后半部分。其后 3 棱面镌有“圣千手千眼观自在菩萨摩诃萨广大圆满无碍大悲心陀罗尼”。除“圣千手千眼观自在菩萨摩诃萨广大圆满无碍大悲心陀罗尼”为汉文外，其余文字均为两种经文的汉字注音。

幢来源不详，现藏北京石刻艺术博物馆。

按：幢来源不详，并经过改制。馆藏石刻中有一批自北京市文研所拨交的明城墙填充物，其中的经幢数通，也多经过改制，该幢疑为北京市文研所拨交的明城墙填充物之一。

千手千眼大悲心陀罗尼经幢

年代：辽金元时期

经文首行题：观世音菩萨说此咒已大地六种震动

"大悲心陀罗尼神咒关要"首题：大悲心陀罗尼神咒关要

幢身仅残存二棱面。拓高 113 厘米，宽 50 厘米。文字 12 行，满行 27 字，正书。前面 5 行为"千手千眼大悲心陀罗尼经"经文的汉字注音，其后 4 行为汉文经文，最后 3 行为"大悲心陀罗尼神咒关要"，汉文，均正书。

幢来源不详，现藏北京石刻艺术博物馆。

按：幢来源不详，并经过改制。馆藏石刻中有一批自北京市文研所拨交的明城墙填充物，其中的经幢数通，也多经过改制，该幢疑为北京市文研所拨交的明城墙填充物之一。

佛顶尊胜陀罗尼经幢

辽金元时期

首题一：佛顶尊胜陀罗尼

首题二：圣千手千眼观自在菩萨摩诃萨广大圆满无碍大悲心陀罗尼

幢现存幢身部分和一单层幢檐和一束腰下枭，幢身 8 棱，8 面刻字。幢身高 157 厘米，大棱 22 厘米，小棱 11 厘米，上径及下径均 40 厘米。拓高 151 厘米。大棱宽 22 厘米，镌 5 行文字，行字不等；小棱宽 11 厘米，镌 3 行文字，行字不等，均正书。二首题为汉文，其余均为经文的汉字注音。每棱上下均线刻花纹。第一棱除首题外，文字大部分漫漶，最后一小棱文字完全漫漶，其余棱面部分文字漫漶。

幢身所刻经文分两种，首先为"佛顶尊胜陀罗尼"的汉字注音，镌于 2 大 1 小共 3 个棱面上，其后接"圣千手千眼观自在菩萨摩诃萨广大圆满无碍大悲心陀罗尼"，镌于 2 大 2 小共 4 个棱面上。最后一面似为题记，文字基本漫漶，不可辨识。

1998 年普查时，幢在房山区崇各庄乡大马村村东天元寺大殿前东侧置，仆地。

按：1998 年普查时，当地人说是该幢从寺址内挖出。

奉为二师建□□塔

辽金元时期

首行题：奉为二师建

塔为幢式，仅存幢身，残损严重，形制不明，不知为 6 棱或 8 棱，现仅存 1 大棱 2 小棱。拓高 67 厘米，宽 41 厘米。大棱宽 15 厘米，小棱宽 13 厘米。仅大棱镌字 2 行："奉为二师建」□□塔一坐"，正书；另二棱因风化，似无字迹。

塔原址不详，现存房山区文管所。

奉为□□□□特建佛顶尊胜陀罗尼塔

辽金元时期

塔题：奉为□□□□特建」佛顶尊胜陀罗尼塔」

首题：佛顶尊胜陀罗尼曰

塔为幢式，仅存幢身，幢身4棱抹角。拓高70厘米，宽128厘米，八面围拓，大棱宽22厘米，小棱11厘米。塔第一棱题："奉为□□□□特建」佛顶尊胜陀罗尼塔"，文2行，满行8字，正书，刻于大棱上。第二棱似无字。第三棱首题"佛顶尊胜陀罗尼曰"，其后为经文的汉字注音。幢身文字漫漶严重，存字状况不详。

幢现存房山区文管所，原址不详。

按：塔幢年代不详，这种形式的经幢或塔幢多见于辽金时期。

梵文经幢

辽金元时期

幢身8棱，残损严重。仅拓5棱，拓高66厘米，宽70厘米，棱均宽14厘米。所拓5棱面满刻梵文，每棱刻4行文字，其中中间2棱残损较甚。

幢原址不详，现存房山区文管所。

法舍利真言幢

辽金元时期

首题一：法舍利真言

首题二：观音满愿真言

幢身8棱，上、下8面边框均刻花纹，下部残断。幢身高47厘米，大棱宽15厘米，小棱宽11厘米。拓高47厘米，宽108厘米。大棱镌3行文字，小棱镌2行文字。除二首题外，经文部分均为梵文和汉字注音。

幢原址不详，1995年普查时在门头沟区西峰寺博物馆外院放置。

佛像幢

辽金元时期

幢仅存幢身，8棱形，上部略有收分。幢身高85厘米，棱上部宽16厘米，下宽18厘米。拓片仅拓两棱半，两面佛像，半棱题名，为一个家族阖家男女老幼的题名。题名3行，正书，行字不等，余两棱面，每面上下各镌一尊佛像。

幢原址不详，1995年普查时在门头沟区西峰寺博物馆外院放置，仆地。

佛顶尊胜陀罗尼经幢

辽金元时期

首题：佛顶尊胜陀罗尼

仅存幢身，拓仅4面，为幢身的第1、2、3面及最后一面，另几面失拓。幢身高150厘米，径42厘米。拓高147厘米，宽61厘米，大棱宽20厘米，小棱宽12厘米。幢文15行。第1、2、3面除首题为汉文正书外，其后9行为梵文。最后一面刊小字题记5行，行字不等。

幢原址不详，1996年普查时存放于通州区城内新华大街文化局内。

按：幢最后一面所镌题记漫漶不清，依稀可见“灵幢堂堂”，推知可能为某位法师的墓幢。

唐梵两体经幢

辽金元时期

首题：▨尼曰

幢为8棱，大棱宽22厘米，小棱宽14厘米。围拓8面，拓高162厘米，宽145厘米。大棱刊文字5行，小棱刊文字3行，共计25行，行字不等。幢身所刻文字均为梵文及汉字注音，即唐梵两体文镌刻，首题漫漶，经文亦多漫漶，不知所镌是何经咒。

幢原址不详，现存昌平公园内昌平石刻园。

唐梵两体经幢

辽金元时期

幢身仅存3面，其中两面亦有残缺。拓高145厘米，3棱通宽35厘米，棱宽15厘米。幢文残存7行，行字不等，所刻文字均为梵文及汉字注音，即唐梵两体文镌刻。

幢原址不详，现存昌平公园内昌平石刻园。

圣千手千眼观自在菩萨摩诃萨广大圆满无碍大悲心陀罗尼经幢

辽金元时期

首题：圣千手千眼观自在菩萨摩诃萨广大圆满无碍大悲心陀▨

仅存幢身，幢身下部残缺失拓。围拓7面，另一面无文字，未拓。拓高136厘米，宽132厘米，大棱宽22厘米，小棱宽12厘米。幢文29行，大棱5行文字，小棱3行文字，行字不等。除首题外，经文部分均为梵文和汉字注音，及唐梵两体文相间。

幢原址在昌平区小汤山兴寿村，现存昌平公园内昌平石刻园。

著录情况：《拓汇》，第45册，第160页。《拓目》，第441页，京8713。

按：据《拓汇》，幢原址在昌平小汤山兴寿村，现存经幢及北京石刻艺术博物馆藏拓片与国图藏拓片相比，下部4字及下部纹饰缺。

无量寿如来本相陀罗尼经幢

辽金元时期

首题一：无量寿如来本相陀罗尼

首题二：法舍利真言

首题三：六字大明陀罗尼

仅存幢身，幢身8棱，风化、漫漶较甚。拓为8面围拓，拓高56厘米，宽125厘米，大棱宽20厘米，小棱宽10厘米。幢文24行，行字不等，大棱镌4行文字，小棱镌2行文字。前5棱面镌无量寿如来本相陀罗尼；第6、7楞镌法舍利真言；第8棱镌六字大明陀罗尼，首题下方镌2行小字题记“所赞功德如本经说”。除首题和题记外，经文部分为汉字注音。

幢原址不详，现存昌平公园内昌平石刻园。

佛顶尊胜陀罗尼经幢

辽金元时期

首题：佛顶尊胜陀罗尼

题记首行题：人闻佛顶尊胜陀罗尼经者能救幽冥益□含

仅存幢身，幢身8面，部分棱面风化漫漶较甚。8面围拓，拓高122厘米，大棱宽27厘米，小棱宽22厘米。幢文行数不清，满行19字。大棱文字5行，小棱文字4行。前5棱镌经文,除首题和译者题名外,均为汉字注音。第5棱的最末1行至第8棱镌题记。

幢原址不详，现存昌平公园内昌平石刻园。

妙济禅师（绰巴扎释）塔铭

明宣德四年（1429）十月五日卒

明宣德五年（1430）五月一日立石

首题：妙济禅师塔铭

行在僧录司右善世会稽圆静

该塔铭实为圆首碑，碑座已佚。碑高150厘米，宽56厘米。铭文22行，满行53字，正书。碑阴满刻藏文。

塔铭原址在西城区阜成门外大街百万庄南街南口，现藏北京石刻艺术博物馆。

著录情况:《拓汇》，第51册，第63页。《拓目》，第7页。《馆目》第78、79页。《新出土（一）》（上），第72页；（下），第63、64页。

按：据铭文，禅师名绰巴扎释，俗姓后氏，“弘通妙戒普慧善应辅国阐教灌顶净觉慈济大国师”班丹扎释之族侄，其先世居岷地即今甘肃岷县，宣德元年（1426）入京，在大隆善寺阐教，宣德四年（1429）卒，敕建塔于都城西北原。

石刻既曰“塔铭”，文中又提及敕建塔事，原来当立于塔旁，其作用与墓碑性质相近。

大智法王班丹扎释是明代著名的藏族高僧，他所在的岷州后氏家族在元末已经掌握岷州政教，世袭土司，明洪武年间后氏家族又归附明朝，该家族对当地乃至西北地区的历史发生过重要影响。宣德元年(1426年)，班丹扎释被敕封为“净觉慈济大国师”，赐金印、金法冠及诰命等。为了表其功绩，明朝政府还令礼部扩建北京大隆善寺让其居住，并为其雕刻紫檀木等身坐像，在大隆善寺中树立“西天佛子大国师班丹札释寿像记碑”

(《拓汇》收录)。后加封为“弘通妙戒普慧善应辅国阐教灌顶净觉慈济大国师”。景泰三年(1452年),景泰帝又加封为“弘通妙戒普慧善应慈济辅国阐教灌顶净觉西天佛子大智法王”。(按:据《明妙济禅师(绰巴扎释)塔铭》和《西天佛子大国师班丹札释寿像记碑》,班丹扎释封号首字为“弘通”,一些书籍作“宏通”,因石刻为当时所刻,当以石刻为准。)

佛顶尊胜陀罗尼唐梵本经幢

明正统四年(1439)岁次乙未九月二十六日谨立

首题:佛顶尊胜陀罗尼唐梵本

大明金台大夫李福善洎众信官等等同发诚心于正统四年夹钟闰月下弦良日鸠资建创法海禅寺命工镌立佛顶尊胜陀罗尼幢(按:“幢”字石刻中刻作石字旁。)一座

幢额及宝盖已毁失,幢身及须弥座均8棱形。幢身高152厘米,大棱宽18厘米,小棱宽12厘米。座为8棱须弥座,高74厘米,大棱宽34厘米,小棱宽30厘米。幢身拓高150厘米,宽117厘米。大棱宽18厘米,镌5行文字,小棱12厘米,镌3行文字;座高74厘米,宽30厘米,厚34厘米。幢身上边及下边刻卷草纹。幢身所刻经文首先为《佛顶尊胜陀罗尼唐梵本》,梵汉对照,其后镌《智炬如来心破地狱陀罗尼》、《阿閦如来灭轻重罪障陀罗尼》、《报父母真言》、《大准提陀罗尼》、《大灌顶光陀罗尼》、《忏悔灭罪真言》、《生天界真言》,大棱镌5行经文字,小棱镌3行经文,均为汉文首题后镌梵文经文。汉文正书。最后1小棱镌刻序文及年款,4行,行字不等,正书,字体略小于经文。

幢现立于石景山区法海寺大雄宝殿东侧。

著录情况:《拓汇》,第51册,第96页,题作《李福善等造陀罗尼经幢》。《拓目》,第442页,京10425。

按:《日下旧闻考》卷104有记载。

三宝施食幢

明正统六年(1441)岁次辛酉仲夏(五月)上弦十五吉日谨立

首题:三宝施食文

三宝弟子大夫李福善洎众信官等同发诚心命工镌立三宝施食幢一座

幢身8棱形,从下至上有收分,高108厘米。8棱束腰须弥座高65厘米。幢宝盖已毁。幢身拓高108厘米,宽92厘米,棱宽12厘米。每棱文字外线刻边框。幢身上边及下边刻卷草纹。幢前7棱面镌《三宝施食文》、《往生净土神咒》、《如意轮王神咒》、《大明六字真言》等。幢文《三宝施食文》,文中第1行题“南无大方广佛华严经”,其后载华严海会佛菩萨等佛名,并穿插经咒的汉字注音。其余咒语均为汉文首题后载经咒的汉字注音。幢最后1棱面刻序及年款。幢前7棱每棱均刻3行文字,行字不等,正书。第8棱刻2行文字,正书。

幢现立于石景山区法海寺大雄宝殿西侧。

孝经刻石

明天启三年（1623）岁在癸亥三▱

第一石：

首题：孝经（下方小字注从略）

第二行：明左春坊□□掌国子监司业事蔡毅中集注（下方小字注从略）

第三行：古文全经（以下略）

刻石两方，均高57厘米，宽180厘米，厚16厘米。二拓均高56厘米，宽179厘米。二石石面均有多处风化漫漶，第二石左上角残缺，下部泐甚。第一石及第二石刻《孝经》经文并注解，经文大字，注解小字。左下方即末尾处可辨认4行题记（题记也可能为5行或6行，后一行或两行完全漫漶）："唐著作郎太子中书▱」明天启三年岁在癸亥三▱」▱维基博士▱」/天▱」。"

石原藏天安门管理处，2000年3月30日征集于东城区天安门管委西廊仓库，现藏北京石刻艺术博物馆。

著录情况：《拓目》，第438页。《中国国家博物馆馆刊》2012年第3期，李守义《民国时期国立历史博物馆藏品概述》。

按：马衡《中国金石学概要·经典诸刻与纪事诸刻之别》载："明则有"国子监孝经"，为万历年间蔡毅中所立，今在北京历史博物馆。"

据李守义《民国时期国立历史博物馆藏品概述》，《孝经刻石》为国学旧存石刻。

石刻明清时藏于国子监，1912年7月，教育部在北京元明清三代的太学——国子监筹建国立历史博物馆，该石刻成为国立历史博物馆馆藏。1918年，"因原有馆址地处偏僻，房舍狭隘"，教育部决定将该馆迁往故宫午门，该石刻当于此时迁往故宫午门。北京石刻艺术博物馆于2000年征集自天安门管委西廊仓库。

藏文六字真言摩崖

明崇祯十七年（1644）年前

拓高66厘米，宽42厘米。文字为藏文，1行，横题，满行应存6字，仅拓其中2字。

摩崖镌于石景山区龙泉寺山门外西侧崖壁上。

按：该摩崖无年款，其下方屋檐内的崖壁上还镌刻一则藏文六字真言摩崖，亦无年款，失拓。但此地东距法海寺仅约500米，可能为明代在法海寺活动的藏族僧侣所书。

传临济正宗磬山南涧下第三十四世上和下安仁翁和尚塔

清乾隆二十六年（1761）岁次辛巳五月谷日

首题：传临济正宗磬山南涧下第三十四世上和下安仁翁和尚塔

京都青塔院法晚兴望顿首拜题

仅存塔身，拓仅 5 棱，分拓二纸。拓高 89 厘米，宽 50 厘米，棱宽 20 厘米。第 1 棱竖镌首题 1 行，正书。第 2、3 棱镌塔铭正文，共 14 行，满行 30 字，正书。1 棱面上镌“禀法弟子开列于左”，上下分 4 栏刊人名。中镌“本村护法开列于左”，分上下 3 栏刊人名；下镌“信女弟子书于左”，刊人名 1 栏。另 1 棱面上镌“嗣法门弟子”实净等 7 人，下镌“法侄”实敏等 4 人，再下镌徒侄、剃度弟子、门孙、徒孙等人名，均正书。

塔铭原址不详，现存昌平公园内刻园。

按：塔铭载，“北极庵和安老和尚，讳明仁，俗姓李氏，系山西永宁州人士”。

文昌帝君阴骘文及文昌帝君蕉窗十则

清乾隆庚子〔四十五年（1780）〕仲夏（五月）

首题一：文昌帝君阴骘文

首题二：文昌帝君蕉窗十则

仁和弟子蔡廷衡谨书并识

郫县弟子陈惠敬勒

金陵王丰光镌刻

石为嵌墙立石，高 86 厘米，宽 49 厘米。碑文分作上下两栏，上半部书“文昌帝君阴骘文”，23 行，满行 25 字，共 455 字，正书；下半部书“文昌帝君蕉窗十则”及题记，28 行，满行 25 字，共 519 字，正书。

石原址在宣武区上斜街 17 号，现藏北京石刻艺术博物馆。

著录情况：《馆目》，第 186、187 页。

关圣帝君觉世真经

清乾隆甲寅〔五十九年（1794）〕秋

首题：关圣帝君觉世真经

石门陈万青谨识

袁治镌

桐城李国柄等十六人仝刊

拓长 86 厘米，高 35 厘米。经文 28 行，满行 18 字。小字正书题识 6 行，满行 20 字；刻石人题名 8 行 16 人，正书。“陈万青谨识”下镌印章二方：“万青之印”、“湘南”。

石现存宣武区法源寺。

著录情况：《拓汇》第 76 册，第 84 页。《拓目》，第 445 页，京 812。《法贞》，第 87 页。

按：《关圣帝君觉世真经》又称《觉世篇》、《觉世宝训》，简称《觉世经》，是假托关帝降笔的训示之语。成书年代不详，一般认为是清初：“相传康熙七年夏，降乩于沃乡之桩园，授之王贞吉等，帝亲制序”。自 18 世纪以后，《觉世经》与《太上感应篇》、《文昌帝君阴骘文》并列为三部最受尊崇的善书，结集一起以“三圣经”之名刊行。

觉世经

清道光十一年（1831）岁在辛卯五月二十五日

首题：觉世经

楚北使者刊石

石为嵌墙横石，高29厘米，宽97厘米。拓高29厘米，宽97厘米。碑文38行，满行14字，共508字，正书

石原在宣武区法源寺前街15号，现藏北京石刻艺术博物馆。

著录情况：《馆目》，第188、189页。

按：《觉世经》即《关圣帝君觉世真经》。

庄严圆寂延寿寺和尚塔铭

清道光十六年（1836）五月吉旦

首行题：道光十六年五月吉旦」庄严圆寂延寿寺▨临济宗▨十三世▨」□席嗣▨」

塔铭边框饰浅浮雕缠莲花纹，高70厘米，宽40厘米，厚15厘米。拓高61厘米，宽38厘米。铭文存3行，行字不等，漫漶较甚，正书。

塔铭2004年8月30日征集于东城区绿化队，现藏北京石刻艺术博物馆。

关圣帝君觉世真经

清道光庚子〔二十年（1840）〕岁季秋月（九月）

首题：关圣帝君觉世真经

贾桢敬书

金陵吴义文镌刻

石为嵌墙横石，高32厘米，宽97厘米。拓高32厘米，宽97厘米。经文35行，满行16字，共511字，正书。

石原址在宣武区法源寺前街15号，1983年11月征集，现藏北京石刻艺术博物馆。

著录情况：《馆目》，第189页。

按：书者贾桢，《清史稿》有传，字筠堂，山东黄县人，道光六年（1826）进士，历任少詹事、内阁学士、吏部尚书、武英殿大学士等职。

千手千眼观世音菩萨大悲心陀罗尼及郑兰孙礼佛发愿文

清咸丰丁巳〔七年（1857）〕夏六月

首题一：千手千眼观世音菩萨大悲心陀罗尼

首题二：礼佛发愿文

钱塘皈依女弟子郑兰孙熏沐敬书并记

顾梅卿绘（郑兰孙礼佛图）

清光绪辛卯〔十七年（1891）〕秋九月既望男琪熏沐谨识并行书跋

拓高100厘米，宽56厘米。石上部刻“千手千眼观世音菩萨大悲心陀罗尼”经，22行，满行22字，正书；中部刻观音大士坐姿像，旁立一侍女，为《郑兰孙礼佛图》；下部刻“礼佛发愿文”一篇，27行，满行28字，正书；末尾名款下镌篆书印章一方：“梅清”。发愿文后刻又题记5行，满行19字，行楷，尾刻印章一方，字模糊不可辨。

石现存宣武区法源寺。

著录情况：《拓汇》第86册，第186页。《拓目》，第455页，京806。《法贞》，第93、94页。

按：“男琪”即“徐琪”。“千手千眼观世音菩萨大悲心陀罗尼”和“郑兰孙礼佛发愿文”为郑兰孙即徐琪母所书。从徐琪题记中可知，观音像为顾梅卿所绘。顾梅卿，江苏如皋人，为徐琪幼时的老师，徐琪参加科考的费用亦为顾氏筹措。光绪三十年，慈禧太后七十寿辰，颁诏允许大臣为祖父母、父母和妻子申请诰封。时任兵部右侍郎的徐琪上了一封“陈情表”，为顾氏请封，慈禧批准同意按徐琪的二品侍郎赐封顾梅卿，传为佳话。参见《东皋话旧》。

张鑫建七佛宝幢记

中华民国十二年（1923）十月

幢座首题：菩萨优婆塞江宁张鑫法名妙定立幢并记

幢为8棱，上有宝顶，下为须弥座。幢通高312厘米，其中幢顶高50厘米，径60厘米。幢身高210厘米，径35厘米，棱宽30厘米。座为束腰须弥座，高51厘米，径57厘米。幢身拓高202厘米，宽14厘米，共8纸，存22行180字，正书。须弥座拓高14厘米，宽20厘米，共8纸，共存80行，满行10字，现存794字，正书。

幢征集于海淀区马神庙轻工学院西侧，现藏北京石刻艺术博物馆。

著录情况：《馆目》，第66页。

按：据幢记，张鑫在西便门外枣林庄买墓地一块，建七佛宝幢，与其长子嘉毓在宣武门外龙泉寺孤儿院内所建之幢相同，可知海淀区马神庙轻工学院已非该幢始建之址。

幢身8棱。第1棱镌“南无娑婆教主本师释迦摩尼佛”，上饰云纹伞盖，下线刻佛像、海水江崖。第2棱镌“南无多宝如来”、“持多宝名者能得法性」智慧财宝受用无尽」”。上饰龙纹，下饰莲花。第3棱镌“南无宝胜如来”、“持宝胜名者能断生死烦」恼即得无上法性智宝”。第4棱镌“南无妙色身如来”、“持妙色身名者能得」相好端严三界第一」”。第5棱镌“南无广传身如来”、“持广传身名者能消业」□□得清凉无碍之身」”。第6棱镌“南无离怖畏如来”、“持离怖畏名者离诸」怖畏常得清净快乐」”。第7棱镌“南无甘露王如来”、“持甘露王名者能得甘露」法味灌诸身心永得快乐」”。第8棱镌“南无阿弥陀如来”、“持阿弥陀名者能往西方极」乐净土莲华化生入不退地」”。第2至8棱面均上饰龙纹，下饰莲花。

中兴宏慈广济律寺第九代住持现明老和尚（王光德）塔铭并序

民国三十年（1941）秋卒

额题：见明禾尚塔铭

首题：中兴宏慈广济律寺第九代住持现明老和尚塔铭并序

铭长67厘米，宽65厘米。额长24厘米，宽17厘米。额文2行，满行3字，篆书。铭文26行，行残存22至29字不等，正书。铭下边残缺。

塔铭1949年后出土于海淀区，现藏海淀区文物管理所。

著录情况：《新出土（一）》（上），第372页；（下），第354页。

圆寂上方山大悲堂上开山第一代住持传曹溪宗三十八代印心玺公和尚灵塔

年代不详

塔题：圆寂上方山大悲堂上开山第一代住持传曹溪宗三十八代印心玺公和尚灵

塔铭下部文字残缺。拓高238厘米，宽45厘米。铭文1行，行残存32字，正书。

塔铭原址在海淀区西八里庄北洼路，现藏北京石刻艺术博物馆。

著录情况：《馆目》，第121页。《新出土（一）》（上），第373页；（下），第355页。

庄严圆寂拈花堂上传贤首宗□□□□□秀□□公老和尚塔

年代不详

塔题：庄严圆寂拈花堂上传贤首宗□□□□□秀□□公老和尚塔

铭高62厘米，宽51厘米。铭文1行，36字，正书。

塔铭原址在海淀区塔院，现藏海淀区文物管理所。

著录情况：《新出土（一）》（上），第374页；（下），第355页。

隆公禅师灵塔

年代不详

塔题：隆公禅师灵塔

石为半圆形，长45厘米，高23厘米。铭文3行，满行2字，正书。

塔原址不详，现存首都博物馆。

金刚经残石

年代不详

阳首行题：若湿生若化生若有色若无色（以下从略）

阴首行题：大乘菩萨达生死即涅槃则非度而度

石残存中间一段中部，残高66厘米，宽84厘米，厚35厘米。石两面刻字，阳拓高65厘米，宽80厘米。阴拓高59厘米，宽62厘米。石阳面刊《金刚经》，经文残存41行，行字不可辨，正书。阴面前为《金刚般若波罗密经注解》，后镌一偈语，注解残存8行，行残存17字；偈语残存6行，行残存6字，正书。

石1998年12月3日出土于东城区天安门广场人民英雄纪念碑西北10米处，现藏北京石刻艺术博物馆。

艺文类石刻

杨兆《同中台登水峪寺》诗刻

明隆庆二年（1568）十月至万历元二年（1574）七月间

首题：同中台登水峪寺

关中杨兆书

刻石两方，均单面刻字，花岗岩石质。石高 157 厘米，宽 72 厘米，厚 17 厘米。拓高 153 厘米，宽 72 厘米。二石各镌诗一首，每石 6 行文字，满行 11–13 字，行草。

刻石原址在平谷区南独乐河镇峨嵋山村东沟兴善寺遗址内，现保存于平谷区上宅文化陈列馆旁碑林。

著录情况：《平谷区志》，第 231 页。《平谷文物志》，第 149 页。

按：杨兆，明嘉靖(1522)丙辰(1556)进士。隆庆二年（1568）十月壬子由山东副使为右佥都御史，巡抚顺天。万历元年（1573）加右副都御史。万历二年七月癸巳（1574年 8 月 7 日），升兵部右侍郎，总督蓟、辽保定。

中丞是御史中丞的简称，明清时用作巡抚的别称。明朝都察院副都御史职位相当于御史中丞，常用作巡抚的加衔，故有此称。据《徐学古〈随中丞杨晴川登水峪寺二首〉诗刻》，称杨兆为中丞，杨兆官职当为巡抚或都察院副都御史。杨兆隆庆二年（1568）巡抚顺天，万历元年（1573）加右副都御史，万历二年（1574），升兵部右侍郎，总督蓟、辽保定。因此，该诗及徐学古石刻均当作于明隆庆二年至万历二年间。

徐学古《随中丞杨晴川登水峪寺二首》诗刻

明隆庆二年（1568）十月至万历元二年（1574）七月间

首题：随中丞杨晴川登水峪寺二首

洛阳徐学古

刻石两方，均单面刻字，花岗岩石质。石高 162 厘米，宽 72 厘米，厚 16 厘米。拓高 155 厘米，宽 72 厘米。二石各镌诗一首，每石 6 行文字，满行 11–13 字，行草。

刻石原址在平谷区南独乐河镇峨嵋山村东沟兴善寺遗址内，现保存于平谷区上宅文化陈列馆旁碑林。

著录情况：《平谷区志》，第 231 页。《平谷文物志》，第 149 页。

按：据杨兆《同中台登水峪寺》诗，“中丞杨晴川”即杨兆。

刘应节《同杨中丞登银山铁壁》诗碑

明隆庆四年（1570）十月至万历二年（1574）七月间

首题：同杨中丞登银山铁壁▨

□海刘应节

仅拓碑身，碑身边框镌花纹，下部残缺约三分之一。拓高 110 厘米，宽 94 厘米。碑文 7 行，行字不详，行书。

碑在昌平区兴寿镇上庄乡银山法华寺，现原址保存。

著录情况：《拓目》，京 5693，第 461 页。《昌平文物志》，第 186 页。

按：碑拓不全，未见作者题名，据《拓目》、《昌平文物志》，知为《和大司马刘公韵》诗，该诗作者为刘应节，“杨中丞”即杨兆。

刘应节作此诗时，任蓟辽总督，而杨兆任巡抚或副都御史。据《明督抚年表》，刘应节，隆庆四年十月丁未（1570 年 11 月 10 日）至万历二年七月庚寅（1574 年 8 月 4 日）任蓟辽总督；杨兆，隆庆二年（1568）十月壬子由山东副使为右佥都御史，巡抚顺天，万历元年（1573）加右副都御史，万历二年七月癸巳（1574 年 8 月 7 日）至万历五年十二月庚子（1578 年 1 月 25 日）任蓟辽总督。

该诗及《杨兆〈和大司马刘公韵〉诗碑》均当作于隆庆四年十月至万历二年七月间。

杨兆《和大司马刘公韵》诗碑

明隆庆四年（1570）十月至万历二年（1574）七月间

首题：和大司马刘公韵

关中杨兆

碑方首，首饰云纹，边框花纹。首身拓高 250 厘米，宽 94 厘米。无额题。碑文 8 行，行字不等，行书。

碑在昌平区兴寿镇上庄乡银山法华寺，现原址保存。

著录情况：《拓目》京 5695，第 461 页。《昌平文物志》，第 191 页。

按：据《和大司马刘公韵》诗，首题中“大司马刘公”为刘应节(1517—1591)，“大司马”为兵部尚书别称。

张佳胤《因登火焰山》诗碑

明万历庚辰〔八年（1580）〕春日

首行题：⧄西圃□史行边因登火焰山」

巡抚宣府都御史铜梁张佳胤（撰书）

碑碎为多快，现仅存 3 块：其一高 71 厘米，宽 48 厘米，厚 18 厘米；其二高 68 厘米，宽 58 厘米，厚 20 厘米；其三高 48 厘米，宽 41 厘米，厚 20 厘米。碑形制不详。经拓片比对，石宽应 77 厘米，残高 99 厘米，诗碑身上下均有残缺。诗碑存文字 8 行，行字不详，行书。碑阴无字。

碑现在延庆县四海镇九眼楼北侧。

按：张佳胤，字肖甫，铜梁（今属重庆）人，号居来山人。嘉靖进士，任右副都御史。万历七年（1579）巡按宣大御史。嘉靖七子之一。

据吴廷燮《明督抚年表》载，张佳胤，万历七年八月至九年四月巡抚宣府。又据清乾隆八年修、二十二年重订《宣化府志·职官》载，当时的巡按御史（侍御为其别称）

为郭汝，郭西圃当为郭汝。

《长安客话》第161页有“又同郭西圃侍御登火焰山有作”。诗曰：“青春作伴好行边，与客扪萝万仞巅。玉案近凭千嶂拱，沧溟遥借一杯传。东来龙气山陵抱，独立天门日月悬。此地太平聊授简，摩崖全胜勒燕然。”另据《怀来县志》，同郭西圃侍御登火焰山：“芙蓉青耸最高头，万里华夷指掌收。赤县细分燕赵国，紫云常护帝王州。诗成搔首天堪问，身远凭虚地欲浮。姑衍偶怀封禅意，再看形胜一登楼。”

诗碑碎为多快，现仅存三块，诗文残缺不全，缺字据《长安客话》、《怀来县志》补，诗文存字情况如下：“⧄西圃□史行边因登火焰山」芙蓉青耸最高头，万里华夷指掌收。赤县细分燕赵国，紫云常护帝王州。诗成搔首天堪问，身远凭虚地欲浮。姑衍偶怀封禅意，再看形胜一登楼。青春作伴好行边，与客扪萝万仞巅。玉案近凭千嶂拱，沧溟遥借一杯传。东来龙气山陵抱，独立天门日月悬。此地太平聊授简，摩崖全胜勒燕然。⧄辰春日巡抚宣府都御史铜梁张佳胤」”。

徐申《登火焰山漫题二首》诗碑

明万历十三年（1585）六月十五日

首题：万历乙酉予巡行上谷兼叨视师抵东偏六月望日同王总戎丁宪副刘少参登火焰山漫题二首

姑苏徐申题

碑圆首无额，首身一体，碑身阳、阴边框线刻花纹。碑首身通高193厘米，宽80厘米，厚20厘米。拓高184厘米，宽78厘米。碑文10行，满行25字，正书。碑阴刻信士信女题名，无额题。碑阴失拓。

碑现立于延庆县四海镇石窑村东南山上九眼楼旁。

按：二首均七言诗。

据清乾隆八年修、二十二年重订《宣化府志·职官》载，徐申，万历十二年（1584），任巡按宣大监察御史。

上书又载，万历十二年（1584），时王国勋任总兵，即王总戎。

丁宪副、刘少参不详何人。

冬日奉陪大中丞郭老□□行边因登火焰山诗碑

明万历十八年（1590）庚寅冬日

首题：冬日奉陪」大中丞郭老□□行边因登火焰山」

碑高86厘米，宽60厘米，厚13厘米。碑拓高82厘米，60厘米。碑文漫漶严重，书撰人不详。碑文残存7行，满行17字，行书。碑阴刻题名。碑阴失拓。

碑现立于延庆县四海镇石窑村东南山上九眼楼旁。

按：该诗为七言诗。

中丞即巡抚的别称，据吴廷燮《明督抚年表》载，郭四维，“隆庆戊辰进士，山东夏津军籍”。万历十七年十月至十九年九月“巡抚宣府”。郭中丞当指是郭四维。

诗曰：“冬日奉陪」大中丞郭老□□行边因登火焰山」万叠山巅敞戍楼，中丞持节此来游。层峦」压地华夷限，峻阁凌空日月收。千里边疆」明主计，百年桑土杞人忧。惭余疏拙叨军旅，」樽俎追陪天际头。」万历庚寅冬日」▨」。”

吴礼嘉《登火焰山楼》诗碑

明万历十九年至二十年（1591—1592）

首题：登火焰山楼

巡按直隶监察御史浙鄞吴礼嘉题

碑圆首线刻云纹，无额题，碑身边框线刻花纹。碑首身通高126厘米，宽63厘米，厚14厘米。碑右下角残缺。碑首身拓高120厘米，宽52厘米。碑文7行，满行12字，正书。碑阴无字。

碑现立于延庆县四海镇石窑村东南山上九眼楼旁。

按：诗文为七律。

据清乾隆八年修、二十二年重订《宣化府志·职官》载，吴礼嘉，浙江鄞县人，万历十九年（1591）至二十年，任巡按直隶宣大监察御史。

徐永胤《登火焰山次韵六首》诗刻

旹明天启元年（1621）季春（三月）吉旦

首题：登火焰山次韵六首

南山参将关中徐永胤书

任朝奎镌

诗刻为嵌墙刻石，边框线刻云纹，高70厘米，宽165厘米。诗文38行，行16字，行书。

诗刻在延庆县四海镇石窑村东南山上九眼楼旁，嵌墙。

按：次韵六首分别为：一、次郭中丞（即郭四维）；二、次吴按台（即吴礼嘉）；三、次徐按台（即徐申）二首；四、次铜梁张中丞（即张佳胤）二首。诗文均为七言诗。

钱中选《火焰山次铜梁张抚台韵》诗刻

明天启四年（1624）甲子孟春（一月）日

首题：火焰山次铜梁张抚台韵

南山参将云西钱中选书

诗刻为嵌墙刻石，边框线刻花纹。石左侧有一道风裂纹，两行文字漫漶。石高58厘米，宽110厘米。碑拓高58厘米，宽105厘米。诗文为七言诗，19行，满行9字，行书。

诗刻现在延庆县四海镇石窑村东南山上九眼楼下旁，嵌墙。

按：据清乾隆八年修、二十二年重订《宣化府志·职官》载，南山路参将钱中选，松江人。

铜梁张抚台即“张佳胤”，据《长安客话》第161页有“铜梁张桂胤四海冶山行有作”，“张桂胤”应为“张佳胤”之误。

梁云构《登火焰山楼》诗刻

明乙亥〔崇祯八年（1635）〕仲夏（五月）日

首题：登火焰山楼

中州梁云构

诗刻为嵌墙刻石，边框线刻云纹。石高57厘米，宽98厘米。拓高57厘米，宽98厘米。诗文16行，行字不等，草书。诗作为七言诗二首。

诗刻现在延庆县四海镇石窑村东南山上九眼楼旁，嵌墙。

按：梁云构，字匠先，号眉居，河南兰阳（今河南兰考）人。明崇祯元年进士，崇祯八年（1635）任巡按宣大御史。

该诗年款题作“乙亥仲夏一日”。由梁氏崇祯八年（1635）任巡按宣大御史可知，该诗当作于明崇祯八年（1635）五月一日。

张维世《登火焰山楼二首》诗刻

明崇祯九年（1635）五月以后

首题：登火焰山楼二首

大梁张维世题

诗刻为嵌墙刻石，边框线刻云纹。石高57厘米，宽94厘米。拓高57厘米，宽94厘米。诗文17行，行字不等，草书。诗作为七言诗二首。

诗刻现在延庆县四海镇石窑村东南山上九眼楼旁，嵌墙。

按：张维世，太康（河南）人，明万历四十四（1616）年进士。崇祯时累官右佥都御史。崇祯九年五月巡抚宣府。由此推知张维世诗亦当作于崇祯九年（1635）五月以后。

《西洋道人西江月》诗碑

旹清康熙三十七年（1698）四月

额题：善缘成就

首行题：西洋道人西江月

碑方首，首饰云纹。碑身拓高71厘米，宽46厘米。额文2行，满行2字，正书，失拓。

碑文11行，满行19字，正书。

碑现存昌平区昌平公园内石刻园。

康熙《御制瑞应寺文光果诗》刻石

清康熙五十二年（1713）五月

首题：御制瑞应寺文光果诗

清圣祖玄烨御制

诗刻为嵌墙横石，阳面边框云龙纹，高65厘米，宽144厘米，厚25厘米。拓高32厘米，宽108厘米。碑文17行，满行6字，现存69字，正书。阴面无文字。

石刻原址在西城区鼓楼西大街甘水桥胡同6号，现藏北京石刻艺术博物馆。

著录情况：《拓汇》，第90册，第190页。《拓目》，京526，第476页。《馆目》，第52页。《首图拓目》，第131、1137页。《庙目》，第39页。《庙志》，第665页。

按：瑞应寺位于西城区鼓楼西大街甘水桥，旧名龙华寺。诗刻未署年款，据《馆目》，诗作于清康熙五十二年（1713）五月。首题后有“代臣某作”，可见此诗为某臣子代康熙皇帝撰文、书丹。

乾隆御笔《咏南苑双柳树作》诗碑

碑阳：清乾隆五年（1740）仲秋（八月）

诗题：咏南苑双柳树作

首行题：南苑双柳树昔年何蒽菁

清高宗弘历御笔

碑阴：清乾隆二十八年（1763）仲春（二月）

诗题：春云一首

首行题：春云吐西山弥空忽幡

清高宗弘历御笔

碑西侧：清乾隆二十八年（1763）仲春（二月）

诗题：海户谣

首行题：海户给以田俾守南海子

清高宗弘历御笔

东侧：清乾隆二十八年（1763）仲春（二月）

诗题：杂言一首

首行题：弗善马射者弓力弥其弱

清高宗弘历御笔

碑为昆仑石，保存基本完好，碑身高190厘米，宽163厘米，厚63.5厘米。碑座高74厘米，宽252厘米，厚114厘米。碑四面刻字，阳、阴拓高130厘米，宽65厘米；

两侧拓高 122 厘米，宽 52 厘米。

阳面镌《咏南苑双柳树作》诗，诗文 6 行，满行 16 字，草书，尾钤方印二，漫漶不辨。阴面镌《春云一首》诗，诗文 7 行，满行 13 字，草书，尾钤方印二，上阴文篆书“乾隆宸翰”，下阳文篆书“陶冶性灵”。西侧镌《海户谣》，诗文 8 行，满行 16–18 字不等，草书。尾钤方印二，上阴文篆书“乾隆宸翰”，下阳文篆书“惟精惟一”。东侧为《杂言一首》，存 9 行，满行 18 字，草书。尾钤方印二，上阴文篆书“所宝惟贤”，下阳文篆书“乾隆御笔”。

碑在大兴区南苑，原址保存。

乾隆御笔《寒雀一首》诗刻

清乾隆庚申〔五年（1740）〕孟冬月（十月）上浣御笔

首行题：驱车涞水道野旷风

清高宗弘历御笔

拓高 98 厘米，宽 169 厘米。诗文 14 行，行 8 字，行书。尾钤印二，均阴刻，上圆形花印镌“☰”字，即“乾”卦符号，下方花印“隆”字。

碑原址在房山区长沟镇南正村南正行宫，现存长沟镇原西长沟小学旧址。

著录情况：《拓汇》，第 69 册，第 68 页。《拓目》，第 463 页，京 4278。

按：诗云：“驱车涞水道，野旷风」萧萧；日出岚雾敛，村」木森寒条。冻雀三五」群，依依栖霜朝；晚穗」收获尽，饥寒苦无聊。」啾唧如鸣悲，春阳愁」正遥；野鹤翔高空，清」唳响云韶。霜翎耐严」冬，稻粱不可招；或时」敛翮下，千尺长松梢。」俯视众寒雀，嗟哉尔」徒劳。寒雀一首」乾隆庚申孟冬月」上浣，御笔。”

乾隆御笔《日暮一律》诗刻

清乾隆五年（1740）冬御笔

首行题：日暮遥山敛翠

清高宗弘历御笔

拓高 100 厘米，宽 174 厘米。诗文 12 行，行 5—6 字，行书。尾钤方印一，阴文篆书“乾隆御笔”。

碑原址在房山区长沟镇南正村南正行宫，现存长沟镇原西长沟小学旧址。

著录情况：《拓汇》，第 69 册，第 77 页。《拓目》，第 463 页，京 4280。

按：诗云：“日暮遥山敛翠」微，幔城烟火彻」宵辉；马嘶平野」闻呼聚，人指高」竿觅路归。行漏」明分甲乙夜，封」章独敕万千」几；时巡到处关」民瘼，岂为嬉游」骋六飞。」日暮一律」庚申冬，御笔。」”

乾隆御笔《古寺疏钟》诗一首

清乾隆五年（1740）冬御笔

首行题：月上前村

清高宗弘历御笔

拓高98厘米，宽177厘米。诗文9行，行4字，行书。尾钤方印二，上印阳文篆书“所宝惟贤”，下印阴文篆书“卍有同春”。

碑原址在房山区长沟镇南正村南正行宫，现存长沟镇原西长沟小学旧址。

著录情况：《拓汇》，第69册，第78页。《拓目》，第463页，京4279。

按：诗云：“月上前村」钟乍鸣，春」客断续一」声声；早知幼」有皆虚梦，」逸思推敲」空复情。」古寺疏钟一首」庚申冬，御笔。”

乾隆御笔《二月六日作》诗刻

清壬戌〔乾隆七年（1742）〕仲春月二月六日作

首行题：二月六日涞水

清高宗弘历御笔

拓高98厘米，宽160厘米。诗刻文字12行，行6字，行书。尾钤方印二，上印阴文篆书“乾隆宸翰”；下印阳文篆书“落纸云烟”。

碑原址在房山区长沟镇南正村南正行宫，现存长沟镇原西长沟小学旧址。

著录情况：《拓汇》，第69册，第103页。《拓目》，第463页，京4281。

按：南正行宫，在房山区长沟镇南正村，又名半壁店行宫。行宫内乾隆御笔诗刻均为乾隆皇帝从京师去西陵途中所作。民国时这些诗碑被迁至西长沟小学保存。存放于西长沟小学的乾隆诗碑，总计27块，镶嵌在教室内裙墙上的有24块，另3块嵌在外墙上，这些碑均高108厘米，宽100至180厘米不等。

该碑文末尾注名为“二月六日作”，据此为碑题定名。《拓汇》将其定名为“无题一首”。

诗云：“二月六日涞水」滨，马蹄踏雪无」风尘；瓦神社鼓」尽随俗，柳叶杏」花俱待春。山色」一鞭如送客，鸟」声数啄解迎人；」蕨芽菜甲满畦」绿，景物却羡山」家新。二月六日作」壬戌仲春月，」御笔。”

乾隆御笔《轻阴一首》诗刻

清甲子〔乾隆九年（1744）〕正月下浣御笔

首行题：轻阴暗远空将

清高宗弘历御笔

拓高96厘米，宽160厘米。诗文11行，行6字，行书。尾钤方印二，上印阳篆“烟云舒卷”，下印阴篆“池藻迎春”。

碑原址在房山区长沟镇南正村南正行宫，现存长沟镇原西长沟小学旧址。

著录情况：《拓汇》，第69册，第142页。《拓目》，第463页，京4282。

按：诗云："轻阴暗远空，将」蒸为霖雨；凭与」望莽苍，不觉行」几许。惟蕲利大」田，遑计劳行旅；」三白未沾足，良」耜其奚举？经春」膏尚屯，嗟嗟我」农父。轻阴一首」甲子正月下浣，」御笔。」"

乾隆御笔《望月二首》诗刻

清甲子〔乾隆九年（1744年）〕仲春月（二月）上浣御笔

首行题：虎帐春风夜漏

清高宗弘历御笔

拓高96厘米，宽145厘米。诗文11行，行6字，行书。尾钤方印二，上印阴文篆书"幽□舞□念民□"；下印阳文篆书"万国农桑寤寤中"。

碑原址在房山区长沟镇南正村南正行宫，现存长沟镇原西长沟小学旧址。

著录情况：《拓汇》，第69册，第144册。《拓目》，第463页，京4283。

按：碑文末尾注名为"望月二首"，据此为碑题定名。《拓目》及《拓汇》将其定名为《"对月"二首》。

诗云："虎帐春风夜漏」闲，亭亭孤月淡」空山；御园台榭」饶佳景，强半诗」题在此间。初春」夜景似深秋，恰」有蟾光窗纸流；」忆得去年山海」外，清吟瀹茗雪」香浮。望月二首」甲子仲春月上」浣，御笔。」"

诗末行失拓，印文据《拓汇》补录。

乾隆御笔《游潭柘岫云寺即事之二》诗碑

清乾隆九年（1744）甲子仲春（二月）

首行题：忆在天成寺禅房

碑高68厘米，宽100厘米，边框浮雕二龙戏珠，碑外有碑亭。拓高50厘米，宽74厘米。诗刻15行，满行7字，行书。边框浮雕云龙纹。首行前钤印一方，中刻一乾卦符号"☰"，末行题"御笔"，下刻二印，上阳文篆书"惟精惟一"，下阴文篆"乾隆宸翰"。

诗碑现嵌于门头沟区潭柘寺后山龙潭旁的老围墙上，上部有石雕门楼状碑亭。

著录情况：《拓目》，第463、464页，京6969。

乾隆御笔《幸翰林院赐大学士及翰林等宴》诗碑

清乾隆九年（1744）十月二十七日

首题：幸翰林院赐大学士及翰林等宴因便阅贡院乃知云路鹏程诚不易易也得诗四首

清高宗弘历御笔

碑汉白玉石质，卧碑，由4方石刻组成，均高216厘米，厚44厘米。第1、4方均宽 99 厘米，第 2、第 3 方均宽 104 厘米，为汉白玉石质。拓高 213 厘米，宽 104 厘米。碑 4 通，每碑镌文字 5 行，行字不等，行书。末尾年款下方镌阴 2 方，上“惟精惟一”，阳文篆书；下“乾隆宸翰”，阴文篆书。

碑原立于清代贡院内，清光绪年间移至西城区教育部街，1986 年征集入馆，现藏北京石刻艺术博物馆。

著录情况：《拓汇》，第 69 册，第 153 页。《拓目》，第 464 页，京 119。《馆目》，第 185、186 页。

乾隆御笔《瓶菊二首》诗刻

清丙寅〔乾隆十一年（1746）〕秋杪（九月）御笔

首行题：霜标塞北独秀

清高宗弘历御笔

拓高 99 厘米，宽 166 厘米。诗文存 10 行，行 5—6 字，行书。尾钤方印一，阴文篆书“乾隆御笔”。

碑原址在房山区长沟镇南正村南正行宫，现存长沟镇原西长沟小学旧址。

著录情况：《拓汇》，第 69 册，第 186 页。《拓目》，第 464 页，京 4285。

按：诗云：“霜标塞北独秀，」韵挹篱东致佳；」携得重阳景」色，绝胜客岁情」怀。潇洒诗情」画意，芳菲秋末」霜初；花雨不霏」绳榻，香风常递」帷车。瓶菊二首」丙寅秋杪，御笔。」”

乾隆御笔《秋夜闻雁三绝句》诗刻

清丙寅〔乾隆十一年（1746）〕九月御笔

首行题：云间寥数声传此

清高宗弘历御笔

拓高 98 厘米，宽 168 厘米。诗文 13 行，行 7–9 字，行书。尾钤方印二，上印阳文篆书“敛福宜民”；下印阴文篆书“乾隆宸翰”。

碑原址在房山区长沟镇南正村南正行宫，现存长沟镇原西长沟小学旧址。

著录情况：《拓目》，第 464 页，京 4284。

按：诗云：“云间寥数声传，此」去斜阳路几千；武帐」清吟春夕句，银檠仿佛」照前年。闻声知焉不」关声，玉露银蟾夜正清；」拟向天边人字问，年」来何事重多情？盼」来千里荆天暖，带去」三分塞地霜；可识蒲」湘烟浦州，沙明水碧」正蓑凉。」秋夜闻雁三绝句」丙寅九月，御笔。”

乾隆御笔《初游大觉寺作》诗刻

清乾隆丁卯〔乾隆十二年（1747）〕仲夏（五月）

首行题：灵洞谢神贶古寺问佛津趁此山路便况逢雨霁辰清爽拂人

石风化剥蚀严重。拓高 64 厘米，宽 25 厘米。诗文 8 行，行字不等，行书。

刻石在海淀区大觉寺后山憩云轩后，现原址保存。

著录情况：《清高宗（乾隆）御制诗文全集》第一册，第 882 页。

按：石风化剥蚀极其严重，几乎无法辨识，诗文按《清高宗（乾隆）御制诗文全集》补录。

诗曰："灵洞谢神贶，古寺问佛津。趁此山路便，况逢雨霁辰。清爽拂人」面，微风袭草芬。禾黍连远村，勃然生意新。旸台最高峰，未到意」已欣。迤逦入林庐，便与步法门。石桥似虎溪，菡萏摇涟沦。一一莲花上，疑有天女伦。月相巍殿中，调御信独尊。云湫泄山半，下」注如垂绅。循流登其巅，乃至水之源。不溢亦不涸，彻底石粼粼。时」复见泳游，故知非凡鳞。稍憩白板室，洒然诚绝尘。鸟语似谈梵，」树影全标真。拟参大觉旨，翻歉语句频。」丁卯仲夏，初游大觉寺作。御笔」。"后钤方印二，上阳篆"所宝惟贤"，下阴篆"乾隆御笔"。

乾隆御题七言诗碑

清乾隆丁卯〔十二年（1747）〕御题

首行题：石桥之北凤城西庄严净域开招提我来白昼考岁月

清高宗弘历御题

拓高 144 厘米，宽 69 厘米。碑镌文字 10 行，前 4 行为七律一首，后 6 行为题记，行字不等，行草。末行下方镌印章二方，上篆书阴文"所宝为贤"，下篆书阳文"乾隆御笔"。

碑原址不详，拓片征集于宣武区文管所。

著录情况：《拓汇》，第 70 册，第 14 页，题为广济寺石刻。《拓目》第 464 页，京 418，题为广济寺石刻。

乾隆御笔《游大觉寺杂诗一首》诗刻

清乾隆戊辰〔乾隆十三年（1748）〕六月

首行题：九夏原来自有秋岩斋萧爽足延留山僧岂解

石风化剥蚀严重。拓高 46 厘米，宽 26 厘米。诗文 11 行，行字不等，行书。

刻石在海淀区大觉寺后山憩云轩后，现原址保存。

按：据《清高宗（乾隆）御制诗文全集》第二册，诗曰："九夏原来自有秋，岩斋萧爽足延留。山僧岂解」陈蕃榻，别业浑成王粲楼。竹里烹茶白雾写，松」间却繖绿云浮。拈须试看前题句，回首俄惊岁」月流。忘怀得地堪消暑，乘兴入山畏不深。爱」此罨窗多野趣，底须杖策更幽寻。翠峰自写」王家画，飞瀑常调雷式琴。我有闲愁排未得，」只凭净域一澄心。播影钟声出楼遥，披襟偶」尔坐僧寮。虚无梵呗空中唱，缥缈天花座上飘。」禽鸟杂歌传户外，箖箊爽籁下云标。远□连□」□□在，远客番风度石□」戊辰六月游大觉寺杂诗一首”。（末尾处镌方印二，基本漫漶。）

乾隆御笔《凉一首》诗刻

清戊辰〔乾隆十三年（1748）〕秋八月御笔

首行题：一夜西风促峭

清高宗弘历御笔

拓高 100 厘米，宽 167 厘米。诗文 12 行，行 6 字，行书。尾钤方印二，上印阴文篆书“将敬国强”；下印阳文篆书“有孚惠心”。

碑原址在房山区长沟镇南正村南正行宫，现存长沟镇原西长沟小学旧址。

著录情况：《拓汇》，第 70 册，第 31 页。《拓目》，第 464 页，京 4286。

按：诗云：“一夜西风促峭」凉，纯绵群已换」征裳；邮程破晓」霜华白，学圃经」秋柿叶黄。即景」研搜句亦净，抚」时枨触意多伤；」行縢讵是携长」卷，牟书高词得」未忘。凉一首」戊辰秋八月，」御笔。」”

乾隆御笔《秋麦一律》诗刻

清戊辰〔乾隆十三年（1748 年）〕仲秋月（八月）下浣御笔

首行题：连畦细细复芊芊

清高宗弘历御笔

拓高 98 厘米，宽 165 厘米，存 12 行，行 6 字，行书。尾钤方印二，上印阳篆“飞天机适”；下印阴篆“琴书道复生”。

碑原址在房山区长沟镇南正村南正行宫，现存长沟镇原西长沟小学旧址。

著录情况：《拓汇》，第 70 册，第 30 页。《拓目》，第 464 页，京 4287。

按：诗云：“连畦细细复芊芊，」绿接平畴荡晓」烟；纳稼应期欣」有岁，服田转瞬」计明年。四民久」识农为苦，二黼」常筹食是天；冬」雪春霖顾时若，」愁怀对此且纾」然。秋麦一律，」戊辰仲秋月下」浣，御笔。」”

乾隆御笔《射一律》诗刻

清己巳〔乾隆十四年（1749）〕春杪（三月）御笔

首行题：离宫停跸多余暇每集

清高宗弘历御笔

拓高 97 厘米，宽 86 厘米。诗文 8 行，行 9 字，行书。尾钤方印二，上印阴篆“惟精惟一”；下印阴篆“乾隆宸翰”。

碑原址在房山区长沟镇南正村南正行宫，现存长沟镇原西长沟小学旧址。

著录情况：《拓汇》，第 70 册，第 40 页。《拓目》，第 464 页，京 4290。

按：诗云："离宫停跸多余暇，每集」亲臣射广场；德可观兮」因以习，武虽偃兮未宜」忘。清和节近迟行漏，杨」柳风轻试涉凉；尽有邹」枚属车后，载赓催进角」弓章。射一律」己巳春杪，御笔。"

乾隆御笔《夜一首》诗刻

清己巳〔乾隆十四年（1749）〕暮春月（三月）御笔

首行题：行宫潇洒地春宵偶

清高宗弘历御笔

拓高 100 厘米，宽 90 厘米。诗文 9 行，行 10—11 字，行书。尾钤方印二，上印阳文篆书"所宝惟贤"；下印阴文篆书"乾隆御笔"。

碑原址在房山区长沟镇南正村南正行宫，现存长沟镇原西长沟小学旧址。

著录情况：《拓汇》，第 70 册，第 39 页。《拓目》，第 464 页，京 4289。

按：诗云："行宫潇洒地，春宵偶栖迟；」轩阁静以佳，起居适所宜。万」窍声既息，封章亦罢披；宝」鸭兰烟炧，银檠莲焰垂。回」忆一月前，频阅羽檄时；夫岂」顾佳兵，曾闻诘戒师。集事赖」贤臣，革心徕远夷；居安益兢兢，」永言念在兹。夜一首」己巳暮春月，御笔。」"

乾隆御笔《雨中游大觉寺五首》诗刻

清乾隆庚午〔乾隆十五年（1750）〕仲夏（五月）

首行题：大觉由来古上方心闲才一礼空王天龙莫

石多处漫漶。拓高 58 厘米，宽 36 厘米。诗文 9 行，行字不等，行书。

刻石在海淀区大觉寺后山憩云轩后，现原址保存。

按：据《清高宗（乾隆）御制诗文全集》第二册，诗曰："大觉由来古上方，心闲才一礼空王。天龙莫」怪中车晚，为待甘霖日为遑。时日传宣蓝若」游，密云风度雨丝稠。便因跋马山径滑，罢猎还」应等魏侯。云中不见阳台面，雨里阳台忽」面前。举与山僧休错认，饶他到点不关禅。」苇蒙僧葛退烟霏，幽处攀跻山鸟飞。一霎雨晴浑」不□，濠上惟觉润沾衣。飞泉仍是去年声，」小阁闲听顿觉清。却是山灵真鲜事，展图」忽放一天晴。庚午仲夏。雨中游大觉寺五首。御笔。（后钤圆花印一，"乾"字；方印一，"隆"字）"

乾隆御笔《官柳一首》诗刻

清庚午〔乾隆十五年（1750）〕仲秋（八月）御笔

首行题：官柳纷纷翠影

清高宗弘历御笔

拓高 100 厘米，宽 87 厘米。诗文 6 行，行 6—7 字，行书。尾钤方印二，上印阴文篆书“政在敬民”；下印阳文篆书“善举人言”。

碑原址在房山区长沟镇南正村南正行宫，现存长沟镇原西长沟小学旧址。

按：诗云：“官柳纷纷翠影」笼，两三叶乍落西」风；自从始种今乔」木，十五年光想像」中。 官柳一首」庚午仲秋，御笔。」”

乾隆御笔《西北风一首》诗刻

清庚午〔乾隆十五年（1750）〕仲秋八月御笔

首行题：今年每盼西北风都为

清高宗弘历御笔

拓高100厘米，宽85厘米。诗文8行，行9字，行书。尾钤方印二，上印阳文篆书“执中含和”；下印阴文篆书“正谊明道”。

碑原址在房山区长沟镇南正村南正行宫，现存长沟镇原西长沟小学旧址。

著录情况：《拓汇》，第70册，第129页。《拓目》，第465页，京4292。

按：诗云：“今年每盼西北风，都为」溽暑思晴爽；昨夜秋霖」彻旦零，渐石征夫劳鞅」掌。纵匪农时犹苦潦，忽」来西北风生朗；长途定」不愁泞泥，陡益峭寒又」厪想。西北风一首」庚午仲秋，御笔。」”

乾隆御笔《水碓一首》诗刻

清庚午〔乾隆十五年（1750）〕秋日御笔

首行题：漩洑溪流绕村曲

清高宗弘历御笔

拓高100厘米，宽195厘米。诗文14行，行6—7字，行书。尾钤方印二，上印阳文篆书“勤学好问”；下印阴文篆书“味道之腴”。

碑原址在房山区长沟镇南正村南正行宫，现存长沟镇原西长沟小学旧址。

著录情况：《拓汇》，第70册，第135页。《拓目》，第465页，京4291。

按：诗云：“漩洑溪流绕村曲，」村人引水舂新谷；」何必机心鄙桔槔，」且喜西成中上熟。」比栉长茎硕穗垂，」场中仍有滞与」遗；秋社饮余免饥」色，邻里鸡犬还孳」肥；道旁所见诚慰」喜，既慰愁添转难」已。今年畿辅潦者」多，未必村村皆似」此。水碓一首」庚午秋日，御笔。」”

乾隆御笔《易州道中作》诗刻

清辛未〔乾隆十六年（1751）〕秋御笔

首行题：晓日千村飏爨

清高宗弘历御笔

拓高99厘米，宽162厘米。诗文12行，行6字，行书。尾钤方印二，上印阴文篆书“处情存仁”；下印阳文篆书“朝日煇”。

碑原址在房山区长沟镇南正村南正行宫，现存长沟镇原西长沟小学旧址。

著录情况：《拓汇》，第70册，第163页。《拓目》，第466页，京4294。

按：诗云：“晓日千村飏爨」烟，邮程廿里迟」鸣鞭；逢迎田父」多欢色，生计间」阎胜去年。易」水流沙率不深，」潦收野渡那须」寻？荆轲山矗秋」云表，想像当年」壮士心。」易州道中作」辛未秋，御笔。」”

乾隆御笔《夕一首》诗刻

清辛未〔乾隆十六年（1751）〕秋九月御笔

首行题：日落远山横苍

清高宗弘历御笔

拓高98厘米，宽166厘米。诗文10行，行5—6字，行书。尾钤方印二，上印阴文篆书“乾隆御笔”；下印阳文篆书“所宝惟贤”。

碑原址在房山区长沟镇南正村南正行宫，现存长沟镇原西长沟小学旧址。

著录情况：《拓汇》，第70册，第162页。《拓目》，第465页，京4293。

按：诗云：“日落远山横，苍」然暝色清；归」禽翻落叶，行」漏递初更。檀缕」萦金鸭，莲英」灿玉檠；明当检」跸路，迟意意」难平。夕一首」辛未秋九月，」御笔。」”

乾隆御笔《微雨一首》诗刻

清癸酉〔乾隆十八年（1753）〕仲春月（二月）上浣御笔

首行题：春云时来浓问夜希

清高宗弘历御笔

拓高97厘米，宽166厘米。诗文14行，行8字，行书。尾钤方印二，上印阳篆：“漱芳食润”；下印阴篆“旰食宵衣”。

碑原址在房山区长沟镇南正村南正行宫，现存长沟镇原西长沟小学旧址。

著录情况：《拓汇》，第71册，第3页。《拓目》，第466页，京4295。

按：诗云：“春云时来浓，问夜希」无已；珠点洒凌晨，踊」虑风威起。谷寒欲变」雪，横团散花蕊；原旷」就向阳，棼丝作于止。」三白沾立春，觇土膏」犹美；不雨尚无妨，望」泽更瞻企。顾彼原田」每，良农待兴耜；巽二」汝勿逞，好生天地理。」鸣条懒听间，饶愁未」遑喜。 微雨一首」癸酉仲春月上浣，」御笔。」”

乾隆御笔《拒马河作》诗刻

清癸酉〔乾隆十八年（1753）〕仲春月（二月）御笔

首行题：春冰才解水

清高宗弘历御笔

拓高 100 厘米，宽 167 厘米。诗文 8 行，行 5—6 字，行书。尾钤方印二，上印阳文篆书“笔画春雨”；下印阴文篆书“乾隆御笔”。

碑原址在房山区长沟镇南正村南正行宫，现存长沟镇原西长沟小学旧址。

著录情况：《拓汇》，第 71 册，第 4 页。《拓目》，第 466 页，京 4296。

按：诗云：“春冰才解水」淙淙，雨过逢源」玉积峰；一谷寒」风送征辔，得」毋举趾迟三」农。 拒马河作」癸酉仲春月，」御笔。」”

乾隆御笔《过卢沟桥一首》诗刻

清乙亥〔乾隆二十年（1755)〕春御笔

首行题：卢沟桥北无河患

清高宗弘历御笔

拓高 100 厘米，宽 167 厘米。诗文 14 行，行 7—8 字，行书。尾钤方印二，上印阴篆“心清闻妙早”；下印阳篆“天根月堀”。

碑原址在房山区长沟镇南正村南正行宫，现存长沟镇原西长沟小学旧址。

著录情况：《拓汇》，第 71 册，第 55 页。《拓目》，第 467 页，京 4298。

按：诗云：“卢沟桥北无河患，」卢沟桥南河患频；」桥北堤防本不事，」桥南筑堤高嶙峋。」堤长河亦随之长，」行水墙上徒劳人；」我欲弃地使让水，」安得余地置彼民？」或云地亦不必让，但」弃堤防水自循；言」之似易行不易，今古」异宜难具论。」过卢沟桥一首」乙亥春，御笔。」”

乾隆御笔《晓行即事四首》石刻

清乙亥〔乾隆二十年（1755)〕三月御笔

首行题：东风晓日沍寒徂芜长

清高宗弘历御笔

拓高 99 厘米，宽 168 厘米。诗文 15 行，行 9 字，行书。尾钤方印二，上印阳文篆书“敉幾典学”；下印阴文篆书“陶冶赖诗篇”。

碑原址在房山区长沟镇南正村南正行宫，现存长沟镇原西长沟小学旧址。

著录情况：《拓汇》，第 71 册，第 54 页。《拓目》，第 466 页，京 4297。

按：诗云：“东风晓日沍寒徂，芜长」亭皋露气濡；马踏土香」迎目润，年来春景得曾」无。窣地牂杨冒绿丝，鞭」停珠勒意为迟；即看夹」路成者，记得移栽拱」把时。陇首红英护荜门，」江南仿佛杏花村；今年」春野偏宜望，处处耕犂湿」土翻。春麦才生秋麦」长，绿葱一律染烟光；已」沾好雨仍希泽，未敢轻」言饼饵香。」晓行即事四首」乙亥三月，御笔。」”

乾隆御笔《长沟三首》诗刻

清丙子〔乾隆二十一年（1756）〕仲春月（二月）御笔

首行题：风吹陌柳雪余坡

清高宗弘历御笔

拓高 97 厘米，宽 130 厘米。拓仅为诗作前 11 行，后 3 行失拓。诗文应存 14 行，拓现存 11 行，行 7–8 字，行书。诗文末尾下方钤二印：上阴文篆书“万物静观皆自得”；下阳文篆书“四时佳兴与人同”。

碑原址在房山区长沟镇南正村南正行宫，现存长沟镇原西长沟小学旧址。

著录情况：《拓汇》，第 71 册，第 75 页。《拓目》，第 467 页，京 4299。

按：诗云：“风吹陌柳雪余坡，」迤逦长沟策骑过；」底识年来增户口，草」团瓢较向时多。野」水弯环抱郭流，治田」兼复牧羊牛；长官」宜读《郭驼传》，不扰其」余任自谋。毳服春」朝尚峭寒，房山遥在」白云端；高低土脉皆」含润，历览吾心略」为宽。 长沟三首」丙子仲春月中浣，」御笔。”

馆存拓片失拓的 3 行诗文及印文据《拓汇》补录。

乾隆御笔《柳色一律》诗刻

清丙子〔乾隆二十一年（1756）〕春仲（二月）御笔

首行题：未窣如油绿先摇似

清高宗弘历御笔

拓高 99 厘米，宽 89 厘米。诗文 7 行，行 8 字，行书。尾钤方印二，上印阳文篆书“虚中漱照”；下印阴文篆书“有曲有则”。

碑原址在房山区长沟镇南正村南正行宫，现存长沟镇原西长沟小学旧址。

著录情况：《拓汇》，第 71 册，第 76 页。《拓目》，第 467 页，京 4303。

按：诗云：“未窣如油绿，先摇似」酒黄；盈盈绘春色，往往冒」烟光。遥看近疑失，无」端有若狂；高楼谁望」见？可复腻柔肠。」柳色一律」丙子春仲，御笔。」”

乾隆御笔《麦色一首》诗刻

清戊寅〔乾隆二十三年（1758）〕春御笔

首行题：东路麦沾雨心

清高宗弘历御笔

拓高 98 厘米，宽 176 厘米。诗文 9 行，行 6 字，行书。尾钤方印二，上印阴篆“存诚主敬”；下印阳篆“陶冶性灵”。

碑原址在房山区长沟镇南正村南正行宫，现存长沟镇原西长沟小学旧址。

著录情况：《拓汇》，第 71 册，第 117 页。《拓目》，第 467 页，京 4300。

按：诗云：“东路麦沾雨，心」怀京迤西；却欣」行历历，更觉绿」萋萋。沐露朝犹」

润，含烟远若迷；」传宣戒驰突，本」计厘黔黎。」麦色一首」戊寅春，御笔。」"

乾隆御笔《菜花一首》诗刻

清戊寅〔乾隆二十三年（1758）〕暮春月（三月）御笔

首行题：绿水弯环

清高宗弘历御笔

拓高100厘米，宽175厘米。诗文9行，行4—6字，行书。尾钤方印二，上印阳篆"研精固得趣"；下印阴篆"契理亦忘言"。

碑原址在房山区长沟镇南正村南正行宫，现存长沟镇原西长沟小学旧址。

著录情况：《拓目》，第467页，京4301。

按：诗云："绿水弯环」似水乡，连」塍亦见菜花」黄；却欣间」左勤沟洫，迟」辔聊看审」不妨。菜花一首」戊寅暮春月，」御笔。」"

乾隆御制崇元观瞻礼诗碑

清乾隆戊寅〔二十三年（1758）〕孟冬（十月）修观落成便道瞻礼因题二律御笔

额篆：重修崇玄观记

清高宗弘历御制

碑螭首方座，碑身侧面浮雕云龙纹，座浮雕云龙纹。碑首身通高396厘米，宽124厘米，厚51厘米。座高98厘米，宽169厘米，厚88厘米。额文2行，行3字，篆书。碑身拓高258厘米，宽112厘米。碑文7行，满行19字，现存107字，行书。碑阴无字无额题。

碑原址在西城区西直门大街崇元观，现藏北京石刻艺术博物馆。

著录情况：《馆目》，第56页。《庙志》，第823—825页。

按：崇元观或为明宦官曹吉祥建，俗称"曹老公观"。清乾隆二十二年（1757）重修。二十三年（1758）乾隆皇帝作诗镌于此碑，诗曰："观瞻日下属神皋，葺旧宁烦事伐鼛。庆落便中纡法驾，崇元疑早会仙曹。金题重灿云房复，绛节纷朝玉座高。七字聊因识缘起，楔碑乘暇以挥毫。椓人何事当夔皋，建筑居然同鼓鼙。富贵那曾镇尔辈，裔苗诚未忝其曹。开门已忘君恩厚，督厂偏夸珰势高。览古不禁怀鉴古，慎微切切在含毫"。民国时崇元观为东北大学校址，现已不存。

该碑额题"重修崇玄观记"，该观名因避康熙皇帝"玄烨"讳，已改作崇元观，此处额题仍作"崇玄观"，可知该碑的制作年代当早于康熙朝，乾隆诗刻应是磨去"重修崇玄观记"的旧碑文而新刻。

乾隆御笔《夜雨一律》诗刻

清庚辰〔乾隆二十五年（1760）〕二月下浣御笔

首行题：傍晚微云无雨

清高宗弘历御笔

拓高100厘米，宽170厘米。诗文12行，行6字，行书。尾钤方印二，上印阴篆“乾隆御笔”；下印阳篆“所宝惟贤”。

碑原址在房山区长沟镇南正村南正行宫，现存长沟镇原西长沟小学旧址。

著录情况：《拓汇》，第71册，第169页。《拓目》，第467页，京4302。

按：诗云：“傍晚微云无雨」望，四更山面凑」云来；麦畴自利」芃抽节，黍陇还」期润到荄。隔牖」不妨侵薄冷，问」途早是净纤埃；」今春膏泽随人」愿，实觉欣哉益」惕哉。夜雨一律」庚辰二月下浣，」御笔。」”

乾隆御制《庚辰二月廿七日郊劳出征将军兆惠富德及诸将士礼成纪事》诗碑

清乾隆二十五年（1760）庚辰二月二十七日

首行题：京县郊南亲劳军

清高宗弘历御笔

碑为卧碑，座身一体，汉白玉石质。碑通高275厘米，宽225厘米，厚28厘米。阳阴两面镌汉、满、蒙、藏等四体文字。拓高137厘米，宽178厘米。阳面汉、满文合璧。阳面右侧镌汉文，共12行大字（其中一行为两行小字），行字不等，行书。末行下方镌印二方：上为“乾隆宸翰”，篆书，阴文；下为“陶冶性灵”，篆书，阳文。其后镌满文12行，其中一行为两行小字。阴面藏、蒙文合璧。

碑今在房山区良乡大南关村东立。

著录情况：《拓汇》，第71册，第167—168页。《拓目》，第467页，京9926。

乾隆御制《汇通祠诗》碑

碑阳：清乾隆二十六年（1761）春

诗题：汇通祠诗

清高宗弘历御笔

碑阴：清乾隆二十六年（1761）四月

诗题：积水潭即景诗三绝句

清高宗弘历御笔

碑侧：清乾隆五十一年（1786）四月

诗题：汇通祠瞻礼诗

清高宗弘历御笔

碑方首方座。碑身拓高141厘米，宽68厘米。侧拓高132厘米、宽30厘米。碑阳文 6 行，行字不等，共 85 字，行书。碑阴存 4 行，行字不等，共 69 字，行书。碑侧存 4 行，行字不等，共 69 字，行书。

碑原址在西城区德胜门内汇通祠，现原址保存。

著录情况：《拓汇》，第 71 册，第 187 页；第 75 册，第 58 页。《拓目》，第 468 页，京 581—1，《积水潭即景诗》；第 468 页，京 581—2，《汇通祠诗》；第 582 页，京 582，《汇通祠瞻礼诗》。《馆目》，第 57 页。《首图拓目》，第 137、1182 页。《庙目》，第 46 页。《庙志》，第 286 页。

按：汇通祠始为明成祖时姚广孝所建，旧称“法华寺”，又称“镇水观音庵”。清乾隆二十六年（1761）重建后改名“汇通祠”，碑即立于此时。1970 年代北京修建地铁时汇通祠拆毁，碑曾移至北京石刻艺术博物馆收藏，1988 年 9 月汇通祠重修后碑移回汇通祠新建石亭内。

碑阳《汇通祠诗》曰：“潴蓄长流济大通，澄潭积水映遥空。」为关溯涧应垂制，因葺崇祠喜毕工。」海寺月桥率难考，灯船歌馆漫教同。纪」吟权当留碑记，殷鉴恒深惕苦衷。」改濬积水潭夹岸筑墙为限并葺新旧」祠名曰汇通而纪以诗。辛巳春御笔。”末行下镌 2 印，上阳文篆书“惟精惟一”，下阴文篆书“乾隆宸翰”。

碑阴《积水潭即景诗三绝句》曰：“积水苍池蓄众流，节宣形胜巩皇州。疏淤」导顺植桃柳，三里长溪可进舟。一座湖亭」倚大堤，两边水自别高低。片时济胜浮烟」舫，春树人家望转迷。烟中遥见庙垣红，」瞬息灵祠抵汇通。雨意溟濛犹未止，出郊」即看麦苗芃。积水潭即景诗三绝句。」辛巳清和月初吉御笔。”末行下镌 2 印，上阳文篆书“所宝惟贤”，下阴文篆书“乾隆御笔”。

碑侧《汇通祠瞻礼诗一律》曰：“辛巳疏通潭积水，逮今廿五阅流年。不无淤壅应濬治，有藉蓄」潴利运川。广陌纡临视工毕，灵祠礼谒意祈雯。行云施雨青」神惠，愿薄甘膏渥大田。瞻礼一律」乾隆丙午孟夏月下浣御笔。”末行下镌 1 印，阳文篆书“犹日孜孜”。

乾隆御笔《题龙潭作》诗

清乾隆丙戌〔三十一年（1766）〕仲夏（五月）

首行题：常闻佛说法必有天龙护净

诗镌于青石上。拓高 50 厘米，宽 33 厘米。诗文 6 行，满行 11 字，行书。

刻石在海淀区大觉寺后山龙王堂右前，现原址保存。

按：据《清高宗（乾隆）御制诗文全集》第五册，诗曰：“常闻佛说法，必有天龙护。净」域有灵潭，应要那伽住。泉府」蟠清深，解泽兴云雾。虽非请」雨来，于惠岂辞屡。但愿以时」晴，何妨以时澍。题龙潭作」丙戌仲夏御笔。”末行钤方印二，上阳文篆书“惟精惟一”，下阴文篆书“乾隆宸翰”。

乾隆御笔《咏银杏作》诗刻

清乾隆丙戌〔乾隆三十一（1766)〕仲夏（五月）

首行题：老干阴森寻丈余

拓高 52 厘米，宽 32 厘米。诗文 6 行，行 7 字，行书。

刻石在海淀区大觉寺后山王堂右前方，现原址保存。

按：据《清高宗（乾隆）御制诗文全集》第五册，诗曰："老干阴森寻丈余，」数人连抱峙阶除。」金颠元踬明消」灭，一例无心阅幻」如。咏银杏作」丙戌仲夏御笔。"末行钤方印一，阳文篆书"乾隆宸翰"。

乾隆御笔《银杏》诗刻

清乾隆戊子〔乾隆三十三年（1768)〕六月上浣御笔

首行题：古柯不计数人围

拓高 43 厘米，宽 21 厘米。诗文 7 行，行 7 字，行书。

刻石在海淀区大觉寺后山，现原址保存。

按：据《清高宗（乾隆）御制诗文全集》第五册，诗曰："古柯不计数人围，」叶茂孙枝绿荫」肥。世外沧桑阅如」幻，开山大定记依」稀。右银杏」戊子夏六月上浣。」御笔。"末行钤方印二，上阳文篆书"所宝惟贤"；下阴文篆书"乾隆御笔"。

乾隆御笔《领要亭》诗刻

清乾隆戊子〔乾隆三十三年（1768)〕

首行题：笠亭栖嶕峣如鸟翥翼

石风化剥蚀严重，文字多漫漶。拓高 62 厘米、宽 35 厘米。存 5 行，行字不等。

刻石原址在海淀区大觉寺后山领要亭旁，现原址保存。

按：据《清高宗（乾隆）御制诗文全集》第五册，诗曰："笠亭栖嶕峣，如鸟翥翼」然。层峰屏峙后，流泉布」瀑前。山水之趣此领要，」付与山僧阅小年。」戊子□右领要亭。"末行钤方印二，上阴文篆书"乾隆宸翰"；下阳文篆书"惟精惟一"。

乾隆御制《永定河神祠诗》碑

清（乾隆）癸巳〔三十八年（1773)〕暮春之初（三月）瞻谒

额篆：御制

首行题：茭薪非不属堤堰聿观成终鲜一

末行题：永定河神祠诗以志事御笔

清高宗乾隆御笔

碑方首，方座，碑身边框饰龙纹，首饰二龙戏珠纹，座饰垂巾纹。碑首身高 236 厘米，宽 93 厘米，厚 26 厘米；碑座高 63 厘米，宽 126 厘米，厚 61 厘米。阳身拓高 164

厘米，宽 92 厘米。额拓高 37 厘米，宽 35 厘米。额文 1 行，行 2 字，篆书。碑文存 6 行，满行字 12—14 字不等，行书。碑阳失拓。

碑在大兴区定福庄乡赵村，现原址保存。

按：碑立于乾隆三十五年（1770 年）永定河决口处，即今大兴县定福庄乡赵村。馆藏只存阴拓，碑阳失拓。拓末行题“永定河神祠诗以志事御笔”，其下后钤方印二，漫漶不辨。

乾隆御笔《觉生寺谢雨即事成什》诗碑

碑右侧

清乾隆壬寅〔四十七年（1782）〕孟夏之月（四月）中浣御笔

诗题：觉生寺谢雨即事成什

诗首行题：熟读云汉诗（以下从略）

清高宗弘历御笔

碑左侧

清乾隆壬寅〔四十七年（1782）〕孟夏之月（四月）中浣御笔

诗题：觉生寺精舍小憩作

诗首行题：精舍花宫畔（以下从略）

清高宗弘历御笔

碑高 215 厘米，宽 99 厘米，厚 38 厘米。碑两侧拓均高 207 厘米，宽 35 厘米。碑左侧诗文 4 行，满行 36 字，实存 97 字，行书。末行镌 2 印，上阴文篆书“古稀天子之宝”，下阳文篆书“犹日孜孜”。碑右侧诗文 3 行，满行 24 字，实存 55 字，行书。末行镌 2 印，上阳文篆书“所宝惟贤”，下阴文篆书“乾隆御笔”。碑阳及碑阴失拓。

碑原址在海淀区大钟寺，后调拨北京石刻艺术博物馆。2007 年调拨回大钟寺古钟博物馆，现藏大钟寺古钟博物馆。

著录情况：《拓汇》，第 68 册，第 157 页，《觉生寺碑》；第 72 册，第 56 页，《觉生寺瞻礼诗》；第 74 册，第 118 页，《觉生寺精舍小憩诗》；第 74 册，第 119 页，《觉生寺谢雨碑》。《拓目》，第 293 页，京 5967，《觉生寺碑》；第 468 页，京 5969，《觉生寺瞻礼诗》；第 470 页，京 5971，《觉生寺谢雨碑》；第 470 页，京 5973，《觉生寺精舍小憩诗》。

按：碑阳为清雍正十二年（1734 年）十一月《觉生寺碑》，碑阴为乾隆四十八年（1783）《觉生寺瞻礼诗》。右侧为乾隆四十七年（1782）四月《〈觉生寺谢雨即事成什〉诗碑》，左侧为乾隆四十七年（1782）四月《〈觉生寺精舍小憩作〉诗碑》。

乾隆御笔诗刻

清乾隆丁亥〔乾隆三十二年（1767）〕新秋月至甲辰〔乾隆四十九年（1784）〕秋月御笔

清乾隆四十九年（1784）〕秋月以后（刻）

首题：御□□□诗

清高宗弘历御笔

刻石高 64 厘米，宽 51 厘米，厚 17 厘米。拓片高 63 厘米，宽 51 厘米。

石刻镌共 9 首诗，均行书。之一：漫漶，字数不详；之二：七言诗，10 行，34 字；之三：4 行；之四：漫漶，字数不详；之五：6 行，38 字，甲辰仲夏；之六：漫漶，字数不详；之七：5 行，34 字；戊戌仲春；之八：8 行，35 字，丁亥新秋月；之九：漫漶，字数不详。

石原藏宣武文管所，2000 年 8 月宣武文管所移交，现藏北京石刻艺术博物馆。

按：刻石年代不详。石镌清乾隆帝不同年代的诗作 9 首，诗作漫漶较甚，部分诗作年款不详，诗作所题年款分别为清（乾隆）甲辰〔乾隆四十九年（1784）〕仲夏、甲辰〔乾隆四十九年（1784）〕秋月、戊戌〔乾隆四十三年（1778）〕仲春、戊戌〔乾隆四十三年（1778）〕季夏、丁亥〔乾隆三十二年（1767）〕新秋月、癸卯〔乾隆四十八二年（1783）〕新正等。

法源八咏

清嘉庆丙寅〔十一年（1806）〕春

苏斋摹勒法源八咏凡四石

吴县支云从镌

《法源八咏》共 4 石，每石镌五律诗作 2 首，共镌刻诗 8 首。

石现存宣武区法源寺。

著录情况：《拓汇》，第 77 册，第 189 页。《拓目》，第 473 页，京 813。《法贞》，第 87—89 页。

按："苏斋"为翁方纲号。

石刻题诗情况如下：

第一石：拓长 40 厘米，高 28 厘米。

诗题一：海棠

秀水钱载作

诗文 7 行，满行 8 字，行楷。

诗题二：苏灵芝宝塔颂

仁和余集作

诗文 5 行，满行 11 字，正书。

第二石：拓长 40 厘米，高 30 厘米。

诗题三：唐景福元年重藏舍利记

大兴翁方纲作

诗文 7 行，满行 10 字，正书。
诗题四：辽幢
青浦王昶作
诗文 5 行，满行 9 字，行楷。诗后小字镌题记一行："幢在戒台前"。

第三石：拓长 40 厘米，高 28 厘米。
诗题五：象槐
钱唐吴锡麒作
诗文 6 行，满行 10 字，正书。
诗题六：真武画像
武进赵怀玉作
诗文 6 行，行书。第 3 行下镌小字二行："像无款识，或以为戴静庵画。"

第四石：拓长 40 厘米，高 26 厘米。
诗题七：大安十年观音地宫舍利函记
江宁严长明作
诗文 6 行，满行 10 字，行书。小字注解 2 行，行书。
诗题八：文官果花
扬州罗聘作
诗文 5 行，满行 12 字，正书。

嘉庆御笔《云居寺瞻礼二十韵》诗碑

清嘉庆十四年（1809）六月上浣
首题：云居寺瞻礼二十韵
清仁宗颙琰御笔
碑阴
清嘉庆十八年（1813）六月
首行题：西峪花宫曾驻
清仁宗颙琰御笔

碑为卧碑，僧帽式碑首，雕二龙戏珠，碑身阳、阴两面边框均浮雕云龙纹，座为须弥座。碑首高 54 厘米，宽 220 厘米，厚 55 厘米。碑身高 120 厘米，宽 204 厘米，厚 33 厘米。座高 80 厘米，宽 240 厘米，厚 55 厘米。拓高 110 厘米，宽 184 厘米。

碑阳面镌《云居寺瞻礼二十韵》诗，共 22 行，满行 12 字，行书。碑阳末尾两行题："嘉庆十有四年岁次己巳季春月上浣御笔"。其下镌二印，上阳文篆书"嘉庆御笔之宝"，下阴文篆书“执两用中”。

碑阴面镌嘉庆御笔《再游云居寺》七言诗一首，共12行，满行6字，行书。碑阴末尾两行题：“嘉庆十八年癸酉季春月御笔”。其下镌二印，上印阳文篆书“嘉庆御笔之宝”，下印阴文篆书“执两用中”。

碑现立于房山区云居寺弥陀殿院内碑亭。

著录情况：《拓汇》，第78册，第52页；第78册，第111页，碑阴。《拓目》，第473页，京3975；第473—474页，京3977，碑阴。

德克金布秘魔崖诗刻

清丁未秋刻〔道光二十七年（1847）〕

首行题：君不见天台桥畔第三松

诗末尾题：丁未秋初偶游翠微山日暮借榻秘摩崖古刹茂林氏德克金布题镌

茂林氏德克金布撰文并镌刻

诗刻为嵌墙刻石，高50厘米，宽62厘米。拓高59厘米，宽49厘米。诗文12行，满行23字。正书。

刻石嵌于石景山区八大处八处秘魔崖真武洞墙上。

著录情况：《拓汇》，第81册，第144页。《拓目》，第474页，京6459。

按：诗刻年款仅署“丁未秋”，据《拓汇》，为道光二十七年（1847）。诗作者德克金布亦不知其何许人也。

登石景山唱和诗刻

原诗作于清同治十年（1871）秋九月

和诗作于光绪十八年（1892）秋季（九月）之吉

首行：古寺荒凉雀可罗

同治辛未秋九月登石景山贵池桂本诚题

光绪壬辰秋季之吉同邑方汝霖和韵并书丹

石高64厘米，宽105厘米。刻石略有漫漶。桂本诚诗字体略大，诗正文8行，满行7字，其后2行后记，满行10字，正书。“贵池桂本诚题”下钤印一，漫漶。其后方汝霖诗字体略小，诗正文5行，满行13字。后记2行，满行13字。均正书。

刻石立于石景山区石景山半山坡碧霞元君庙殿前阶西侧。

著录情况：《拓汇》，第87册，第28页，《拓目》，第475页，京10275。

按：此诗刻为桂本诚、方汝霖两人先后相差二十一年游石景山而作，均为七言律诗，方汝霖步桂本诚原韵而书刻。

静涵禅师虚心图及题咏刻石

清光绪十二年（1886）冬（上石）

文卿冯殿魁双钩

竹轩吕春林刻石

刻石共15方，石高34厘米，宽95至127厘米不等。拓片应存15张，馆藏12张。失拓刻石为：第3石，即《自题虚心图》原文刻为三石，中间一石失拓；第5石，即光绪辛巳（1881）立秋日醇亲王题“观空无相”失拓；第10石，即翁同龢题咏后的景廉、宝鋆、王文韶三人题诗失拓。

刻石共15方，现嵌于宣武区法源寺东北隅精舍内西壁。

著录情况：《拓汇》，第86册，第34—37页。《拓目》，第526页，京822。《法贞》，第92—93页。

按：静涵和尚俗姓刘名昌涛，字静涵，俗称蕖汀道人，江苏徐州府铜山县人。嘉庆二十二年（1817）生，道光十七年（1837）在京法源寺受戒，曾任广济寺住持。静涵自画像并作文记述生平以遗后世，并请多位交游名人题咏。

馆存拓片情况如下：

1．拓片一（第一石）：

静涵禅师虚心图

清光绪七年（1881）岁次辛巳三月三日

静涵禅师绘图

拓片长122厘米，高33厘米。刻静涵禅师坐像及捧经小和尚一人，刻有松竹山石、溪流树木等景色。右下有篆文印章二方：“静涵”、“蕖汀道人”。

2．拓片二（第二石）：（石编号一）

自题虚心图记

清光绪七年（1881）岁次辛巳

首题：自题虚心图

拓长122厘米，高33厘米。文40行，满行16字，正书。右上方篆文印章一枚：“千华正脉”。

3．拓片三（第四石）：拓长122厘米，高33厘米。（石编号三）

前半为接续《自题虚心图》，文19行，满行16字，正书。文末尾处镌印章二方：“昌涛之印”、“静涵”。其后又接静涵题记一则和肃亲王题诗一首。

静涵自序

清光绪十二年（1886）十月既望

文11行，满行23字，行楷。尾镌印章一枚：“蕖汀道人”。

肃亲王题诗

清癸未〔光绪九年（1883）〕清和月（四月）

七律一首,6行,满行15字,行书。后题“静涵大和尚属题肃亲王”。尾篆文印章二方:“肃亲王印(阴文)”、“曦园印(阳文)”。

4. 拓片四(第六石):

“圆光普照”榜书

拓长90厘米,高34厘米。石横题一行:“圆光普照”,行楷;左侧行书题识二行:“静涵大师属题”,“白山麟书”。石右上方随形章一枚:“家在白山绿水间”;左下方印章一枚:“芝庵”。均篆书。

5. 拓片五(第七石):

“逸情云上”榜书

拓长90厘米,高34厘米。石横题一行:“逸情云上”,隶书,题款三行“静涵老禅师」雅属」张之万题”,行楷;尾镌篆文印章二方:“张之万印(阳文)”、“子青(阴文)”。

6. 拓片六(第八石):拓长92厘米,高34厘米。

其一:李鸿藻题诗

清辛巳〔光绪七年(1881)〕季冬

行书七绝一首6行,满行6字;小字行书题款3行。尾题款:“辛巳季冬题奉」静涵大和尚法鉴高阳李鸿藻。”诗右上方印章一枚,模糊不可辨;左下方篆文印章二方:“兰孙(阳文)”、“李鸿藻印(阴文)”。

其二:潘祖荫七绝一首

辛巳〔光绪七年(1881)〕中秋

诗行书5行,满行8字。题款“辛巳中秋」镜涵大和尚潘祖荫”。尾刻篆文印章一枚:“南公鼎斋”。

其三:张之洞七绝一首

诗七绝一首3行,满行14字,小字题记3行,满行22字,行楷。题记:“同年陆广甫、前辈谢麟伯数与余同过法源寺,松间庑下藉地清言往往竟日。今两君皆下世矣。”“为镜涵大和尚题南皮张之洞。”尾篆印章一枚:“孝达”。

7. 拓片七(第九石):拓长90厘米,高34厘米。(未编号)

其一:翁同龢题诗

行书12行,满行11字。落款:“奉题」静涵大和尚玉照常熟翁同龢。”尾篆印章一方:“萧山翁同龢印”。

其二:景廉题诗

行楷6行,满行12字。右上方印章一枚:退补斋。诗作未完,接后石,后石失拓。

8. 拓片八(第十一石):长90厘米,高34厘米。(石编号七)

其一:祁世长题诗

清光绪七年(1881)辛巳

诗行楷6行,满行13字。诗后题:“辛巳嘉平奉题」静涵大和尚虚心小照祁世长。”

尾篆印章二方："祁世长印（阳文）"、"子禾词翰（阳文）"。

其二：黄国瑾题诗"悯忠阁俯哀忠墓"

清光绪十二年（1886）丙戌

诗行楷13行，诗文夹注，行字大小不等。后题款："丙戌灌佛日题请静涵大师印可」贵筑黄国瑾。"尾篆印章一方："铜士"。

9．拓片九（第十二石）：长91厘米，高34厘米。（石编号八）

其一：闵种默题七绝二首

清光绪十年（1884）甲申孟春下浣

诗行书10行，满行8字。题款："朝鲜翰山闵种默奉呈」静涵大和尚法鉴。"尾篆印章二方：一为阴文印章模糊难辨，另一"闵种默印（阳文）"。

其二：熙敬七绝二首

诗七绝二首6行，满行11字，行书；题款小字2行，行书。题款："静涵大师属题」熙敬。"诗右上方印章一方："吟到梅花句自香"。尾篆印章二方："煦庄（阴文）"、"熙敬之印（阳文）"。

其三：荣禄题诗并序

清光绪九年（1883）癸未重阳

《荣禄题诗并序》前为序文，序文未完，接下石。该石镌序文5行，满行16字，行书。后记左上方印章一枚，文字模糊难辨。

10．拓片十（第十三石）：长92厘米，高33厘米（石编号九）

其一：荣禄题诗并序

接续前石刻序文5行，满行14字，行书。尾篆印章三方："略园主人（阴文）"、"□氏（阴文）"、"绐云竹簃印（阴文）"。其后镌荣禄七绝三首，行书6行，满行16字。末行书题款一行，"光绪癸未重阳略园主人长白仲华氏荣禄题于绐云竹簃"，后又篆印章二枚："臣荣禄印（半阴半阳）"、"仲华（阴文）"。

其二：刘淳题诗

清光绪八年（1882）壬午九月

题诗4行，满行21字，行书；题款3行，行书。题款："题为」静涵开士晒政」壬午九月拙庵刘淳书于京师。"尾篆印章二枚："刘淳"、"拙庵翰墨"。

其三：刘宗标五律二首

清光绪八年（1882）壬午九月

诗行书8行，满行11字。

11．拓片十一（第十四石）：长91厘米，高33厘米。（石编号十）

其一：刘宗标诗后题款

接前石，为刘宗标诗后题款二行，满行13字，行书。题款："静涵大和尚嘱题光绪壬午九月」临贺刘宗标甫稾。"尾篆印章二枚："宗标（阳文）"、"海臣（半阴半阳）"。

其二：钟德祥七绝二首

清光绪八年（1882）壬午秋

七绝二首 6 行，满行 11 字，行书；小字题款 2 行，行书。题款：“光绪壬午秋中为」静涵大和尚题钟德祥书稿。”尾篆印章一方：“伯慈”。

其三：吴莹七律一首

诗 5 行，满行 15 字，行书。题款 1 行：“静涵大和尚属题东海吴莹初稿。”尾篆印章二方：“吴莹私印（阳文）”、“石卿（阴文）”。

其四：何乃莹七律一首

首题：静涵大和尚

诗 5 行，满行 14 字，行书。诗后题款 1 行：“灵石何乃莹未定稿”。尾篆印章一方：“何乃莹印”。

其五：魏邦翰七律一首

清光绪甲申〔十年（1884）〕立秋后二日

诗七律一首并小字夹注，共 4 行，行字不等，行书。

12. 拓片十二（第十五石）：长 92 厘米，高 34 厘米。（石编号十一）

其一：魏邦翰题记

接前石，为魏邦翰诗后题记，题记小字 3 行，满行 18 字，行书。尾篆印章一枚：“悟香春樵”。

其二：刘光炘七古

清光绪十一年（1885）乙酉冬初

七古诗 16 行，满行 15 字，正书，其后小字题款 3 行，正书。题款：“乙酉冬初为」静涵大和尚属题即希法正」大名刘光炘未定草。”诗右上方篆印章一枚：“家与南张是旧邻”。尾篆印章二枚：“刘光炘（阳文）”、“兢莫（阴文）”。

其三：冯殿魁七绝并记

七绝一首 3 行，满行 10 字，篆书。后记 6 行，满行 11 字，正书。题款：“文卿冯殿魁双钩”。尾篆印章二枚：“殿魁印章（阳文）”、“文卿（阴文）”。

其四：刻工正书题款一行：竹轩吕春林刻石

徐陶璋书赠行实和尚诗并跋刻石

清壬寅〔康熙六十一年（1722）〕六月书为行实大和尚清鉴

首行题：晴明路出山初暖行踏春芜看茗归乍削柳

瓜泾徐陶璋撰书

清光绪辛卯〔十七年（1891）〕重九日（九月九日）仁和徐琪谨识

徐琪立石

拓高 154 厘米，宽 61 厘米。石刻正文镌徐陶璋诗，大字五行，满行 17 字，正书，

尾篆二印 :“徐陶璋印（阳文）”、“达夫（阴文）”。石刻左侧镌徐琪题记，小字 3 行，满行 51 字，正书。题记末篆印章二方 :“徐琪金石延年”、“两浙清风第一家”。

石现嵌于宣武区法源寺东北隅精舍东壁。

著录情况 :《拓汇》，第 86 册，第 185 页。《拓目》，第 475 页，京 819。

按 : 徐陶璋（1674—1738），字端揆，号达夫，长洲（今江苏苏州）人。康熙五十四年（1715）乙未科状元。以书法闻名于世。其子徐琪得法源寺静涵和尚赠送徐陶璋行书墨宝，为表谢意便将其刻石立于寺中，可知该石立石时间为清光绪十七年九月九日。

李廷幹七言诗刻

明末或以后

关西李廷幹（撰并书）

拓高 35 厘米，宽 65 厘米。石刻应存文字 11 行，右侧 3 行基本漫漶，残存文字 8 行，满行 8 字，正书。

石在房山区万佛堂内放置。

按 : 诗曰 :“▨」▨」▨」□□□□□水通□」□□□莫知崇深□」□□先天里妙用包」涵太极中飞鼠绕穿」蓬岛径片桃流出武」陵滦何年得侣飨霞」客拟泛仙槎到碧空」关西李廷幹」。”

诗文提及霞客，即徐霞客（1587—1641），诗刻年代当在明代或以后。诗刻具体地点不详，诗中有“片桃流出武陵滦”语，武陵滦当指孔水洞。

南海会馆七言诗刻石

清宣统三年（1911）前

首行题 : 云敛风

刻石为嵌墙横石，高 36 厘米，长 90 厘米。石刻七绝一首，文字 10 行，行 3 字，共 28 字，行书。石右上方刻阳文篆书印章一枚 :“□文斋”。

石原在宣武区米市胡同 43 号广东南海会馆内，现藏北京石刻艺术博物馆。

著录情况 :《馆目》，第 22 页。

陈瀚《黄金台诗》刻石

民国廿一年（1932）壬申冬

首行题 : 燕昭称好士起筑黄金台千」金致朽骨闻者如云来叶公」好龙岂真龙九皋相马无凡」马千年乔木自风霜独立苍」茫知者寡」

录先父子峻公剑闲斋遗集黄金台诗

湘乡陈尔锡书

拓高 126 厘米，宽 48 厘米。诗刻正文 5 行，题款 2 行，行字不等，均草书。左下方刻阳文印“壬林（阳文）”和阴文印“旧大理院庭长”。

石在宣武区法源寺。

著录情况：《拓汇》，第97册，第46页。《拓目》，第478页，京10455。

按：陈瀚，字裕楣，号子峻，一号德轩，湘乡人，贡生，有《剑闲斋遗集》。

《帝京景物略》卷二“黄金台”条云：黄金台名，后人拟名也。其地，后人拟地也。史记：昭王为郭隗改筑宫而师事之，新序通鉴皆言筑宫，不言筑台。后汉孔文举谓昭王筑台以延隗，梁任昉谓台在幽州燕王故城中，土人或呼贤士台、招贤台。有台名，无黄金名。李善引《上谷郡图经》曰：黄金台在易水东南十八里，燕昭王置千金其上，延天下士。水经注云：固安县有黄金台遗址，图经云然，始有黄金台名。今易州易水边二黄金台，都城朝阳门外东南又一黄金台。三黄金台，岿然皆土阜。

秘魔崖招止亭记

民国二十五年（1936）丙子春立

首题：秘魔崖招止亭记

剡溪袁翼撰

杭县袁毓麐书

拓高60厘米，宽120厘米。碑文31行，满行14字。行楷。“剡溪袁翼撰”下钤2印，上“涤庵”，阴文篆书，横题；下“袁翼”，阳文篆书，横题。“杭县袁毓麐书”下钤2印，上“文薮”，阳文篆书，横题；下“袁毓麐印”，阴文篆书。

刻石在石景山区八大处八处秘魔崖。

著录情况：《拓汇》，第98册，第67页。《拓目》，第388页，京6451。

陈尔锡《游中央公园》诗刻

民国二十五年（1936）前

首行题：台池难独

陈尔锡撰并书

石扇面形。拓长60厘米，高35厘米。诗文及题记14行，前12行为诗文，满行5字，草书；后2行为小字题记：“游中央公园偕空也方丈」陈尔锡。”末行下方镌篆书阴文印章一方：“壬林”。

石现藏宣武区法源寺。

著录情况：《拓汇》，第100册，第144页。《拓目》，第487页，京10457。《法贞》，第96—97页。

按：1914年民国政府将社稷坛开辟为中央公园，1928年更名为中山公园。陈尔锡（1878—1936），字壬林，清末民初著名书法家、诗人。湖南湘乡人，曾任中华民国大理院推事、庭长。

陈尔锡书《拟羲之帖》

民国二十五年（1936）前

陈尔锡

拓高 30 厘米，宽 32 厘米。帖石书文字 7 行，行字不等，草书。石倒数第 2 行下方题：“拟羲之帖。”末行题“陈尔锡”，下方镌篆书阴文印章一方：“壬林”。

石在宣武区法源寺。

著录情况：《拓汇》，第 100 册，第 142 页，京 10458。

象槐记

民国丁丑〔二十六年（1937）〕孟夏（四月）下旬

首行题：法源寺天王殿右侧隙地有象

杭人邵章伯褧年六十有六于北平寓斋六通馆撰并书

刻石为嵌墙横石。拓长 60 厘米，宽 41 厘米。石刻文字 19 行，满行 12 字，正书。石左侧镌印章三方，上阴文篆书“邵章”，中阳文篆书“ 伯炯”，下阴文篆书“无忧六十六年”。

石刻原址在宣武区法源寺西塔院东壁，现藏宣武区法源寺东北隅。

著录情况：《拓汇》，第 98 册，第 114 页。《拓目》，第 539 页，京 10456。

按：为咏法源寺天王殿右侧槐树所作。树相传生自唐代，树龄已逾 1300 年。因其折落处似象鼻形，故名“象槐”。

邵章（1872—1953）字伯炯、伯絅，号倬安。浙江杭县人。清光绪二十八年（1902）进士。曾毕业于日本政法大学速成科。曾任北京法政专门学校校长，北京政府评政院评事兼庭长、院长等职。精研碑帖，工书法。擅长行楷书、榜书、行草。

洪亮吉《国花堂赏荷分韵图序》及傅增湘题诗

清乾隆五十六年（1791）岁在辛亥七月初四日撰书

1941 年 7 月勒石

首行题：出西直门三里而近有极乐寺焉长河□前高阜

诗首句题：长河万柄红荷花

阳湖洪亮吉撰书

壬午（1942）三月二十再题

傅增湘撰书

首句题：海棠开过下香谢

刻石为横石，高 40 厘米，宽 100 厘米。拓高 38 厘米，宽 100 厘米。洪亮吉乾隆五十六年记文及诗 33 行，行字不等，现存 614 字，正书。其后一行镌印五方，五印分别为：“洪印亮吉”（阴文）、“稚存”（阳文）、“小字曰元”（阳文）、“与修国史”（阴文）、“卷施阁”

(阴文)。再后镌傅增湘1942年三月二十日再题诗，存3行39字，正书。

石刻原址在海淀区极乐寺内（后此地改建为北京第四制药厂，现为居住区），现藏北京石刻艺术博物馆。

著录情况：《馆目》，第69页。

按：石刻正文后提及洪亮吉等七人游极乐寺，张运判道渥“既为之图，余因序其颠末”。年款后又题长诗一首，首句作“长河万柄红荷花”。诗后署“阳湖洪亮吉”。其后镌印五方，多模糊不清，据早期拓本，五印分别为：“洪印亮吉”（阴文）、“稚存”（阳文）、“小字曰元”（阳文）、“与修国史”（阴文）、“卷施阁”（阴文）。再后镌壬午（1942）三月二十傅增湘题诗一首：“海棠开过下香谢□次□□到牡」丹叹息种花僧已去不留老眼看」文官藏园再题壬午三月二十日。”

该石刻未署镌刻年代及首题，据李慈铭《极乐寺看海棠记》刻石后郭则澐跋，可知该石刻于辛巳秋（1941）重修国花堂时与李慈铭《极乐寺看海棠记》一并勒石，该记文的标题为“国花堂赏荷分韵图序”，原序文存傅氏藏园。馆藏拓片中有90年代购于琉璃厂的该拓片，无壬午（1942）三月二十傅增湘题诗，文字字口非常清晰，可知这一拓本当拓于1941年秋至1942年三月二十日前。而馆藏石刻石面风化严重。

馆藏极乐寺石刻两方，一为洪亮吉书《国花堂赏荷分韵图序》，后有傅增湘壬午年题诗；一为李慈铭《极乐寺看海棠记》，后为郭则澐跋文。

上世纪90年代，北京石刻艺术博物馆又从琉璃厂中国书店购置与极乐寺有关的石刻拓本四种：一为洪亮吉《国花堂赏荷分韵图序》，后无傅增湘题诗；一为李慈铭《极乐寺看海棠记》，后有郭则澐跋文；一为杨秀先《极乐寺赏海棠图序》；一为郭则澐《重修国花堂记》。通读碑文，可知这4 种石刻均为1941年7月重修国花堂时所刻。这四种拓本均为乌金拓，字口清晰，一字不缺，拓本尺寸接近，所用纸张及拓片风格也很相似，当为石刻镌刻完毕后不久拓制。洪亮吉《国花堂赏荷分韵图序》，后无傅增湘题诗，可知这几种拓本当拓于1941年秋至1942年3月20日前。2004年前后，极乐寺旧址所在地北京制药四厂拆迁时，我馆部分人员曾在废墟中见到一方石刻，与馆藏的两种石刻尺寸很接近，可能为《重修国花堂记》或《极乐寺赏海棠图序》之其中一石，后未及征集，不知所终。

洪亮吉，字稚存，号北江，江南阳湖人，乾隆五十五年（1790）进士，以直言遭贬。一生著书颇多，尤精舆地之学。《清史稿》有传。

傅增湘(1872—1950)，字沅叔，别署双鉴楼主人、藏园居士、藏园老人、清泉逸叟、长春室主人等，现当代著名藏书家。

李慈铭《极乐寺看海棠记》及郭则澐跋

清光绪年间撰书

辛巳秋（1941年7月）勒石

首题：极乐寺看海棠记

李慈铭撰书

侯官郭则澐跋於遁圃

石刻为嵌墙横石，中部断裂后修复，石面风化剥蚀较重。石高39厘米，宽102.5厘米。拓片高38厘米，宽100厘米。石刻断裂处为碑文第15行，碑文有缺失，碑文最后7行基本漫漶，仅能辨认个别文字。石刻文字30行，行字不等，共414字，正书。“侯官郭则澐跋於遁圃”下镌二印：上阴文篆书“郭印则澐”，下阳文篆书“遁圃”。

石刻原址在海淀区极乐寺内（寺后来为北京第四制药厂，现为住宅区），现藏北京石刻艺术博物馆。

著录：《馆目》，第61页。

按：该刻石内容分为两部分。前部分为李慈铭撰书《极乐寺看海棠记》，后部分是郭则澐为洪亮吉撰书《国花堂赏荷分韵图序》以及李慈铭撰书《极乐寺看海棠记》所做的跋文。现存石刻字迹漫漶严重，部分内容据馆藏购置拓片补。

李莼客，名慈铭，莼客为其字，著有《越缦堂日记》。

郭则澐，字蛰云、养云、养洪，号啸麓，别号孑厂（音庵），福建闽侯人，1882年生，1903年进士。为礼部右侍郎郭曾炘长子。

极乐寺赏海棠图序

1941年7月勒石

首题：极乐寺赏海棠图序

成都杨秀先记

德清俞铭衡书

拓高94厘米，宽94厘米。序文41行，满行16字，正书。

石刻原址海淀区五塔寺村极乐寺，拓购于中国书店。

按：序文未署年款，文中记庚辰暮春“雅澐”事，并提及“吾师蛰云学使”即郭则澐，可知序文书撰于庚辰（1940）暮春后。作者既与郭则澐为师生关系，所记内容为极乐寺国花堂雅集事，该文当勒石于1941年7月郭则澐重修国花堂时。

重修国花堂记

民国辛巳初秋（1941年7月）勒石

首题：重修国花堂记

遁圃老迂郭则澐

拓高100厘米，宽41厘米。记文53行，满行21字，正书。

刻石原址在海淀区五塔寺村极乐寺，拓购于中国书店。

其他类石刻

武定摩崖石刻

东魏武定三年（545）十月十五日

首行题：大魏武定三年

石刻半埋于地下，仅露出上平面。刻字面呈不规则形，高65厘米，宽30厘米，头西尾东。拓高70厘米，宽30厘米。石刻共4行文字，行6至27字不等。字体大小不一，字径高、宽均约3厘米，书写也较为随意。

石刻镌于门头沟区王平地区河北村永定河畔一块半埋于地下的巨石上平面。

著录情况：《北京文物精粹大系·石刻卷》，图版，第46、47页；图版说明，第1页。《北京地区摩崖石刻》，第56、57页。

按："武定摩崖石刻"是北京地区目前已发现的年代最早的摩崖石刻。据一位老文物工作者回忆，石刻附近还有建筑遗址，可能是当时筑城的遗迹。

万佛堂内唐大历五年题刻

唐大历五年（770）三月八日

拓高80厘米，宽13厘米。题记残存3行，漫漶毁损较甚，仅年款及部分文字可辨识，行楷。

题刻镌于房山区河北镇磁家务万佛堂内《文殊普贤万菩萨法会图》浮雕空白处。

新铸铜人腧穴针灸图经残碑

宋天圣五年至八年（1027—1030）

碑身上方有单坡筒瓦屋面式碑檐。碑身高200厘米，宽52厘米，厚27厘米。碑身上、下边刻缠枝牡丹，碑文分作5栏，每栏之间以卷草纹相隔，左右边均有残缺。拓高200厘米，宽50厘米。碑文上下共5栏，每栏存19行，满行2至13字不等，共784字，正书。

1984年东城区朝阳门南大街大雅宝胡同东口迤北（明城墙填土内）出土，北京市文研所拨交，1986年5月14日入藏北京石刻艺术博物馆。

著录情况：《馆目》，第183页。《北京文物与考古》，1991年第2期，吴元贞《宋〈新铸铜人腧穴针灸图经〉残石的再次发现及其整体复原初探》。

秦王萧孝穆发愿纪事碑

辽重熙三年（1034）

碑阴

首题：燕京留守兵马大元帅宋」师兼政事令亲王□制□

碑圆首，高84厘米，宽52厘米，厚13厘米。拓高84厘米，宽51厘米。碑阳刻行观音像，像右侧竖刻"行观音"三字，左侧竖刻"唐吴道子笔"1行文字。均正书。

碑阴存 10 行，满行 14 字，实存 116 字，正书。

1952 年碑出土于朝阳区广渠门外积善寺，后归北京文物管理处，现藏北京石刻艺术博物馆。

著录情况：《拓汇》，第 45 册，第 31 页。《拓目》，第 449 页，京 2540。《馆目》，第 183 页。《文物》，1966 年第 4 期，陈育丞《记辽代石刻亲王发愿纪事碑》。

锣钹邑长陈师友等为祖业栗园一所事立石记碑

金▨岁次丁酉（大定十七年）癸丑月（十二月）丙戌日（二十一日）丙申时（公元 1178 年 1 月 11 日）建

碑身上方横题：古今

首题：大金国中都大兴府上古郡昌平区海北乡崔村锣钹邑长陈师友自神昧以后□□□以前□

碑阴

旹（元）天历二年（1329）岁次己巳乙亥月朔二▨

首行题：▨崔村」／神昧以后亡辽以前是海北乡崔村锣钹邑众今

主立石揭人敦武校尉辽州判官宋杰

写石碑人▨

石匠▨

碑首及碑身左上角残缺，高 115 厘米，宽 69 厘米，厚 14 厘米。拓高 114 厘米，宽 64 厘米。碑阳上方镌文字 1 行，仅存 2 字；碑文 17 行，正文 10 行，其后列题名，正书。碑阴存 18 行，行字不等，正文 7 行，后列题名，正书。

碑原址在昌平区崔村镇崔村，现存昌平公园内昌平石刻园。

按：碑阴镌于元代，记海北乡崔村锣钹邑众为捐栗园与二郎神做香火地事重刻碑事。

难藏家丑碑

金贞祐三年（1215）至元至元元年（1264）间

额题：难藏家丑

首行题：▨号明潜□京大兴人母李氏□产时□□□□者

碑方首抹角，方座，碑、座分离。碑首身通高 97 厘米，宽 57 厘米，厚 14 厘米；座高 34 厘米，宽 60 厘米，厚 44 厘米。拓高 96 厘米，宽 56 厘米。额文横题 1 行，共 4 字，正书。碑文 23 行，首题漫漶，碑文字迹漫漶较甚，行存字不详，行书。

碑今在房山区张坊镇北白岱村北山中山寺遗址，仆地。

按：北白岱村位于房山区张坊镇，因居白带山（今石经山）之阳而得名。北山有中山寺，远离村落，今已毁损，仅存遗址。寺不远处山洞内有一尊汉白玉观音像，无铭识，从其雕刻手法应为元明之物。洞顶部残存檐椽构件，像前有塔幢构件。

碑文泐甚，文中提及某人“号明潜□京大兴人”，还提及庄大智念佛二十余年，受五戒事，后又提及“淫室”，所谓家丑，似指“淫室”事。

碑文年代不详，“□京大兴人”一语为断代提供了一些线索。金贞元元年，海陵王迁都燕京，改燕京为中都，析津府改为“大兴”府，贞元二年，析津县改名“大兴”县。1215年，蒙古军队攻占中都城，将“中都”又改为燕京。《元史·世祖本纪二》载：“元太祖十年，克燕，初为燕京路，总管大兴府。”直至至元元年（1264）八月，又改“燕京”为中都，至元九年（1272）二月，改中都为大都。大兴府名依旧。那么“□京大兴人”所缺字为“燕京”，该碑当镌于1215至1264年。

汾州石匠摩崖石刻

元至元三年（1266）刻

摩崖题：汾州」石匠」至元三年」

该摩崖刻字面积高50厘米，宽87厘米。拓高58厘米，宽63厘米。摩崖竖镌三行文字，“汾州石匠”四字字径高14厘米，宽16厘米，双钩正书。年款字径较小，正书。

摩崖镌于石景山区石景山半山处孔雀洞东侧、本来洞上方崖壁。

施水井记

元致和元年（1328）六月十日

首行题：物之性命在乎饮食其惠易而其用

东□寺住持▨

刻石右上角残，阳面上刻荷叶，下刻莲花瓣，四周刻卷草纹，阴面浮雕一龙首。石长52厘米，宽47厘米，厚14厘米。拓高50厘米，宽50厘米。石刻铭文9行，满行14字，共86字，正书。

石原址不详，现藏北京石刻艺术博物馆。

按：据石载：“院使任公妻□国夫人金氏，自大（按：疑为“丈”之误）夫逝剃发为尼，于遗庙边创寺设井……以止行人之烦渴。”

昌平区创建石桥之记碑

元至元后丙子〔二年（1336）〕十有一月既望（十六日）

额篆：昌平区敕建石桥之记

首行题：由都城北抵上京其驿十有二（以下从略）

承直郎国子博士黄溍记

应奉翰林文字征事郎同知制诰兼国史院编修官□师泰书

奉直大夫监察御史李思齐篆题

碑阴

元至元三年（1337 年）三月日

首行题：昌平区」官」

耆老杨德春等立石

石匠孙文秀、许仲礼、宋德、吕成、曹德义刊

碑阴刊立石人姓氏。

碑螭首龟趺。碑身拓高 121 厘米，宽 75 厘米。碑阳额文 3 行，满行 3 字，篆书。碑文 17 行，满行 29 字，正书。碑阴文字 29 行，行字不等，正书。

碑原址不详，现存昌平公园内昌平石刻园。

刑部题名第三之记碑

元至正二十三年（1363）

额篆：刑部题名第三之记

首题：刑部题名第三记

通奉大夫中书参知政事同知经筵事提调四方慰言详定使司事危素记，奉议大夫詹事院经历潘遹书并题额

碑汉白玉质地，首身一体，方首抹角，素面方座。碑出土时碑身与座分离，碑身右下角断裂。碑阳首身均刻缠枝花纹边框，首雕二龙戏珠，圭形额际。碑阴无边框，无额题。碑通高 225 厘米，宽 82 厘米，厚 21 厘米。拓通高 170 厘米，宽 77 厘米。

碑阳额文 2 行，满行 4 字，篆书。碑阳文字分刻上下两栏，上为记文，存 27 行，满行 14 字，正书。下为题名，共分 5 段，每段存行数分别是：32 行、残存 10 行、28 行、残存 14 行、残存 7 行，行字不等。碑阴刻题名 21 行，行字不等，正书。碑阳、阴均部分文字漫漶。

碑 2004 年 9 出土于东城区天安门城楼前东观礼台后小夹道地下 1.5 米处，西距紫禁城中轴线约 100 米。碑现藏北京石刻艺术博物馆。

著录情况：《北京历史与文化论文集》，首都博物馆编，北京出版社，2007 年 11 月出版，刘卫东、王晓静《〈刑部题名第三之记〉碑考索》。

顺州官吏士庶衔名碑

元至正二十八年（1368）前

额题：顺州官吏士庶衔名

首题：顺州官吏

碑阴

石匠□□魏德林巩进

碑螭首，碑身阳、阴均漫漶剥蚀严重，座佚。碑首身通高 255 厘米，宽 89 厘米，

厚 28 厘米。拓高 155 厘米，宽 83 厘米。碑阳额文 2 行，行 4 字，正书。碑文 19 行，文字多漫漶剥蚀，行字不详，正书。碑阴亦为题名，正书，末行下镌石匠题名。

碑原址不详，现存顺义区文物管理所院内碑林。

按：碑文记载元代顺州城官员及绅士姓名、职务。碑阳开列了当时顺州官职情况，有达鲁花赤、知州、诸军奥鲁劝农事、同知、判官、忠翊校尉、敦武校尉、承事郎、吏目、三清观住持法师、儒学正、蒙古学正、司吏、帖书等职，还刊载了坊市士庶、庙学生员、坊市社长等人题名，末行为监造间吏张天佑及木匠蒋伯达、瓦匠季成、泥土匠张仲仁、铁匠韩长、石匠王义等题名。碑阴镌河濒乡等乡的里正、社长以及吏目、惠民局良医、会真官举师等题名。

“戒定慧”匾

元元至正二十八年（1368）前

匾题：戒定慧

光禄大夫柱国都总运闲居书

石匾高 49 厘米，宽 120 厘米。拓高 48 厘米，宽 117 厘米。“戒定慧”三字大书横题，行书。其左竖题小字一行：“光禄大夫柱国都总运闲居书”，行楷。

石匾在房山区坨里镇北车营村北谷积山般若禅寺遗址北一山洞内，拓片于 1995 年自房山文管所征购。

按：匾未署年款，“都总运”疑为元代官职。

“平则门”匾

明洪武六年五月（1373）日立

匾横题：平则门

匾左侧竖题：洪武六年五月日立

匾嵌墙横石，高 83 厘米，宽 127 厘米。匾文“平则门”1 行 3 字，横题，双钩正书，字体硕大。年款镌于匾文左侧，竖题 1 行 8 字，正书，字体较小。

匾采集于北京市北郊祁家豁子某教育机构内，1987 年 9 月 18 日北京市文研所拨交，现藏北京石刻艺术博物馆。

著录情况：《馆目》，第 184 页。《紫禁城学会论文集》，第 2 辑，1997 年 11 月出版，吴梦麟《平则门石匾考》。

按：《日下旧闻考 · 京城总纪》记载：元大都城西南门曰平则。明初，平则门仍保留原名，正统四年（1439）更名为阜成门。

“照古腾今”匾

明洪武年间（1368–1398）

匾题：照古腾今

匾为嵌墙横石，长104厘米，宽53厘米，厚11厘米。匾文行书，横题1行文字，满行4字。匾文上方正中处镌一方印章，篆书“洪武御书”。

匾于2000年7月31日由宣武区文管所移交，现藏北京石刻艺术博物馆。

“谯楼”匾

大明天顺二年（1458）五月日立

匾题：谯楼

拓高160厘米，宽69厘米。匾文横题，1行2字，双钩正书；左侧镌年款“大明天顺二年五月日立”，1行10字，正书。

匾原在昌平区旧县城城门上嵌墙，现存昌平公园内昌平石刻园。

“峨嵋山营”匾

明天顺柒年（1463）贰月吉日修

匾青石质，高64厘米，宽160厘米，厚20厘米。拓高60厘米，宽157厘米。匾居中双钩正书横题“峨嵋山营”四大字，字径高33厘米，宽31厘米。匾右侧竖刊题名5行，左侧竖刊题名3行，年款1行。右侧题名为：“镇守右监丞龚荣」守备内官阮存」巡按监察御史张敩镇守总兵官马荣」□差镇守右参将刘辅」。”左侧题名为：“提调把总指挥郭玉 」座镇指挥姚端 」委官平谷孔□」。”

匾原址在平谷区南独乐河镇峨嵋山村北原峨嵋山营南门，现保存于平谷区上宅文化陈列馆旁碑林。

著录情况：《平谷文物志》，第184页。

谷积山和尚塔地宫石刻

其一：东墙石刻（地宫内东面石壁南侧镌刻《宝塔记》，北侧镌刻《功德主石刻》）

1. 宝塔记

明成化十五年（1479）三月日

额竖题一行：宝塔记

首题：敕赐谷积东庵释迦如来真身舍利

广智退隐寿堂谨书

2. 功德主石刻

明成化十五年（1479）三月初十日

额竖题一行：大功德主

住持比丘通游立石

“宝塔记”和“功德主石刻”均线刻碑形，方首，首线刻云纹，下线刻素面须弥座。二碑通高均110厘米，宽均50厘米。二碑联拓，碑座下部失拓，拓高99厘米，通宽88厘米。《宝塔记》额文1行，满行3字，正书。碑文16行，满行22字。正书。“功德主石刻”额文1行，满行4字，正书。碑文题名有住持、太监和信官等，正书。

其二：西墙石刻（地宫内西面石壁北侧镌刻《敕赐诸山寺院主持》，南侧镌刻《檀越芳名》）

1. 敕赐诸山寺院主持

额题：敕赐诸山寺院主持

2. 檀越芳名

额竖题：檀越芳名

“敕赐诸山寺院主持”和“檀越芳名”二碑均线刻碑形，首线刻云纹，下线刻素面须弥座。二碑联拓，碑座下部失拓，拓高99厘米，通宽88厘米。“敕赐诸山寺院主持”额文分题上下两部分，上方竖题“敕赐”1行2字，下方竖题文字2行，满行3字，均正书。碑文均为僧人题名，正书。“檀越芳名”额文1行，满行4字，正书。碑文均为檀越及信众的题名，正书。

石刻在房山区坨里镇北车营村西北谷积山院东北山上和尚塔内地宫。

按：谷积庵东南有覆钵式白塔一座，俗称罗汉塔，塔身四面各造佛龛一，内雕刻佛像。塔基处坍塌，从南面可入塔内地宫。地宫北面石壁上彩绘释迦牟尼涅槃图。东面石壁北侧镌刻《功德主石刻》，东面石壁南侧镌刻《宝塔记》。西面石壁北侧镌刻《敕赐诸山寺院主持》，西面石壁南侧镌刻《檀越芳名》。四种石刻均线刻碑形。据《宝塔记》载，明天顺七年（1463）真空大师云游至沧州，善人王享将得自沧州灵塔的四颗真身舍利施于大师。大师携至京城，大慈恩寺僧人慧云请留两颗奉养。善官米聚造水晶瓶和铜塔供奉舍利于谷积庵。比丘通善，募修石塔和地宫以安置舍利。今地宫被盗毁，净瓶与舍利不知所踪。

“新榆林堡”匾

明正德十三年（1518）夏六月吉日立

匾题：新榆林堡

匾高42厘米，宽82厘米。匾居中自右至左横题“新榆林堡”1行文字，满行4字，双钩正书。匾右侧竖题“钦差分守居庸关等处指挥同知｣孙委官千户吉宗文”2行文字，满行13字；匾左侧竖题年款，共1行文字，满行13字，均正书。

匾原为延庆县新榆林堡城的东门匾额，1998年至2000年间，新榆林整治街道施工时出土。匾现存延庆县灵照寺前院内东侧碑廊，嵌墙。

按：右侧题名的第二行“孙”之后空缺四字未刻。

据《延庆文化文物志 · 文物卷》载，新榆林堡位于延庆县康庄镇榆林堡村，今尚存明中期榆林堡城墙遗址。现存榆林堡城建于明正统十四年（1449），明正德十一年改筑，正德十三年扩建南城。

沙河安济桥造添桥空碑记

明嘉靖十七年（1538）六月初七

首题：大明嘉靖十七年六月初七日重修沙河安济桥造添桥空碑记

碑阴

首行题：总督工程二员

碑方首饰云纹，阳阴均无额题。首身拓高72厘米，宽42厘米。碑阳文17行，行字不等，正书。碑阴续刻题名，文15行，行字不等，正书。

碑原址在昌平区沙河镇，现存昌平公园内昌平石刻园。

著录情况：《拓目》，第505页，京8887，题作《安济桥题名碑》。

按：安济桥位于昌平城南约12公里，又名沙河南大桥、沙河桥。明正统十三年（1448）九月，工部右侍郎王永寿督工建造，竣工后命名为安济桥。明景泰七年（1456）、成化二十年（1484）、成化二十一年（1485）、正德十三年（1518）、嘉靖十七年（1538）、嘉靖二十年（1541）、万历三十五年（1607）多次对该桥进行加固维修。1959年修建沙河水库时，安济桥被拆除。

御马监太监义会地产碑

明嘉靖岁在戊申〔二十七年（1548）〕春二月吉日立

额篆：大明

首行题：□□监太监董公等义会总立碑文寿藏记买到广化寺下院□于」阜城关外西城地坊有吉壤一区近大宁寺之源僧人明云通泉等情愿立▱」

钦天监阴阳台官玉峰孔九经撰书丹

碑螭首，方座似后配。首身高319厘米，宽96厘米，厚31厘米。座高57厘米，宽106厘米，厚52厘米。碑身拓高203厘米，宽95厘米。额拓高53厘米，宽29厘米。额文1行，行2字，篆书。碑文20行，满行47字，正书。碑阴无字，无额题。

碑原址在西城区阜成门外，现藏北京石刻艺术博物馆。

著录情况：《馆目》，第80页。

按：碑文载，“正德癸酉岁春二月”，御马监太监董兰等在阜城关外西城地坊买地五十五亩，盖造佛殿等，并为寿藏之地。该地四至：“东至翟洪南至慈寺西至塔院北至道”。

碑文前14行正文，后6行题名，题名有“义会御马监太监陆谭、董兰”等。

八大处信士信官题名摩崖碑

明嘉靖三十年（1551）

摩崖镌为碑形，方首云纹，方座。碑通高 64 厘米，宽 48 厘米。拓首身高 47 厘米，宽 41 厘米。碑身中间竖刻“嘉靖三十年□□十一日”一行文字，其右竖刻信士“麦钦”等人题名 3 行，其左竖刻信官“时忠”等人题名 4 行，文字多已漫漶。年款字径略大，高 6 厘米，宽 4 厘米，题名字径高、宽均 2 至 4 厘米不等，正书。

摩崖镌于在石景山区八大处公园摩崖谷半山腰处朝东的岩壁上，其北侧崖壁镌有摩崖造阿弥陀佛坐像一尊。

八大处摩崖残碑

明嘉靖三十年（1551）

摩崖镌作碑形，方首云纹，方座。碑通高 66 厘米，宽 50 厘米。拓首、身、座高 66 厘米，宽 41 厘米。碑身竖刻 5 行文字，文字基本漫漶。

碑在石景山区八大处公园摩崖谷半山腰处朝东的岩壁上，其南侧崖壁镌有摩崖造阿弥陀佛坐像一尊。

按：该碑文字基本漫漶，与明嘉靖三十年（1551）《八大处信士信官题名摩崖碑》分别镌于一铺摩崖造像的南北两侧，形制亦相同，推知二摩崖碑以及造像当镌于同一时期。

“威远门”匾

明嘉靖四十三年（1564）

匾青石质，高 68 厘米，宽 170 厘米，厚 10 厘米。拓高 69 厘米，宽 165 厘米。匾居中双钩正书横题“威远门”1 行 3 字，字径高 34 厘米，宽 30 厘米，正书。

匾原址在平谷区旧城北城门，现保存于平谷区上宅文化陈列馆旁碑林。

著录情况：《平谷文物志》，第 185 页。

按：匾石为平谷区城北门楼门匾，未刻年款。据民国二十三年《平谷区志·卷六·艺文志》收录的明礼部尚书张四维所撰《平谷区修城记》载：“又于城四门各树以楼匾，其东曰挹盘，西曰拱辰，南曰迎洵，北曰威远”，又说修城“经始于（嘉靖）甲子闰二月廿日，竣于是岁六月之望”。

谭纶刘应节傅孟春等鼎建长城碑

明隆庆四年（1570）孟春（一月）之吉立

首行题：隆庆四年孟春之吉总督蓟辽保定等处军务兼」理粮饷兵部右侍郎兼都察院右佥都御史宜黄」谭纶整饬蓟州等处边备兼巡抚顺天等府地方」都察院右佥都御史潍县刘应节（以下从略）」

居庸鲁春、成文镌

碑上方抹角，边框刻花纹，下方残存碑榫，座佚。碑高 74 厘米，宽 46 厘米，厚 16 厘米。碑拓高 65 厘米，宽 46 厘米。碑文 13 行，满行 19 字，正书。

碑原址在延庆县八达岭，现存延庆县灵照寺院内东侧碑廊，嵌墙。

按：文中有谭纶、刘应节、傅孟春、宋守约、杨四畏等官员题名。

谭纶、刘应节、傅孟春、凌云翼、戚继光、张大金等鼎建司马台长城题名刻石

明隆庆四年（1570）夏孟（四月）之吉

首行题：隆庆四年夏孟之吉总督蓟辽保定等处军务兼理粮饷

石高 83 厘米，宽 57 厘米，厚 12 厘米。拓高 85 厘米，宽 58 厘米。部分文字风化、漫漶。石刻存文字 9 行，满行 22 字，共 197 字，正书。

1987 年开发清理司马台长城时发现，现藏密云县博物馆。

刘应节、杨兆、傅孟春、余希周、王惟宁、戚继光、周添禄等鼎建司马台长城题名刻石

明隆庆五年（1571）孟夏（四月）之吉

首行题：隆庆五年孟夏之吉总

刻石长方形，边框线刻花纹，四边略有残损。石高 64 厘米，宽 94 厘米，厚 12 厘米。拓高 68 厘米，宽 95 厘米。铭文 21 行，满行 9 字，实存 188 字，正书。

石原在密云县司马台长城东 2 台，1987 年在东司马台长城时发现，后征集至密云县文管所。石现存密云县博物馆。

按：文中题名有刘应节、杨兆、傅孟春、余希周、王惟宁、戚继光等，以及“协守西路副总兵官”、“分守古北口等处地方参将”等。

小张家口万历元年分修边墙题名碑

明万历元年（1573）秋

额题：万历元年秋季建立

首行题：钦差总督宣大山西军务兼（其下并列题“太子太傅兵部尚书山西蒲州王崇古”和“兵部右侍郎兼右佥都御史湖广嘉渔方逢时”）

碑圆首座佚，碑身边框线刻花纹。碑通高 120 厘米，宽 53 厘米，厚 13 厘米。碑身联首拓高 111 厘米，宽 51 厘米。额文 2 行，满行 4 字，正书。碑文前部为巡边官员题名，字体较大，共 7 行，行字不等，其后有 6 行军官题名，字体较小，行字不等，均正书。

2004 年 9 月普查时，碑藏于延庆县大榆树镇小张家口村 119 号王贵根家中，据介绍，该碑 1999 年前后出土于王贵根家院内水井中。

按：吴廷燮《明督抚年表》载：王崇古，明隆庆四年正月至万历元年九月任宣大总督，“万历元年九月为兵部尚书，协理戎政”，而方逢时“万历元年九月，起逢时故官，总督宣大、山西军务”。

该石刻镌于明万历元年（1573）秋，二人同署“钦差总督宣大山西军务”的职衔，时王崇古尚未卸任，而方逢时已任职，推测该石刻当刻于明万历元年（1573）九月。

鼎建长城题名刻石

明万历元年（1573）九月至五年（1577）夏

首行题：钦差总督宣大山西军务兵部右侍郎兼右佥都御史湖广嘉渔方逢时

刻石高81厘米，宽49厘米，厚11厘米。石左上方残缺，铭文泐甚。铭文前为8行大字，之后4行小字，刻石上方有缺字，从首行行文看，上应缺1字，推测大字满行应存28，现存字27字，正书。

石原址不详，现存延庆县永宁镇（2006年时集中存放于永宁镇文化站仓库）。

按：碑下方漫漶较甚，据明万历元年（1573）秋《小张家口万历元年分修边墙题名碑》，可知“湖广□□方□□”当为“湖广嘉渔方逢时”。

据吴廷燮《明督抚年表》载，方逢时任宣大总督的时间为明万历元年九月年至万历五年夏。

碑文漫漶较甚。其行文格式与“小张家口万历元年分修边墙题名碑”相同，可能也为分修边墙题名碑。

万历三年秋防汪道昆杨兆等人鼎建长城刻石

明万历三年（1575）秋防鼎建

首行题：万历元年秋阅视蓟辽保」定边务兵部右侍郎兼都」察院右佥都御史歙县汪」道昆（以下从略）」

石刻为嵌墙横石，四框刻卷草纹。石高43.5厘米，宽95.5厘米，厚12厘米。拓高46厘米，宽95.5厘米。铭文24行，满行10字，正书。

刻石原址不详。1995年普查时，刻石在门头沟区西峰寺博物馆外院放置。

按：碑文全部为文武官员的题名，题名中有“管紫荆关务”、“沿河口守备”、“天津总管”、“沿河巡捕”等官职。

万历叁年鼎建长城题名碑

明万历叁年（1575）

额题：万历叁年鼎建立

首行题：钦差总督宣大山西▨

碑圆首，首身一体。碑残高41厘米，宽49厘米，宽11厘米。碑拓通高42厘米，宽 49 厘米。碑下部残缺，漫漶严重。额文 2 行，满行 4 字。碑文泐甚，存字状况不详。额文及碑文均正书。

碑原址不详，现存延庆县永宁镇（2006 年时集中存放于永宁镇文化站仓库）。

按：碑文残缺漫漶较甚。其行文格式与“小张家口万历元年分修边墙题名碑”相同，可能也为分修边墙题名碑。

据吴廷燮《明督抚年表》载，方逢时任宣大总督的时间为明万历元年九月年至万历五年夏。

该碑立于明万历叁年（1575），当是宣大总督正是方逢时，从《小张家口万历元年分修边墙题名碑》，可推知该石刻首行题：“钦差总督宣大山西军务兵部右侍郎兼右佥都御史湖广嘉渔方逢时”。

朝宗桥碑

明万历四年（1576）岁次丙子仲夏（五月）吉日立

额篆：大明

阴额篆：大明

碑螭首方座，汉白玉石质，碑通高 410 厘米，宽 110 厘米，厚 39 厘米。碑身拓高 216 厘米，宽 119 厘米。额拓高 48 厘米，宽 32 厘米。碑阳阴、额文均 1 行，行 2 字，竖题，篆书。碑阳居中双勾竖题“朝宗桥”，“朝”字高 65 厘米，宽 57 厘米。“宗”字高 69 厘米，宽 54 厘米。“桥”字高 62 厘米，宽 75 厘米。碑阴亦居中双钩竖题“朝宗桥”三大字，其左题小字一行，即“万历四年岁次丙子仲夏吉日立”。

碑原址在昌平区沙河北大桥，现原址保存。

著录情况：《拓汇》，第 57 册，第 33 页。《拓目》，第 507 页，京 8759。

按：朝宗桥位于昌平城南沙河镇，又名沙河北大桥、榆河桥。《日下旧闻考》记载：“安济、朝宗，二桥皆正统十二年（1447）命工部右侍郎王永寿建。”1984 年朝宗桥被公布为北京市文物保护单位。

“天仙宫”匾

大明万历四年（1576）岁次丙子秋八月吉旦

匾双钩横题：天仙宫

任振武营游击将军榆林都指挥徐▨

匾高 41 厘米，宽 82 厘米。匾用横题“天仙宫”1 行 3 字，双钩正书。该匾系用“泰山行宫”旧匾改作，“天仙宫”笔画下仍能看到“泰山行宫”1 行 4 字，横题，亦双钩正书。匾左侧镌年款和题名 1 行，行残存 29 字，正书。

匾现立于密云县冶仙塔碑林。

《彭祖观井图》及宋陈靖铭

皇明万历丁丑〔五年（1577）〕秋刻

首行题：至哉古人远害全身战战兢兢慎若履冰朽索之驭纳隍是虑天子则之鸿休

刻石高128厘米，宽64厘米，厚13厘米。拓高126厘米，宽63厘米。石刻为《彭祖观井图》线刻画，画面左上方镌陈靖撰写的铭文。铭文5行，满行30字，正书。

石原藏东城区天安门管理处，2000年3月30日征集于天安门管委西廊仓库，现藏北京石刻艺术博物馆。

按：据李守义《民国时期国立历史博物馆藏品概述》（《中国国家博物馆馆刊》2012年第3期），该石刻为民国时期国立历史博物馆的藏品，其来源为国学旧存石刻，也即原国子监的旧藏。

1912年7月，教育部在北京元明清三代的太学——国子监筹建国立历史博物馆。1918年，教育部决定将该馆迁往故宫午门，以午门城楼和东西亭楼为陈列室，东西朝房和端门城楼为文物库房，其中部分西朝房为办公室。1931年，“九一八事变”爆发后，为了保护文物安全，民国政府对故宫博物院提出的文物南迁计划持积极态度，同时也要求包括历史博物馆在内的诸家文物保管单位奉命准备文物南迁。该石刻可能未能南迁，遂一直在天安门一带保存。

梁梦龙等鼎建长城题名刻石

明万历六年（1578）岁次戊寅仲夏（五月）之吉

首行题：万历六年岁次戊寅仲夏之吉总督蓟辽保定等处军务兼理粮饷都察院右

石刻边框线刻花纹，石高75厘米，宽36.5厘米，厚11厘米。石刻存文字12行，满行30字，共359字，正书。

石原址在密云县司马台西12台敌台，出土于望亭遗址，现藏北京石刻艺术博物馆。

按：碑文中有戚继光等题名，及“分守古北口等处参将”、“司马台守备”、“古北路中军”等官职。

“仙人洞”匾

明万历十一年（1583）九月重阳日（九日）立

匾题：仙人洞

钦差镇守保定总兵官都督范阳张㘓书

匾边框镌花纹，从中部断裂为两截。匾高74厘米，宽51.5厘米，厚10.5厘米。拓片高69厘米，宽44厘米。匾文3行，竖刻，匾题3字，大字双钩正书，两侧镌年款和名款各1行，亦竖刻，行书。

匾原址在门头沟区斋堂镇沿河城村万柏山山腰处一山洞内，当地人称“菩萨洞”。1995年普查时，该匾在沿河城办事处院内放置。

慈寿寺塔九莲圣母像赞碑

大明万历丁亥年〔十五年（1587)〕造

额篆：御制

拓高 180 厘米，宽 140 厘米。额文失拓。碑身画像左上题赞文，“赞曰：唯我」圣母，慈仁格」天，感斯嘉兆」，阙产瑞莲。加」大士像。勒石流传。延」国福民，霄壤同坚」”。赞文上镌方印一：“慈圣宣文明肃皇太后之宝”，阴文篆书。

碑现立于海淀区八里庄慈寿寺塔旁，原址保存。

著录情况：《拓目》，第 452 页，京 3192。《北平庙宇通检》（下编），第 87 页。

按：慈寿寺位于海定区阜成门外西八里庄京密引水渠西岸。寺内的“永安万寿塔”始建于明万历四年（1576）二月，万历六年（1578）八月十五日竣工，清乾隆二十二年（1757）曾重修。1957 年 10 月，该塔被公布为北京市重点文物保护单位。塔下原有碑亭两座，今碑亭已毁，两碑各矗立于塔之东北、西北。

据《帝京景物略》：“时瑞莲产于慈宁新宫，命阁臣申时行、许国、王锡爵赋之，碑勒寺左……太后梦中，菩萨数现，授太后经，曰九莲经，觉而记忆，无所遗忘，乃入经大藏，及审厥象，范金祀之。寺有僧自言，梦或告曰：太后，菩萨后身也。”

慈寿寺鱼篮观音像并赞

明万历十五年（1587）

碑阴：□□岁次辛丑孟夏吉日造〔明万历二十九年（1601）四月〕

画像左上题黄辉撰像赞文：明万历三十年（1602）春撰书

黄辉顿首贺并书

碑身阳阴边框线刻二龙戏珠。拓高 180 厘米，宽 95 厘米。碑身阳面线刻鱼篮观音像，画像右上题赞文，“赞曰：唯我」圣母，慈仁格」天，感斯嘉兆」，阙产瑞莲。加」大士像。勒石流传。延」国福民，霄壤同坚」”。画像左上钤印和年款，印文篆书阴刻“慈圣宣」文明肃」皇太后」之宝」”。年款：“大明万历丁亥年造”。

碑身阴面线刻关公像，像右上镌印和年款，印文阴刻：“慈圣宣」文明肃」皇太后」之宝」”。年款“□□岁次辛丑孟夏吉日造”。关公像左上方镌关圣像赞，为明万历三十年春黄辉撰像赞文，赞文 14 行，行字不等，行书。赞曰：“许身非难，择主何智。仁存」一德，颠沛唯是。手扶汉鼎，」目无吴魏。担荷乾坤，具大」根器。故能发心，受智者哉。」役使鬼神，造玉泉寺。化」毒龙居，立成佛地。如此学」道，何坚不碎。操精进刃，被慈忍甲。以无畏力，□满尘刹。粪扫魔魅，羊驱倭鞑。」神武所伏，岂在必杀。出入」幽显，靡扣弗答。以此护」国，是真护法。」明春□谕德兼□□□充□」黄辉顿首贺并书」。”

碑现立于海淀区八里庄慈寿寺塔旁，原址保存。

著录情况：《拓目》，第 452 页，京 3196，京 3198。

“大历古迹万佛龙泉宝殿”石额

大明万历十七年（1589）己丑春吉日重建

石额题：大历古迹万佛龙泉宝殿

拓高34厘米，宽187厘米，边框纹饰未拓全。石额横题1行10字，正书，阳刻。落款竖题于左侧，1行11字，正书，阳刻。

石额现嵌于房山区万佛堂无梁殿券门上方。

按：大历龙泉禅寺即万佛堂，现仅存一座石砌无梁殿，歇山顶。殿正面辟汉白玉券门，两侧为石棂窗。券门上嵌石额，阳刻正书“大历古迹万佛龙泉宝殿”。殿内有唐代浮雕《文殊普贤万菩萨法会图》。

圣安寺观音像

明万历己丑〔十七年（1589）〕八月廿八日刻石在圣安寺

钦依僧录司左觉义通月号印空立石

拓高100厘米，宽60厘米。石居中绘观音像，左下方绘善财童子，左上方绘一韦陀，下方绘莲花九朵，另有竹石环绕四周。左上方刻题记2行，行14字，题记下有序号“二十”，均正书。

原石在宣武区南横街圣安寺，现存宣武区法源寺。

著录情况：《拓目》，第452页，京1248。

按：圣安寺遗址位于宣武门外南横街西口。据《钦定日下旧闻考》，白纸坊原有小圣安寺与大圣安寺，小圣安寺无考，此实为大圣安寺。金天会年间（1123—1135）帝后为佛觉、晦堂二位大师营建，皇统初赐名大延圣寺，大定七年诏改大圣安寺。因寺院建于中都城内的柳湖村旁，寺外有湖，岸边垂柳，俗称柳湖寺。明正统十一年（1446）重修并改名普济寺，清乾隆四十一年（1776）又重新修葺，恢复圣安寺名。据张寿朋《重修普济寺碑略》，僧通月与其徒本净于万历年间重修寺院，寺中另有同年通月所立“圣安寺栴檀佛像刻石记略”一石。

明洪武十五年（1382）置僧录司，属礼部，清沿置。掌有关僧侣事务、寺院僧尼帐籍及僧官补授等。其主官为正印、副印，下设左右善世、阐教、讲经、觉义等职。

达摩祖师画像赞碑

大明万历辛卯〔十九年（1591）〕二月望日（十五日）

首题：达摩祖师像赞

太子太保柱国临淮侯李言恭斋沐顿首书

拓高108厘米，宽68厘米。题记7行，满行18字，行书。

碑原址在宣武区南横街圣安寺，现存宣武区法源寺。

著录情况：《拓目》，第452页，京1247。

按：碑原址据《拓目》补。画像绘达摩祖师一苇渡江故事，达摩祖师身着宽袍，袒胸，脚踏苇叶立于波涛之上。画像右上方有赞文一篇，《钦定日下旧闻考》有录。

沿河口修城记碑

明万历十九年（1591）辛卯夏四月吉日

额篆：沿河口修城记

首题：沿河口修城记

赐进士第中宪大夫奉敕总理紫荆等关保定等府地方兵备兼理马政驿传山西提刑按察司副使北海冯子履撰并书

碑方首浮雕云纹，首身分离，阳面碑身边框线刻花纹，座佚。碑首高 91 厘米，宽 92.5 厘米，厚 29 厘米。碑身高 214 厘米，宽 88.5 厘米，厚 24.5 厘米。碑身拓高 214 厘米，宽 90 厘米。额文 2 行，满行 3 字，篆书。碑文 18 行，满行 52 字，正书。碑当时仆地，碑阴失拓，情况不详。

碑原立于在门头沟区斋堂镇沿河城村村东圣人庙（即文庙）。1995 年普查时，碑在门头沟沿河城办事处院内，仆地。

心极图碑

明万历癸巳二十一年（1593）季夏（六月）吉旦重立

额篆：心极图

首题一：心极图说

首题二：心问

教授周延祐重立

吴人温山题额并镌字

碑阴

明万历癸巳二十一年（1593）季夏（六月）吉旦

首题：拟归去来辞

杞烟鬓子李茂春撰

四明甘霖书丹

长洲陆桢跋

碑为立石，高 102 厘米，宽 43 厘米。碑阳额文横题 1 行 3 字，篆书。额文两边各线刻一个动物图案。额文下方镌一内圆中方外圆的图案，即心极图。图两侧镌“心极图说”，两侧各镌文字 8 行，满行 26 字，字体较小，正书。心极图及心极图说下方镌“桐城阮鹗著”、“心问”22 行，满行 42 字，字体较大，正书。碑阴正文 13 行，483 字，正书。首行“杞烟鬓子李茂春撰”下镌一方印，阴文篆书“兄弟连登进士”。左部最末两行下方镌小字 4 行，其中“长洲陆桢”跋文 3 行，满行 28 字；题名 1 行，均正书。

碑原址在西城区头发胡同，现藏北京石刻艺术博物馆。

著录情况：《馆目》，第 184、185 页。

按："心问"文后题"嘉靖辛亥秋七月顺天府儒学教授杨鸾训道汪子卿立石八月教授孙光远承乏继至瞻诵至教谨题"，可知碑初立于明嘉靖三十年（1551）七月；又题"教授周延祐重立"，未署立碑年月，但碑阴题"明万历癸巳二十一年季夏吉旦"，可知该碑当立于明万历二十一年（1593）六月。

"敕赐护国慈慧禅寺"匾

明万历丁丑〔二十五年（1597）〕春月吉日重建

匾题：敕赐护国慈慧禅寺

匾四框刻莲瓣纹，高 33 厘米，宽 164 厘米，厚 13 厘米。拓高 40 厘米，宽 170 厘米。匾文横题 1 行 8 字，阳刻，正书。匾左侧竖题年款 1 行，行 10 字，正书

匾原址不详，1987 年 9 月 18 日北京市文研所移交，现藏北京石刻艺术博物馆。

"清漠"匾

明万历二十五年（1597）丁酉岁孟秋（七月）□□

匾题：清漠

兵备道右▨游击管▨

匾断为三块，边框线刻花纹。匾高 62 厘米，宽 104 厘米，厚 10 厘米。匾文横题 1 行，满行 2 字，双钩正书。其右侧竖题年款 1 行，残存 7 字；其左侧竖刻两行文字，下部文字漫漶，行楷。

匾原址不详，现存延庆县永宁镇（2006 年时集中存放于永宁镇文化站仓库）。

河间营官军秋防修遥乔谷里外及堡城等刻石

明万历二十七年（1599）秋

首行题：万历二十七年秋防河间营官军修完遥乔」谷里外俱石堡城正工三十三丈三尺南门」楼一座（以下从略）」

刻石左部残缺，左部及左下角边框花纹残缺，拓高 43 厘米，宽 36 厘米。刻石残存文字 13 行，满行 17 字，现存 213 字，正书。

石原嵌于密云县遥桥峪城堡北壁，现藏密云县博物馆。

孙愈芳等鼎建长城题名刻石

明万历三十年（1602）仲夏（五月）吉旦重修

首行题：钦差山东都司军政佥事□□蓟镇春班右

石中部断裂，部分文字漫漶。拓高 36 厘米，宽 46 厘米。石刻存文字 6 行，满行 17 字，

计 67 字，正书。

石现藏密云县博物馆。

杨启文等修空心敌台题名刻石

明万历三十三年（1605）四月

首行题：山东□□□□千总莱州卫」指挥杨启文（以下从略）」

石刻风化漫漶较甚，拓高 37 厘米，宽 32 厘米。石刻存文字 9 行，满行 11 字，正书。

石征集于密云县石城镇西湾子村，现藏密云文管所。

河间营秋防蒙派修曹家路黑谷关地方将军台寨石堡城修造工程起止及题名刻石

明万历三十七（1609）十月十二日至十二月三十一日

首行题：河间营万历三十七年秋防蒙派修曹家路黑谷」关地方将军台寨石堡城（以下从略）」

石刻边框花纹，左部边框纹饰及部分文字残缺，文字部分风化漫漶。石残高 50 厘米，残宽 58 厘米，厚 12 厘米。拓高 51 厘米，宽 57 厘米。石刻残存文字 17 行，满行 20 字，正书。

1984 年征集于密云县曹家路，现存密云县博物馆。

按：曹家路黑谷关地方将军台寨石堡在密云县新城子镇小口村。

宁山营中部千总陈一通修长城题记刻石

明万历三十八年（1610）五月初十日立

首行题：宁山营中部千总陈」一通分管（以下从略）

刻石边框线刻花纹，石面略有残损。石高 37 厘米，宽 38 厘米，厚 11 厘米。石刻存文字 9 行，满行 8 字，计 64 字，正书。

石征集于密云县，现藏北京石刻艺术博物馆。

通运桥碑

明万历四十二年（1614）立

篆额：通运桥碑文

首题：通运桥碑文

钦差口口□□□□□官直隶宣□□□等处屯粮□□御马监太监张烨撰文

碑螭首座佚。碑首身通高 356 厘米，宽 106 厘米。碑身拓高 215 厘米，宽 90 厘米。额拓高 33 厘米，宽 25 厘米。额文 2 行，满行 3 字，篆书。碑文存 18 行，行字不等，正书。

碑在通州区张家湾通运桥北，1996 年普查时仆地，阳面朝上。

按：通运桥位于通州区张家湾村南口，桥全长32米，宽8米，为三券联拱平面石桥。桥中券内壁嵌石上刻有“大明万历三十三年建，口口陈进儒监造”字样。清代英良《通县志》载：“在州张家湾城南，旧名南门板桥，后圮。明万历三十三年（1605），内官监张烨请改建石桥，并建福德庙、文昌祠镇之。咸丰元年（1851）州绅丁鹤皋重修。”

河大营官军派修石塘路大水谷下地方东水谷三等堡城题名刻石

明万历四十四年（1616）仲夏（五月）吉旦立

首行题：万历四十四年春防河大营官军派修石塘路大水谷下地方东水谷三等堡城一座周围

石刻边框花纹，右上角略有残缺。石高58厘米，宽63厘米，厚15厘米。拓高57厘米，宽63厘米。铭文26行，行3至36字不等，正书。

石征集于密云县水堡子城子，现存密云县博物馆。

按：碑文中有薛三才、刘曰梧、薛真等题名。

浙省乡祠会首杨世同等为置产供祀河神勒石碑

明万历四十五年（1617）四月

额题：万祀无疆

首行题：浙省乡祠会首杨世同等为置产供祀河神勒石以垂不朽以报功德事万历二十八年间白河水发蒙

拓高95厘米，宽51厘米。额文横题1行4字，正书。碑文23行，满行48字，计239字，正书。

碑出土于密云县城鼓楼北街二中西侧修路工地，现立于密云县冶仙塔碑林。

“辑宁”匾

明万历四十五年（1617）☐孟夏（四月）吉旦

易州兵备道山西按察使解经邦立

匾边框刻卷草纹，右上角残缺，石面风化较甚。匾高67厘米，宽111厘米，厚13.5厘米。拓高67厘米，宽111厘米。匾右侧竖题文字一行“☐孟夏吉旦”部分文字残缺，正书。匾居中横题“辑宁”二字，双钩正书。匾左侧竖题“易州兵备道山西按察使解经邦立”1行文字，共14字，正书。

1995年普查时，匾存门头沟区西峰寺博物馆外院。

按：此匾为斋堂城西城门门额。

薛三才、刘曰梧等宁山营蒙派修曹家路黑谷关内地方新城庄堡城题名刻石

明万历四十五年（1617）五月三十日报完

首行题：万历四十五年春防宁山营蒙派修曹家路黑谷关」□地方新城庄堡城（以下从略）」

石刻边框花纹，文字略有漫漶。石高 62 厘米，宽 100 厘米，厚 18 厘米。拓高 61 厘米，宽 98 厘米。石刻存文字 37 行，满行 24 字，正书。

石原址在密云县新城子，现存密云县博物馆。

德州春防陈天印刘世爵等分修密云新城里口题名刻石

明万历四十六年（1618）岁次戊午夏五月吉日立

首行题：德州春防营左部千总陈」天印（以下从略）」

刻石边框花纹，略有风化。石高 38 厘米，宽 45 厘米，厚 9 厘米。拓高 37 厘米，宽 44 厘米。石刻存文字 11 行，满行 10 字，正书。

刻石 1988 年 1 月征集自密云县城小南门街，现藏密云县博物馆。

按：刻石记“分修密云新城里口”事。

保定左营春防修工碑记

明万历四十六年（1618）五月日立石

额题：保定左营春防修工碑记

首行题：钦差总督蓟辽保定等处军务兼理粮饷经略御倭兵部□侍郎都察院右佥都御史汪可受

碑方首抹角，线刻祥云纹，碑身边框线刻花纹。碑首身通高 97 厘米，宽 51 厘米。额文 2 行，满行 5 字，正书。碑文 16 行，行字不等，正书。碑面风化漫漶，碑右侧中部文字残缺。碑文刻保定左营修石塘岭所属白马关四座空心敌台事及官员题名。

碑征集于密云县石城镇西湾子村，现立于密云县冶仙塔密云碑林。

按：碑文刻保定左营修石塘岭所属白马关四座空心敌台事及官员题名。题名有汪可受、刘曰吾等。

邹子吹律旧地碑

明万历戊午〔四十六年（1618）〕孟秋（七月）吉旦

碑居中竖题：邹子吹律旧地

总督军门汪可受郎中王维章通判冯继京副使喻安性知县尹同皋立

碑仅存碑身。碑高 137 厘米，宽 88 厘米，厚 19 厘米。拓高 133 厘米，宽 88 厘米。碑文 5 行，行字不等，正书。

碑原址在密云县城邹衍祠，1983 年出土于县经委院内，现立于密云县冶仙塔碑林。

河南营春防李君赐分修泉水山敌台刻石

明万历四十七年（1619）五月初一日修完

首行题：河南营春防右部千总弘农衛指挥同知

石匠刘云

泥水匠朱还

刻石边框线刻卷云纹。拓高37厘米，宽37厘米。石刻存文字10行，满行16字，正书。

石原址不详，现藏平谷区文管所。

按：石记“河南营春防右部千总弘农卫指挥同知李君赐分修泉水山三等空心砖敌台一座”事。

河大营春防官军派修大水峪地方二龙戏珠三等敌台题名刻石

明万历四十八年（1620）五月二十日

首行题：河大营春防官军派修大水峪地方二龙戏珠三」等敌台一座（以下从略）

石刻左下角残缺。石高31厘米，宽38厘米，厚5厘米。拓高30厘米，宽38厘米。石刻存文字13行，满行20字，正书。

1982年征集于密云县小水峪村，现藏密云县博物馆。

按：刻石题名有“钦差统领河大营游击将军署都指挥同知李元勋”等。

河间营秋防蒙派修曹家路吉家营东门坍塌重楼题名刻石

明万历四十八年（1620）九月二十九日立

首行题：万历四十八年河间营秋防蒙派」修曹家路吉家营东门坍塌重楼」一座（以下从略）」

刻石边框花纹，四边略有残缺，文字部分风化漫漶。拓高51厘米，宽83厘米。石刻存文字24行，行字不等，正书。

石原在密云县新城子镇吉家营村吉家营城堡东门壁间，现藏密云县博物馆。

按：刻石题名有“钦差总督蓟辽保定等处军务兼理粮饷经略御倭兵部右侍郎兼都察院右都御史文□”、“钦差整饬蓟州等处边备兼巡抚顺天等府地方都察院右都御史喻□□”等。

“文□”、“喻□□”，据《明督抚年表》，为“文球”、“喻安性”。

长城题名刻石

明天启三年（1623）十月吉旦

首行题：钦差分守黄花镇等处⧄都指挥□□□」钦差守备⧄赵文□」

石为嵌墙横石，边框刻花纹。石面风化较甚，文字多不可辨认。石高45厘米，宽55厘米。石刻文字15行，行字不等，正书。

刻石原址不详，现存延庆县灵照寺院内。

沿河城碑

明天启四年（1624）岁在甲子秋九月

□依守备沿河口地方都指挥瀛海张经纬记

碑首、座均佚，仅存碑身，边框线刻花纹，碑身上部亦有残缺。碑身残高105厘米，宽68厘米，厚15厘米。拓高105厘米，宽68厘米。碑身上半部分镌碑文，应存31行，首题或首行残缺，现存30行文字；下部镌题名。碑文及题名漫漶较甚，行存字情况不详，正书。

碑原址不详，推测可能在门头沟区沿河城内某处。1995年普查时，碑存沿河城办事处。

按：碑文中有"嘉靖三十三年治城，建于万历六年"等语，或为沿河城的修筑时间提供依据。

捐助城台题名刻石

明崇祯八年（1635）四月吉日立

首题：捐助」城台（以下从略）」

土库户吴盛等、石库户刘寿等

刻石高53厘米，宽93厘米，厚10厘米。拓高42厘米，宽80厘米。碑文20行，漫漶较甚，行字不详，正书。

刻石2005年10月11日自宣武区文管所移交，现藏北京石刻艺术博物馆。

浮雕薛仁贵征东人物刻石及题刻

明丙申午仲秋

首行题：大唐天子红福大惊」动上方九天玄女娘」娘来保驾点化薛礼」

薛平贵征东故事人物浮雕石刻共5方，题记镌于中部即第3方石刻的背面。拓高68厘米，宽42厘米，分上下二栏刊，上、下栏各存9行，满行8字，实存125字。

石嵌墙，第1、2、4、5石高144厘米，宽38厘米。第3石高149厘米，宽41厘米。

石来源不详，现藏北京石刻艺术博物馆。

"念佛"摩崖

明崇祯十七年（1644）前

钦差总理内官监太监平乡张桢立

拓作二纸。其一镌"念佛"2字，拓高130厘米，宽67厘米。"念佛"2字竖刻，字径高、宽均约58厘米，双钩正书。其一镌题款，拓高67厘米，宽15厘米，竖刻"钦差总理内官监太监平乡张桢立”1行文字，字径高、宽均约4厘米。题款镌于“念佛”左下方山崖一高51厘米、宽8厘米长方形开光处。

摩崖镌于房山区万佛堂孔水洞后方西南侧未经打磨的崖壁上。

按：摩崖未镌年款，从其左下处太监题款以及附近的两通明代碑刻和万佛堂明代匾额可推知该摩崖当摹刻于明代。

成玉题记

明崇祯十七年（1644）前

首行题：京都清塔寺比丘成玉☐

拓高70厘米，宽27厘米。拓存文字两行，即“京都清塔寺比丘成玉☐」造佛石匠徐本金」”，正书。

题记镌于石景山区八大处公园摩崖谷半山腰处阿弥陀佛摩崖造像龛旁岩壁上。

按：八大处公园摩崖谷半山腰朝东的崖壁上并列雕二佛龛，南侧佛龛呈圆形，径83厘米，龛内雕阿弥陀佛坐像一尊，高79厘米，宽55厘米，龛上方自右及左横刻“南无阿弥陀佛”一行文字，龛右侧竖刻“惟有路径修行”一行文字，龛左侧镌“但念阿弥陀佛」京都清塔寺比丘成玉☐」造佛石匠徐本金」”三行文字，中间一行文字漫漶。联及额字径高、宽均9厘米。石匠题刻字径高、宽均6厘米，正书。

“沿字拾叁号台”匾

明崇祯十七年（1644）前

匾边框刻卷草纹。拓高47厘米，宽92厘米。匾居中横题“沿字拾叁号台”1行6字，双钩正书。

匾原嵌于门头沟区清水镇洪水口村洪水口隘口“沿字拾叁号台”长城墩台上，1995年普查时，匾在西峰寺内（时门头沟区博物馆在此）放置。

按：“沿”字十二号敌台至“沿”字十四号敌台，分布在门头沟区洪水口村洪水口隘口两侧。

“沿字拾伍号台”匾

明崇祯十七年（1644）前

拓片高43厘米，宽82厘米。边框刻卷草纹。匾居中横题“沿字拾伍号台”1行6字，双钩正书。

匾原嵌于门头沟区清水镇小龙门村的小龙门关隘“沿字拾伍号台”长城敌台上。敌台石砌，“文革”期间被拆毁。1995年普查时，匾在西峰寺内（时门头沟区博物馆在此）放置。

“沿字拾壹号台”匾

明崇祯十七年（1644）前

拓高43厘米，宽82厘米。边框刻卷草纹。匾居中横题“沿字拾壹号台”1行6字，双钩正书。

匾原嵌于门头沟区斋堂镇黄草梁北七座楼的“沿字拾壹号台”长城敌台上。1995年普查时，匾在西峰寺内（时门头沟区博物馆在此）放置。

按：沿字“陆”至“拾壹号”台，在门头沟区斋堂镇黄草梁上“七座楼”一带。“七座楼”即七座敌台，其中六座编号为沿字“陆”至“拾壹号”台，以及一座未编号的石结构敌台。

捐资碑

明崇祯十七年（1644）前

首行题：☐官地一亩伍分☐征钱粮☐纳

碑圆首，首部线刻云纹，碑身边框刻花纹，首身一体，座佚。拓高113厘米，宽55厘米。碑无额题、首题，除首行外，均为官吏、乡民题名，文字多有漫漶。碑文16行，行字不等，正书。

碑原址不详，1995年普查时放置于门头沟区西峰寺博物馆外院。

按：碑无年款，碑文题名中有“锦衣卫”，推知为明碑。题名官职中有“沿河口”、“天津关”、“洪水口守口”、“梨园岭守口”、“洪水口守口”、“齐家庄巡检司”等，推知该碑原址当在门头沟区西部的沿河城一带。

“官员人等至此下马”碑

明崇祯十七年（1644）前

碑身竖题：官员人等至此下马

拓高200厘米，宽62厘米。碑文竖题1行文字，行8字，双钩正书。

碑现立于昌平区十三陵大宫门，原址保存。

著录情况：《拓汇》第60册，第139页。《拓目》第510页，京8645。

“镇宁门”匾

明崇祯十七年（1644）前

匾题：镇宁门

匾边框线刻花纹，中部断裂为二，左侧漫漶较甚。匾高58厘米，宽128厘米，厚10厘米。铭文横题1行，满行3字，双钩正书。

石原为永宁城西门门匾，现在延庆县永宁镇（2006年时集中存放于永宁镇文化站仓库）。

按：据清乾隆八年修、二十二年重订《宣化府志·城堡》载，永宁城，宣德五年建，城之四门，东曰迎旭，西曰镇宁，南曰宣恩，北曰威远。据此知该匾原为永宁城西门门匾，匾未刻年款，推测当刻于明代。

“宣恩门”匾

明崇祯十七年（1644）前

匾题：宣恩门

匾残裂为5块，边框线刻花纹。匾高70厘米，宽130厘米，厚19厘米。铭文横题1行，满行3字，阳文正书。

石原为永宁城西门门匾，现在延庆县永宁镇（2006年时集中存放于永宁镇文化站仓库）。

按：据清乾隆八年修、二十二年重订《宣化府志·城堡》载，永宁城，宣德五年建，城之四门，“东曰迎旭，西曰镇宁，南曰宣恩，北曰威远”。据此知该匾原为永宁城南门门匾，匾未刻年款，推测当刻于明代。

慈祥庵呈文及批复碑

清康熙十一年（1672）闰七月十九日批复准给

额题：皇恩准给

首行题：慈有方」谨」奏为捐产为庵以存久远香火事窃照方已故本官胡太监本官田太监坟墓一区坐落西山磨石口」

碑螭首方座。碑身拓高152厘米，宽83厘米。额拓高23厘米，宽22厘米。额文2行，满行2字，正书。碑文21行，满行40字，正书。

著录情况：《拓汇》，第63册，第11页。《拓目》第272页，京10221。

碑在石景山区模式口村。

按：碑文刻慈有方捐产为庵以存久远香火事奏折及批复。据碑文，清康熙十一年（1672）闰七月十七日奏折上，本月（七月）十九日批复准给。

庵即慈祥庵，坐落西山磨石口一带。

崇文门修竣刻石

清康熙二十八年（1689）五月修竣

首行题：崇文门关里□

工部员外郎诚裕（撰文）

拓片长48厘米，宽39厘米。文6行，行6—10字不等，正书。

石现存崇文区隆安寺。

云麾将军断碑记

清康熙三十一年（1692）八月

首题：云麾将军断碑记

顺天府府丞石门吴涵记并书

石为嵌墙横石。石高 42 厘米，宽 96 厘米。拓长 88 厘米，高 46 厘米。记文 30 行，满行 24 字，正书。吴涵题款后钤印二方："吴涵字曰匪庵"、"文学侍从之臣"。

正文后又刻题记二则：其一，"嘉庆己未初夏〔四年四月（1799）〕大兴翁方纲武进胡逊同观北海残字题记"；其二，"甲子仲夏翁方纲识〔嘉庆九年五月（1804）〕"。

石现存东城区府学胡同文天祥祠。

著录情况：《拓汇》，第 65 册，第 15 页。《拓目》第 512 页，京 267。

康熙御笔"仁善谨恪"牌坊榜书

清康熙四十一年（1702）岁次壬午五月二十五日

坊题：仁善谨恪

清圣祖玄烨御笔

阴

清康熙五十二年（1713）岁次癸巳八月初九日

坊题：宿德壶范

清圣祖玄烨御笔

此石匾为牌坊的坊额。坊额阳、阴两面的文字两侧均各镌花纹边框一道。石高 57 厘米，宽 342 厘米，厚 30 厘米。拓高 57 厘米，宽 318 厘米。坊文阳面横题 1 行 4 字，双钩正书。坊文右侧竖镌年款 2 行，满行 9 字，正书。坊文左侧竖镌"赐原领侍卫内大臣一」等公舅舅臣佟国维"文字 2 行，满行 13 字，正书。坊文上方居中镌印一方，阳刻"康熙御笔之宝"，印文 3 行，满行 2 字，篆书。阴面坊文横题一行 4 字，双钩正书。坊文右侧竖镌年款 2 行，满行 13 字，正书。坊文左侧竖镌"赐原领侍卫内大臣一等公舅舅」佟国维妻一品夫人何奢礼氏"文字 2 行，满行 13 字，正书。坊文上方居中镌印一方，阳刻"康熙御笔之宝"，印文 3 行，满行 2 字，篆书。

牌坊原立于朝阳区佟家坟，后藏首都博物馆，1987 年 9 月 18 日北京市文研所移交。现藏北京石刻艺术博物馆。

著录情况：《拓汇》，第 67 册，第 17 页。《拓目》，第 492 页。

康熙御笔"简廉堂"匾联

清康熙五十年（1711）四月

匾题：简廉堂

清圣祖玄烨御笔

匾拓高 70 厘米，宽 210 厘米。匾文横题 1 行 3 字，行书。匾文上方正中镌印一方，阴刻“康熙御笔之宝”，印文 3 行，满行 2 字，篆书。

匾原址在崇文区板厂南里万柳堂，1987 年 9 月 18 日北京市文研所移交，现藏北京石刻艺术博物馆。

著录情况：《拓目》，第 491 页。

按：匾未署年款，《拓目》题作“清康熙五十年（1711）四月”。据《拓目》，该匾下还有对联一副，题作“临河一叶扁舟，隔岸数间斗室”，该对联石刻现不知何处。

阛㘚汪濊碑

清雍正八年（1730）三月谷旦

额题：阛㘚汪濊

首题：宛平县正□生□□护国英□□□□□□□□□□□□□□□碑记

齐家司士民立

碑方首抹角，首线刻云纹，座佚，碑身边框刻卷草纹，碑下部残，碑面风化磨损较甚，文字多漫漶。碑首身通高 123 厘米，宽 65 厘米，厚 21 厘米。拓高 123 厘米，宽 67 厘米。额文 2 行，满行 2 字，双钩行楷。碑文 21 行，满行 30 字，正书。碑阴情况不详。

碑原址当在门头沟区清水镇或斋堂镇一带。1995 年普查时在门头沟西峰寺博物馆外院放置。

按：齐家庄巡检司，明永乐十二年设，衙署原在齐家庄，后被烧毁，历官到任，悉驻斋堂城，租赁民舍，未有公署。

圣德光昭西山仪凤碑铭

清雍正九年（1731）岁次辛亥仲春（二月）之吉

首题：圣德光昭西山仪凤碑铭

委署领侍卫内大臣兼理奉宸苑卿事务内务府总管散秩大臣常明稽首顿首恭记

碑螭首方座，碑身边框刻花纹。碑首身通高 284 厘米，宽 93 厘米，厚 32 厘米。方座高 75 厘米，宽 110 厘米，厚 97 厘米。碑身拓高 180 厘米，宽 83 厘米。碑文 31 行，满行 83 字，正书。

碑现立于房山区燕山石化区向阳街道凤凰亭路东侧山坡上。

著录情况：《拓汇》，第 68 册，第 94 页。《拓目》，第 291 页，京 9156。

按：碑坐北朝南，上建有碑亭，称作凤凰亭。亭石构无梁，重檐攒尖，四面壁券门，。今亭与石碑保存完好。

御制广宁门外石道碑文

清雍正九年（1731）七月朔日立

额篆：御制

首题：广宁门外石道碑文

清世宗胤禛御制

碑螭首龟趺，下为海墁石。碑身阳阴边框浮雕云龙纹，两侧浮雕云龙纹。碑首身通高 500 厘米，宽 183 厘米，厚 64 厘米。龟趺长 374 厘米，宽 192 厘米，高 144 厘米。碑身拓高 262 厘米，宽 127 厘米。碑阳额文满汉文各 1 行，满行 2 字，汉文篆书。碑文满汉文合璧，前书汉文 10 行，满行 48 字，正书；其后书满文 10 行。碑阴无字。

碑原立于丰台区广安门外小井村，1984 年 3 月 24 日征集到馆，现藏北京石刻艺术博物馆。

著录情况：《拓汇》，第 68 册，第 96 页。《拓目》，第 513 页，京 7505。《馆目》，第 185 页。

按：据《日下旧闻考》载，“彰仪金之正西门，新城筑于明嘉靖中，其西门曰广宁，而都人至今以彰仪呼之”，“今广宁门俗称彰仪门，特沿金源以来旧名耳……”。

普济堂功德碑记

清乾隆十有一年（1746）岁次丙寅五月十日

额篆：功德碑记

首题：普济堂功德碑记

赐进士及第诰授通奉大夫兵部左侍郎陈悳华撰

江宁吴秉忠镌

碑螭首，碑身阳阴边框均浮雕云龙纹，座佚。碑首身通高 293 厘米，宽 100 厘米，厚 40 厘米。碑身拓高 168 厘米，宽 94 厘米。碑阳额文 2 行，满行 2 字，篆书，碑文 20 行，满行 56 字，正书。碑阴刻题名，行字不等，共存 24 行。题名中有和硕怡贤亲王、和硕裕献亲王、宗室辅国公、顺天府尹、各部尚书、郎中等。

碑 1995 年 10 月 9 日征集于海淀区莲花池一带，现藏北京石刻艺术博物馆。

著录情况：《拓汇》，第 69 册，第 179 页。《拓目》，第 298 页，京 7932。《北京文博》2004 年第 4 期，王苹苹、徐伟《清代普济堂史迹》。

按：据《拓汇》、《拓目》，碑原址在宣武区广安门外大街，北京石刻艺术博物馆征集于在北京海淀区莲花池一带。

御制阅永定河堤因示直隶总督方观承诗碑

清乾隆十五年（1750）三月

额篆：御制

首题：阅永定河堤因示直隶总督方观承诗

清高宗弘历御制

碑阴

清乾隆二十年（1755）暮春（三月）

额篆：御制

首题：乾隆御制阅永定河诗

清高宗弘历御制

碑螭首方座，碑身阳、阴边框均刻云龙纹，碑两侧刻云龙纹，座四面浮雕云龙纹。碑首身通高405厘米，宽118厘米，厚41厘米；座高96厘米，宽173厘米，厚116厘米。碑身拓高280厘米，宽109厘米；额拓高38厘米，宽35厘米。碑阳额文1行，行2字，篆书。碑文9行，满行33字，实存289字，行书。末行落款下镌印章两方，上印篆书“政在新民”，下印篆书“乾隆御笔”。碑阴额文1行，行2字，篆书。碑文10行，满行36字，实存288字，行书。末行落款下镌印两方，上印篆书“惟精惟一”，下印篆书“乾隆宸翰”。

碑原址在石景山区永定河畔庞村，现藏北京石刻艺术博物馆。

著录情况：《拓汇》，第70册，第126页。《拓目》，第465页，京2803–1，碑阳；第466页，京2803–2，碑阴。《馆目》，第186页。

德胜门城墙修建刻石

清乾隆二十七年（1762）五月告竣

首行题：德胜门西边里面

监督工部郎中熙永

拓高40厘米，宽45厘米。石刻文字6行，行7至10字不等，正书。

刻石原址不详，1987年9月18日北京市文研所移交，现藏北京石刻艺术博物馆。

按：石刻中题“德胜门西边里面」城墙一段自此起」往西长十丈五尺正」”，推测石可能嵌于德胜门西边里面的城墙上。

“护国火德真君庙”石额

清乾隆丙戌〔三十一年（1766）〕菊月（九月）立

额题：护国火德真君庙

火醮会众善重修

石额高25厘米，宽361厘米，厚8厘米。拓长198厘米，宽23厘米。石额文字1行7字，双钩正书；其左侧题小字1行7字，正书。

石现存崇文区隆安寺。

乾隆御笔重修马驹桥碑记

清乾隆三十九年（1774）岁在甲午春三月中浣御笔

首题：重修马驹桥碑记

清高宗弘历御笔

碑阴

清乾隆甲午〔三十九年（1774）〕暮春（三月）中浣御笔

首行题：周礼或弗读遂人久失职（以下从略）

清高宗弘历御笔

碑首及龟趺缺失，碑身阳、阴边框均浮雕云龙纹，高297厘米，宽138厘米，厚51厘米。碑阳满汉合璧，满文及汉文的上半部失拓。碑阳拓高125厘米，宽63厘米。碑文应存11行，拓存8行，满行应存68字，拓存32字，正书。碑阴为乾隆御制《碧霞元君庙瞻礼诗》，因碑太高，仅拓部分文字，分作二纸：一拓高170厘米，宽70厘米；另一高53厘米，宽95厘米。碑文7行，行字不等，行书。

碑原址在通州区马驹桥，现存通州区西海公园。

著录情况：《拓汇》，第73册，第124页。《拓目》，第517页，京7892。

永远免夫□□碑记

大清乾隆四十二年（1777）岁次丁酉八月立

额题：永远免夫□□碑记

首行题：兹因具呈恳免夫差业蒙县尊」黄太老爷恩准亲批豁免施行今我小民沐恩被德寤寐难忘是以」仍照从前勒石刻铭于分司界处以垂永远为万古之仪型矣

顺天府庠生刘廷玉、申九成、孙书祺拜撰书丹

碑圆首，座佚。碑首部分残缺，碑阳首部浮雕云纹，额题“名垂永久”，碑阴首部无纹饰。碑首身一体，残高160厘米，宽73厘米，厚16厘米。碑阴首身拓高142厘米，宽74厘米。额文2行，满行4字，正书。碑文正文3行，其后镌经理人、协办人即村庄题名，行字不等，正书。碑阴不载年款。碑当时仆地，碑阳失拓。

1995年普查时，碑在门头沟区桥耳涧东券门以西路西侧（此地在桥儿涧，但属于妙峰山乡水峪嘴）。2012年时，碑立于牛角岭关城旁的碑亭内。

著录情况：《门头沟文物志》，第236页。《门头沟村落志》，第1257、1258页。

按：馆拓为碑阴，《门头沟村落志》第1257、1258页载该碑碑文，书撰人据此补。

“敕建慈云寺”匾

清乾隆年间（1736—1795）

匾横题：敕建慈云寺

匾边框浮雕云龙纹，高60厘米，宽245厘米，厚27厘米。拓高35厘米，宽213厘米。字径高20厘米，宽厘18米。匾文1行，行5字，正书。匾上方居中钤一方印，印高、宽均5.5厘米，篆书“乾隆御笔”。

匾原址不详，1996年普查时匾在通州区张家湾乡三间房路东航运团大院内。

乾隆御笔“川泳云飞”石刻对联

清乾隆年间（1736—1795）

横额题：川泳云飞

上联题：天外是银河烟」波宛转

下联题：云中开翠幄香」雨霏微

清高宗弘历御笔

横额拓高27厘米，宽70厘米；对联拓高180厘米，宽71厘米。横额文字1行，行4字，行书。上下联文字均2行，满行6字，均行书。横额文字上方中部钤方印一，篆书：“乾隆御笔”。下联末行下方钤印二方，上圆花印“☰”（乾卦符号，即“乾”字），下方花印“隆”。

对联现在海淀区颐和园长廊养云轩。

乾隆御笔“汇川印月”匾

清乾隆年间（1736—1795）

匾题：汇川印月

清高宗弘历御笔

匾另一面题：源随地涌

清高宗弘历御笔

拓高135厘米，宽48厘米。匾双面镌字，一面镌“汇川印月”，匾文1行，行4字，正书，上居中钤方印一，阴文篆书“乾隆御笔”；另一面“源随地涌”，匾文1行，行4字，正书，上居中钤方印一，阴文篆书“乾隆御笔”。

匾原址不详，1999年拓自天安门管理处。

乾隆御笔“芳御怡春”匾

清乾隆年间（1736—1795）

匾题：芳御怡春

清高宗弘历御笔

拓高35厘米，宽94厘米。匾文1行，行4字，正书，匾文上方正中钤方印一，阳文篆书“乾隆御笔”。

匾原址不详，1999年拓自天安门管理处。

乾隆御笔“浣花泉”碑

清乾隆年间（1736–1795）

碑身题：浣花泉

清高宗弘历御笔

碑无额题，座佚。碑首身拓高 105 厘米，宽 55 厘米。碑身竖题文字 1 行，行 3 字，正书。碑文上方居中镌印一方，阴文篆书“乾隆御笔”。

碑来源不详，1987 年 9 月 18 日北京市文研所移交，现藏北京石刻艺术博物馆。

“药碾”碑

清道光四年（1824）八月吉日立

额题：万古流芳

赵永林刊

修山本真子书

碑方首雕祥云纹，方座分离。碑身中部断裂。碑高 117 厘米，宽 55 厘米，厚 15 厘米。碑首身拓高 106 厘米，宽 53 厘米。额文 2 行，满行 2 字。正书。碑居中竖题大字 1 行，行 2 字，双钩正书。其右竖题名款 2 行，其左竖题年款 1 行，字体较小。碑文均正书。

碑现在石景山区龙泉寺内。

按：今其地尚存药碾遗迹，系利用山体摩崖刻成药碾凹槽，槽深 23 厘米，槽宽 30 厘米。

继序修补道路功德摩崖碑

大清道光岁次辛卯年〔道光十一年（1831）〕仲夏（五月）廿未（二十）日辛卯时吉立谷旦

额题：名垂千古

首题：继序修补道路功德碑记（按：碑首题中“序”字当为“续”字之误）

纠首经理人潘仲仁、潘有荣、韩玉泽、乔永兴、韩玉涧、王玉福、彭起会、王玉禄

玉皇庙道纳李复山

书笔人魏德爵

铁笔先生魏进忠

石刻面北，依山崖刻成碑状，方首素面，无座，碑下部已没入土中，露高 188 厘米，宽 98 厘米。碑身拓高 143 厘米，宽 94 厘米；额高 24 厘米，宽 26 厘米。额文 2 行，满行 2 字，双钩正书。碑文 22 行，下方部分文字埋入土中，满行残存约 33 字，正书，字径高、宽均 2 厘米，部分文字漫漶。

碑镌于门头沟区木城涧煤矿公路桥南西行不远处路南山崖上。

新修石道序碑

（清）龙飞道光贰拾四年（1844）荷月（六月）谷旦立

额题：万古流芳

首题：新修石道序

密邑庠生孔宗之撰并书

督工人李宏玉等十二人

段村穆稳平、高君和、高君盛仝刻

杨各庄引善人傅宽等

峪口引善人陆长富等

碑方首抹角，首浮雕祥云及海水江崖，边框饰缠枝卷草纹，座佚。碑首身通高 154 厘米，宽 61 厘米，厚 15 厘米。拓高 152 厘米，宽 60 厘米。额文 2 行，行 2 字，正书。碑文 18 行，满行 36 字。

碑原址不详，现存顺义区文物管理所。

按：碑原址不详。碑文载："洵阳北治四拾里张各庄北门外厂门口村前街有东西大道一条。"可知所修道即张各庄北门外厂门口村前街东西大道。

吕新吾身家盛衰循环图说

清咸丰元年（1851）岁在辛亥仲冬（十一月）既望（十六日）书

清咸丰壬子〔二年（1852）〕岁秋仲下浣日后刻石

额横题：吕新吾先生身家盛衰循环图说

首行题：呜呼君子观此图不惟知人事当修抑又知天道可惧也六合之内民

梅桥徐泽醇识于存惺书屋

筱坞袁保恒书于留有余轩

拓高 132 厘米，宽 61 厘米。上部绘身家盛衰循环图一幅，文字四圈；下部刻文 18 行，满行 27 字，正书。石左下角有编号"第三"。"梅桥徐泽醇识于存惺书屋"下方镌印章一方，篆书"复复道人"。

刻石在宣武区法源寺。

著录情况：《拓汇》第 82 册，第 25 页。《拓目》，第 523 页，京 904。

按：应与《吕新吾理欲生长极至图说》大约同时刻成。

吕新吾，即吕坤（1536—1618），字叔简，号新吾，宁陵人。明万历二年（1574）进士，历官山西巡抚、刑部侍郎等职。著有《呻吟语》、《去伪斋文集》等。

徐泽醇（1787—1858），字梅桥，号乐天翁，汉军正蓝旗人，清嘉庆二十五年（1820）庚辰科进士。曾任四川重庆府知府、山东巡抚、四川总督等职。咸丰二年（1852），任礼部尚书，次年赞署户部尚书。卒谥恭勤。著有《心经集注》。

袁保恒（1826—1878），字小午，号筱坞，袁甲三长子，袁世凯叔父。项城（今河南省项城县）人。道光三十年（1850）进士，先后在李鸿章、左宗棠军中二十余年，官至刑部侍郎。卒谥文成。

吕新吾理欲生长极至图说

额横题：吕新吾先生理欲生长极至图说

清咸丰壬子〔二年（1852）〕岁秋仲（八月）下浣日后刻石

首行题：人生天地间大率三等其六合为家万物一体尽得人道完复天初者

徐泽醇识

子青张之万书说

文山崇绮补图

拓高132厘米，宽61厘米。石上部中央绘理欲生长极至图一幅，中间为八卦，外围文字四圈；图两侧刻正书小字各8行，满行35字。下部刻文18行，满行27字，正书。上方图两侧镌徐琪小字题记："大清光绪三十有二年（1906）岁次丙午十月望后七日☐仁和后学徐琪谨识时年五十有八。"石左下角有编号"第四"。

石存宣武区法源寺。

著录情况：《拓汇》，第82册，第26页。《拓目》，第523页，京905。

按：据该石清光绪三十二年（1906）徐琪题记，知该组石刻共四方，第一、二石为《冯恭定公善利之图》，三、四为《吕新吾身家盛衰循环图说》和《吕新吾理欲生长极至图说》。

张之万（1811—1897）字子青，号銮坡，张之洞兄。直隶南皮（今属河北）人。道光二十七年进士。同治间署河南巡抚，移督漕运，历江苏巡抚、闽浙总督，光绪中官至东阁大学士。其山水画骨秀神清，为士大夫画中逸品，时与戴熙称南戴北张。书法亦精。有《张文达公遗集》。

崇绮（1829—1900），字文山，阿鲁特氏，蒙古正蓝旗人，后抬旗至满洲镶黄旗。大学士赛尚阿之子。同治三年一甲第一名进士，清朝满、蒙族人中唯一的状元，光绪间历任吏部、礼部尚书。其女为同治帝孝哲毅皇后。

冯恭定公善利之图说

清咸丰壬子〔二年（1852）〕岁秋仲（八月）下浣日（书）

清咸丰壬子〔二年（1852）〕岁秋仲（八月）下浣日后（刻石）

首行题：善利图说曰（以下从略）

存惺居士又识

楚北蒲圻贺寿慈敬书

石共两方，均高138厘米，宽64厘米。拓高130厘米，宽61厘米。第一石额文正书横题一行："冯恭定公"。额文下刻"善图"一幅，图下刻文字24行，满行31字，正书，石左下角有编号"第一"。第二石额文正书横题一行："善利之图"。额文下刻"恶图"一幅，图下刻文字24行，满行31字，前21行正文正书，后三行题记行书，石左下角有编号"第二"。第一石下部镌冯恭定公的"善利图说"文字未完，与第二石下方的文字相接。其后又镌《陈文恭公禽兽说》。最后3行为存惺居士题记。

石现嵌于宣武区法源寺东北隅精舍内北壁。

著录情况：《拓汇》第82册，第47、48页。《拓目》，第524页，京906。

按：据《吕新吾理欲生长极至图说》图两侧的清光绪三十二年（1906）徐琪题记，知该组石刻共四方，第一、二石为《冯恭定公善利之图》，三、四为《吕新吾身家盛衰循环图说》和《吕新吾理欲生长极至图说》。

冯从吾（1556—1627），字仲好，号少墟，长安人（今西安）。著名教育家。万历进士，累迁工部尚书致仕。卒谥恭定。著有《冯少墟集》二十二卷，又有《元儒考略》、《冯子节要》及《古文辑选》等。

贺寿慈（1810—1891）初名于逵，继名霖若，字云甫，晚号赘叟，又号楚天渔叟。湖北省蒲圻市（现改名赤壁市）人。清道光二十一年（1841）进士，官至工部尚书。

“普济寺”匾

大清咸丰七年（1857）八月谷旦

匾题：普济寺

岁贡生陈景伊书

住持戒衲灵文立

匾为青石质，高 33 厘米，宽 90 厘米，厚 10 厘米。拓高 32 厘米，宽 86 厘米。匾居中横题“普济寺”1 行 3 字，字径高 20 厘米，宽 14 厘米，正书。右侧竖题年款 2 行，左侧题书丹人、立石人题名 2 行，均正书。

匾原址在平谷区夏各庄镇安固村普济寺。

著录情况：《平谷文物志》，第 186 页。

按：普济寺位于平谷区夏各庄镇安固村，始建年代不详。重印民国二十三年《平谷区志》第 233 页收有邑人陈景伊所撰“重修普济寺记”。

匾现为平谷区文管所收藏。文管所藏石刻包括该匾一度在平谷石刻艺术馆展陈，后又集中存放于平谷区上宅文化陈列馆。但笔者 2012 年 9 月调查时未见此匾。匾现存地不详。

达摩真尊者画像并题记

清咸丰庚申〔十年（1860）〕秋八月

首题篆书：达摩真尊者画像

南海冼斌绘并题

京都富文斋谨镌

粤省华林寺敬藏

刻石为嵌墙立石，高 48 厘米，宽 31 厘米。达摩镌于石正中部位。达摩顶上光圈由 20 个篆字组成。像右首题篆书 1 行，其右上方镌长方形印一枚，篆书“寸云轩”。像左侧隶书题记 2 行：“达摩西来，面壁九年，上根既契，廿字心传，韵成四十，左右回旋，偈名真性，元之又元，自悟自证，顶上光圆。”石左下方刻方形印二枚篆：“云樵”（阴文）、

"臣斌"（阳文）。石正上方镌圆形印一枚，篆书"如梦瓶庐"。

石原址为宣武区米市胡同43号（原广东南海会馆内），现藏北京石刻艺术博物馆。

著录情况：《馆目》，第17页。

按：冼斌，字云樵，南海人。清道光二十七年（1847）进士，曾任安徽庐州府知府，以疾归乡后主讲三湖书院。诗、书、画皆有独到处。尤善学高其佩以指头画花。

广州华林寺始建于梁武帝普通八年(527)，迄今已有1400多年的历史。华林寺前身是"西来庵"，据说达摩西来弘化禅宗妙旨，于梁武帝普通年间从海上到达广州城外的珠江北岸，结草为庵，潜心苦修。人们为纪念这位祖师，在他最初讲法之处建西来庵，并把这一带称为"西来初地"。

重修道路碑记

旹大清同治十一年（1872）拾壹年岁次壬申中秋月（八月）谷旦

额题：修桥补路

首题：重修道路碑记

修道会中村公立

碑方首浮雕云纹，座佚。碑首身相连，通高180厘米，宽67厘米，厚17.5厘米。拓高154厘米，宽66厘米。额文2行，满行2字，正书。碑文14行，满行29字，正书。碑当时仆地，另一面情况不详。

1995年普查时，碑在门头沟区桥耳涧东券门西路边，仆地。

药方碑

清光绪六年（1880）四月

额题：神道设教或病无用今示百方」专济世医所不逮非敢自用皆」具至诚各宜诚求罔不获应药」世乏术医疾难精知者其谁既」广此意勿视为无用斯即设□」之心夫时咸丰庚申王屋山樵」序降方原序光绪六年并泐石」

碑阳题：咸丰十年四月」道济群生」孙思邈」

碑一侧题：世上原无必死病

碑另一侧题：药中多是大还丹

碑身拓高160厘米，宽90厘米。额拓高28厘米，宽22厘米。侧拓高158厘米，宽37厘米。碑阳额文7行，满行12字，正书。碑阳文及两侧草书。碑阴镌药方，横竖各分十栏为百栏，每栏间有界格，均正书。

碑原址在昌平区沙河东村泰清宫，现存昌平公园内石刻园。

著录情况：《拓汇》，第85册，第32、34页。《拓目》，第526页，京8959。

按：碑阳草书居中题："道济群生"；右题年款"咸丰十年四月"；左落款"孙思邈题"。碑左右侧草书对联，上联："世上原无必死病"；下联："药中多是大还丹"。碑阴镌药方，横竖各分十栏为百栏，每栏间有界格。共刊药方百付。第一排为第一至第十方自右向左排列，下排以此类推。

顺天府尹为给宛平县东芦城知悉告示碑

清光绪拾年（1884）闰五月十六日告示

首行题：钦命礼部尚书兼管顺天府府尹毕

碑首、座均佚，碑身边框饰浮雕卷草纹，碑面多处漫漶。碑身高 140 厘米，宽 66 厘米，厚 13 厘米。拓高 138 厘米，宽 68 厘米。碑文 14 行，行字不等，正书。

1996 年普查时，碑在大兴区东芦城村中路西，仆地。

按：碑文末行标“告示”。文中载，时钦命礼部尚书兼管顺天府府尹毕道远、钦命稽察庞各庄粥场太常寺卿徐树铭、钦命署户部左侍郎顺天府府尹周（家楣）于光绪十年（1884 年）四月二十三日奉奏上谕，据徐树铭奏永定河沿岸东西芦城两村农民为挑土筑堤，倍受汛官、河工敲诈勒索之事。为改变永定河挑土章程，严禁折价扰民等事再发生，顺天府分别在两村立碑告示。此为东芦城村告示碑，西芦城村告示碑立于光绪十一年（1885）。碑早年倾倒，座佚，现两村各存碑身，内容基本相同。

郭络罗氏茔地界桩

清光绪己丑〔十五年（1889）〕

石为长方立柱形，仅两面镌字，一面题：“光绪己丑”，一面题：“郭络罗氏茔地”，均正书。拓作二纸，仅拓文字部分，均高 86 厘米，宽 18 厘米。

2002 年拓自顺义区南法信乡马家营。

云麾断碑题后刻石

清光绪十八年（1892）壬辰十月之望（十五日）

首题：云麾断碑题后

顺天府府尹济宁孙楫撰并书

刻石为嵌墙横石。石高 31 厘米，宽 55 厘米。拓长 50 厘米，高 26 厘米。文 17 行，满行 8 字，正书。

石现存东城区府学胡同文天祥祠。

著录情况：《拓汇》第 87 册，第 30 页。《拓目》，第 529 页，京 907。

“冰雪清操”匾

清光绪二十三年（1897）十一月敬立

匾题：旌表」冰雪清操」

匾似为木制。拓高 72 厘米，宽 150 厘米。匾正中横题“冰雪清操”四字，字径高

30 厘米，宽 29 厘米。“雪清”二字上居中竖刻“旌表”二字，字体较小。匾右竖题文字两行：“湖广道监察御史蒋为」奏请”。匾左竖题文字两行：“节孝贡元孙世堂之妻李氏」光绪二十三年十一月敬立”。匾文均正书。

匾现存顺义区文管所。

按：据《重印民国顺义区志》卷十五《人物志》载，李氏，为“第七区牛栏山孙世堂之妻。年二十二岁夫亡守节，抚孤理家，至娴妇道。光绪二十三年，经御史湖广道蒋奏请旌表匾额曰：‘冰雪清操’”。

中营官署重建碑

大清光绪三十一年（1905）二月立石

碑文首行题：中营官署其创其因碑前已载明悉二百年间三兴三废迄至于今仅存遗迹后之涖斯任者又权居民舍于营务虽无废」弛于□行□□为一体今（以下从略）」

花翎提督衔巡捕五营步军统领中军副将鲍涌泉□刊

碑高 100 厘米，宽 70 厘米，厚 18 厘米。拓高 100 厘米，宽 70 厘米。碑文 19 行，满行 50 字，正书。

碑原址在海淀区海淀镇后官园 15 号，现藏北京石刻艺术博物馆。

著录情况：《馆目》，第 189 页。

按：据碑文，中营官署创建于明代，至光绪年间三兴三废。光绪二十四年（1898）六月起兴工重建，至二十五年（1899）九月完竣。

太子陵修路碑

大清光绪乙巳年〔三十一年（1905）〕葭月（十一月）谷旦敬立碑铭

首行题：原夫山路崎岖难于跋涉攘往者每至此而浩叹熙来者亦至此而唏嘘兹因

廪生郑朝士手撰并书

赵家峪石工师傅李有、李太维

住持道李泰

碑阴

首行题：钦加五品衔赏戴蓝翎尽先司厅白马关副司厅董捐钱十吊（以下从略）

碑身阳、阴边框均线刻花纹，拓高 110 厘米，宽 42 厘米。碑阳失拓。碑阳文字 12 行，满行 30 字，正书。碑阴刻人名、村庄、铺号及捐资金额，行字不等，正书。

碑原址不详，现立于密云县冶仙塔碑林。

按：碑文载“密云县城北黄土坎保下有大梁一座”，推测该碑可能在密云县城北黄土坎附近。

摹吴道子绘观音像

清光绪丙午〔三十二年（1906)〕秋九月望前三日（十二日）

仁和徐琪题记

拓高167厘米，宽60厘米。石镌观音立像一尊，像左侧上方刻小字题记10行，满行32字，正书。题记右上篆印一枚:“祖徽佛应之□”，题记左下篆印一枚:“臣琪之印”。观音像右侧中部偏下题：“唐吴道子作”。观音像左侧中部偏下题：“清耳闻空悬述立石东龙山”。

石现嵌于宣武区法源寺东北隅精舍东壁。

著录情况：《拓目》，第455页，京910。《法贞》，第94、95页。

按：根据题记，原石为徐琪于光绪三十二年购得，送入法源寺与其先母郑太夫人手写观音像供奉一室。

徐琪(1849—1918年)，浙江仁和（今杭州）人。清光绪庚辰翰林，散馆授编修。官至内阁大学士，署兵部右侍郎。为俞樾弟子，工于诗词，善画花卉，著有《南斋日记》等。

伯哈智墓告示碑

清宣统元年（1909）九月初八日告示

额篆：勒碑刻铭

首行题：兹因顺天府北路厅昌平州署城东何家营村旧有

碑阴：清宣统元年（1909）十二月初三日仝立

碑阴

额篆：万古流芳

首行题：今查原有先贤伯哈智坟墓一座（以下从略）

延庆州儒学增生李廷华选书

碑保存完好。碑身拓高105厘米，宽58厘米。额拓高44厘米，宽25厘米。碑阳额文2种，上为阿文，下书汉文2行，行2字，篆书。碑阳文前10行及最后3行书题记，中间为告示。碑文23行，行字不等，正书。碑阴额文2种，上为阿文，下书汉文2行，行2字，篆书。碑阴多为捐资题名，共25行，行字不等，正书。

碑在昌平区南邵镇何营村北伯哈智墓，现原址保护。

著录情况：《拓汇》，第90册，第27页。《拓目》京8715，第532页。

按：碑阳前后为碑记，中部刊“赏戴花翎在任候补知府特授昌平州正堂加五级纪录十次杨”于清宣统元年（1909年）九月初八日所发布告。碑阴先记伯哈智墓地情况，后刊题名。

碑文中“李廷华选书”，应是“撰书”之误。

"大夫第"匾

清宣统二年（1910）三月十七日谷旦

匾题：大夫第

匾左侧残缺，末尾题款仅存半行。拓高102厘米，宽196厘米。匾文三行，居中横题"大夫第"，字径高65厘米，宽58厘米。右侧年款竖题一行："清宣统二年三月十七日谷旦"；左侧名款竖题，仅存半行："赏戴蓝翎次加五品封典布"，后面文字缺失。均正书。

匾现存顺义区文管所。

致爱国报馆函刻石

清宣统年间（1909–1911）书

刻石左上角及左下角残缺，文字有缺失。拓高53厘米，宽30厘米。刻石文字分为三栏，文字22行，满行16字，正书。

石原址不详，自海淀区征集，现藏北京石刻艺术博物馆。

按：该刻石应刻有多方，现仅存其一。该刻石刻往来书信两种：前面一封无抬头，为书信的后半部分，落款"竹君氏手书"；后一封信抬头题作"致爱国报馆函"，落款"愚弟永□"。

该石刻未署年款，文中提及"摄政王"及报馆事，据此知书信应撰写于清宣统年间，刻石年代不详。

下马碑

清宣统三年（1911）前

碑题：旨文武官员军民人等至此下马

碑方首浮雕如意纹，垂巾方座。碑首身高183厘米，宽69厘米，厚19厘米。座高60厘米，宽97厘米，厚43厘米。首身拓高186厘米，宽70厘米。碑身居中竖题文字1行13字，正书。碑首未勒额文。

碑现立于东城区府学胡同65号。

按：下马碑是昔日皇家设立的谕令碑，是一种显示封建等级礼仪的标志，上书"官员人等至此下马"字样，清代皇家设立的谕令碑不仅有汉字，还有满、蒙、回、藏文字镌刻，以示对皇帝、圣贤、先王的恭敬。北京设立有下马碑的地方有十多处，在皇城四门（天安门、地安门、东安门、西安门）外、紫禁城四门（午门、神武门、东华门、西华门）外、阜成门内历代帝王庙门外、成贤街的孔庙门外等地，都设立有下马碑。

王平司交界碑

清宣统三年（1911）前

额题：万古流芳

碑高 59 厘米，宽 29 厘米，厚 10 厘米。拓高 60 厘米，宽 30 厘米。额文 2 行，满行 2 字，正书。碑文上方横题“王平司”1 行文字，其下“交界”1 行文字，再下竖题 3 行文字：“北至安家滩村”、“东至南青山岭”、“南至王平口村”。

碑原址在门头沟区官道村，仆地，现藏北京石刻艺术博物馆。

八旗义地东南界界桩

清宣统三年（1911）前

界桩为四方柱形，每面宽 22 厘米，高 130 厘米，仅拓其中的两面。一面“刻八旗义地”，一面刻“东南界”，均正书。

界桩原址在顺义区，2002 年征集到馆，现藏北京石刻艺术博物馆。

七村首善题名碑

清宣统三年（1911）前

额题：大清

首题：七村首善开列于后

住持戒衲僧演昶

拓高 103 厘米，宽 65 厘米。额拓高 23 厘米，宽 18 厘米。额文 1 行，满行 2 字，正书。碑文 17 行，行字不等，正书。

碑现存顺义区文管所。

按：碑文全部为题名，上半部分题名为“七村首善”题名，下半部分为“七村信妇募化钱粮开列于后”题名。碑上下共分成九栏。涉及的七村为：后营村、石家行、武家行、河沿头、曹家行、萧家行和铁匠营。

重立先贤古碑及兴修北门洞石道碑

中华民国四年（1915）孟秋月（七月）吉日建

额题：永垂不朽

首题：重立先贤古碑及兴修北门洞石道记

县立高等小学校校长优廪生李梦云撰文

前任卢龙平山赤峰本县等处高等工教员廪生王树桐书丹

碑青石质，身从中断裂，座佚。碑首饰荷莲纹纹，碑身边框线刻单线。碑首身通高 126 厘米，宽 55 厘米，厚 18 厘米。拓高 126 厘米，宽 55 厘米。额文 2 行，满行 2 字，双钩正书。碑文 15 行，满行 25 字，正书。

碑原址在顺义城北，现存顺义区文物管理所。

著录情况：《拓汇》，第 91 册，第 84 页。《拓目》，第 534 页，京 9250。

按：此为咸丰三年《邵康节故里碑》之碑阴。记述了民国四年（1915）乡绅捐资重立窦燕山、邵康节两先贤故里碑及修路事。《重印民国顺义区志》载:"窦邵两先贤故里碑,在治北关桥东,咸丰二年(1852)邑令尹佩仓书。"治北关桥东即顺义北门外龙王庙所在地,北门外龙王庙址在今北兴东胡同北。又载:"龙王庙在北门外,前临野水,岸植嘉树,踞顺牛大道。窦邵两先贤故里碑、毅军马队统领张殿如上将功德碑均在此。""光绪十九年(1893)白水涨暴,冲仆折坏。""民国初,邑绅鉴于尹公原碑偃仆折崩,不忍漠视,集议重立,购石由邑廪王树桐摹书。现北关龙王庙前屹立者,是碑也。"另,民国六年(1917),县知事唐玉书题窦邵两先贤故里碑立于县府前。

谭鑫培茔地东南界界桩

民国四年(1915)

桩呈四方柱形,上部浮雕莲花连珠纹,柱身相邻两面镌字,柱高不详,宽 25 厘米。拓高 130 厘米,两面联拓,宽 50 厘米。界桩一面镌"英秀堂(文字一行,横题)谭宅茔地(文字 1 行,竖题)",另一面镌"东南界"(文字 1 行,竖题),均正书。

界桩现在门头沟区永定镇栗园庄村。

按:英秀堂为谭鑫培堂号。界桩未镌年款。谭鑫培卒于 1917 年 5 月,据《拓汇》第 91 册第 109 页所载《谭鑫培茔地碑》,为民国四年(1915)勒石,石在门头沟区上岸乡(即现在的永定镇)栗园庄西北 2 里处。该界桩当与碑镌于同一时期。

海甸绅商为共和军保护治安捐资碑

中华民国六年(1917)九月日

额篆:功同□后

首行题:夫时局阽危(以下从略)

山左王金浩篆额并撰书

西郊海淀镇绅商公立

碑阴

额篆:协于克一

首行题:兹将海甸镇提倡助资各绅商依次列后

碑阳身拓高 170 厘米,宽 85 厘米。额拓高 28 厘米,宽 24 厘米;阴身拓高 133 厘米,宽 98 厘米。碑阳额文 2 行,满行 2 字,双钩篆书。碑文 18 行,满行 40 字,正书。碑阴额文 2 行,满行 2 字,双钩篆书。碑身均为商号及人名,前面分上下 7 栏,每栏 20 行,后刊发起人,分 4 栏,共 2 行,均正书。

碑原址不详,现存北京石刻艺术博物馆。

创建义夫桥记碑

己未〔中华民国八年(1919)〕六月

额题：义夫桥

首题：创建义夫桥记

秦树声记并书

石为嵌墙立石，高 131 厘米，宽 43 厘米。拓高 111 厘米，宽 45 厘米。额文 1 行 3 字，横题，隶书。碑文 15 行，满行 36 字，497 字，正书。

石原址在宣武区法源寺前街 15 号，1983 年 11 月 6 日征集到馆，现藏北京石刻艺术博物馆。

著录情况：《馆目》，第 190、191 页。

右营游缉队布告碑

中华民国九年（1920）一月日立

首行题：右营游缉队管带游府王为

里人陆登瀛书

碑方首方座，碑首身通高 237 厘米，宽 99 厘米，厚 27 厘米；座高 63 厘米，宽 110 厘米，厚 53 厘米。拓高 199 厘米，宽 99 厘米。碑文 13 行，满行 23 字，共 230 字，正书。书篆人“里人陆登瀛书”下方镌二印，上“陆荣章印”，下“登瀛”均阴文篆书。

碑原立于宣武区广安门外关厢达官营，现藏北京石刻艺术博物馆。

著录情况：《馆目》，第 191 页。

按：据碑文，广安门外关厢路南达官营地方有江苏义园。义园发起人恐不法之徒滋生事端，乃咨请衙门勤加巡逻妥为保护，并立此布告。

同济桥修桥碑

中华民国十年十月（1921）建立

碑身题：同济桥

碑外罩碑楼，碑之阴及碑首、两侧、框饰无法看清，回纹方座。碑通高 170 厘米，露高 128 厘米，宽 58 厘米。拓高 120 厘米，宽 52 厘米。碑身居中竖题大字 1 行，行 3 字，正书；其右镌碑文 3 行，满行 21 字；其左镌年款，其下镌修路费用及捐资寺庙、僧侣及金额，字体较小，均正书。

碑在石景山区八大处公园大门内路西同济桥西南侧，面东而立。

著录情况：《拓汇》第 94 册第 20 页。《拓目》，第 536 页，京 6398。

“古迹复新”匾

民国辛巳年〔十年（1921）〕重建

如意主人谨题

匾上边、下边残缺，高 125 厘米，宽 42 厘米，厚 21 厘米。拓高 45 厘米，宽 120

厘米。匾横题大字“古迹复新”，1 行 4 字，双钩正书，上方横题 1 行小字因石残缺失拓，右竖题年款“民国辛巳年重建”，左落款“如意主人谨题”，均双钩正书。

匾原址在通州区张家湾镇里二泗村佑民观，1996 年普查时在张家湾公园内放置。

按：匾在张家湾镇里二泗村佑民观。佑民观，据清吴存礼《通县志》载，即张家湾天妃庙。佑民观东跨院敌伪时期由汉奸组织“如意坛”使用，如意主人即汉奸刘瑞堂。

杨公建桥记碑

中华民国十一年（1922）五月三十一日夏历壬戌禾中节

首题：杨公建桥记

三等嘉禾章国务院咨议第二届国会众议院议员湘乡吴剑丰识

五等嘉禾章前署察哈尔兴和县知事调任宝昌招垦设治局局长江都董玉书书

石为嵌墙横石，高 83 厘米，宽 134 厘米。拓高 68 厘米，宽 138 厘米。碑文 40 行，满行 21 字，行书。

刻石原址在宣武区法源寺前街 15 号，现藏北京石刻艺术博物馆。

著录情况：《馆目》，第 191 页。

中国地学会新置会所碑

中华民国十二年（1923）春

首题：中国地学会新置会所记

慰西居士泗阳张相文撰

榆庄□农铜山张伯英书

碑高 115 厘米，宽 65 厘米，厚 13 厘米。拓 120 厘米，宽 68 厘米。碑文应存 30 行，实存 21 行，满行 54 字，实存 1017 字，正书。

碑原址在西城区后海北河沿 11 号，1994 年 6 月自北师大张至善先生处征集入馆，现藏北京石刻艺术博物馆。

著录情况：《馆目》，第 192 页。《燕都 · 什刹海专刊》，1990 年第 4 期，刘季人《白雅雨烈士与中国地学会》。

按：碑文漫漶较甚，前 9 行文字依据《南园丛稿》卷七“中国地学会新置会所记”补录。

中国地学会成立于 1909 年 9 月 28 日，1922 年正式迁入北京，设会址于后海北河沿 11 号，该碑即立于此处。据北京大学城市与环境学院崔教授 2009 年 8 月 22 日来馆索取资料时讲，该碑之前先由后海北河沿运至北京大学，后经由张至善与我馆联系入藏我馆。

京城内外农圃研究所成立始末记

中华民国十三年（1924）岁次甲子五月日立

额篆：耕凿遗规

首题：成立京城内外农圃研究所始末记

浙江绍兴俞铸剑云甫撰

北平清附生润珊氏马增绶书

碑阴

额题：永垂不朽

碑方首，首阳、阴均浮雕祥云、江崖，座佚。碑首身通高148厘米，宽63厘米，厚18厘米。拓连额高133厘米，宽65厘米。碑阳额文2行，满行2字，篆书。碑文18行，满行33字，共计509字，正书。碑阴额文2行，满行2字，双钩正书。碑阴22行，前半部刻题名，行字不等；题名后的10行文字记购建房屋所用材料、办公用品清单及所花费银两数量，满行44字，正书。

该碑2001年4月6日征集于宣武区菜市口西200米路北，现藏北京石刻艺术博物馆。

王金铭像座刻石

1924年10月

首行题：辛亥革命滦州」起义之大都督」王金铭烈士像」

石为王金铭铜像之座。拓高43厘米，宽26厘米。石刻文字3行，行6字，正书。

刻石原址在西城区中山公园，1999年拓自天安门管理处。

著录情况：《京华古迹寻踪》（北京燕山出版社），第21页，王柔《中山公园中的两尊铜像》。

按：王金铭（1880—1912），字子箴，辛亥革命将领。1924年10月，冯玉祥在北京中央公园（今中山公园）内为他铸立了铜像，该刻石即王金铭铜像的石座。

哈定纪念碑座铭文

1923年11月1日

其一首行题：美故总统哈定于民国十

其二首行题：华伦哈定略传

石刻为实为哈定纪念碑雕像之座，座覆斗形，上部较小，下部较大。四立面镌文字。拓作4纸，均约高30厘米，宽60厘米。拓2张中文，2张英文。镌“美故总统”拓存文字13行，满行10字，正书；镌“华伦哈定”拓存文字23行，满行17字，正书。英文拓片1张文字14行，1张文字7行。

碑原址在西城区中山公园，1999年拓自天安门管理处。

“四行储蓄会”匾

民国十一年至十六年间（1922—1927）

匾题：四行储蓄会

匾汉白玉石质，高 90 厘米，宽 180 厘米，厚 14 厘米。拓高 90 厘米，宽 180 厘米。匾文 1 行，共 5 字，横题，正书。

匾原址在西交民巷东口内，1998 年出土于天安门广场工地，1998 年 11 月 23 日征集入馆，现藏北京石刻艺术博物馆。

按："四行"即昔日盐业银行、金城银行、大陆银行、中南银行的合称，成立于 1922 年，1927 年解体。

行健会刊石记

民国二十六年（1937）元月谨识于苏州心太平斋

首题：行健会刊石记

吴县张一麐撰

杭县许拜五书

北平陈云亭刊石

拓高 66 厘米，宽 100 厘米。记文 32 行，满行 19 字，隶书。

石原立于西城区中山公园来今雨轩南。1999 年拓自天安门管理处。

“教忠坊”匾发现记

中华民国二十六年（1937）岁在丁丑十一月

首行题：整理旧都文物第二期季夏之月次及文丞

旧都文物整理实施事务处谨识

拓高 42 厘米，宽 31 厘米。石刻文字 8 行，满行 17 字，正书。

刻石现存东城区府学胡同文天祥祠。

著录情况：《拓目》，第 491 页，京 5644。

北平止园图记

（民国）辛未（1931）冬月

首题：北平止园图记

至德周学熙（撰文并书丹）

石为嵌墙横石，高 44 厘米，宽 113 厘米。拓高 44 厘米，宽 113 厘米。首题后为线刻的止园平面图，图后有辛未冬月题记一则及甲戌（1934）三月、丙子（1936）三月、丁丑（1937）二月诗文 3 则，图和辛未冬月题记当为同时刻，题记 12 行，满行 9 字，正书。诗文后镌，甲戌（1934）三月、丁丑（1937）二月诗文行楷，丙子（1936）三月诗行书。

石原址在西城区屯绢胡同周学熙宅内，1987年9月18日北京市文研所移交，现藏北京石刻艺术博物馆。

著录情况：《馆目》，第192、193页。

按："止园"为周学熙之宅。周学熙（1865—1947），字止庵，号松云居士，安徽建德（今东至）人，曾任北洋政府财政总长，北京税务处督办。民国二十（1931）年冬，周学熙得此止所，因名"止园"。此刻石有"北平止园图"及周学熙67岁、70岁、72岁、73岁时题并题诗三首。

"培根女学校"匾

中华民国廿五年（1936）

匾横题：培根女学校

匾汉白玉石质，横匾，边框凸起，雕云龙纹，边框与字面之间雕仰莲纹。匾高57厘米，宽162厘米，厚49厘米。拓高28厘米，宽137厘米。匾文1行，横题，共5字，正书。匾右侧竖题"民国廿一年六月"，1行7字；左侧竖题"廿五年纪念」英实夫赠"，2行文字，1行5字，1行4字，均正书。

碑原址在西城区六铺炕滨河公园，1998年11月19日征集到馆，现藏北京石刻艺术博物馆。

直隶保定府容城县人氏

清末民初

碑身题：直隶保定府容城县人氏

碑螭首方座，碑身阳阴边框均浮雕云鹤纹，座雕二龙戏珠。碑首身通高315厘米，宽110厘米，厚38厘米；座高105厘米，宽187厘米，厚97厘米。拓高173厘米，宽78厘米。碑身居中竖题碑文1行，行10字，正书。碑阳阴均无额题。

碑原址不详，现藏北京石刻艺术博物馆。

著录情况：《馆目》，第120页。

按：碑似利用旧碑改制而成，且碑首身和碑座雕刻风格不一。碑首身雕刻风格颇似明末清初时期。

"恒信公"匾

清末民初

匾题：恒信公

赵汝勇（书丹）

匾拓高68厘米，宽156厘米。匾文横题1行3字，正书。落款竖题1行3字，行书。印章二，均篆书。落款下钤2印，上印阳文篆书"赵汝勇印"，下印阴文篆书"秋江"。

匾原址在东城区东四永安堂旧址，1996年9月23日征集，现藏北京石刻艺术博物馆。

按：赵汝勇，清光绪二十四年进士，书法家，山东蓬莱人。

窦燕山先生故里碑

民国年间（1912—1949）（翻刻）

王树桐书丹

拓高133厘米，宽58厘米。碑文竖题3行文字，正中书大字“窦燕山先生故里”，右书“咸丰癸丑夏至”，左书“仿县令古滇尹佩玱题”。

著录情况：《拓目》，第524，京9248。

碑在顺义区文管所。

按：窦燕山为后周时人，名禹钧，燕山为其字。《三字经》云：“窦燕山，有义方。教五子，名俱扬。”

今顺义区李遂镇辖村窦各庄相传为窦禹钧故里，原有清咸丰三年（1853）县令尹佩仓书故里碑立于县城北关桥东。该碑于光绪十九年（1893）水害时冲毁折断，民国初时，邑绅集议重立，由邑廪王树桐摹书，即此碑。

琉璃渠村题名碑

民国年间（1912—1949）

额题：琉璃渠村

碑无首，座佚。碑高138厘米，宽62厘米，厚12厘米。拓高125厘米，宽62厘米。额文1行4字，横题于碑文上方。碑文均为题名，行字不等，正书。

碑上方正书“琉璃渠村”，下为捐资人名。碑仆地，另一面失拓，情况不详。

碑原址不详，1995年普查时碑在门头沟区西峰寺博物馆外院放置。

按：碑文中有“村正村副及总办事人”、“首事人总代表办事员等”，推知该碑当镌于民国时期。

常乐寺、东石府两村公立碑

民国时期（1912—1949）丙辰月庚寅日

首题：常乐寺、东石府两村公立

拓高117厘米，宽46厘米。碑方首，碑阳首部及碑身上部纹饰和文字风化磨损严重，碑身下部亦残缺，碑文正书。碑阴漫漶严重，碑首无纹饰。碑阴刻“两村公产注明”，其下列四行文字为公产房屋及地产之明细，碑文正书。

碑在房山区崇各庄乡常乐寺。

按：该碑乃常乐寺、东石府两村将常乐寺庙产作为合会办公处公立碑。碑文中提及“村正”、“村副”，以及银元肆百元，推测立碑时间当在民国时期。

理诺题“恩保照临扶圣地”对联

年代不详

该石刻为对联，共二石，上联拓高 137 厘米，宽 34 厘米。下联拓高 137 厘米，宽 35 厘米。上联题“恩保照临扶圣地”，右上角镌印章一方，篆书阳刻“认得真”；下联题“善灵荷春脱尘寰”，左下方落款“理诺再题”，其下镌二印，上“矜怜我等”，下“得侍左右”，均篆书阳刻。上下联正文均竖刻 1 行 7 字，正书，阳刻，落款及印章亦阳刻。

对联原址在西城区滕公栅栏教堂南门（今市委党校南门），现藏北京石刻艺术博物馆。

义、廉、耻榜书刻石

年代不详

刻石存三块，上下边框均刻几何纹饰。石高 86 厘米，宽 80 厘米，厚 35 厘米。其一书“义”，拓高 100 厘米，宽 69 厘米。其一书“廉”，拓高 92 厘米，宽 69 厘米。其一书“耻”，拓高 92 厘米，宽 69 厘米。文字均正书。

石原址不详，现藏北京石刻艺术博物馆。

“谈天”榜书刻石

年代不详

石题：谈天

石高 73 厘米，宽 97 厘米，厚 13 厘米。拓高 62 厘米，宽 81 厘米。石居中横题大字 1 行 2 字，行书。

石原址在西城区西直门外，1987 年北京市文研所移交，现藏北京石刻艺术博物馆。

敕赐护国金刚慈觉寺匾

年代不详

匾题：敕赐护国金刚慈觉寺匾

匾四框为莲瓣形边框。匾高 36 厘米，宽 179 厘米，厚 23 厘米。拓高 40 厘米，宽 168 厘米。匾文横题 1 行 10 字，双钩正书。

匾原址不详，1987 年 9 月 18 日北京市文研所移交，现藏北京石刻艺术博物馆。

“天仙圣母娘娘庙”匾

年代不详

匾题：天仙圣母娘娘庙

匾四框为莲瓣形边框。拓高 37 厘米，宽 137 厘米。匾文横题 1 行 7 字，正书。

匾原址不详，1987 年 9 月 18 日北京市文研所移交，现藏北京石刻艺术博物馆。

“古刹护国禅林”匾

年代不详

匾题：古刹护国禅林

匾四框为莲瓣形边框，左侧残缺，不知是否缺字。匾高 26 厘米，宽 145 厘米，厚 14 厘米。拓高 27 厘米，残宽 114 厘米。匾文横题 1 行 6 字，阳刻，正书。

匾原址不详，现藏北京石刻艺术博物馆。

“敕赐法海”残匾

年代不详

匾题：敕赐法海

匾拓高 63 厘米，残宽 94 厘米。匾文横题 1 行 4 字，阳刻，正书。匾左侧残缺，不知缺几字。

匾原址不详，现藏北京石刻艺术博物馆。

“清真礼拜正源寺”匾

年代不详

匾题：清真礼拜正源寺

匾边框刻莲瓣纹。匾高 45 厘米，宽 230 厘米，厚 18 厘米。匾拓高 33 厘米，宽 137 厘米。匾文横题 1 行 7 字，正书。

匾原址不详，现藏北京石刻艺术博物馆。

“听雨”榜书刻石

年代不详

石题：听雨

袁崇焕书

石嵌墙，高 36 厘米，宽 99 厘米。拓高 34 厘米，宽 96 厘米。石横题“听雨”1 行 2 字，行书；石右上角刻印一方，篆书“臣心若水”；石左侧刻印二方，篆书“袁崇焕印”、“宫保尚书”。

刻石现嵌于崇文区广渠门内袁崇焕祠享堂西墙北侧。

著录情况：《拓汇》，第 91 册，第 159 页。《拓目》，第 491 页，京 5657。

龟蛇池刻石

年代不详

石题：龟蛇池

拓长 127 厘米，高 47 厘米。石刻文字 1 行 3 字，双钩正书。

石原址不详，现存崇文区隆安寺。

“后土之位”碑

年代不详

碑身题：后土之位

碑方首，首浮雕祥云纹，座佚。碑首身通高 122 厘米，宽 52 厘米，厚 12 厘米。拓高 118 厘米，宽 52 厘米。碑身居中竖刻 1 行 4 字，正书。

碑原址在崇文区永外保华寺，现存崇文区隆安寺。

“四柏一孔桥”石额

年代不详

石题：四柏一孔桥

拓高 30 厘米，宽 68 厘米。石横题文字 1 行 5 字，正书。

石额在石景山区法海寺前石桥上。

“秘魔崖”石额

年代不详

石题：秘魔崖

拓高 13 厘米，宽 30 厘米。石横题文字 1 行 3 字，正书。

石在石景山区八大处秘魔崖。

“真武洞”石额

年代不详

石题：真武洞

拓高 13 厘米，宽 30 厘米。石横题文字 1 行 3 字，正书。

石在石景山区八大处秘魔崖。

捐资人名碑

年代不详

碑仅存碑身中部，碑首及座情况不详。拓高 50 厘米，宽 64 厘米。残存碑文为捐资金额及题名。碑面风化较甚。

1995 年普查时，碑在门头沟区西峰寺博物馆外院放置。

“本山后土之神位”碑

年代不详

碑身题：本山后土之神位

碑方首，首身一体，首部线刻花纹，碑身边框线刻花纹。碑面满布石纹，如同纹饰。拓高123厘米，宽57厘米。碑身居中竖题1行7字，正书。

碑2007年7月征集于密云县密云镇季庄村，现立于密云县冶仙塔碑林。

后 记

我馆所藏拓片分为两大部分：一部分为我馆现藏石刻之拓片，这一部分又分为墓志、墓碑、宗教、会馆、纪事、艺术、其他、金刚宝座等 8 个子类；另一部分为普查征集或购买的拓片，包括北京各区县和其他省市的拓片，未分子类。

本书编辑著录过程中，先按上述分类进行分工编辑，分工情况如下：

王晓静：负责馆藏及各区县所有墓志类石刻以及房山区、石景山区、延庆县及部分门头沟区普查石刻的编纂，负责凡例及索引的编写以及全书的统稿和重新分类。（索引分两部分，一按年代编排，一按地区编排，由于篇幅原因，留待以后出版）

王苹苹：负责馆藏宗教类石刻以及海淀区、通州区、大兴区、昌平区、顺义区、平谷区、怀柔区普查石刻及房山区南正行宫乾隆诗刻的编纂。

熊鹰：负责馆藏墓碑、记事、其他类石刻以及原西城区、密云县、部分门头沟区普查石刻编纂。

张云燕：负责馆藏会馆类石刻以及原东城区、原崇文区、原宣武区普查石刻的编纂。

由于原有分类只是为了整理、编辑、查找方便，其分类依据有一定的局限和不合理，因此在初步整理著录后，经与吴梦麟、韩锐二位顾问多次讨论，将所有拓片按形制、内容和功用等分作 10 类，即墓碑、墓志、坛庙寺观类石刻、祠堂类石刻、教育类石刻、会馆类石刻、经幢塔铭刻经类石刻、艺文类石刻、艺术类石刻、其他类石刻等 10 类。本书收录拓片共计 1516 种，其中墓碑 259 种，墓志 472 种，坛庙寺观类石刻 353 种，祠堂类石刻 35 种，教育类石刻 25 种，会馆类石刻 76 种，艺文类石刻 74 种，经幢塔铭刻经类石刻 68 种，其他类石刻 154 种，艺术类石刻暂不收录。本书收录的 1516 种拓片，其来源情况如下：原东城区 59 种，原西城区 141 种，原崇文区 44，原宣武区 120 种，朝阳区 62 种，丰台区 50 种，石景山区 67 种，海淀区 303 种，门头沟区 85 种，房山区 135 种，通州区 63 种，顺义区 47 种，昌平区 62 种，大兴区 14 种，怀柔区 12 种，平谷区 39 种，密云县 43 种，延庆县 51 种，另有北京地区具体区县不详者 93 种，以及石刻原址不详或不在北京、现存地在北京者 26 种。

特别感谢密云县文管所的退休干部吕志新，对密云县的石刻情况进行补充和订正。

王晓静